LITERATURA
DE
HISPANO-
AMÉRICA

LUIS LEAL
University of Illinois

FRANK DAUSTER
Rutgers University

In consultation with
ROBERT G. MEAD, JR.
University of Connecticut

HARCOURT, BRACE & WORLD, INC.
New York · Chicago · San Francisco · Atlanta

LITERATURA

DE

HISPANO-

AMÉRICA

LITERATURA DE HISPANOAMÉRICA
Luis Leal / Frank Dauster

© 1970 by Harcourt, Brace & World, Inc.

ISBN: 0-15-551095-9

Library of Congress Catalog Card Number: 77-111318

Printed in the United States of America

Acknowledgments

The editors wish to thank the following for kind permission to reprint the material appearing in this volume:

Fondo de Cultura Económica for *Popol Vuh,* pp. 219–25; Jesús Lara, ed., *La poesía quechua,* pp. 159–60, 164–65, 171–73; "Otoño" from *Fronteras* and "Éxodo," "Resumen," "La escena," and "La noria" from *Sin tregua* by Jaime Torres Bodet; "Misterio," "Más allá del amor," "Hacia el poema," "La poesía," "Himno entre ruinas," and *El laberinto de la soledad,* 2nd ed., ch. 8, by Octavio Paz; *Los de abajo,* part I, ch. 1, 21, and part III, ch. 6, by Mariano Azuela; "La Cuesta de las Comadres" by Juan Rulfo; *La región más transparente,* pp. 265–75, by Carlos Fuentes; "El descontento y la promesa" from *Obra crítica,* pp. 241–53, by Pedro Henríquez Ureña; "La cena" and *Visión de Anáhuac* by Alfonso Reyes; *La cabeza de Goliat,* pp. 55–60, and *Sarmiento,* pp. 127–35, by Ezequiel Martínez Estrada; *América en la historia,* pp. 55–64, 184–89, by Leopoldo Zea.

Instituto de Investigaciones Históricas, UNAM, for "Canto de la Madre de los dioses" and "Cantares mexicanos," 14.

Leopoldo Lugones (hijo) for "Lied de la boca florida," "Tonada," and "La lluvia de fuego" by Leopoldo Lugones.

Héctor González Rojo for "Tuércele el cuello al cisne," "Busca en todas las cosas," "Como hermana y hermano," and "Un fantasma" by Enrique González Martínez.

Joan Daves for "Tres árboles," "La lluvia lenta," and "Balada de la estrella" by Gabriela Mistral.

Jesús López Velarde for "A Sara," "Mi corazón se amerita...," and "La suave Patria" by Ramón López Velarde.

Georgette Vallejo for "La cena miserable," "El pan nuestro," "Los heraldos negros," "Considerando en frío, imparcialmente...," "Los nueve monstruos," "La cólera que quiebra al hombre en niños...," and "España, aparta de mí este cáliz," 5, 11, 12, by César Vallejo.

Empresa Editora Zig-Zag for "Arte poética" and "Altazor," canto 4, by Vicente Huidobro.

Pablo Neruda for his *Veinte poemas de amor,* Poema 15, Poema 20, "Arte poética," "Walking around," and "Alturas de Macchu Picchu," fragmento.

María Helena B. de Quiroga for "El perro rabioso" and "A la deriva" by Horacio Quiroga.

International Editors Co. for "Al rescoldo" by Ricardo Güiraldes.

Martín Luis Guzmán for his "La muerte de David Berlanga" from *El águila y la serpiente*.

Herederos de Rómulo Gallegos for "Fascinación" from *Pobre negro* by Rómulo Gallegos.

Jorge Luis Borges for his "El jardín de senderos que se bifurcan."

Miguel Ángel Asturias for his "Leyenda del Sombrerón."

Eduardo Mallea for his *Todo verdor perecerá*, part I, ch. 1, pp. 43–51.

Agustín Yáñez for his *Al filo del agua*, pp. 9–15, 211–16.

McIntosh, McKee & Dodds, Inc. for "Semejante a la noche" by Alejo Carpentier.

Paul Blackburn, Agent, for "Casa tomada" by Julio Cortázar.

René Marqués for his *Los soles truncos*.

José I. Vasconcelos for *La raza cósmica*, pp. 16–25, by José Vasconcelos.

Javier Mariátegui for "Las corrientes de hoy: El indigenismo," pp. 350–70, by José Carlos Mariátegui.

Anneliese Romero for *Teoría del hombre*, pp. 354–60, by Francisco Romero.

Picture Credits

Front endpaper: Cuzco, Peru.
Courtesy of Panagra

Back endpaper: Mexico City, Mexico.
Peter Gridley, FPG

p. 2, courtesy of the Brooklyn Museum

pp. 22, 60, Claude Arthaud & Fr. Hebert-Stevens, *The Spanish Arts of Latin America*, Editions Arthaud, Paris

p. 88, Peter Gridley, FPG

p. 108, *Art in Latin-America Since Independence*, Yale University–University of Texas. Courtesy of Biblioteca Luis Ángel Arango, Bogotá. Photo: Hernán Díaz

p. 134, *Art in Latin-America Since Independence*, Yale University–University of Texas. Courtesy of Museo Municipal "Juan Manuel Blanes," Montevideo

p. 226, Instituto Nacional de Bellas Artes, Mexico City.

p. 242, *Art in Latin-America Since Independence*, Yale University–University of Texas. Courtesy of the Universidad de Concepción, Chile

p. 264, Harbrace Photo, New York

p. 328, Palacio de Cortés, Cuernavaca. Photo: Otto Dune

Prefacio

ESTE LIBRO nace de nuestra arraigada creencia de que antología y catálogo no son sinónimos. Por eso, el número de autores aquí incluidos es menos grande de lo que se suele encontrar; en cambio, ha sido posible ofrecer una selección más nutrida de la obra de cada autor. Ha sido nuestro propósito seleccionar según criterio doble: que las selecciones ejemplifiquen épocas, movimientos o estilos y que a la vez valgan como obra de arte.

La antología abarca la literatura desde la época prehispánica hasta la promoción más reciente, para que el estudiante vea que la literatura hispanoamericana es de larga tradición. Se incluyen obras completas de todos los géneros menos la novela; éste está representada por algunos fragmentos que tienen unidad artística en sí. El profesor que quiera ampliar el panorama para incluir una novela fácilmente la encontrará.

Incluimos una generosa cantidad de notas, reconociendo que el alumno a veces necesita alguna ayuda en el caso de palabras regionales, arcaicas o por algún otro motivo no comunes.

L. L.
F. D.

Contenido

Prefacio, vi

CAPÍTULO PRIMERO
LITERATURAS INDÍGENAS   1

1   Popol Vuh, 7

2   Rabinal Achí, 11

3   La poesía náhuatl, 15

Canto de la Madre de los dioses, 15
Vida efímera, 16
Vida de ilusión, 16
Misión del poeta, 16
Cantares mexicanos, 16

4   La poesía quechua, 17

Runa kámaj, 17
Arawi, 18
Taki, 19
Wanka, 19

CAPÍTULO SEGUNDO
EL SIGLO XVI   21

Los cronistas   23

5   Hernán Cortés, 27

Carta segunda de relación, 27

6   Fray Bernardino de Sahagún, 35

Historia general de las cosas de Nueva España, 36

7   Bernal Díaz del Castillo, **38**

    Historia verdadera de la conquista de la Nueva España, 39

8   El Inca Garcilaso de la Vega, **42**

    Comentarios reales de los Incas, 43

La poesía renacentista   49

9   Francisco de Terrazas, **51**

    Sonetos, 51
    Nuevo mundo y conquista, 52

10   Alonso de Ercilla y Zúñiga, **53**

    La araucana, 53

CAPÍTULO TERCERO
EL SIGLO XVII   59

La poesía barroca   61

11   Bernardo de Balbuena, **63**

    Grandeza mexicana, 63

12   Juan del Valle Caviedes, **66**

    Privilegios del pobre, 67
    Romance, 67
    Remedios para ser lo que quisieres, 67

13   Sor Juana Inés de la Cruz, **69**

    Sonetos, 70
    Redondillas, 72
    Coplas, 74
    Respuesta de la poetisa a la muy ilustre Sor Filotea
    de la Cruz, 74

El teatro colonial   77

14   Fernán González de Eslava, 79
      Entremés, 79

15   Sor Juana Inés de la Cruz, 81
      Sainete segundo, 81

CAPÍTULO CUARTO
EL SIGLO XVIII   87

16   Concolorcorvo, 91
      El Lazarillo de ciegos caminantes, 91

17   Fray Servando Teresa de Mier, 94
      Memorias, 95

18   Fray Manuel Martínez de Navarrete, 102
      Juguetillos a Clorila, 102
      La mañana, 103
      Soneto XI, 104
      Ratos tristes, 104

CAPÍTULO QUINTO
LA ÉPOCA DE LA INDEPENDENCIA   107

19   José Joaquín Fernández de Lizardi, 113
      El Periquillo Sarniento, 114

20   Andrés Bello, 121
      A Peñalolen, 121
      Discurso pronunciado al instalarse la Universidad de Chile
      el 17 de septiembre de 1843, 122

21   José María Heredia, 127

En el teocalli de Cholula, 128
A la estrella de Venus, 130
¡Ay de mí!, 131

CAPÍTULO SEXTO
EL SIGLO XIX: EL ROMANTICISMO   133

22   Esteban Echeverría, 139

La cautiva, 140
El matadero, 144

23   Domingo Faustino Sarmiento, 155

Facundo, 156

24   José Hernández, 167

El gaucho Martín Fierro, 169

25   Juan Montalvo, 205

Siete tratados, 206
   Los héroes, 206

26   Ricardo Palma, 213

El alacrán de Fray Gómez, 214

27   Juan Zorrilla de San Martín, 218

Tabaré, 219

CAPÍTULO SÉPTIMO
EL POSITIVISMO   225

28   Manuel González Prada, 231

La muerte i la vida, 231
El mitayo, 237
Los caballos blancos, 238
Rondel, 238
Ritmo soñado, 239

CAPÍTULO OCTAVO
REALISMO Y NATURALISMO   241

29   **Javier de Viana, 245**

Matapájaros, 245

30   **Baldomero Lillo, 247**

El Chiflón del Diablo, 247

31   **Florencio Sánchez, 253**

El desalojo, 254

CAPÍTULO NOVENO
EL MODERNISMO   263

32   **José Martí, 269**

La muñeca negra, 270
Versos sencillos, 274
Centro América y las hormigas, 275

33   **Manuel Gutiérrez Nájera, 278**

La mañana de San Juan, 279
Selección de "Ala y abismo" (1884–1887), 282
　　La duquesa Job, 282
Selecciones de "Elegías" (1887–1890), 284
　　Mariposas, 284
　　Para entonces, 284

34   **José Asunción Silva, 285**

Los maderos de San Juan, 286
Nocturno [III], 287
Un poema, 288

35   **Rubén Darío, 289**

El pájaro azul, 291
Selecciones de "Prosas profanas" (1896), 293
　　Era un aire suave..., 293
　　Sonatina, 295
　　Sinfonía en gris mayor, 296

Selecciones de "Cantos de vida y esperanza" (1905), 296
   Yo soy aquél, 296
   Salutación del optimista, 298
   Marcha triunfal, 300
   Tarde del trópico, 301
   Nocturno, 302
   Canción de otoño en primavera, 302
   Nocturno, 303
   Lo fatal, 304
Selección de "El canto errante" (1907), 304
   "¡Eheu!", 304
Selección de "Poema del otoño y otros poemas" (1910), 305
   A Margarita Debayle, 305

36 Leopoldo Lugones, 306

Selecciones de "Romancero" (1924), 307
   Lied de la boca florida, 307
   Tonada, 307
La lluvia de fuego, 308

37 José Enrique Rodó, 315

Ariel, 316

CAPÍTULO DÉCIMO
LA ÉPOCA CONTEMPORÁNEA 327

La poesía 329

38 Enrique González Martínez, 331

Tuércele el cuello al cisne, 331
Busca en todas las cosas, 332
Como hermana y hermano, 332
Un fantasma, 333

39 Gabriela Mistral, 334

Selecciones de "Desolación" (1922), 334
   Tres árboles, 334
   Balada de la estrella, 335
   La lluvia lenta, 335

40 **Ramón López Velarde,** 336

A Sara, 336
Mi corazón se amerita..., 337
La suave Patria, 337

41 **Alfonsina Storni,** 340

Hombre pequeñito, 341
El engaño, 341
Tú que nunca serás..., 341
Mundo de siete pozos, 342
Voy a dormir, 343

42 **César Vallejo,** 343

La cena miserable, 344
El pan nuestro, 345
Los heraldos negros, 345
Cuarto: Considerando en frío, imparcialmente..., 346
Los nueve monstruos, 347
La cólera que quiebra al hombre en niños, 348
Quinto: Imagen española de la muerte, 348
Undécimo, 349
Duodécimo: Masa, 349

43 **Vicente Huidobro,** 350

Selección de "El espejo de agua" (1916), 350
  Arte poética, 350
Altazor (1931), 351

44 **Jaime Torres Bodet,** 356

Otoño, 357
Éxodo, 358
Resumen, 359
La escena, 359
La noria, 359

45 **Nicolás Guillén,** 360

Búcate plata, 360
Tú no sabe inglé, 361
El abuelo, 361
Sensemayá, 362
Iba yo por un camino..., 362
Rosa tú, melancólica..., 363

46 **Pablo Neruda, 363**

Poema 15, 364
Poema 20, 365
Arte poética, 365
Walking around, 366
Alturas de Macchu Picchu, 367
Entonces en la escala de la tierra he subido..., 368
Muertos de un solo abismo..., 368

47 **Octavio Paz, 369**

La poesía, 370
Misterio, 371
Más allá del amor, 371
Hacia el poema, 372
Himno entre ruinas, 373

La narrativa   375

48 **Horacio Quiroga, 379**

El perro rabioso, 379
A la deriva, 384

49 **Mariano Azuela, 387**

Los de abajo, 388

50 **Ricardo Güiraldes, 393**

Al rescoldo, 394

51 **Martín Luis Guzmán, 398**

El águila y la serpiente, 399

52 **Rómulo Gallegos, 403**

Pobre negro, 404

53 **Jorge Luis Borges, 406**

El jardín de senderos que se bifurcan, 407

54 **Miguel Ángel Asturias, 414**

Leyenda del Sombrerón, 414

5 5   **Eduardo Mallea, 417**

Todo verdor perecerá, 418

5 6   **Agustín Yáñez, 421**

Al filo del agua, 422

57   **Alejo Carpentier, 429**

Semejante a la noche, 430

5 8   **Julio Cortázar, 438**

Casa tomada, 438

59   **Juan Rulfo, 442**

La Cuesta de las Comadres, 443

60   **Carlos Fuentes, 448**

La región más transparente, 449

El teatro   455

61   **René Marqués, 459**

Los soles truncos, 460

El ensayo   483

6 2   **José Vasconcelos, 485**

La raza cósmica, 485

6 3   **José Carlos Mariátegui, 491**

Siete ensayos de interpretación de la realidad peruana (1928), 492
    Las corrientes de hoy: El indigenismo, 492

64   **Pedro Henríquez Ureña, 502**

Seis ensayos en busca de nuestra expresión (1928), 503
    El descontento y la promesa, 503

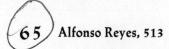

65 Alfonso Reyes, 513

La cena (1912), 513
Visión de Anáhuac (1917), 518

66 Francisco Romero, 524

Teoría del hombre, 524

67 Ezequiel Martínez Estrada, 528

La cabeza de Goliat, 529
Vendedores de menudencias, 530
Sarmiento, 531

68 Leopoldo Zea, 536

Emancipación política y emancipación mental, 536
La respuesta occidental a Iberoamérica, 541

69 Octavio Paz, 545

Nuestros días, 546

Índice de autores y títulos, 558

CAPÍTULO PRIMERO

LITERATURAS INDÍGENAS

EN EL CONTINENTE AMERICANO, antes del descubrimiento y la conquista por España, los pueblos habían alcanzado un alto nivel de civilización y cultura, tanto en su organización política y social como en sus artes y sus letras. Nuestros conocimientos de esas letras aborígenes, desgraciadamente, serán siempre parciales, ya que sólo conservamos una mínima parte de la producción total. Los documentos que se conservan, y lo que ha llegado hasta nosotros por medio de la tradición oral, son suficientes, sin embargo, para probar la importancia que la crítica literaria, casi hasta nuestros días, les había negado.

Las literaturas autóctonas florecieron, como es de suponer, en aquellas regiones donde se desarrollaron las grandes culturas: Yucatán, Guatemala y Honduras; la altiplanicie mexicana; Bolivia, el Ecuador y el Perú. Las literaturas de esos pueblos, cuyas lenguas correspondientes eran el maya-quiché, el náhuatl y el quechua o inca, son las que más nos interesan hoy. Los mayas, los aztecas y los incas habían desarrollado las otras artes más que las letras. En la escultura y la arquitectura habían creado monumentos que hoy todavía admiramos, tanto por su técnica de elaboración como por su valor estético. Menos felices fueron en las letras, debido principalmente a que no habían logrado, para los años de la conquista española, desarrollar una escritura fonética, aunque sí es verdad que hacia esa época aparecieron algunos indicios que nos hacen pensar que los mayas y los aztecas comenzaban a utilizar un rudimentario elemento fonético en su escritura. No así los incas, quienes usaban los *quipos,* cuerdas de varios colores en las que el número de nudos y su distribución ayudaban a recordar las historias y tradiciones.

El contenido de los quipos —lo mismo puede decirse de los primeros códices de México y Centro América— no tenía un fin estético. Esa función, sin embargo, se manifestó pronto. El interés en la religión indujo a las tribus americanas a crear una mitología, de la cual se habían de desprender la literatura narrativa y la poesía épica. De las invocaciones a sus dioses habían de pasar a los cantares[1], los cuales implicaban el uso de la música, que a su vez implicaba el de la danza. Los conceptos que explican el origen de las cosas habían de ser vestido en forma narrativa, ya como cuentos, ya como leyendas,

**Manta tiahuanaca
(de la civilización preincaica)
Perú**

ya como mitos. Y en fin, los sentimientos personales se objetivaban en forma de poesía lírica. En las representaciones religiosas, que siempre tenían un carácter teatral, participaban tanto el público como los sacerdotes. A veces en el drama se borraba la línea entre lo ficticio y lo verdadero, y el espectáculo terminaba en sacrificio a los dioses.

Los aztecas y otros antiguos pueblos mexicanos conservaban sus anales en tiras largas y estrechas —hoy llamadas *códices*— de piel de ciervo, papel de maguey o tela de algodón, recubiertas de un barniz blanco, plegadas en acordeón y pintadas por ambos lados. En dichas tiras, por medio de jeroglíficos convencionales y representaciones pictóricas, los mexicanos podían registrar los principales acontecimientos de su historia. Las presentaciones pictóricas iban acompañadas de leyendas explicativas, para las cuales se usaban jeroglíficos de carácter figurativo, lo mismo que signos —procedentes de la estilización de personajes u objetos figurados— con valor fonético. Había también signos puros, de interpretación metafórica. Una casa en ruinas podía simbolizar la destrucción de una ciudad, lo mismo que un cerro significaba a veces "lugar habitado, pueblo". El color de estos signos también era significativo; para designar el concepto "año" hacían uso de un disco azul. Con frecuencia aparecía la combinación de los tres elementos: el figurativo, el simbólico y el fonético. Como los mexicanos poseían un calendario casi perfecto, todas sus historias estaban consignadas con sus fechas precisas, fáciles de identificar. Desde el punto de vista artístico, estos códices son verdaderas obras de arte, algunos de ellos, en verdad, más apreciados por su valor estético que por su contenido histórico.

La cultura maya, tanto en el aspecto técnico como en el artístico, fue una de las más avanzadas y ricas del continente. Desgraciadamente, la mayor parte de los códices mayas fueron destruidos durante la época de la conquista o se han perdido. Escritos en sistema conocido sólo por los sacerdotes, servían para registrar los mitos, la historia, las fiestas anuales, los datos astronómicos y los augurios. Los tres que se conservan se encuentran en Europa: el *Códice Dresdensis* en la Biblioteca Real de Dresden; el *Códice Tro-Cortesianus* en la Biblioteca del Museo de América en Madrid y el *Códice Peresianus* en la Biblioteca Nacional de París. Además de los códices se han conservado algunas narraciones más o menos extensas, pasadas por vía oral de generación en generación y alfabetizadas por los misioneros y los escribas mayas a mediados del siglo dieciséis. Las más importantes son el *Popol Vuh*, el *Chilam Balam* y los *Anales de los Xahil*.

De las tres grandes literaturas prehispánicas, la incaica es la que más problemas presenta, debido sobre todo a la falta de documentos o códices como los que encontramos en México y Yucatán. Es necesario, por lo tanto, rastrear la literatura de los cronistas que tuvieron la curiosidad de recoger la tradición oral.

La poesía lírica es abundante aún hoy día. No así la épica, de la cual apenas si han quedado vestigios de poemas mitológicos. Hay noticia, por ejemplo, de los mitos de Pacaritambu, de Illa-Tici-Viracocha (mito de la creación), de Kon y de Vichama, lo mismo que de leyendas en torno a las hazañas de los dioses y los héroes culturales. El mito de Pacaritambu, o de los hermanos Ayar, presenta aspectos cosmogónicos e históricos; allí se explica el origen de las tribus quechuas, su establecimiento en el valle de Cuzco y su religión. Pacaritambu era la cueva donde el Sol engendró la vida y de donde salieron los hermanos Ayar. El Sol, por lo tanto, se convirtió en su protector totémico y los reyes incas se consideraban sus descendientes directos.

De la prosa quechua no existen ejemplos prehispánicos. Sin embargo, han perdurado en la tradición oral varias narraciones que han sido recogidas y cuyos temas delatan un origen precolombino. Así la *Ficción y suceso de un famoso pastor llamado Acoya-Napa con la hermosa y discreta Chuqui-Llantu Ñusta, hija del Sol*, recogida por Markham; así la leyenda *El hermano codicioso*, en la cual se explica el origen del venado; así la *Leyenda de Kirkinchu*, verdadero cuento del distrito de Succha (Ancash). Además de estas narraciones etiológicas o de carácter mitológico, existen otras de filiación ética y aun algunas de tipo didáctico, como las "máximas de Pachacútec". Estas manifestaciones literarias (tanto en prosa como en verso) perduran hoy entre el pueblo de la región andina, muchas veces en su forma prístina. Tal vez más que en México, aquí se ha conservado la literatura a través de los siglos con pocas modificaciones. En lo que se conserva es fácil observar la riqueza de la literatura indígena, que no desapareció del todo con la conquista.

[1]*cantares*   canciones o salmos

	1300	1350	1400	1450	1500	1550	1600

LITERATURA HISPANOAMERICANA

- *Popul Vuh* *
- *Rabinal Achí* *
- **Poesía náhuatl** *
- **Poesía quechua** *

LITERATURA ESPAÑOLA

- (c. 1300) *El caballero Cifar*
- (1330) Juan Ruiz *Libro de buen amor*
- (1335) Don Juan Manuel *Conde Lucanor*
- (1445) *El cancionero de Baena*
- (c. 1476) Jorge Manrique *Coplas por la muerte de su padre*
- (1499) *La Celestina*

OTRAS LITERATURAS

- (1301–21) Dante *Divina Comedia*
- (1353) Boccaccio *Decameron*
- (1362) Langland *Piers Plowman*
- (c. 1390) Chaucer *Canterbury Tales*
- (c. 1457) Villon "La Ballade des pendus"
- (c. 1469) Mallory *Morte d'Arthur*
- (1542–1552) Rabelais *Gargantua et Pantagruel*
- (1572) Camoens *Os Lusíadas*
- Spenser *The Faerie Queene* (1589)
- Shakespeare *Romeo and Juliet* (1595)

MARCO HISTORICO

- (1325) Fundación de Tenochtitlán †
- (c. 1340) — Peste bubónica — (c. 1400) en Europa
- (1358) ——— La Guerra de los Cien Años ——— (1453)
- (1492) Descubrimiento de América
- (1519–21) Conquista de México por Cortés
- (1532) Conquista del Perú por Pizarro

*Traducciones de textos en lenguas nativas, algunos de origen prehispánico
†Ciudad de México

1 Popol Vuh

El *Popol Vuh*, libro sagrado de los maya-quichés de Guatemala, es uno de los documentos americanos más antiguos. En la primera parte se relata la creación del mundo; la segunda contiene las mitologías del pueblo maya-quiché; en la tercera parte del libro se describe la creación del hombre, que fue hecho de maíz; la cuarta y última parte trata de las diversas tribus después de que abandonaron la ciudad de Tulán, legendario centro cultural donde primero apareció la tribu maya-quiché. El libro termina con una lista de los reyes quichés hasta la época de la conquista española. La nota americana en el *Popol Vuh* es perceptible en el estilo, en el concepto dual del mundo y en la naturaleza del sistema religioso. Muchos de los fragmentos tienen el valor de narraciones fantásticas; de especial importancia son el estilo poético y el elemento imaginativo, que le dan un interés universal.

 *Popol Vuh*

CUARTA PARTE

Capítulo II

He aquí cómo comenzó el robo de los hombres de las tribus[1] por Balam-Quitzé, Balam-Acab, Mahucutah e Iqui-Balam[2].

Luego vino la matanza de las tribus. Cogían a uno solo cuando iba caminando, o a dos cuando iban caminando, y no se sabía cuándo los cogían, y en seguida los iban a sacrificar ante Tohil y Avilix[3]. Después regaban la sangre en el camino y ponían la cabeza por separado en el camino. Y decían las tribus: "El tigre[4] se los comió." Y lo decían así porque eran como pisadas de tigre las huellas que dejaban, aunque ellos no se mostraban.

Ya eran muchos los hombres que habían robado, pero no se dieron cuenta las tribus hasta más tarde. "¿Si serán Tohil y Avilix los que se introducen entre nosotros[5]? Ellos deben ser aquéllos a quienes alimentan los sacerdotes y sacrificadores. ¿En dónde estarán sus casas? ¡Sigamos sus pisadas!", dijeron todos los pueblos.

Entonces celebraron consejo entre ellos. A continuación comenzaron a seguir las

[1] *Tribus* las tribus de Vuc Amag, enemigas de los quichés
[2] *Balam-Quitzé... Iqui-Balam* los cuatro fundadores de las dinastías quichés. *Balam* significa "jefe".
[3] *Tohil y Avilix* dos de los dioses de los quiché
[4] *tigre* jaguar
[5] *nosotros* las tribus de Vuc Amag

De *Popol Vuh*, edición de Adrián Recinos (México, Fondo de Cultura Económica, 1947), pp. 219-25.

huellas de los sacerdotes y sacrificadores, pero éstas no eran claras. Sólo eran pisadas de fieras, pisadas de tigre lo que veían, pero las huellas no eran claras. No estaban claras las primeras huellas, pues estaban invertidas, como hechas para que se perdieran, y no estaba claro su camino. Se formó una neblina; se formó una lluvia negra y se hizo mucho lodo; y empezó a caer una llovizna. Esto era lo que los pueblos veían ante ellos. Y sus corazones se cansaban de buscar y perseguirlos por los caminos, porque como era tan grande el ser de Tohil, Avilix y Hacavitz[6], se alejaban hasta allá en la cima de las montañas, en la vecindad de los pueblos que mataban.

Así comenzó el rapto de la gente cuando los brujos cogían a las tribus en los caminos y las sacrificaban ante Tohil, Avilix y Hacavitz; pero a sus [propios] hijos los salvaron allá en la montaña.

Tohil, Avilix y Hacavitz tenían la apariencia de tres muchachos y caminaban por virtud mágica de la piedra. Había un río donde se bañaban a la orilla del agua y allí únicamente se aparecían. Se llamaba por esto "En el Baño de Tohil", y éste era el nombre del río. Muchas veces los veían las tribus, pero desaparecían inmediatamente cuando eran vistos por los pueblos.

Se tuvo entonces noticia de donde estaban Balam-Quitzé, Balam-Acab, Mahucutah e Iqui-Balam, y al instante celebraron consejo las tribus sobre la manera de darles muerte.

En primer lugar quisieron tratar las tribus sobre la manera de vencer a Tohil, Avilix y Hacavitz. Y todos los sacerdotes y sacrificadores [de las tribus] dijeron ante las tribus: "Que todos se levanten, que se llame a todos, que no haya un grupo, ni dos grupos de entre nosotros que se quede atrás de los demás."

Reuniéronse todos, se reunieron en gran número y deliberaron entre sí. Y dijeron, preguntándose los unos a los otros: "¿Cómo haremos para vencer a los quichés de *Cavec*[7] por cuya culpa se están acabando nuestros hijos y vasallos? No se sabe cómo es la destrucción de la gente[8]. Si debemos perecer por medio de estos raptos, que así sea; y si es tan grande el poder de Tohil, Avilix y Hacavitz, entonces que sea nuestro dios este Tohil, ¡y ojalá que lo hagáis vuestro cautivo! No es posible que ellos nos venzan. ¿No hay acaso bastantes hombres entre nosotros? Y los Cavec no son muchos", dijeron, cuando estuvieron todos reunidos.

Y algunos dijeron, dirigiéndose a las tribus cuando hablaron: "¿Quién ha visto a ésos que se bañan en el río todos los días? Si ellos son Tohil, Avilix y Hacavitz, los venceremos primero a ellos y después comenzaremos la derrota de los sacerdotes y sacrificadores." Esto dijeron varios de ellos cuando hablaron.

—¿Pero cómo los venceremos? —preguntaron de nuevo.

—Ésta será nuestra manera de vencerlos. Como ellos tienen aspecto de muchachos cuando se dejan ver entre el agua, que vayan dos doncellas que sean verdaderamente hermosas y amabilísimas doncellas, y que les entren deseos de poseerlas —replicaron.

—Muy bien. Vamos, pues; busquemos dos preciosas doncellas —exclamaron, y en seguida fueron a buscar a sus hijas. Y verdaderamente eran bellísimas doncellas.

Luego les dieron instrucciones a las doncellas:

—Id, hijas nuestras, id a lavar la ropa al río, y si viereis a los tres muchachos desnudaos ante ellos, y si sus corazones os desean, ¡llamadlos! Si os dijeren: "¿Podemos

[6] *Hacavitz* dios de la tribu Ahau-Quiché

[7] *Cavec* rama principal de la nación quiché, cuyo jefe era Balam-Quitzé

[8] *cómo... gente* cuánta destrucción ha habido

llegar a vuestro lado?", "Sí", les responderéis. Y cuando os pregunten: "¿De dónde venís, hijas de quién sois?", contestaréis: "Somos hijas de los Señores[9]."

—Luego les diréis: "Venga una prenda de vosotros." Y si después que os hayan dado alguna cosa os quieren besar la cara, entregaos de veras a ellos. Y si no os entregáis, os mataremos. Después nuestro corazón estará satisfecho. Cuando tengáis la prenda, traedla para acá y ésta será la prueba, a nuestro juicio, de que ellos se allegaron a vosotras.

Así dijeron los Señores cuando aconsejaron a las dos doncellas. He aquí los nombres de éstas: *Ixtah* se llamaba una de las doncellas y la otra *Ixpuch*. Y a las dos llamadas Ixtah e Ixpuch las mandaron al río, al baño de Tohil, Avilix y Hacavitz. Esto fue lo que dispusieron todas las tribus.

Marcháronse en seguida, bien adornadas, y verdaderamente estaban muy hermosas cuando se fueron allá donde se bañaba Tohil[10], a que las vieran y a lavar. Cuando ellas se fueron, se alegraron los Señores porque habían enviado a sus dos hijas.

Luego que éstas llegaron al río comenzaron a lavar. Ya se habían desnudado las dos y estaban arrimadas a las piedras cuando llegaron Tohil, Avilix y Hacavitz. Llegaron allá a la orilla del río y quedaron un poco sorprendidos al ver a las dos jóvenes que estaban lavando, y las muchachas se avergonzaron al punto cuando llegó Tohil. Pero a Tohil no se le antojaron las dos doncellas. Y entonces les preguntó: "¿De dónde venís?" Así les dijo a las dos doncellas y agregó: "¿Qué cosa queréis que venís aquí hasta la orilla de nuestra agua?"

Y ellas contestaron:

—Se nos ha mandado por los Señores que vengamos acá. "Id a verles las caras a los Tohil y hablad con ellos", nos dijeron los Señores; y "traed luego la prueba de que les habéis visto la cara", se nos ha dicho. —Así hablaron las dos muchachas, dando a conocer el objeto de su llegada.

Ahora bien, lo que querían las tribus era que las doncellas fueran violadas por los naguales de Tohil[11]. Pero Tohil, Avilix y Hacavitz les dijeron, hablando de nuevo a Ixtah e Ixpuch, que así se llamaban las dos doncellas: "Está bien, con vosotras irá la prueba de nuestra plática. Esperad un poco y luego se la daréis a los Señores", les dijeron.

Luego entraron en consulta los sacerdotes y sacrificadores y les dijeron a Balam-Quitzé, Balam-Acab, Mahucutah e Iqui-Balam: "Pintad tres capas, pintad en ellas la señal de vuestro ser para que les lleguen a las tribus y se vayan con las dos muchachas que están lavando. Dádselas a ellas", les dijeron a Balam-Quitzé, Balam-Acab y Mahucutah.

En seguida se pusieron los tres a pintar. Primero pintó un tigre Balam-Quitzé; la figura fue hecha y pintada en la superficie de la manta. En seguida Balam-Acab pintó la figura de un águila sobre la superficie de la manta; y luego Mahucutah pintó por todas partes abejorros y avispas, cuya figura y dibujos pintó sobre la tela. Y acabaron sus pinturas los tres, tres piezas pintaron.

En seguida fueron a entregar las mantas a Ixtah e Ixpuch, así llamadas, y les dijeron Balam-Quitzé, Balam-Acab y Mahucutah:

—Aquí está la prueba de vuestra conversación; llevadla ante los Señores: "En verdad nos ha hablado Tohil, diréis; he aquí la prueba que traemos", les diréis, y que se vistan con las ropas que les daréis. —Esto les dijeron a las doncellas cuando las des-

[9] *Señores* jefes de las tribus de Vuc Amag
[10] *Tohil* aquí es nombre colectivo

[11] *naguales de Tohil* jóvenes que aparecieron en el baño y que representaban a los dioses en forma humana; *naguales* personas o animales en que se podían transformar los dioses a voluntad

pidieron. Ellas se fueron en seguida, llevando las llamadas mantas pintadas.

Cuando llegaron, se llenaron de alegría los Señores al ver sus rostros y sus manos, de las cuales colgaba lo que habían ido a pedir las doncellas.

—¿Le vísteis la cara a Tohil? —les preguntaron.

—Sí se la vimos —respondieron Ixtah e Ixpuch.

—Muy bien. ¿Y traéis la prenda, no es verdad? —preguntaron los señores, pensando que ésta era la señal de su pecado.

Extendieron entonces las jóvenes las mantas pintadas, todas llenas de tigres y de águilas y llenas de abejorros y de avispas, pintados en la superficie de la tela y que brillaban ante la vista. En seguida les entraron deseos de ponérselas.

Nada le hizo el tigre cuando el Señor se echó a las espaldas la primera pintura. Luego se puso el Señor la segunda pintura con el dibujo del águila. El Señor se sentía muy bien, metido dentro de ella. Y así, daba vueltas delante de todos. Luego se quitó las faldas ante todos y se puso el Señor la tercera manta pintada. Y he aquí que se echó encima los abejorros y las avispas que contenía. Al instante le picaron las carnes los zánganos y las avispas. Y no pudiendo sufrir ni tolerar las picaduras de los animales, el Señor empezó a dar de gritos a causa de los animales cuyas figuras estaban pintadas en la tela, la pintura de Mahucutah, que fue la tercera que pintaron.

Así fueron vencidos. En seguida los Señores reprendieron a las doncellas llamadas Ixtah e Ixpuch: "¿Qué clase de ropas son las que habéis traído? ¿Dónde fuisteis a traerlas, demonios?", les dijeron a las doncellas cuando las reprendieron. Todos los pueblos fueron vencidos por Tohil.

Ahora bien, lo que querían era que Tohil se hubiera ido a divertir con Ixtah e Ixpuch y que éstas se hubieran vuelto rameras, pues creían las tribus que les servirían de tentación. Pero no fue posible que lo vencieran, gracias a aquellos hombres prodigiosos, Balam-Quitzé, Balam-Acab, Mahucutah e Iqui-Balam.

2

Rabinal Achí

El *Rabinal Achí* es tal vez el único drama de origen prehispánico hasta hoy descubierto. Fue dado a conocer por el Abate Carlos Esteban Brasseur —párroco del pueblo de Rabinal en Guatemala—, quien logró que los indígenas presentaran el drama en

De *Rabinal Achí*, adaptación e interpretación de J. Antonio Villacorta, *Anales de la Sociedad de Geografía e Historia de Guatemala*, XVII, 1942, pp. 352–75.

1856. Brasseur lo copió en quiché, y de ahí sacó una traducción al francés que dio a conocer en 1862.

El drama trata de la captura, el interrogatorio y la muerte del varón de Quiché por sus enemigos los señores de Rabinal. El varón de Quiché, al caer en manos de Rabinal Achí, es interrogado por éste, quien le reprocha su conducta. El drama, simbólico de la lucha entre los señores de Rabinal y los de Quiché, termina con el sacrificio del varón de Quiché.

 # Rabinal Achí

PERSONAJES

JOBTOJ, *señor de Rabinal.*
RABINAL ACHÍ, *hijo de Jobtoj.*
XOCAJAU, *esposa de Jobtoj.*
QUICHÉ ACHÍ, *hijo del rey* [de] *Quiché y príncipe de Cunén y de Chajul.*
TZAM-KAM-CARCHAG, *princesa de Rabinal.*
ESCLAVOS, ESCLAVAS, CABALLEROS TIGRES, CABALLEROS ÁGUILAS *y* GENTE DE RABINAL.

El drama se desarrolla en el palacio de Cakyug, en el siglo XII, época en que los quichés de Gumarcaaj y de Rabinal luchaban por el predominio de la comarca de Zamaneb.

ESCENA PRIMERA

En un bosque, frente al palacio de Cakyug, que se ve al fondo, rodeado de árboles, aparece RABINAL ACHÍ, *con sus arreos[1] y armas de combate, acompañado de varios guerreros que danzan al compás de la cadenciosa música de los tunes[2], cuando irrumpe[3] el héroe* QUICHÉ ACHÍ, *blandiendo su lanza sobre la cabeza de* RABINAL ACHÍ. *De pronto se detienen todos, y empieza el drama.*

QUICHÉ ACHÍ (*Dirigiéndose a* RABINAL ACHÍ.)
¡Acércate, hombre perverso, hombre alta-

nero! ¡Eres el primero a quien no he podido vencer, eres el jefe de los Chacachip, de los Zamanip y príncipe de Rabinal! ¡Acércate, te digo, a la faz de la tierra[4]!

(*Sorprendido* RABINAL ACHÍ *por la irrupción de su enemigo, apresta su cuerda con nudo corredizo y empieza a moverla. Todo ello en medio de la danza.*)

RABINAL ACHÍ ¡Hola, valiente guerrero, jefe de las gentes del Quiché! Me dices que me acerque y me tratas de perverso y altanero, porque nunca has logrado vencerme como jefe que soy de los Chacachip, de los Zamanip, y príncipe de Rabinal. ¿Fueron ésas tus palabras? ¡Ciertamente, por el cielo y por la tierra que vemos, has venido a entregarte a la punta de mi lanza, a la fuerza de mi escudo, a los golpes de mi maza[5] extranjera, de mi hacha yaqui[6], de mis brazaletes de cuero

[1] *arreos* adornos, atavíos
[2] *tunes* tambores de madera
[3] *irrumpe* entra violentamente

[4] *a... tierra* ante todo el mundo. También decían *a la faz del cielo, a la faz del mundo.*
[5] *maza* arma antigua, de palo o de hierro, con cabeza gruesa
[6] *yaqui* entre los quichés, extranjero, y especialmente mexicano

y metal, de mis hierbas mágicas, de mi cota[7] de algodón, de mi fuerza, en fin, de mi coraje! ¡Que haya sido o no así, te ataré ahora con mi cuerda blanca o con mi bejuco[8]! Te lo digo delante del cielo y de la tierra, que deseo te sean propicios, valiente varón, ¡ya mi cautivo!

.   .   .   .

QUICHÉ ACHÍ   ¡Ah! ¿No os convendría a vosotros, flautistas, a vosotros, tamborileros, tocar ahora mi flauta, hacer sonar mi tambor? Tocad, pues, la gran marcha, la pequeña marcha. Sonad mi flauta quiché, tocad mi tambor quiché, la marcha de mi prisionero, de mi cautivo en mis montañas, en mis valles, como para emocionar al cielo, como para emocionar a la tierra. Que se inclinen nuestras cabezas, que se inclinen nuestras frentes cuando nosotros bailemos y bailen las esclavas y los esclavos, aquí, bajo el cielo, sobre la tierra. ¡Así lo pregona mi palabra a la faz del cielo, a la faz de la tierra que os sean propicios, flautistas! ¡Oh tamborileros!

(QUICHÉ ACHÍ *baila una danza guerrera deteniéndose en cada esquina, para lanzar un desafío.*)

QUICHÉ ACHÍ   ¡Hola, Señor Jobtoj! Discúlpame a la faz del cielo, a la faz de la tierra. He aquí lo que me prestaste, lo que me concediste, vengo a dejarlo a la entrada de los grandes muros de la gran fortaleza. Guárdalo, enciérralo en su envoltura, en su arca. Tú has satisfecho mi deseo, mi petición, a la faz del cielo, a la faz de la tierra. Yo lo he proclamado en las cuatro esquinas, en los cuatro costados de los grandes muros de la gran fortaleza, como

señal suprema de mi muerte, de mi desaparición, aquí, bajo el cielo, aquí, sobre la tierra. Pero si en verdad es grande tu poder en los grandes muros, en la gran fortaleza, concédeme a la dueña de las plumas de quetzal[9], a la dueña de los pájaros verdes, la preciosa esmeralda venida de Tzam-Kam-Carchag, cuya boca es virgen todavía, cuya faz aún no ha sido tocada, para que yo estrene su boca y su rostro, para que dance con ella, para que la presente en las cuatro esquinas, en los cuatro costados de los grandes muros de la gran fortaleza como suprema señal de mi muerte, de mi desaparición, bajo el cielo, en la tierra. ¡Que el cielo, que la tierra sean contigo, Señor Jobtoj!

EL SEÑOR JOBTOJ   ¡Valiente varón, jefe de las gentes del Quiché! ¿Es ése tu deseo? ¿Es ésa tu petición? Sea como fuere, yo te concedo lo que deseas; aquí está la dueña de las plumas de quetzal, la dueña de los pájaros verdes, la preciosa esmeralda venida de Tzam-Kam-Carchag, cuya boca es virgen, cuya faz aún no está tocada. Así te la concedo, valiente varón, como señal suprema de tu muerte, de tu desaparición, bajo el cielo, sobre la tierra. ¡Esclavos, esclavas! ¡Traed a la dueña de las plumas de quetzal, a la dueña de los pájaros verdes, y dadla a este valiente varón, como lo desea, como lo pide, en señal suprema de su muerte, de su desaparición, aquí, bajo el cielo, sobre la tierra!

UN ESCLAVO   ¡Muy bien, mi Señor, mi Jefe! La daré a ese valiente, a ese varón... (*Conducen varios* ESCLAVOS *a la dueña de las plumas de quetzal y la entregan a* QUICHÉ ACHÍ, *diciéndole:*) ¡Hela aquí, valiente varón, jefe de las gentes del Quiché! Te entrego lo que deseas; pero no la ofendas,

---

[7] *cota*   jubón ajustado que se usaba como armadura
[8] *con mi cuerda... bejuco*   con mi cuerda de pita o con mi cuerda de liana

[9] *quetzal*   pájaro trepador de plumaje multicolor; ave sagrada de Guatemala

ni hieras a la dueña de las plumas de quetzal, a la dueña de los pájaros verdes. Muéstrate, danzando con ella únicamente, en los grandes muros, en la gran fortaleza.

(QUICHÉ ACHÍ *saluda a la joven, y ella comienza una danza viéndole siempre el rostro. Él la sigue de la misma manera, y ambos hacen como que se cubren con un lienzo dando la vuelta al escenario al compás de la música, y al llegar ambos ante el anciano* JOBTOJ, *se detienen y dice*:)

QUICHÉ ACHÍ ¡Señor Jobtoj! Discúlpame, a la faz del cielo, a la faz de la tierra. Aquí está aquélla que me fue concedida como compañera. Fui a mostrarla, fui a danzar por las cuatro esquinas, por los cuatro costados, en los grandes muros, en la gran fortaleza. Mi palabra dice también: Concédeme, préstame a los doce Águilas Amarillas, a los doce Tigres Amarillos, a los que siempre encontré de día y de noche con las armas en la mano. Permíteme que con ellos vaya a clavar la punta de mi lanza, a probar la fuerza de mi escudo en las cuatro esquinas, en los cuatro costados de los grandes muros, de la gran fortaleza, solamente como señal de mi muerte, de mi desaparición, aquí bajo el cielo, sobre la tierra. ¡Que el cielo, que la tierra sean contigo, Señor Jobtoj!

EL SEÑOR JOBTOJ ¡Valiente varón, jefe de las gentes del Quiché! Tu palabra solicita a la faz del cielo, a la faz de la tierra, que yo te preste a los doce Águilas Amarillas, a los doce Tigres Amarillos. Así lo dice tu palabra. Y bien, yo lo concedo, yo te presto a los doce Águilas Amarillas, a los doce Tigres Amarillos que tú deseas, que tú pides en mi presencia, en mi faz. Id, pues, ¡oh mis Águilas, oh mis Tigres! Hagan porque este valiente, este varón, pueda salir con vosotros a probar la

punta de su lanza, la dureza de su escudo, en las cuatro esquinas, en los cuatro costados de los grandes muros, de la gran fortaleza.

(QUICHÉ ACHÍ *va con los* ÁGUILAS *y los* TIGRES, *y ejecutan una danza guerrera alrededor de la escena. Al terminar, vuelven todos a presencia del anciano* JOBTOJ, *y dice*:)

QUICHÉ ACHÍ ¡Señor Jobtoj! Discúlpame a la faz del cielo, a la faz de la tierra. Tú me concediste lo que deseaba y te pedí: los Águilas Amarillas, los Tigres Amarillos, y fui con ellos a probar la punta de mi lanza y la dureza de mi escudo. ¿Son ésos, pues, tus Águilas? ¿Son ésos, pues, tus Tigres? No tengo nada que decir de ellos con mi faz, con mi boca, pues unos ven y otros no ven, no tienen dientes, no tienen garras. ¡Si tú llegaras a ver por un momento los de mis montañas, los de mis valles[10]! ¡Ellos ven poderosamente, ellos miran maravillosamente, combaten y luchan con los dientes, con las garras!

EL SEÑOR JOBTOJ ¡Valiente varón, jefe de las gentes del Quiché! ¡Nosotros ya vimos los dientes y las garras de los Águilas, de los Tigres, que están en tus montañas, que están en tus valles! ¿Cuál es, pues, la mirada, la vista de tus Águilas, de tus Tigres, que están en tus montañas, en tus valles?

QUICHÉ ACHÍ ¡Señor Jobtoj! ¡Discúlpame a la faz del cielo, a la faz de la tierra! He aquí lo que dice mi palabra, en tu faz, en tu presencia: Concédeme trece veces veinte días, trece veces veinte noches[11], para ir a despedirme a la faz de mis montañas, a la faz de mis valles, adonde iba antes, a las cuatro esquinas, a los cuatro costados de ellos, a buscar toda clase de

---

[10] *los... montañas, los... valles* los de mi país
[11] *trece... días, trece... noches* tiempo que duraban las ceremonias religiosas

alimentos míos para proveer a mis comidas.

(Se hace silencio. Nadie habla. Entonces, QUICHÉ ACHÍ desaparece por un momento, y volviendo a entrar en el escenario se dirige a los doce ÁGUILAS, a los doce TIGRES, diciendo:)

QUICHÉ ACHÍ   ¡Oh Águilas! ¡Oh Tigres! Se ha marchado, pensaron; se ha ido, dijeron. No me he marchado ni me he ido. Fui solamente a despedirme a la faz de mis montañas, a la faz de mis valles, a donde iba antes a buscar mis alimentos, mis comidas, en las cuatro esquinas, en los cuatro costados de ellos.

¡Valedme, oh cielo! ¡Valedme, oh tierra! Mi valor y mi bravura ya no me sirvieron. Yo busqué mi camino bajo el cielo, sobre la tierra. Separando las hierbas, separando los abrojos. ¡Mi enojo y mi bravura ya no me sirvieron!

¡Valedme, oh cielo! ¡Valedme, oh tierra! Es cierto que debo morir aquí, desaparecer aquí, bajo el cielo, sobre la tierra. ¡Oh mi metal amarillo! ¡Oh mi metal blanco! ¡Oh punta de mi lanza! ¡Oh dureza de mi escudo, de mi maza yaqui, de mi hacha yaqui, de mis guirnaldas, de mis sandalias! ¡Id vosotros a nuestras montañas, a nuestros valles!

¡Llevad esta nueva a presencia de mi Señor, de mi Jefe!

He aquí, pues, la palabra de mi Señor, de mi Jefe: "Hace mucho tiempo que tu valor, que tu bravura buscan nuestro alimento, nuestra comida."

Así dice la palabra de mi Señor, de mi Jefe. ¡Que no la diga más, pues ya sólo espero mi muerte, mi desaparación, bajo el cielo, sobre la tierra! ¡Valedme, oh tierra! Puesto que es necesario que yo muera, que yo desaparezca, aquí, bajo el cielo, en la tierra, y no pueda convertirme en esa ardilla[12], en ese pájaro, que mueren sobre la rama del árbol, sobre el brote nuevo. ¡Oh Águilas! ¡Oh Tigres! ¡Venid, pues, a cumplir vuestro oficio, a cumplir vuestro deber, pero que vuestros dientes, que vuestras garras me destrocen al instante, pues he sido un valiente varón venido de mis montañas y de mis valles! ¡Que el cielo, que la tierra sean conmigo, oh Águilas, oh Tigres!

(Los ÁGUILAS y los TIGRES se arrojan sobre QUICHÉ ACHÍ, lo tienden sobre la piedra sagrada y lo sacrifican. En seguida danzan todos al compás de una música monótona, cuyos sonidos van apagándose paulatinamente, y termina el drama.)

[12] *ardilla* squirrel

3 La poesía náhuatl

Para el estudio de la poesía náhuatl contamos con escasos documentos: los *Veinte himnos sacros* recogidos por Sahagún entre 1558 y 1560; los *Cantares mexicanos*, manuscrito náhuatl existente en la Biblioteca Nacional de México; el *Manuscrito de los romances de los romances de los señores de la Nueva España*, que se encuentra en la Biblioteca de la Universidad de Texas en Austin.

La poesía náhuatl refleja el ambiente mexicano de la altiplanicie. Entre los temas predomina el religioso; pero también aparece el asunto guerrero y la queja por el abandono del mundo. El tema amoroso es muy raro, y el tono es casi siempre triste.

Canto de la Madre de los dioses

Amarillas flores abrieron la corola:
es nuestra Madre, la del rostro con máscara.
¡Tu punto de partida es Tamoanchan[1]!
Amarillas flores son tus flores:
es nuestra Madre, la del rostro con máscara.
¡Tu punto de partida es Tamoanchan!
Blancas flores abrieron la corola:
es nuestra Madre, la del rostro con máscara.
¡Tu punto de partida es Tamoanchan!
Blancas flores son tus flores:
es nuestra Madre, la del rostro con máscara.
¡Tu punto de partida es Tamoanchan!

. . .

La Diosa está sobre el redondo cacto:
¡es nuestra Madre, Mariposa de Obsidiana!
Oh, veámosla:
en las Nueve Llanuras[2]
se nutrió con corazones de ciervos.
¡es nuestra Madre, la Reina de la Tierra!
Oh, con greda[3] nueva, con pluma nueva
está embadurnada.
¡Por los cuatro rumbos se rompieron dardos!
¡Oh, en cierva estás convertida:
sobre tierra de pedregal vienen a verte
Xiuhnelli y Mimich![4]

[1] *Tamoanchan* "recinto de los seres que han de venir al mundo," según Garibay K. (p. 68 de la edición mencionada al pie de esta página)

[2] *en... Llanuras* "en las múltiples estepas", según Garibay K. (p. 68 de la edición mencionada al pie de esta página); en las amplias llanuras
[3] *greda* clay, chalk
[4] *Xiuhnelli y Mimich* "personajes relacionados con la diosa madre", según Garibay K. (p. 68)

De *Veinte himnos sacros de los nahuas*, edición de Ángel María Garibay K. (México, Instituto de Historia, Universidad Nacional de México, 1958).

Vida efímera

Sólo venimos a dormir, sólo venimos a
    soñar:
no es verdad, no es verdad que venimos a
    vivir en la tierra.

En yerba de primavera venimos a
    convertirnos:

llegan a reverdecer, llegan a abrir sus corolas
    nuestros corazones,
es una flor nuestro cuerpo: da algunas flores
    y se seca.

Vida de ilusión

¿Acaso es verdad que se vive en la
    tierra?
¿Acaso para siempre en la tierra? ¡Sólo un
    breve instante aquí!

Hasta las piedras finas se resquebrajan,
hasta el oro se destroza, hasta las plumas
    preciosas se desgarran.
¿Acaso para siempre en la tierra? ¡Sólo un
    breve instante aquí!

Misión del poeta

Sólo venimos a llenar un oficio en la
    tierra, oh amigos:
tenemos que abandonar los bellos cantos,
tenemos que abandonar también las flores.
    ¡Ay!

Por esto estoy triste en tu canto, oh tú
    por quien se vive:

tenemos que abandonar los bellos cantos,
tenemos que abandonar también las flores.

Brotan las flores, medran, germinan,
    abren sus corolas:
de tu interior brota el canto florido que tú,
    poeta,
haces llover y difundes sobre otros.

Cantares mexicanos

14

En este florido pórtico
donde está el patio florido,
canta y da gritos de júbilo el cantor.

Llegaron y han venido variadas aves:
aves de color azul, y aves de color amarillo,
aves de color de oro y de rosado color,
ya hay bello canto en la casa del dios.

De *Poesía indígena de la Altiplanicie*, "Biblioteca del Estudiante Universitario", 11, edición de Garibay K. (México, Universidad Nacional de México, 1940), pp. 165, 168, 173.

De *Poesía náhuatl*, II, edición de Garibay K. (México, Instituto de Historia, Universidad Nacional de México, 1965), p. 39.

Ajorca[1] de oro, puñado de piedras finas,
esmeraldas relucientes y oro,
o hermosa flauta... ¡tal estimo yo tu canto
y qué bellas son tus flores!

Gargantilla[2] de esmeraldas, redondas y
  relucientes,
plumaje de anchas plumas de quetzal,
rollo de preciosas plumas... ¡tal estimo yo tu
  canto
y qué bellas son tus flores!

[1] *Ajorca*   pulsera

[2] *Gargantilla*   collar de adorno

4   La poesía quechua

Los más antiguos ejemplos de la poesía quechua los encontramos en los *Comentarios reales* del Inca Garcilaso de la Vega (1539–1616), quien los recogió de los documentos, hoy perdidos, del Padre Blas Valera (1540–1596). Otras fuentes son las obras descubiertas por el investigador inglés C. R. Markham en la Biblioteca Nacional de Madrid: la *Relación de antigüedades de este reyno del Perú* (*c.* 1620) de Juan Santacruz Pachacuti y la *Relación de las fábulas y ritos de los Incas en el tiempo de su infidelidad* (1575) del religioso mestizo Cristóbal de Molina. Ambas tienen varios cantos sacros, la mayor parte de ellos dirigidos al dios Viracocha.

El investigador contemporáneo Jesús Lara ha clasificado la poesía lírica incaica en los siguientes sub-géneros: *jailli, arawa, taki, wayñu, ghaswa, aranway* y *wanka.* Las características generales de estas formas son la sencillez en la versificación (resultado de la necesidad del canto), la preferencia que se da al verso de pocas sílabas y la musicalidad que predomina en todas ellas.

 Runa kámaj[1]

Amanece la tierra
y se cubre de luces

a fin de venerar
al creador del hombre.

[1] *Runa kámaj*   (aliento del hombre) uno de los atributos del dios Viracocha, hijo del Sol

De *La poesía quechua*, edición de Jesús Lara (México, Fondo de Cultura Económica, 1947), pp. 159–60, 164–65, 171–73.

Y el alto cielo
barre sus nubes
para humillarse
ante el creador del mundo.

El rey de las estrellas
y padre nuestro, el Sol,
su cabellera extiende
a los pies de él.

Y el viento junta
las copas de los árboles
y sacude sus ramas
y las yergue hacia el cielo.

Y en el regazo de los árboles
los pajarillos cantan
y rinden el fervor de su homenaje
al regidor del mundo.

Todas las flores,
bellas y ufanas,
exhiben sus colores
y sus perfumes.

Y en el seno del lago,
que es universo de cristal,
es grande el alborozo
de los peces.

El río caudaloso
con su bronco cantar
está rindiendo su alabanza
a Viracocha.

El peñasco también
se atavía de verde
y la floresta del barranco
ostenta flores nuevas.

Y las serpientes,
habitantes del monte,
van arrastrándose
a los pies de él.

La vicuña del páramo
y la vizcacha[2] del peñasco
se domestican
cerca de él.

Así también mi corazón
en cada amanecer
te rinde su alabanza,
Padre mío y creador.

[2] *vizcacha*   type of large hare

 Arawi[1]

Morena mía,
morena,
tierno manjar, sonrisa
del agua,
tu corazón no sabe
de penas
y no saben de lágrimas
tus ojos.

Porque eres la mujer más bella,
porque eres reina mía,
porque eres mi princesa,
dejo que el agua del amor
me arrastre en su corriente,
dejo que la tormenta
de la pasión me empuje
allí donde he de ver la manta

[1] *arawi*   poesía de tema amoroso

que ciñe tus hombros
y la saya[2] resuelta
que a tus muslos se abraza.

Cuando es de día, ya no puede
llegar la noche;
de noche, el sueño me abandona
y la aurora no llega.

[2] *saya* falda que usan las mujeres

Tú, reina mía,
señora mía,
¿Ya no querrás
pensar en mí
cuando el león y el zorro
vengan a devorarme
en esta cárcel,
ni cuando sepas
que condenado estoy
a no salir de aquí, señora mía?

Taki[1]

Hermosa flor eres tú,
punzante espina soy yo.
Tú eres ventura hecha vida
pensar que cunde soy yo.

Tú eres virginal paloma,
odiosa mosca soy yo.
Luna de nieve eres tú,
noche de pena soy yo.

Tú eres árbol frutecido,
carcomido tronco yo.
Tú eres mi sol, mi sol eres,
noche de pesar soy yo.

Tú eres vida de mi vida,
eres amor de mi amor.
Alfombra a tus pies tendida
seré eternamente yo.

Blando helecho que despliega
su traje de verde nuevo;
vestida de blanco, eres
la estrella de mi mañana.

Blanca nube, la más leve,
clara fuente de agua pura,
tú serás mi dulce engaño,
yo seré tu oscura sombra.

[1] *taki* forma poética cantable

Wanka[1]

Protectora sombra de árbol,
camino de vida,
limpio cristal de cascada
fuiste tú.

En tu ramaje anidó
mi corazón,
mi regocijo a tu sombra
floreció.

[1] *wanka* especie de elegía

¿Es posible que te vayas
    tan solo?
¿Ya no volverás a abrir
    los ojos?

¿Por qué camino te has de ir
    dejándome,
sin volver a abrir siquiera
    los labios?

¿Qué árbol me prestará ahora
    su sombra?
¿Qué cascada me dará
    su canción?

¿Cómo he de poder quedarme
    tan solo?
El mundo será un desierto
    para mí.

CAPÍTULO SEGUNDO

EL SIGLO XVI

Los cronistas

DURANTE LA PRIMERA PARTE del siglo XVI la historiografía en España era todavía un arte —no digamos ciencia— incipiente. Los cronistas de Indias tuvieron como ejemplos las obras del grupo de historiadores de la época de los Reyes Católicos: Alfonso de Palencia, Hernando del Pulgar y Andrés Bernáldez, ninguno de ellos historiador de primer orden en el sentido moderno de la palabra. Frecuente era entonces mezclar lo histórico o real y lo anecdótico o ficticio; la línea divisoria entre lo uno y lo otro no era, para el historiador de la época, tan rígida como lo es para los historiadores modernos. Por lo tanto, no hay que esperar de los cronistas de Indias un nuevo enfoque crítico al trazar la historia del Nuevo Mundo, aunque sí, una nueva actitud ante la realidad. En sus obras encontramos una fusión de lo histórico y lo novelesco, de juicios objetivos y subjetivos, de realidad y ficción, o como lo había de expresar Cervantes más tarde, de historia verdadera e historia fingida.

Los cronistas de Indias no eran historiadores de profesión; eran ya conquistadores deseosos de dar a conocer en Europa sus prodigiosas hazañas; ya misioneros celosos de su religión y por lo tanto propuestos a extirpar las supersticiones de los indios por medio de la escritura; ya indios de sangre real que trataban de establecer un patrimonio; ya, en fin, viajeros que querían asombrar al mundo con sus maravillosas narraciones sobre las grandezas de los imperios indígenas.

Los primeros cronistas fueron, como es de esperarse, los descubridores y conquistadores mismos. Cristóbal Colón (1451–1506) fue el primero. Su *Diario* (1492–1493), escrito en estilo monótono, si bien hiperbólico (según lo transcribió el Padre Fray Bartolomé de las Casas), puede ser considerado como el primer monumento de la literatura hispanoamericana escrita en castellano. Aquí se encuentra la primera visión europea del hombre y la naturaleza americanos. Hernán Cortés (1485–1547), conquistador de México y autor de unas *Cartas de relación* (1519–1536), nos dejó allí una reseña precisa de sus gloriosas hazañas, lo mismo que verídicas descripciones de la vida entre los aztecas, según la observó de primera mano. Bernal Díaz de Castillo (¿1495?–1584), soldado de Cortés, fue el autor de la famosa *Historia verda-*

Detalle de tabla pintada
siglo XVI
ciudad de México

23

dera de la conquista de la Nueva España (1568). Álvar Núñez Cabeza de Vaca (*c.* 1490–1559) escribió la famosa odisea, *Naufragios y relación* (1542), pintando con vivos colores los infortunios y trabajos que durante ocho años sufrió en la peregrinación a través del continente americano, desde la Florida hasta Culiacán[1]. Francisco López de Jerez (1504–1539), secretario de Francisco Pizarro, fue el autor de la *Verdadera relación de la conquista del Perú y provincia de Cuzco* (1534), en la cual registra las hazañas de los conquistadores del reino incaico hasta la muerte de Atahualpa[2]. Agustín de Zárate (m. después de 1560) también fue cronista de las hazañas de Pizarro. En la *Historia del descubrimiento y conquista del Perú* (1554) presentó un fiel retrato del hecho histórico de la dominación de los incas y de las subsecuentes guerras civiles entre los conquistadores. Gonzalo Jiménez de Quesada (1499–1579), adelantado[3] en la Nueva Granada[4] y fundador de Bogotá, fue el autor de una relación de la conquista de esa región y de un *Compendio historial de la conquista del Nuevo Reino* (terminado en 1575). Fray Gaspar de Carvajal (1504–1584) fue el cronista del fantástico viaje de Francisco de Orellana por la cuenca del Amazonas.

Después de los descubridores y conquistadores, llegaron los misioneros, los humanistas y los letrados. A este grupo perteneció Gonzalo Fernández de Oviedo (1478–1557), el más diligente de los cronistas, autor de una monumental y enciclopédica *Historia general y natural de las Indias* (1535), escrita en Santo Domingo. También de este grupo fue Fray Bartolomé de las Casas (1474–1566), fervoroso defensor de los indígenas en su *Breve relación de la destrucción de las Indias* (1552), lo mismo que historiador del descubrimiento y la conquista del Nuevo Mundo en la *Historia de las Indias* (1561) y la *Apologética historia de las Indias* (obras inéditas hasta 1875 y 1909). La actitud de Las Casas era polémica, y eso quita mérito a sus obras como documentos históricos, mas no como apasionada visión del choque entre las dos culturas y de los problemas de aculturación. Fray Toribio de Benavente, "Motolinía" (m. 1568), fue un humilde misionero, recordado por sus *Memoriales* (inéditos hasta 1903) y la *Historia de los indios de la Nueva España* (1541), ambas obras valiosas para el estudio de la formación de la nueva sociedad. Francisco Cervantes de Salazar (1514–1575) fue autor de la *Crónica de la Nueva España,* no exenta de elementos novelescos. Pedro Cieza de León (1520–1554) escribió una interesante *Crónica del Perú* (1553), en la que hace

---

[1]*Culiacán*   ciudad en la costa occidental de México; hoy capital del estado de Sinaloa
[2]*Atahualpa*   último de los emperadores Incas, estrangulado en 1533 por orden de Pizarro
[3]*adelantado*   gobernador
[4]*Nueva Granada*   virreinato colonial que incluía las repúblicas modernas de Colombia, Ecuador y Venezuela

una descripción geográfica del imperio incaico. El erudito Padre José de Acosta (1538–1600), por medio de su *Historia natural y moral de las Indias* (1590), traducida a las principales lenguas europeas, dio a conocer las culturas del Nuevo Mundo en Europa.

Otros cronistas e historiadores dieron preferencia al estudio de las culturas indígenas. Entre éstos destaca el nombre de Fray Bernardino de Sahagún (*c.* 1500–1590), autor de la monumental *Historia de las cosas de la Nueva España* (1569), de la cual hemos seleccionado un capítulo para esta antología. Lo mismo hemos hecho con el Inca Garcilaso de la Vega (1540–1616), el más erudito de los cronistas peruanos. Hay dos cronistas importantes de origen indígena que se preocupaban por la historia de sus antepasados. Fernando de Alva Ixtlilxóchitl (1568–1648) escribió la *Historia chichimeca* (*c.* 1610), en la que encontramos la vida y hazañas de Netzahualcóyotl, rey de los chichimecas en el valle de México y famoso también como poeta. Hernando Alvarado Tezozómoc (*c.* 1520–*c.* 1600), con su *Crónica mexicana*, contribuyó una de las mejores fuentes para el estudio de la vida y la cultura entre los antiguos aztecas.

Entre los cronistas ya nacidos en el Nuevo Mundo, figuran Fray Diego Durán (1538–1588), autor de una importante *Historia de las Indias de Nueva España y Islas de Tierra Firme* (1581); Tito Cusi Yupanqui, también llamado Diego de Castro, autor de una *Relación de la conquista del Perú y hechos del Inca Manco II*; Felipe Guamán Poma de Ayala, autor de la obra *Nueva crónica y buen gobierno,* que trata de las vidas de los emperadores incas y los conquistadores españoles; Juan Santacruz Pachacuti Yamqui Salcamaywa, autor de la *Relación de antigüedades de este Reyno del Perú* (*c.* 1620), recordado por la pasión con que acusó a los españoles y la defensa que hizo de los de su raza; y Juan Suárez de Peralta (*c.* 1536–1590), nacido en México, hijo de conquistador, quien pasó a España en 1579 y allá escribió su interesante *Tratado del descubrimiento de Indias y su conquista...* (1589), libro inédito hasta 1878, año en que fue publicado bajo el título *Noticias históricas de la Nueva España.*

Como ejemplos de la prosa y el pensamiento del siglo XVI según se manifiesta en las obras de los cronistas hemos seleccionado trozos de Cortés, de Sahagún, de Díaz del Castillo y del Inca Garcilaso de la Vega. Los tres primeros, aunque nacidos en España, ya nos ofrecían una prosa que no era exactamente igual a la que escribían sus contemporáneos peninsulares. Los temas y su actitud ante la vida, que fue el resultado de haber convivido con los indígenas, les obligaban a expresarse en términos que ya indicaban la creación de una literatura hispanoamericana original, rica en matices y motivos extraños a los prosistas españoles de la época que no visitaban el Nuevo Mundo. En el Inca Garcilaso de la Vega estas tendencias se acentuaban.

LITERATURA HISPANOAMERICANA

- (1492) Colón — *Diario de viaje*
- (1519–36) **Cortés** — *Cartas de relación*
- (1526) Oviedo — *Sumario*
- (1552) Las Casas — *Brevísima relación*
- (1554) Cervantes de Salazar — *Diálogos**
- (1568) **Díaz del Castillo** — *Historia verdadera*
- (1569) **Sahagún** — *Historia general*
- (1569–89) **Ercilla** — *La araucana*
- (1577) **Terrazas** — *Poesía lírica y épica*
- (1596) Oña — *Arauco domado*
- (1609–17) **Garcilaso de la Vega, el Inca** — *Comentarios reales*

LITERATURA ESPAÑOLA

- (1508) Montalvo — *Amadís de Gaula*
- (1534) Garcilaso de la Vega — *Poesías líricas*
- (1554) *Lazarillo de Tormes*
- (1559) Montemayor — *Diana*
- (1588) Santa Teresa — *Las moradas*
- (1599) Alemán — *Guzmán de Alfarache* (I)

OTRAS LITERATURAS

- (1511) Erasmus — *In Praise of Folly*
- (1516) More — *Utopia*
- (1532) Machiavelli — *The Prince*
- (1543) Copernicus — *De Revolutionibus*
- (1549) *Book of Common Prayer*
- (1580) Montaigne — *Essais*
- (1581) Tasso — *Jerusalem Delivered*
- (1596) Shakespeare — *Twelfth Night*

MARCO HISTORICO

- (1492) Conquista de Granada
- (1504) Muerte de Isabel la Católica
- (1517) Las noventa y cinco tesis de Lutero
- (1539) *La escala espiritual* de Juan de Climaco†
- (1545–58) Minas de plata: Potosí, Guanajuato, etc.
- (1553) Se inauguran las universidades de México y Lima
- (1588) Armada española
- (1474)–Reinado de los Reyes Católicos–(1516)
- Carlos I, Rey de España —(1516) ... (1556)—
- Felipe II, Rey de España —(1556) ... (1598)—
- Felipe III, Rey de España —(1598) ... (1621)

(Cronología: 1480 — 1500 — 1520 — 1540 — 1560 — 1580 — 1600 — 1620)

*En latín
†Primer libro publicado en México

5 Hernán Cortés
(1485-1547)

Hernán Cortés, natural de Medellín, Extremadura, pasó a las Indias en 1504 y a México en 1519. El conquistador mismo fue el primer cronista de la Nueva España[1], país al cual dio el nombre. En las cinco largas *Cartas de relación* (1519-1536) nos dejó una reseña precisa de los hechos de la conquista, que más tarde habían de inspirar a mejores, pero no más fieles, historiadores. En estilo directo, sobrio, preciso, nos describe Cortés la geografía, el ambiente, las costumbres de los habitantes de Anáhuac[2], y en términos que expresan su gran admiración, la corte de Moctezuma, sus aposentos, sus jardines, museos zoológicos, servicios domésticos. De la segunda carta, escrita a raíz de la trágica salida de los conquistadores de México el 30 de octubre de 1520, hemos seleccionado un trozo, que es el más famoso, en el cual encontramos las características señaladas arriba.

[1] *Nueva España*   nombre de México durante el período colonial
[2] *Anáhuac*   antiguo nombre indígena del valle de México

 ## Carta segunda de relación

Porque para dar cuenta, muy poderoso Señor[1], a vuestra real excelencia de la grandeza, extrañas y maravillosas cosas desta[2] gran ciudad de Temixtitán[3], y del señorío y servicio deste Muteczuma[4], señor della, y de los ritos y costumbres que esta gente tiene, y de la orden que en la gobernación, así desta ciudad como de las otras que eran deste señor, hay, sería menester mucho tiempo y ser muchos relatores y muy expertos: no podré yo decir de cien partes una de las que dellas se podrían decir; mas como pudiere, diré algunas cosas de las que vi, que, aunque mal dichas, bien sé que serán de tanta admiración que no se podrán creer, porque los que acá con nuestros propios ojos las vemos no las podemos con el entendimiento comprehender. Pero puede vuestra majestad ser cierto que si alguna falta en mi relación hobiere, que será antes por corto que por largo, así en esto como en todo lo demás de que diere cuenta a vuestra alteza, porque me parecía justo a mi príncipe y señor decir muy claramente la verdad, sin interponer cosas que la disminuyan ni acrecienten.

Antes que comience a relatar las cosas desta gran ciudad y las otras que en este otro capítulo dije, me parece, para que mejor se puedan entender, que débese decir de la

[1] *Señor*   Carlos V
[2] *desta*   de esta; *della*   de ella, etc.
[3] *Temixtitán*   (*Tenochtitlán*) hoy la cuidad de México
[4] *Muteczuma*   Moctezuma II, emperador de los aztecas (1502–20)

De Hernán Cortés, *Cartas de relación de la conquista de Méjico*, I (Madrid, Calpe, 1922), pp. 96–110.

manera de Méjico, que es donde esta ciudad y algunas de las otras que he fecho relación están fundadas y donde está el principal señorío deste Muteczuma. La cual dicha provincia es redonda y está toda cercada de muy altas y ásperas sierras, y lo llano della terná[5] en torno fasta setenta leguas, y en el dicho llano hay dos lagunas[6] que casi lo ocupan todo, porque tienen canoas en torno más de cincuenta leguas. E[7] la una destas dos lagunas es de agua dulce, y la otra, que es mayor, es de agua salada. Divídelas por una parte una cuadrillera pequeña de cerros muy altos que están en medio desta llanura, y al cabo se van a juntar las dichas lagunas en un estrecho de llano que entre estos cerros y las sierras altas se hace; el cual estrecho terná un tiro de ballestas[8], e por entre la una laguna y la otra, e las ciudades y otras poblaciones que están en las dichas lagunas, contratan las unas con las otras en sus canoas por el agua, sin haber necesidad de ir por la tierra. E porque esta laguna salada grande crece y mengua por sus mareas según hace la mar, todas las crecientes corre el agua della a la otra dulce, tan recio como si fuese caudaloso río, y, por consiguiente, a las menguantes va la dulce a la salada.

Esta gran ciudad de Temixtitán está fundada en esta laguna salada, y desde la Tierra Firme hasta el cuerpo de la dicha ciudad, por cualquiera parte que quisieren entrar a ella, hay dos leguas. Tiene cuatro entradas, todas de calzada hecha a mano, tan ancha como dos lanzas jinetas[9]. Es tan grande la ciudad como Sevilla y Córdoba. Son las calles della, digo las principales, muy anchas y muy derechas, y algunas destas y todas las demás son la mitad de tierra, y por la otra mitad es agua, por la cual andan en sus canoas, y todas las calles, de trecho a trecho, están abiertas, por do[10] atraviesa el agua de las unas a las otras, e en todas estas aberturas, que algunas son muy anchas, hay sus puentes, de muy anchas y muy grandes vigas juntas y recias y bien labradas, y tales, que por muchas dellas pueden pasar diez de caballo juntos a la par. E viendo que si los naturales desta ciudad quisiesen hacer alguna traición tenían para ello mucho aparejo[11], por ser la dicha ciudad edificada de la manera que digo, y que quitadas las puentes de las entradas y salidas nos podrían dejar morir de hambre sin que pudiésemos salir a la tierra, luego que entré en la dicha ciudad di mucha priesa a facer cuatro bergantines, y los fice en muy breve tiempo, tales que podían echar trecientos hombres en la tierra y llevar los caballos cada vez que quisiésemos. Tiene esta ciudad muchas plazas, donde hay continuos mercados y trato de comprar y vender. Tiene otra plaza tan grande como dos veces la ciudad de Salamanca, toda cercada de portales alrededor, donde hay cotidianamente arriba de sesenta mil ánimas comprando y vendiendo; donde hay todos los géneros de mercadurías que en todas las tierras se hallan, así de mantenimientos como de vituallas, joyas de oro y de plata, de plomo, de latón, de cobre, de estaño, de piedras, de huesos, de conchas, de caracoles y de plumas; véndese tal piedra labrada y por labrar, adobes, ladrillos, madera labrada y por labrar de diversas maneras. Hay calle de caza, donde venden todos los linajes de aves que hay en la tierra, así como gallinas, perdices, codornices[12], lavancos[13], dorales[14], zarcetas[15], tórtolas, pa-

---

[5] *terná*   tendrá
[6] *dos lagunas*   Chalco o Xochimilco y Texcoco
[7] *E*   Y
[8] *ballesta*   bow; *tiro de ballesta*   la distancia que se arroja una flecha
[9] *lanzas jinetas*   lanzas cortas usadas por los capitanes de infantería

[10] *do*   donde
[11] *aparejo*   preparación
[12] *codornices*   quail
[13] *lavancos*   wild ducks
[14] *dorales*   flycatchers
[15] *zarcetas*   widgeons

lomas, pajaritos en cañuela[16], papagayos, búharos[17], águilas, falcones, gavilanes y cernícalos[18], y de algunas aves destas de rapiña venden los cueros con su pluma y cabezas y pico y uñas. Venden conejos, liebres, venados y perros pequeños, que crían para comer, castrados. Hay calle de herbolarios[19], donde hay todas las raíces y yerbas medicinales que en la tierra se fallan. Hay casas como de boticarios, donde se venden las medicinas hechas, así potables como ungüentos y emplastos. Hay casas como de barberos, donde lavan y rapan las cabezas. Hay casas donde dan de comer y beber por precio. Hay hombres como los que llaman en Castilla ganapanes, para traer cargas. Hay mucha leña, carbón, braseros de barro y esteras de muchas maneras para camas, y otras más delgadas para asiento y para esterar salas y cámaras. Hay todas las maneras de verduras que se fallan, especialmente cebollas, puerros, ajos, mastuerzo, berros, borrajas[20], acederas[21] y cardos y tangarinas[22]. Hay frutas de muchas maneras, en que hay cerezas y ciruelas que son semejables a las de España. Venden miel de abejas y cera y miel de cañas de maíz, que son tan melosas y dulces como las de azúcar, y miel de unas plantas que llaman en las otras y estas *maguey*[23], que es muy mejor que arrope, y destas plantas facen azúcar y vino, que asimismo venden. Hay a vender muchas maneras de filado de algodón, de todas colores, en sus madejicas, que parece propiamente alcaicería[24] de Granada en las sedas, aunque esto otro es en mucha más cantidad. Venden colores para pintores cuantas se pueden hallar en España, y de tan excelentes matices cuanto pueden ser. Venden cueros de venado con pelo y sin él, teñidos, blancos y de diversas colores. Venden mucha loza, en gran manera muy buena; venden muchas vasijas de tinajas grandes y pequeñas, jarros, ollas, ladrillos y otras infinitas maneras de vasijas, todas de singular barro, todas o las más vedriadas y pintadas. Venden maíz en grano y en pan, lo cual hace mucha ventaja, así en el grano como en el sabor, a todo lo de las otras islas y Tierra Firme. Venden pasteles de aves y empanadas de pescado. Venden mucho pescado fresco y salado, crudo y guisado. Venden huevos de gallinas y de ánsares y de todas las otras aves que he dicho, en gran cantidad; venden tortillas de huevos fechas. Finalmente, que en los dichos mercados se venden todas cuantas cosas se hallan en toda la tierra, que demás de las que he dicho son tantas y de tantas calidades, que por la prolijidad y por no me ocurrir tantas a la memoria, y aun por no saber poner los nombres, no las expreso. Cada género de mercaduría se vende en su calle, sin que entremetan otra mercaduría ninguna, y en esto tienen mucha orden. Todo lo venden por cuenta y medida, excepto que fasta agora no se ha visto vender cosa alguna por peso. Hay en esta gran plaza una muy buena casa como de audiencia, donde están siempre sentados diez o doce personas, que son jueces y libran todos los casos y cosas que en el dicho mercado acaecen, y mandan castigar los delincuentes. Hay en la dicha plaza otras personas que andan continuo entre la gente mirando lo que se vende y las medidas con que miden lo que venden, y se ha visto quebrar alguna que estaba falsa.

Hay en esta gran ciudad muchas mezquitas o casas de sus ídolos, de muy hermosos edificios, por las colaciones[25] y barrios della,

[16] *cañuela* small reed; *pajaritos en cañuela* pájaros domesticados
[17] *búharos* buhos pequeños
[18] *cernícalos* aves de rapiña
[19] *herbolarios* vendedores de hierbas
[20] *borrajas* borage (herb)
[21] *acederas* sorrel
[22] *tangarinas* golden thistle
[23] *maguey* agave (century plant)
[24] *alcaicería* raw silk exchange

[25] *colaciones* territorio parroquial

y en las principales della hay personas religiosas de su seta[26], que residen continuamente en ellas; para los cuales, demás de las casas donde tienen sus ídolos, hay muy buenos aposentos. Todos estos religiosos visten de negro y nunca cortan el cabello, ni lo peinan desque entran en la religión hasta que salen, y todos los hijos de las personas principales, así señores como ciudadanos honrados, están en aquellas religiones y hábito desde edad de siete u ocho años fasta que los sacan para los casar, y esto más acaece en los primogénitos que han de heredar las casas que en los otros. No tienen acceso a mujer ni entra ninguna en las dichas casas de religión. Tienen abstinencia en no comer ciertos manjares, y más en algunos tiempos del año que no en los otros; y entre estas mezquitas hay una, que es la principal, que no hay lengua humana que sepa explicar la grandeza y particularidades della; porque es tan grande, que dentro del circuito della, que es todo cercado de muro muy alto, se podía muy bien facer una villa de quinientos vecinos. Tiene dentro deste circuito, toda a la redonda, muy gentiles aposentos, en que hay muy grandes salas y corredores, donde se aposentan los religiosos que allí están. Hay bien cuarenta torres muy altas y bien obradas, que la mayor tiene cincuenta escalones para subir al cuerpo de la torre; la más principal es más alta que la torre de la iglesia mayor de Sevilla. Son tan bien labradas, así de cantería[27] como de madera, que no pueden ser mejor hechas ni labradas en ninguna parte, porque toda la cantería de dentro de las capillas donde tienen los ídolos es de imaginería y zaquizamíes[28], y el maderamiento[29] es todo de mazonería[30] y muy picado[31] de cosas de monstruos y otras figuras y labores. Todas estas torres son enterramiento de señores, y las capillas que en ellas tienen son dedicadas cada una a su ídolo, a que tienen devoción.

Hay tres salas dentro desta gran mezquita, donde están los principales ídolos, de maravillosa grandeza y altura, y de muchas labores y figuras esculpidas, así en la cantería como en el maderamiento, y dentro destas salas están otras capillas que las puertas por do entran a ellas son muy pequeñas, y ellas asimismo no tienen claridad alguna, y allí no están sino aquellos religiosos, y no todos; y dentro destas están los bultos y figuras de los ídolos, aunque, como he dicho, de fuera hay también muchos. Los más principales destos ídolos, y en quien ellos más fe y creencia tenían, derroqué de sus sillas y los fice echar por las escaleras abajo, e fice limpiar aquellas capillas donde los tenían, porque todas estaban llenas de sangre, que sacrifican, y puse en ellas imágenes de nuestra Señora y de otros santos, que no poco el dicho Muteczuma y los naturales sintieron; los cuales primero me dijeron que no lo hiciese, porque si se sabía por las comunidades se levantarían contra mí, porque tenían que aquellos ídolos les daban todos los bienes temporales, y que dejándolos maltratar se enojarían y no les darían nada, y les sacarían los frutos de la tierra, y moriría la gente de hambre. Yo les hice entender con las lenguas[32] cuán engañados estaban en tener su esperanza en aquellos ídolos, que eran hechos por sus manos, de cosas no limpias, e que habían de saber que había un solo Dios, universal Señor de todos, el cual había creado el cielo y la tierra y todas las cosas, e hizo a ellos y a nosotros, y que éste era sin principio e inmortal, y que a él habían de adorar y creer, y no a otra criatura ni cosa alguna; y les dije todo lo demás que yo en este caso supe, para los

[26] *seta* secta
[27] *cantería* piedra labrada
[28] *imaginería y zaquizamíes* statuary and lofts
[29] *maderamiento* woodwork
[30] *mazonería* bas-relief
[31] *picado* adornado

[32] *lenguas* intérpretes

desviar de sus idolatrías y atraer al conocimiento de Dios nuestro Señor; y todos, en especial el dicho Muteczuma, me respondieron que ya me habían dicho que ellos no eran naturales desta tierra, y que había muchos tiempos que sus predecesores habían venido a ella, y que bien creían que podrían estar errados en algo de aquello que tenían, por haber tanto tiempo que salieron de su naturaleza, y que yo, como más nuevamente venido, sabría mejor las cosas que debían tener y creer, que no ellos; que se las dijese y hiciese entender, que ellos harían lo que yo les dijese que era lo mejor. Y el dicho Muteczuma y muchos de los principales de la ciudad estuvieron conmigo hasta quitar los ídolos y limpiar las capillas y poner las imágenes, y todo con alegre semblante, y les defendí[33] que no matasen criaturas a los ídolos, como acostumbraban; porque, demás de ser muy aborrecible a Dios, vuestra sacra majestad por sus leyes lo prohibe y manda que el que matare lo maten. E de ahí adelante se apartaron dello, y en todo el tiempo que yo estuve en la dicha ciudad nunca se vio matar ni sacrificar alguna criatura.

Los bultos y cuerpos de los ídolos en quien estas gentes creen son de muy mayores estaturas que el cuerpo de un gran hombre. Son hechos de masa de todas las semillas y legumbres que ellos comen, molidas y mezcladas unas con otras, y amásanlas con sangre de corazones de cuerpos humanos, los cuales abren por los pechos vivos y les sacan el corazón, y de aquella sangre que sale dél amasan aquella harina, y así hacen tanta cantidad cuanta basta para facer aquellas estatuas grandes. E también después de hechas les ofrecían más corazones, que asimismo les sacrificaban, y les untan las caras con la sangre. A cada cosa tienen su ídolo dedicado, al uso de los gentiles, que antigua-

mente honraban sus dioses. Por manera que para pedir favor para la guerra tienen un ídolo, y para sus labranzas otro; y así, para cada cosa de las que ellos quieren o desean que se hagan bien, tienen sus ídolos, a quien honran y sirven.

Hay en esta gran ciudad muchas casas muy buenas y muy grandes, y la causa de haber tantas casas principales es que todos los señores de la tierra vasallos del dicho Muteczuma tienen sus casas en la dicha ciudad y residen en ella cierto tiempo del año; e demás desto, hay en ella muchos ciudadanos ricos, que tienen asimismo muy buenas casas. Todos ellos, demás de tener muy buenos y grandes aposentamientos[34], tienen muy gentiles vergeles de flores de diversas maneras, así en los aposentamientos altos como bajos. Por la una calzada que a esta gran ciudad entran vienen dos caños de argamasa, tan anchos como dos pasos cada uno, y tan altos casi como un estado[35], y por el uno dellos viene un golpe de agua dulce muy buena, del gordor de un cuerpo de hombre, que va a dar al cuerpo de la ciudad, de que se sirven y beben todos. El otro, que va vacío, es para cuando quieren limpiar el otro caño, porque echan por allí el agua en tanto que se limpia; y porque el agua ha de pasar por las puentes, a causa de las quebradas, por do atraviesa el agua salada, echan la dulce por unas canales tan gruesas como un buey, que son de la longura de las dichas puentes, y así se sirve toda la ciudad. Traen a vender el agua por canoas por todas las calles, y la manera de cómo la toman del caño es que llegan las canoas debajo de las puentes por do están las canales, y de allí hay hombres en lo alto que hinchen las canoas, y les pagan por ello su trabajo. En todas las entradas de la ciudad y en las partes donde descargan las canoas, que es

[33] *defendí* prohibí
[34] *aposentamientos* alojamientos
[35] *estado* medida de 1,85 yardas

donde viene la más cantidad de los mantenimientos que entran en la ciudad, hay chozas hechas, donde están personas por guardas y que reciben *certum quid*[36] de cada cosa que entra. Esto no sé si lo lleva el señor o si es proprio para la ciudad; porque hasta ahora no lo he alcanzado; pero creo que para el señor, porque en otros mercados de otras provincias se ha visto coger aquel derecho para el señor dellas. Hay en todos los mercados y lugares públicos de la dicha ciudad, todos los días, muchas personas trabajadores y maestros de todos oficios, esperando quien los alquile por sus jornales. La gente desta ciudad es de más manera y primor en su vestido y servicio que no la otra destas otras provincias y ciudades, porque como allí estaba siempre este señor Muteczuma, y todos los señores sus vasallos ocurrían siempre a la ciudad, había en ella más manera y policía[37] en todas las cosas. Y por no ser más prolijo en la relación de las cosas desta gran ciudad (aunque no acabaría tan aína[38]) no quiero decir más sino que en su servicio y trato de la gente della hay la manera casi de vivir que en España, y con tanto concierto y orden como allá, y que considerando esta gente ser bárbara y tan apartada del conocimiento de Dios y de la comunicación de otras naciones de razón, es cosa admirable ver la que tienen en todas las cosas.

En lo del servicio de Muteczuma y de las cosas de admiración que tenía por grandeza y estado hay tanto que escribir, que certifico a vuestra alteza que yo no sé por do comenzar que pueda acabar de decir alguna parte dellas; porque, como ya he dicho, ¿qué más grandeza puede ser que un señor bárbaro como éste tuviese contrahechas[39] de oro y plata y piedras y plumas todas las cosas que debajo del cielo hay en su señorío, tan al natural lo de oro y plata que no hay platero en el mundo que mejor lo hiciese, y lo de las piedras que no baste juicio comprehender con qué instrumentos se hiciese tan perfecto, y lo de pluma que ni de cera ni en ningún broslado[40] se podría hacer tan maravillosamente? El señorío de tierras que este Muteczuma tenía no se ha podido alcanzar cuánto era, porque a ninguna parte, docientas leguas de un cabo y de otro de aquélla su gran ciudad, enviaba sus mensajeros que no fuese cumplido su mandado, aunque había algunas provincias en medio destas tierras con quien él tenía guerra. Pero lo que se alcanzó, y yo dél pude comprehender, era su señorío tanto casi como España, porque hasta sesenta leguas desta parte de Putunchan, que es el río de Grijalba[41], envió mensajeros a que se diesen por vasallos de vuestra majestad los naturales de una ciudad que se dice Cumatán[42], que había desde la gran ciudad a ella doscientas y treinta leguas; porque las ciento y cincuenta yo he fecho andar a los españoles. Todos los más de los señores destas tierras y provincias, en especial los comarcanos, residían, como ya he dicho, mucho tiempo del año en aquella gran ciudad, e todos o los más tenían sus hijos primogénitos en el servicio del dicho Muteczuma. En todos los señoríos destos señores tenía fuerzas hechas, y en ellas gente suya, y sus gobernadores y cogedores del servicio y renta que de cada provincia le daban, y había cuenta y razón de lo que cada uno era obligado a dar, porque tienen caracteres y figuras escritas en el papel que facen, por donde se entienden. Cada una

---

[36] *certum quid*   (latín) una cierta parte
[37] *policía*   cortesía
[38] *aína*   pronto
[39] *contrahechas*   fielmente reproducidas

[40] *broslado*   bordado
[41] *Grijalba*   (*Grijalva*) río que desemboca en el Golfo de México
[42] *Cumatán*   (*Comitán*) ciudad en el estado moderno de Chiapas

destas provincias servía con su género de servicio, según la calidad de la tierra; por manera que a su poder venía toda suerte de cosas que en las dichas provincias había. Era tan temido de todos, así presentes como ausentes, que nunca príncipe del mundo lo fue más. Tenía, así fuera de la ciudad como dentro, muchas casas de placer, y cada una de su manera de pasatiempo, tan bien labradas cuanto se podría decir, y cuales requerían ser para un gran príncipe y señor. Tenía dentro de la ciudad sus casas de aposentamiento, tales y tan maravillosas, que me parecería casi imposible poder decir la bondad y grandeza dellas. E por tanto no me porné[43] en expresar cosa dellas, mas de que en España no hay su semejable. Tenía una casa poco menos buena que ésta, donde tenía un muy hermoso jardín con ciertos miradores que salían sobre él, y los mármoles y losas dellos eran de jaspe, muy bien obradas. Había en esta casa aposentamientos para se aposentar dos muy grandes príncipes con todo su servicio. En esta casa tenía diez estanques de agua, donde tenía todos los linajes de aves de agua que en estas partes se fallan, que son muchos y diversos, todas domésticas; y para las aves que se crían en la mar eran los estanques de agua salada, y para las de ríos, lagunas de agua dulce; la cual agua vaciaban de cierto a cierto tiempo por la limpieza, y la tornaban a henchir por sus caños; y a cada género de aves se daba aquel mantenimiento que era proprio a su natural y con que ellas en el campo se mantenían. De forma que a las que comían pescado se lo daban, y las que gusanos, gusanos, y las que maíz, maíz, y las que otras semillas más menudas, por consiguiente se las daban. E certifico a vuestra alteza que a las aves que solamente comían pescado se les daba cada día diez

arrobas dél, que se toma en la laguna salada. Había para tener cargo destas aves trecientos hombres, que en ninguna otra cosa entendían. Había otros hombres que solamente entendían en curar las aves que adolecían[44]. Sobre cada alberca y estanques de estas aves había sus corredores y miradores muy gentilmente labrados, donde el dicho Muteczuma se venía a recrear y a las ver. Tenía en esta casa un cuarto en que tenía hombres y mujeres y niños blancos de su nacimiento en el rostro y cuerpo y cabellos y cejas y pestañas. Tenía otra casa muy hermosa, donde tenía un gran patio losado de muy gentiles losas, todo él hecho a manera de un juego de ajedrez. E las casas eran hondas cuanto estado y medio, y tan grandes como seis pasos en cuadra; e la mitad de cada una destas casas era cubierta el soterrado de losas[45], y la mitad que quedaba por cubrir tenía encima una red de palo muy bien hecha; y en cada una destas casas había un ave de rapiña, comenzando de cernícalo hasta a águila, todas cuantas se hallan en España, y muchas más raleas que allá no se han visto. E de cada una destas raleas había mucha cantidad, y en lo cubierto de cada una destas casas había un palo, como alcandra[46], y otro fuera debajo de la red, que en el uno estaban de noche y cuando llovía y en el otro se podían salir al sol y al aire a curarse. A todas estas aves daban todos los días de comer gallinas, y no otro mantenimiento. Había en esta casa ciertas salas grandes, bajas, todas llenas de jaulas grandes, de muy gruesos maderos, muy bien labrados y encajados, y en todas o en las más había leones, tigres, lobos, zorras y gatos de diversas maneras, y de todos en cantidad, a las cuales daban de

[44] *adolecían* enfermaban
[45] *e... losas* y la mitad del sótano de cada una de estas casas estaba cubierta de piedras planas
[46] *alcandra* percha

[43] *porné* pondré

comer gallinas cuantas les bastaban. Y para estos animales y aves había otros trecientos hombres, que tenían cargo dellos. Tenía otra casa donde tenía muchos hombres y mujeres monstruos, en que había enanos, corcovados y contrahechos[47], y otros con otras disformidades, y cada una manera de monstruos en su cuarto por sí; e también había para éstos personas dedicadas para tener cargo dellos. E las otras cosas de placer que tenía en su ciudad dejo de decir, por ser muchas y de muchas calidades.

La manera de su servicio era que todos los días luego en amaneciendo eran en su casa de seiscientos señores y personas principales, los cuales se sentaban, y otros andaban por unas salas y corredores que habían en la dicha casa, y allí estaban hablando y pasando tiempo, sin entrar donde su persona estaba. Y los servidores destos y personas de quien se acompañaban henchían dos o tres grandes patios y la calle, que era muy grande. Y éstos estaban sin salir de allí todo el día hasta la noche. E al tiempo que traían de comer al dicho Muteczuma, asimismo lo traían a todos aquellos señores tan complidamente cuanto a su persona, y también a los servidores y gentes destos les daban sus raciones. Había cotidianamente la dispensa y botillería[48] abierta para todos aquellos que quisiesen comer y beber. La manera de cómo les daban de comer es que venían trecientos o cuatrocientos mancebos con el manjar, que era sin cuento, porque todas las veces que comía y cenaba le traían de todas las maneras de manjares, así de carnes como de pescados y frutas y yerbas que en toda la tierra se podían haber. Y porque la tierra es fría, traían debajo de cada plato y escudilla de manjar un braserico con brasa, por que no se enfriase. Poníanle todos los

manjares juntos en una gran sala en que él comía, que casi toda se henchía, la cual estaba toda muy bien esterada y muy limpia, y él estaba asentado en una almohada de cuero pequeña bien hecha. Al tiempo que comía estaban allí desviados dél cinco o seis señores ancianos, a los cuales él daba de lo que comía. Y estaba en pie uno de aquellos servidores, que le ponía y alzaba los manjares y pedía a los otros que estaban más afuera lo que era necesario para el servicio. E al principio y fin de la comida y cena siempre le daban agua a manos, y con la toalla que una vez se limpiaba nunca se limpiaba más, ni tampoco los platos y escudillas en que le traían una vez el manjar se los tornaban a traer, sino siempre nuevos, y así hacían de los braséricos. Vestíase todos los días cuatro maneras de vestiduras, todas nuevas, y nunca más se las vestía otra vez. Todos los señores que entraban en su casa no entraban calzados, y cuando iban delante dél algunos que él enviaba a llamar, llevaban la cabeza y ojos inclinados y el cuerpo muy humillado, y hablando con él no le miraban a la cara, lo cual hacían por mucho acatamiento[49] y reverencia. Y sé que lo hacían por este respeto porque ciertos señores reprehendían a los españoles diciendo que cuando hablaban conmigo estaban exentos mirándome la cara, que parecía desacatamiento y poca vergüenza. Cuando salía fuera el dicho Muteczuma, que era pocas veces, todos los que iban con él y los que topaba por las calles le volvían el rostro, y en ninguna manera le miraban, y todos los demás se postraban hasta que él pasaba. Llevaba siempre delante sí un señor de aquéllos con tres varas delgadas altas, que creo se hacía por que se supiese que iba allí su persona. Y cuando lo descendían de las andas, tomaba la una en la mano y llevábala

[47] *contrahechos* aquí, deformados
[48] *dispensa y botillería* pantry and wine cellar

[49] *acatamiento* respeto

hasta donde iba. Eran tantas y tan diversas las maneras y ceremonias que este señor tenía en su servicio, que era necesario más espacio del que yo al presente tengo para las relatar, y aun mejor memoria para las retener, porque ninguno de los soldanes[50] ni otro ningún señor infiel de los que hasta agora se tiene noticia no creo que tantas ni tales ceremonias en servicio tengan.

En esta gran ciudad estuve proveyendo las cosas que parecía que convenía al servicio de vuestra sacra majestad, y pacificando y atrayendo a él muchas provincias, y tierras probladas de muchas y muy gran-des ciudades y villas y fortalezas, y descubriendo minas, y sabiendo y inquiriendo muchos secretos de las tierras del señorío de este Muteczuma, como de otras que con él confinaban y él tenía noticia, que son tantas y tan maravillosas que son casi increíbles, y todo con tanta voluntad y contentamiento del dicho Muteczuma y de todos los naturales de las dichas tierras como si de *ab initio*[51] hobieran conocido a vuestra sacra majestad por su rey y señor natural; y no con menos voluntad hacían todas las cosas que en su real nombre les mandaba.

[50] *soldanes*   sultanes

[51] *ab initio*   (latín) desde el principio

6 Fray Bernardino de Sahagún
(c. 1500-1590)

Fray Bernardino de Sahagún nació en España, en la villa de Sahagún, León; estudió en la Universidad de Salamanca; y pasó a las Indias en 1529. Allí dedicó su vida al estudio de las antigüedades mexicanas, a enseñar a los indios a leer y escribir, y con la ayuda de éstos, a recoger informes para su monumental *Historia general de las cosas de Nueva España* (1569), el más completo tratado de la vida espiritual y cultural de los aztecas. Es imposible estudiar el México antiguo sin recurrir a la obra de Sahagún. Causa admiración su sistema original de estructurar el libro en tres columnas: en náhuatl, español y latín. En los doce libros de que consta la obra se trata de todos los aspectos de la vida y la cultura entre los habitantes del México antiguo. El libro XII es una reseña de la conquista según la sufrieron los mexicanos. La historia de Quetzalcóatl aquí recogida es tal vez la más auténtica que existe.

LIBRO TERCERO
Capítulo III

Dase noticia de quién era Quetzalcóatl, otro Hércules, gran nigromántico[1], dónde reinó y de lo que hizo cuando se fue.

Quetzalcóatl fue estimado y tenido por dios, y lo adoraban de tiempo antiguo en Tulla[2], y tenían un Cu[3] muy alto con muchas gradas y muy angostas que no cabía un pie, y estaba siempre echada[4] su estatua, y cubierta de mantas, y la cara que tenía era muy fea, y la cabeza era larga y [era] barbudo y los vasallos que tenía eran todos oficiales de artes mecánicas, y diestros para labrar las piedras verdes, que se llaman chalchihuites, y también para fundir plata, y hacer otras cosas; y estas artes todas tuvieron principio y origen del dicho Quetzalcóatl, y tenía unas casas hechas de conchas coloradas y blancas, otras hechas todas de tablas, otras hechas de turquesas, y otras hechas de plumas ricas; y los vasallos que tenía eran muy ligeros[5] para andar y llegar a donde ellos querían ir, y se llamaban Tlanquacemilhuitime, y hay una sierra que se llama Tzatzitépetl (hasta ahora así se nombra) en donde pregonaba un pregonero para llamar a los pueblos apartados, los cuales distan más de cien leguas[6] que se nombra Anáhuac, y desde allá oían y entendían el pregón, y luego con brevedad venían a saber, y oír lo

que mandaba el dicho Quetzalcóatl y más dicen, que era muy rico, y que tenía todo cuanto era menester y necesario de comer y beber, y que el maíz era abundantísimo, las calabazas muy gordas de una braza[7] de redondo, las mazorcas de maíz eran tan largas que se llevaban abrazadas, y las cañas de bledos[8] eran muy largas, y gordas, y que subían por ellas como por árboles; y que sembraban y cogían algodón de todos colores, como decir colorado, encarnado, amarillo, morado, blanquecino, verde, azul, prieto, pardo, naranjado y leonado; estos colores de algodón eran naturales, que así se nacían. Y más dicen, que en el dicho pueblo de Tulla se criaban muchos y diversos géneros de aves de pluma rica y colores diversas que se llaman xiuhtótotl, quetzaltótotl, zaquan y tlauhquéchol, y otras aves que cantaban dulce y suavemente... También dicen que el dicho Quetzalcóatl hacía penitencia punzando sus piernas y sacando la sangre con que manchaba y ensangrentaba las puntas de maguey, y se lavaba a la media noche en una fuente que se llama Xipacoya, y esta costumbre y orden tomaron los sacerdotes y ministros de los ídolos mexicanos como el dicho Quetzalcóatl lo usaba, y hacía en el pueblo de Tulla.

Capítulo IV

De cómo se acabó la fortuna de Quetzalcóatl, y vinieron contra él tres nigrománticos y de las cosas que hicieron.

Vino el tiempo en que acabase la fortuna de Quetzalcóatl y de los Toltecas, pues

[1] *nigromántico* mago que consulta a los espíritus de los muertos para adivinar el futuro
[2] *Tulla (Tula)* centro cultural tolteca al noroeste de la ciudad de México
[3] *Cu* templo; pirámide
[4] *echada* yacente
[5] *ligeros* rápidos
[6] *legua* medida de 5572 metros (3 millas)

[7] *braza* medida de longitud de 1,7 metros
[8] *bledos* plantas comestibles

De Fray Bernardino de Sahagún, *Historia general de las cosas de Nueva España*, edición de Miguel Acosta Saignes (México, Editorial Nueva España, S. A., 1946), pp. 295-99, 309-12.

se presentaron contra ellos tres nigrománticos, llamados Huitzilopochtli, Titlacauan y Tlacauepan, los cuales hicieron muchos embustes[9] en Tulla, y el Titlacauan comenzó primero a fabricar una superchería[10] porque se volvió como un viejo muy cano, y bajo esta figura fue a casa de Quetzalcóatl diciendo a los pajes de éste: "Quiero ver y hablar al rey." Ellos le dijeron: "Quita allá[11], vete, viejo, que no le puedes ver porque está enfermo, y le dejarás enojado y con pesadumbre." Entonces dijo el viejo: "Yo le tengo de ver." Respondieron los pajes: "Aguardaos." Y así fueron a decir a Quetzalcóatl de cómo venía un viejo a hablarle, y dijéronle: "Señor, nosotros echámosle fuera para que se fuese, y no quiere, diciendo que os ha de ver por fuerza." Quetzalcóatl dijo: "Éntrese acá, y venga, que le estoy aguardando muchos días ha[12]." Luego llamaron al viejo, y entró éste a donde estaba Quetzalcóatl y díjole: "Hijo ¿cómo estáis? Aquí tengo una medicina para que la bebáis." Díjole Quetzalcóatl, respondiendo: "Enhorabuena vengáis vos[13] viejo, que ya ha muchos días que os estoy aguardando." Preguntó el viejo a Quetzalcóatl: "¿Cómo estáis de vuestro cuerpo y salud?" Respondióle Quetzalcóatl: "Estoy muy indispuesto y me duele todo el cuerpo; las manos y los pies no los puedo menear." Díjole el viejo al rey: "Señor, veis aquí la medicina que os traigo; es muy buena y saludable, y se emborracha quien la bebe; si quisierais beber emborracharos ha[14], y sanaros ha, y ablandaros el corazón, y acordáseos ha[15] los trabajos y fatigas de la muerte, o de vuestra ida." Quetzalcóatl respondió: "¡Oh, viejo! ¿Adónde me tengo de ir?" El viejo le dijo: "Por fuerza habéis de ir a Tullantlapalan[16], donde está otro viejo aguardándoos, y él y vos hablaréis entre vosotros, y después de vuestra vuelta estaréis como mancebo, y aun os volveréis otra vez como muchacho." Quetzalcóatl, oyendo estas palabras, moviósele el corazón, y tornó a decir el viejo a Quetzalcóatl: "Señor, bebed esa medicina." Respondióle Quetzalcóatl: "No quiero beber." Instóle el viejo diciendo: "Bebedla, señor, porque si no la bebéis, después se os ha de antojar[17], o a lo menos ponéosla en la frente, y bebed tantita." Quetzalcóatl gustó y probóla, y después bebióla diciendo: "¿Qué es esto? Parece ser cosa muy buena y sabrosa, ya me sanó y quitó la enfermedad, ya estoy bueno." Otra vez le dijo el viejo: "Señor, bebedla otra vez porque es muy buena y estaréis más sano." Quetzalcóatl bebióla otra vez, de que se emborrachó, y comenzó a llorar tristemente, y se le movió y ablandó el corazón para irse, y no se le quitó del pensamiento lo que tenía por el engaño y burla que le hizo el dicho nigromántico viejo; la medicina que bebió el dicho Quetzalcóatl era vino blanco de la tierra hecho de magueyes que se llama Teometl[18].

Capítulo XIII

De las señales que dejó en las piedras hechas con las palmas de las manos y con las nalgas donde se asentaba.

Quetzalcóatl puso las manos tocando a la piedra grande donde se asentó y dejó

---

[9] *embustes*   mentiras, engaños
[10] *superchería*   trampa, engaño
[11] *Quita allá*   quítate de allí
[12] *ha*   hace
[13] *vos*   tú
[14] *emborracharos ha*   os ha de emborrachar, te emborrachará
[15] *acordáseos ha*   os ha de acordar, te hará pensar en

[16] *Tullantlapalan*   (*Tlapallan*) región de los mayas
[17] *os ha de antojar*   se te antojará, la desearás
[18] *Teometl*   (maguey de dios) maguey que da pulque fino, bebida embriagante que Sahagún llama "vino blanco"

señales de las palmas de sus manos en las mismas piedras, así como si pusiera las manos en lodo, que ligeramente se quedaron señaladas; también dejó señales de las nalgas en la dicha piedra donde se había sentado... Continuando su camino llegó a otro lugar que se llama Coahuapan, en donde los nigrománticos vinieron a encontrarse con él, por impedirle que no se fuese más adelante, diciendo a Quetzalcóatl: "¿A dónde os vais? ¿Por qué dejasteis vuestro pueblo? ¿A quién lo encomendasteis? ¿Quién hará penitencia?" Y Quetzalcóatl, respondiendo a los dichos nigrománticos díjoles: "En ninguna manera podéis impedir mi idea, por fuerza tengo de irme." Y los dichos nigrománticos tornaron a preguntar a Quetzalcóatl: "¿A dónde os vais?" Y él les respondió diciendo: "Yo me voy hasta Tlapallan." "¿A qué os vais allá?", dijeron los nigrománticos. Y respondió: "Vinieron a llamarme, llámame el sol." A lo que respondieron entonces: "Idos en hora buena; pero dejad todas las artes mecánicas de fundir plata y labrar piedras y madera, y pintar y hacer plumajes y otros oficios..."

Capítulo XIV

De cómo de frío se le murieron todos sus pajes a Quetzalcóatl en la pasada de entre las dos sierras, el Volcán y la Sierra Nevada[19]*, y de otras hazañas suyas.*

Yendo de camino Quetzalcóatl, más adelante al pasar entre las dos sierras del Volcán y la Sierra Nevada, todos sus pajes, que eran enanos y corcovados que le iban acompañando, se le murieron de frío, y él sintió mucho la muerte de los pajes, y llorando muy triste, cantando su lloro y suspirando... pasó por todos los lugares y pueblos, y puso muy muchas señales en las sierras y caminos de su tránsito... En llegando a la ribera de la mar, mandó hacer una balsa formada de culebras, que se llama *coatlapechtli*, y en ella entró y asentóse como en una canoa, y así se fue por la mar navegando, no se sabe cómo, y de qué manera llegó a Tlapallan.

[19] *Volcán... Nevada* Popocatépetl e Ixtaccíhuatl, volcanes cerca de la ciudad de México

7

Bernal Díaz del Castillo
(c. 1495-1584)

Nació Bernal Díaz del Castillo en Medina del Campo hacia 1495 y en 1514 pasó a las Indias. Fue uno de los soldados que acompañaron a Cortés en su expedición y conquista de México. Habiendo sido testigo ocular de los hechos, lo que nos contó en su *Historia verdadera de la conquista de la Nueva España* —obra terminada en 1568 pero no publicada hasta 1632— tiene un valor superior al de otros cronistas de la épica hazaña. La visión que nos dejó de la conquista de México es la más viva, debido a los pintorescos pormenores que se relatan, lo mismo que a las descripciones directas de la realidad, que nos identifican con el narrador y nos dan la ilusión de que hemos presenciado los acontecimientos. De interés también es su actitud polémica, ya que trataba de rebatir lo escrito por otros cronistas, quienes, nos dice, sólo contaban lo que oían por relación, aunque no lo veían. Blanco principal de Bernal Díaz era Francisco López de Gómara (1510–1560), cuya *Historia de la conquista de México* tiende a ensalzar a los capitanes y olvidar las proezas de los soldados. Bernal Díaz, en cambio, contaba lo que veía con sus propios ojos, lo que da a la obra un gran valor como documento humano, a pesar de que muchas veces su autor pierde la perspectiva.

Historia verdadera de la conquista de la Nueva España

Capítulo CXXVIII

Como veíamos que cada día menguaban nuestras fuerzas y las de los mexicanos crecían, y veíamos muchos de los nuestros muertos y todos los más heridos, y que aunque peleábamos muy como varones no podíamos hacer retirar ni que se apartasen los muchos escuadrones que de día y de noche nos daban guerra, y la pólvora apocada, y la comida y agua por el consiguiente[1], y el gran Montezuma muerto[2], las paces y treguas que enviamos a demandar no las querían aceptar; en fin, veíamos nuestras muertes a los ojos, y las puentes que estaban alzadas[3], y fue acordado por Cortés y por todos nuestros capitanes y soldados que de noche nos fuésemos, cuando viésemos que los escuadrones guerreros estaban más descuidados, y para más descuidarlos aquella tarde les enviamos a decir con un *papa*[4] de los que estaban presos, que era muy principal entre ellos, y con otros prisioneros, que nos dejen ir en paz de ahí a ocho días, y que les daríamos todo el oro, y esto por descuidarlos y salirnos aquella noche. Y además de esto estaba con nosotros un soldado que se decía Botello, al parecer muy hombre de bien y latino[5], y había estado en Roma, y decían que era nigromántico, otros decían que tenía familiar[6], algunos le llamaban astrólogo; y este Botello había dicho cuatro días había[7] que hallaba por sus suertes o astrologías que si aquella noche que venía no salíamos de México,

[1] *por el consiguiente*   en las mismas condiciones, es decir, escasas
[2] *Montezuma muerto*   Moctezuma murió apedreado por sus propios súbditos cuando intentaba convencerles de no levantarse en armas contra Cortés.
[3] *puentes... alzadas*   Tenochtitlán, la capital azteca, estaba construida en una isla unida a la tierra firme por calzadas con varios puentes. Cuando Cortés trató de huir de la ciudad, los aztecas destruyeron los puentes, impidiendo su retirada.

[4] *papa*   sacerdote
[5] *latino*   que sabía latín
[6] *familiar*   demonio que acompaña y sirve a una persona
[7] *cuatro días había*   cuatro días antes

De Bernal Díaz del Castillo, *Historia verdadera de la conquista de la Nueva España*, II, edición de Joaquín Ramírez Cabañas (México, Editorial Pedro Robredo, 1944), pp. 86–92.

que si más aguardábamos, que ninguno saldría con la vida, y aun había dicho otras veces que Cortés había de tener muchos trabajos o había de ser desposeído de su ser y honra, y que después había de volver a ser gran señor, e ilustre, de muchas rentas, y decía otras muchas cosas.

Dejemos a Botello, que después tornaré a hablar en él, y diré cómo se dio luego orden que se hiciese de maderos y tablas muy recias una puente, que llevásemos para poner en las puentes que tenían quebradas, y para ponerlas y llevarlas y guardar el paso hasta que pasase todo el fardaje[8] y el ejército señalaron cuatrocientos indios tlaxcaltecas[9] y ciento cincuenta soldados; para llevar la artillería señalaron asimismo doscientos indios de Tlaxcala y cincuenta soldados, y para que fuesen en la delantera, peleando, señalaron a Gonzalo de Sandoval y a Diego de Ordaz; y a Francisco de Saucedo y a Francisco de Lugo, y una capitanía de cien soldados mancebos, sueltos, para que fuesen entre medias[10] y acudiesen a la parte que más conviniese pelear; señalaron al mismo Cortés y Alonso de Ávila y Cristóbal de Olid y a otros capitanes que fuesen en medio; en la retaguardia a Pedro de Alvarado y a Juan Velázquez de León, y entremetidos en medio de los capitanes y soldados de Narváez, y para que llevasen a cargo los prisioneros y a doña Marina[11] y doña Luisa[12], señalaron trescientos tlaxcaltecas y treinta soldados.

Pues hecho este concierto, ya era noche para sacar el oro y llevarlo o repartirlo;

---

[8] *fardaje* equipaje, bagaje; *fardo* bulto grande
[9] *tlaxcaltecas* naturales de Tlaxcala, enemigos de los aztecas
[10] *entre medias* en medio
[11] *doña Marina* mujer india que había sido esclava de los mayas y que, después fue intérprete y amante de Cortés
[12] *doña Luisa* hija de Xicoténcatl, señor de Tlaxcala y aliado de Cortés

mandó Cortés a su camarero, que se decía Cristóbal de Guzmán, y a otros soldados sus criados, que todo el oro y joyas y plata lo sacasen con muchos indios de Tlaxcala que para ellos les dio, y lo pusieron en la sala, y dijo a los oficiales del rey que se decían Alonso de Ávila y Gonzalo Mexía que pusiesen cobro en el oro de Su Majestad[13], y les dio siete caballos heridos y cojos y una yegua y muchos amigos tlaxcaltecas, que fueron más de ochenta, y cargaron de ello a bulto[14] lo que más pudieron llevar, que estaban hechas barras muy anchas... y quedaba mucho oro en la sala y hecho montones. Entonces Cortés llamó a su secretario y a otros escribanos del rey y dijo: "Dadme por testimonio que no puedo más hacer sobre este oro; aquí teníamos en este aposento y sala sobre setecientos mil pesos de oro, y como habéis visto que no se puede pesar ni poner más en cobro[15], los soldados que quisiesen sacar de ello, desde aquí se lo doy, como ha de quedar perdido entre estos perros." Y desde que aquello oyeron muchos soldados de los de Narváez y algunos de los nuestros, cargaron de ello. Yo digo que no tuve codicia sino procurar de salvar la vida, mas no dejé de apañar[16] de unas cazuelas que allí estaban unos cuatro chalchihuites[17] que son piedras entre los indios muy preciadas, que de presto me eché en los pechos entre las armas, que me fueron después buenas, para curar mis heridas y comer, el valor de ellas.

Pues de que supimos el concierto que Cortés había hecho de la manera que habíamos de salir e ir aquella noche a las puentes, y como hacía algo oscuro y había niebla y

---

[13] *pusiesen... Majestad* apartasen la parte del botín que le tocaba al rey Carlos V, según la ley
[14] *a bulto* sin pesar, sin contar
[15] *poner... cobro* asegurar más, llevarse más
[16] *apañar* agarrar, coger
[17] *chalchihuites* piedras semipreciosas parecidas a las esmeraldas

lloviznaba, antes de medianoche se comenzó a traer la puente y caminar el fardaje y los caballos y la yegua y los tlaxcaltecas cargados con el oro; y de presto se puso la puente y pasó Cortés y los demás que consigo traía primero, y muchos de a caballo. Y estando en esto suenan las voces y cornetas y gritos y silbos de los mexicanos, y decían en su lengua a los de Tatelulco[18]: "Salid presto con vuestras canoas, que se van los *teules*[19], y atajadlos que no quede ninguno a vida." Y cuando no me cato[20] vimos tantos escuadrones de guerreros sobre nosotros, y toda la laguna cuajada de canoas que no nos podíamos valer, y muchos de nuestros soldados ya habían pasado. Y estando de esta manera cargan[21] tanta multitud de mexicanos a quitar la puente y a herir y matar en los nuestros, que no se daban manos; y como la desdicha es mala en tales tiempos, ocurre un mal sobre otro; como llovía resbalaron dos caballos y caen en el agua, y como aquello vimos yo y otros de los de Cortés, nos pusimos en salvo de esa parte de la puente, y cargaron tanto guerrero, que por bien que peleábamos no se pudo más aprovechar de la puente. De manera que en aquel paso y abertura del agua de presto se hinchó de caballos muertos y de indios e indias y naborías[22], y fardaje y petacas[23]; y temiendo no nos acabasen de matar, tiramos por nuestra calzada adelante...

Ya que íbamos por nuestra calzada adelante, cabe[24] el pueblo de Tacuba, adonde ya estaba Cortés con todos los capitanes Gonzalo de Sandoval y Cristóbal de Olid y otros de a caballo de los que pasaron delante, decían a voces: "Señor capitán, aguárdenos, que dicen vamos huyendo y los dejamos morir en las puentes; tornémoslos a amparar, si algunos han quedado y no salen ni vienen ninguno." Y la respuesta de Cortés fue que los que habíamos salido era milagro. Y luego volvió con los de a caballo y soldados que no estaban heridos, y no anduvieron mucho trecho, porque luego vino Pedro de Alvarado bien herido, a pie, con una lanza en la mano, porque la yegua alazana ya se la habían muerto, y traía consigo cuatro soldados tan heridos como él y ocho tlaxcaltecas, todos corriendo sangre de muchas heridas. Y entretanto que fue Cortés por la calzada con los demás capitanes, y reparamos en los patios de Tacuba, ya habían venido de México muchos escuadrones dando voces a dar mandado[25] a Tacuba y a otro pueblo que se dice Escapuzalco, por manera que comenzaron a tirar vara y piedra y flecha, y con sus lanzas grandes; y nosotros hacíamos algunas arremetidas[26], en que nos defendíamos y ofendíamos.

Volvamos a Pedro de Alvarado; que como Cortés y los demás capitanes le encontraron de aquella manera y vieron que no venían más soldados, se le saltaron las lágrimas de los ojos, y dijo Pedro de Alvarado que Juan Velázquez de León quedó muerto con otros muchos caballeros, así de los nuestros como de los de Narváez, que fueron más de ochenta, en la puente, y que él y los otros soldados que consigo traía, que después que les mataron los caballos pasaron en la puente con mucho peligro sobre muertos y caballos y petacas, que es-

---

[18] *Tatelulco* (*Tlatelolco*) hoy parte de la ciudad de México, donde se encuentra la Plaza de las Tres Culturas

[19] *teules* (dioses) nombre que los aztecas dieron a los españoles

[20] *cuando... cato* estando descuidado

[21] *cargan* atacan con ímpetu

[22] *naborías* indios de servicio

[23] *petacas* baúles

[24] *cabe* cerca de

[25] *dar mandado* hacer lo que se les había mandado

[26] *arremetidas* ataques

taba aquel paso de la puente cuajado de ellos, y dijo más: el que todas las puentes y calzadas estaban llenas de guerreros, y en la triste puente, que dijeron después que fue el salto de Alvarado[27], digo que aquel tiempo ningún soldado se paraba a verlo si saltaba poco o mucho, porque harto teníamos que salvar nuestras vidas, porque estábamos en gran peligro de muerte, según la multitud de mexicanos que sobre nosotros cargaban. Y todo lo que en aquel caso dice Gómara es burla, porque ya que[28] quisiera saltar y sustentarse en la lanza, estaba el agua muy honda y no podía llegar al suelo con ella; y además de esto, la puente y abertura muy ancha y alta, que no la podría salvar por muy más suelto[29] que era, ni sobre lanza ni de otra manera; y bien se puede ver ahora, qué tan alta iba el agua en aquel tiempo y qué tan altas son las paredes donde estaban las vigas de la puente, y qué tan

ancha era la abertura; y nunca oí decir de este salto de Alvarado hasta después de ganado México, que fue en unos libelos que puso un Gonzalo de Ocampo, que por ser algo feos aquí no declaro. Y entre ellos dice: "Y decorársete debía del salto que diste de la puente." Y no declaro más en esta tecla.

. . .

Dejemos esto y volvamos a decir qué lástima era de ver curar y apretar con algunos paños de mantas nuestras heridas, y cómo se habían resfriado y estaban hinchadas, dolían. Pues más de llorar fue los caballeros y esforzados soldados que faltaron; qué es de Juan Velázquez de León, Francisco Saucedo, y Francisco de Morla, y un Lares el buen jinete, y otros muchos de los nuestros de Cortés. Para qué cuento yo estos pocos, porque para escribir los nombres de los muchos que de nosotros faltaron es no acabar tan presto, pues de los de Narváez todos los más en las puentes quedaron cargados de oro. Digamos ahora el astrólogo Botello no le aprovechó su astrología, que también allí murió con su caballo.

---

[27] *salto de Alvarado* llamado así porque, según la leyenda, Alvarado, apoyándose en su lanza, saltó por encima del vacío hecho por la destrucción de un puente. Como señala Bernal Díaz, el celebrado salto es apócrifo.
[28] *ya que* aunque
[29] *suelto* ágil

8 El Inca Garcilaso de la Vega
(1539-1616)

Garcilaso de la Vega, el Inca, nació en el Perú, de noble ascendencia (su madre era princesa inca y su padre, un español de distinguida familia) y pasó a España en 1560 para continuar sus estudios. Permaneció en Europa el resto de sus días, dedicado a escribir y al estudio de las humanidades. Fue él quien tradujo del italiano los *Diálogos de amor* de León Hebreo, obra filosófica neoplatónica que tuvo preponderante influencia sobre los escritores de la época. Pero la fama del Inca se debe a sus obras de asunto americano, como lo son *La Florida del Inca* (1605), crónica de la expedición de Hernando de Soto a esa región que hoy forma parte de los Estados Unidos, y los *Comentarios reales de los Incas*, descripción no superada de la cultura incaica. La primera parte de esta obra vio la luz pública en 1609 y la segunda un año después de la muerte del Inca bajo el título *Historia general del Perú*. El Inca Garcilaso, más que historiador, era un novelista en cierne, y con frecuencia mezclaba elementos ficticios en sus crónicas, lo que da a sus obras un deleitoso atractivo.

Comentarios reales de los Incas

LIBRO PRIMERO

Capítulo VIII

La descripción del Perú
[*Pedro Serrano*]

Pedro Serrano salió a nado a aquella isla desierta que, antes de él, no tenía nombre, la cual, como él decía, tendría dos leguas en contorno. Casi lo mismo dice la carta de marear[1], porque pinta tres islas muy pequeñas, con muchos bajíos a la redonda; y la misma figura le da a la que llaman Serranilla, que son cinco isletas pequeñas[2], con muchos más bajíos que la Serrana[3]. En todo aquel paraje los[4] hay, por lo cual huyen los navíos de ellos por no caer en peligro.

A Pedro Serrano le cupo en suerte perderse en ellos y llegar nadando a la isla donde se halló desconsoladísimo, porque no halló en ella agua, ni leña, ni aun hierba que pudiera comer, ni otra cosa alguna con

qué mantener la vida mientras pasase algún navío que lo sacase de allí para que no pereciese de hambre y sed. Le parecía muerte más cruel que haber muerto ahogado porque ésta es más breve.

Así pasó la primera noche, llorando su desventura, tan afligido como se puede imaginar que estaría un hombre puesto en tal extremo. Luego que amaneció, volvió a pasearse por la isla; halló algún marisco que salía de la mar como son cangrejos, camarones y otras sabandijas, de las cuales cogió las que pudo y se las comió crudas porque no había candela[5] donde asar o cocerlas. Así se mantuvo hasta que vio salir tortugas. Viéndolas lejos de la mar, arremetió con una de ellas y la volvió de espaldas. Lo mismo hizo de todas las que pudo, pues para volverse a enderezar, son torpes; sacando un cuchillo, que de ordinario solía traer en la cinta y que fue el medio para escapar de la muerte, la degolló y bebió la sangre en lugar de agua. Lo mismo hizo de las demás; la carne la puso al sol para comerla hecha tasajos[6], y desembarazó las conchas para coger agua en ellas de la lluvia, porque toda

[1] *carta de marear*   mapa marino
[2] *Serranilla... pequeñas*   Banco de Serranilla, en el Mar Caribe, que pertenece a Colombia
[3] *Serrana*   hoy Banco de Serrano, unas cien millas al sur
[4] *los*   El antecedente es *bajíos* (bancos de arena)

[5] *candela*   fuego
[6] *tasajos*   pedazos de carne seca

De Garcilaso de la Vega Inca, *Páginas escogidas*, "Biblioteca de Cultura Peruana", Primera Serie, III (París, Desclée de Brouwer, 1938), pp. 68–72, 133–36.

aquella región, como es notorio, es muy lluviosa.

De esta manera se sustentó los primeros días, con matar todas las tortugas que podía. Algunas había tan grandes, y mayores que las mayores adargas, y otras como rodelas y como broqueles, de modo que las había de todos tamaños.[7] Con las más grandes Serrano no podía valer para volverlas de espaldas porque le vencían de fuerzas y, aunque subía sobre ellas para cansarlas y sujetarlas, no le aprovechaba nada porque, con él a cuestas, se iban a la mar. Así es que la experiencia le decía a cuáles tortugas había de acometer y a cuáles se había de rendir. En las conchas recogió mucha agua porque había algunas que cabían a dos arrobas[8] y de allí abajo.

Viéndose Pedro Serrano con bastante recaudo para comer y beber, le pareció que, si pudiese sacar fuego para asar la comida y para hacer ahumadas cuando viese pasar algún navío, no le faltaría nada. Con esta imaginación, como hombre que había andado por la mar —y es cierto que los tales hombres, en cualquier trabajo, hacen mucha ventaja a los demás— dio en buscar un par de guijarros que le sirviesen de pedernal, porque del cuchillo pensaba hacer eslabón. Como no los halló en la isla, porque toda ella estaba cubierta de arena muerta, entraba en la mar nadando y se zambullía.[9] Buscaba con gran diligencia en el suelo, ya en unas partes, ya en otras, lo que quería, y tanto porfió en su trabajo que halló guijarros. Sacó los que pudo y escogió los mejores de ellos; quebrando los unos con los otros para que tuviesen esquinas donde dar con el cuchillo, tentó su artificio. Viendo

que sacaba fuego, hizo hilas tan desmenuzadas de un pedazo de la camisa que parecían algodón carmenado[10] y le sirvieron de yesca; habiéndolo porfiado muchas veces, con su industria y buena maña, sacó fuego.

Cuando se vio con fuego se dio por muy dichoso y, para sustentarlo, recogió las basuras que la mar echaba en tierra. Por horas las recogía donde hallaba mucha hierba, que se llama ovas[11] marinas, y madera de navíos que se perdían por la mar, y conchas, huesos de pescados y otras cosas con que alimentaba el fuego. Para que los aguaceros no se lo apagasen, hizo una choza de las mayores conchas que tenía de las tortugas que había muerto, y con grandísima vigilancia cebaba el fuego para que no se le fuese de las manos.

Dentro de dos meses, y aun antes, se vio como nació[12] porque, con las muchas aguas, calor y humedad de la región, se le pudrió la poca ropa que tenía. El sol, con su gran calor, le fatigaba mucho porque ni tenía ropa con que defenderse, ni había sombra a que ponerse. Cuando se veía muy fatigado, entraba en el agua para cubrirse con ella. Con este trabajo y cuidado vivió tres años, y en este tiempo vio pasar algunos navíos pero, aunque él hacía su ahumada, que en la mar es señal de gente perdida, no echaban de ver en ella o, por el temor de los bajíos, no osaban llegar donde él estaba y se pasaban de largo. De lo cual Pedro Serrano quedaba tan desconsolado que casi tomaba el partido de morirse y acabar ya. Con las inclemencias del cielo le creció el vello en todo el cuerpo tan excesivamente que parecía pellejo de animal, y no como cualquier animal sino el de un jabalí; el cabello y la barba le pasaban de la cinta.[13]

[7] *Algunas... tamaños* comparación de las tortugas con tres tipos de escudos de tamaño y forma variados
[8] *arrobas* medidas equivalentes a 25 libras
[9] *se zambullía* se sumergía en el agua

[10] *carmenado* en hebras
[11] *ovas* algas marinas filamentosas
[12] *se... nació* se vio tan desnudo como cuando nació
[13] *cinta* cintura

Al cabo de los tres años una tarde, sin pensarlo, vio Pedro Serrano a un hombre en la isla que la noche antes se había perdido en los bajíos de ella y se había sostenido en una tabla del navío; luego que amaneció, había visto el humo del fuego de Pedro Serrano y, sospechando lo que fue, se había ido a él, ayudado de la tabla y de su buen nadar. Cuando se vieron ambos no se puede certificar cuál quedó más asombrado de cuál. Serrano imaginó que era el demonio que venía en figura de hombre para tentarle en alguna desesperación. El huésped entendió que Serrano era el demonio en su propia figura según lo vio cubierto de cabellos, barbas y pelaje. Cada uno huyó del otro y Pedro Serrano fue diciendo:

—¡Jesús! ¡Jesús! ¡Líbrame, Señor, del demonio!

Oyendo esto se aseguró el otro, y, volviendo a él, le dijo:

—No huyáis, hermano mío, porque soy cristiano como vos.

Y, para que se certificase, porque todavía huía, dijo a voces el Credo, lo cual oído por Pedro Serrano, volvió a él y se abrazaron con grandísima ternura y muchas lágrimas y gemidos, viéndose ambos en una misma desventura sin esperanza de salir de ella. Cada uno de ellos brevemente contó al otro su vida pasada. Pedro Serrano, sospechando la necesidad del huésped, le dio de comer y de beber de lo que tenía, con que quedó algún tanto consolado, y hablaron de nuevo de su desventura. Acomodaron su vida como mejor supieron, repartiendo las horas del día y de la noche en sus menesteres de buscar marisco para comer, ovas, leña, huesos de pescado, y cualquier otra cosa que la mar echase, para sustentar el fuego; y sobre todo la perpetua vigilia sobre el fuego que tenían que tener, velando por horas para que no se les apagase.

Así vivieron algunos días, pero no pasa-ron muchos que no riñeron de manera que apartaron rancho[14] y no faltó sino llegar a las manos (para que se vea cuán grande es la miseria de nuestras pasiones). La causa de la pendencia fue decir el uno al otro que no cuidaba como convenía de lo que era necesario. Este enojo y las palabras que se dijeron con él los descompusieron y apartaron. Pero ellos mismos, cayendo en su disparate, se pidieron perdón y se hicieron amigos; volvieron a su compañía y en ella vivieron otros cuatro años. En este tiempo vieron pasar algunos navíos y hacían sus ahumadas, pero no les aprovechaba, y así es que ellos quedaban tan desconsolados que no les faltaba sino morir.

Al cabo de este largo tiempo acertó a pasar un navío tan cerca de ellos que vio la ahumada y les echó el bote para recogerlos. Pedro Serrano y su compañero, que se había puesto de su mismo pelaje, viendo el bote cerca y, para que los marineros que iban por ellos no creyesen que eran demonios y huyesen de ellos, dieron en decir el Credo y llamar el nombre de Nuestro Redentor a voces. Les sirvió el aviso porque, de otra manera, sin duda hubieran huido los marineros porque Serrano y su compañero no tenían figura de hombres humanos. Los llevaron al navío donde admiraron a cuantos los vieron y oyeron sus trabajos pasados. El compañero murió en la mar, regresando a España. Pedro Serrano llegó acá y pasó a Alemania donde el Emperador estaba entonces. Serrano llevó su pelaje como lo traía para que fuese prueba de su naufragio y de lo que le había pasado en él. Por todos los pueblos que pasaba en la ida, si hubiera querido mostrarse, hubiera ganado muchos dineros. Algunos señores y caballeros principales, a quienes les gustaba ver su figura, le dieron ayudas de costa para

---

[14] *apartaron rancho* se separaron

el camino, y la Majestad Imperial, habiéndole visto y oído, le concedió cuatro mil pesos de renta, que son cuatro mil ochocientos ducados en el Perú. Al ir a gozarlos, murió Serrano en Panamá y así no llegó a verlos.

Todo este cuento, como se ha dicho, contaba un caballero que se llamaba Garci Sánchez de Figueroa, a quien yo se lo oí, y él conoció a Pedro Serrano y certificaba que se lo había oído a él mismo. Después de haber visto al Emperador, Serrano se había quitado el cabello y la barba, y la había dejado poco más corta que hasta la cinta. Para dormir de noche Serrano se la trenzaba porque, si no la trenzaba, se tendía por toda la cama y le estorbaba el sueño.

LIBRO SEGUNDO

Capítulo XXVII

La poesía de los Incas amautas

No les faltó habilidad a los amautas, que eran los filósofos, para componer comedias y tragedias, que en días y fiestas solemnes representaban delante de sus reyes y de los señores que asistían en la corte. Los representantes no eran viles, sino Incas y gente noble, hijos de curacas[1], y los mismos curacas y capitanes hasta maestres de campo[2]; porque los autos de las tragedias se representasen al propio; cuyos argumentos siempre eran de hechos militares, de triunfos y victorias, de las hazañas y grandezas de los reyes pasados, y de otros heroicos varones. Los argumentos de las comedias eran de agricultura, de hacienda, de cosas caseras y familiares. Los representantes, luego que se acababa la comedia, se sentaban en sus luga-

res conforme a su calidad y oficios. No hacían entremeses deshonestos, viles y bajos: todo era de cosas graves y honestas, con sentencias y donaires permitidos en tal lugar. A los que se aventajaban en la gracia del representar les daban joyas y favores de mucha estima.

De la poesía alcanzaron otra poca porque supieron hacer versos cortos y largos con medida de sílabas: en ellos ponían sus cantares amorosos con tonadas diferentes, como se ha dicho. También componían en verso las hazañas de sus reyes, y de otros famosos Incas, y curacas principales, y los enseñaban a sus descendientes por tradición para que se acordasen de los buenos hechos de sus pasados y los imitasen; los versos eran pocos porque la memoria los guardase; empero muy compendiosos, como cifras. No usaron de consonante en los versos, todos eran sueltos[3]. Por la mayor parte semejaban a la natural compostura española que llaman redondillas. Una canción amorosa compuesta en cuatro versos me ofrece la memoria; por ellos se verá el artificio de la compostura y la significación abreviada compendiosa de lo que en su rusticidad querían decir. Los versos amorosos hacían cortos porque fuesen más fáciles de tañer en la flauta. Holgara poner también la tonada en puntos de canto de órgano para que se viera lo uno y lo otro, mas la impertinencia me excusa del trabajo.[4]

La canción es la que se sigue y su traducción en castellano:

Caylla llapi	*Al cántico*
Puñunqui	*Dormirás*
Chaupituta	*Media noche*
Samusac	*Yo vendré*

---

[1] *curacas*   caciques, autoridades principales
[2] *maestres de campo*   oficiales militares superiores

[3] *sueltos*   aquí, sin rima
[4] *Holgara... trabajo*   Garcilaso quisiera escribir la música, pero no lo hace para que no lo acusen de ser impertinente; eso le ahorra el trabajo de hacerlo.

Y más propiamente dijera, *veniré*, sin el pronombre yo, haciendo tres sílabas del verbo, como las hace el indio que no nombra a la persona, sino que la incluye en el verbo por la medida del verso. Otras muchas maneras de versos alcanzaron los incas poetas, a los cuales llamaban *harávec*, que en propia significación quiere decir inventador. En los papeles del P. Blas Valera[5] hallé otros versos que él llama *spondaicos*, todos son de a cuatro sílabas, a diferencia de estos otros que son de a cuatro y a tres. Escríbelos en indio y en latín; son en materia de astrología. Los incas poetas los compusieron filosofando las causas segundas que Dios puso en la región del aire para los truenos, relámpagos y rayos, y para el granizar, nevar y llover, todo lo cual dan a entender en los versos, como se verá. Hiciéronlos conforme a una fábula que tuvieron, que es la que se sigue. Dicen que el Hacedor puso en el cielo una doncella, hija de un rey, que tiene un cántaro lleno de agua para derramarla cuando la tierra la ha menester[6], y que un hermano de ella le quiebra a sus tiempos[7], y que del golpe se causan los truenos, relámpagos y rayos. Dicen que el hombre los causa porque son hechos de hombres feroces, y no de mujeres tiernas. Dicen que el granizar, llover y nevar lo hace la doncella, porque son hechos de más suavidad y blandura, y de tanto provecho: dicen que un inca poeta y astrólogo hizo y dijo los versos loando las excelencias y virtudes de la dama, y que Dios se las había dado para que con ellas hiciese bien a las criaturas de la tierra.

La fábula y los versos, dice el P. Blas Valera, que halló en los nudos y cuentas de unos anales antiguos que estaban en hilos de diversos colores, y que la tradición de los versos y de la fábula se la dijeron los indios contadores que tenían cargo de los nudos y cuentas historiales, y que, admirado de que los amautas hubiesen alcanzado tanto, escribió los versos y los tomó de memoria para dar cuenta de ellos. Yo me acuerdo haber oído esta fábula en mis niñeces, con otras muchas que me contaban mis parientes; pero como niño y muchacho no les pedí la significación, ni ellos me la dieron. Para los que no entienden indio ni latín, me atreví a traducir los versos en castellano, arrimándome más a la significación de la lengua que mamé en la leche, que no a la ajena latina, porque lo poco que de ella sé lo aprendí en el mayor fuego de las guerras de mi tierra, entre armas y caballos, pólvora y arcabuces, de que supe más que de letras. El P. Blas Valera imitó en su latín las cuatro sílabas del lenguaje indio en cada verso; y está muy bien imitado. Yo salí de ellas, porque en castellano no se pueden guardar; que habiendo de declarar por entero la significación de las palabras indias, en unas son menester más sílabas y en otras menos. *Ñusta*, quiere decir doncella de sangre real y no se interpreta con menos; que, para decir doncella de las comunes, dicen *tazque*; *china* llaman a la doncella muchacha de servicio. *Illac pántac* es verbo; incluye en su significación la de tres verbos, que son tronar, relampaguear y caer rayos; y así los puso en dos versos el P. Blas Valera, porque el verso anterior, que es *cunuñunun*, significa hacer estruendo, y no lo puso aquel autor por declarar las tres significaciones del verbo *illac pántac*; *unu*, es agua; *pára*, es llover; *chichi*, es granizar; *riti*, nevar; *Pachacámac* quiere decir el que hace con el universo lo que el alma con el cuerpo. *Viracocha* es nombre de un dios moderno que adoraban... *Chura* quiere decir poner. *Cama* es dar alma, vida, ser y sustancia. Conforme a esto diremos lo menos mal que supiéremos, sin salir de la propia significación del len-

---

[5] *P. Blas Valera*   autor de una historia de los incas, hoy perdida
[6] *ha menester*   necesita
[7] *a sus tiempos*   a su debido tiempo

guaje indio; los versos son los que se siguen
en las tres lenguas:

Cumac Ñusta
　Pulchra Nimpha
　　Hermosa Doncella,
Toralláyquim
　Frater tuus
　　aquese[8] tu hermano,
Puyñuy quita
　Urnam tuam
　　el tu cantarillo
Paquir cayan
　Nunc infrigit
　　lo está quebrantando,
Hina mántara
　Cujus ictus
　　y de aquesta[9] causa
Cunuñunun
　Tonat fulget
　　truena y relampaguea;
Illac pántac
　Fulminatque
　　también caen rayos.
Camri Ñusta
　Sed tu Nimpha
　　Tú, real doncella,
Unuy quita
　Tuam limpham
　　tus muy lindas aguas
Para munqui
　Fundens pluis
　　nos darás lloviendo,

[8] aquese　ese
[9] aquesta　esta

May ñimpiri
　Interdumque
　　también a las veces
Chichi munqui
　Grandinem, seu
　　granizar nos has,
Riti munqui
　Nivem mittis
　　nevarás asimismo,
Pacha rúrac
　Mundi Factor
　　el Hacedor del mundo,
Pachacámac
　Pachacamac
　　el Dios que le anima,
Viracocha
　Viracocha
　　el gran Viracocha
Cay hinápac
　Ad hoc munus
　　para aqueste oficio
Churasunqui
　Te sufficit
　　ya te colocaron
Camasunqui
　Ac praefecit
　　y te dieron alma.

Esto puse aquí por enriquecer mi pobre
historia, porque cierto sin lisonja alguna, se
puede decir que todo lo que el P. Blas Valera tenía escrito, eran perlas y piedras
preciosas...

La poesía renacentista

E L RENACIMIENTO, manifestación cultural que se expresa tanto en la vida como en las letras, pasó al Nuevo Mundo con los letrados que siguieron muy de cerca las huellas de los exploradores y conquistadores. Muchos de esos letrados, como típicos hombres del Renacimiento, fueron a la vez escritores y conquistadores y manejaban tan bien la pluma como la espada; así Alonso de Ercilla, el soldado que con una mano combatía a los indios y con la otra escribía *La araucana*. Mas no nos adelantemos. Volvamos a los primeros años después de la conquista, cuando llegaron a las Indias los poetas españoles que habían de traer consigo las formas renacentistas que tan buenas raíces echaron en suelo de América.

Durante los años de la conquista y colonización, que son los de la primera mitad del siglo XVI, predominaba en las letras españolas la influencia italiana. Durante el reinado del Emperador Carlos V dos poetas, Juan Boscán y Garcilaso de la Vega[1], introdujeron en la poesía española las formas italianas. Esas formas pasaron al Nuevo Mundo con poetas como Lázaro Bejarano, quien hacia 1535 ya escribía versos usando la métrica italiana, y el famoso Gutierre de Cetina, autor de los conocidos versos a unos "ojos claros y serenos", poeta que vivió y murió en México, donde dejó buenos discípulos como Francisco de Terrazas. También viajaron por tierras de América otros ingenios como Tirso de Molina y Mateo Alemán y tantos más no menos famosos; todos ellos representantes de las ideas renacentistas.

Las modalidades poéticas que más se cultivaban durante el siglo XVI eran la lírica y la épica. En la lírica predominaba el soneto, cultivado por casi todos los que en el Nuevo Mundo escribían poesía. Como ejemplo de estas dos modalidades hemos recogido en esta antología obras de un poeta ya nacido en el Nuevo Mundo, Francisco de Terrazas, y de un español identificado con la literatura hispanoamericana, Alonso de Ercilla.

[1]*Juan . . . Vega*   dos poetas renacentistas españoles. El segundo era pariente lejano del Inca Garcilaso.

Francisco de Terrazas
(¿1525-1600?)

Terrazas es el primer poeta de habla española nacido en México y tal vez en América. Sus padres, Francisco de Terrazas y Ana Osorio, eran españoles, y el padre, muerto en 1549, había peleado al lado de Cortés durante la conquista. La obra del joven Terrazas, elogiada por Miguel de Cervantes en *La Galatea* (1584), se ha perdido, a excepción de cinco sonetos que se conservaron en el cancionero mexicano *Flor de varia poesía* (1577); cuatro sonetos descubiertos por Pedro Henríquez Ureña; una epístola en tercetos; diez décimas y un poema épico incompleto, *Nuevo mundo y conquista*. Los sonetos acusan la influencia del portugués Camoens. En el poema épico Terrazas se propuso cantar las glorias de Cortés, aunque pocas veces alcanzó un alto interés dramático. Su genio se manifiesta mejor en las formas menores como el soneto.

 Sonetos

I

Dejad las hebras de oro ensortijado
que el ánima me tienen enlazada,
y volved a la nieve no pisada
lo blanco de esas rosas matizado.

Dejad las perlas y el coral preciado
de que esa boca está tan adornada,
y al cielo, de quien sois tan envidiada,
volved los soles que le habéis robado.

La gracia y discreción, que muestra ha sido
del gran saber del celestial maestro,
volvédselo a la angélica natura,

y todo aquesto así restituido,
veréis que lo que os queda es propio vuestro:
ser áspera, crüel, ingrata y dura.

II

Royendo están dos cabras de un nudoso
y duro ramo seco en la mimbrera[1],
pues ya les fue en la verde primavera
dulce, süave, tierno y muy sabroso.

Hallan extraño el gusto y amargoso,
no hallan ramo bueno en la ribera,
que como su sazón pasada era
pasó también su gusto deleitoso.

Y tras de este sabor que echaban menos,
de un ramo en otro ramo van mordiendo
y quedan sin comer de porfiadas.

[1] *mimbrera*   willow

De Francisco de Terrazas, *Poesías*, edición de Antonio Castro Leal (México, Librería de Porrúa Hnos. y Cía., 1941), pp. 3-5, 25-27.

¡Memorias de mis dulces tiempos buenos,
así voy tras vosotras discurriendo
sin ver sino venturas acabadas!

III

Soñé que de una peña me arrojaba
quien mi querer sujeto a sí tenía,
y casi ya en la boca me cogía
una fiera que abajo me esperaba.

Yo, con temor buscando, procuraba
de dónde con las manos me tendría,
y el filo de una espada la una asía
y en una yerbezuela la otra hincaba.

La yerba a más andar la iba arrancando,
la espada a mí la mano deshaciendo,
yo más sus vivos filos apretando...

¡Oh, mísero de mí, qué mal me entiendo,
pues huelgo verme estar despedazando
de miedo de acabar mi mal muriendo!

Nuevo mundo y conquista

[FRAGMENTO]

I

No de Cortés los milagrosos hechos,
no las victorias inauditas canto
de aquellos bravos e invencibles pechos
cuyo valor al mundo pone espanto,
ni aquellos pocos hombres ni pertrechos
que ensalzaron su fama y gloria tanto,
que del un polo al otro en todo el mundo
renombre han alcanzado sin segundo.

Tantos rendidos reyes, nuevo mundo,
infinidad de cuento de naciones,
segunda España y hecho sin segundo,
ejércitos vencidos a millones,
dioses postrados falsos del profundo
a quien sacrificaban corazones,
no lo puede escribir humana pluma,
que en la mente divina está la suma.

Valeroso Cortés por quien la fama
sube la clara trompa hasta el cielo,
cuyos hechos rarísimos derrama
con tus proezas adornando el suelo,
si tu valor que el ánimo me inflama
se perdiese de vista al bajo vuelo,

si no pueden los ojos alcanzalle[1]
¿quién cantará alabanzas a tu talle?

No quiero yo manchar, ni Dios lo quiera,
del pecho sabio el ánimo invencible
cuyo blasón fijado allá en la esfera
contiene, todo es poco, lo posible,
ni aquella temeraria fuerza fiera
con que allanaste casi lo imposible,
que es agotar a mano un mar copioso:
sólo diré de paso lo forzoso.

II

Magnánimo Cortés, cuyas hazañas
al mundo otro mayor han añadido,
honor y gloria de ambas las Españas,
de Dios para sus hechos escogido;
si al bajo son de mis groseras cañas[2]
no pudiere cumplir lo prometido
vos os habéis privado del efeto
de que haya pluma igual a tal sujeto.

[1] *alcanzalle* (alcanzarle) forma corriente en la poesía española clásica
[2] *caña* reed, pipe; *mis groseras cañas* mi canto indigno

10 Alonso de Ercilla y Zúñiga
(1533-1594)

Alonso de Ercilla y Zúñiga nació en Madrid, y a los veintiún años, ya dueño de una rica erudición renacentista, pasó a Chile donde peleó contra los indios araucanos al lado de don García Hurtado de Mendoza, hijo del virrey don Andrés. Siete años había de pasar Ercilla en América, dedicado a las faenas militares y a la elaboración meticulosa de su gran poema épico, *La araucana*, cuya primera parte apareció en Madrid en 1569. Veinte años pasaron antes de que apareciera la obra completa en sus tres partes, publicadas en esa misma metrópoli en 1589-1590. Escrito en octavas reales, el poema desarrolla el tema de la trágica conquista de los valientes araucanos por las huestes españolas. Pero lo notable es que los héroes no son los caballeros españoles sino los caudillos indígenas —Caupolicán y Lautaro—, pintados por Ercilla en todo su magnífico esplendor nativo, pero con colores que denotan los ideales renacentistas. No menos interesantes son las digresiones, a veces del todo ajenas al tema central de la obra.

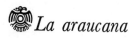 *La araucana*

CANTO II

[FRAGMENTOS]

Colocolo, el cacique más anciano,
a razonar así tomó la mano:

—Caciques del estado defensores,
codicia del mandar no me convida
a pesarme de veros pretensores
de cosa que a mí tanto era debida;
porque según mi edad, ya veis, señores,
que estoy al otro mundo de partida;
mas el amor que siempre os he mostrado
a bien aconsejaros me ha incitado.

"¿Por qué cargos honrosos pretende-
mos,
y ser en opinión grande tenidos,
pues que negar al mundo no podemos
haber sido sujetos y vencidos?
Y en esto averiguarnos no queremos
estando aún de españoles oprimidos:
mejor fuera esta furia ejecutalla
contra el fiero enemigo en la batalla.

"¿Qué furor es el vuestro, ¡oh araucanos!
que a perdición os lleva sin sentillo?
¿Contra vuestras entrañas tenéis manos,

De Alonso de Ercilla y Zúñiga, *La araucana*, I, edición de Arturo Souto (México, Universidad Nacional Autónoma de México, 1962), pp. 42–51.

y no contra el tirano en resistillo?
¿Teniendo tan a golpe a los cristianos
volvéis contra vosotros el cuchillo?
Si gana de morir os ha movido,
no sea en tan bajo estado y abatido.

"Volved las armas y ánimo furioso
a los pechos de aquéllos que os han puesto
en dura sujeción con afrentoso
partido[1], a todo el mundo manifiesto:
lanzad de vos el yugo vergonzoso:
mostrad vuestro valor y fuerza en esto:
no derraméis la sangre del estado
que para redimir nos ha quedado.

"No me pesa de ver la lozanía
de vuestro corazón, antes me esfuerza;
mas temo que esta vuestra valentía
por mal gobierno el buen camino tuerza,
que vuelta entre nosotros la porfía[2],
degolléis vuestra patria con su fuerza:
cortad, pues, si ha de ser desa manera,
esta vieja garganta la primera.

"Que esta flaca persona atormentada
de golpes de fortuna, no procura
sino el agudo filo de una espada,
pues no la acaba tanta desventura:
aquella vida es bien afortunada
que la temprana muerte la asegura:
pero a vuestro bien público atendiendo,
quiero decir en esto lo que entiendo.

"Pares sois en valor y fortaleza:
el cielo os igualó en el nacimiento:
de linaje, de estado y de riqueza
hizo a todos igual repartimiento;
y en singular por ánimo y destreza
podéis tener del mundo el regimiento:
que este precioso don no agradecido
nos ha al presente término traído.

"En la virtud de vuestro brazo espero
que puede en breve tiempo remediarse;
mas ha de haber un capitán primero,
que todos por él quieran gobernarse;
éste será quien más un gran madero
sustentare en el hombro sin pararse;
y pues que sois iguales en la suerte,
procure cada cual ser el más fuerte."

Ningún hombre dejó de estar atento
oyendo del anciano las razones;
y puesto ya silencio al parlamento
hubo entre ellos diversas opiniones:
al fin de general consentimiento
siguiendo las mejores intenciones,
por todos los caciques acordado
lo propuesto del viejo fue aceptado.

.   .   .

Pues el madero súbito traído
no me atrevo a decir lo que pesaba:
era un macizo líbano[3] fornido
que con dificultad se rodeaba[4]:
Paycabí le aferró[5] menos sufrido[6],
y en los valientes hombros le afirmaba;
seis horas lo sostuvo aquel membrudo;
pero llegar a siete jamás pudo.

Cayocupil al tronco aguija[7] presto
de ser el más valiente confiado,
y encima de los altos hombros puesto
lo deja a las cinco horas de cansado;
Gualemo lo probó, joven dispuesto,
mas no pasó de allí[8]; y esto acabado,
Angol el grueso leño tomó luego;
duró seis horas largas en el juego.

---

[1] *partido* ventaja
[2] *que vuelta... profía* que haya disputa entre los caciques que buscan el mando

[3] *líbano* cedro del Líbano
[4] *se rodeaba* se podía abrazar
[5] *aferró* agarró
[6] *sufrido* dispuesto a esperar
[7] *al tronco aguija* va hacia el tronco
[8] *de allí* de las cinco horas

Purén tras él lo trujo[9] medio día
y el esforzado Ongolmo más de medio,
y en cuatro horas y media Lebopía,
que de sufrirle más no hubo remedio;
Lemolemo siete horas le traía,
el cual jamás en todo este comedio[10]

dejó de andar acá y allá saltando
hasta que ya el vigor le fue faltando.

Elicura a la prueba se previene,
y en sustentar el líbano trabaja:
a nueve horas dejarle le conviene,
que no pudiera más si fuera paja:
Tucapelo catorce lo sostiene,
encareciendo a todos la ventaja;
pero en esto Lincoya apercibido
mudó en un gran silencio aquel ruïdo.

De los hombros el manto derribando
las terribles espaldas descubría,
y el duro y grave leño levantando,
sobre el fornido asiento le ponía:
corre ligero aquí y allá mostrando
que poco aquella carga le impedía:
era de sol a sol el día pasado,
y el peso sustentaba aún no cansado.

Venía aprisa la noche aborrecida
por la ausencia del sol; pero Diana[11]
les daba claridad con su salida,
mostrándose a tal tiempo más lozana:
Lincoya con la carga no convida,
aunque ya despuntaba la mañana,
hasta que llegó el sol al medio cielo
que dio con ella entonces en el suelo.

No se vio allí persona en tanta gente
que no quedase atónita de espanto,
creyendo no haber hombre tan potente

que la pesada carga sufra tanto;
la ventaja le daban juntamente
con el gobierno, mando, y todo cuanto
a digno general era debido
hasta allí justamente merecido.

Ufano andaba el bárbaro contento
de haberse más que todos señalado,
cuando Caupolicán a aquel asiento
sin gente a la ligera[12] había llegado:
tenía un ojo sin luz[13] de nacimiento
como un fino granate colorado,
pero lo que en la vista le faltaba,
en la fuerza y esfuerzo le sobraba.

Era este noble mozo de alto hecho,
varón de autoridad, grave y severo,
amigo de guardar todo derecho,
áspero, riguroso y justiciero:
de cuerpo grande y relevado pecho:
hábil, diestro, fortísimo y ligero,
sabio, astuto, sagaz, determinado,
y en cosas de repente reportado.

Fue con alegre muestra recibido,
aunque no sé si todos se alegraron:
el caso en esta suma referido
por su término y puntos le contaron.
Viendo que Apolo[14] ya se había escondido
en el profundo mar, determinaron
que la prueba de aquél se dilatase
hasta que la esperada luz llegase.

Pasábase la noche en gran porfía,
que causó esta venida entre la gente;
cuál se atiene a Lincoya, y cuál decía
que es el Caupolicano el más valiente:
apuestas en favor y contra había:
otros, sin apostar, dudosamente
hacia el oriente vueltos aguardaban
si los Febeos caballos[15] asomaban.

[9] *trujo* forma anticuada de trajo
[10] *comedio* intervalo
[11] *Diana* la Luna

[12] *a la ligera* ligeramente, rápidamente
[13] *tenía... luz* era ciego de un ojo
[14] *Apolo* el Sol
[15] *Febeos caballos* caballos de Febo, nombre de Apolo, el Sol

Ya la rosada aurora comenzaba
las nubes a bordar de mil labores,
y a la usada labranza despertaba
la miserable gente y labradores:
ya a los marchitos campos restauraba
la frescura perdida y sus colores,
aclarando aquel valle la luz nueva,
cuando Caupolicán viene a la prueba.

Con un desdén y muestra confiada
asiendo el tronco duro y nudoso
como si fuera vara delicada,
se le pone en el hombro poderoso:
la gente enmudeció maravillada
de ver el fuerte cuerpo tan nervoso[16]:
el color a Lincoya se le muda,
poniendo en su victoria mucha duda.

El bárbaro sagaz despacio andaba;
y a toda prisa entraba el claro día;
el sol las largas sombras acortaba;
mas él nunca decrece en su porfía;
al ocaso la luz se retiraba;
ni por eso flaqueza en él había;
las estrellas se muestran claramente,
y no muestra cansancio aquel valiente.

Salió la luna clara a ver la fiesta
del tenebroso albergue húmedo y frío,
desocupando el campo y la floresta
de un negro velo lóbrego y sombrío:
Caupolicán no afloja de su apuesta;
antes con nueva fuerza y mayor brío
se mueve y representa de manera
como si peso alguno no trajera.

Por entre dos altísimos ejidos[17]
la esposa de Titón[18] ya parecía,
los dorados cabellos esparcidos
que de la fresca helada sacudía,
con que a los mustios prados florecidos

con el húmedo humor reverdecía
y quedaba engastado así en las flores
cual perlas entre piedras de colores.

El carro de Faetón[19] sale corriendo
del mar por el camino acostumbrado:
sus sombras van los montes recogiendo
de la vista del sol y el esforzado
varón el grave peso sosteniendo,
acá y allá se mueve no cansado,
aunque otra vez la nueva sombra espesa
tornaba a aparecer corriendo apriesa.

La luna su salida provechosa
por un espacio largo dilataba:
al fin turbia, encendida y perezosa
de rostro y luz escasa se mostraba;
paróse al medio curso más hermosa
al ver la extraña prueba en qué paraba;
y viéndole en el punto y ser primero[20],
se derribó en el ártico hemisfero.

Y el bárbaro en el hombro la gran viga
sin muestra de mudanza y pesadumbre,
venciendo con esfuerzo la fatiga,
y creciendo la fuerza por costumbre.
Apolo en seguimiento de su amiga
tendido hacia los rayos de su lumbre;
y el hijo de Leocán[21] en el semblante
más firme que al principio y más constante.

Era salido el sol, cuando el enorme
peso de las espaldas despedía,
y un salto dio en lanzándole disforme,
mostrando que aún más ánimo tenía:
el circunstante pueblo en voz conforme
pronunció la sentencia y le decía:
"sobre tan firmes hombros descargamos
el peso y grande carga que tomamos".

16 *nervoso* nervudo, fuerte
17 *ejidos* aquí, cerros
18 *esposa de Titón* Aurora, el Alba

19 *Faetón* hijo del Sol
20 *viéndole... primero* viendo (la Luna) que Caupolicán seguía en su puesto y era el primero, esto es, había sostenido el leño más horas
21 *Leocán* padre de Caupolicán

El nuevo juego y pleito definido,
con las más ceremonias que supieron,
por sumo capitán fue recibido,
y a su gobernación se sometieron:
creció en reputación; fue tan temido

y en opinión tan grande le tuvieron,
que ausentes muchas leguas dél temblaban,
y casi como a rey le respetaban.

.   .   .

CAPÍTULO TERCERO

EL SIGLO XVII

La poesía barroca

CUANDO LAS FORMAS POÉTICAS RENACENTISTAS se agotaban, surgió una nueva tendencia —la barroca— cuyo principal representante español fue don Luis de Góngora (1561–1627), poeta que dio nombre a una de las manifestaciones literarias del siglo, el gongorismo. La influencia del poeta cordobés pasó al Nuevo Mundo, donde dio sus mejores frutos en México en la obra de Sor Juana Inés de la Cruz (¿1648?–1695). Mas antes de que esa gloria de la literatura hispanoamericana diera al mundo su excelsa poesía ya otros poetas habían preparado el terreno. Entre los primeros hay que mencionar a Bernardo de Balbuena (1568–1627), poeta de transición entre el renacimiento y el barroco.

Las letras barrocas se caracterizaban por el uso excesivo de las metáforas rebuscadas, con frecuencia a base de imágenes que procedían del mundo clásico; por el interés en el adorno, cuya abundancia con frecuencia ocultaba las líneas estructurales del poema; por el predominio de la forma torturada, en la cual se abandonaba la equilibrada relación entre las partes típica de los renacentistas. Entre los temas predominaba el del desengaño, al cual se le daba expresión en infinidad de variantes.

Después de Góngora el escritor español que más influencia ejerció sobre los hispanoamericanos fue Francisco de Quevedo (1580–1645), cuyo espíritu satírico se manifestó mejor en los poemas del peruano Juan del Valle Caviedes (¿1652–1697?). Tal vez el escritor más representativo del gongorismo en América fuera el mexicano don Carlos de Sigüenza y Góngora (1645–1700), autor de una obra novelada, los *Infortunios de Alonso Ramírez* (1690), de un *Mercurio Volante,* que ya apuntaba hacia el periodismo, y de varios libros de poesía ultrabarroca, de interés hoy sólo para los investigadores.

Una vez que las formas de expresión barrocas se convirtieron en simples fórmulas, la poesía hispana entró en un estado de decadencia, del que no había de salir hasta bien entrado el siglo XIX.

Pintor anónimo, siglo XVII
Detalle de pintura de la vida andina
Escuela de Quito

Línea cronológica (1600–1700)

Años: 1600 · 1610 · 1620 · 1630 · 1640 · 1650 · 1660 · 1670 · 1680 · 1690 · 1700

LITERATURA HISPANOAMERICANA

- (1604) **Balbuena** — *Grandeza mexicana*
- (1610) **González de Eslava** — *Coloquios*
- (1619) Ruiz de Alarcón — *La verdad sospechosa*
- (1636–38) Rodríguez Freile — *El carnero*
- (1683–93) **Valle Caviedes** — *Diente del Parnaso*
- (1689) **Sor Juana** — *Inundación castálida*
- (1690) Sigüenza y Góngora — *Infortunios de Alonso Ramírez*

LITERATURA ESPAÑOLA

- (1605–15) Cervantes — *Don Quijote*
- (1612) Góngora — *Fábula de Polifemo y Galatea*
- (1612–14) Lope de Vega — *Fuenteovejuna*
- (1627) Quevedo — *Sueños*
- (1630) Tirso de Molina — *El burlador de Sevilla*
- (1635) Calderón — *La vida es sueño*
- (1651–57) Gracián — *El criticón*
- (1654) Moreto — *El lindo don Diego*
- (1684) Solís — *Historia de la conquista de México*

OTRAS LITERATURAS

- (1602) Shakespeare — *Hamlet*
- (1625) Bacon — *Essays*
- (1642) Corneille — *Le Menteur* *
- (1666) Molière — *Le Misanthrope*
- (1668) La Fontaine — *Fables*
- (1674) Boileau — *L'Art poétique*
- (1675) Bunyan — *Pilgrim's Progress (I)*
- (1686) Newton — *Principia*
- (1690) Locke — *On Human Understanding*

MARCO HISTÓRICO

- (1598)–Felipe III, Rey de España–(1621)
- (1618)——Guerra de los Treinta Años——(1648)
- (1621)————Felipe IV, Rey de España————(1665)
- (1640) Portugal declara su independencia de España
- (1665)————Carlos II, Rey de España————(1700)
- (1667) Primera *Gaceta de México*
- (1681) Muere Calderón
- (1695) Muere Sor Juana

* Drama basado en *La verdad sospechosa*

11 Bernardo de Balbuena
(1568-1627)

Bernardo de Balbuena nació en Valdepeñas, España, y llegó a México muy joven. Allí se educó al lado de su tío Diego, canónigo de la catedral. Volvió a España por un tiempo, después de haberse ordenado sacerdote, y estudió teología en la Universidad de Sigüenza. Fue Abad de la isla de Jamaica en 1608 y Obispo de Puerto Rico en 1620. Algunas de sus obras se perdieron cuando el saqueo del Palacio Episcopal de Puerto Rico por los holandeses en 1625.

Las obras importantes de Balbuena son tres: la *Grandeza mexicana* (1604), el *Siglo de oro en las selvas de Erífile* (1608) y el *Bernardo o Vitoria de Roncesvalles* (1624). El *Siglo de oro* es una colección de églogas de tipo bucólico y sabor arcaico; en el *Bernardo*, escrito en octavas reales, Balbuena recreó la historia del legendario héroe español Bernardo del Carpio. En la *Grandeza mexicana*, poema en ocho capítulos de tercetos, elogió a la capital de la Nueva España, haciendo una descripción de todos los aspectos de su cultura y una pintura de sus habitantes. En el estilo afloran ya las imágenes barrocas y las largas enumeraciones. Fue Balbuena sin lugar a dudas el mejor poeta americano anterior a Sor Juana.

 *Grandeza mexicana*

CARTA DEL BACHILLER BERNARDO DE BALBUENA A LA SEÑORA DOÑA ISABEL DE TOVAR Y GUZMÁN DESCRIBIENDO LA FAMOSA CIUDAD DE MÉXICO Y SUS GRANDEZAS

Argumento

De la famosa México el asiento,
origen y grandeza de edificios,
caballos, calles, trato, cumplimiento[1],

[1] *cumplimiento* perfección

letras, virtudes, variedad de oficios,
regalos, ocasiones de contento,
primavera inmortal y sus indicios,
gobierno ilustre, religión, estado,
todo en este discurso está cifrado.

De Bernardo de Balbuena, *Grandeza mexicana* (México, Universidad Nacional Autónoma de México, 1941), pp. 3-6, 9-15.

CAPÍTULO I

[FRAGMENTOS]

De la famosa México el asiento

Oh tú[2], heroica beldad, saber profundo,
que por milagro puesta a los mortales
en todo fuiste la última del mundo;

criada en los desiertos arenales[3],
sobre que el mar del Sur[4] resaca y quiebra
nácar lustroso y perlas orientales;

do haciendo a tu valor notoria quiebra[5],
el tiempo fue tragando con su llama
tu rico estambre[6] y su preciosa hebra;

de un tronco ilustre[7] generosa rama,
sujeto digno de que el mundo sea
columna eterna a tu renombre y fama:

oye un rato, señora, a quien desea
aficionarte a la ciudad más rica,
que el mundo goza en cuanto el sol rodea.

Y si mi pluma a este furor se aplica,
y deja tu alabanza, es que se siente
corta a tal vuelo, a tal grandeza, chica.

.   .   .

Mándasme que te escriba algún indicio
de que he llegado a esta ciudad famosa,
centro de perfección, del mundo el quicio[8];

su asiento, su grandeza populosa,
sus cosas raras, su riqueza y trato,
su gente ilustre, su labor pomposa.

.   .   .

Y así, en virtud del gusto con que
enseñas
el mío a hacer su ley de tu contento,
aquéstas son de México las señas.

Bañada de un templado y fresco viento,
donde nadie creyó que hubiese mundo
goza florido y regalado asiento.

Casi debajo el trópico fecundo,
que reparte las flores de Amaltea[9]
y de perlas empreña el mar profundo,

dentro en la zona por do el sol pasea,
y el tierno abril envuelto en rosas anda,
sembrando olores hechos de librea[10];

sobre una delicada costra[11] blanda,
que en dos claras lagunas[12] se sustenta,
cercada de olas por cualquiera banda,

labrada en grande proporción y cuenta
de torres, capiteles[13], ventanajes[14],
su máquina[15] soberbia se presenta.

Con bellísimos lejos[16] y paisajes,
salidas, recreaciones y holguras,
huertas, granjas, molinos y boscajes,

---

[2] *tú*   doña Isabel de Tovar
[3] *desiertos arenales*   Culiacán, donde nació y se crió doña Isabel
[4] *mar del Sur*   Golfo de California
[5] *quiebra*   pérdida; juego de palabras con "quiebra nácar", i.e., rompe nácar
[6] *estambre*   (worsted) referencia al pelo de doña Isabel
[7] *tronco ilustre*   la familia de los Tovar
[8] *quicio*   hinge; pivotal point

[9] *Amaltea*   cabra que crió a Júpiter. Uno de sus cuernos fue, después, el cuerno de la abundancia
[10] *librea*   traje distintivo que llevan los criados; referencia a los colores característicos de las flores
[11] *costra*   corteza exterior (de la tierra)
[12] *dos claras lagunas*   Texcoco y Chalco, o Xochimilco, mencionadas por Hernán Cortés en su *Carta segunda de relación*
[13] *capiteles*   partes superiores de las columnas
[14] *ventanajes*   ventanas
[15] *máquina*   conjunto
[16] *lejos*   aspecto que desde lejos presenta una persona o cosa

alamedas, jardines, espesuras
de varias plantas y de frutas bellas
en flor, en cierne, en leche, ya maduras.

No tiene tanto número de estrellas
el cielo, como flores su guirnalda,
ni más virtudes hay en él que en ellas.

De sus altos vestidos de esmeralda,
que en rico agosto y abundantes mieses
el bien y el mal reparten de su falda,

nacen llanos de iguales intereses,
cuya labor y fértiles cosechas
en uno rinden para muchos meses.

Tiene esta gran ciudad sobre agua hechas
firmes calzadas, que a su mucha gente
por capaces que son vienen estrechas;

que ni el caballo griego hizo puente
tan llena de armas al troyano muro,
ni a tantos guió Ulises el prudente;

ni cuando con su cierzo el frío Arturo[17]
los árboles desnuda, de agostadas
hojas así se cubre el suelo duro,

como en estos caminos y calzadas
en todo tiempo y todas ocasiones,
se ven gentes cruzar amontonadas.

Recuas, carros, carretas, carretones,
de plata, oro, riquezas, bastimentos
cargados salen, y entran a montones.

De varia traza y varios movimientos
varias figuras, rostros y semblantes,
de hombres varios, de varios pensamientos;

arrieros, oficiales, contratantes,
cachopines[18], soldados, mercaderes,
galanes, caballeros, pleiteantes;

clérigos, frailes, hombres y mujeres,
de diversa color y profesiones,
de vario estado y varios pareceres;

diferentes en lenguas y naciones,
en propósitos, fines y deseos,
y aun a veces en leyes y opiniones;

y todos por atajos y rodeos
en esta gran ciudad desaparecen
de gigantes volviéndose pigmeos.

¡Oh inmenso mar, donde por más que crecen
las olas y avenidas de las cosas
ni las echan de ver ni se parecen!

Cruzan sus anchas calles mil hermosas
acequias que cual sierpes cristalinas
dan vueltas y revueltas deleitosas,

llenas de estrechos barcos, ricas minas
de provisión, sustento y materiales
a sus fábricas y obras peregrinas.

Anchos caminos, puertos principales
por tierra y agua a cuanto el gusto pide
y pueden alcanzar deseos mortales.

Entra una flota y otra se despide,
de regalos cargada la que viene,
la que se va del precio que los mide:

su sordo ruido y tráfago[19] entretiene,
el contratar y aquel bullirse todo,
que nadie un punto de sosiego tiene.

---

[17] *frío Arturo* cierzo, frío viento del Norte

[18] *cachopines* (*cachupines* o *gachupines*) españoles recién llegados
[19] *tráfago* tráfico; negocios

12 Juan del Valle Caviedes
(¿1652-1697?)

Juan del Valle Caviedes nació en Porcuna, Andalucía hacia 1652 y pasó al Perú cuando todavía era un niño. En una de sus poesías dice:

> De España pasé al Perú
> tan pequeño, que la infancia
> no sabiendo de mis musas,
> ignoraba mi desgracia[1].

Poco se sabe de su vida, y su obra, a excepción de tres poemas, quedó manuscrita hasta el último tercio del siglo XIX. La mayor parte de su poesía satírica la dio a conocer Manuel de Odriozola en 1873, bajo el título *Diente del Parnaso* en el tomo quinto de los *Documentos literarios del Perú*, y no fue hasta 1947 cuando se dieron a conocer sus poesías amorosas y religiosas.

Caviedes es el gran satírico hispanoamericano. Su poesía refleja el gusto de la época, representado en España por Quevedo y sus imitadores. Mariano Picón Salas, en su excelente ensayo *De la Conquista a la Independencia* (1944), dijo del peruano: "Juan de Caviedes representa la reacción de lo popular frente a lo amanerado y lo culto." Según el crítico venezolano, Caviedes fue "un Quevedo menor y mucho más lego, menos paralogizado[2], también, por los símbolos eruditos, en cuyos versos parece prolongarse en América la línea desenfadada y vital de la picaresca" (pp. 124–25). Caviedes satirizaba a sus contemporáneos en romances, sonetos y quintillas, ensañándose sobre todo contra los medicos. Pero tampoco se le escapaban los sastres, las cortesanas, los clérigos, los poetas y los cómicos[3]. Su visión satírica de la sociedad fue un fiel reflejo de las condiciones de vida prevalentes en el virreinato peruano del siglo XVII. Caviedes fue el primer escritor peruano que retrató con ironía las costumbres y los tipos criollos, dando origen así a una literatura de raigambre nacional.

[1] *tan... desgracia*   que siendo tan niño, no sabía que sería escritor y que su talento sería malgastado en la Colonia
[2] *paralogizado*   persuadido; adicto a
[3] *cómicos*   actores

Privilegios del pobre

El pobre es tonto, si calla
y si habla es un majadero[1];
si sabe, es un hablador
y si afable, es embustero;
si es cortés, entrometido,
cuando no sufre, soberbio;
cobarde, cuando es humilde
y loco, cuando es resuelto;
si valiente, es temerario,

[1] *majadero*   necio, tonto

presumido, si es discreto;
adulador, si obedece,
y si se excusa, grosero;
si pretende, es atrevido,
si merece, es sin aprecio;
su nobleza es nada vista
y su gala sin aseo;
si trabaja, es codicioso
y, por el contrario extremo,
un perdido, si descansa.
¡Miren si son privilegios!

Romance

    Un arroyo fugitivo
de la cárcel del diciembre,
cadenas de cristal rompe
y lima grillos de nieve.
Indultos del sol que nace
goza en su prisión alegre,
que no hay embargos de hielo
cuando nace Febo ardiente.
En perlas paga a las flores
el censo oriental que debe,

que por causa del invierno
no le tenía corriente.
Los pájaros con sus cantos
dolor y envidia me ofrecen,
porque el hielo de un desdén
preso en su esquivez me tiene.
Por libertad clara goza
pues más dicha te concede
menos sol, que no el de Marcia
que a uno suelta y a otro prende.

Remedios para ser lo que quisieres

VI

DOCTOS DE CHAFALONÍA[1]

    Si quieres ser docto en todas ciencias,
en púlpitos, en cátedras y audiencias,

[1] *chafalonía*   plata brillante y de poco valor

pondrás mucho cuidado
en andar bien vestido y aliñado
de aquella facultad que representas,
que de esta suerte ostentas
lo que ignoras y nunca has aprendido,
que es ciencia para el vulgo el buen vestido.
Si gordo fueses, para tu decoro

De *Documentos literarios del Perú*, V, edición de Manuel Odriozola (Lima, Imprenta del Estado, 1873), pp. 168–69.

De Juan del Valle Caviedes, *Diente del Parnaso* (Lima, Imprenta Garcilaso, 1925), pp. 134–39.

importa lo marrano[2] otro tanto oro,
que ven los más con ojos corporales,
y en mirando hombres gordos y bestiales
a la carnaza[3] dan sabiduría,
aunque en ciencia de rastros, a fe mía.
Traerás anteojos, viendo más que un Argos[4],
con tus tirantes largos
de cerda[5], que en la cola y en la ceja
te estuvieran más propios que en la oreja;
porque anteojos en cara de pandero
al mayor majadero
por Séneca[6] acreditan,
entre aquéllos que ven y no meditan.
Harás de la memoria entendimiento
si sintieres en ti corto talento,
y darás un gatazo[7] de entendido,
siendo un asno incapaz de ser oído.
Lograrás, sin saber lo que te dices,
hacer pasar entre esos infelices
el mayor disparate por sentencia,
que hay mucho oído y poca inteligencia.

.   .   .

Procura ser doctor en todo caso,
y vivirás sobrado y nada escaso;
mira que en una hora hay materiales

y se ahorran muchos reales[8];
pues aunque en estas cuentas después digas
que hay vigas sobre vigas[9],
clavos que son de esclavos y albañiles[10],
son pleitos tan sutiles
que pocos o ninguno los repugnan;
y si acaso te impugnan
imitarás a otros en tus greyes[11],
que allá van leyes donde quieran reyes.
Bueno es también que la eches de[12] poeta,
aunque a Apolo le dé una pataleta[13];
roba aquí, roba allá, de Pedro y Lope,
y tus coplas saldrán como un arrope[14],
y en el certamen de las fiestas reales
lograrás los laureles por quintales[15],
y oirás este vocablo:
—Este hombre sabe tanto como el Diablo,
pues de leyes y musas, no es papilla,
entiende a maravilla—
y serás más famoso que Cervantes
y demás sabios que vinieron antes.

[2] *marrano* gordo, sucio
[3] *carnaza* gordura
[4] *Argos* ser mitológico que tenía cien ojos
[5] *tirantes... cerda* hilo grueso de pelo de caballo para sostener los anteojos
[6] *Séneca* Lucio Anneo Séneca, filósofo estoico hispanolatino (2–66 d. de J.C.)
[7] *dar un gatazo* engañar

[8] *reales* monedas
[9] *vigas sobre vigas* beams over beams, i.e., vigas escondidas por las que tiene que pagar el cliente
[10] *clavos... albañiles* juego de palabras a base del triple sentido de clavo (nail), divieso (boil) y el símbolo de esclavo que era una "s" cruzada por un clavo; *albañiles* constructores
[11] *greyes* rebaños, i.e., grupos de falsos sabios
[12] *la eches de* te jactes de ser
[13] *pataleta* convulsión; ataque de rabia
[14] *arrope* jarabe, dulce
[15] *quintales* medidas de peso de 100 libras

13 Sor Juana Inés de la Cruz
(¿1648?-1695)

Sor Juana Inés de la Cruz, la décima musa de México, representa el más alto nivel a que llegó la literatura colonial americana. Ella y el dramaturgo Juan Ruiz de Alarcón son las dos glorias del México virreinal. El genio de la monja jerónima, nacida en Nepantla, Estado de México, se manifestó temprano: a los ocho años ya componía versos; el latín lo aprendió en veinte lecciones. Su avidez de saber la llevó al extremo de cortarse el pelo hasta que aprendía lo que se le dificultó. En 1665 pasó a la ciudad de México, a servir de dama a la virreina, que ya tenía noticias de su prodigioso talento. El virrey Mancera puso a prueba su saber haciéndola discutir con los doctores de la Universidad, a quienes asombró con sus respuestas sobre teología, filosofía, matemáticas y humanidades.

En 1669, no contenta con la vida cortesana al lado de la virreina, Sor Juana se hizo monja para dedicar su vida a los estudios. En el claustro encontró mayor quietud que en la corte, y así podía dedicarse con holgura al desarrollo de su talento. Amante de los libros, llegó a poseer una biblioteca de más de cuatro mil volúmenes. Sus últimos años no fueron felices; tuvo que abandonar, por orden superior, sus estudios y su poesía; murió dedicada a ayudar a los menesterosos durante la plaga que azotó a la ciudad de México en 1695.

Las obras de Sor Juana se publicaron en España en tres tomos, dos antes de su muerte y el último en 1700. La *Inundación castálida*, el primer tomo, apareció en Madrid en 1689. Dos años más tarde se publicó en Sevilla el *Segundo volumen de la obra de Sor Juana Inés de la Cruz*, ya conocida como la poetisa única. El tercero y último tomo apareció en Madrid en 1700 con el título *Fama y obras póstumas del Fénix de México, Décima Musa*. Allí se presenta la famosa biografía de la monja por el Padre Diego Calleja, en la que nos dice que Sor Juana "nació el viernes 12 de noviembre de 1651, a las once de la noche, y que murió el 17 de abril de 1695, a las cuatro de la tarde, después de haber vivido 44 años, 5 meses, 5 días y 5 horas". Y si bien el Padre Calleja podía estar equivocado, es ésa la única biografía auténtica que poseemos de Sor Juana, excepto, por supuesto, su famosa carta del primero de marzo de 1691, la *Respuesta de la Poetisa a la muy Ilustre Sor Filotea de la Cruz*, gran documento tanto por su contenido humano como por la fina prosa, del cual la crítica ha sacado los principales datos biográficos de la famosa monja.

La obra de Sor Juana se caracteriza por la gran cantidad de formas que la componen. "Las características de Sor Juana en la poesía lírica —nos dice Alfonso Reyes— son la abundancia y la variedad, no menos que el cabal dominio técnico en todas las formas y los géneros." Entre sus obras poéticas encontramos sonetos, romances, liras, silvas, loas, redondillas y décimas. Cultivó también el teatro, escribiendo varios villancicos (donde introdujo elementos populares y formas indígenas, como el *tocotín*) lo mismo que comedias al estilo de Calderón (*Los empeños de una casa y Amor es más laberinto*). Y sin embargo, Sor Juana sólo consideraba digna de su inspiración una sola composición, su *Primero sueño*, poema filosófico cuyo tema es el conocimiento humano, tal vez la obra más importante de la época colonial hispano-americana. Si bien el poema tiene una complicada elaboración intelectual, se captan por medio de imágenes originales la noche y el sueño, durante el cual el alma se purifica, no para alcanzar el éxtasis místico como en Santa Teresa, sino para penetrar las leyes del universo. Esta obra, y en verdad toda la producción de Sor Juana, sigue intrigando a los eruditos y a los amantes de las letras, tanto por el alto valor formal como por lo profundo de los sentimientos y el pensamiento. En la poesía de Sor Juana, en fin, encontramos la esencia de la mejor poesía colonial hispanoamericana.

Sonetos

[*Resuelve la cuestión de cuál sea
pesar más molesto en encontradas
correspondencias*[1], *amar o aborrecer.*]

Que no me quiera Fabio al verse
    amado,
es dolor sin igual en mi sentido;
mas que me quiera Silvio aborrecido
es menor mal, mas no menor enfado.

¿Qué sufrimiento no estará cansado
si siempre le resuenan al oído
tras la vana arrogancia de un querido
el cansado gemir de un desdeñado?

Si de Silvio me cansa el rendimiento,
a Fabio canso con estar rendida;
si de éste busco el agradecimiento,

a mí me busca el otro agradecida:
por activa y pasiva es mi tormento,
pues padezco en querer y en ser querida.

[*Continúa el mismo asunto y aun lo
expresa con más viva elegancia.*]

Feliciano me adora y le aborrezco;
Lisardo me aborrece y yo le adoro;
por quien no me apetece ingrato, lloro,
y al que me llora tierno, no apetezco.

A quien más me desdora[2], el alma
    ofrezco;
a quien me ofrece víctimas, desdoro;
desprecio al que enriquece mi decoro,
y al que me hace desprecios, enriquezco.

Si con mi ofensa al uno reconvengo[3],
me reconviene el otro a mí ofendido;
y a padecer de todos modos vengo,

pues ambos atormentan mi sentido:
aquéste con pedir lo que no tengo,
y aquél con no tener lo que le pido.

[1] *correspondencias*   juego de palabras a base del doble sentido de correspondencias humanas (relaciones personales) y las complejas correspondencias interiores del poema

[2] *desdora*   rechaza
[3] *reconvengo*   acuso

De *Obras completas de Sor Juana Inés de la Cruz*, I, edición de Alfonso Méndez Plancarte (México, Fondo de Cultura Económica, 1951), pp. 228–29, 277–89.

[Prosigue el mismo asunto,
y determina que prevalezca la razón
contra el gusto.]

Al que ingrato me deja, busco amante;
al que amante me sigue, dejo ingrata;
constante adoro a quien mi amor maltrata;
maltrato a quien mi amor busca constante.

Al que trato de amor, hallo diamante,
y soy diamante al que de amor me trata;
triunfante quiero ver al que me mata,
y mato a quien me quiere ver triunfante.

Si a éste pago, padece mi deseo;
si ruego a aquél, mi pundonor enojo:
de entrambos modos infeliz me veo.

Pero yo, por mejor partido, escojo
de quien no quiero, ser violento empleo;
que de quien no me quiere, vil despojo.

[Procura desmentir los elogios que a un
retrato de la poetisa inscribió la verdad,
que llama pasión.]

Éste que ves engaño colorido,
que del arte ostentando los primores,
con falsos silogismos de colores
es cauteloso engaño del sentido;

éste, en quien la lisonja ha pretendido
excusar de los años los horrores
y venciendo del tiempo los rigores
triunfar de la vejez y del olvido,

es un vano artificio del cuidado,
es una flor al viento delicada,
es un resguardo inútil para el hado,

es una necia diligencia errada,
es un afán caduco y, bien mirado,
es cadáver, es polvo, es sombra, es nada.

[Quéjase de la suerte: insinúa
su aversión a los vicios, y justifica
su divertimiento a las musas.]

En perseguirme, Mundo ¿qué intentas?
¿En qué te ofendo, cuando sólo intento
poner bellezas en mi entendimiento
y no mi entendimiento en las bellezas?

Yo no estimo tesoros ni riquezas;
y así, siempre me causa más contento
poner riquezas en mi pensamiento
que no mi pensamiento en las riquezas.

Y no estimo hermosura que, vencida,
es despojo civil de las edades,
ni riqueza me agrada fementida[4],

teniendo por mejor, en mis verdades,
consumir vanidades de la vida
que consumir la vida en vanidades.

[Que contiene una fantasía contenta
con amor decente]

Detente, sombra de mi bien esquivo,
imagen del hechizo que más quiero,
bella ilusión por quien alegre muero,
dulce ficción por quien penosa vivo.

Si al imán de tus gracias, atractivo,
sirve mi pecho de obediente acero,
¿para qué me enamoras lisonjero
si has de burlarme luego fugitivo?

Mas blasonar no puedes, satisfecho,
de que triunfa de mí tu tiranía:
que aunque dejas burlado el lazo estrecho

que tu forma fantástica ceñía,
poco importa burlar brazos y pecho
si te labra prisión mi fantasía.

[4] *fementida* traidora

Esta tarde, mi bien, cuando te hablaba,
como en tu rostro y tus acciones vía[5]
que con palabras no te persuadía,
que el corazón me vieses deseaba;

y Amor, que mis intentos ayudaba,
venció lo que imposible parecía:
pues entre el llanto, que el dolor vertía,
el corazón deshecho destilaba.

Baste ya de rigores, mi bien, baste;
no te atormenten más celos tiranos,
ni el vil recelo tu quietud contraste

con sombras necias, con indicios vanos,
pues ya en líquido humor viste y tocaste
mi corazón deshecho entre tus manos.

*[En que da moral censura a una rosa,
y en ella a sus semejantes]*

Rosa divina que en gentil cultura
eres, con tu fragante sutileza,
magisterio purpúreo en la belleza,
enseñanza nevada a la hermosura.

Amago[6] de la humana arquitectura,
ejemplo de la vana gentileza,

[5] *vía*   veía
[6] *Amago*   amenaza

en cuyo ser unió naturaleza
la cuna alegre y triste sepultura.

¡Cuán altiva en tu pompa, presumida,
soberbia, el riesgo de morir desdeñas,
y luego desmayada y encogida

de tu caduco ser das mustias señas,
con que docta muerte y necia vida,
viviendo engañas y muriendo enseñas!

Verde embeleso[7]...

Verde embeleso de la vida humana,
loca Esperanza, frenesí dorado,
sueño de los despiertos intrincado,
como de sueños, de tesoros vana;

alma del mundo, senectud lozana,
decrépito verdor imaginado;
el hoy de los dichosos esperado
y de los desdichados el mañana;

sigan tu sombra en busca de tu día
los que, con verdes vidrios por anteojos,
todo lo ven pintado a su deseo;

que yo, más cuerda en la fortuna mía
tengo en entrambas manos ambos ojos
y solamente lo que toco veo.

[7] *embeleso*   encanto

✿ *Redondillas*

*[Arguye de inconsecuentes el gusto
y la censura de los hombres que en las
mujeres acusan lo que causan.]*

Hombres necios que acusáis
a la mujer sin razón,

sin ver que sois la ocasión
de lo mismo que culpáis;

si con ansia sin igual
solicitáis su desdén,

¿por qué queréis que obren bien
si las incitáis al mal?

Combatís su resistencia
y luego, con gravedad,
decís que fue liviandad
lo que hizo la diligencia.

Parecer quiere el denuedo
de vuestro parecer loco,
al niño que pone el coco
y luego le tiene miedo.

Queréis, con presunción necia,
hallar a la que buscáis,
para pretendida, Thais[1],
y en la posesión, Lucrecia[2].

¿Qué humor puede ser más raro
que el que, falto de consejo,
él mismo empaña el espejo,
y siente que no esté claro?

Con el favor y el desdén
tenéis condición igual,
quejándoos, si os tratan mal,
burlándoos, si os quieren bien.

Opinión, ninguna gana;
pues la que más se recata,
si no os admite, es ingrata,
y si os admite, es liviana.

Siempre tan necios andáis
que, con desigual nivel,
a una culpáis por crüel
y a otra por fácil culpáis.

[1] *Thais* cortesana de Atenas
[2] *Lucrecia* mujer romana, prototipo de la fidelidad
conyugal, que se mató después de haber sido
ultrajada

¿Pues cómo ha de estar templada
la que vuestro amor pretende,
si la que es ingrata, ofende,
y la que es fácil, enfada?

Mas, entre el enfado y pena
que vuestro gusto refiere,
bien haya la que no os quiere
y quejaos en hora buena.

Dan vuestras amantes penas
a sus libertades alas,
y después de hacerlas malas
las queréis hallar muy buenas.

¿Cuál mayor culpa ha tenido
en una pasión errada:
la que cae de rogada,
o el que ruega de caído?

¿O cuál es más de culpar,
aunque cualquiera mal haga:
la que peca por la paga,
o el que paga por pecar?

Pues ¿para qué os espantáis
de la culpa que tenéis?
Queredlas cual las hacéis
o hacedlas cual las buscáis.

Dejad de solicitar,
y después, con más razón,
acusaréis la afición
de la que os fuere a rogar.

Bien con muchas armas fundo
que lidia vuestra arrogancia,
pues en promesa e instancia
juntáis diablo, carne y mundo.

Coplas

[FRAGMENTOS]

¡Ah de las mazmorras[1],
tened atención;
atended, cautivos,
las nuevas que os doy!

Escuchad mi llanto,
a falta de voz,
que también por señas
se explica el dolor.

Sabed que ya es muerto
Pedro el Redentor[2]:

[1] *mazmorras* prisiones subterráneas
[2] *Pedro el Redentor* San Pedro Nolasco, a quien Sor
Juana dedica el "Villancico" (1677) de donde
proceden estas "coplas". Nolasco, santo francés
redentor de los esclavos, murió en la Nochebuena
de 1256.

¿cómo muere quien
vida a tantos dio?

No esperéis consuelo,
pues él os faltó
y acabó en su vida
vuestra redención.

. . .

Llorad, y deshechos
en líquido humor,
busque por los ojos
puerta el corazón.

. . .

 *Respuesta de la poetisa a la muy ilustre
Sor Filotea de la Cruz*

Muy ilustre Señora, mi Señora:

No mi voluntad, mi poca salud y mi
justo temor han suspendido tantos días mi
respuesta.

. . .

Prosiguiendo en la narración de mi inclinación, de que os quiero dar entera noticia, digo que no había cumplido los tres
años de mi edad cuando enviando mi madre

a una hermana mía, mayor que yo, a que se
enseñase a leer en una de las que llaman
Amigas[1], me llevó a mí tras ella el cariño y
la travesura; y viendo que la daban lección,
me encendí yo de manera en el deseo de
saber leer, que engañando, a mi parecer, a
la maestra, la dije: "Que mi madre orde-
naba me diese lección." Ella no lo creyó,
porque no era creíble; pero por complacer
al donaire, me la dio.

[1] *Amigas* escuelas primarias

De *Obras completas de Sor Juana Inés de la Cruz*, II, edición de Méndez Plancarte (México, Fondo de Cultura
Económica, 1952), pp. 31–32.

De *Obras completas de Sor Juana Inés de la Cruz*, IV, edición de Alberto G. Salceda (México, Fondo de
Cultura Económica, 1957), pp. 440, 445–47.

Proseguí yo en ir, y ella prosiguió en enseñarme, ya no de burlas, porque la desengañó la experiencia; y supe leer en tan breve tiempo, que ya sabía cuando lo supo mi madre, a quien la maestra lo ocultó por darle el gusto por entero y recibir el galardón por junto; y yo lo callé, creyendo que me azotarían, por haberlo hecho sin orden. Aún vive la que me enseñó, Dios la guarde, y puede testificarlo.

Acuérdome que, en estos tiempos, siendo mi golosina[2] la que es ordinaria en aquella edad, me abstenía de comer queso, porque oí decir que hacía rudos, y podía conmigo más el deseo de saber que el de comer, siendo éste tan poderoso en los niños.

Teniendo yo después como seis o siete años, y sabiendo ya leer y escribir, con todas las otras habilidades de labores y costuras que aprenden las mujeres, oí decir que había Universidad y escuelas en que se estudiaban las ciencias, en México. Y apenas lo oí cuando empecé a matar a mi madre con instantes[3] e importunos ruegos sobre que, mudándome el traje, me enviase a México, en casa de unos deudos que tenía, para estudiar y cursar la Universidad. Ella no lo quiso hacer, e hizo muy bien, pero yo despiqué el deseo en leer[4] muchos libros varios que tenía mi abuelo, sin que bastasen castigos ni reprehensiones a estorbarlo; de manera que cuando vine a México, se admiraban, no tanto del ingenio cuanto de la memoria y noticias que tenía, en edad que parecía que apenas había tenido tiempo para aprender a hablar.

Empecé a aprender Gramática[5], en que creo no llegaron a veinte las lecciones que tomé; y era tan intenso mi cuidado, que siendo así que en las mujeres (y más en tan florida juventud) es tan apreciable el adorno natural del cabello, yo me cortaba de él cuatro o seis dedos, midiendo hasta dónde llegaba antes, e imponiéndome ley de que si cuando volviese a crecer hasta allí no había tal o cual cosa que me había propuesto aprender en tanto que crecía, me lo había de volver a cortar en pena de la rudeza. Sucedía así que él crecía y yo no sabía lo propuesto, porque el pelo crecía aprisa y yo aprendía despacio, y con efecto le cortaba, en pena de la rudeza; que no parecía razón que estuviese vestida de cabellos cabeza que estaba tan desnuda de noticias, que era más apetecible adorno.

Entréme religiosa, porque aunque conocía que tenía el estado cosas (de las accesorias hablo, no de las formales) muchas repugnantes a mi genio, con todo, para la total negación que tenía al matrimonio, era lo menos desproporcionado y lo más decente que podía elegir en materia de la seguridad que deseaba de mi salvación; a cuyo primer respeto (como al fin más importante) cedieron y sujetaron la cerviz[6] todas las impertinencias de mi genio, como eran de querer vivir sola, de no querer tener ocupación obligatoria que embarazase la libertad de mi estudio, ni rumor de comunidad que impidiese el sosegado silencio de mis libros.

Esto me hizo vacilar algo en la determinación hasta que, alumbrándome personas doctas de que era tentación, la vencí con el favor divino y tomé el estado que tan indignamente tengo. Pensé yo que huía de mí misma; pero ¡miserable de mí! trájeme a mí conmigo, y traje mi mayor enemigo en esta inclinación que no sé determinar si, por prenda o por castigo, me dio el Cielo, pues de apagarse o embarazarse con tanto ejercicio que la religión tiene, reventaba

---

[2] *golosina*   afición a la comida agradable
[3] *instantes*   repetidos
[4] *despiqué... leer*   satisfice el deseo leyendo
[5] *Gramática*   gramática latina

[6] *cedieron... cerviz*   se sometieron

como pólvora, y se verificaba en mí el *privatio est causa appetitus*[7].

Volví (mal dije, que nunca cesé); proseguí, digo, a la estudiosa tarea (que para mí era descanso en todos los ratos que sobraban a mi obligación) de leer y más leer; de estudiar y más estudiar, sin más maestro que los mismos libros. Ya se ve cuán duro es estudiar en aquellos caracteres sin alma, careciendo de la voz viva del maestro; pues todo este trabajo sufría yo muy gustosa por amor a las letras.

[7] *privatio... appetitus* (latín) la privación o falta es la causa del apetito

El teatro colonial

CON LA CONQUISTA el teatro indígena desapareció, ya que los españoles lo consideraban perjudicial para la enseñanza de la nueva fe; mas no el interés que los indios tenían en participar en ceremonias y fiestas, interés que los misioneros aprovechaban como medio para propagar el cristianismo. Así apareció el "teatro misionero", cuyas formas son el auto sacramental, el villancico y el coloquio y cuyo contenido es siempre religioso. Las representaciones eran ya al aire libre en atrios y capillas abiertas, ya en los conventos y colegios. Los actores eran con frecuencia los mismos indios que a veces representaban obras escritas en su propia lengua. Se tiene noticia de la representación durante la primera mitad del siglo de la conquista de un *Auto de Adán y Eva*, de un *Auto del Juicio Final* y de otras representaciones como la de la conquista de la Nueva España, presentada cada año para celebrar la caída de la Gran Tenochtitlán.

Después del teatro misionero apareció el teatro criollo, introducido por los jesuitas y representado en los patios de los colegios y universidades, ya en español, ya en latín. De este teatro es representativa la pieza *Triunfo de los Santos*, tragedia en cinco actos puesta en escena por los estudiantes de la cuidad de México en 1578. Si bien la mayor parte de las obras de este teatro culto eran de origen español o escritas por ingenios españoles residentes en el Nuevo Mundo, pronto aparecieron los dramaturgos criollos, de quienes son representantes el dominicano Cristóbal de Llerena (*c.* 1540–después de 1610) y el mexicano Juan Pérez Ramírez (1545–¿ ?), autor éste de una obra alegórica, el *Desposorio*[1] *espiritual entre el Pastor Pedro y la Iglesia Mexicana* (1574). Pero era Fernán González de Eslava, de quien damos aquí un ejemplo de su obra, el mejor dramaturgo antes de que apareciera don Juan Ruiz de Alarcón y Mendoza (1580–1639), nacido en México pero identificado con el gran teatro español del Siglo de Oro. En Madrid, donde pasó parte de su vida, Alarcón compitió con Lope, Tirso y los más destacados dramaturgos de la época,

---

[1]*Desposorio* boda

entre quienes supo distinguirse con sus comedias *La verdad sospechosa, Las paredes oyen, Examen de maridos* y otras, con las cuales impuso su gusto por el teatro de problema moral y el interés en el desarrollo sicológico de los personajes. El teatro colonial posterior a Ruiz de Alarcón, sin embargo, no siguió su ejemplo, sino el de Calderón de la Barca, a quien imitaban Sor Juana y los dramaturgos barrocos.

14 Fernán González de Eslava
(¿1534-1601?)

Si bien Fernán González de Eslava nació en un lugar cerca de Sevilla y no pasó a vivir en México hasta 1558, en donde estudió y se ordenó de sacerdote (1575), supo captar el espíritu criollo y darle expresión en sus dieciséis coloquios, ocho loas y un entremés que vieron la luz en la ciudad de México en 1610 con el título *Coloquios espirituales y sacramentales*. Los coloquios, de tema religioso, son de interés porque en ellos, especialmente en los entremeses que intercala, González de Eslava usa el modo de hablar de los criollos de la época y así los caracterizó ya con una sicología bien diferente de la de los peninsulares de la época. El más famoso de los entremeses de González de Eslava es el que aquí reproducimos, gracioso por las fanfarronadas de los dos personajes principales (el tercero sólo sirve de intermediario y de audiencia, para que los personajes no tengan que hablarle al público), expresadas en imágenes criollas que dependen para su total comprensión del conocimiento del ambiente mexicano. Sin embargo, no abusó de ellas, y el entremés tiene así un sentido universal, que le da el tema. Lástima que González de Eslava no hubiera escrito más de estos entremeses profanos[1], que ya anunciaron lo que había de ser la literatura hispanoamericana criollista.

[1] *profanos* no religiosos

 *Entremés*

Entre dos rufianes, que el uno había dado al otro un bofetón, y el que le había recibido venía a buscar al otro para vengarse. El agresor, viendo venir de lejos a su contrario, se fingió ahorcado; y viéndolo así el afrentado, dijo lo siguiente:

Mi espada y mi brazo fuerte,
Mi tajo con mi revés[1],
En blanco salió[2] esta suerte,

[1] *tajo... revés* golpe con la espada de derecha a izquierda (*tajo*) y al revés
[2] *En blanco salió* Falló

Pues éste se os fue por pies
A la cueva de la muerte.

    Porque juro al mar salado,
No se me hubiera escapado
En vientre de la ballena,
Que allí le diera carena[3],
Si no se hubiera ahorcado.

[3] *le diera carena* me burlara de él

De Fernán González de Eslava, *Coloquios espirituales y sacramentales y poesías sagradas*, edición de Joaquín García Icazbalceta (México, Imprenta de F. Díaz de León, 1877), pp. 125–26.

Estoy por ir a sacallo
Del infierno, cueva esquiva,
Y esto no por remediallo,
Sino por hacer que viva,
Y vivo, después matallo.

Y esto fuera al desdichado
Pena y tormento doblado,
Verse puesto en mi presencia;
Hiciéralo, en mi conciencia,
Si no se hubiera ahorcado.

Repartiera como pan
Al hijo de la bellaca,
Los brazos en Cuyoacan,
Y las piernas en Huaxaca,
Y la panza en Michuacan[4].

Y lo que queda sobrado,
Ante mí fuera quemado,
Y fuera poco castigo:
Yo hiciera lo que digo,
Si no se hubiera ahorcado.

De mis hechos inhumanos
Éste ha dado testimonio,
Pues tuvo por más livianos
Los tormentos del demonio
Que los que doy con mis manos.

Él hizo como avisado,
Porque lo hubiera pringado,
O hecho cien mil añicos[5],
Y quebrado los hocicos,
Si no se hubiera ahorcado.

(*Cada vez que acababa de glosar "Si no
estuviera ahorcado", acometía a darle una
estocada, y el que le ahorcó, le tenía el brazo*

[4] *brazos... Michuacan Cuyoacan, Huaxaca* y *Michuacan* (*Coyoacán, Oaxaca* y *Michoacán*) representan
el centro, el sur y el norte de la Nueva España.
Coyoacán es parte de la ciudad de México;
Oaxaca y *Michoacán* son estados.
[5] *añicos* pedazos

*diciéndole: "No ensucie vuesa merced su es-
pada en un hombre muerto, que no es valentía." Y habiéndose ido el rufián agraviado,
el otro se desenlazó y dijo al que estaba presente: "Oiga vuesa merced cómo le voy glo-
sando la letra.")*

Aquel bellaco putillo[6],
Más menguado que la mengua,
Me huyó; quiero seguillo
Para sacalle la lengua
Por detrás del colodrillo[7].

Aquel bellaco azotado,
Sucio, puerco y apocado
Puso lengua en mi persona;
Hiciérale la mamona[8],
Si no estuviera ahorcado.

El brazo y el pie derecho
Con que me hizo ademanes,
Le cortara, y esto hecho,
Los echara en el estrecho
Que llaman de Magallanes.

Y estando aquí arrodillado
Le diera un tajo volado[9]
Que le cortara por medio:
Hiciéralo sin remedio,
Si no estuviera ahorcado.

Las barbas, por más tormento,
Una a una le pelara[10],
Y después, por mi contento,
Por escoba las tomara
Y barriera mi aposento.

Y no quedara vengado
Con velle barbipelado,

[6] *putillo* afeminado
[7] *colodrillo* cogote, parte posterior de la cabeza
[8] *mamona* burla que se hace a una persona,
pasándole la mano por la barba
[9] *tajo volado* corte que se da con la espada de
derecha a izquierda
[10] *pelara* arrancara

Que en ellas, por vida mía,
Escupiera cada día,
Si no estuviera ahorcado.

    ¿Éste dicen que es valiente
Y anda conmigo en consejas[11]?

[11] *anda... consejas* habla mal de mí (cuando yo no
estoy presente)

Si estuviera aquí presente
Le cortara las orejas
Y las clavara en su frente.

    Y así quedara afrentado,
De todos vituperado,
Y después de esto hiciera
Que en viernes se las comiera,
Si no estuviera ahorcado.

15 Sor Juana Inés de la Cruz
(¿1648?-1695)

    Además de las dos comedias —*Los empeños de una casa, Amor es más laberinto*— y vario villancicos, la monja mexicana escribió dieciocho loas, tres autos, dos sainetes y un sarao o baile dramático. De los tres autos —*El Divino Narciso, El cetro de José* y *El Mártir del Sacramento, San Hermenegildo*— el más importante es el primero, en el cual Sor Juana creó un mundo alegórico cerrado para desarrollar el tema de la redención humana a través de la intercesión del Divino Narciso, el Hijo de Dios.

    Los dos sainetes, el *Sainete primero de Palacio* y el *Sainete segundo*, escritos para ser representados entre jornadas de la comedia *Los empeños de una casa*, son enteramente distintos. Si bien el primero es alegórico, conceptuoso y sutil, el segundo, en cambio, es franco, chispeante, humano y enteramente original. En él se hace la crítica de la comedia misma que se está representando, y entre los personajes aparece el autor mismo, a quien se critica. Así, Sor Juana se adelantó a su tiempo al mezclar la ficción y la realidad, como lo hará Pirandello en nuestros días. Y también como Pirandello, lo hizo con un sentido profundo del humor.

 *Sainete segundo*

INTERLOCUTORES

ANDRÉS MUÑIZ   ACEVEDO, *el dramaturgo*
ARIAS, *su amigo*   COMPAÑEROS

ARIAS

Mientras descansan nuestros camaradas
de andar las dos jornadas[1],
que ¡vive Dios!, que creo
que no fueran más largas que un correo[2],
pues si aquesta comedia se repite
juzgo que llegaremos a Cavite[3]
e iremos a un presidio condenados,
cuando han sido los versos los forzados[4],
aquí, Muñiz, amigo, nos sentemos
y a toda la comedia murmuremos.

MUÑIZ

Arias, vos os tenéis buen desenfado,
pues si estáis tan cansado
y yo me hallo molido[5] de manera
que ya por un tamiz pasar pudiera,
y esto no es embeleco,
pues, sobre estar molido, estoy tan seco
de questas[6] dos jornadas, que he pensado
que en mula de alquiler he caminado[7],
¿no es mejor acostarnos
y de aquellos cuidados apartarnos?
Que yo más al descanso me abalanzo.

ARIAS

Y el murmurar, amigo, ¿hay más descanso?
Por lo menos, a mí me hace provecho,
porque las perdiciones que en el pecho
guardo como veneno,
salen cuando murmuro, y quedo bueno.

MUÑIZ

Dices bien. ¿Quién sería
el que al pobre de Deza[8] engañaría
con aquesta comedia
tan larga y tan sin traza?

ARIAS

¿Aquesto don Andrés, os embaraza?
Diósela un estudiante
que en las comedias es tan principiante
y en la poesía tan mozo,
que le apuntan los versos como el bozo.

MUÑIZ

Pues yo quisiera, amigo, ser barbero,
y raparle los versos por entero,
que versos tan barbados
es cierto que estuvieran bien rapados.
¿No era mejor, amigo, en mi conciencia,
siquiera hacer festejo a Su Excelencia[9]:
escoger, sin congojas,
una de Calderón, Moreto o Rojas[10],
que en oyendo su nombre
no se topa, a fe mía,
silbo que diga "esta boca es mía"[11]?

ARIAS

¿No ves que, por ser nueva,
la echaron?

MUÑIZ

　　　　　　　¡Gentil prueba
de su bondad!

ARIAS

　　　　　　　Aquésta es mi mohina[12]:
¿no era mejor hacer a Celestina[13],
en que vos estuvisteis tan gracioso,
que aún estoy temeroso
y es justo que me asombre

---

[1] *dos jornadas* las del drama (*Los empeños de una casa*) que se está representando; juego de palabras a base del doble sentido de la palabra *jornada*, que significa "acto" (de un drama), y "viaje"

[2] *que un correo* que las (jornadas) de un correo. El autor habla irónicamente.

[3] *Cavite* en las Islas Filipinas, donde España tenía una prisión

[4] *forzados* juego de palabras: versos *forzados* por la rima y prisioneros *forzados*

[5] *me hallo molido* I have been put through the mill; *molido* fatigado

[6] *questas* estas

[7] *caminado* viajado

[8] *Deza* personaje no identificado

[9] *Su Excelencia* la virreina, condesa de Paredes

[10] *Calderón... Rojas* famosos dramaturgos españoles

[11] *que... mía* que se identifique

[12] *mohina* disgusto, tristeza

[13] *Celestina* famosa protagonista de la comedia del mismo nombre, atribuida a Fernando de Rojas

De *Obras completas de Sor Juana Inés de la Cruz*, IV, edición de Alberto G. Salceda (México, Fondo de Cultura Económica, 1957), pp. 117–25.

de que sois hechicera en traje de hombre[14]?

MUÑIZ

Amigo, mejor era *Celestina*,
en cuanto a ser comedia ultramarina;
que siempre las de España son mejores
y para digerirlas los humores
son ligeras; que nunca son pesadas
las cosas que por agua son pasadas[15].
Pero la Celestina que esta risa
os causó, era mestiza,
acabada a retazos,
y si le faltó traza, tuvo trazos,
y con diverso genio
se formó de un trapiche y de un ingenio.
Y en fin, en su poesía
por lo bueno, lo malo se pulía[16];
pero aquí ¡vive Cristo! que no puedo
sufrir los disparates de Acevedo[17].

ARIAS

¿Pues es el autor?

MUÑIZ

    Así se ha dicho,
que de su mal capricho
la Comedia y los Sainetes han salido;
aunque es verdad que yo no puedo creello.

ARIAS

Tal le dé Dios la vida como es ello.[18]

MUÑIZ

Ahora bien: ¿qué remedio dar podemos
para que esta comedia no acabemos?

ARIAS

Mirad, ya lo he pensado:
uno que pienso que será acertado.

MUÑIZ

¿Cuál es?

ARIAS

    Que nos finjamos
mosqueteros[19], y a silbos destruyamos
esta comedia o esta patarata[20],
que con esto la fiesta se remata;
y como ellos están tan descuidados,
en oyendo los silbos, alterados
saldrán, y muy severos
les diremos que son los mosqueteros.

MUÑIZ

¡Brava traza, por Dios! Pero ¡me ataja
que yo no sé silbar! Gentil alhaja.

ARIAS

¿Qué dificultad tiene?

MUÑIZ

    El punto es ése:
que yo no acierto a pronunciar la "ese"[21].

ARIAS

Pues mirad: yo, que a silbar me allano;
que puedo en el Arcadia[22] ser Silvano[23],
silbaré por entrambos, mas atento,
que es este silbo a vuestro impedimento.

MUÑIZ

Bien habéis dicho, vaya.

ARIAS

    Va con brío. (*Silba Arias.*)

MUÑIZ

Cuenta, señores, que este silbo es mío.[24]

---

[14] *traje de hombre* referencia a la costumbre de que los actores representaran los papeles femeninos

[15] *que por... pasadas* juego de palabras a base de su doble sentido de cruzar el mar y pasar por agua, o cocinar en agua hirviente

[16] *Celestina... pulía* Tal vez se refiera Sor Juana aquí a otra *Celestina*, no la atribuida a Rojas. Este problema no ha sido explicado satisfactoriamente por la crítica.

[17] *Acevedo* Sor Juana atribuye su propia obra a Acevedo

[18] *Tal... ello* Que viva Acevedo tanto tiempo como la verdad de ello; es decir, Arias le desea a Acevedo una vida corta.

[19] *mosqueteros* espectadores que presenciaban la comedia de pie, en la parte de atrás del corral

[20] *patarata* tontería

[21] *"ese"* Muñiz es aparentemente de alguna parte de España donde se ha confundido la distinción entre la *s* y la *z*. Este burlarse de la pronunciación de los españoles es un recurso cómico muy frecuente en la Hispanoamérica colonial.

[22] *Arcadia* mítica tierra habitada por pastores virtuosos

[23] *Silvano* dios de las selvas y los campos; juego de palabras, *silbar* y *Silvano*

[24] *Cuenta... mío* Este silbo debe considerarse como si yo lo hubiera hecho; i.e., Muñiz está completamente de acuerdo con los silbos irrisorios de Arias.

¡Cuerpo de Dios, que aquesto está muy
 frío! (*Silban otros dentro.*)
Vaya de silbos, vaya. (*Silban*)

ARIAS

Cuenta, señores, que este silbo es mío.
 (*Silba*)

(*Salen Acevedo y los compañeros*)

ACEVEDO

¿Qué silbos son aquéstos tan atroces?

MUÑIZ

Aquesto es: ¡cuántos silbos, cuántas voces!

ACEVEDO

¡Que se atrevan a tal los mosqueteros!

ARIAS

¡Y aun a la misma Nava de Zueros[25]!

ACEVEDO

¡Ay, silbado de mí, ay, desdichado[26],
que la comedia que hice me han silbado!
¿Al primer tapón, silbos?[27] Muerto quedo.

ARIAS

No os muráis, Acevedo.

ACEVEDO

Allá a ahorcarme me meto.

MUÑIZ

Mirad que es el ahorcarse mucho
 aprieto[28].

ARIAS

No os vais, que aquí os daremos
 cordelejo[29].

[25] *Nava de Zueros* referencia a un romance de Góngora (*nava* llanura entre montañas):

 cuántos silbos, cuántas voces
 la nava oyó de Zuheros

(Véase *Obras completas de Sor Juana Inés de la Cruz*, IV, p. 557.)

[26] *¡Ay... desdichado* parodia del famoso verso de Calderón en *La vida es sueño*, I, 102

[27] *¿Al... silbos?* variante del dicho popular, "al primer tapón, zurrapas" (off to a bad start). Aquí aparentamente se refiere al final cuando cae el telón.

[28] *aprieto* juego de palabras a base del doble sentido del apuro de Acevedo y el acto de apretar, o ahorcarse

[29] *cordelejo* juego de palabras a base del doble sentido de cordel y la burla al fin del sainete

ACEVEDO

Dádmelo acá; veréis como me ensogo;
que con esto saldré de tanto ahogo.

(*Cantan sus coplas cada uno.*)

MUÑIZ

Silbadito del alma,
no te me ahorques,
que los silbos se hicieron
para los hombres.

ACEVEDO

Silbadores del diablo,
morir dispongo,
que los silbos se hicieron
para los toros.

COMPAÑERO I

Pues que ahorcarte quieres,
toma la soga,
que aqueste cordelejo
no es otra cosa.

ACEVEDO

No me silbéis, demonios,
que mi cabeza
no recibe los silbos,
aunque está hueca.

ARIAS

Vaya de silbos, vaya;
silbad, amigos,
que en lo hueco resuenan
muy bien los silbos. (*Silban todos.*)

ACEVEDO

Gachupines parecen
recién venidos,
porque todo el teatro
se hunde a silbos.

MUÑIZ

¡Vaya de silbos, vaya!
Silbad, amigos,
que en lo hueco resuenan
muy bien los silbos.

COMPAÑERO 2

Y los malos poetas
tengan sabido,

que si vítores quieren
éste es el vítor.

ACEVEDO

Baste ya, ¡por Dios!, baste;
no me den soga,
que yo les doy palabra
de no hacer otra[30].

MUÑIZ

No es aquello bastante,
que es el delito
muy criminal y pide
mayor castigo.

TODOS (Cantan)

¡Vaya de silbos, vaya!
Silbad, amigos
que en lo hueco resuenan
muy bien los silbos. (Silban.)

ACEVEDO

Pues si aquello no basta,
¿qué me disponen?

[30] otra   otra comedia

Que como no sean silbos,
denme garrote[31].

ARIAS

Pues de pena te sirva,
pues lo has pedido,
el que otra vez traslades[32]
lo que has escrito.

ACEVEDO

Esto no, que es aquéste
tan gran castigo
que más quiero, atronado[33],
morir a silbos.

MUÑIZ

Pues lo ha pedido, ¡vaya!
silbad, amigos,
que en lo hueco resuenan
muy bien los silbos.

[31] denme garrote estrangúlenme. El garrote se da estrangulando al reo con un arco de hierro sujeto a un poste fijo.
[32] traslades   copies
[33] atronado   aturdido, perturbido

CAPÍTULO CUARTO

EL SIGLO XVIII

EL SIGLO XVII, el siglo barroco, se distingue por haber aportado a la literatura hispanoamericana tan grandes figuras como Ruiz de Alarcón, Sor Juana y Caviedes. No así el XVIII, durante el cual no hubo escritores de relieve sino un grupo homogéneo de literatos y pensadores cuyas obras se distinguen más por las ideas que por su valor artístico. Fue el XVIII el Siglo de las Luces de la Ilustración, el siglo durante el cual aparecieron en Hispanoamérica las ideas francesas, la nueva filosofía que preparó el terreno para la independencia política e intelectual.

Durante la primera parte del siglo XVIII el gusto literario (y en general el gusto artístico) sufrió un cambio. El barroco, interesado en lo monumental, en lo grandioso, dio lugar al rococó, interesado en el detalle, en lo decorativo. Fue la época de las academias, del interés en el lujo, en el placer como finalidad. Mas pronto esa tendencia se agotó. Durante la segunda mitad del siglo había una reacción contra el rococó; los neoclásicos rechazaron todo lo ornamental y volvieron al estilo sobrio de los clásicos. La poesía, que se escribía en latín, alcanzó su mayor nivel expresivo con los mexicanos Diego José Abad (1727–1779) y Francisco Xavier Alegre (1729–1788) y el guatemalteco Rafael Landívar (1731–1793). El interés en las ciencias, las matemáticas, la filosofía, la historia y la lingüística llegó a su más alto nivel durante la época colonial precisamente en este siglo XVIII y esas ramas de la sabiduría humana atraían a pensadores de primer orden, cuyos significativos estudios dieron esplendor al siglo. Tal vez ese interés en la razón distraía la atención de los literatos de la época, y no produjeron muchas obras de alto relieve artístico como había ocurrido en el siglo anterior. Pero existen algunas. Cabe mencionar aquí, entre otras, la *Lima fundada* (1732) del peruano Pedro de Peralta Barnuevo (1663–1743), *La Hernandía* (1755) del mexicano Francisco Ruiz de León (1683–¿ ?), el *Lazarillo de ciegos caminantes* (1773) de Concolorcorvo, las prosas de Fray Servando Teresa de Mier (1765–1827) y la poesía lírica de Fray Manuel de Navarrete (1768–1809).

	1720	1730	1740	1750	1760	1770	1780	1790	1800	1810	1820
LITERATURA HISPANOAMERICANA						(1773) Concolorcorvo *Lazarillo de ciegos caminantes*	(1781) Landívar *Rusticatio mexicana**	(1795) Mier *Memorias*	(1800) Navarrete *Entretenimientos poéticos†*		
LITERATURA ESPAÑOLA		(1726–39) Feijoo *Teatro crítico universal*	(1737) Luzán *Poética* · (1743–58) Torres Villarroel *Vida*		(1758) Padre Isla *Fray Gerundio de Campazas*		(1782) Iriarte *Fábulas literarias*	(1798) Cadalso *Noches lúgubres*			
OTRAS LITERATURAS	(1719) Defoe *Robinson Crusoe* · (1726) Swift *Gulliver's Travels*				(1758) Voltaire *Candide* · (1762) Rousseau *Contrat social*	(1776) Paine *Common Sense*		(1798) Wordsworth and Coleridge *Lyrical Ballads*			
MARCO HISTÓRICO	(1722) *Gaceta de México*				(1767) Expulsión de los jesuitas‡	(1776) Independencia de los Estados Unidos	(1789) Revolución francesa				

(1700)———— Felipe V, Rey de España ———— (1746) Fernando VI, (1759) Rey de España ———— Carlos III, Rey de España ———— (1788) Carlos IV, (1808) Rey de España

*En latín
†Obra póstuma, publicada en 1823
‡Tanto de España como de América

16 Concolorcorvo

El Lazarillo de ciegos caminantes, publicado en Gijón en 1773 y firmado por Calixto Bustamante Carlos Inga, alias Concolorcorvo, es la descripción de un viaje de Montevideo a Lima, especie de manual para viajeros. El autor, según parece, fue el inspector de Correos Alonso Carrió de la Vandera (*c.* 1715–después de 1778), quien encubrió su nombre para protegerse contra los ataques de los administradores de Lima, a quienes criticaba en la obra. *El Lazarillo*, escrito en primera persona a la manera de las novelas picarescas, es una mezcla de datos históricos, geográficos y sociológicos y de elementos narrativos de tipo picaresco, sin faltar la crítica social que asociamos al género. Si bien Carrió de la Vandera nació en España, ya criticaba a los que no trataban temas americanos, adelantándose así a don Andrés Bello, quien años más tarde habría de repetir el consejo. La parte más interesante del libro es aquélla en que el narrador hace una descripción de la vida y las costumbres de los gauderios, precursores de los gauchos; esa descripción puede ser considerada como el origen de la literatura gauchesca. *El Lazarillo*, libro desorganizado, sin tema central unificador, sin ser novela ni estudio geográfico o sociológico, se salvaría por el tono satírico y por las vivas descripciones que se hacen de los habitantes de esa extensa e importante región sudamericana.

El Lazarillo de ciegos caminantes

[FRAGMENTOS]

PRÓLOGO

. . .

Yo soy indio neto, salvo las trampas de mi madre, de que no salgo por fiador[1]. Dos primas mías coyas[2] conservan la virginidad, a su pesar, en un convento del Cuzco, en donde las mantiene el rey nuestro señor. Yo me hallo en ánimo de pretender la plaza de perrero de la catedral del Cuzco para gozar inmunidad eclesiástica y para lo que me servirá de mucho mérito el haber escrito este itinerario, que aunque en Dios y en conciencia lo formé con ayuda de vecinos, que a ratos ociosos me soplaban a la oreja[3], y cierto fraile de San Juan de Dios, que me

[1] *de... fiador* cuya honestidad no garantizo
[2] *coyas* princesas
[3] *soplaban... oreja* aconsejaban
[4] *encajó* metió, i.e., enseñó

De Concolorcorvo, *El Lazarillo de ciegos caminantes* (París, Biblioteca de Cultura Peruana, Primera Serie, No. 6, 1938), pp. 25–28, 37–39.

encajó[4] la introducción y latines, tengo a lo menos mucha parte en haber parafraseado lo que me decía el visitador[5] en pocas palabras. Imitando el estilo de éste, mezclé algunas jocosidades para entretenimiento de los caminantes para quienes particularmente escribí. Me hago cargo de que lo sustancial de mi itinerario se podía reducir a cien hojas en octavo. En menos de la cuarta parte le extractó el visitador, como se puede ver de su letra en el borrador, que para en mi poder, pero ese género de relaciones sucintas no instruyen al público, que no ha visto aquellos dilatados países, en que es preciso darse por entendido de lo que en sí contienen, sin faltar a la verdad. El cosmógrafo mayor del reino, doctor don Cosme Bueno[6], al fin de sus *Pronósticos anuales*, tiene dada una idea general del reino, procediendo por obispados. Obra verdaderamente muy útil y necesaria para formar una completa historia de este vasto virreinato.

Si el tiempo y erudición que gastó el gran Peralta en su *Lima fundada y España vindicada*[7] lo hubiera aplicado a escribir la historia civil y natural de este reino, no dudo que hubiera adquirido más fama, dando lustre y esplendor a toda la monarquía; pero la mayor parte de los hombres se inclinan a saber con antelación los sucesos de los países más distantes, descuidándose enteramente de los que pasan en los suyos. No por esto quiero decir que Peralta no supiese la historia de este reino, y sólo culpo su elección por lo que oí a los hombres sabios. Llegando cierta tarde a la casa rural de un caballero del Tucumán[8], con el visitador y demás

compañía, reparamos que se explicaba de un modo raro y que hacía preguntas extrañas. Sobre la mesa tenía cuatro libros muy usados y casi desencuadernados: el uno era el Viaje que hizo Fernán Méndez Pinto[9] a la China; el otro era el Teatro de los Dioses[10]; el tercero era la historieta de Carlomagno, con sus doce pares de Francia[11]; y el cuarto de Guerras civiles de Granada[12]. El visitador, que fue el que hojeó estos libros y que los había leído en su juventud con gran delectación, le alabó la librería y le preguntó si había leído otros libros, a lo que el buen caballero le respondió que aquéllos los sabía de memoria y por que no se le olvidasen los sucesos, los repasaba todos los días, porque no se debía leer más que en pocos libros y buenos. Observando el visitador la extravagancia del buen hombre, le preguntó si sabía el nombre del actual rey de España y de las Indias, a que respondió que se llamaba Carlos III[13], porque así lo había oído nombrar en el título del gobernador, y que tenía noticia de que era un buen caballero de capa y espada. "¿Y su padre de ese caballero?, replicó el visitador, ¿cómo se llamó?" A que respondió sin perplejidad, que por razón natural lo podían saber todos. El visitador, teniendo presente lo que respondió otro erudito de Francia, le apuró para que dijese su nombre, y sin titubear dijo que había sido el S. Carlos II[14]. De su país no dio más noticia que de siete a ocho leguas en torno, y todas tan imper-

---

[5] *visitador* don Alonso Carrió de la Vandera
[6] *Cosme Bueno* doctor que nació en Aragón y llegó en 1730 al Perú, donde murió en 1798; autor también de una *Descripción de las provincias pertenecientes al Arzobispado de Lima*
[7] *Lima... vindicada* poema (1732) de don Pedro de Peralta y Barnuevo (1664–1743)
[8] *Tucumán* provincia argentina; capital de la misma

[9] *Fernán Méndez Pinto* (1509–1583), viajero portugués
[10] *Teatro... Dioses* Teatro de los Dioses de la gentilidad (1722–1738), obra de Baltasar de Victoria
[11] *Carlomagno... Francia* Carlos I (742–814) de Francia y los doce caballeros de su corte. Los *doce pares* corresponden a los caballeros de la Mesa Redonda de las leyendas arturianas.
[12] *Guerras... Granada* obra (1595) de Ginés Pérez de Hita
[13] *Carlos III* (1716–1788), hijo de Felipe V
[14] *Carlos II* (1661–1700), hijo de Felipe IV

fectas y trastornadas, que parecían delirios o sueños de hombres despiertos.

Iba a proseguir con mi prólogo a tiempo que al visitador se le antojó leerle, quien me dijo que estaba muy correspondiente a la obra, pero que si le alargaba más, se diría de él:

Que el arquitecto es falto de juicio,
cuando el portal es mayor que el edificio.

O que es semejante a:

Casa rural de la montaña,
magnífica portada y adentro una cabaña.

No creo, señor don Alonso, que mi prólogo merezca esta censura, porque la casa es bien dilatada y grande, a lo que me respondió:

Non quia magna bona, sed quia bona
magna.[15]

Hice mal juicio del latín, porque sólo me quiso decir el visitador que contenía una sentencia de Tácito, con la que doy fin poniendo el dedo en la boca, la pluma en el tintero y el tintero en un rincón de mi cuarto, hasta que se ofrezca otro viaje, si antes no doy a mis lectores el último vale.

PRIMERA PARTE

Capítulo I

. . .

GAUDERIOS

Éstos son unos mozos nacidos en Montevideo y en los vecinos pagos[16]. Mala camisa y peor vestido procuran encubrir con uno o dos ponchos, de que hacen cama con los sudaderos del caballo, sirviéndoles de

almohada la silla. Se hacen de una guitarrita, que aprenden a tocar muy mal y a cantar desentonadamente varias coplas, que estropean, y muchas que sacan de su cabeza, que regularmente ruedan sobre amores[17]. Se pasean a su albedrío por toda la campaña y con notable complacencia de aquellos semibárbaros colonos[18], comen a su costa y pasan las semanas enteras tendidos sobre un cuero, cantando y tocando. Si pierden el caballo o se lo roban, les dan otro o lo toman de la campaña enlazándolo con un cabestro[19] muy largo que llaman rosario. También cargan otro, con dos bolas en los extremos, del tamaño de las regulares con que se juega a los trucos[20], que muchas veces son de piedra que forran de cuero, para que el caballo se enrede en ellas, como asimismo en otras que llaman ramales, porque se componen de tres bolas, con que muchas veces lastiman los caballos, que no quedan de servicio, estimando este servicio en nada, así ellos como los dueños.

Muchas veces se juntan de éstos cuatro o cinco, y a veces más, con pretexto de ir al campo a divertirse, no llevando más prevención para su mantenimiento que el lazo, las bolas y un cuchillo. Se convienen un día para comer la picana[21] de una vaca o novillo: le enlazan, derriban y bien trincado de pies y manos le sacan, casi vivo, toda la rabadilla[22] con su cuero, y haciéndole unas picaduras por el lado de la carne, la asan mal, y medio cruda se la comen, sin más aderezo que un poco de sal, si la llevan por contingencia. Otras veces matan sólo una vaca o novillo por comer el matambre, que es la carne que tiene la res entre las costillas y el pellejo. Otras veces matan solamente

---

[15] *Non... magna* (latín) No todo lo que es grande es bueno, pero todo lo que es bueno es grande.
[16] *pagos* comarcas, tierras
[17] *ruedan sobre amores* son de tema amoroso
[18] *colonos* habitantes
[19] *cabestro* halter
[20] *trucos* un juego semejante al billar
[21] *picana* carne del anca
[22] *rabadilla* espinazo

por comer una lengua, que asan en el rescoldo. Otras se les antojan caracuces, que son los huesos que tienen tuétano[23], que revuelven con un palito, y se alimentan de aquella admirable sustancia; pero lo más prodigioso es verlos matar una vaca, sacarle el mondongo[24] y todo el sebo que juntan en el vientre, y con sólo una brasa de fuego o un trozo de estiércol seco de las vacas, prenden fuego a aquel sebo, y luego que empieza a arder y comunicarse a la carne gorda y huesos, forma una extraordinaria iluminación, y así vuelven a unir el vientre de la vaca, dejando que respire el fuego por la boca y orificio, dejándola toda una noche o una considerable parte del día, para que se ase bien, y a la mañana o tarde la rodean los guaderios y con sus cuchillos va sacando cada uno el trozo que le conviene, sin pan ni otro aderezo alguno, y luego que satisfacen su apetito abandonan el resto, a excepción de uno u otro, que lleva un trozo a su campestre cortejo.

Venga ahora a espantarnos el gacetero de Londres con los trozos de vaca que se ponen en aquella capital en las mesas del estado. Si allí el mayor es de 200 libras, de que comen doscientos milords, aquí se pone de a 500 sólo para siete u ocho gauderios, que una u otra vez convidan al dueño de la vaca o novillo, y se da por bien servido. Basta de gauderios, porque ya veo que los señores caminantes desean salir a sus destinos por Buenos Aires.

[23] *tuétano*   marrow
[24] *mondongo*   tripas

17 Fray Servando Teresa de Mier
(1765-1827)

Fray Servando Teresa de Mier nació en Monterrey, Nuevo León, México, y a los dieciséis años (1780) profesó en el convento de los Dominicos de la ciudad de México. El mismo año recibió su título de Doctor en Teología. A consecuencia del sermón que predicó el 12 de diciembre de 1794 sobre la Virgen de Guadalupe fue excomulgado y despojado de sus libros y título. Desterrado a España, después de una serie de aventuras casi novelescas le encontramos en Londres, peleando con su pluma por la independencia de México. Allí publicó sus *Cartas de un americano* (1811) y su *Historia de la revolución en Nueva España* (1813). Con el general español Francisco Xavier Mina volvió a México, donde después de otra serie de aventuras llegó a ser electo diputado al Congreso.

Como escritor se le recuerda por su autobiografía, que consta de dos partes, la *Apología* y la *Relación de lo sucedido en Europa al doctor don Servando Teresa de Mier, después que fue trasladado allá por resultas de lo actuado contra él en México, desde julio de 1795 hasta octubre de 1805*, a veces publicadas bajo el título *Memorias*. En este libro, uno de los más ricos documentos de la época, el Padre Mier, como ha apuntado Alfonso Reyes, "en prosa vivísima y con verdadera pluma de narrador, llena de soltura y de gracejo, nos cuenta sus peripecias —unas reales y otras imaginadas—, sus prisiones, sus destierros en México, España, Francia, Portugal, entre cuadros de época ricos de humorismo".

 *Memorias*

CAPÍTULO IX

De lo que me sucedió en Madrid hasta que escapé de España a Portugal para salvar mi vida

En cuanto llegué a Madrid fui a buscar a la tía Bárbara en la calle de la Salud, primer alojamiento que tuve en la corte, y la cual siempre me favorecía. Pero había muerto. Igual suerte había tenido el célebre doctor Traggia[1], por haberse fatigado demasiado para la oración fúnebre de Campomanes[2], encargada por la Academia de la Historia. Mi insigne bienhechor Yéregui[3] había ido a Francia con el título de tomar las aguas de Baguières[4], pero en realidad para imprimir, como imprimió, su catecismo nacional, que es muy bueno, y enviar

al obispo Grégoire[5], autor de la célebre carta contra la Inquisición al inquisidor general, la refutación que había compuesto de la respuesta que le dio Villanueva[6]. Éste se retractó después en las Cortes de Cádiz[7].

Con esto y no tener absolutamente dinero, no sabía dónde meterme, cuando encontré por casualidad a un lego juanino[8], procurador de la provincia de Quito, su patria, mi antiguo conocido, que estaba en la corte, desde que fue en compañía de Beristáin[9]. Para procurarme alojamiento habló en una casa y también en una alquiladuría de colchones, para que me diesen uno. No estuve en aquel alojamiento sino cinco días. Luego me llevó a su casa mi amigo don Manuel González del Campo, oficial del

[1] *Traggia* Dr. Joaquín Traggia (1748–c. 1813), escritor y religioso español
[2] *Campomanes* Pedro Rodríguez, conde de Campomanes (1723–1802), político español
[3] *Yéregui* Dr. José Yéregui (1734–1805), sacerdote y educador español
[4] *Baguières* Bagnères-de-Bigorne o Bagnères-de-Luchón, ciudades francesas famosas por sus fuentes de aguas termales azufrosas

[5] *Grégoire* Abate Henri Grégoire (1750–1831)
[6] *Villanueva* Joaquín Lorenzo Villanueva (1757–1837), escritor y político
[7] *Cortes de Cádiz* el Parlamento español, que se reunía en el puerto de Cádiz
[8] *lego juanino* religioso de la orden de San Juan de Dios que no ha recibido las órdenes sagradas
[9] *Beristáin* José Mariano Beristáin de Souza (1756–1817), escritor y religioso mexicano que hizo un viaje a España en 1791

De *Memorias de Fray Servando Teresa de Mier*, edición de Alfonso Reyes (Madrid, Editorial América, 1917), pp. 381–94.

Correo. Y de allí tomé un pequeño y oscuro cuarto en la hostería de un italiano, yendo a comer con el canónigo Navas, uno de los más hábiles del cabildo de San Isidro. Mis visitas se reducían a la casa del botánico D. Francisco Zea, americano de Santa Fe[10], actual redactor de la *Gaceta*, con quien comí algunas veces; a la casa del conde de Gijón, quiteño, que vivía en la calle Mayor con un guardia de Corps, primo de Mayo, cortejo de la reina, sucesor de Godoy[11], y a una tienda de la calle del Carmen, de D. Magín Gomá, catalán, amigo mío.

Estando allí me conoció por la voz, al pasar, mi infatigable perseguidor y antiguo agente del arzobispo Haro[12], Jacinto Sánchez Tirado. Entró con pretexto de hacer preguntas por alguno, a certificarse y tomarme las señas para envíarlas a su cómplice el venalísimo y brutal covachuelo[13] don Francisco Antonio León, que estaba de oficial mayor al lado del ministro Caballero[14], y en su mayor confianza, porque tan bárbaro era uno como otro. Yo estaba vestido de negro, con un sobretodo algo pardo y sombrero redondo. Pero como era de noche y mis ojos no dejaban fijarse los suyos, no tomó muy bien las señas.

¿Qué objeto tenía este hombre, se me dirá, en perseguir a usted, si ya el arzobispo había muerto? Los españoles, tenaces por su naturaleza, no varían de odio una vez que lo conciben, ni concluyen la persecución de uno, aun cuando ya lo han echado en el sepulcro. Ya dije que a los años de mi arribo en España, el arzobispo Haro, intimidado con la muerte de mi provincial y los dos canónigos censores, escribió a Tirado que me dejase. Pero él decía que me perseguía de oficio, para ganar en algo los 10.000 reales que le daba por año. Muerto aquel mal obispo, me perseguía para atraerse agencias, haciendo creer a los americanos[15] que tomaba sumo interés por Nuestra Señora de Guadalupe, y les escribía como un mérito mi persecución.

* * *

Los malos se conocen, y (como los demonios, dice Santo Tomás) no se aman, pero concuerdan para hacer mal. Escogió, pues, León para ejecutar la diabólica orden que inventó, a Marquina, alcalde de corte, corregidor de Madrid o su verdugo. Tal era de alborotador, tropellón y brutal. Cuando fui a Madrid era un abogado distraído, que solía estar fumando cigarros en la Puerta del Sol, llamada así porque allí van muchos a tomarlo. Algún servicio vil haría a Godoy, y lo hizo alcalde de corte. Lo saludaba tan bajamente que a mañana y tarde iba a darle cuenta de cuanto pasaba en Madrid, y un día que Godoy fuese al Sitio[16], le enviaba para lo mismo uno o dos correos. Los hombres, mientras más se arrastran a los superiores que han menester, son más altaneros y crueles con los que están abajo de ellos. A este bárbaro se encomendaba por eso la ejecución de toda orden que demandaba despotismo y tropelía, y la desempeñaba a maravilla. Era el *timebunt gentes*[17]

---

[10] *Santa Fe* El naturalista colombiano Francisco Antonio Zea (1770–1822) no nació en Santa Fe (de Bogotá) sino en Medellín.

[11] *guardia... Godoy: guardia de Corps* guardia de palacio; *Mayo* (*Mallo*), hispanoamericano que fue favorito de la reina María Luisa después de Godoy; *primo de Mayo* personaje no identificado; *Godoy* Manuel Godoy (1767–1851), célebre político español

[12] *Haro* Alonso Núñez de Haro (1729–1800), arzobispo de México

[13] *covachuelo* empleado de ministerio

[14] *Caballero* José Antonio Caballero (1760–1821), político español

[15] *americanos* hispanoamericanos; aquí se refiere Fray Servando a los criollos mexicanos

[16] *Sitio* casa campestre de un personaje

[17] *timebunt gentes* (latín) el que hace temer a la gente

de Madrid, cuyo pueblo, por eso, cuando cayó Godoy, le dio su merecido haciéndolo pedazos. Si todos los déspotas tuviesen igual éxito, no se verían tantos en el mundo.

A ese caribe[18] mandó León contra mí una orden real, que sólo al diablo podía ofrecerse, pues decía que interesaba a la vida y tranquilidad de sus majestades que fray Servando Mier fuese preso en el momento, acompañando las señas inexactas mandadas por Tirado. Tal orden hubiera puesto en actividad al hombre más quieto. Considérese el ruido que metería Marquina. Llenó de espías y alguaciles[19] toda la villa[20], y en la calle Mayor y en la Plazuela de San Juan de Dios apostó grupos numerosos de corchetes[21], que notaba todo el mundo, y que amontonados en medio de la calle parece que aguardaban un toro o alguna partida de bandoleros. Yo mismo les pregunté qué significaba aquello, porque ¿cómo había yo de imaginarme que el objeto era yo mismo, a quien de nada acusaba la conciencia?

Una mañana que al entrar yo en la calle Mayor, en casa del Conde de Gijón, puntualmente le había preguntado a una cincuentena de alguaciles que estaban apostados en frente, saliendo de allí después de dos horas con el primo de Mayo, a poco andar nos alcanzó un alguacil, y me dijo: "De parte del Sr. Marquina, venga usted conmigo." Al nombre de Marquina, terrible como el de Nerón, mi compañero escapó de estampida, y tras mí siguió toda la chusma[22] de alguaciles.

La orden que tenía dada era que al que les pareciese convenir las señas, le pre-

guntasen si era cualquier nombre, y respondiese lo que respondiese, lo llevasen a su casa. Nada me habían preguntado; pero, él, luego que entramos a su casa, me preguntó: "¿Quién es usted?" "Servando de Mier." "A usted busco." En el momento me ataron como un cohete, y diciéndoles yo reflexionasen que era sacerdote, me pusieron encima un capote, y Marquina encargó no me dejasen hablar, no fuese a causar algún alboroto.

Rodeado de aquella multitud de fariseos fui llevado al trote para la cárcel pública. Adentro me desataron, y cuando a la puerta de un calabozo me iban a registrar, advirtiendo que tenía un papelillo en francés que había quitado a un guardia de Corps, lo rasgué por medio. El alcaide se me echó encima para quitarme el papel, y me reí mucho después cuando le vi muy pegado en los autos[23]. Era una cartita que leída seguida era muy buena, y se intitulaba *Carta de un vicario general a una joven convertida;* pero leída no más hasta la mitad de la llana[24], doblado a lo largo el papel, era una carta indecentísima de un ajo a una col[25]. El ignorante alcaide había creído que era una cosa de Estado o conspiración.

Me reí, digo, porque me acordé de un pasaje del prior de los Jerónimos[26] de Valladolid. Los sacerdotes franceses estaban alojados en los conventos de orden real cuando emigraron por la revolución de Francia. El prior tomó ojeriza con uno de los tres que estaban alojados en su monasterio, porque hablada bien de su nación. Y mandó al cartero que las cartas de aquel clérigo, fingiendo llevarlas al correo, se las trajese.

---

[18] *caribe* hombre inhumano
[19] *alguaciles* personas que ejecutan las órdenes de los juzgados y tribunales
[20] *villa* Madrid
[21] *corchetes* ministros de justicia encargados de prender a los delincuentes
[22] *chusma* muchedumbre

[23] *muy... autos* leyendo con mucha atención
[24] *llana* hoja de papel
[25] *de... col* de un hombre a una mujer; *ajo* garlic; *col* cabbage
[26] *Jerónimos* religiosos de la orden de San Jerónimo

Abrió una que escribía para Madrid, y viendo allí un dibujo, se le metió en la cabeza que era un croquis del puente de Valladolid, que enviaba a los franceses para facilitar su toma. Con esta idea se fue a delatar la carta en audiencia pública a la Chancillería de Valladolid. Se llamó un inteligente de francés, y toda la carta se reducía a pedir un braguero[27], porque el clérigo estaba quebrado[28], y después de explicar las condiciones que debía tener el braguero, lo dibujada. Era el puente del prior de San Jerónimo. La risa y la chacota fue inmensa en Valladolid, y hasta los muchachos daban gritos a los Jerónimos sobre el braguero.

Luego me preguntó el alcaide por mi edad, y respondiéndole era de cuarenta años: *Muy bien cuidado ha estado*, me dijo. De México salí de treinta y dos años, aunque apenas representaba veinticinco. A los cuarenta representaba treinta y dos; pero salí viejo y con canas de aquella terrible prisión. Las de los españoles no son para detener los hombres como debe ser, sino para matarlos. Al siguiente día me llamó a audiencia, y mandó que declarase. Yo no sabía, ni podía imaginar el contenido de la orden real, y respondí que no tenía qué[29]. Él quería que a lo menos dijese dónde estaba mi baúl, pues me habían cogido la llave; pero yo respondí que me la había hallado. Como había pasado malísima noche tirado en el suelo, supliqué se me trajera mi colchón. "Sí —me dijo el juez, muy afable—; diga usted dónde lo tiene." "Yo no tengo —respondí—; pero en tal parte me alquilaron uno, y de allí me lo pueden traer." Fueron a inquirir, y como el pobre lego juanino de Quito había hablado para que me lo alquilaran, fueron a prenderlo,

y lo tuvieron cuarenta días en un cepo[30], aunque también estaba ordenado de menores. ¿Cómo había yo de imaginarme tal cosa? No se puede hacer bien a un perseguido sin exponerse a participar su desgracia. El lego estaba más versado que yo en la corte, y aunque no sabía que yo a los cinco días había dejado el alojamiento que él me procuró, habiendo sabido mi prisión luego que sucedió, había echado fuera su baúl con sus papeles. Los alguaciles lo siguieron, y tanto lo buscaron, que al fin dieron con alguna comadre del pobre lego. Se juntaron informes de los frailes, siempre enemigos unos de otros, y aunque por lo tocante a mí salió inocente, León lo mandó desterrar a Quito.

.   .   .

Habiendo respondido el día primero que fui llamado que no tenía qué declarar, me mandó llevar Marquina a otro calabozo peor, y me llevaron a uno tan angosto, que, sentado, tocaba las paredes con ambas manos. Los presos de los calabozos, que todos tienen una rejilla en la parte superior, y por allí se comunican, me hablaron en gitano. Los gitanos, como ladrones de profesión, ocupan siempre tan honroso alojamiento, y en las salutaciones que de calabozo a calabozo se hacen por la mañana y al irse a dormir, la fórmula del canto[31] es: "Yo te digo, gitano hermoso," y sigue una larga relación con un abracito muy apretadito, etc. Y cuando oyen el ruido del alcaide que viene, dicen que llueve, como los francmasones.

Yo les pregunté por qué me habían traído a aquel calabozo tan angosto, y me respondieron que era para darme aguar-

[27] *braguero*   truss
[28] *estaba quebrado*   sufría de hernia
[29] *no tenía qué*   no tenía nada que declarar

[30] *cepo*   stocks, pillory
[31] *canto*   aquí, saludo

diente[32]. Era, en efecto (como después los oí dar) el cuarto de los tormentos. Respondí que a mí no me lo podían dar. "¿Es usted noble? —me dijeron—. No importa." "Soy sacerdote." "Ya la pagará el Sr. Marquina, que me tiene aquí —dijo entonces uno de los presos—: soy criado de S.I.[33]" Éste era un obispo de anillo, capuchino[34], que estuvo de auxiliar en la Habana y luego fue desterrado a un convento de su Orden en Cataluña. Pero él se paseaba en Madrid, porque era el que había casado o fingido casar a Godoy con la Pepa Tudó[35], pues su padre estaba en la inteligencia de que estaba realmente casado Godoy, y tenía en ella tres chicos públicamente. Quién sabe cuál era el verdadero matrimonio: si el de la Tudó o el de la Infanta.

A otro día me volvieron a sacar a que declarase, y como yo respondí que no tenía qué, preguntó el juez si no había otro calabozo peor. Entonces me llevaron al chinchero[36], donde habían dado tormento a una mujer. Yo sufrí mientras hubo luz, aunque las paredes estaban tapizadas de chinches, y unos grupos de ellas en los rincones. Pero me entró un horror terrible cuando paseándome a oscuras y tropezando en las paredes, comencé a reventarlas con la mano. Entonces dije que confesaría. Sin duda se aguardaba que yo hiciera una confesión del tamaño de la orden real, y me hallé al día siguiente con el alcaide, el vicario de Madrid y el escribano.

Cuando llegué a decir que mi padre era gobernador y comandante general del Nuevo Reino de León[37], el alcaide volvió con sorpresa la cara, porque se me acusaba como religioso y era un fenómeno que fuese sujeto distinguido. Luego prosiguió a hacerme preguntas muy largas, y le respondí que daría cuenta de toda mi vida; y, como así lo hiciese, mandó al escribano anotar que yo mismo dictaba. Mi historia le pareció una novela, y seguramente fingida, porque nada cuadraba con la acusación de la orden real.

Así volví a mi chinchero y a dormir sobre los ladrillos, sin otra ropa que mi mismo vestido, y por cabecera mi pañuelo de narices. El alcaide hace un registro a las siete de la noche y otro a las doce. Yo me tiraba en medio del calabozo para huir de las chinches; pero ellas bajaban al olor del cuerpo y me acometían por todas partes. El alcaide, en la visita de media noche, solía con los pies matar la procesión que hacían en hileras para venir sobre mí. A aquello de las cuatro de la tarde se me daba, como a los demás presos, un pedazo incomible de paladar de vaca, duro como una piedra, y un pedazo de pan negro y hediondo, que a veces no había, porque el hambre era tanta en Madrid que se hizo salir la tercera parte de la gente; el resto comía pan de maíz y de salvado, y cuando entraba algún carro de pan en Madrid, a pesar de los soldados que lo escoltaban, el pueblo hambriento se echaba sobre él de montón y se llevaba el pan sin pagar. Este calabozo era separado y sin que allí se pudiese oír voz humana.

Más de cuarenta días estuve así en él, hasta que León envió los cargos. Bajáronme a oírlos una tarde, llevándome entre dos, porque mi debilidad era ya tal, que no podía tenerme en pie. Con mis barbotas, porque en la cárcel no se afeita a los incomunicados, debía de presentar un aspecto de muerto, porque habiéndome desmayado luego que llegué a la audiencia, oí que el

[32] *darme aguardiente* darme tormento
[33] *S.I.* Su Ilustrísima, el Papa
[34] *capuchino* religioso de la orden de San Francisco que trae sobre el hábito un capucho
[35] *Pepa Tudó* segunda mujer de Godoy
[36] *chinchero* lugar donde hay muchas chinches; aquí, cuarto de tortura
[37] *Nuevo... León* hoy Estado de Nuevo León, cuya capital es Monterrey, donde nació Fray Servando

alcaide dijo al vicario de Madrid: "Es necesario pasar a éste a la cárcel de Corona, no se nos vaya a morir aquí y luego tengan qué hablar en Madrid." El mismo alcaide envió por vino y bizcochos para mí y me animó: se rio al leerme los cargos ridículos de León, se fue y me dejó solo con el escribano para que respondiera.

.   .   .

Comenzó por el sermón de Guadalupe, como si esto no fuese un asunto terminado... Luego siguió con los informes reservados del arzobispo, a cuya sombra, como si fuesen cargos auténticos y probados, había estado jugando conmigo a la pelota diez años. Ya los tengo referidos y refutados... Y no tenía que retractarme, pues, como declaró la Academia de la Historia, ni negué la tradición[38], ni había en mi sermón cosa digna de censura o nota teológica. Que era propenso a la fuga... que escapé de las Caldas[39]; que el provincial de Castilla escribió que hablaba mal de personas de alto carácter (Godoy y su querida), y que escribió que era necesario sujetarme, porque no tenía espíritu religioso, porque no le fui a besar la correa[40] para despedirme; que cuando me fui de Madrid le hice la mala obra al calesero[41] de hacerlo aguardar todo el día. Aquí se rio el alcaide. Tan lejos estuve de hacer mal al calesero, que sólo por ponerse de acuerdo conmigo para fingir viaje, se sopló[42] doce pesos... Y por todo esto importaba a la vida y tranquilidad de sus majestades que yo estuviese incomunicado en un calabozo de la cárcel pública.

[38] *tradición* de la Virgen de Guadalupe
[39] *Caldas* Fray Servando fue condenado a diez años de reclusión en el Convento de las Caldas en Santander (España), a donde llegó a fines de 1795.
[40] *besar la correa* humillarse
[41] *calesero* el que conduce calesa, un tipo de carruaje
[42] *se sopló* se robó (cobró sin merecerlo)

Yo tengo antes, como acabo de decir, contadas y refutadas todas estas inepcias, y las volví a refutar, citando sobre el cargo de ser religioso mis breves[43], que tenía, de completa secularización[44]. A otro día volvió a llamarme el juez, y a presencia del vicario de Madrid se leyeron mis respuestas. El juez dijo al vicario: "Señor, los cargos no son más que una colección de pasajes trastornados. Está visto lo que es, una persecución del covachuelo"... "Pero, señor —dije yo— que se me permita ir a la enfermería." "No es posible —me respondió—..." Arriba se le curará a usted; que se le dé la mejor pieza, y el señor vicario socorrerá a usted.

.   .   .

Sin duda mejoré de calabozo, por las chinches; pero a título de darme el más claro, aunque la claridad no alcanzaba para leer, me dieron uno cuya ventana caía a un ventorrillo del Norte[45], y el frío era insoportable. El vicario de Madrid me hizo un vestido, que reservé para cuando saliera, y me mandó poner un colchón con su manta. El señor inquisidor Yéregui había vuelto de Francia, me mandó dar tabaco, costeaba una cenilla, y recogió mi baúl de la posada donde lo tenía, aunque creo que todos los libros curiosos que había traído de Italia y estaban fuera del baúl perecieron.

Todo el rigor del invierno, sin fuego ni capote, pasé en la nevera de aquel calabozo. La ropa se me había podrido en el cuerpo, y me llené de piojos, llené con ellos la cama, tan grandes y gordos que la frazada andaba sola; peor era que por el frío y no tener otro abrigo, me era preciso estar lo más en ella.

[43] *breves* documentos pontificios
[44] *secularización* su libertad de la orden sacerdotal; la obtuvo en Roma, en 1802
[45] *caía... Norte* daba a una posada de ínfima calidad, al Norte

Pedí un cajete[46] con agua, y echaba allí a puñados los piojos, de los que me cogía por el pecho, el cuello y la cara; y realmente llegué a creer que me resolvía[47] todo en piojos de alguna enfermedad, como otros en gusanos. Con el frío, aunque tenía siempre atado mi pañuelo de narices a la cabeza, se me reventó el oído izquierdo, y sufría dolores que me tenían en un grito. Veía bajar a la enfermería por cualquier indisposición a los facinerosos, a los ladrones, a los reos de muerte y a los azotados públicos; y yo me veía morir en el calabozo, aunque había resultado inocente.

En fin, a fines de enero de 1804 bajó la orden real del pícaro León para que se me llevase a la casa de los Toribios[48] de Sevilla. Cinco o seis días antes de partir, el inquisidor consiguió con el alcaide que secretamente me bajase a la enfermería para poder darme los breves de Roma, que, en efecto, me entregó. Para bajar me quité toda la ropa, y me vestí la que me había hecho el vicario de Madrid. Cesaron los piojos; pero a la cama entera, con la ropa que me quité, tuvieron que quemarla. Me afeitaron en la

enfermería, y de oso comencé a parecer gente. Pero estaba muy malo, y, no obstante, un día muy de madrugada se me obligó a montar con un alguacil en un calesín[49] escoltado de tres soldados a pie de Infantería ligera.

Moría con el dolor de estómago y del oído, y fuimos a dormir en las inmediaciones del Sitio real de Aranjuez, a donde actualmente estaba la Corte. Aquella noche me apretaron tanto los dolores, que pedí confesor y médico. "Señor —me dijo el alguacil con mucha sorna—, encomiéndese usted a Dios para que le alivie y le dé paciencia, porque aunque usted se muera, morirá sin confesión... pero mañana, si usted vive, luego que nos alejemos del Sitio un par de leguas, le doy a usted palabra que nos detendremos hasta que usted se cure." Así lo cumplió, y yo mejoré del oído con leche de mujer, aunque en el camino me retentaba, y con tal vehemencia, que yo, no pudiendo aguantar a que se entibiase el agua de malvavisco[50] con que se me curaba, metía la cabeza toda en el agua hirviendo, y se me peló de la parte donde la clavaba en el cazo del agua, hasta hoy. Cuando llegamos a Andújar acabé de sanar.

[46] *cajete* cazuela honda
[47] *me resolvía* me convertía
[48] *casa... Toribios* casa de corrección primero, y después colegio real, de donde escapó el Padre Mier ese mismo año de 1804. Sus aventuras con los Toribios las refiere en este mismo capítulo.

[49] *calesín* calesa ligera
[50] *malvavisco* mallow bush

18 Fray Manuel Martínez de Navarrete
(1768-1809)

Fray Manuel Martínez de Navarrete nació en Zamora, Michoacán, en el corazón de México. A los diecinueve años ingresó al Convento Franciscano de San Pedro y San Pablo en la ciudad de Querétaro, donde hizo su noviciado. De ahí pasó al Convento de Celaya, en cuyos jardines escribió sus primeras poesías. Enseñó latín en varios conventos, hasta ser nombrado cura párroco en San Antonio de Tula en 1807. En 1808 pasó a ser guardián del Convento de Tlalpujahua, donde murió al año siguiente.

Navarrete comenzó a publicar sus poesías en el *Diario de México* en 1806, con las iniciales "N." o "F.M.N." Pronto cobró fama y fue nombrado Mayoral[1] de la *Arcadia*[2] mexicana. Sus poesías fueron recogidas y publicadas en dos volúmenes bajo el título *Entretenimientos poéticos* (1823). Distínguese la poesía de Navarrete por los ambientes bucólicos, el lamento amoroso, el verso fácil pero gracioso. A veces abandonó el tema del amor para ensayar el filosófico o cantar la naturaleza. Es él quien logró captar la esencia del paisaje mexicano en poemas como "La mañana", que señalaron el camino a los románticos. También lo señalaron la presencia de cierta ternura sentimental, la melancolía y el desencanto, de ciertos motivos, como lo macabro y lo nocturno, y ciertos temas como la libertad y la inmortalidad. Por eso el profesor Francisco Monterde ha llamado a Navarrete "el heraldo del romanticismo".

[1] *Mayoral*   pastor principal, jefe de la *Arcadia*
[2] *Arcadia*   sociedad de poetas dedicados a escribir poesía bucólica

Juguetillos a Clorila

Arroyuelo
Que caminas
A la aldea
De Clorila:

Corre, corre,
Dila, dila,
Que la adora
La alma mía.

Esté ahora
En su orilla,
Tras sus blancas
Corderitas,

O cortando
Clavellinas
Con las otras
Pastorcillas,

De *Obras completas de Fr. Manuel de Navarrete. Poesías* (México, Tipografía de Victoriano Agüeros, 1904), pp. 122–23, 181–84, 231, 278–80.

O asomando
Sus mejillas
En tus aguas
Cristalinas:

Corre, corre,
Dila, dila,
Que la adora
La alma mía.

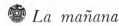 La mañana

Ya se asoma la cándida mañana
Con su rostro apacible: el horizonte
Se baña de una luz resplandeciente,
Que hace brillar la cara de los cielos.

Huyen como azoradas[1] las tinieblas
A la parte contraria. Nuestro globo,
Que estaba al parecer como suspenso
Por la pesada mano de la noche,
Sobre sus firmes ejes me parece
Que le siento rodar. En un instante
Se derrama el placer por todo el mundo.

¡Agradable espectáculo! ¿Qué pecho
No se siente agitado, si contempla
La milagrosa luz del almo[2] día?
Ya comienza a volar el aire fresco,
Y a sus vitales soplos se restauran
Todos los seres que hermosean la tierra.
El ámbar de las flores ya se exhala
Y suaviza la atmósfera: las plantas
Reviven todas en el verde valle
Con el jugo sutil que les discurre
Por sus secretas delicadas venas.
Alegre la feraz naturaleza
Se levanta risueña y agradable:
Parece, cuando empieza su ejercicio,
Que una mano invisible la despierta.
Retumban los collados con las voces
De las cantoras inocentes aves:
Susurran las frondosas arboledas,
Y el arroyuelo brinca, y mueve un ronco
Pero alegre murmullo entre las piedras.
¡Qué horas tan saludables en el campo
Son éstas de la luz madrugadora,

Que los lánguidos miembros vigorizan,
Y que malogran en mullidos[3] lechos
Los pálidos y entecos ciudadanos!
Todo excita en el alma un placer vivo,
Que con secreto impulso la levanta
A grandes y sublimes pensamientos.
Todo lleva el carácter estampado
De su hacedor eterno. Allá a su modo
Parecen alabar todos los entes
La mano liberal que los produce.
Todo se pone en pronto movimiento:
Cada cual de los simples habitantes
Comienza su ejercicio con el día.
Tras su manada de corderas blancas
Leda la pastorcilla se entretiene,
Tejiendo una guirnalda, que matiza
De varias flores para su alba frente.
El vaquero gobierna su ganado,
Que se dilata en el hermoso ejido.
El labrador robusto se dispone
Para el cultivo del terreno fértil.
Voime[4] al sembrado que la providencia
Con su invisible diestra me señala:
Sufriré el sol ardiente; pero alegre
Con los frutos sazones y abundantes
Que los surcos me dan que beneficio,
Apagado el bochorno de la tarde,
Me volveré a mi choza apetecible,
Morada de la paz y de los gustos,
Donde mi esposa dulce ya me espera
Con sus brazos abiertos: mis hijitos,
Después de recibirme con mil fiestas,
Penderán de mi cuello: ciertamente

[1] *azoradas* turbadas
[2] *almo* vivificador

[3] *mullidos* blandos
[4] *Voime* Me voy

Que vendré a ser entonces como el árbol
De que cuelgan racimos los más dulces.
¿Y he de trocar entonces mi cabaña,
Aunque estrecha y humilde, por el grande
Y soberbio palacio, donde brilla
Como el sol en su esfera un señor rico,
Pisando alfombras con relieves de oro?
Nada menos. Tampoco este instrumento,
Este instrumento rústico y grosero,
Bienhechor, que me da lo necesario
En todas las urgencias de mi vida,
Por el cetro brillante que un monarca
Empuña con su diestra poderosa.
No cabe el gozo dentro de mi pecho;
Ni de alabar me canso en la mañana
Al padre universal de las criaturas,
Que miro en esa luz madrugadora,
Sin dejarlo de ver en las restantes
Producciones tan grandes de su seno.
¡Oh cuántas! ¡cuáles son! ¡y qué admirables!
Pero ninguna como el alba hermosa,
Que parece que a todas les da vida,
Enviándoles la luz de su semblante.

¡Oh risa de los cielos y alegría
De estos campos felices! Precursora
De los rayos del sol, yo te saludo.
Las frescas sombras, las campiñas verdes,
Las fuentes claras, los favonios[5] blandos,
Las aves dulces y las flores tiernas
Te saludan también allá a su modo.
Su faz hermosa la naturaleza
Sacar parece del sepulcro ahora.
Todos sus entes cobran nueva vida
A tu presencia dulce y agradable.
Corren las fieras a sus cuevas hondas,
Brincan las cabras, los corderos balan,
Llaman las vacas a sus becerrillos,
Mujen los toros, y responde el eco
Que sale de los montes retumbando.
Los pastorcillos, y las zagalejas[6],
Sonoros himnos cantan al eterno
Autor que baña tu semblante hermoso
De tan alegre luz por la mañana.

[5] *favonios* vientos
[6] *zagalejas* zagalas, pastoras

 ## Soneto XI

A CLORI EN EL CAMPO

A doquiera que vuelva el rostro her-
    moso,
El rostro celestial, la Clori mía,
Esparce con sus ojos la alegría:
Tal es de alegre su mirar gracioso.

Un caos parecíame tenebroso
El campo, cuando a verme aún no salía;

Mas después que asomó su claro día,
Me parece un oriente luminoso.

¡Ay! mírame, zagala; y tus ojuelos,
Con cuyas blandas luces resplandeces,
No los cubra la ausencia con sus velos:

¡Ay! mírame otra vez, y otras mil veces,
Que el sol no es tan alegre por los cielos,
Como tú por los campos me pareces.

 ## Ratos tristes

XXI

LA INMORTALIDAD

En este triste solitario llano,
Do violentas me asaltan las congojas,

No ha[1] mucho que extendió sus verdes hojas
Y salpicó de flores el verano.
Este tronco esqueleto, con que ufano

[1] *ha* hace

Estuvo el patrio suelo,
Abrigaba los tiernos pajarillos
Entre frondosas ramas.
El líquido arroyuelo,
Por márgenes sembradas de tomillos,
De cantuesos, de pálidas retamas,
De rubias amapolas,
De albos jazmines y purpúreas violas,
Mansamente corría
Bañando el fértil prado de alegría.
Benigno el aire en la espaciosa estancia
De los lejanos frutos y las flores
Desparramaba el bálsamo y fragancia.
¡Oh tiempo, y lo que vencen tus rigores!
Llega del año la estación más cruda,
Y, mostrando el invierno sus enojos,
Todo el campo desnuda
A vista de mis ojos
Que ya lloran ausentes
Los pájaros, las flores y las fuentes.
En lo que miro ¡ay triste! retratados
Los gustos de mi vida
Por la mano del tiempo arrebatados
Cuando helada quedó mi edad florida.

    ¡Dulces momentos, aunque ya pasados!
A mi vida volved, como a esta selva
Han de volver las cantadoras aves,
Las vivas fuentes y las flores suaves,
Cuando el verano delicioso vuelva.

    Mas ¡ay! votos perdidos
Que el corazón arroja
Al impulso mortal de mi congoja.
Huyéronse los años más floridos,
Y la edad, que no para,
Allá se lleva mis mejores días.
¡Adiós, breves, pasadas alegrías!
¡Qué! ¿No volvéis siquier la dulce cara?

    ¡Áridas tierras, más que yo dichosas!
No así vosotras, que os enviando el cielo
Anuales primaveras deliciosas,
Se corona con mirtos y con rosas
La nueva juventud de vuestro suelo.

    ¿Pero qué rayo ¡ay Dios! a mi alma
      enciende?
¡Ay! Luz consoladora
Que del solio[2] estrellado se desprende;
Más allá de la vida fatigada,
Sí, de la vida cruel que tengo ahora,
Cuando sea reanimada
Esta porción de tierra organizada,
Entonces, por influjos celestiales,
En los campos eternos
Florecerán mis gustos inmortales,
Seguros de los rígidos inviernos.
Pero ¿qué haré entretanto?
Soltar las riendas a mi triste llanto.

[2] *solio*   trono

CAPÍTULO QUINTO

LA ÉPOCA DE LA INDEPENDENCIA

S I BIEN los países hispanoamericanos obtuvieron su independencia política durante las primeras dos décadas del siglo XIX; la independencia intelectual y literaria no llegó hasta más tarde, cuando los escritores y pensadores se decidieron a rechazar las formas, las ideas, la lengua académica y los temas europeos, así como habían rechazado el dominio político y económico. Durante la época de la lucha por la independencia política, esto es, entre 1808 y 1824, las ideas estéticas que predominaban eran todavía las del neoclasicismo finisecular. Los poetas continuaban usando las formas de esa escuela (silvas, odas, etc.) y dando preferencia al verso endecasílabo, marca distintiva de los clasicistas. Y sin embargo, los temas a los que se dio expresión en esas formas rígidas fueron la libertad, la heroicidad, el patriotismo. El mejor ejemplo de esta tendencia fue el ecuatoriano José Joaquín de Olmedo (1780–1847), autor de la famosa oda *La victoria de Junín, canto a Bolívar* (1825), la máxima expresión de la poesía patriótica hispanoamericana.

Ya durante esta época de la independencia, en los escritos de varios autores, y especialmente en los de Andrés Bello (1781–1865), había aparecido la preocupación por los temas americanos, aunque sin proponer el abandono de las viejas formas. José María Heredia (1803–1839) cantaba la naturaleza americana en sentidas odas, pero sin proponer, como Bello, el tema americano. Fue éste quien, en su *Alocución a la poesía* (1823), expresó abiertamente el deseo de que se cantara lo americano:

> Divina Poesía,
> tú, de la soledad habitadora,
> a consultar tus cantos enseñada[1]
> con el silencio de la selva umbría;
> tú a quien la verde gruta fue morada
> y el eco de los montes compañía:
> tiempo es que dejes ya la culta Europa,
> que tu nativa rustiquez desama,

[1]*enseñada*   acostumbrada

y dirijas el vuelo adonde te abre
el mundo de Colón su grande escena.

Lo que hemos dicho de la poesía de la época de la independencia, que era formalmente tradicionalista, no se aplica a la prosa, que había de cobrar importancia y vigor con la rápida difusión de los periódicos y las revistas literarias y políticas. Fue durante esta época precisamente cuando apareció la novela hispanoamericana con Fernández de Lizardi (1776–1827), la novela histórica con un autor anónimo, la leyenda popular, el tratado político con varios ensayistas de reconocido valor y la crítica literaria con el propio Heredia. Así, la época de la Independencia tendió el puente del neoclasicismo al romanticismo, que ha de aparecer durante la siguiente década.

Timeline: 1795 – 1845

LITERATURA HISPANOAMERICANA

- (1816) Gorostiza — *Indulgencia para todos*
- (1826–28) **Bello** — *Repertorio americano*†
- (1816) **Fernández de Lizardi** — *El Periquillo Sarniento*
- (1825) **Heredia** — *Poesías* *
- (1825) Olmedo — *La victoria de Junín: Canto a Bolívar*

LITERATURA ESPAÑOLA

- (1806) Moratín — *El sí de las niñas*
- (1808) Quintana — *Poesías patrióticas*
- (1828) Duque de Rivas — *El faro de Malta*
- (1832) Larra — *Cartas del pobrecito hablador*

OTRAS LITERATURAS

- (1798) Wordsworth and Coleridge — *Lyrical Ballads*
- (1801) Chateaubriand — *Atala*
- (1812) Byron — *Childe Harold*
- (1808) Goethe — *Faust, Part I*
- (1817) Franklin — *Autobiography*
- (1809) Irving — *History of New York*
- (1821) Manzoni — *I promessi sposi*
- (1826) Cooper — *The Last of the Mohicans*
- (1832) Bryant — *Poems*

MARCO HISTORICO

- (1805) *Diario de México*‡
- (1807) Invasión de España por Napoleón
- (1808–13) José Bonaparte trata de gobernar a España
- (1810–24) Independencia de Hispanoamérica
- (1812) Cortes de Cádiz: primera constitución liberal española
- (1814) Bolívar proclamado Libertador
- (1817) San Martín cruza los Andes
- (1822) Entrevista entre Bolívar y San Martín en Guayaquil
- (1823) Monroe Doctrine
- (1826) Sucre Presidente de Bolivia
- (1830) Muerte de Simón Bolívar
- (1830) Ecuador y Venezuela se separan de Colombia
- (1788)——— Carlos IV, Rey de España ———(1808)
- (1808)——— Fernando VII, Rey de España ———(1833)-Regencia de María Cristina-(1843)

---

* La primera edición es de 1825, Nueva York; la segunda edición es de 1832, México

† Revista

‡ Primer diario de México

19 José Joaquín Fernández de Lizardi
(1776-1827)

José Joaquín Fernández de Lizardi nació en la ciudad de México y estudió, sin terminar la carrera, primero en el colegio de Tepozotlán y luego en San Ildefonso. Era un ávido lector y pasaba gran parte de su tiempo en las bibliotecas absorbiendo las ideas de la época y del pasado histórico. Su vida entera la dedicó al periodismo y a la lucha por el mejoramiento social. Era un fervoroso creyente en el poder de la educación para reformar al hombre y la sociedad.

Amparado por el decreto promulgado por las Cortes de Cádiz en 1812 otorgando la libertad de imprenta, Fernández de Lizardi comenzó a publicar en México el semanario *El Pensador Mexicano* (de ahí su famoso seudónimo), en el cual criticaba abiertamente los defectos del gobierno colonial en México, lo mismo que los vicios y privilegios de ciertas clases sociales, la pobreza en que se mantenía al pueblo y en general la ignorancia que prevalecía entre las masas como resultado de la mala educación. Fue partidario de la Independencia, movimiento que defendió en sus periódicos *Alacena de Frioleras*, *El Conductor Eléctrico* y otros. Sus acerbas y punzantes críticas le valieron persecuciones y encarcelamientos que minaron su salud.

Para seguir criticando sin ser perseguido Lizardi concibió la idea de encubrir sus puyazos con la funda de la ficción. Así nació la novela hispanoamericana con *El Periquillo Sarniento* (1816), obra en que el autor se valió de la forma picaresca para hacer crítica social. Si bien Lizardi echó mano de una forma ya muerta en España, en *El Periquillo Sarniento* fue más allá, puesto que tras esa forma superficial estructuró un mundo utópico en el que dio expresión a sus ideas reformadoras y progresistas.

El Periquillo es, pues, una novela picaresca y a la vez didáctica. No así *Don Catrín de la Fachenda* (1825), donde Lizardi sólo conservó el elemento picaresco (su propósito fue divertir) y donde el pícaro no es, como Periquillo, un hombre optimista, sino un personaje resentido. En su otra novela picaresca, *La Quijotita y su prima* (1819), la lección moral es muy obvia: la mujer buena premiada está contrapuesta a la mujer que es castigada por sus pecados. En *Noches tristes y día alegre* (1818), Lizardi escribió una obra a la manera de las *Noches lúgubres* del escritor español José Cadalso y en la que ya aparecen motivos románticos, si bien la novela no pertenece todavía al romanticismo. También fue Fernández de Lizardi autor de un libro de *Fábulas* (1817), de algunos cuentos, de algunas obras dramáticas y de cientos de artículos políticos de tono polémico. En sus obras supo captar la vida y las costumbres de la época y son ellas ventana por la cual podemos asomarnos a su mundo. No menos importante es la lengua de Lizardi, que aunque imperfecta en la sintaxis, es un fiel trasunto del habla popular. En el trozo del *Periquillo* que hemos seleccionado no sólo se presentan escenas humorísticas; es también una severa crítica del pésimo sistema de la enseñanza de los aprendices.

PRIMERA PARTE

Capítulo XXV

Es increíble el terreno que avanza un cobarde en la carrera. Cuando sucedió el lance que acabo de referir[1] eran las doce en punto, y mi amo vivía en la calle de las Ratas; pues corrí tan de buena gana que fui a esperar el cuarto de hora a la Alameda: eso sí yo llegué lleno de sudor y de susto; mas lo di de barato[2], así como el verme sin sombrero, roto de cabeza, hecho pedazos y muerto de hambre, al considerarme seguro de Chanfaina, a quien no tanto temía por su garrote, como por su pluma cavilosa; pues si me hubiera habido a las manos seguramente me da de palos, me urde una calumnia[3] y me hace ir a sacar piedra múcar[4] a San Juan de Ulúa[5].

Así es que yo hube de tener por bien el mismo mal, o elegí cuerdamente del mal el menos; pero esto está muy bien para la hora ejecutiva, porque pasada ésta, se reconoce cualquier mal según es, y entonces nos incomoda amargamente.

Tal me sucedió cuando sentado a la orilla de una zanja, apoyado mi brazo izquierdo sobre una rodilla, teniéndome con la misma mano la cabeza y con la derecha rascando la tierra con un palito, consideraba mi triste situación. "¿Qué haré yo ahora? —me preguntaba a mí mismo—. Es harto infeliz el estado presente en que me hallo. Solo, casi desnudo, roto de cabeza, muerto de hambre, sin abrigo ni conocimiento, y después de todo, con un enemigo poderoso como Chanfaina, que se desvelará por saber de mí para tomar venganza de mi infidelidad y de la de Luisa, ¿adónde iré? ¿Dónde me quedaré esta noche? ¿Quién se ha de doler de mí, ni quién me hospedará si mi pelaje es demasiado sospechoso? Quedarme aquí, no puede ser, porque me echarán los guardas de la Alameda; andar toda la noche en la calle es arrojo, porque me expongo a que me encuentre una ronda[6] y me despache más presto a poder de Chanfaina; irme a dormir a un cementerio retirado como el de San Cosme, será lo más seguro... pero ¿y los muertos y los fantasmas son acaso poco respetables y temibles? Ni por un pienso. ¿Qué haré, pues, y qué comeré en esta noche?"

Embebecido estaba en tan melancólicos pensamientos sin poder dar con el hilo que me sacara de tan confuso laberinto, cuando Dios, que no desampara a los mismos que le ofenden, hizo que pasara junto a mí un venerable viejo, que con un muchacho se entretenía en sacar sanguijuelas con un *chiquihuite*[7] en aquellas zanjitas; y estando en esta diligencia me saludó y yo le

[1] *referir* Chanfaina, amo de Periquillo, acaba de averiguar que Periquillo corteja a Luisa, amiga de Chanfaina, y Periquillo se escapa corriendo.
[2] *lo... barato* no me importaba
[3] *me... calumnia* me denuncia falsamente
[4] *múcar* piedra marina, porosa, útil para construcciones
[5] *San... Ulúa* isla y prisión, frente a Veracruz

[6] *ronda* patrulla encargada de mantener el orden público
[7] *chiquihuite* cesto

De José Joaquín Fernández de Lizardi, *El Periquillo Sarniento*, I (México, Editorial Stylo, 1942), pp. 453-64.

respondí cortésmente.

El viejo, al oír mi voz, me miró con atención, y después de haberse detenido un momento, salta la zanja, me echa los brazos al cuello con la mayor expresión, y me dice:

—¡Pedrito de mi alma! ¿Es posible que te vuelva a ver? ¿Qué es esto? ¿Qué traje, qué sangre es ésa? ¿Cómo está tu madre? ¿Dónde vives?

A tantas preguntas yo no respondía palabra, sorprendido al ver a un hombre a quien no conocía que me hablaba por mi nombre y con una confianza no esperada; mas él, advirtiendo la causa de mi turbación, me dijo:

—¿Qué, no me conoces?

—No, señor, la verdad —le respondí—, si no es para servirle.

—Pues yo sí te conozco, y conocí a tus padres y les debí mil favores. Yo me llamo Agustín Rapamentas: afeité al difunto señor don Manuel Sarmiento[8], tu padrecito, muchos años, sí, muchos años, sobre que te conocí tamañito, hijo, tamañito[9]; puedo decir que te vi nacer; y no pienses que no; te quería mucho y jugaba contigo mientras que tu señor padre salía a afeitarse.

—Pues, señor don Agustín —le dije—, ahora voy recordando especies[10], y en efecto, es así como usted lo dice.

—¿Pues qué haces aquí, hijo, y en este estado? —me preguntó.

—¡Ay, señor! —le respondí remedando el llanto de las viudas—; mi suerte es la más desgraciada: mi madre murió dos años hace: los acreedores de mi padre me echaron a la calle y embargaron cuanto había en mi casa; yo me he mantenido sirviendo a éste y al otro; y hoy el amo que tenía, porque la cocinera echó el caldo frío y yo lo llevé así a la mesa, me tiró con él y con el plato me rompió la cabeza, y no parando en esto su cólera, agarró el cuchillo y corrió tras de mí, que a no tomarle yo la delantera, no le cuento a usted mi desgracia.

¡Mire qué picardía! —decía el cándido barbero—; y ¿quién es ese amo tan cruel y vengativo?

—¿Quién ha de ser, señor? —le dije—: el Mariscal de Birón.

—¿Cómo? ¿Qué estás hablando? —dijo el rapador—: no puede ser eso: si no hay tal nombre en el mundo. Será otro.

—¡Ah! sí señor, es verdad —dije yo—; me turbé; pero es el Conde... el Conde... el Conde... ¡válgate Dios por memoria! el Conde de... de... de Saldaña.

—Peor está ésa —decía don Agustín—. ¿Qué? ¿Te has vuelto loco? ¿Qué estás hablando, hijo? ¿No ves que esos títulos que dices son de comedia?

—Es verdad, señor: a mí se me ha olvidado el título de mi amo, porque apenas hace dos días que estaba en su casa; pero para el caso no importa no acordarse de su título, o aplicarle uno de comedia, porque si lo vemos con seriedad, ¿qué título hay en el mundo que no sea de comedia? El Mariscal de Birón, el Conde de Saldaña, el Barón de Trenk y otros mil, fueron títulos reales, desempeñaron su papel, murieron, y sus nombres quedaron para servir de títulos de comedias. Lo mismo sucederá al Conde del Campo Azul, al Marqués de Casa Nueva, al Duque de Ricabella y a cuantos títulos viven hoy con nosotros: mañana morirán y *Laus Deo*[11]: quedarán sus nombres y sus títulos para acordarnos sólo algunos días de que han existido entre los vivos, lo mismo que el Mariscal de Birón y el gran Conde

---

[8] *Sarmiento* apellido de Periquillo (Pedro), a quien sus compañeros de escuela llamaban *Sarniento* por la *sarna* (mange) que tenía

[9] *tamañito* pequeñito (expresión que va generalmente acompañada de un ademán que indica el tamaño)

[10] *especies* cosas

[11] *Laus Deo* (latín) alabado sea Dios

de Saldaña. Conque nada importa, según esto, que yo me acuerde o me olvide del título del amo que me golpeó. De lo que no me olvidaré será de su maldita acción, que éstas son las que se quedan en la memoria de los hombres o para vituperarlas y sentirlas, o para ensalzarlas y aplaudirlas, que no los títulos y dictados, que mueren con el tiempo, y se confunden con el polvo de los sepulcros.

Atónito me escuchaba el inocente barbero teniéndome por un sabio y un virtuoso. Tal era mi malicia a veces, y a veces mi ignorancia. Yo mismo ahora no soy capaz de definir mi carácter en aquellos tiempos, ni creo que nadie lo hubiera podido comprender; porque unas ocasiones decía lo que sentía, otras obraba contra lo mismo que decía; unas veces me hacía un hipócrita, y otras hablaba por el convencimiento de mi conciencia; mas lo peor era, que cuando fingía virtud hacía con advertencia, y cuando hablaba enamorado de ella hacía mil propósitos interiores de enmendarme; pero no me determinaba a cumplirlos.

Esta vez me tocó hablar lo que tenía en mi corazón; pero no me aproveché de tales verdades; sin embargo, me surtió un buen efecto temporal, y fue que el barbero, condolido de mí, me llevó a su casa, y su familia, que se componía de una buena vieja llamada tía Casilda y del muchacho aprendiz, me recibió con el extremo más dulce de hospitalidad.

Cené aquella noche mejor de lo que pensaba, y al día siguiente me dijo el maestro:

—Hijo, aunque ya eres grande para aprendiz (tendría yo diecinueve o veinte años; decía bien), si quieres puedes aprender mi oficio, que si no es de los muy aventajados, a lo menos da que comer; y así aplícate que yo te daré la casa y el bocadito[12],

---

[12] *bocadito* comida

que es lo que puedo.

Yo le dije que sí, porque por entonces me pareció conveniente; y según esto, me comedía[13] a limpiar los paños, a tener la bacía y a hacer algo de lo que veía hacer al aprendiz.

Una ocasión que el maestro no estaba en casa, por ver si estaba algo adelantado, cogí un perro, a cuya fagina[14] me ayudó el aprendiz, y atándole los pies, las manos y el hocico, lo sentamos en la silla amarrado en ella, le pusimos un trapito para limpiar las navajas, y comencé la operación de la rasura. El miserable perro ponía sus gemidos en el Cielo. ¡Tales eran las cuchilladas que solía llevar de cuando en cuando!

Por fin, se acabó la operación y quedó el pobre animal retratable[15], y luego que se vio libre, salió para la calle como alma que se llevan los demonios, y yo, engreído con esta primera prueba, me determiné a hacer otra con un pobre indio que se fue a rasurar de a medio[16]. Con mucho garbo le puse los paños, hice al aprendiz trajera la bacía con el agua caliente, asenté las navajas y le di una zurra de raspadas y tajos[17], que el infeliz, no pudiendo sufrir mi áspera mano, se levantó diciendo:

—*Amoquale, quistiano, amoquale.*

Que fue como decirme en castellano:

—No me cuadra tu modo, señor, no me cuadra.

Ello es que él dio el medio real y se fue también medio rapado.

Todavía no contento con estas tan malas pruebas, me atrevía a sacarle una muela a una vieja que entró a la tienda rabiando de un fuerte dolor y en solicitud de

---

[13] *me comedía* (me acomedía) me prestaba con voluntad y gusto

[14] *a cuya fagina* en la cual faena

[15] *retratable* presentable

[16] *de a medio* de a medio real; el medio real valía treinta y un céntimos de peseta

[17] *asenté... tajos* I honed the razors and gave him a good cutting and scraping

mi maestro; pero como era resuelto, la hice sentar y que entregara la cabeza al aprendiz para que se la tuviera.

Hizo éste muy bien su oficio: abrió la cuitada vieja su desierta boca despúes de haberme mostrado la muela que le dolía, tomé el descarnador[18] y comencé a cortarla trozos de encía alegremente.

La miserable, al verse tasajear tan seguido y con una porcelana de sangre delante, me decía:

—Maestrito, por Dios, ¿hasta cuándo acaba usted de descarnar?

—No tenga usted cuidado, señora —le decía yo—, haga una poca de paciencia; ya le falta poco de la quijada.

En fin, así que le corté tanta carne cuanta bastó para que almorzara el gato de casa, le afiancé[19] el hueso con el respectivo instrumento, y di un estirón tan fuerte y mal dado, que le quebré la muela, lastimándole terriblemente la quijada.

—¡Ay, Jesús! —exclamó la triste vieja—; ya me arrancó usted las quijadas, maestro del diablo.

—No hable usted, señora —le dije—, que se le meterá el aire y le corromperá la mandíbula.

—¡Qué *malíbula* ni qué demonios! —decía la pobre—. ¡Ay, Jesús! ¡ay! ¡ay!...

—Ya está, señora —decía yo—; abra usted la boca, acabaremos de sacar el raigón, ¿no ve que es muela matriculada[20]?

—Matriculado esté usted en el infierno, *chambón*[21], indigno, condenado —decía la pobre.

Yo, sin hacer caso de sus injurias, le decía:

—Ande, nanita, siéntese y abra la boca,

acabaremos de sacar ese hueso maldito; vea usted que un dolor quita muchos. Ande usted, aunque no me pague.

—Vaya usted mucho noramala —dijo la anciana—, y sáquele otra muela o cuantas tenga a la grandísima borracha que lo parió. No tienen la culpa estos raspadores cochinos, sino quien se pone en sus manos.

Prosiguiendo en estos elogios se salió para la calle sin querer ni volver a ver el lugar del sacrificio.

Yo algo me compadecí de su dolor, y el muchacho no dejó de reprenderme mi determinación atolondrada, porque cada rato decía:

—¡Pobre señora! ¡qué dolor tendría! y lo peor que si se lo dice al maestro ¿qué dirá?

—Diga lo que dijere —le respondí—, yo lo hago por ayudarle a buscar el pan; fuera de que así se aprende, haciendo pruebas y ensayándose.

A la maestra[22] le dije que habían sido monadas[23] de la vieja, que tenía la muela matriculada y no se la pude arrancar al primer tirón, cosa que al mejor le sucede.

Con esto se dieron todos por satisfechos y yo seguí haciendo mis diabluras, las que me pagaban o con dinero o con desvergüenzas.

Cuatro meses y medio permanecí con don Agustín, y fue mucho, según lo variable de mi genio. Es verdad que en esta dilación tuvo parte el miedo que tenía a Chanfaina, y el no encontrar mejor asilo, pues en aquella casa comía, bebía y era tratado con una estimación respetuosa de parte del maestro. De suerte que yo ni hacía mandados ni cosa más útil que estar cuidando la barbería y haciendo mis fechorías cada vez que tenía proporción; porque yo era un aprendiz de honor, y tan consentido y bobachón[24], que,

---

[18] *descarnador* instrumento de dentistas que sirve para despegar la muela de la encía
[19] *afiancé* agarré
[20] *matriculada* Periquillo quiere decir "arraigada" (impacted), pero dice "matriculada" (registered).
[21] *chambón* inepto

[22] *maestra* la mujer del peluquero
[23] *monadas* tonterías
[24] *bobachón* aquí, afortunado

aunque sin camisa, no me faltaba quién envidiara mi fortuna. Éste era Andrés el aprendiz, quien un día que estábamos los dos conversando en espera de marchante que quisiera ensayarse a mártir, me dijo:

—Señor, ¡quién fuera como usted!

—¿Por qué, Andrés? —le pregunté.

—Porque ya usted es hombre grande, dueño de su voluntad y no tiene quien le mande; y no yo que tengo tantos que me regañen, y no sé lo que es tener medio en la bolsa.

—Pero así que acabes de aprender el oficio —le dije—, tendrás dinero y serás dueño de tu voluntad.

—¡Qué verde está eso! —decía Andrés—: ya llevo aquí dos años de aprendiz y no sé nada.

—¿Cómo nada, hombre? —le pregunté muy admirado.

—Así nada —me contestó—. Ahora que está usted en casa he aprendido algo.

—¿Y qué has aprendido? —le pregunté.

—He aprendido —respondió el gran bellaco— a afeitar perros, desollar indios y desquijarrar viejas, que no es poco. Dios se lo pague a usted que me lo ha enseñado.

—Pues y qué, ¿tu maestro no te ha enseñado nada en dos años?

—Qué me ha de enseñar —decía Andrés—. Todo el día se me va en hacer mandados aquí y en casa de doña Tulitas, la hija de mi maestro; y allí *pior*[25], porque me hacen cargar el niño, lavar los pañales, ir a la peluquería, fregar toditos los trastes y aguantar cuantas calillas[26] quieren, y con esto, ¿qué he de aprender del oficio? Apenas sé llevar la bacía y el escalfador[27] cuando me lleva consigo mi amo, digo, mi maestro; me turbé. A fe que don Plácido, el hojalatero

que vive junto a la casa de mi madre grande, ése sí que es maestro de cajeta[28], porque afuera de que no es muy demasiado regañón, ni les pega a sus aprendices, los enseña con mucho cariño, y les da sus medios muy buenos así que hacen alguna cosa en su lugar; pero eso de mandados ¡cuándo, ni por un pienso! Sobre que apenas los envía a traer medio de cigarros, *contimás*[29] manteca, ni chiles, ni pulque, ni carbón, ni nada como acá. Con esto *horita, horita*[30] aprenden los muchachos el oficio.

—Tú hablas mal —le dije—, pero dices bien. No deben ser los maestros amos, sino enseñadores de los muchachos; ni éstos deben ser criados o *pilguanejos* de ellos, sino legítimos aprendices; aunque así por la enseñanza como por los alimentos que les dan, pueden mandarlos y servirse de ellos en aquellas horas en que estén fuera de la oficina y en aquellas cosas proporcionadas a las fuerzas, educación y principios de cada uno. Así lo oía yo decir varias veces a mi difunto padre que en paz descanse. Pero dime: ¿qué, estás aquí con escritura[31]?

—Sí, señor —me respondió Andrés—, y ya cuento dos años de aprendizaje, y vamos corriendo para tres, y no se da modo ni manera el maestro de enseñarme nada.

—Pues entonces —le dije—, si la escritura es por cuatro años, ¿cómo aprenderás en el último, si se pasa como se han pasado los tres que llevas?

—Eso *mesmo* digo yo —decía Andrés—. Me sucederá lo que le sucedió a mi hermano Policarpo con el maestro Marianico el sastre.

—Pues, ¿qué le sucedió?

—¿Qué? Que se llevó los tres años de aprendiz en hacer mandados como *ora* yo,

---

[25] *pior* peor
[26] *calillas* molestias, fastidios
[27] *escalfador* jarro de metal que usan los barberos para calentar el agua

[28] *de cajeta* de lo mejor
[29] *contimás* pero no
[30] *horita, horita* inmediatamente
[31] *escritura* aquí, contrato

y en el cuarto *izque*[32] quería el maestro enseñarle todo el oficio de a tiro[33], y mi hermano no lo podía aprender, y al maestro se lo llevaba el diablo de coraje, y le echaba cuarta[34] al *probe*[35] de mi hermano, a manta de Dios[36], hasta que el *probe* se aburrió y se *juyó*[37], y ésta es la hora que no hemos vuelto a saber *dél*, y tan bueno que era el *probe*, pero, ¿cómo había de salir sastre en un año, y eso haciendo mandados y con tantísimo día de fiesta, señor, como tiene el año? Y *ansina*[38] yo pienso que el maestro de acá tiene trazas de hacer lo *mesmo* conmigo.

—Pero, ¿por qué no aprendiste tú a sastre? —pregunté a Andrés. Y éste me dijo:

—¡Ay señor! ¿Sastre? Se enferman del pulmón.

—¿Y a hojalatero[39]?

—No, señor; por no ver que se corta uno con la hoja de lata y se quema con los fierros.

—¿Y a carpintero por qué no?

—¡Ay! No, porque se lastima mucho el pecho.

—¿Y a carrocero[40] o herrero?

—No lo permita Dios; ¡si parecen diablos cuando están junto a la fragua aporreando el fierro!

—Pues, hijo de mi alma; Pedro Sarmiento, hermano de mi corazón —le dije a Andrés levantándome del asiento—, tú eres mi hermano, tatita[41], sí, tú eres mi hermano; somos mellizos o *cuates*[42], dame un abrazo. Desde hoy te debo amar y te amo más que antes, porque miro en ti el retrato de mi

modo de pensar; pero tan parecido, que se equivoca con el prototipo, si ya no es que nos identificamos tú y yo.

—¿Por qué son tantos abrazos, señor Pedrito? —preguntaba Andrés muy azorado—; ¿por qué me dice tantas cosas que yo no entiendo?

—Hermano Andrés —le respondí—, porque tú piensas lo mismo que yo, y eres tan flojo[43] como el hijo de mi madre[44]. A ti no te acomodan los oficios por las penalidades que traen anexas, ni te gusta servir porque regañan los amos; pero sí te gusta comer, beber, pasear y tener dinero con poco o ningún trabajo. Pues, tatita, lo mismo pasa por mí; de modo que, como dice el refrán, Dios los cría y ellos se juntan[45]. Ya verás si tengo razón demasiada para quererte.

—Esto es decir —repuso Andrés—, que usted es un flojo y yo también.

—Adivinaste, muchacho —le contesté—, adivinaste. ¿Ves cómo en todo mereces que yo te quiera y te reconozca por mi hermano?

—Pues si sólo por eso lo hace —dijo Andresillo—, muchos hermanos debe usted tener en el mundo, porque hay muchos flojos de nuestro mismo gusto; pero sepa usted que a mí lo que me hace[46], no es el oficio, sino dos cosas: la una que no me lo enseñan, y la otra, el genio de la maldita vieja de la maestra; que si eso no fuera yo estuviera contento en la casa, porque el maestro no puede ser mejor.

—Así es —dije yo—. Es la vieja el mismo diablo, y su genio es enteramente opuesto al de don Agustín; pues éste es prudente, liberal y atento; y la vieja condenada

---

[32] *izque* dicen que
[33] *de a tiro* de una vez
[34] *echaba cuarta* azotaba
[35] *probe* pobre
[36] *a... Dios* cuando quería
[37] *juyó* huyó
[38] *ansina* así
[39] *hojalatero* tinsmith
[40] *carrocero* constructor de carros o carrozas
[41] *tatita* compañero
[42] *cuates* gemelos

[43] *flojo* perezoso
[44] *como... madre* como yo
[45] *Dios... juntan* birds of a feather flock together
[46] *lo... hace* lo que me hace mella, lo que no me gusta

es majadera, regañona y mezquina como Judas. Ya se ve, ¿qué cosa buena ha de hacer con su cara de sábana encarrujada[47] y su boca de chancleta[48]?

Hemos de advertir que la casa era una accesoria[49] con un altito de éstas que llaman de taza y plato[50], y nosotros no habíamos atendido a que la dicha maestra nos escuchaba, como nos escuchó toda la conversación, hasta que yo comencé a loarla en los términos que van referidos, e irritada justamente contra mí, cogió con todo silencio una olla de agua hirviendo que tenía en el brasero y me la volcó a plomo[51] en la cabeza, diciéndome:

—¡Pues maldito, mal agradecido, fuera de mi casa, que yo no quiero en ella arrimados[52] que vengan a hablar de mí!

No sé si habló algo más, porque quedé sordo y ciego del dolor y de la cólera. Andrés, temiendo otro baño peor, y escarmentado en mi cabeza[53], huyó para la calle. Yo, rabiando y todo pelado, subí la escalerita de palo con ánimo de desmechar[54] a la vieja, topara en lo que topara, y después marcharme como Andrés; pero esta condenada

era varonil y resuelta, y así luego que me vio arriba, tomó el cuchillo del brasero y se fue sobre mí con el mayor denuedo, y hablando medias palabras de cólera, me decía:

—¡Ah, grandísimo bellaco, atrevido! Ahora te enseñaré...

Yo no pude oír qué me quería enseñar ni me quise quedar a aprender la lección, sino que volví la grupa[55] con la mayor ligereza y fue con tal desgracia, que tropezando con un perrillo, bajé la escalera más presto que la había subido y del más extraño modo, porque la bajé de cabeza, magullándome las costillas.

La vieja estaba hecha un chile[56] contra mí. No se compadeció ni se detuvo por mi desgracia, sino que bajó detrás de mí como un rayo con el cuchillo en la mano, y tan determinada, que hasta pienso que si me hubiera cogido, me mata sin duda alguna; pero quiso Dios darme valor para correr, y en cuatro brincos me puse cuatro cuadras lejos de su furor. Porque, eso sí, tenía yo alas en los pies, cuando me amenazaba algún peligro, y me daban lugar para la fuga.

En lo intempestivo, se pareció ésta mi salida a la de la casa de Chanfaina; pero en lo demás fue peor, porque aquí salí a la carrera, sin sombrero, bañado y chamuscado.

---

[47] *encarrujada*   retorcida
[48] *chancleta*   chinela, zapatilla
[49] *accesoria*   apartamento de un cuarto con puerta a la calle
[50] *de... plato*   que tiene otra pieza encima, a la cual se sube por una escalera interna
[51] *a plomo*   desde arriba
[52] *arrimados*   los que buscan asilo sin pagar
[53] *escarmentado... cabeza*   having learned from my experience
[54] *desmechar*   arrancarle los cabellos

[55] *volví la grupa*   volví atrás
[56] *hecha un chile*   enfurecida

20 Andrés Bello
(1781-1865)

Don Andrés Bello nació en Caracas, Venezuela, donde estudió humanidades en la universidad. En 1799 conoció al eminente naturalista alemán Alexander von Humboldt, quien le abrió nuevas perspectivas. De 1810 hasta 1829 vivió Bello en Londres como comisionado de la Junta de Caracas para obtener la ayuda del gobierno inglés en la lucha por la independencia. Allí publicó la *Biblioteca Americana* (1823) y el *Repertorio Americano* (1826–1828), revistas de alta calidad literaria y en las que aparecieron sus "Silvas americanas" (la "Alocución a la poesía", en la *Biblioteca*, 1823, y "A la agricultura de la zona tórrida", en el *Repertorio*, 1826); estudios sobre el *Poema del Cid* y la poética de Heredia; y artículos sobre ortografía y versificación.

Invitado por el gobierno chileno, Bello pasó a vivir a aquel país en 1829 y allá permaneció hasta el año de su muerte. Durante esta última etapa de su vida el erudito venezolano, además de haber servido como Rector de la Universidad de Chile, por él fundada, publicó el periódico *El Araucano* y varias sólidas obras de orientación didáctica como los *Principios de ortología y métrica* (1835), los *Principios de derecho internacional* (1844), la famosa *Gramática de la lengua castellana* (1847) y la *Filosofía del entendimiento* (1881), obras que por sí solas dan fama a su nombre.

Bello, como poeta, representaba la orientación hacia el cultivo de los temas americanos y especialmente la pintura de la apacible vida en el campo, donde se encontraban, según creía firmemente, los mejores valores. En la forma, empero, era todavía neoclásico; en el estilo, tradicionalista. Su polémica con Domingo Faustino Sarmiento en 1842, en torno al tema del romanticismo, es famosa en los anales de las letras hispanoamericanas. Como pensador, Bello se distinguía por su honradez intelectual, sus amplios intereses y conocimientos, su americanismo y en general por su actitud humanista.

 *A Peñalolen*[1]

Boscajes apacibles de la Hermita
¡oh cuánto a vuestra sombra me recreo,

y con qué encanto celestial poseo
lo que en vano se busca y solicita
en el bullicio corruptor del mundo:
el sosiego profundo,
la deliciosa calma,

[1] *Peñalolen* (o *la Hermita*) fundo cerca de Santiago de don Mariano de Egaña, ministro de Chile en Londres, quien en 1829 llevó a Bello a su país

De *Obras completas de Andrés Bello*, **I** (Caracas, Edición del Ministerio de Educación, 1952), pp. 290–91. Poesía publicada primero en el *Aguinaldo* de 1848.

la dulce paz!... Que al alma
de sí propia contenta,
y de los cuidados míseros exenta,
le hace el silencio plácida armonía,
y hasta la soledad le es compañía.
Ni enteramente solitario vivo;
que cuando, embelesado y pensativo,
en vuestro grato asilo, me paseo,
la cara imagen veo
de aquél que lo formó, de aquél que un día
de la insana inquietud del vulgo vano,
móvil veleta con que juega el viento,
a vosotros huía
y de su propia mano
elevó este sencillo monumento
a la sola veraz filosofía.

Sí; que en este retiro
que amaste, inseparable me acompaña

tu venerable sombra, ilustre Egaña;
y en tu semblante miro,
como cuando la vida lo animaba,
de la virtud la estampa y el talento;
y escucho aquel acento,
que, mientras los oídos halaga
abundoso vertía
provechosas lecciones de experiencia,
concordia, universal filantropía,
política sensata, gusto y ciencia.

Yo que de ellas saqué no escaso fruto
oso ofrecerte, Egaña,
este humilde tributo
de amor y admiración. Tú lo recibes,
ya que no puede ser por lo que vale,
porque de un pecho agradecido sale,
en que indeleble tu memoria vive.

Discurso pronunciado al instalarse la Universidad de Chile el 17 de septiembre de 1843

[FRAGMENTO]

La universidad no sería digna de ocupar un lugar en nuestras instituciones sociales, si (como murmuran algunos ecos oscuros de declamaciones antiguas) el cultivo de las ciencias y de las letras pudiese mirarse como peligroso bajo un punto de vista moral, o bajo un punto de vista político. La moral (que yo no separo de la religión) es la vida misma de la sociedad; la libertad es el estímulo que da un vigor sano y una actividad fecunda a las instituciones sociales. Lo

que enturbie la pureza de la moral, lo que trabe el arreglado, pero libre desarrollo de las facultades individuales y colectivas de la humanidad —y digo más— lo que las ejercite infructuosamente, no debe un gobierno sabio incorporarlo en la organización del estado.

.   .   .

He dicho que todas las verdades se tocan, y aun no creo haber dicho bastante. Todas las facultades humanas forman un

De Germán Arciniegas, *El pensamiento vivo de Andrés Bello* (Buenos Aires, Editorial Losada, 1946), pp. 151-70.

sistema, en que no puede haber regularidad y armonía sin el concurso de cada una. No se puede paralizar una fibra (permítaseme decirlo así), una sola fibra del alma, sin que todas las otras enfermen.

Las ciencias y las letras, fuera de este valor social, fuera de esta importancia que podemos llamar instrumental, fuera del barniz de amenidad y elegancia que dan a las sociedades humanas, y que debemos contar también entre sus beneficios, tiene un mérito suyo, intrínseco, en cuanto aumentan los placeres y goces del individuo que las cultiva y las ama; placeres exquisitos, a que no llega el delirio de los sentidos; goces puros, en que el alma no se dice a sí misma:

> ...Medio de fonte leporum
> surgit amari aliquid, quod in ipsis floribus
> angit.
> (Lucretio)

> De en medio de la fuente del deleite
> un no sé qué de amargo se levanta,
> que entre el halago de las flores punza.

Las ciencias y la literatura llevan en sí la recompensa de los trabajos y vigilias que se les consagran. No hablo de la gloria que ilustra las grandes conquistas científicas; no hablo de la aureola de inmortalidad que corona las obras del genio. A pocos es permitido esperarlas. Hablo de los placeres más o menos elevados, más o menos intensos, que son comunes a todos los rangos en la república de las letras. Para el entendimiento, como para las otras facultades humanas, la actividad es en sí misma un placer; placer que, como dice un filósofo escocés —Tomás Brown[1]—, sacude de nosotros aquella inercia a que de otro modo nos entregaríamos en daño nuestro y de la

sociedad. Cada senda que abren las ciencias al entendimiento cultivado, le muestra perspectivas encantadas; cada nueva faz que se le descubre en el tipo ideal de la belleza, hace estremecer deliciosamente el corazón humano, criado para admirarla y sentirla. El entendimiento cultivado oye en el retiro de la meditación las mil voces del coro de la naturaleza: mil visiones peregrinas revuelan en torno a la lámpara solitaria que alumbra sus vigilias. Para él solo se desenvuelve en una escala inmensa el orden de la naturaleza; para él solo se atavía la creación de toda su magnificencia, de todas sus galas. Pero las letras y las ciencias, al mismo tiempo que dan un ejercicio delicioso al entendimiento y a la imaginación, elevan el carácter moral. Ellas debilitan el poderío de las seducciones sensuales; ellas desarman de la mayor parte de sus terrores a las vicisitudes de la fortuna. Ellas son (después de la humilde y contenta resignación del alma religiosa) el mejor preparativo para la hora de la desgracia. Ellas llevan el consuelo al lecho del enfermo, al asilo del proscrito, al calabozo, al cadalso. Sócrates, en vísperas de beber la cicuta, ilumina su cárcel con las más sublimes especulaciones que nos ha dejado la antigüedad gentílica sobre el porvenir de los destinos humanos. Dante compone en el destierro su *Divina Comedia*. Lavoisier[2] pide a sus verdugos un plazo breve para terminar una investigación importante. Chenier[3], aguardando por instantes la muerte, escribe sus últimos versos, que deja incompletos para marchar al patíbulo:

> *Comme un dernier rayon, comme un dernier zéphire*

[2] *Lavoisier* Antoine Laurent Lavoisier (1743–1794), químico francés, fue condenado a muerte durante la Revolución.
[3] *Chenier* André Chernier, poeta francés (nacido en Constantinopla), fue también guillotinado durante el Terror.

[1] *Tomás Brown* (1778–1820), profesor de filosofía en la Universidad de Edimburgo

anime la fin d'un beau jour,
au pied de l'échafaud j'essaie encore ma lyre.

Cual rayo postrero cual aura que anima
el último instante de un hermoso día,
al pie del cadalso ensayo mi lira.

Tales son las recompensas de las letras; tales son sus consuelos. Yo mismo, aun siguiendo de tan lejos a sus favorecidos adoradores, yo mismo he podido participar de sus beneficios, y saborearme con sus goces. Adornaron de celajes alegres la mañana de mi vida, y conservan todavía algunos matices al alma, como la flor que hermosea las ruinas. Ellas han hecho aún más por mí; me alimentaron en mi larga peregrinación, y encaminaron mis pasos a este suelo de libertad y de paz, a esta patria adoptiva[4], que me ha dispensado una hospitalidad tan benévola.

. . .

Paso, señores, a aquel departamento literario que posee de un modo peculiar y eminente la cualidad de pulir las costumbres; que afina el lenguaje, haciéndolo un vehículo fiel, hermoso, diáfano, de las ideas; que, por el estudio de otros idiomas vivos y muertos, nos pone en comunicación con la antigüedad y con las naciones más civilizadas, cultas y libres de nuestros días; que nos hace oír, no por el imperfecto medio de las traducciones, siempre y necesariamente infieles, sino vivos, sonoros, vibrantes, los acentos de la sabiduría y la elocuencia extranjera; que, por la contemplación de la belleza ideal y de sus reflejos en las obras del genio, purifica el gusto, y concilia con los raptos audaces de la fantasía los derechos imprescriptibles de la razón; que, iniciando al mismo tiempo el alma en estudios severos, auxiliares necesarios de la bella literatura, y preparativos

[4] *esta patria adoptiva* Chile

indispensables para todas las ciencias, para todas las carreras de la vida, forma la primera disciplina del ser intelectual y moral, expone las leyes eternas de la inteligencia a fin de dirigir y afirmar sus pasos, y desenvuelve los pliegues profundos del corazón, para preservarlo de extravíos funestos, para establecer sobre sólidas bases los derechos y los deberes del hombre. Enumerar estos diferentes objetos es presentaros, según yo lo concibo, el programa de la universidad en la sección de filosofía y humanidades. Entre ellos, el estudio de nuestra lengua me parece de una alta importancia. Yo no abogaré jamás por el purismo exagerado que condena todo lo nuevo en materia de idioma; creo, por el contrario, que la multitud de ideas nuevas, que pasan diariamente del comercio literario a la circulación general, exige voces nuevas que las represente. ¿Hallaremos en el diccionario de Cervantes y de fray Luis de Granada[5] —no quiero ir tan lejos—, hallaremos, en el diccionario de Iriarte[6] y Moratín[7], medios adecuados, signos lúcidos para expresar las nociones comunes que flotan hoy día sobre las inteligencias medianamente cultivadas, para expresar el pensamiento social? ¡Nuevas instituciones, nuevas leyes, nuevas costumbres; variadas por todas partes a nuestros ojos la materia y las formas; y viejas voces, vieja fraseología! Sobre ser desacordada esa pretensión, porque pugnaría con el primero de los objetos de la lengua, la fácil y clara transmisión del pensamiento sería del todo inasequible. Pero se puede ensanchar el lenguaje, se puede enriquecerlo, se puede acomodarlo a todas las exigencias de la

[5] *Luis de Granda* (1504–1588), sacerdote y escritor español
[6] *Iriarte* Tomás de Iriarte (1750–1791), fabulista español
[7] *Moratín* Nicolás Fernández de Moratín (1737–1780), dramaturgo neoclásico español

sociedad, y aun a las de la moda, que ejerce su imperio incontestable sobre la literatura, sin adulterarlo, sin viciar sus construcciones, sin hacer violencia a su genio. ¿Es acaso distinta de la de Pascal y Racine, la lengua de Chateaubriand y Villemain[8]? ¿Y no transparenta perfectamente la de estos dos escritores el pensamiento social de la Francia de nuestros días, tan diferente de la Francia de Luis XIV[9]? Hay más: demos anchas a esta especie de culteranismo; demos carta de nacionalidad a todos los caprichos de un extravagante neologismo; y nuestra América reproducirá dentro de poco la confusión de idiomas, dialectos y jerigonzas, el caos babilónico de la edad media; y diez pueblos perderán uno de sus vínculos más poderosos de fraternidad, uno de sus más preciados instrumentos de correspondencia y comercio.

La universidad fomentará, no sólo el estudio de las lenguas, sino de las literaturas extranjeras. Pero no sé si me engaño. La opinión de aquéllos que creen que debemos recibir los resultados sintéticos de la ilustración europea, dispensándonos del examen de sus títulos[10], dispensándonos del proceder analítico, único medio de adquirir verdaderos conocimientos, no encontrará muchos sufragios en la universidad. Respetando como respeto las opiniones ajenas, y reservándome sólo el derecho de discutirlas, confieso que tan poco propio me parecería para alimentar el entendimiento, para educarle y acostumbrarle a pensar por sí, el atenernos a las conclusiones morales y políticas de Herder[11], por ejemplo, sin el estudio de la historia antigua y moderna, como el adoptar los teoremas de Euclides sin el previo trabajo intelectual de la demostración. Yo miro, señores, a Herder como uno de los escritores que han servido más útilmente a la humanidad; él ha dado toda su dignidad a la historia, desenvolviendo en ella los designios de la Providencia, y los destinos a que es llamada la especie humana sobre la tierra. Pero el mismo Herder no se propuso suplantar el conocimiento de los hechos, sino ilustrarlos, explicarlos; ni se puede apreciar su doctrina, sino por medio de previos estudios históricos. Sustituir a ellos deducciones y fórmulas, sería presentar a la juventud un esqueleto en vez de un traslado vivo del hombre social; sería darle una colección de aforismos en vez de poner a su vista el panorama móvil, instructivo, pintoresco, de las instituciones, de las costumbres, de las revoluciones de los grandes pueblos y de los grandes hombres; sería quitar al moralista y al político las convicciones profundas, que sólo pueden nacer del conocimiento de los hechos; sería quitar a la experiencia del género humano el saludable poderío de sus avisos, en la edad, cabalmente, que es más susceptible de impresiones durables; sería quitar al poeta una inagotable mina de imágenes y colores. Y lo que digo de la historia, me parece que debemos aplicarlo a todos los otros ramos del saber. Se impone de este modo al entendimiento la necesidad de largos, es verdad, pero agradables estudios. Porque nada hace más desabrida la enseñanza que las abstracciones, y nada la hace fácil y amena, sino el proceder que, amoblando[12] la memoria, ejercita al mismo tiempo el entendimiento y exalta la imaginación. El raciocinio debe engendrar al teorema; los ejemplos graban profundamente las lecciones.

[8] *Pascal...Villemain* Blaise Pascal (1623–1662), Jean Racine (1639–1699), François René de Chateaubriand (1768–1848) y François Villemain (1790–1870): escritores franceses

[9] *Luis XIV* Louis XIV (1638–1715), rey de Francia (1643–1715)

[10] *títulos* cualidades, valores

[11] *Herder* Johann Gottfried von Herder (1744–1803), escritor y filósofo alemán

[12] *amoblando* amueblando

¿Y pudiera yo, señores, dejar de aludir, aunque de paso, en esta rápida reseña, a la más hechicera de las vocaciones literarias, al aroma de la literatura, al capitel corintio, por decirlo así, de la sociedad culta? ¿Pudiera, sobre todo, dejar de aludir a la excitación instantánea, que ha hecho aparecer sobre nuestro horizonte esa constelación de jóvenes ingenios[13] que cultivan con tanto ardor la poesía? Lo diré con ingenuidad: hay incorrección en sus versos; hay cosas que una razón castigada[14] y severa condena. Pero la corrección es la obra del estudio y de los años; ¿quién pudo esperarla de los que, en un momento de exaltación, poética y patriótica a un tiempo, se lanzaron a esa nueva arena, resueltos a probar que en las almas chilenas arde también aquel fuego divino, de que, por una preocupación injusta, se las había creído privadas? Muestras brillantes, y no limitadas al sexo que entre nosotros ha cultivado hasta ahora casi exclusivamente las letras, la habían refutado ya. Ellos la han desmentido de nuevo. Yo no sé si una predisposición parcial hacia los ensayos de las inteligencias juveniles, extravía mi juicio. Digo lo que siento: hallo en esas obras destellos incontestables del verdadero talento, y aun con relación a algunas de ellas, pudiera decir, del verdadero genio poético. Hallo, en algunas de esas obras, una imaginación original y rica, expresiones felizmente atrevidas, y (lo que me parece que sólo pudo dar un largo ejercicio) una versificación armoniosa y flúida, que busca de propósito las dificultades para luchar con ellas y sale airosa de esta arriesgada prueba. La universidad,

alentando a nuestros jóvenes poetas, les dirá tal vez: "Si queréis que vuestro nombre no quede encarcelado entre la cordillera de los Andes y la mar del Sur, recinto demasiado estrecho para las aspiraciones generosas del talento; si queréis que os lea la posteridad, haced buenos estudios, principiando por el de la lengua nativa. Haced más; tratad asuntos dignos de vuestra patria y de la posteridad. Dejad los tonos muelles de la lira de Anacreonte[15] y de Safo[16]: la poesía del siglo XIX tiene una misión más alta. Que los grandes intereses de la humanidad os inspiren. Palpite en vuestras obras el sentimiento moral. Dígase cada uno de vosotros, al tomar la pluma: Sacerdote de las Musas, canto para las almas inocentes y puras:

> ...*Musarum sacerdos,*
> *virginibus puerisque canto.*
> (Horacio)

"¿Y cuántos temas grandiosos no os presenta ya vuestra joven república? Celebrad sus grandes días; tejed guirnaldas a sus héroes; consagrad la mortaja de los mártires de la patria." La universidad recordará al mismo tiempo a la juventud aquel consejo de un gran maestro de nuestros días: "Es preciso, decía Goethe, que el arte sea la regla de la imaginación y la transforme en poesía."

¡El arte! Al oír esta palabra, aunque tomada de los labios mismos de Goethe, habrá algunos que me coloquen entre los partidarios de las reglas convencionales, que usurparon mucho tiempo ese nombre. Protesto solemnemente contra semejante aserción; y no creo que mis antecedentes la

---

[13] *jóvenes ingenios* referencia a la llamada Generación (chilena) de 1842, compuesta de jóvenes que pugnaban por una literatura nacional a través de una expresión romántica
[14] *castigada* exageradamente rigurosa

[15] *Anacreonte* (560–478 a. de J.C.), poeta griego
[16] *Safo* (siglos VII–VI a. de J.C.), poetisa griega

justifiquen. Yo no encuentro el arte en los preceptos estériles de la escuela, en las inexorables unidades, en la muralla de bronce entre los diferentes estilos y géneros, en las cadenas con que se ha querido aprisionar al poeta a nombre de Aristóteles y Horacio, y atribuyéndoles a veces lo que jamás pensaron. Pero creo que hay un arte fundado en las relaciones impalpables, etéreas, de la belleza ideal; relaciones delicadas, pero accesibles a la mirada de lince del genio competentemente preparado; creo que hay un arte que guía a la imaginación en sus más fogosos transportes; creo que sin ese arte la fantasía, en vez de encarnar en sus obras el tipo de lo bello, aborta esfinges, creaciones enigmáticas y monstruosas. Ésta es mi fe literaria. Libertad en todo; pero yo no veo libertad, sino embriaguez licenciosa, en las orgías de la imaginación.

La libertad, como contrapuesta, por una parte, a la docilidad servil que lo recibe todo sin examen, y por otra a la desarreglada licencia que se revela contra la autoridad de la razón y contra los más nobles y puros instintos del corazón humano, será sin duda el tema de la universidad en todas sus diferentes secciones.

21 José María Heredia
(1803-1839)

Nació José María Heredia en Santiago de Cuba, hijo de padres dominicanos. Con su familia —su padre era funcionario judicial— el joven Heredia vivió en Venezuela entre 1812 y 1817 y en México entre 1819 y 1821. En la ciudad de México Heredia estudió derecho y escribió su famosa oda, "En el teocalli de Cholula" (1820). Su padre murió en 1820 y con su madre volvió Heredia a La Habana, donde terminó sus estudios. En 1823 se le acusó de conspirador (pertenecía a la sociedad secreta "Soles y Rayos de Bolívar"), y tuvo que huir a los Estados Unidos. En junio de 1824 hizo un viaje a las cataratas del Niágara y allí escribió su conocida oda, que se incluye en la colección de *Poesías* que publicó en Nueva York en 1825. El mismo año el Presidente de México, el General Guadalupe Victoria, invitó a Heredia a que volviera al país. El resto de su vida, excepto por una corta visita a su madre en La Habana, lo pasó en México.

Como Bello en Londres, en México Heredia publicó dos excelentes revistas literarias, *El Iris* (1826) y la *Miscelánea* (1829-1832). También publicó en 1832, en

Toluca, la segunda edición de sus *Poesías*, considerada como edición definitiva. Contiene ese tomito poesías amatorias, patrióticas, descriptivas y filosóficas, siendo las descriptivas las más logradas. En la forma Heredia, crítico de las extravagancias de los románticos, se ceñía a las reglas estéticas de los neoclásicos. Pero dentro de esas formas rígidas ya encontramos, especialmente en las poesías descriptivas, elementos, motivos, temas y asuntos románticos y un tono personal en el que predomina la melancolía y la nostalgia. Entre sus mejores poesías, además de las dos odas ya mencionadas, hay que colocar otras como "A una palmera", "En una tempestad", "Al sol", "Calma en el mar" y "El océano": poesías que, como otras no menos bien escritas, dan a Heredia un lugar prominente entre los precursores del romanticismo hispanoamericano. "En el teocalli de Cholula", escrita a los dieciséis años, ya mostraba Heredia habilidad para proyectar las emociones que sentía al contemplar el paisaje, lo que haría después frente al Niágara. Como prosista, Heredia se distinguió por su certera crítica literaria, especialmente el ensayo sobre la novela histórica.

En el teocalli[1] de Cholula[2]

¡Cuánto es bella la tierra que habitaban
los aztecas valientes! En su seno
en una estrecha zona concentrados
con asombro se ven todos los climas
que hay desde el polo al ecuador. Sus llanos
cubren a par de las doradas mieses
las cañas deliciosas. El naranjo
y la piña y el plátano sonante,
hijos del suelo equinoccial, se mezclan
a la frondosa vid, al pino agreste,
y de Minerva al árbol majestuoso[3].
Nieve eternal corona las cabezas
de Iztaccihual purísimo, Orizaba
y Popocatepec[4]; sin que el invierno
toque jamás con destructora mano
los campos fertilísimos, do ledo[5]

los mira el indio en púrpura ligera
y oro teñirse, reflejando el brillo
del Sol en occidente, que sereno
en hielo eterno y perennal verdura
a torrentes vertió su luz dorada,
y vio a naturaleza conmovida
con su dulce calor hervir en vida.

Era la tarde: su ligera brisa
las alas en silencio ya plegaba
y entre la hierba y árboles dormía,
mientras el ancho Sol su disco hundía
detrás de Iztaccihual. La nieve eterna
cual[6] disuelta en mar de oro, semejaba
temblar en torno de él; un arco inmenso
que del empíreo en el cenit finaba
como espléndido pórtico del cielo
de luz vestido y centellante gloria,
de sus últimos rayos recibía

[1] *teocalli*   templo
[2] *Cholula*   ciudad cerca de Puebla
[3] *de... majestuoso*   el olivo
[4] *Iztaccihual... Popocatepec*   volcanes mexicanos
[5] *do ledo*   donde alegre

[6] *cual*   como

De José María Heredia, *Poesías líricas*, prólogo de Elías Zerolo (París, Casa Editora Garnier Hermanos, *sin fecha*), pp. 153–58, 60–61, 33.

los colores riquísimos. Su brillo
desfalleciendo fue: la blanca luna
y de Venus la estrella solitaria
en el cielo desierto se veían.
¡Crepúsculo feliz! Hora más bella
que la⁷ alma noche o el brillante día.
¡Cuánto es dulce tu paz al alma mía!

Hallábame sentado en la famosa
choluteca pirámide⁸. Tendido
el llano inmenso que ante mí yacía,
los ojos a espaciarse convidaba.
¡Qué silencio! ¡qué paz! ¡Oh! ¿quién diría
que en estos bellos campos reina alzada
la bárbara opresión⁹, y que esta tierra
brota mieses tan ricas, abonada
con sangre de hombres, en que fue inundada
por la superstición y por la guerra?...

Bajó la noche en tanto. De la esfera
el leve azul, oscuro y más oscuro
se fue tornando: la movible sombra
de las nubes serenas, que volaban
por el espacio en alas de la brisa,
era visible en el tendido llano.
Iztaccihual purísimo volvía
del argentado rayo de la luna
el plácido fulgor, y en el oriente
bien como puntos de oro centellaban
mil estrellas y mil... ¡Oh! yo os saludo
fuentes de luz, que de la noche umbría
ilumináis el velo,
y sois del firmamento poesía.

Al paso que la luna declinaba,
y al ocaso fulgente descendía

---

⁷ *la* El uso de *la* y no *el*, como más adelante, lo requiere el verso.
⁸ *choluteca pirámide* pirámide de Cholula, sobre la cual estaba el teocalli
⁹ *la bárbara opresión* la de Agustín Iturbide (1783–1824), uno de los principales generales de las fuerzas realistas, despúes afiliado al movimiento independentista. Una vez ganada la independencia, se hizo declarar emperador y fue depuesto y desterrado. Al volver a México, fue fusilado.

con lentitud, la sombra se extendía
del Popocatepec, y semejaba
fantasma colosal. El arco oscuro
a mí llegó, cubrióme, y su grandeza
fue mayor y mayor, hasta que al cabo
en sombra universal veló la tierra.

Volví los ojos al volcán sublime,
que velado en vapores transparentes,
sus inmensos contornos dibujaba
de occidente en el cielo.
¡Gigante del Anáhuac! ¿cómo el vuelo
de las edades rápidas no imprime
alguna huella en tu nevada frente?
Corre el tiempo veloz, arrebatando
años y siglos como el norte fiero
precipita ante sí la muchedumbre
de las olas del mar. Pueblos y reyes
viste hervir a tus pies, que combatían
cual hora combatimos y llamaban
eternas sus ciudades, y creían
fatigar a la tierra con su gloria.
Fueron: de ellos no resta ni memoria,
¿Y tú eterno serás? Tal vez un día
de tus profundas bases desquiciado
caerás; abrumará tu gran ruïna
al yermo Anáhuac; alzaránse en ella
nuevas generaciones, y orgullosas
que fuiste negarán...
                    Todo perece
por ley universal. Aun este mundo
tan bello y tan brillante que habitamos,
es el cadáver pálido y deforme
de otro mundo que fue...

En tal contemplación embebecido
sorprendióme el sopor. Un largo sueño
de glorias engolfadas y perdidas
en la profunda noche de los tiempos,
descendió sobre mí. La agreste pompa
de los reyes aztecas desplegóse
a mis ojos atónitos. Veía
entre la muchedumbre silenciosa
de emplumados caudillos levantarse

el déspota salvaje en rico trono,
de oro, perlas y plumas recamado;
y al son de caracoles belicosos
ir lentamente caminando al templo
la vasta procesión, do la aguardaban
sacerdotes horribles, salpicados
con sangre humana rostros y vestidos.
Con profundo estupor el pueblo esclavo
las bajas frentes en el polvo hundía,
y ni mirar a su señor osaba,
de cuyos ojos férvidos brotaba
la saña del poder.
     Tales ya fueron
tus monarcas, Anáhuac, y su orgullo:
su vil superstición y tiranía
en el abismo del no ser se hundieron.
Si, que la muerte, universal señora,
hiriendo a par al déspota y esclavo,
escribe la igualdad sobre la tumba.
Con su manto benéfico el olvido
tu insensatez oculta y tus furores
a la raza presente y la futura.
Esta inmensa estructura

vio a la superstición más inhumana
en ella entronizarse. Oyó los gritos
de agonizantes víctimas, en tanto
que el sacerdote, sin piedad ni espanto,
les arrancaba el corazón sangriento;
miró el vapor espeso de la sangre
subir caliente al ofendido cielo
y tender en el sol fúnebre velo
y escuchó los horrendos alaridos
con que los sacerdotes sofocaban
el grito del dolor.
     Muda y desierta
ahora te ves, Pirámide. ¡Más vale
que semanas de siglos yazcas yerma,
y la superstición a quien serviste
en el abismo del infierno duerma!
A nuestros nietos últimos, empero
sé lección saludable; y hoy al hombre
que al cielo, cual Titán[10], truena orgulloso,
sé ejemplo ignominioso
de la demencia y del furor humano.

[10] *Titán* una de las gigantescas deidades clásicas
que se rebelaron contra Júpiter

🦅 *A la estrella de Venus*

 Estrella de la tarde silenciosa,
luz apacible y pura
de esperanza y amor, salud te digo.
En el mar de occidente ya reposa
la vasta frente el sol, y tú en la altura
del firmamento solitaria reinas.
Ya la noche sombría
quiere tender su diamantado velo,
y con pálidas tintas baña el suelo
la blanda luz del moribundo día.
¡Hora feliz y plácida cuál bella!
tú la presides, vespertina estrella.

 Yo te amo, astro de paz. Siempre tu
      aspecto
en la callada soledad me inspira
de virtud y de amor meditaciones.
¡Qué delicioso afecto excita en los sensibles
      corazones
la dulce y melancólica memoria
de su perdido bien y de su gloria!

   . . .

¡Ay de mí!

¡Cuán difícil es al hombre
hallar un objeto amable,
con cuyo amor inefable
pueda llamarse feliz!

Y si este objeto resulta
frívolo, duro, inconstante,
¿Qué resta al mísero amante,
sino exclamar ¡ay de mí!?

El amor es un desierto
sin límites, abrasado,
en que a muy pocos fue dado
pura delicia sentir.

Pero en sus mismos dolores
guarda mágica ternura,
y hay siempre cierta dulzura
en suspirar ¡ay de mí!

CAPÍTULO SEXTO

EL ROMANTICISMO

A MEDIDA QUE avanzó el siglo y un neoclasicismo jamás muy robusto arrastró sus últimos momentos, soplaba un viento renovador: el romanticismo. Ya en 1823 proclamó Andrés Bello la independencia intelectual americana, y en Heredia, Navarrete y otros había atisbos de lo que sería el nuevo movimiento. Para 1837 había cundido el romanticismo de manera definitiva, aunque sobrevivían algunos neoclásicos rezagados, y se da el caso aislado de Chile, donde la influencia conservadora evitaba el contagio romántico hasta 1842, cuando el ejemplo de los proscritos argentinos estimuló la reacción.

El romanticismo era de procedencia europea, y el romanticismo hispanoamericano seguía, en términos generales, el modelo: la exaltación del yo, con su correspondiente énfasis en lo sentimental, la conciencia de la soledad del individuo y el patetismo; la insistencia en el paisaje como contrapunto al estado emotivo del poeta; la evasión hacia el pasado; la rebeldía formal, con todo lo que significaba de rechazo del estrecho clasicismo estereotipado, renovación de la métrica, libertad del idioma; el liberalismo político. Pero los románticos hispanoamericanos no fabricaban una copia pálida. Si compartían la soledad de sus modelos europeos, si proclamaban tan ardientemente como éstos la libertad del individuo, en otros aspectos ponían la nota americana. La caótica situación política daba a veces un colorido distinto; tal era la situación de los románticos argentinos, en su mayoría proscritos políticos que emigraron llevando a otros países la nueva teoría literaria.

El paisaje sepulcral tan notorio en el romanticismo europeo se daba en América también, pero más frecuente quizá era la auténtica y variada naturaleza americana. A veces este hechizo decayó en mero pintoresquismo, a veces quedó en un gracioso sabor criollo, pero de vez en cuando alcanzó un grado tal de interpenetración entre naturaleza y ánima de los protagonistas que salvó lo que por otra parte sería una mera novela sentimental, como *María* de Isaacs. En estas descripciones del paisaje encontramos la fuente del costumbrismo americano. La evasión hacia el pasado produjo obras de ambiente medieval, pero había también obras ubicadas en un pasado indígena o de la

Conquista. Este americanismo de ambiente aparecía en el idioma; la renovación lingüística abarcaba el intento de crear un idioma americano. En el fondo, todas estas características fueron manifestaciones de la mística americanista o, por lo menos, nacionalista. Separados ya de la madre patria, los románticos americanos buscaban reproducir en la literatura lo que les distinguía, en una tentativa de crear una literatura nacional; tentativa consciente y articulada en escritos teóricos.

	1830	1840	1850	1860	1870	1880	1890

LITERATURA HISPANOAMERICANA

- (1837) **Echeverría** La cautiva
- (1841) Avellaneda Sab
- (1845) **Sarmiento** Facundo
- (1851–55) Mármol Amalia
- (1866) Del Campo Fausto
- (1867) Isaacs María
- (1871) Mera Cumandá
- (1871) Altamirano La navidad en las montañas
- (1872) **Palma** Tradiciones peruanas*
- (1872) **Hernández** Martín Fierro (I)
- (1882) **Montalvo** Siete tratados
- (1886) **Zorrilla de San Martín** Tabaré

LITERATURA ESPAÑOLA

- (1835) Duque de Rivas Don Álvaro
- (1836) García Gutiérrez El trovador
- (1837) Hartzenbusch Los amantes de Teruel
- (1840) Espronceda Poesías
- (1844) Zorrilla Don Juan Tenorio
- (1860–64) Bécquer Rimas; Leyendas
- (1863) Rosalía de Castro Cantares gallegos
- (1875) Núñez de Arce Gritos del combate
- (1873) ———— Galdós Episodios nacionales ———— (1907)

OTRAS LITERATURAS

- (1830) Hugo Hernani
- (1832) Goethe Faust, Part II
- (1834) Balzac Père Goriot
- (1836) Emerson Nature
- (1837) Dickens Pickwick Papers
- (1840) Poe Tales of the Grotesque and Arabesque
- (1840) Cooper The Pathfinder
- (1842) Gogol Dead Souls
- (1851) Melville Moby Dick
- (1852) Stowe Uncle Tom's Cabin
- (1854) Thoreau Walden
- (1855) Whitman Leaves of Grass
- (1857) Flaubert Madame Bovary
- (1857) Baudelaire Les Fleurs du mal
- (1862) Hugo Les Misérables
- (1867) Marx Das Kapital

MARCO HISTÓRICO

- (1833–39) Primera Guerra Carlista
- (1835) ——— Rosas, dictador de la Argentina ——— (1852)
- (1846–48) Intervención norteamericana en México
- (1857) Leyes de la Reforma promulgadas por Benito Juárez, Presidente de México
- (1861–65) Guerra de Secesión, Estados Unidos
- (1865–67) Guerra entre Argentina y Paraguay
- (1867) Juárez restablece su gobierno; Maximiliano fusilado
- (1868) Sarmiento, Presidente de la Argentina
- (1872–75) Segunda Guerra Carlista
- (1873–74) Primera República Española
- (1874) ——— Alfonso XII, ——— (1885) Rey de España
- Período revolucionario en España
- (1833) ——— Isabel II, Reina de España ——— (1868)

22 Esteban Echeverría
(1805-1851)

Esteban Echeverría fue la figura clave del romanticismo rioplatense. Nacido en Buenos Aires, se trasladó a París en 1825, después de una juventud algo desordenada. Regresó en 1830 empapado del romanticismo francés e inglés; la publicación en 1832 de *Elvira o La novia del Plata* señaló el nacimiento del romanticismo en la Argentina. Su obra poética de mayor importancia estética fue "La Cautiva", publicada en *Las rimas* (1837). Fue una tentativa de incorporar a la literatura argentina las vastas soledades de la pampa y la realidad sangrienta de la vida en la frontera, acosada por indios salvajes y peligros naturales. El poema narra la historia de Brian y María, capturados por los indios: su fuga y los padecimientos que sobrellevan hasta la muerte, rodeados de una naturaleza indiferente cuando no hostil. Los personajes principales son del todo convencionales y delatan un sentimentalismo muy de época, pero el poema sigue interesando hoy por su significado histórico y por el retrato vivo del paisaje dentro de un marco estilizado.

El matadero, aparentemente escrito alrededor de 1837 pero no publicado en libro hasta las *Obras completas* de 1870-1874, es un cuadro de costumbres del barrio del matadero de Buenos Aires durante los primeros años de la tiranía del dictador Juan Manuel de Rosas, gobernador absoluto desde 1829 a 1852. Arranca el cuento en tono festivo, pero pronto cede lugar éste a la ironía y por fin a la violencia sangrienta. En su minuciosa descripción y su énfasis en la crueldad, *El matadero* anticipa el naturalismo a la vez que retrata la vida argentina bajo Rosas, mediante la metáfora de Buenos Aires como enorme matadero y Rosas como asesino principal. Este odio al dictador provocó la emigración de Echeverría al Uruguay, donde murió un año antes de la caída de su enemigo.

Además de su importancia en el desarrollo de la literatura hispanoamericana, fue Echeverría líder intelectual de toda una generación de jóvenes liberales que combatían a Rosas. De sus muchos escritos políticos, el más importante es su *Dogma socialista* (1837-1846).

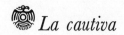 *La cautiva*

PRIMERA PARTE

EL DESIERTO[1]

Ils vont. L'espace est grand.
    HUGO

Era la tarde, y la hora
en que el sol la cresta dora
de los Andes. El desierto
inconmensurable, abierto
y misterioso a sus pies
se extiende, triste el semblante,
solitario y taciturno
como el mar, cuando un instante,
al crepúsculo nocturno,
pone rienda a su altivez.

Gira en vano, reconcentra
su inmensidad, y no encuentra
la vista, en su vivo anhelo,
do fijar su fugaz vuelo,
como el pájaro en el mar.
Doquier[2] campos y heredades
de ave y bruto guaridas;
doquier cielo y soledades
de Dios sólo conocidas,
que Él sólo puede sondar.

A veces la tribu errante,
sobre el potro rozagante
cuyas crines altaneras
flotan al viento ligeras,
lo cruza cual torbellino,
y pasa; o su toldería[3]

sobre la grama frondosa
asienta, esperando el día
duerme, tranquila reposa,
sigue veloz su camino.

¡Cuántas, cuántas maravillas,
sublimes y a par sencillas,
sembró la fecunda mano
de Dios allí! ¡Cuánto arcano[4]
que no es dado al mundo ver!
La humilde yerba, el insecto,
la aura[5] aromática y pura;
el silencio, el triste aspecto
de la grandiosa llanura,
el pálido anochecer.

Las armonías del viento,
dicen más al pensamiento,
que todo cuanto a porfía[6]
la vana filosofía
pretende altiva enseñar.
¡Qué pincel podrá pintarlas
sin deslucir su belleza!
¡Qué lengua humana alabarlas!
Sólo el genio su grandeza
puede sentir y admirar.

Ya el sol su nítida frente
reclinaba en occidente,
derramando por la esfera
de su rubia cabellera
el desmayado fulgor.
Sereno y diáfano el cielo,
sobre la gala verdosa
de la llanura, azul velo

[1] *desierto* la pampa
[2] *Doquier* dondequiera, en todas partes
[3] *toldería* campamentos

[4] *arcano* secreto
[5] *aura* viento suave y apacible
[6] *a porfía* con insistencia

De Esteban Echeverría, *La cautiva. La guitarra. Elvira.*, edición de Pedro Goyena (Buenos Aires, "La Cultura Argentina", 1916), pp. 17-25, 117-21.

esparcía[7], misteriosa
sombra dando a su color.

El aura moviendo apenas,
sus olas de aroma llenas,
entre la yerba bullía
del campo que parecía
como un piélago[8] ondear.
Y la tierra contemplando
del astro rey la partida
callaba, manifestando,
como en una despedida,
en su semblante pesar.

Sólo a ratos, altanero
relinchaba un bruto fiero
aquí o allá, en la campaña;
bramaba un toro de saña,
rugía un tigre feroz,
o las nubes contemplando,
como extático gozoso,
el yajá[9], de cuando en cuando,
turbaba el mudo reposo
con su fatídica voz.

Se puso el sol; parecía
que el vasto horizonte ardía:
la silenciosa llanura
fue quedando más obscura,
más pardo el cielo, y en él,
con luz trémula brillaba
una que otra estrella, y luego
a los ojos se ocultaba,
como vacilante fuego
en soberbio chapitel[10].

El crepúsculo, entretanto,
con su claroscuro manto,
veló la tierra; una faja,

negra como una mortaja,
el occidente cubrió,
mientras la noche bajando
lenta venía, la calma
que contempla suspirando
inquieta a veces el alma,
con el silencio reinó.

Entonces, como el ruido
que suele hacer el tronido
cuando retumba lejano,
se oyó en el tranquilo llano
sordo y confuso clamor;
se perdió... y luego violento,
como baladro[11] espantoso
de turba inmensa, en el viento
se dilató[12] sonoroso,
dando a los brutos pavor.

Bajo la planta sonante
del ágil potro arrogante
el duro suelo temblaba,
y envuelto en polvo cruzaba
como animado tropel[13],
velozmente cabalgando.
Veíanse lanzas agudas,
cabezas, crines ondeando;
y como formas desnudas
de aspecto extraño y cruel.

¿Quién es? ¿Qué insensata turba
con su alarido perturba
las calladas soledades
de Dios, do las tempestades
sólo se oyen resonar?
¿Qué humana planta orgullosa
se atreve a hollar el desierto
cuando todo en él reposa?
¿Quién viene seguro puerto
en sus yermos a buscar?

[7] *esparcía*   scattered
[8] *piélago*   océano, mar
[9] *yajá*   (guaraní) pájaro nocturno nombrado así
por su canto, que quiere decir "vamos"
[10] *chapitel*   spire

[11] *baladro*   grito de miedo
[12] *se dilató*   se ensanchó, se extendió
[13] *animado tropel*   movimiento rápido y desordenado

¡Oíd! Ya se acerca el bando
de salvajes, atronando[14]
todo el campo convecino[15].
¡Mirad! Como torbellino
hiende[16] el espacio veloz;
el fiero ímpetu no enfrena
del bruto que arroja espuma;
vaga al viento su melena,
y con ligereza suma
pasa en ademán atroz.

¿Dónde va? ¿De dónde viene?
¿De qué su gozo proviene?
¿Por qué grita, corre, vuela,
clavando al bruto la espuela,
sin mirar alrededor?
¡Ved! que las puntas ufanas
de sus lanzas por despojos
llevan cabezas humanas,
cuyos inflamados ojos
respiran aún furor.

Así el bárbaro hace ultraje
al indomable coraje
que abatió su alevosía[17],
y su rencor todavía
mira, con torpe placer,
las cabezas que cortaron
sus inhumanos cuchillos,
exclamando: "Ya pagaron
del cristiano los caudillos
el feudo a nuestro poder.

"Ya los ranchos[18] do vivieron
presa de las llamas fueron,
y muerde el polvo abatida
su pujanza tan erguida.
¿Dónde sus bravos están?

Vengan hoy del vituperio
sus mujeres, sus infantes,
que gimen en cautiverio,
al libertar, y como antes,
nuestras lanzas probarán."

Tal decía, y bajo el callo[19]
del indómito caballo
crujiendo el suelo temblaba;
hueco y sordo retumbaba
su grito en la soledad;
mientras la noche, cubierto
el rostro en manto nubloso,
echó en el vasto desierto
su silencio pavoroso,
su sombría majestad.

Epílogo

Douce lumière, es tu leur âme?[1]
Lamartine

¡Oh, María! Tu heroísmo,
tu varonil fortaleza,
tu juventud y belleza
merecieran fin mejor.
Ciegos de amor el abismo
fatal tus ojos no vieron,
y sin vacilar se hundieron
en él ardiendo en amor.

De la más cruda agonía
salvar quisiste a tu amante,
y lo viste delirante
en el desierto morir.
¡Cuál tu congoja[2] sería!
¡Cuál tu dolor y amargura!
Y no hubo humana criatura
que te ayudase a sentir.

[14] *atronando*   volviendo sordo
[15] *convecino*   cercano
[16] *hiende*   rompe
[17] *alevosía*   traición
[18] *ranchos*   chozas de paja

[19] *callo*   aquí, casco del caballo
[1] *Douce... ame?*   ¿Eres, plácida luz, el alma de ellos?
[2] *congoja*   angustia

Se malogró tu esperanza;
y cuando sola te viste,
también mísera caíste
como árbol cuya raíz
en la tierra ya no afianza
su pompa y florido ornato.
Nada supo el mundo ingrato
de tu constancia infeliz.

Naciste humilde y oculta
como diamante en la mina;
la belleza peregrina
de tu noble alma quedó.
El desierto la sepulta,
tumba sublime y grandiosa,
do el héroe también reposa
que la gozó y admiró.

.   .   .

Hoy, en la vasta llanura,
inhospitable morada
que no siempre sosegada
mira el astro de la luz,
descollando en una altura,
entre agreste flor y hierba,
hoy el caminante observa
una solitaria cruz.

Fórmale grata techumbre
la copa extensa y tupida
de un ombú[3] donde se anida
la altiva águila real;
y la varia muchedumbre
de aves que cría el desierto
se posa en ella a cubierto
del frío y sol estival.

Nadie sabe cuya mano
plantó aquel árbol benigno,

ni quién a su sombra el signo
puso de la redención.
Cuando el cautivo cristiano
se acerca a aquellos lugares,
se postra a hacer oración.

Fama es que la tribu errante,
si hasta allí llega embebida
en la caza apetecida
de la gama y avestruz[4],
al ver del ombú gigante
la verdosa cabellera,
suelta al potro la carrera
gritando: "¡Allí está la cruz!"

Y revuelve atrás la vista,
como quien huye aterrado,
creyendo se alza el airado,
terrible espectro de Brian.
Pálido el indio exorcista
el fatídico árbol nombra;
ni a hollar se atreven su sombra
los que de camino van.

También el vulgo asombrado
cuenta que en la noche obscura
suelen en aquella altura
dos luces aparecer;
que salen y habiendo errado
por el desierto tranquilo,
juntas a su triste asilo
vuelven al amanecer.

Quizá mudos habitantes
serán del páramo aerio;
quizá espíritus, ¡misterio!
visiones del alma son.
Quizá los sueños brillantes
de la inquieta fantasía
forman coro en la armonía
de la invisible creación.

[3] *ombú*   árbol grande, típico de la pampa

[4] *avestruz*   ostrich

El matadero

A pesar de que la mía es historia, no la empezaré por el arca de Noé y la genealogía de sus ascendientes como acostumbraban hacerlo los antiguos historiadores españoles de América, que deben ser nuestros proto- tipos. Tengo muchas razones para no seguir ese ejemplo, las que callo por no ser difuso. Diré solamente que los sucesos de mi narra- ción pasaban por los años de Cristo de 183... Estábamos, a más, en cuaresma, época en que escasea la carne en Buenos Aires, porque la Iglesia, adoptando el precepto de Epicteto[1], *sustine, abstine* (sufre, abstente), ordena vigilia y abstinencia a los estómagos de los fieles a causa de que la carne es peca- minosa, y, como dice el proverbio, busca a la carne. Y como la Iglesia tiene *ab initio*[2] y por delegación directa de Dios, el imperio inmaterial sobre las conciencias y los estó- magos, que en manera alguna pertenecen al individuo, nada más justo y racional que vede lo malo.

Los abastecedores, por otra parte, buenos federales[3], y por lo mismo buenos católicos, sabiendo que el pueblo de Buenos Aires atesora una docilidad singular para someterse a toda especie de mandamiento, sólo traen en días cuaresmales al matadero los novillos necesarios para el sustento de los niños y los enfermos dispensados de la abs- tinencia por la bula y no con el ánimo de que se harten algunos herejotes[4], que no faltan, dispuestos siempre a violar los mandamientos carnificinos de la Iglesia, y a contaminar la sociedad con el mal ejemplo.

Sucedió, pues, en aquel tiempo, una lluvia muy copiosa. Los caminos se ane- garon; los pantanos se pusieron a nado y las calles de entrada y salida a la ciudad rebosaban en acuoso barro. Una tremenda avenida se precipitó de repente por el Riachuelo[5] de Barracas, y extendió majes- tuosamente sus turbias aguas hasta el pie de las barrancas del Alto[6]. El Plata, creciendo embravecido, empujó esas aguas que venían buscando su cauce y las hizo correr hin- chadas por sobre campos, terraplenes[7], arboledas, caseríos, y extenderse como un lago inmenso por todas las bajas tierras. La ciudad circunvalada del norte al oeste por una cintura de agua y barro, y al sud por un piélago blanquecino en cuya superficie flotaban a la ventura algunos barquichuelos y negreaban las chimeneas y las copas de los árboles, echaba desde sus torres y barrancas atónitas miradas al horizonte como implo- rando la protección del Altísimo. Parecía el amago de un nuevo diluvio. Los beatos y beatas gimoteaban haciendo novenarios y continuas plegarias. Los predicadores atro- naban el templo y hacían crujir el púlpito a puñetazos. "Es el día del juicio —decían—, el fin del mundo está por venir. La cólera divina rebosando se derrama en inundación. ¡Ay de vosotros, pecadores! ¡Ay de vosotros,

---

[1] *Epicteto* filósofo griego del siglo I cuya doctrina rechazaba los placeres mundanales y buscaba la felicidad en la libertad del espíritu
[2] *ab initio* (latín) desde el principio
[3] *federales* partidarios del Federalismo y del dictador Juan Manuel de Rosas (1793–1877) en su campaña contra el Unitarismo, que sostenía un sistema de gobierno más centralizado

[4] *herejotes* herejes
[5] *Riachuelo* pequeño río de Buenos Aires
[6] *Alto* barrio de Buenos Aires
[7] *terraplenes* embankments

De Esteban Echeverría, *El matadero* (Buenos Aires, 1926).

unitarios impíos que os mofáis de la Iglesia, de los santos, y no escucháis con veneración la palabra de los ungidos del Señor! ¡Ay de vosotros si no imploráis misericordia al pie de los altares! Llegará la hora tremenda del vano crujir de dientes y de las frenéticas imprecaciones. Vuestra impiedad, vuestras herejías, vuestras blasfemias, vuestros crímenes horrendos, han traído sobre nuestra tierra las plagas del Señor. La justicia del Dios de la Federación os declarará malditos.''

Las pobres mujeres salían sin aliento, anonadadas del templo, echando, como era natural, la culpa de aquella calamidad a los unitarios.

Continuaba, sin embargo, lloviendo a cántaros, y la inundación crecía, acreditando el pronóstico de los predicadores. Las campanas comenzaron a tocar rogativas por orden del muy católico Restaurador[8], quien parece no las tenía todas consigo[9]. Los libertinos, los incrédulos, es decir, los unitarios, empezaron a amedrentarse al ver tanta cara compungida, oír tanta batahola de imprecaciones. Se hablaba ya, como de cosa resuelta, de una procesión en que debía ir toda la población descalza y a cráneo descubierto, acompañando al Altísimo, llevado bajo palio por el obispo, hasta la barranca de Balcarce donde millares de voces, conjurando al demonio unitario de la inundación, debían implorar la misericordia divina.

Feliz, o mejor, desgraciadamente, pues la cosa habría sido de verse, no tuvo efecto la ceremonia, porque bajando el Plata, la inundación se fue poco a poco escurriendo en su inmenso lecho, sin necesidad de conjuro ni plegarias.

Lo que hace principalmente a mi his-

toria es que por causa de la inundación estuvo quince días el matadero de la Convalecencia sin ver una sola cabeza vacuna, y que en uno o dos, todos los bueyes de quinteros y *aguateros* se consumieron en el abasto de la ciudad. Los pobres niños y enfermos se alimentaban con huevos y gallinas, y los gringos[10] y herejotes bramaban por el *beefsteak* y el asado. La abstinencia de carne era general en el pueblo, que nunca se hizo más digno de la bendición de la Iglesia, y así fue que llovieron sobre él millones y millones de indulgencias plenarias. Las gallinas se pusieron a 6 pesos y los huevos a 4 reales, y el pescado carísimo. No hubo en aquellos días cuaresmales promiscuaciones ni excesos de gula; pero, en cambio, se fueron derecho al cielo innumerables ánimas, y acontecieron cosas que parecen soñadas.

No quedó en el matadero ni un solo ratón vivo de muchos millares que allí tenían albergue. Todos murieron o de hambre o ahogados en sus cuevas por la incesante lluvia. Multitud de negras rebusconas de *achuras*[11], como los caranchos[12] de presa, se desbandaron por la ciudad como otras tantas arpías prontas a devorar cuanto hallaran comible. Las gaviotas y los perros, inseparables rivales suyos en el matadero, emigraron en busca de alimento animal. Porción de viejos achacosos cayeron en consunción por falta de nutritivo caldo; pero lo más notable que sucedió fue el fallecimiento casi repentino de unos cuantos gringos herejes, que cometieron el desacato de darse un hartazgo de chorizos de Ex-

---

[8] *Restaurador* Rosas
[9] *no... consigo* estaba preocupado

[10] *gringos* ingleses. Más tarde, durante la época de la inmigracíon italiana, llegó a significar los de procedencia italiana.
[11] *achuras* intestinos del res como el tongorí, el mondongo, el bofe, etc.; son desperdicios de la matanza apetecidos por los pobres
[12] *caranchos* aves de rapiña

tremadura, jamón y bacalao, y se fueron al otro mundo a pagar el pecado cometido por tan abominable promiscuación.

Algunos médicos opinaron que si la carencia de carne continuaba, medio pueblo caería en síncope por estar los estómagos acostumbrados a su corroborante jugo; y era de notar el contraste entre estos tristes pronósticos de la ciencia y los anatemas lanzados desde el púlpito por los reverendos padres contra toda clase de nutrición animal y de promiscuación en aquellos días destinados por la Iglesia al ayuno y la penitencia. Se originó de aquí una especie de guerra intestina entre los estómagos y las conciencias, atizada por el inexorable apetito, y las no menos inexorables vociferaciones de los ministros de la Iglesia, quienes, como es su deber, no transigen con vicio alguno que tienda a relajar las costumbres católicas: a lo que se agregaba el estado de flatulencia intestinal de los habitantes, producido por el pescado y los porotos y otros alimentos algo indigestos.

Esta guerra se manifestaba por sollozos y gritos descompasados en la peroración de los sermones y por rumores y estruendos subitáneos en las casas y calles de la ciudad o dondequiera concurrían gentes. Alarmóse un tanto el gobierno, tan paternal como previsor del Restaurador, creyendo aquellos tumultos de origen revolucionario y atribuyéndolos a los mismos salvajes unitarios, cuyas impiedades, según los predicadores federales, habían traído sobre el país la inundación de la cólera divina; tomó activas providencias, desparramó a sus esbirros por la población, y por último, bien informado, promulgó un decreto tranquilizador de las conciencias y de los estómagos, encabezado por un considerando[13] muy sabio y piadoso

para que a todo trance, y arremetiendo por agua y todo, se trajese ganado a los corrales.

En efecto, el décimosexto día de la carestía, víspera del día de Dolores[14], entró a vado por el paso de Burgos al matadero del Alto una tropa de cincuenta novillos gordos; cosa poca por cierto para una población acostumbrada a consumir diariamente de 250 a 300, y cuya tercera parte al menos gozaría del fuero eclesiástico de alimentarse con carne. ¡Cosa extraña que haya estómagos privilegiados y estómagos sujetos a leyes inviolables y que la Iglesia tenga la llave de los estómagos!

Pero no es extraño, supuesto que el diablo con la carne suele meterse en el cuerpo y que la Iglesia tiene el poder de conjurarlo: el caso es reducir al hombre a una máquina cuyo móvil principal no sea su voluntad sino la de la Iglesia y el gobierno. Quizá llegue el día en que sea prohibido respirar aire libre, pasearse y hasta conversar con un amigo, sin permiso de autoridad competente. Así era, poco más o menos, en los felices tiempos de nuestros beatos abuelos, que por desgracia vino a turbar la revolución de Mayo[15].

Sea como fuera, a la noticia de la providencia gubernativa, los corrales del Alto se llenaron, a pesar del barro, de carniceros, de *achuradores* y de curiosos, quienes recibieron con grandes vociferaciones y palmoteos los cincuenta novillos destinados al matadero.

—Chica, pero gorda —exclamaban—. ¡Viva la Federación! ¡Viva el Restaurador!

Porque han de saber los lectores que en aquel tiempo la Federación estaba en todas partes, hasta entre las inmundicias del matadero, y no había fiesta sin Restaurador como

[13] *considerando* decreto; viene de la primera palabra de los decretos, a la cual seguían las razones o cláusulas

[14] *día de Dolores* el 15 de septiembre
[15] *revolución de Mayo* la revolución de 1810 contra España

no hay sermón sin San Agustín[16]. Cuentan que al oír tan desaforados gritos las últimas ratas que agonizaban de hambre en sus cuevas, se reanimaron y echaron a correr desatentadas, conociendo que volvían a aquellos lugares la acostumbrada alegría y la algazara precursora de abundancia.

El primer novillo que se mató fue todo entero de regalo al Restaurador, hombre muy amigo del asado. Una comisión de carniceros marchó a ofrecérselo en nombre de los federales del matadero, manifestándole *in voce*[17] su agradecimiento por la acertada providencia del gobierno, su adhesión ilimitada al Restaurador y su odio entrañable a los salvajes unitarios, enemigos de Dios y de los hombres. El Restaurador contestó a la arenga, *rinforzando*[18] sobre el mismo tema, y concluyó la ceremonia con los correspondientes vivas y vociferaciones de los espectadores y actores. Es de creer que el Restaurador tuviese permiso especial de su Ilustrísima para no abstenerse de carne, porque siendo tan buen observador de las leyes, tan buen católico y tan acérrimo protector de la religión, no hubiera dado mal ejemplo aceptando semejante regalo en día santo.

Siguió la matanza, y en un cuarto de hora cuarenta y nueve novillos se hallaban tendidos en la plaza del matadero, desollados unos, los otros por desollar. El espectáculo que ofrecía entonces era animado y pintoresco, aunque reunía todo lo horriblemente feo, inmundo y deforme de una pequeña clase proletaria peculiar del Río de la Plata. Pero para que el lector pueda percibirlo a un golpe de ojo, preciso es hacer un croquis de la localidad.

El matadero de la Convalecencia o del Alto, sito en las quintas al sur de la ciudad, es una gran playa en forma rectangular, colocada al extremo de dos calles, una de las cuales allí termina y la otra se prolonga hasta el este. Esta playa, con declive al sur, está cortada por un zanjón labrado por la corriente de las aguas pluviales, en cuyos bordes laterales se muestran innumerables cuevas de ratones y cuyo cauce recoge en tiempo de lluvia toda la sangraza seca o reciente del matadero. En la junción del ángulo recto, hacia el oeste, está lo que llaman la casilla, edificio bajo, de tres piezas de media agua[19] con corredor al frente que da a la calle y palenque para atar caballos, a cuya espalda se notan varios corrales de palo a pique[20] de ñandubay con sus fornidas puertas para encerrar el ganado.

Estos corrales son en tiempo de invierno un verdadero lodazal, en el cual los animales apeñuscados se hunden hasta el encuentro[21], y quedan como pegados y casi sin movimiento. En la casilla se hace la recaudación del impuesto de corrales, se cobran las multas por violación de reglamentos y se sienta el juez del matadero, personaje importante, caudillo de los carniceros y que ejerce la suma del poder en aquella pequeña república, por delegación del Restaurador. Fácil es calcular qué clase de hombre se requiere para el desempeño de semejante cargo. La casilla, por otra parte, es un edificio tan ruin y pequeño que nadie lo notaría en los corrales a no estar asociado su nombre al del terrible juez y no resaltar sobre su blanca cintura los siguientes letreros rojos: "Viva la Federación", "Viva el

---

[16] *San Agustín* (354–430) uno de los cuatro Padres de la Iglesia, famoso por sus *Confesiones* y *La ciudad de Dios*; uno de las grandes influencias en la teología católica y, por eso, se le citaba constantemente en los sermones
[17] *in voce* (latín) a viva voz
[18] *rinforzando* repitiendo

[19] *de media agua* slant-roofed
[20] *palo a pique* se dice de la cerca o el corral hecho de troncos clavados
[21] *hasta el encuentro* hasta quedar tendidos en el lodo

Restaurador y la heroica doña Encarnación Ezcurra", "Mueran los salvajes unitarios." Letreros muy significativos, símbolo de la fe política y religiosa de la gente del matadero. Pero algunos lectores no sabrán que la tal heroína es la difunta esposa del Restaurador, patrona muy querida de los carniceros, quienes, ya muerta, la veneraban por sus virtudes cristianas y su federal heroísmo en la revolución contra Balcarce[22]. Es el caso que en un aniversario de aquella memorable hazaña de la mazorca[23], los carniceros festejaron con un espléndido banquete en la casilla de la heroína, banquete a que concurrió con su hija y otras señoras federales, y que allí, en presencia de un gran concurso, ofreció a los señores carniceros en un solemne brindis su federal patrocinio, por cuyo motivo ellos la proclamaron entusiasmados patrona del matadero, estampando su nombre en las paredes de la casilla, donde estará hasta que lo borre la mano del tiempo.

La perspectiva del matadero a la distancia era grotesca, llena de animación. Cuarenta y nueve reses estaban tendidas sobre sus cueros, y cerca de doscientas personas hollaban aquel suelo de lodo regado con la sangre de sus arterias. En torno de cada res resaltaba un grupo de figuras humanas de tez y raza distinta. La figura más prominente de cada grupo era el carnicero con el cuchillo en mano, brazo y pecho desnudos, cabello largo y revuelto, camisa y chiripá y rostro embadurnado de sangre. A sus espaldas se rebullían, caracoleando y siguiendo los movimientos, una comparsa de muchachos, de negras y mulatas achuradoras, cuya fealdad trasuntaba las arpías de la fábula, y entremezclados con ellas algunos enormes mastines, olfateaban, gruñían o se

daban de tarascones[24] por la presa. Cuarenta y tantas carretas, toldadas con negruzco y pelado cuero, se escalonaban irregularmente a lo largo de la playa, y algunos jinetes con el poncho calado y el lazo prendido al tiento cruzaban por entre ellas al tranco o reclinados sobre el pescuezo de los caballos echaban ojo indolente sobre uno de aquellos animados grupos, al paso que, más arriba, en el aire, un enjambre de gaviotas blanquiazules, que habían vuelto de la emigración al olor de la carne, revoloteaban, cubriendo con su disonante graznido todos los ruidos y voces del matadero y proyectando una sombra clara sobre aquel campo de horrible carnicería. Esto se notaba al principio de la matanza.

Pero a medida que adelantaba, la perspectiva variaba; los grupos se deshacían, venían a formarse tomando diversas actitudes y se desparramaban corriendo como si en medio de ellos cayese alguna bala perdida, o asomase la quijada de algún encolerizado mastín. Esto era que el carnicero en un grupo descuartizaba a golpe de hacha, colgaba en otros los cuartos en los ganchos de su carreta, despellejaba en éste, sacaba el sebo en aquél; de entre la chusma que ojeaba y aguardaba la presa de achura, salía de cuando en cuando una mugrienta mano a dar un tarazón con el cuchillo al sebo o a los cuartos de la res, lo que originaba gritos y explosión de cólera del carnicero y el continuo hervidero de los grupos, dichos y gritería descompasada de los muchachos.

—Ahí se mete el sebo en las tetas, la tipa —gritaba uno.

—Aquél lo escondió en el alzapón[25] —replicaba la negra.

—Che, negra bruja, salí de aquí antes

---

[22] *Balcarce*   Juan Ramón Balcarce (1773–1835), enemigo de Rosas
[23] *mazorca*   grupo terrorista partidario de Rosas

[24] *se... tarascones*   se mordían
[25] *alzapón*   abertura del calzón

de que te pegue un tajo —exclamaba el carnicero.

—¿Qué le hago, ño[26] Juan? ¡No sea malo! Yo no quiero sino la panza y las tripas.

—Son para esa bruja: a la m...

—¡A la bruja! ¡A la bruja! —repitieron los muchachos—. ¡Se lleva la riñonada y el tongorí! —Y cayeron sobre su cabeza sendos cuajos de sangre y tremendas pelotas de barro.

Hacia otra parte, entretanto, dos africanas llevaban arrastrando las entrañas de un animal; allá una mulata se alejaba con un ovillo de tripas y resbalando de repente sobre un charco de sangre, caía a plomo, cubriendo con su cuerpo la codiciada presa. Acullá se veían acurrucadas en hileras 400 negras destejiendo sobre las faldas el ovillo y arrancando, uno a uno, los sebitos que el avaro cuchillo del carnicero había dejado en la tripa como rezagados, al paso que otras vaciaban panzas y vejigas y las henchían de aire de sus pulmones para depositar en ellas, luego de secas, la achura.

Varios muchachos, gambeteando a pie y a caballo, se daban de vejigazos o se tiraban bolas de carne, desparramando con ellas y su algazara la nube de gaviotas que, columpiándose en el aire, celebraban chillando la matanza. Oíanse a menudo, a pesar del veto del Restaurador y de la santidad del día, palabras inmundas y obscenas, vociferaciones preñadas de todo el cinismo bestial que caracteriza a la chusma de nuestros mataderos, con las cuales no quiero regalar a los lectores.

De repente caía un bofe sangriento sobre la cabeza de alguno, que de allí pasaba a la de otro, hasta que algún deforme mastín lo hacía buena presa, y una cuadrilla de otros, por si estrujo o no estrujo, armaba

una tremenda de gruñidos y mordiscones. Alguna tía vieja salió furiosa en persecución de un muchacho que le había embadurnado el rostro con sangre, y acudiendo a sus gritos y puteadas los compañeros del rapaz, la rodeaban y azuzaban como los perros al toro, y llovían sobre ella zoquetes de carne, bolas de estiércol, con groseras carcajadas y gritos frecuentes, hasta que el juez mandaba restablecer el orden y despejar el campo.

Por un lado dos muchachos se adiestraban en el manejo del cuchillo, tirándose horrendos tajos y reveses; por otro, cuatro, ya adolescentes, ventilaban a cuchilladas el derecho a una tripa gorda y un mondongo que habían robado a un carnicero; y no de ellos distante, porción de perros, flacos ya de la forzosa abstinencia, empleaban el mismo medio para saber quién se llevaría un hígado envuelto en barro. Simulacro en pequeño era éste del modo bárbaro con que se ventilan en nuestro país las cuestiones y los derechos individuales y sociales. En fin, la escena que se representaba en el matadero era para vista, no para escrita.

Un animal había quedado en los corrales, de corta y ancha cerviz, de mirar fiero, sobre cuyos órganos genitales no estaban conformes los pareceres, porque tenía apariencias de toro y de novillo. Llególe la hora. Dos enlazadores a caballo penetraron en el corral en cuyo contorno hervía la chusma a pie, a caballo y horqueteada sobre sus nudosos palos. Formaban en la puerta el más grotesco y sobresaliente grupo, varios pialadores y enlazadores de a pie con el brazo desnudo y armado del certero lazo, la cabeza cubierta con un pañuelo punzó y chaleco y chiripá colorado, teniendo a sus espaldas varios jinetes y espectadores de ojo escrutador y anhelante.

El animal, prendido ya al lazo por las astas, bramaba echando espuma furibundo, y no había demonio que lo hiciera salir del

[26] ño señor

pegajoso barro, donde estaba como clavado y era imposible pialarlo. Gritábanle, lo azuzaban en vano con las mantas y pañuelos los muchachos que estaban prendidos sobre las horquetas del corral, y era de oír la disonante batahola de silbidos, palmadas y voces, tiples y roncas que se desprendían de aquella singular orquesta.

Los dicharachos, las exclamaciones chistosas y obscenas rodaban de boca en boca, y cada cual hacía alarde espontáneamente de su ingenio y de su agudeza, excitado por el espectáculo o picado por el aguijón de alguna lengua locuaz.

—Hi de p... en el toro.

—Al diablo los torunos del Azul.

—Malhaya el tropero que nos da gato por liebre.

—Si es novillo.

—¿No está viendo que es toro viejo?

—Como toro le ha de quedar. ¡Muéstreme los c... si le parece, c...o!

—Ahí los tiene entre las piernas. ¿No los ve, amigo, más grandes que la cabeza de su castaño, o se ha quedado ciego en el camino?

—Su madre sería la ciega, pues que tal hijo ha parido. ¿No ve que todo ese bulto es barro?

—Es emperrado y arisco como un unitario.

Y al oír esta mágica palabra, todos a una voz exclamaron: —¡Mueran los salvajes unitarios!

—Para el tuerto los h...

—Sí, para el tuerto, que es hombre de c... para pelear con los unitarios. El matambre[27] a Matasiete, degollador de unitarios. ¡Viva Matasiete!

—A Matasiete el matambre.

—Allá va —gritó una voz ronca, in-

terrumpiendo aquellos desahogos de la cobardía feroz—. ¡Allá va el toro!

—¡Alerta! ¡Guarda los de la puerta! ¡Allá va furioso como un demonio!

Y en efecto, el animal acosado por los gritos y sobre todo por dos picanas agudas que le espoleaban la cola, sintiendo flojo el lazo, arremetió bufando a la puerta, lanzando a entrambos lados una rojiza y fosfórica mirada. Diole el tirón el enlazador sentando su caballo, desprendió el lazo del asta, crujió por el aire un áspero zumbido y al mismo tiempo se vio rodar desde lo alto de una horqueta del corral, como si un golpe de hacha lo hubiese dividido a cercén, una cabeza de niño cuyo tronco permaneció inmóvil sobre su caballo de palo, lanzando por cada arteria un largo chorro de sangre.

—¡Se cortó el lazo! —gritaron unos—. ¡Allá va el toro!

Pero otros, deslumbrados y atónitos, guardaron silencio, porque todo fue como un relámpago.

Desparramóse un tanto el grupo de la puerta. Una parte se agolpó sobre la cabeza y el cadáver palpitante del muchacho degollado por el lazo, manifestando horror en su atónito semblante, y la otra parte, compuesta de jinetes que no vieron la catástrofe, se escurrió en distintas direcciones en pos del toro, vociferando y gritando: "¡Allá va el toro! ¡Atajen! ¡Guarda! ¡Enlaza, Sietepelos! ¡Que te agarra, Botija! ¡Va furioso; no se le pongan delante! ¡Ataja, ataja, Morado! ¡Dale espuela al mancarrón! ¡Ya se metió en la calle sola! ¡Que lo ataje el diablo!"

El tropel y vocifería era infernal. Unas cuantas negras achuradoras, sentadas en hilera al borde del zanjón, oyendo el tumulto se acogieron y agazaparon entre las panzas y tripas que desenredaban y devanaban con la paciencia de Penélope[28], lo que sin duda

---

[27] *matambre* carne entre la piel y las costillas, muy apetecida entre los gauchos

[28] *Penélope* esposa de Ulises y símbolo de fidelidad y paciencia

las salvó, porque el animal lanzó al mirarlas un bufido aterrador, dio un brinco sesgado y siguió adelante perseguido por los jinetes. Cuentan que una de ellas se fue de cámaras; otra rezó diez salves en dos minutos, y dos prometieron a San Benito no volver jamás a aquellos malditos corrales y abandonar el oficio de achuradoras. No se sabe si cumplieron la promesa.

El toro, entretanto, tomó hacia la ciudad por una larga y angosta calle que parte de la punta más aguda del rectángulo anteriormente descripto, calle encerrada por una zanja y un cerco de tunas, que llaman *sola* por no tener más de dos casas laterales, y en cuyo aposado[29] centro había un profundo pantano que tomaba de zanja a zanja. Cierto inglés, de vuelta de su saladero, vadeaba este pantano a la sazón, paso a paso, en un caballo algo arisco, y, sin duda, iba tan absorto en sus cálculos que no oyó el tropel de jinetes ni la gritería sino cuando el toro arremetía el pantano. Azoróse de repente su caballo dando un brinco al sesgo y echó a correr, dejando al pobre hombre hundido media vara en el fango. Este accidente, sin embargo, no detuvo ni frenó la carrera de los perseguidores del toro, antes al contrario, soltando carcajadas sarcásticas: "Se amoló el gringo; levántate gringo" —exclamaron, cruzando el pantano, y amasando con barro bajo las patas de sus caballos su miserable cuerpo. Salió el gringo, como pudo, después a la orilla, más con la apariencia de un demonio tostado por las llamas del infierno que un hombre blanco pelirrubio. Más adelante, al grito de ¡al toro!, cuatro negras achuradoras que se retiraban con su presa, se zambulleron en la zanja llena de agua, único refugio que les quedaba.

El animal, entretanto, después de haber corrido unas 20 cuadras en distintas direcciones azorando con su presencia a todo viviente, se metió por la tranquera de una quinta, donde halló su perdición. Aunque cansado, manifestaba brío y colérico ceño; pero rodeábalo una zanja profunda y un tupido cerco de pitas, y no había escape. Juntáronse luego sus perseguidores que se hallaban desbandados, y resolvieron llevarlo en un señuelo de bueyes[30] para que expiase su atentado en el lugar mismo donde lo había cometido.

Una hora después de su fuga el toro estaba otra vez en el matadero, donde la poca chusma que había quedado no hablaba sino de sus fechorías. La aventura del gringo en el pantano, excitaba principalmente la risa y el sarcasmo. Del niño degollado por el lazo no quedaba sino un charco de sangre: su cadáver estaba en el cementerio.

Enlazaron muy luego por las astas al animal, que brincaba haciendo hincapié y lanzando roncos bramidos. Echáronle uno, dos, tres piales; pero infructuosos: al cuarto quedó prendido de una pata: su brío y su furia redoblaron; su lengua, estirándose convulsiva, arrojaba espuma, su nariz humo, sus ojos miradas encendidas.

—¡Desjarreten ese animal! —exclamó una voz imperiosa. Matasiete se tiró al punto del caballo, cortóle el garrón de una cuchillada y gambeteando en torno de él con su enorme daga en mano, se la hundió al cabo hasta el puño en la garganta, mostrándola en seguida humeante y roja a los espectadores. Brotó un torrente de la herida, exhaló algunos bramidos roncos, y cayó el soberbio animal entre los gritos de la chusma que proclamaba a Matasiete vencedor y le adjudicaba en premio el matambre. Matasiete extendió, como orgulloso, por segunda vez el brazo y el cuchillo ensangrentado, y

---

[29] *aposado*   anegado de agua

[30] *señuelo de bueyes*   grupo de bueyes mansos

se agachó a desollarlo con otros compañeros.

Faltaba que resolver la duda sobre los órganos genitales del muerto, clasificado provisoriamente de toro por su indomable fiereza; pero estaban todos tan fatigados de la larga tarea, que lo echaron por lo pronto en olvido. Mas de repente una voz ruda exclamó:

—Aquí están los huevos —sacando de la barriga del animal y mostrando a los espectadores dos enormes testículos, signo inequívoco de su dignidad de toro. La risa y la charla fue grande; todos los incidentes desgraciados pudieron fácilmente explicarse. Un toro en el matadero era cosa muy rara, y aun vedada. Aquél, según reglas de buena policía, debía arrojarse a los perros; pero había tanta escasez de carne y tantos hambrientos en la población que el señor Juez tuvo a bien hacer ojo lerdo[31].

En dos por tres estuvo desollado, descuartizado y colgado en la carreta el maldito toro. Matasiete colocó matambre bajo el pellón de su recado y se preparaba a partir. La matanza estaba concluida a las doce, y la poca chusma que había presenciado hasta el fin, se retiraba en grupos de a pie y de a caballo, o tirando a la cincha algunas carretas cargadas de carne.

Mas de repente la ronca voz de un carnicero gritó:

—¡Allí viene un unitario! —y al oír tan significativa palabra toda aquella chusma se detuvo como herida de una impresión subitánea.

—¿No le ven la patilla en forma de U? No trae divisa en el fraque ni luto en el sombrero[32].

—Perro unitario.

---

[31] *hacer ojo lerdo* pasar por alto
[32] *forma... sombrero* Bajo Rosas era costumbre entre sus enemigos rasurarse de esta forma, como no llevar la divisa obligatoria o el luto por la muerte de su esposa

—Es un cajetilla[33].

—Monta en silla como los gringos.

—La mazorca con él.

—¡La tijera!

—Es preciso sobarlo.

—Trae pistoleras por pintar[34].

—Todos estos cajetillas unitarios son pintores como el diablo.

—¿A que no te le animás, Matasiete?

—¿A que no?

—A que sí.

Matasiete era hombre de pocas palabras y de mucha acción. Tratándose de violencia, de agilidad, de destreza en el hacha, el cuchillo o el caballo, no hablaba y obraba. Lo habían picado: prendió la espuela a su caballo y se lanzó a brida suelta al encuentro del unitario.

Era éste un joven como de 25 años, de gallarda y bien apuesta persona, que mientras salían en borbotones de aquellas desaforadas bocas las anteriores exclamaciones, trotaba hacia Barracas, muy ajeno de temer peligro alguno. Notando, empero, las significativas miradas de aquel grupo de dogos de matadero, echa maquinalmente la diestra sobre las pistoleras de su silla inglesa, cuando una pechada al sesgo del caballo de Matasiete lo arroja de los lomos del suyo tendiéndolo a la distancia boca arriba y sin movimiento alguno.

—¡Viva Matasiete! —exclamó toda aquella chusma, cayendo en tropel sobre la víctima como los caranchos rapaces sobre la osamenta de un buey devorado por el tigre.

Atolondrado todavía el joven, fue, lanzando una mirada de fuego sobre aquellos hombres feroces, hacia su caballo que permanecía inmóvil no muy distante, a buscar en sus pistolas el desagravio y la venganza. Matasiete, dando un salto, le

---

[33] *cajetilla* city slicker
[34] *pintar* presumir

salió al encuentro y con fornido brazo asiéndolo de la corbata lo tendió en el suelo tirando al mismo tiempo la daga de la cintura y llevándola a su garganta.

Una tremenda carcajada y un nuevo viva estentóreo volvió a vitorearlo.

¡Qué nobleza de alma! ¡Qué bravura en los federales!, ¡siempre en pandillas cayendo como buitres sobre la víctima inerte!

—Degüéllalo, Matasiete; quiso sacar las pistolas. Degüéllalo como al toro.

—Pícaro unitario. Es preciso tusarlo[35].

—Tiene buen pescuezo para el violín.

—Mejor es la resbalosa.[36]

—Probaremos —dijo Matasiete, y empezó sonriendo a pasar el filo de su daga por la garganta del caído, mientras con la rodilla izquierda le comprimía el pecho y con la siniestra mano le sujetaba por los cabellos.

—No, no lo degüellen —exclamó de lejos la voz imponente del juez del matadero que se acercaba a caballo.

—A la casilla con él, a la casilla. Preparen la mazorca y las tijeras. ¡Mueran los salvajes unitarios! ¡Viva el Restaurador de las leyes!

—¡Viva Matasiete!

"¡Mueran!" "¡Vivan!" —repitieron en coro los espectadores, y atándolo codo con codo, entre moquetes y tirones, entre vociferaciones e injurias, arrastraron al infeliz joven al banco del tormento, como los sayones al Cristo.

La sala de la casilla tenía en su centro una grande y fornida mesa de la cual no salían los vasos de bebida y los naipes sino para dar lugar a las ejecuciones y torturas de los sayones federales del matadero.

Notábase además en un rincón otra mesa chica con recado de escribir y un cuaderno de apuntes y porción de sillas entre las que resaltaba un sillón de brazos destinado para el juez. Un hombre, soldado en apariencia, sentado en una de ellas, cantaba al son de la guitarra la resbalosa, tonada de inmensa popularidad entre los federales, cuando la chusma llegando en tropel al corredor de la casilla lanzó a empellones al joven unitario hacia el centro de la sala.

—A ti te toca la resbalosa —gritó uno.

—Encomienda tu alma al diablo.

—Está furioso como toro montaraz.

—Ya te amansará el palo.

—Es preciso sobarlo.

—Por ahora verga[37] y tijera.

—Si no, la vela[38].

—Mejor será la mazorca.

—Silencio y sentarse —exclamó el juez dejándose caer sobre un sillón. Todos obedecieron, mientras el joven, de pie, encarando al juez, exclamó con voz preñada de indignación:

—¡Infames sayones! ¿Qué intentan hacer de mí?

—¡Calma! —dijo sonriendo el juez—. No hay que encolerizarse. Ya lo verás.

El joven, en efecto, estaba fuera de sí de cólera. Todo su cuerpo parecía estar en convulsión. Su pálido y amoratado rostro, su voz, su labio trémulo, mostraban el movimiento convulsivo de su corazón, la agitación de sus nervios. Sus ojos de fuego parecían salirse de la órbita, su negro y lacio cabello se levantaba erizado. Su cuello desnudo y la pechera de su camisa dejaban entrever el latido violento de sus arterias y la respiración anhelante de sus pulmones.

—¿Tiemblas? —le dijo el juez.

---

[35] *tusarlo* atusarlo, cortarle el pelo

[36] *Mejor... resbalosa* Mejor es degollarlo. Estas líneas refieren a la costumbre de la mazorca de acabar con los enemigos de Rosas degollándolos.

[37] *verga* látigo

[38] *vela* El sentido de esta palabra es algo oscuro aquí; la chusma piensa quemarlo, sea para quemarle las barbas, sea para torturarlo.

—De rabia porque no puedo sofocarte entre mis brazos.

—¿Tendrías fuerza y valor para eso?

—Tengo de sobra voluntad y coraje para ti, infame.

—A ver las tijeras de tusar mi caballo: túsenlo a la federala.

Dos hombres le asieron, uno de la ligadura del brazo, otro de la cabeza y en un minuto cortáronle la patilla que poblaba toda su barba por bajo, con risa estrepitosa de sus espectadores.

—A ver —dijo el juez—, un vaso de agua para que se refresque.

—Uno de hiel te daría yo a beber, infame.

Un negro petiso[39] púsosele al punto delante con un vaso de agua en la mano. Diole el joven un puntapié en el brazo y el vaso fue a estrellarse en el techo, salpicando el asombrado rostro de los espectadores.

—Éste es incorregible.

—Ya lo domaremos.

—Silencio —dijo el juez—. Ya estás afeitado a la federala, sólo te falta el bigote. Cuidado con olvidarlo. Ahora vamos a cuenta. ¿Por qué no traes divisa?

—Porque no quiero.

—¿No sabes que lo manda el Restaurador?

—La librea es para vosotros, esclavos, no para los hombres libres.

—A los libres se les hace llevar a la fuerza.

—Sí, la fuerza y la violencia bestial. Ésas son vuestras armas, infames. ¡El lobo, el tigre, la pantera, también son fuertes como vosotros! Deberíais andar como ellos, en cuatro patas.

—¿No temes que el tigre te despedace?

—Lo prefiero a que maniatado me arranquen, como el cuervo, una a una las entrañas.

—¿Por qué no llevas luto en el sombrero por la heroína?

—Porque lo llevo en el corazón por la patria que vosotros habéis asesinado, infames.

—¿No sabes que así lo dispuso el Restaurador?

—Lo dispusisteis vosotros, esclavos, para lisonjear el orgullo de vuestro señor, y tributarle vasallaje infame.

—¡Insolente! Te has embravecido mucho. Te haré cortar la lengua si chistas. Abajo los calzones a ese mentecato cajetilla y a nalga pelada denle verga, bien atado sobre la mesa.

Apenas articuló esto el juez, cuatro sayones salpicados de sangre, suspendieron al joven y lo tendieron largo a largo sobre la mesa comprimiéndole todos sus miembros.

—Primero degollarme que desnudarme, infame canalla.

Atáronle un pañuelo a la boca y empezaron a tironear sus vestidos. Encogíase el joven, pateaba, hacía rechinar los dientes. Tomaban ora sus miembros la flexibilidad del junco, ora la dureza del fierro y su espina dorsal era el eje de un movimiento parecido al de la serpiente. Gotas de sudor fluían por su rostro, grandes como perlas; echaban fuego sus pupilas, su boca espuma, y las venas de su cuello y frente negreaban en relieve sobre su blanco cutis como si estuvieran repletas de sangre.

—Átenlo primero —exclamó el juez.

—Está rugiendo de rabia —articuló un sayón.

En un momento liaron sus piernas en ángulo a los cuatro pies de la mesa, volcando su cuerpo boca abajo. Era preciso hacer igual operación con las manos, para lo cual soltaron las ataduras que las comprimían

[39] *petiso* pequeño

en la espalda. Sintiéndolas libres el joven, por un movimiento brusco en el cual pareció agotarse toda su fuerza y vitalidad, se incorporó primero sobre sus brazos, después sobre sus rodillas y se desplomó al momento murmurando:

—Primero degollarme que desnudarme, infame canalla.

Sus fuerzas se habían agotado.

Inmediatamente quedó atado en cruz y empezaron la obra de desnudarlo. Entonces un torrente de sangre brotó borbolloneando de la boca y las narices del joven, y extendiéndose empezó a caer a chorros por entrambos lados de la mesa. Los sayones quedaron inmóviles y los espectadores estupefactos.

—Reventó de rabia el salvaje unitario —dijo uno.

—Tenía un río de sangre en las venas —articuló otro.

—Pobre diablo, queríamos únicamente divertirnos con él y tomó la cosa demasiado a lo serio —exclamó el juez frunciendo el ceño de tigre—. Es preciso dar parte; desátenlo y vamos.

Verificaron la orden; echaron llave a la puerta y en un momento se escurrió la chusma en pos del caballo del juez cabizbajo y taciturno.

Los federales habían dado fin a una de sus innumerables proezas.

En aquel tiempo los carniceros degolladores del matadero, eran los apóstoles que propagaban a verga y puñal la federación rosina, y no es difícil imaginarse qué federación saldría de sus cabezas y cuchillas. Llamaban ellos salvaje unitario, conforme a la jerga inventada por el Restaurador, patrón de la cofradía, a todo el que no era degollador, carnicero, ni salvaje, ni ladrón; a todo hombre decente y de corazón bien puesto, a todo patriota ilustrado amigo de las luces y de la libertad; y por el suceso anterior puede verse a las claras que el foco de la federación estaba en el matadero.

23 Domingo Faustino Sarmiento
(1811-1888)

Maestro, militar, proscrito político, periodista, senador, gobernador, Ministro Plenipotenciario a Estados Unidos (1865–1868), Presidente de la República Argentina (1868–1874), autodidacta y autor de cincuenta y dos tomos: tal es la vida hiperbólica de Domingo Faustino Sarmiento. En la vida particular era tan desbordante como en todo lo demás. Después del destierro en Chile, sirvió en el ejército del General Urquiza que derrocó a Rosas en la batalla de Caseros (1852), pero prefirió volver al extranjero cuando creyó ver en Urquiza semillas del caudillismo que había combatido, regresando a su patria en 1855. Sostuvo dos importantes polémicas con Andrés Bello sobre el idioma americano y el Romanticismo. En las dos, contra un Bello racional, clasicista, juicioso, encontramos un Sarmiento fogoso, desbordado. En vez del estilo correcto, sometido a ciertas normas centralizadas, prefería Sarmiento un idioma coloquial, idiomático; frente a las normas literarias, abogaba por una literatura libre, personal.

Estas características las vemos en sus escritos: un estilo espontáneo, vivo, lleno de color y de giros locales, pimentado por la ortografía romántica y rebelde. De la enorme masa de lo que escribió, se destacan sus *Viajes* (1849), *Campaña en el Ejército Grande* (1852), relato de sus experiencias en el ejército de Urquiza, y *Recuerdos de Provincia* (1850), autobiografía espontánea. Su obra maestra, y uno de los grandes libros de Hispanoamérica es *Civilización y Barbarie*, mejor conocido como *Facundo* (1845). Concebido como ataque a Rosas y análisis del sistema de los caudillos, *Facundo* es casi un compendio de la vida argentina a mediados del siglo pasado. Contrapone las figuras de Juan Facundo Quiroga y Juan Manuel de Rosas para analizar la sangrienta lucha interna, y profetiza la caída de éste. Influido por corrientes europeas, Sarmiento vio las causas de la turbulencia política argentina en el caudillaje y la hegemonía de las fuerzas rurales, gauchescas, la "barbarie" de su título, y la esperanza era la "civilización", el progreso. Pero *Facundo* no es un tratado de sociología ni un estudio histórico, aunque mucho tiene de las dos cosas. El estilo vivaz le confiere categoría de literatura; el retrato de las costumbres gauchescas, la exuberancia de las interpretaciones, llenas de intuiciones —y, a veces, de errores y falsificaciones— hacen de *Facundo* un libro de lectura apasionante.

Mucho de lo que hizo Sarmiento en su período presidencial se prefigura en *Facundo*: la creencia en el progreso mecánico, el estímulo de la inmigración y la europeización, la campaña contra el gaucho —a pesar de que Sarmiento lo admiraba profundamente como ser libre, lo odiaba como elemento político— el establecimiento de un sistema de enseñanza de primera categoría, la fundación de una escuela normal. No podemos escindir esta personalidad compleja y polémica; para comprender al autor de *Facundo*, debemos saber algo de Sarmiento el Presidente, y para entender cabalmente las reformas que llevó a cabo, es imprescindible conocer *Facundo*.

 *Facundo*

SEGUNDA PARTE

Capítulo III

La société du moyen âge était composée des débris de mille autres sociétés. Toutes les formes de liberté et servitude se rencontraient: la liberté monarchique du roi, la liberté individuelle du prêtre, la liberté privilégiée des villes, la liberté représentative de la nation, l'esclavage romain, la servage barbare, la servitude de l'aubain.[1]

CHATEAUBRIAND

[1] *La société... l'aubain* La sociedad de la Edad Media estaba compuesta de los restos de mil otras sociedades. Se encontraban todas las formas de la libertad y la servidumbre: la libertad monárquica del rey, la libertad individual del cura, la libertad privilegiada de las ciudades, la libertad representativa de la nación, la esclavitud romana, la sujeción bárbara, la servidumbre del extranjero

De Domingo Faustino Sarmiento, *Facundo* (Madrid, *sin fecha*).

Facundo posee La Rioja[2] como árbitro dueño absoluto; no hay más voz que la suya, más interés que el suyo. Como no hay letras, no hay opiniones; y como no hay opiniones diversas, La Rioja es una máquina de guerra que irá adonde la lleven. Hasta aquí Facundo nada ha hecho de nuevo, sin embargo; esto era lo mismo que habían hecho el doctor Francia, Ibarra, López, Bustos; lo que habían intentado Güemes y Araoz[3] en el Norte: destruir todo el derecho para hacer valer el suyo propio. Pero un mundo de ideas, de intereses contradictorios se agitaba fuera de La Rioja, y el rumor lejano de las discusiones de la Prensa y de los partidos llegaba hasta su residencia en los Llanos. Por otra parte, él no había podido elevarse sin que el ruido que hacía el edificio de la civilización que destruía no se oyese a la distancia y los pueblos vecinos no fijasen en él sus miradas. Su nombre había pasado los límites de La Rioja; Rivadavia[4] lo invitaba a contribuir a la organización de la República; Bustos y López, a oponerse a ella; el Gobierno de San Juan se preciaba de contarlo entre sus amigos, y hombres desconocidos venían a los Llanos a saludarlo y pedirle apoyo para sostener éste o el otro partido. Presentaba la República Argentina en aquella época un cuadro animado e interesante. Todos los intereses, todas las ideas, todas las pasiones se habían dado cita para agitarse y meter ruido. Aquí un caudillo que no quería nada con el resto de la República; allí un pueblo que nada más pedía que salir de su aislamiento; allá un Gobierno que transportaba la Europa a la América; acullá otro que odiaba hasta el nombre de civilización; en unas partes se rehabilitaba el Santo Tribunal de la Inquisición; en otras se declaraba la libertad de las conciencias como el primero de los derechos del hombre; unos gritaban "Federación", otros "Gobierno central". Cada una de estas diversas fases tenía intereses y pasiones fuertes, invencibles en su apoyo. Yo necesito aclarar un poco este caos para mostrar el papel que tocó desempeñar a Quiroga, y la grande obra que debió realizar. Para pintar el comandante de campaña que se apodera de la ciudad y la aniquila al fin, he necesitado describir el suelo argentino, los hábitos que engendra, los caracteres que desenvuelve. Ahora, para mostrar a Quiroga saliendo ya de su provincia y proclamando un principio, una idea, y llevándola a todas partes en la punta de las lanzas, necesito también trazar la carta geográfica de las ideas y de los intereses que se agitaban en las ciudades. Para este fin necesito examinar dos ciudades, en cada una de las cuales predominaban las ideas opuestas: Córdoba y Buenos Aires, tales como existían hasta 1825.

Córdoba era, no diré la ciudad más coqueta de la América, porque se ofendería de ello su gravedad española, pero sí una de las ciudades más bonitas del continente. Sita en una hondonada que forma un terreno elevado, llamado *Los Altos*, se ha visto forzada a replegarse sobre sí misma, a estrechar y reunir sus regulares edificios de ladrillo. El cielo es purísimo; el invierno, seco y tónico; el verano, ardiente y tormentoso. Hacia el Oriente tiene un bellísimo paseo de formas caprichosas, de un golpe de vista[5] mágico. Consiste en un estanque de agua encuadrado en una vereda espaciosa, que sombrean sauces añosos y colosales.

[2] *La Rioja*   provincia argentina
[3] *Francia... Araoz*   dictadores y caudillos
[4] *Rivadavia* Bernardino Rivadavia (1780–1845), líder unitario y Presidente de la República (1826–1827), quien fue derrocado por una reacción conservadora

[5] *golpe de vista*   aspecto

Cada costado es de una cuadra de largo, encerrado bajo una reja de hierro de cuatro varas de alto, con enormes puertas a los cuatro costados, de manera que el paseo es una prisión encantada en que se dan vueltas siempre en torno de un vistoso cenador de arquitectura griega, que está inmóvil en el centro del fingido lago. En la plaza principal está la magnífica catedral de orden romano con su enorme cúpula recortada en arabescos, único modelo que yo sepa que haya en la América del Sur de la arquitectura de la Edad Media. A una cuadra está el templo y convento de la Compañía de Jesús, en cuyo presbiterio hay una trampa que da entrada a subterráneos que se extienden por debajo de la ciudad y van a parar no se sabe todavía adónde; también se han encontrado los calabozos en que la Sociedad sepultaba vivos a sus reos. Si queréis, pues, conocer monumentos de la Edad Media y examinar el poder, las formas de aquella célebre Orden, id a Córdoba, donde estuvo uno de sus grandes establecimientos centrales de América.

En cada cuadra de la sucinta ciudad hay un soberbio convento, un monasterio, o una casa de beatas o de ejercicios. Cada familia tenía entonces un clérigo, un fraile, una monja o un corista; los pobres se contentaban con poder contar entre los suyos un belermita[6], un motilón[7], un sacristán o un monaguillo[8].

Cada convento y monasterio tenía una ranchería contigua, en que estaban reproduciéndose ochocientos esclavos de la Orden, negros, zambos, mulatos y mulatillas

de ojos azules, rubias, rozagantes, de piernas bruñidas como el mármol; verdaderas circasianas[9] dotadas de todas las gracias, con una dentadura de origen africano, que servía de cebo a las pasiones humanas, todo para mayor honra y provecho del convento a que estas huríes pertenecían.

Andando un poco en la visita que hacemos, se encuentra la célebre Universidad de Córdoba, fundada nada menos que el año de 1613, y en cuyos claustros sombríos han pasado su juventud ocho generaciones de doctores en ambos Derechos, ergotistas[10] insignes, comentadores y casuístas. Oigamos al célebre deán Funes[11] describir la enseñanza y espíritu de esta famosa Universidad que ha provisto durante dos siglos de teólogos y doctores a una gran parte de la América: "El curso teológico duraba cinco años y medio... La teología participaba de la corrupción de los estudios filosóficos. Aplicaba la filosofía de Aristóteles a la teología, formaba una mezcla de profano y espiritual. Razonamientos puramente humanos, sutilezas, sofismas engañosos, cuestiones frívolas e impertinentes, esto fue lo que vino a formar el gusto dominante de estas escuelas." Si queréis penetrar un poco más en el espíritu de libertad que daría esta instrucción, oíd al deán Funes todavía: "Esta Universidad nació y se creó exclusivamente en manos de los jesuitas, quienes la establecieron en su colegio llamado Máximo, de la ciudad de Córdoba." Muy distinguidos abogados han salido de allí, pero literatos ninguno que no haya ido a rehacer su educación en Buenos Aires y con los libros europeos.

Esta ciudad docta no ha tenido hasta

---

[6] *belermita* miembro de una orden religiosa fundada en Guatemala en el siglo XVII. Es también posible que "belermita" sea una equivocación por "belemita", palabra comúnmente empleada para señalar a los educados en colegios religiosos.

[7] *motilón* hermano lego de convento

[8] *monaguillo* acólito

[9] *circasianas* mujeres de Circasia (Caucasia), de hermosura proverbial

[10] *ergotistas* se refiere a los que discutían empleando el sistema escolástico; del latín *ergo* (pues, por eso)

[11] *Funes* Gregorio Funes (1740–1830), sacerdote e historiador argentino

hoy teatro público, no conoció la ópera, no tiene aún diarios; y la imprenta es una industria que no ha podido arraigarse allí. El espíritu de Córdoba hasta 1829 es monacal y escolástico; la conversación de los estrados rueda siempre sobre las procesiones, las fiestas de los santos, sobre exámenes universitarios, profesión de monjas, recepción de las borlas de doctor.

Hasta dónde puede esto influir en el espíritu de un pueblo ocupado de estas ideas durante dos siglos, no puede decirse; pero algo debe influir, porque, ya lo veis, el habitante de Córdoba tiende los ojos en torno suyo y no ve el espacio; el horizonte está a cuatro cuadras de la plaza; sale por las tardes a pasearse, y en lugar de ir y venir por una calle de álamos, espaciosa y larga como la Cañada de Santiago, que ensancha el ánimo y lo vivifica, da vueltas en torno de un lago artificial de agua sin movimiento, sin vida, en cuyo centro está un cenador de formas majestuosas, pero inmóvil, estacionario. La ciudad es un claustro encerrado entre barrancas, el paseo es un claustro con verjas de hierro; cada manzana tiene un claustro de monjas o frailes; la Universidad es un claustro en que todos llevan sotana, manteo; la legislación que se enseña, la teología; toda la ciencia escolástica de la Edad Media es un claustro en que se encierra y parapeta la inteligencia contra todo lo que salga del texto y del comentario. Córdoba no sabe que exista en la tierra otra cosa que Córdoba; ha oído, es verdad, decir que Buenos Aires está por ahí; pero si lo cree, lo que no sucede siempre pregunta: "¿Tiene Universidad? Pero será de ayer[12]; veamos: ¿cuántos conventos tiene? ¿Tiene paseo como éste? Entonces, eso no es nada..."

"¿Por qué autor estudian ustedes

legislación allá?," preguntaba el grave doctor Jigena a un joven de Buenos Aires. "Por Bentham[13]." "¿Por quién dice usted? ¿Por Benthancito? —señalando con el dedo el tamaño del volumen en dozavo en que anda la edición de Bentham—. ¡Ja! ¡Ja! ¡Ja...! ¡Por Benthancito! En un escrito mío hay más doctrina que en esos mamotretos. ¡Qué Universidad y qué doctorzuelos!" "¿Y ustedes por quién enseñan?" "¡Oh! ¡El cardenal de Luca[14]...! ¿Qué dice usted? ¡Diez y siete volúmenes en folio...!"

Es verdad que el viajero que se acerca a Córdoba busca y no encuentra en el horizonte la ciudad santa, la ciudad mística, la ciudad con capelo y borlas de doctor. Al fin, el arriero le dice: "Vea, ahí..., abajo..., entre los pastos..." Y, en efecto, fijando la vista en el suelo y a corta distancia, vense asomar una, dos, tres, diez cruces seguidas de cúpulas y torres de los muchos templos que decoran esta Pompeya de la España de la Edad Media.

Por lo demás, el pueblo de la ciudad, compuesto de artesanos, participa del espíritu de las clases altas; el maestro zapatero se daba los aires de doctor en zapatería, y os enderezaba un texto latino al tomaros gravemente la medida; el "ergo" andaba por las cocinas, en boca de los mendigos y locos de la ciudad, y toda disputa entre ganapanes tomaba el tono y forma de las conclusiones. Añádase que durante toda la revolución Córdoba ha sido el asilo de los españoles, en todas las demás partes maltratados. Estaban allí como en casa. ¿Qué mella haría la revolución de 1810 en un pueblo educado por los jesuitas y enclaus-

[12] *será de ayer* no será tan moderna y buena como la de Córdoba

[13] *Bentham* Jeremy Bentham (1748-1832), filósofo científico inglés, fundador del "utilitarismo", que abogaba por "the greatest good of the greatest number"
[14] *Luca* Giambattista Cardenal de Luca (1614-1683), autor de un voluminoso compendio de derecho civil, canónico y feudal

trado por la Naturaleza, la educación y el arte? ¿Qué asidero encontrarían las ideas revolucionarias, hijas de Rousseau, Mably, Raynal y Voltaire[15], si, por fortuna, atravesaban la pampa para descender a la catacumba española, en aquellas cabezas disciplinadas por el peripato[16] para hacer frente a toda idea nueva, en aquellas inteligencias que, como su paseo, tenían una idea inmóvil en el centro, rodeada de un lago de aguas muertas que estorbaba penetrar hasta ella?

Hacia los años de 1816, el ilustrado y liberal deán Funes logró introducir en aquella antigua Universidad los estudios hasta entonces tan despreciados: Matemáticas, Idiomas vivos, Derecho público, Física, Dibujo y Música. La juventud cordobesa empezó desde entonces a encaminar sus ideas por nuevas vías, y no tardó mucho en sentirse los efectos, de lo que trataremos en otra parte, porque, por ahora, sólo caracterizo el espíritu maduro, tradicional, que era el que predominaba.

La revolución de 1810 encontró en Córdoba un oído cerrado, al mismo tiempo que las provincias todas respondían a un tiempo: "¡A las armas! ¡A la libertad!" En Córdoba empezó Liniers a levantar ejércitos para que fuesen a Buenos Aires a ajusticiar[17] la revolución; a Córdoba mandó la Junta uno de los suyos y sus tropas a decapitar a la España. Córdoba, en fin, ofendida del ultraje y esperando venganza y reparación, escribió con la mano docta de la Universidad, y en el idioma del breviario y los comentadores, aquel célebre anagrama[18]

que señalaba al pasajero la tumba de los primeros realistas sacrificados en los altares de la patria:

Concha

Liniers

Allende

Moreno

Orellana

Rodríguez

¡Ya lo veis, Córdoba protesta y clama al cielo contra la revolución de 1810!

En 1820 un ejército se subleva en Arequito, y su jefe, cordobés, abandona el pabellón de la patria y se establece pacíficamente en Córdoba, que no ha tomado parte en la revolución y que se goza en haberle arrebatado un ejército. Bustos crea un Gobierno español sin responsabilidad; introduce la etiqueta de Corte, el quietismo secular de la España, y así preparada, llega Córdoba al año 25, en que se trata de organizar la República y constituir la revolución y sus consecuencias.

Examinemos ahora a Buenos Aires. Durante mucho tiempo lucha con los indígenas que la barren de la haz de la tierra; vuelve a levantarse; cae en seguida, hasta que por los años 1620 se levanta ya en el mapa de los dominios españoles lo suficiente para elevarla a capitanía general[19], separándola de la del Paraguay, a que hasta entonces estaba sometida. En 1777 era Buenos Aires ya muy visible, tanto, que fue necesario rehacer la geografía administrativa de las colonias para ponerla al frente de un virreinato creado exprofeso[20] para ella.

En 1806 el ojo especulador de la Inglaterra recorre el mapa americano, y sólo

---

[15] *Rousseau... Voltaire* escritores y filósofos franceses del siglo XVIII; tienen en común el rechazo de las instituciones imperantes y la exaltación del valor del indivuo

[16] *peripato* filosofía escolástica, llamada así porque se basaba en el pensamiento de Aristóteles, quien, según la leyenda, enseñaba mientras caminaba

[17] *ajusticiar* poner fin a

[18] *anagrama* Sarmiento confundió el anagrama y el acrónimo.

[19] *capitanía general* división administrativa colonial

[20] *exprofeso* especialmente

ve a Buenos Aires, su río, su porvenir. En 1810 Buenos Aires pulula de revolucionarios avezados en todas las doctrinas antiespañolas, francesas, europeas. ¿Qué movimiento de ascensión se ha estado operando en la ribera occidental del Río de la Plata? La España colonizadora no era ni comerciante ni navegante; el Río de la Plata era para ella poca cosa; la España *oficial* miró con desdén una playa y un río. Andando el tiempo, el río había depuesto su sedimento de riquezas sobre esa playa; pero muy poco del espíritu español, del gobierno español. La actividad del comercio había traído el espíritu y las ideas generales de Europa; los buques que frecuentaban sus aguas traían libros de todas partes y noticias de todos los acontecimientos políticos del mundo. Nótese que la España no tenía otra ciudad comerciante en el Atlántico.

La guerra con los ingleses[21] aceleró el movimiento de los ánimos hacia la emancipación y despertó el sentimiento de la propia importancia. Buenos Aires es un niño que vence a un gigante, se enfatúa, se cree un héroe y se aventura a cosas mayores.

Llevada de este sentimiento de la propia suficiencia, inicia la revolución con una audacia sin ejemplo; la lleva por todas partes, se cree encargada de lo alto de la realización de una grande obra. El *Contrato Social*[22] vuela de mano en mano; Mably y Raynal son los oráculos de la Prensa;

Robespierre[23] y la Convención[24], los modelos. Buenos Aires se cree una continuación de la Europa, y si no confiesa francamente que es francesa y norteamericana en su espíritu y tendencias, niega su origen español, porque el Gobierno español, dice, la ha recogido después de adulta. Con la revolución vienen los ejércitos y la gloria, los triunfos y los reveses, las revueltas y las sediciones.

Pero Buenos Aires, en medio de todos estos vaivenes, muestra la fuerza revolucionaria de que está dotada. Bolívar es todo. Venezuela es la peana[25] de aquella colosal figura; Buenos Aires es una ciudad entera de revolucionarios; Belgrano, Rondeau, San Martín, Alvear[26] y los cien generales que mandan sus ejércitos, son sus instrumentos, sus brasos, no su cabeza ni su cuerpo. En la República Argentina no puede decirse: "El general tal libertó el país", sino "la Junta, el Directorio, el Congreso, el Gobierno, de tal o tal época, mandó al general tal que hiciese tal cosa", etc. El contacto con los europeos de todas las naciones es mayor aún desde los principios que en ninguna parte del continente hispanoamericano; *la desespañolización y la europeificación* se efectúan en diez años de un modo radical, sólo en Buenos Aires se entiende.

No hay más que tomar una lista de vecinos de Buenos Aires para ver cómo abundan en los hijos del país los apellidos ingleses, franceses, alemanes, italianos. El año 1820 se empieza a organizar la sociedad según las nuevas ideas de que está impregnada, y el movimiento continúa hasta que

---

[21] *guerra... ingleses* Históricamente, hasta entrado el siglo XX, la Argentina tenía estrechos vínculos con Inglaterra, aunque a veces estos vínculos no fuesen del todo amistosos. En 1806 los ingleses invadieron la Argentina, pero fueron rechazados sin que las fuerzas argentinas recibieran ayuda de España, lo cual fortaleció el espíritu de independencia. En 1830 Inglaterra se apoderó de las Islas Falkland, todavía reclamadas por la Argentina.

[22] *Contrato Social* obra principal de Rousseau; sostiene que el gobierno tiene sus orígenes en un acuerdo entre los ciudadanos y los que gobiernan

[23] *Robespierre* Maximilien Robespierre (1758–1794), líder de la Revolución Francesa

[24] *Convención* asamblea revolucionaria francesa, 1792–1795

[25] *peana* base de una estatua

[26] *Belgrano... Alvear* figuras importantes del movimiento independentista argentino

Rivadavia se pone a la cabeza del Gobierno.

Hasta este momento Rodríguez y Las Heras[27] han estado echando los cimientos ordinarios de los Gobiernos libres. Ley de olvido[28], seguridad individual, respeto a la propiedad, responsabilidad de la autoridad, equilibrio de los Poderes, educación pública, todo, en fin, se cimenta y constituye pacíficamente. Rivadavia viene de Europa, se trae a la Europa; más todavía, desprecia a la Europa; Buenos Aires, y por supuesto decían, la República Argentina, realizará lo que la Francia republicana no ha podido, lo que la aristocracia inglesa no quiere, lo que la Europa despotizada echa de menos. Ésta no era una ilusión de Rivadavia; era el pensamiento general de la *ciudad*, era su espíritu y su tendencia.

El más o el menos en las pretensiones dividía los partidos, pero no ideas antagónicas en el fondo. ¿Y qué otra cosa había de suceder en un pueblo que sólo en catorce años había escarmentado a la Inglaterra, correteado la mitad del continente, equipado diez ejércitos, dado cien batallas campales, vencido en todas partes, mezcládose en todos los acontecimientos, violado todas las tradiciones, ensayado todas las teorías, aventurándolo todo, y salido bien en todo; que vivía, se enriquecía, se civilizaba? ¿Qué había de suceder cuando las teorías de Gobierno, la fe política que le había dado la Europa, estaba plagada de errores, de teorías absurdas y engañosas, de malos principios; porque sus políticos no tenían obligación de saber más que los grandes hombres de la Europa, que hasta entonces no sabían nada de materia de organización política? Éste es un hecho grave que quiero hacer notar. Hoy los estudios sobre las Constituciones, las razas, las creencias, la Historia, en fin,

han hecho vulgares ciertos conocimientos prácticos que nos aleccionan contra el brillo de las teorías concebidas *a priori*; pero antes de 1820 nada de esto había trascendido por el mundo europeo.

Con las paradojas del *Contrato Social* se sublevó la Francia; Buenos Aires hizo lo mismo; Voltaire había desacreditado al cristianismo, se desacreditó también en Buenos Aires; Montesquieu distinguió tres poderes, y al punto[29] tres poderes tuvimos nosotros; Benjamín Constant y Bentham anulaban al ejecutivo, nulo de nacimiento se le constituyó allí; Smith y Say predicaban el comercio libre, libre el comercio, se repitió. Buenos Aires confesaba y creía todo lo que el mundo sabio de Europa creía y confesaba. Sólo después de la revolución de 1830 en Francia y de sus resultados incompletos, las ciencias sociales toman nueva dirección, y se comienzan a desvanecer las ilusiones.

Desde entonces empiezan a llegarnos libros europeos que nos demuestran que Voltaire no tenía mucha razón, que Rousseau era un sofista, que Mably y Raynal unos anárquicos, que no hay tres poderes, ni contrato social, etc., etc. Desde entonces sabemos algo de razas, de tendencias, de hábitos nacionales, de antecedentes históricos. Tocqueville nos revela por la primera vez el secreto de Norteamérica; Sismondi nos descubre el vacío de las Constituciones; Thierry, Michelet y Guizot, el espíritu de la Historia; la revolución de 1830, toda la decepción del constitucionalismo de Benjamín Constant; la revolución española[30], todo lo que hay de incompleto y atrasado en nuestra raza, ¿de qué culpan, pues, a Rivadavia y a Buenos Aires? ¿De no

[27] *Las Heras* Juan Gregorio de las Heras (1780–1866), general argentino
[28] *Ley de olvido* amnistía

[29] *al punto* inmediatamente
[30] *revolución española* Parece referirse a la revolución liberal de 1820, contra el gobierno represivo de Fernando VII. Puso fin al gobierno liberal la intervención francesa de 1823 y Fernando fue restaurado.

tener más saber que los sabios europeos que los extraviaban? Por otra parte, ¿cómo no abrazar con ardor las ideas generales el pueblo que había contribuido tanto y con tan buen suceso a generalizar la revolución? ¿Cómo ponerle rienda al vuelo de la fantasía del habitante de una llanura sin límites, dando frente a un río sin ribera opuesta, a un peso de la Europa, sin conciencia de sus propias tradiciones, sin tenerlas en realidad; pueblo nuevo, improvisado, y que desde la cuna se oye saludar pueblo grande? *¡Al gran pueblo argentino, salud!*

Porque estas palabras que nuestra canción nacional recuerda, y con las que se nos ha mecido desde la cuna, no las inventó la vanidad del autor; las tomó de Pradt y de la Prensa de Europa, de las gacetas y comunicaciones oficiales de los demás Estados americanos. Todos le llamaban grande, todos se habían complotado a impulsarlo a las grandes cosas.

Así educada, mimada hasta entonces por la fortuna, Buenos Aires se entregó a la obra de constituirse ella y la República, como se había entregado a la de libertarse ella y la América, con decisión, sin medios términos, sin contemporización con los obstáculos. Rivadavia era la encarnación viva de ese espíritu poético, grandioso, que dominaba la sociedad entera. Rivadavia, pues, continuaba la obra de Las Heras en el ancho molde en que debía vaciarse un gran Estado americano, una República. Traía sabios europeos para la Prensa y las cátedras, colonias para los desiertos, naves para los ríos, intereses y libertad para todas las creencias, crédito y Banco Nacional para impulsar la industria; todas las grandes teorías sociales de la época para modelar su Gobierno; la Europa, en fin, a vaciarla de golpe en la América y realizar en diez años la obra que antes necesitara el transcurso de siglos. ¿Era quimérico este proyecto?

Protesto que no. Todas sus creaciones subsisten, salvo las que la barbarie de Rosas halló incómodas para sus atentados.

La libertad de cultos, que el alto clero de Buenos Aires apoyó, no ha sido restringida; la población europea se disemina por las estancias, y toma las armas de *motu proprio*[31] para romper con el único obstáculo que la priva de las bendiciones que le ofreciera aquel suelo; los ríos están pidiendo a gritos que se rompan las cataratas oficiales[32] que les estorban ser navegados, y el Banco Nacional es una institución tan hondamente arraigada, que él ha salvado la sociedad de la miseria a que le había conducido el tirano.

Sobre todo, por fantástico y extemporáneo que fuese aquel gran sistema a que se encaminan y precipitan todos los pueblos americanos, ahora por lo menos ligero y tolerable para los pueblos, y por más que los hombres sin conciencia lo vociferen todos los días, Rivadavia nunca derramó una gota de sangre, ni destruyó la propiedad de nadie, y de la presidencia fastuosa descendió voluntariamente a la pobreza noble y humilde del proscrito. Rosas, que tanto lo calumnia, se ahogaría en el lago que podría formar toda la sangre que ha derramado, y los cuarenta millones de pesos fuertes del Tesoro nacional y los cincuenta de fortunas particulares que ha consumido en diez años para sostener la guerra formidable que sus brutalidades ha encendido, en manos del *fatuo*, del *iluso* Rivadavia, se habrían convertido en canales de navegación, ciudades edificadas y grandes y multiplicados establecimientos de utilidad pública.

Que le quede, pues, a este hombre, ya inútil para su patria, la gloria de haber representado la civilización europea en sus más nobles aspiraciones, y que sus ad-

---

[31] *motu proprio* (latín) propio impulso
[32] *cataratas oficiales* red tape

versarios cobren la suya de mostrar la barbarie americana en sus formas más odiosas y repugnantes; porque Rosas y Rivadavia son los dos extremos de la República Argentina, que se liga a los salvajes por la pampa y a la Europa por el Plata.

No es el elogio, sino la apoteosis la que hago de Rivadavia y su partido, que han muerto para la República Argentina como elemento político, no obstante que Rosas se obstine suspicazmente en llamar unitarios a sus actuales enemigos. El antiguo partido unitario, como el de la Gironda[33], sucumbió hace muchos años. Pero en medio de sus desaciertos y sus ilusiones fantásticas tenía tanto de noble y grande, que la generación que le sucede le debe los más pomposos honores fúnebres.

Muchos de aquellos hombres quedan aún entre nosotros, pero no ya como partido organizado; son las momias[34] de la República Argentina, tan venerables y nobles como las del Imperio de Napoleón. Estos unitarios del año 25 forman un tipo separado, que nosotros sabemos distinguir por la figura, por los modales, por el tono de la voz y por las ideas. Me parece que entre cien argentinos reunidos yo diría: éste es *unitario*. El unitario tipo marcha derecho, la cabeza alta; no da vuelta aunque sienta desplomarse un edificio; habla con arrogancia; completa la frase con gestos desdeñosos y ademanes concluyentes; tiene ideas fijas, invariables; y a la víspera de una batalla se ocupará todavía de discutir en toda forma un reglamento o de establecer una nueva formalidad legal; porque las

fórmulas legales son el culto exterior que rinde a sus ídolos: la Constitución, las garantías individuales.

Su religión es el porvenir de la República, cuya imagen colosal, indefinible, pero grandiosa y sublime, se le aparece a todas horas cubierta con el manto de las pasadas glorias y no le deja ocuparse de los hechos que presencia. Estoy seguro de que el arma de cada unitario degollado por Rosas ha abandonado el cuerpo desdeñando al verdugo que lo asesina y aun sin creer que la cosa ha sucedido. Es imposible imaginarse una generación más razonadora, más *deductiva*, más emprendedora, y que haya carecido en más alto grado de sentido práctico. Llega la noticia de un triunfo de sus enemigos; todos lo repiten, el parte oficial lo detalla, los dispersos vienen heridos. Un *unitario* no cree en tal triunfo, y se funda en razones tan concluyentes que os hacen dudar de lo que vuestros ojos están viendo. Tiene tal fe en la superioridad de su causa, y tanta constancia y abnegación para consagrarle su vida, que el destierro, la pobreza ni el lapso de los años entibiarán en un ápice su ardor.

En cuanto a temple de alma y energía, son infinitamente superiores a la generación que les ha sucedido. Sobre todo, lo que más los distingue de nosotros son sus modales finos, su política ceremoniosa y sus ademanes pomposamente cultos. En los estrados no tienen rival, y no obstante que ya están desmontados por la edad, son más galanes, más bulliciosos y alegres con las damas que no lo son sus hijos.

Hoy día las formas se descuidan entre nosotros a medida que el movimiento democrático se hace más pronunciado, y no es fácil darse idea de la cultura y refinamiento de la Sociedad en Buenos Aires hasta 1828. Todos los europeos que arribaban, creían hallarse en Europa, en los salones de

---

[33] *Gironda* partido de republicanos moderados de la primera época de la Revolución Francesa, muertos en el cadalso por oponerse a los excesos revolucionarios

[34] *momias* referencia al regreso a Francia en 1840 del cuerpo preservado de Napoleón. Sarmiento sugiere que los sobrevivientes del unitarismo temprano no tienen vigencia ni papel en el momento político que describe.

París; nada faltaba, ni aun la petulancia francesa, que se dejaba notar entonces en el elegante de Buenos Aires.

Me he detenido en estos pormenores para caracterizar la época en que se trataba de constituir la República, y los elementos diversos que se estaban combatiendo. Córdoba, española por educación literaria y religiosa, estacionaria y hostil a las innovaciones revolucionarias, y Buenos Aires, todo novedad, todo revolución y movimiento, son las dos fases prominentes de los partidos que dividían las ciudades todas, en cada una de las cuales estaban luchando estos dos elementos diversos que hay en todos los pueblos cultos.

No sé si en América se presenta un fenómeno igual a éste; es decir, dos partidos, retrógrado y revolucionario, conservador y progresista, representados altamente cada uno por una ciudad civilizada de diverso modo, alimentándose cada una de ideas de fuentes distintas: Córdoba, de la España, los concilios[35], los comentadores[36], el Digesto[37]; Buenos Aires, de Bentham, Rousseau, Montesquieu y la literatura francesa entera.

A estos elementos de antagonismo se añadía otra causa no menos grave: tal era el aflojamiento de todo vínculo nacional, producido por la revolución de la independencia. Cuando la autoridad es sacada de un centro para fundarla en otra parte, pasa mucho tiempo antes de echar raíces. *El Republicano* decía el otro día que "la autoridad no es más que un convenio entre gobernantes y gobernados". ¡Aquí hay muchos *unitarios* todavía! La autoridad se funda en el asentimiento indeliberado que una nación da a un hecho permanente. Donde

hay deliberación y voluntad no hay autoridad. Aquel estado de transición se llama *federalismo*; y después de toda revolución y cambio consiguiente de autoridad, todas las naciones tienen sus días y sus intentos de *federación*.

Me explicaré. Arrebatado a la España Fernando VII, la autoridad, aquel hecho permanente, deja de ser, y la España se reúne en juntas provinciales que niegan la autoridad a los que gobiernan en nombre del rey.[38] Esto es *federación de la España*. Llega la noticia a la América y se desprende de la España, separándose en varias secciones: *federación de la América*.

Del virreinato de Buenos Aires salen al fin de la lucha cuatro Estados: Bolivia, Paraguay, Banda Oriental[39] y República Argentina: *federación del virreinato*.

La República se divide en provincias, no por las antiguas intendencias, sino por ciudades: *federación de las ciudades*.

No es que la palabra *federación* signifique separación, sino que, dada la separación previa, expresa la unión de partes distintas. La República Argentina se hallaba en esta crisis social, y muchos hombres notables y bien intencionados de las *ciudades* creían que es posible hacer *federaciones* cada vez que un hombre o un pueblo se sienten sin respeto por una autoridad nominal y de puro convenio. Así, pues, había esta otra manzana de discordia en la República, y los

---

[35] *concilios* asambleas de obispos para resolver asuntos de dogma y doctrina
[36] *comentadores* comentaristas a las obras teológicas
[37] *Digesto* recopilación del derecho romano, base del sistema jurídico español

[38] *Arrebatando... rey* El Rey Carlos IV (1748–1819) abdicó en favor de su hijo Fernando VII (1784–1833) como resultado de las conspiraciones de éste. Después Napoleón embaucó a los dos para entregar el trono a su hermano José. En 1813 devolvió la corona a Fernando, quien desde entonces se mostró defensor del absolutismo. Durante el momento cuando Carlos conspiraba con Napoleón para quitarle el trono a Fernando, éste se marchó a Francia, y en esa época hubo revueltas, y diversas partes del país desconocieron el poder real, llegando en varios casos a la autonomía.
[39] *Banda Oriental* nombre antiguo del Uruguay

partidos, después de haberse llamado realistas y patriotas, congresistas y ejecutivistas, pelucones y liberales, concluyeron por llamarse federales y unitarios. Miento, que no concluye aún la fiesta, que a don Juan Manuel Rosas se le ha antojado llamar a sus enemigos presentes y futuros *salvajes, inmundos, unitarios*, y uno nacerá *salvaje* estereotipado allí dentro de veinte años, como son federales hoy todos los que llevan la carátula que él les ha puesto. ¡Cómo se reirá en sus adentros ese miserable de la imbecilidad de los pueblos!

Pero la República argentina está geográficamente constituida de tal manera, que ha de ser unitaria siempre, *aunque el rótulo de la botella* diga lo contrario. Su llanura continua, sus ríos confluentes a un puerto único, la hacen fatalmente una e indivisible. Rivadavia, más conocedor de las necesidades del país, aconsejaba a los pueblos que se uniesen bajo una constitución común, haciendo nacional el puerto de Buenos Aires.[40] Agüero, su eco en el Congreso, decía a los porteños con su acento magistral y unitario: "Demos voluntariamente a los pueblos lo que más tarde nos reclamarán con las armas en la mano." El pronóstico falló por una palabra. Los pueblos no reclamaron de Buenos Aires el puerto con las armas, sino con la *barbarie*, que le mandaron en Facundo y Rosas. Pero Buenos Aires se quedó con la barbarie y el puerto, que sólo a Rosas ha servido y no a las provincias. De manera que Buenos Aires y las provincias se han hecho el mal mutuamente sin reportar ninguna ventaja.

Todos estos antecedentes he necesitado

establecer para continuar con la vida de Juan Facundo Quiroga, porque, aunque parezca ridículo decirlo, Facundo es el rival de Rivadavia. Todo lo demás es transitorio, intermediario y de poco momento; el partido federal de las ciudades era un eslabón que se ligaba al partido bárbaro de las campañas. La República era solicitada por dos fuerzas unitarias: una que partía de Buenos Aires y se apoyaba en los liberales del interior; otra que partía de las campañas y se apoyaba en los caudillos que ya habían logrado dominar las ciudades; la una civilizada, constitucional, europea; la otra bárbara, arbitraria, americana.

Estas dos fuerzas habían llegado a su más alto punto de desenvolvimiento, y sólo una palabra se necesitaba para trabar la lucha; y ya que el partido revolucionario se llamaba *unitario*, no había inconveniente para que el partido adverso adoptase la denominación de *federal*, sin comprenderla.

Pero aquella fuerza bárbara estaba diseminada por toda la República, dividida en provincias en cacicazgo; necesitábase una mano poderosa para fundirla y presentarla en un todo homogéneo, y Quiroga ofreció su brazo para realizar esta grande obra.

El gaucho argentino, aunque de instintos comunes con los pastores, es eminentemente provincial: lo hay porteño, santafecino, cordobés, llanista, etc. Todas sus aspiraciones las encierra en su provincia; las demás son enemigas o extrañas; son diversas tribus que se hacen entre sí la guerra. López, apoderado de Santa Fe, no se cura de lo que pasa alrededor suyo, salvo que vengan a importunarlo, que entonces monta a caballo y echa fuera a los intrusos. Pero, como no estaba en sus manos que las provincias no se tocasen por todas partes, no podía tampoco evitar que al fin se uniesen en un interés común, y de ahí les viniese esa misma *unidad* que tanto se interesaban en combatir.

---

[40] *Rivadavia... Buenos Aires* Una de las fuentes principales de ingresos eran las tarifas de las aduanas; siendo Buenos Aires el puerto principal y estando la aduana en poder de la ciudad, estos ingresos no beneficiaban al país entero sino que se quedaban en Buenos Aires. Ésta fue una de las causas principales de la rivalidad entre la capital y las provincias.

Recuérdese que al principio dije que las correrías y viajes de la juventud de Quiroga habían sido la base de su futura ambición. Efectivamente, Facundo, aunque gaucho, no tiene apego a un lugar determinado; es riojano, pero se ha educado en San Juan, ha vivido en Mendoza, ha estado en Buenos Aires. Conoce la República; sus miradas se extienden sobre un grande horizonte; dueño de La Rioja, quisiera, naturalmente, presentarse revestido del poder en el pueblo en que aprendió a leer, en la ciudad donde levantó unas tapias[41], en aquella otra donde estuvo preso e hizo una acción gloriosa. Si los sucesos lo atraen fuera de su provincia, no se resistirá a salir por cortedad ni encogimiento. Muy distinto de Ibarra o López, que no gustan sino de defenderse en su territorio, él acometerá el ajeno, y se apoderará de él. Así la Providencia realiza las grandes cosas por medios insignificantes e inadvertidos, y la unidad bárbara de la República va a iniciarse a causa de que un gaucho malo[42] ha andado de provincia en provincia levantando tapias y dando puñaladas.

[41] *levantó unas tapias* aquí, aparentemente, construyó casas

[42] *gaucho malo* outlaw

24 José Hernández (1834-1886)

El romanticismo rioplatense produjo una nutrida cantidad de obras "de escuela"' o sea que compartían las características del movimiento continental, diferenciándose poco de lo que se escribía en los otros países hispanoamericanos. No obstante, hay dos factores que le confirieron un colorido particular: la situación política y la insistencia en la nota regionalista. La primera ya la vimos en Echeverría y Sarmiento, y se ve también en la más importante de las novelas argentinas de la época, *Amalia* (1851) de José Mármol (1817–1871). En esta novela encontramos el tono sentimental aprendido en Dumas y Scott, pero lo que le infundió vida fue la conjuración política, la palpitante realidad sin la cual sería *Amalia* otra muestra de una época pasada, sin mayor interés. En la poesía, al lado de las composiciones que seguían la pauta de los modelos europeos, se erguía el importante movimiento gauchesco, en el cual dominaba la nota regionalista.

Las raíces de la literatura gauchesca están perdidas en la tradición oral, pero hacia fines del siglo XVIII aparecieron diversas obras que señalaron la existencia de esta veta, notablemente en la obra de Concolorcorvo y en el sainete del autor anónimo, *El amor de la estanciera* (1780–1795), cuadro de la vida gauchesca. En la poesía culta comenzó el género con las obras del uruguayo Bartolomé Hidalgo (1788–1822), autor de composiciones ligeras y de tono espontáneo. Recogió y amplió esta corriente Hilario Ascasubi (1807–1875), quien firmó sus obras jocosas "Aniceto el Gallo". Estanislao del Campo (1834–1880) lo imitó empleando el seudónimo "Anastasio el Pollo", para después crear en *Fausto* (1866) una divertida visión de la vida rural contrastada con la urbana. Con el *Martín Fierro* de José Hernández lo gauchesco echó raíces permanentes en la literatura rioplatense; nada tuvo ya de humorismo ni de color local. Es imposible captar el significado de la literatura posterior en el Río de la Plata sin tomar muy en cuenta la obra de Hernández y otros. La lista de obras modernas dentro de esta trayectoria es larga e impresionante: las novelas *Don Segundo Sombra* (1926) de Ricardo Güiraldes (1886–1927) y *El inglés de los güesos* (1924) de Benito Lynch (1885–1951); el teatro del uruguayo Florencio Sánchez (1875–1910); los ensayos *Radiografía de la Pampa* (1933) y *Muerte y transfiguración de Martín Fierro* (1948) de Ezequiel Martínez Estrada (1895–1964), para citar unas cuantas, sin mencionar siquiera la influencia del movimiento gauchesco en el desarrollo de la literatura urbana.

Nacido en Buenos Aires de una familia adinerada, José Hernández tuvo que trasladarse al campo por razones de salud; allá aprendió a ser gaucho y hasta peleó contra los malones o ataques de los indios. Posteriormente fue militar, comerciante y empleado de Contaduría Nacional, viviendo en diversas partes de la República. Luego se hizo periodista y político, llegando a ser diputado y senador. El programa político de su periódico *El Río de la Plata* mostró hasta qué punto el *Martín Fierro* fue expresión de los mismos ideales que daban forma a su actuación política: autonomía local, abolición del contingente de fronteras[1], reformas del sistema militar, legal y pedagógico. En el *Martín Fierro* buscaba presentar al gaucho como víctima del nuevo orden social creado por los que, como Sarmiento, intentaban estimular el progreso. Como dijo en carta, se propuso recrear "... el carácter de nuestros gauchos. concentrando el modo de ser, de sentir, de pensar y de expresarse que les es peculiar", Pero el poema no se detiene en lo pintoresco ni en lo político; es un enorme fresco de la vida de frontera de esa época, que a la vez da verdadera vida a Fierro, a su amigo Cruz y a algunos más.

Al publicarse en 1872, *Martín Fierro* fue un éxito extraordinario. *La vuelta de Martín Fierro*, publicada siete años después, forma contraste marcado. El primer poema es un grito de rebeldía y de disgregación social frente a la opresión, mientras que el segundo es más ponderado, más didáctico, representando la vuelta a la sociedad en sentido tanto metafórico como literal. Se ha discutido ampliamente la cuestión del idioma gauchesco en el poema, así como la supuesta categoría de poema épico. Respecto a lo primero, cabe afirmar que el lenguaje de *Martín Fierro* es un español corriente recargado de elementos vernáculos, una visión artística en vez de recreación del habla rústica. En cuanto al supuesto carácter épico, parece ocioso señalar que la vida de cierto sector de la población que vive en condiciones sobradamente particulares no refleja la existencia o el modo de sentir de toda una nación en ese momento. No hay necesidad de ponerle etiquetas postizas al *Martín Fierro*; vale por lo que es: retrato de un momento histórico de suma importancia y de un protagonista contradictorio y muy humano.

---

[1] *contingente de fronteras*   servicio militar forzado, empleado muchas veces para deshacerse las autoridades de enemigos políticos

El gaucho Martín Fierro

PRIMERA PARTE

CANTA MARTÍN FIERRO

I

1

Aquí me pongo a cantar
al compás de la vigüela[1],
que el hombre que lo desvela
una pena extraordinaria,
como la ave solitaria
con el cantar se consuela.

2

Pido a los santos del cielo
que ayuden mi pensamiento;
les pido en este momento
que voy a contar mi historia
me refresquen la memoria
y aclaren mi entendimiento.

3

Vengan santos milagrosos,
vengan todos en mi ayuda,
que la lengua se me añuda
y se me turba la vista;
pido a mi Dios que me asista
en una ocasión tan ruda.

4

Yo he visto muchos cantores,

con famas bien otenidas[2],
y que después de alquiridas[3]
no las quieren sustentar:
parece que sin largar
se cansaron en partidas[4].

5

Mas ande[5] otro criollo pasa
Martín Fierro ha de pasar;
nada lo hace recular
ni las fantasmas lo espantan;
y dende[6] que todos cantan
yo también quiero cantar.

6

Cantando me he de morir,
cantando me han de enterrar,
y cantando he de llegar
al pie del Eterno Padre:
dende el vientre de mi madre
vine a este mundo a cantar.

7

Que no se trabe mi lengua
ni me falte la palabra.
El cantar mi gloria labra,

[1] *vigüela* vihuela, guitarra
[2] *otenidas* obtenidas
[3] *alquiridas* adquiridas
[4] *se... partidas* se fatigaron en propósitos sin llegar a la defensa
[5] *ande* donde
[6] *dende* desde

De José Hernández, *Martín Fierro*, 3ª edición, de Eleuterio F. Tiscornia (Buenos Aires, Editorial Losada, 1943), pp. 27-31, 37-41, 47-57, 59-67, 73-80, 170-83, 248-59.

y poniéndomé [7] a cantar,
cantando me han de encontrar
aunque la tierra se abra.

8

Me siento en el plan de un bajo[8]
a cantar un argumento;
como si soplara un viento
hago tiritar los pastos.
Con oros, copas y bastos
juega allí mi pensamiento.[9]

9

Yo no soy cantor letrao[10];
mas si me pongo a cantar
no tengo cuando acabar
y me envejezco cantando.
Las coplas me van brotando
como agua de manantial.

10

Con la guitarra en la mano
ni las moscas se me arriman;
naides[11] me pone el pie encima,
y cuando el pecho se entona,
hago gemir a la prima
y llorar a la bordona[12].

11

Yo soy toro en mi rodeo
y torazo en rodeo ajeno;
siempre me tuve por güeno[13],
y si me quieren probar,
salgan otros a cantar
y veremos quién es menos.

12

No me hago al lao de la güeya[14]
aunque vengan degollando;
con los blandos yo soy blando
y soy duro con los duros,
y ninguno en un apuro
me ha visto andar tutubiando[15].

13

En el peligro, ¡qué Cristos!,
el corazón se me enancha[16],
pues toda la tierra es cancha,
y de esto naides se asombre:
el que se tiene por hombre
donde quiera hace pata ancha[17].

14

Soy gaucho, y entiéndanló
como mi lengua lo explica:
para mí la tierra es chica
y pudiera ser mayor;
ni la víbora me pica
ni quema mi frente el sol.

15

Nací como nace el peje,
en el fondo de la mar;

---

[7] *poniéndomé* "Finalmente, hay que observar que cuando las formas pronominales *me, nos, le, la, lo, les, se,* van unidas al infinitivo, al gerundio y al imperativo el gaucho las acentúa fuertemente diciendo, p. ej.: *respondamé, haciendonós, hagamoslé, azotandolá, grabenló, diciendolés, manejensé,* etc. En rigor estas voces verbales con pronombre tienen dos acentos, a saber, *respóndamé, haciéndonós,* etc., y así las marcamos en el texto." (Tiscornia, p. 18.)
[8] *en... bajo* en una depresión del terreno
[9] *Con... pensamiento* i.e., su pensamiento es tan libre como los naipes al barajarse
[10] *letrao* letrado; es corriente la supresión de la *d* intervocálica en el español coloquial
[11] *naides* nadie
[12] *prima... bordona* las cuerdas primera y cuarta de la guitarra

[13] *güeno* bueno
[14] *No... güeya* No me aparto de la huella
[15] *tutubiando* titubeando
[16] *enancha* ensancha
[17] *hace pata ancha* se afirma frente a un peligro

naides me puede quitar
aquello que Dios me dio:
lo que al mundo truje[18] yo
del mundo lo he de llevar.

16

Mi gloria es vivir tan libre
como el pájaro del cielo;
no hago nido en este suelo,
ande hay tanto que sufrir;
y naides me ha de seguir
cuando yo remuento[19] el vuelo.

17

Yo no tengo en el amor
quien me venga con querellas;
como esas aves tan bellas
que saltan de rama en rama,
yo hago en el trébol mi cama
y me cubren las estrellas.

18

Y sepan cuantos escuchan
de mis penas el relato,
que nunca peleo ni mato
sino por necesidá,
y que a tanta alversidá[20]
sólo me arrojó el mal trato.

19

Y atiendan la relación
que hace un gaucho perseguido,
que padre y marido ha sido
empeñoso y diligente,
y sin embargo la gente
lo tiene por un bandido.

[18] *truje* traje
[19] *remuento* remonto
[20] *alversidá* adversidad

III

49

Tuve en mi pago en un tiempo
hijos, hacienda y mujer;
pero empecé a padecer,
me echaron a la frontera,
y ¡qué iba a hallar al volver!
tan sólo hallé la tapera[1].

50

Sosegao vivía en mi rancho,
como el pájaro en su nido.
Allí mis hijos queridos
iban creciendo a mi lao...
Sólo queda al desgraciao
lamentar el bien perdido.

51

Mi gala en las pulperías
era cuando había más gente
ponerme medio caliente[2],
pues cuando puntiao[3] me encuentro
me salen coplas de adentro
como agua de la virtiente[4].

52

Cantando estaba una vez
en una gran diversión;
y aprovechó la ocasión
como quiso el juez de paz.
Se presentó, y áhi no más
hizo una arriada en montón[5].

[1] *tapera* rancho arruinado
[2] *medio caliente* animado o querelloso por haber
 bebido
[3] *puntiao* medio ebrio
[4] *virtiente* vertiente
[5] *hizo... montón* agarró a todos

53

Juyeron[6] los más matreros[7]
y lograron escapar.
Yo no quise disparar;
soy manso y no había por qué,
muy tranquilo me quedé
y ansí [8] me dejé agarrar.

54

Allí un gringo con un órgano
y una mona que bailaba
haciéndonós rair[9] estaba
cuando le tocó el arreo.
¡Tan grande el gringo y tan feo!
¡Lo viera cómo lloraba!

55

Hasta un inglés sanjiador[10]
que decía en la última guerra
que él era de Inca-la-perra[11]
y que no quería servir,
tuvo también que juir
a guarecerse en la sierra.

56

Ni los mirones salvaron
de esa arriada de mi flor;
fue acoyarao[12] el cantor
con el gringo de la mona;
a uno solo, por favor,
logró salvar la patrona.

57

Formaron un contingente
con los que del baile arriaron;

con otros nos mesturaron[13],
que habían agarrao también.
Las cosas que aquí se ven
ni los diablos las pensaron.

58

A mí el juez me tomó entre ojos[14]
en la última votación:
me le había hecho el remolón
y no me arrimé ese día[15],
y él dijo que yo servía
a los de la esposición[16].

59

Y ansí sufrí ese castigo
tal vez por culpas ajenas;
que sean malas o sean güenas
las listas[17], siempre me escondo:
yo soy un gaucho redondo
y esas cosas no me enllenan[18].

60

Al mandarnos nos hicieron
más promesas que a un altar.
El juez nos jue[19] a proclamar
y nos dijo muchas veces:
"Muchachos, a los seis meses
los van a ir a revelar[20]."

61

Yo llevé un moro de número[21].
¡Sobresaliente el matucho[22]!

[6] *Juyeron* Huyeron
[7] *matreros* astutos
[8] *ansí* así
[9] *rair* reír
[10] *sanjiador* sanjeador; el que excava zanjas
[11] *Inca-la-perra* Inglaterra
[12] *acoyarao* acollarado

[13] *mesturaron* mixturaron
[14] *me... ojos* se fijó en mí
[15] *no... día* me había sentido indolente y no asistí
[16] *esposición* oposición
[17] *listas* de candidatos
[18] *enllenan* atraen
[19] *jue* fue
[20] *revelar* relevar
[21] *moro de número* caballo de color oscuro, de primera categoría
[22] *matucho* caballo malo (aquí, irónico)

Con él gané en Ayacucho
más plata que agua bendita.
Siempre el gaucho necesita
un pingo pa fiarle un pucho[23].

62

Y cargué sin dar más güeltas[24]
con las prendas que tenía:
jergas, poncho, cuanto había
en casa, tuito lo alcé[25].
A mi china la dejé
media desnuda ese día.

63

No me faltaba una guasca[26];
esa ocasión eché el resto:
bozal, maniador, cabresto,
lazo, bolas y manea...
¡El que hoy tan pobre me vea
tal vez no crerá[27] todo esto!

64

Ansí en mi moro escarciando[28]
enderecé a la frontera.
¡Aparcero![29], ¡si usté viera
lo que se llama cantón[30]...!
Ni envidia tengo al ratón
en aquella ratonera.

65

De los pobres que allí había
a ninguno lo largaron;
los más viejos rezongaron,

pero a uno que se quejó
en seguida lo estaquiaron[31]
y la cosa se acabó.

66

En la lista de la tarde
el jefe nos cantó el punto[32],
diciendo: "Quinientos[33] juntos
llevará el que se resiente[34];
lo haremos pitar del juerte[35];
más bien dése por dijunto[36]."

67

A naides le dieron armas,
pues toditas las que había
el coronel las tenía,
según dijo esa ocasión,
pa repartirlas el día
en que hubiera una invasión.

68

Al principio nos dejaron
de haraganes criando sebo[37];
pero después... no me atrevo
a decir lo que pasaba.
¡Barajo!..., si nos trataban
como se trata a malevos.

69

Porque todo era jugarle[38]
por los lomos con la espada,
y aunque usté no hiciera nada

[23] *pingo... pucho* caballo para apostarle seguridad
[24] *güeltas* vueltas
[25] *tuito lo alcé* todo me lo llevé
[26] *guasca* soga
[27] *crerá* creerá
[28] *escarciando* escarceando, briosamente
[29] *¡Aparcero!* ¡Compañero!
[30] *cantón* establecimiento militar de la frontera

[31] *estaquiaron* estaquearon, ataron las piernas y los brazos a cuatro estacas clavadas en la tierra
[32] *nos... punto* nos lo dijo claramente
[33] *Quinientos* Quinientos azotes
[34] *resierte* desierte
[35] *pitar del juerte* sufrir mucho
[36] *dijunto* difunto
[37] *criando sebo* engordando
[38] *jugarle* golpearle

lo mesmito que en Palermo[39],
le daban cada cepiada[40]
que lo dejaban enfermo.

70

¡Y qué indios, ni qué servicio
si allí no había ni cuartel!
Nos mandaba el coronel
a trabajar en sus chacras,
y dejábamos las vacas
que las llevara el infiel.

71

Yo primero sembré trigo
y despés hice un corral,
corté adobe pa un tapial,
hice un quincho[41], corté paja...
¡La pucha, que se trabaja
sin que le larguen ni un rial!

72

Y es lo pior de aquel enriedo
que si uno anda hinchando el lomo[42]
se le apean como un plomo...
¡Quién aguanta aquel infierno!
Si eso es servir al gobierno,
a mí no me gusta el cómo.

73

Más de un año nos tuvieron
en esos trabajos duros;
y los indios, le asiguro,
dentraban cuando querían:

como no los perseguían
siempre andaban sin apuro.

.   .   .

IV
104

Seguiré esta relación,
aunque pa chorizo es largo[1].
El que pueda, hágasé cargo
cómo andaría de matrero
después de salvar el cuero
de aquel trance tan amargo[2].

105

Del sueldo nada les cuento,
porque andaba disparando[3].
Nosotros de cuando en cuando
solíamos ladrar de pobres:
nunca llegaban los cobres
que se estaban aguardando.

106

Y andábamos de mugrientos
que el mirarnos daba horror;
les juro que era un dolor
ver esos hombres, ¡por Cristo!
en mi perra vida he visto
una miseria mayor.

107

Yo no tenía ni camisa
ni cosa que se parezca;
mis trapos sólo pa yesca

---

[39] *Palermo* barrio de Buenos Aires donde había,
durante la época de Rosas un cuartel que era
lugar de ejecuciones
[40] *cepiada* cepeada, castigo de atar al víctima al
cepo (stocks)
[41] *quincho* armazón de paja para afianzar una pared
[42] *hinchando el lomo* resistiendo

[1] *pa... largo* es muy larga para ser "relación"
[2] *salvar... amargo* se refiere Martín Fierro a una
batalla con los indios en la cual estuvo a punto
de morir
[3] *andaba disparando* desaparecía

me podían servir al fin...
No hay plaga como un fortín
para que el hombre padezca.

108

Poncho, jergas, el apero,
las prenditas, los botones,
todo, amigo, en los cantones
jue quedando poco a poco.
Ya me tenían medio loco
la pobreza y los ratones.

109

Sólo una manta peluda
era cuanto me quedaba;
la había agenciao a la taba[4]
y ella me tapaba el bulto.
Yaguané[5] que allí ganaba
no salía... ni con indulto.

110

Y pa mejor, hasta el moro
se me jue de entre las manos.
No soy lerdo..., pero, hermano,
vino el comandante un día
diciendo que lo quería
"pa enseñarle a comer grano".

111

Afigúresé cualquiera
la suerte de éste su amigo
a pie y mostrando el umbligo[6],
estropiao, pobre y desnudo.
Ni por castigo se pudo
hacerse más mal conmigo.

[4] *agenciao... taba* ganado jugando a los dados
[5] *Yaguané* Piojo
[6] *umbligo* ombligo

112

Ansí pasaron los meses,
y vino el año siguiente,
y las cosas igualmente
siguieron del mesmo modo.
Adrede[7] parece todo
para aburrir a la gente.

113

No teníamos más permiso
ni otro alivio la gauchada
que salir de madrugada,
cuando no había indio ninguno,
campo ajuera, a hacer boliadas,
desocando los reyunos[8].

114

Y cáibamos[9] al cantón
con los fletes aplastaos;
pero a veces, medio aviaos[10],
con plumas y algunos cueros,
que áhi no más con el pulpero
los teníamos negociaos.

115

Era un amigo del jefe
que con un boliche[11] estaba;
yerba y tabaco nos daba
por la pluma de avestruz,
y hasta le hacía ver la luz[12]
al que un cuero le llevaba.

[7] *Adrede* A propósito
[8] *desocando los reyunos* hiriendo los caballos sin
dueño
[9] *cáibamos* caíamos. En el español rural es corriente
la adición de una consonante entre vocales: oiban,
oían, etc.
[10] *aviaos* aviados, provistos
[11] *boliche* pulpería, taberna
[12] *luz* dinero

116

Sólo tenía cuatro frascos
y unas barricas vacías,
y a la gente le vendía
todo cuanto precisaba.
A veces creiba[13] que estaba
allí la provedería.

117

¡Ah pulpero habilidoso!
Nada le solía faltar
¡aijuna! y para tragar
tenía un buche de ñandú[14].
La gente le dio en llamar
"el boliche de virtú".

118

Aunque es justo que quien vende
algún poquitito muerda[15],
tiraba tanto la cuerda
que con sus cuatro limetas[16]
él cargaba las carretas
de plumas, cueros y cerda.

119

Nos tenía apuntaos a todos
con más cuentas que un rosario,
cuando se anunció un salario
que iban a dar, o un socorro;
pero sabe Dios qué zorro
se lo comió al comisario,

120

pues nunca lo vi llegar
y al cabo de muchos días,
en la mesma pulpería

dieron una *buena cuenta*[17],
que la gente muy contenta
de tan pobre recebía.

121

Sacaron unos sus prendas
que las tenían empeñadas,
por sus diudas atrasadas
dieron otros el dinero;
al fin de fiesta el pulpero
se quedó con la mascada[18].

122

Yo me arrecosté [19] a un horcón
dando tiempo a que pagaran,
y poniendo güena cara
estuve haciéndomé el poyo[20],
a esperar que me llamaran
para recibir mi boyo[21].

123

Pero áhi me pude quedar
pegao pa siempre al horcón;
ya era casi la oración
y ninguno me llamaba.
La cosa se me ñublaba
y me dentró comezón.

124

Pa sacarme el entripao[22]
vi al mayor, y lo fi[23] a hablar.
Yo me le empecé a atracar,
y como con poca gana
le dije: "Tal vez mañana
acabarán de pagar."

[13] *creiba* creía
[14] *ñandú* avestruz
[15] *algún poquitito muerda* saque algún provecho
[16] *limetas* botellas

[17] *buena cuenta* arreglo de cuentas
[18] *mascada* tabaco para mascar, i.e., el dinero
[19] *arrecosté* recosté
[20] *poyo* distraído
[21] *boyo* bollo, dinero
[22] *pa... entripao* para aclarar el asunto
[23] *fi* fui

125

—"¡Qué mañana ni otro día!",
al punto me contestó,
"La paga ya se acabó,
siempre has de ser animal.
Me rái y le dije: "Yo...
no he recebido ni un rial."

126

Se le pusieron los ojos
que se le querían salir,
y áhi no más volvió a decir
comiéndome con la vista:
"Y ¿qué querés recebir
si no has dentrao en la lista?"

127

—"Éste sí que es amolar",
dije yo pa mis adentros,
"van dos años que me encuentro,
y hasta aura[24] he visto ni un grullo[25];
dentro en todos los barullos,
pero en las listas no dentro."

128

Vide[26] el plaito[27] mal parao
y no quise aguardar más...
Es güeno vivir en paz
con quien nos ha de mandar.
Y reculando pa atrás
me le empecé a retirar.

129

Supo todo el comandante
y me llamó al otro día,

diciéndomé que quería
averiguar bien las cosas,
que no era el tiempo de Rosas,
que aura a naides se debía.

130

Llamó al cabo y al sargento
y empezó la indagación
si había venido al cantón
en tal tiempo o en tal otro...
y si había venido en potro,
en reyuno o redomón.

131

Y todo era alborotar
al ñudo, y hacer papel.
Conocí que era pastel
pa engordar con mi guayaca[28];
mas si voy al coronel
me hacen bramar en la estaca.

132

¡Ah hijos de una...! ¡La codicia
ojalá les ruempa[29] el saco!
Ni un pedazo de tabaco
le dan al pobre soldao
y lo tienen de delgao
más ligero que un guanaco[30].

133

Pero qué iba a hacerles yo,
charabón[31] en el desierto;
más bien me daba por muerto
pa no verme más fundido
y me les hacía el dormido,
aunque soy medio dispierto.

[24] *aura* ahora
[25] *grullo* dinero
[26] *Vide* Vi
[27] *plaito* pleito

[28] *era... guayaca* era farsa para engañarme; *guayaca* bolsillo para el dinero
[29] *ruempa* rompa
[30] *guanaco* especie de llama doméstica
[31] *charabón* avestruz recién nacido

V

134

Yo andaba desesperao,
aguardando una ocasión
que los indios un malón[1]
nos dieran y entre el estrago
hacérmelés cimarrón[2]
y volverme pa mi pago.

135

Aquello no era servicio
ni defender la frontera:
aquello era ratonera
en que es más gato el más juerte;
era jugar a la suerte
con una taba culera[3].

136

Allí tuito va al revés:
los milicos[4] se hacen piones
y andan en las poblaciones
emprestaos pa trabajar;
los rejuntan pa peliar
cuando entran indios ladrones.

137

Yo he visto en esa milonga[5]
muchos jefes con estancia,
y piones en abundancia,
y majadas y rodeos;
he visto negocios feos,
a pesar de mi inorancia.

138

Y colijo que no quieren
la barunda componer[6].
Para eso no ha de tener
el jefe, aunque esté de estable
más que su poncho y su sable,
su caballo y su deber.

139

Ansina, pues, conociendo
que aquel mal no tiene cura,
que tal vez mi sepultura
si me quedo iba a encontrar,
pensé en mandarme mudar
como cosa más sigura.

140

Y pa mejor, una noche
¡qué estaquiada me pegaron!
Casi me descoyuntaron
por motivo de una gresca.
¡Aijuna!, si me estiraron
lo mesmo que guasca[7] fresca.

141

Jamás me puedo olvidar
lo que esa vez me pasó:
dentrando una noche yo
al fortín, un enganchao[8]
que estaba medio mamao[9]
allí me desconoció.

142

Era un gringo tan bozal[10]
que nada se le entendía.

---

[1] *malón* ataque
[2] *hacérmelés cimarrón* escaparme
[3] *taba culera* dado "cargado" para que caiga de cierto modo
[4] *milicos* soldados
[5] *milonga* especie de baile popular; fiesta

[6] *la barunda componer* limpiar la corrupción
[7] *guasca* cuero
[8] *engachao* recluta, alistado
[9] *mamao* borracho
[10] *bozal* tonto

¡Quién sabe de ande sería!
Tal vez no juera cristiano,
pues lo único que decía
es que era pa-politano[11].

143

Estaba de centinela,
y por causa del peludo[12]
verme más claro no pudo
y ésa jue la culpa toda.
El bruto se asustó al ñudo
y fi el pavo de la boda[13].

144

Cuando me vido[14] acercar:
"¿Quén vívore?"[15], dije yo;
"¡Hagarto!"[16], me pegó el grito.
Y yo dije despacito:
"Más lagarto[17] serás vos."

145

Áhi no más, ¡Cristo me valga!
rastrillar el jusil[18] siento;
me agaché, y en el momento
el bruto me largó un chumbo[19];
mamao, mi tiró sin rumbo,
que si no, no cuento el cuento.

146

Por de contao[20], con el tiro
se alborotó el avispero;
los oficiales salieron

y se empezó la junción:
quedó en su puesto el nación[21],
y yo fi al estaquiadero.

147

Entre cuatro bayonetas
me tendieron en el suelo.
Vino el mayor medio en pedo[22],
y allí se puso a gritar:
"Pícaro, te he de enseñar
a andar declamando[23] sueldos."

148

De las manos y las patas
me ataron cuatro sinchones.
Les aguanté los tirones
sin que ni un ¡ay! se me oyera,
y al gringo la noche entera
lo harté con mis maldiciones.

149

Yo no sé por qué el Gobierno
nos manda aquí a la frontera
gringada que ni siquiera
se sabe atracar a un pingo[24].
¡Si crerá al mandar un gringo
que nos manda alguna fiera!

150

No hacen más que dar trabajo,
pues no saben ni ensillar,
no sirven ni pa carniar,
y yo he visto muchas veces
que ni voltiadas[25] las reses
se les querían arrimar.

[11] *pa-politano* napolitano
[12] *peludo* borrachera
[13] *fi... boda* sufrí las consecuencias
[14] *vido* vio
[15] *"Quén vívore"?* ¿Quién vive? (Who goes there?)
[16] *"¡Hagarto!"* ¡Haga alta! (Halt!)
[17] *lagarto* ladrón, entre los gauchos
[18] *rastrillar el jusil* preparar el fusil para disparar
[19] *chumbo* disparo
[20] *Por de contao* Por supuesto

[21] *nación* extranjero
[22] *en pedo* borracho
[23] *declamando* reclamando
[24] *atracar... pingo* acercar a un caballo
[25] *voltiadas* echadas en el suelo

151

Y lo pasan sus mercedes
lengüetiando pico a pico[26],
hasta que viene un milico
a servirles el asao...
Y, eso sí, en lo delicaos
parecen hijos de rico.

152

Si hay calor, ya no son gente,
si yela[27], todos tiritan;
si usté no les da, no pitan[28]
por no gastar en tabaco,
y cuando pescan un naco[29]
unos a otros se lo quitan.

153

Cuando llueve se acoquinan
como perro que oye truenos.
¡Qué diablos!, sólo son güenos
pa vivir entre maricas,
y nunca se andan con chicas
para alzar ponchos ajenos[30].

154

Pa vichar[31] son como ciegos:
no hay ejemplo de que entiendan;
ni hay uno solo que aprienda,
al ver un bulto que cruza,
a saber si es avestruza
o si es jinete o hacienda[32].

155

Si salen a perseguir
después de mucho aparato,

---

tuitos se pelan al rato[33]
y va quedando el tendal[34].
Esto es como en un nidal
echarle güevos a un gato.

VI

.   .   .

165

Una noche que riunidos
estaban en la carpeta[1]
empinando una limeta
el jefe y el juez de paz,
yo no quise aguardar más,
y me hice humo en un sotreta[2].

166

Para mí el campo son flores
dende que libre me veo;
donde me lleva el deseo
allí mis pasos dirijo,
y hasta en las sombras, de fijo
que a donde quiera rumbeo.

167

Entro y salgo del peligro
sin que me espante el estrago;
no aflojo al primer amago
ni jamás fi gaucho lerdo:
soy pa rumbiar[3] como el cerdo[4],
y pronto cái a mi pago.

---

[26] *lengüetiando... pico* hablando juntos
[27] *yela* hiela
[28] *pitan* fuman
[29] *naco* rollo de tabaco
[30] *nunca... ajenos* nunca son lentos para robar
[31] *vichar* servir de centinela
[32] *hacienda* res

[33] *se... rato* se les pelan las asentaderas
[34] *va... tendal* todo queda desordenado
[1] *carpeta* taberna
[2] *me... sotreta* me escapé sobre un caballo viejo
[3] *pa rumbiar* para encontrar el camino
[4] *cerdo* referencia al instinto de orientación característico del cerdo

168

Volvía al cabo de tres años
de tanto sufrir al ñudo,
resertor, pobre y desnudo,
a procurar suerte nueva;
y lo mesmo que el peludo[5]
enderecé pa mi cueva.

169

No hallé ni rastro del rancho;
¡sólo estaba la tapera!
¡Por Cristo, si aquello era
pa enlutar el corazón!
Yo juré en esa ocasión
ser más malo que una fiera.

170

¡Quién no sentirá lo mesmo
cuando ansí padece tanto!
Puedo asigurar que el llanto
como una mujer largué.
¡Ay mi Dios!, si me quedé
más triste que Jueves Santo.

171

Sólo se oiban los aullidos
de un gato que se salvó;
el pobre se guareció
cerca, en una vizcachera;
venía como si supiera
que estaba de güelta yo.

172

Al dirme dejé la hacienda,
que era todito mi haber;
pronto debíamos volver,
según el juez prometía,
y hasta entonces cuidaría
de los bienes la mujer.

173

Después me contó un vecino
que el campo se lo pidieron,
la hacienda se la vendieron
pa pagar arrendamientos,
y qué sé yo cuántos cuentos;
pero todo lo fundieron.

174

Los pobrecitos muchachos,
entre tantas afliciones
se conchabaron[6] de piones.
Mas, ¡qué iban a trabajar,
si eran como los pichones
sin acabar de emplumar!

175

Por áhi andarán sufriendo
de nuestra suerte el rigor.
Me han contado que el mayor
nunca dejaba a su hermano.
Puede ser que algún cristiano
los recoja por favor.

176

¡Y la pobre mi mujer,
Dios sabe cuánto sufrió!
Me dicen que se voló
con no sé qué gavilán,
sin duda a buscar el pan
que no podía darle yo.

177

No es raro que a uno le falte
lo que a algún otro le sobre;
si no le quedó ni un cobre,
sinó de hijos un enjambre,
¿qué más iba a hacer la pobre
para no morirse de hambre?

[5] *peludo* armadillo

[6] *conchabaron* aceptaron trabajo

178

¡Tal vez no te vuelva a ver,
prenda de mi corazón!
Dios te dé su protección,
ya que no me la dio a mí.
Y a mis hijos, dende aquí
les echo mi bendición.

179

Como hijitos de la cuna
andarán por áhi sin madre.
Ya se quedaron sin padre,
y ansí la suerte los deja
sin naides que los proteja
y sin perro que les ladre[7].

180

Los pobrecitos tal vez
no tengan ande abrigarse,
ni ramada[8] ande ganarse,
ni rincón ande meterse,
ni camisa que ponerse,
ni poncho con que taparse.

181

Tal vez los verán sufrir
sin tenerles compasión.
Puede que alguna ocasión,
aunque los vean tiritando,
los echen de algún jogón[9]
pa que no estén estorbando.

182

Y al verse ansina espantaos
como se espanta a los perros,
irán los hijos de Fierro,

con la cola entre las piernas,
a buscar almas más tiernas
o esconderse en algún cerro.

183

Mas también en este juego
voy a pedir mi bolada[10];
a naides le debo nada,
ni pido cuartel ni doy,
y ninguno dende hoy
ha de llevarme en la armada[11].

184

Yo he sido manso primero,
y seré gaucho matrero
en mi triste circunstancia;
aunque es mi mal tan projundo,
nací y me he criao en estancia,
pero ya conozco el mundo.

185

Ya le conozco sus mañas,
le conozco sus cucañas[12],
sé cómo hacen la partida,
la enriedan y la manejan.
Desaceré[13] la madeja,
aunque me cueste la vida.

186

Y aguante el que no se anime
a meterse en tanto engorro,
o si no aprétesé el gorro[14]
o para otra tierra emigre;
pero yo ando como el tigre
que le roban los cachorros.

[7] *sin... ladre* del refrán "Ni padre, ni madre, ni perro que le ladre", i.e., totalmente solos
[8] *ramada* choza, casa rústica
[9] *jogón* fogón

[10] *bolada* oportunidad
[11] *llevarme... armada* dominarme
[12] *cucañas* malas tretas
[13] *Desaceré* Desharé
[14] *aprétese el gorro* afirmarse el sombrero para no perderlo; aguantar

187

Aunque muchos cren que el gaucho
tiene una alma de reyuno,
no se encontrará ninguno
que no lo dueblen[15] las penas;
mas no debe aflojar uno
mientras hay sangre en las venas.

VII

188

De carta de más[1] me vía
sin saber adónde dirme;
mas dijeron que era vago
y entraron a perseguirme.

189

Nunca se achican los males,
van poco a poco creciendo,
y ansina me vide pronto
obligado a andar juyendo.

190

No tenía mujer ni rancho,
y a más, era resertor;
no tenía una prenda güena
ni un peso en el tirador.

191

A mis hijos, infelices,
pensé volverlos a hallar,
y andaba de un lao al otro
sin tener ni qué pitar.

192

Supe una vez, por desgracia,
que había un baile por allí,

y medio desesperao
a ver la milonga fui.

193

Riunidos al pericón[2]
tantos amigos hallé,
que alegre de verme entre ellos
esa noche me apedé[3].

194

Como nunca, en la ocasión
por peliar me dio la tranca[4],
y la emprendí con un negro
que trujo una negra en ancas[5].

195

Al ver llegar la morena,
que no hacía caso de naides,
le dije con la mamúa[6]:
"Va... ca... yendo gente al baile."

196

La negra entendió la cosa
y no tardó en contestarme,
mirándome como a perro:
"Más *vaca* será su madre."

197

Y dentró al baile muy tiesa
con más cola que una zorra,
haciendo blanquiar los dientes
lo mesmo que mazamorra[7].

[2] *pericón* baile
[3] *apedé* emborraché
[4] *por... tranca* me entraron ganas de pelear
[5] *en ancas* a caballo
[6] *mamúa* borrachera
[7] *mazamorra* dulce de maíz con leche

[15] *dueblen* doblen
[1] *De... más* Por añadidura

198

—"Negra linda" dije yo,
"me gusta... pa la carona[8] ".
Y me puse a talariar[9]
esta coplita fregona[10]:

199

"A los blancos hizo Dios,
a los mulatos, San Pedro
a los negros hizo el diablo
para tizón del infierno."

200

Había estao juntando rabia
el moreno dende ajuera:
en lo escuro le brillaban
los ojos como linterna.

201

Lo conocí retobao[11],
me acerqué y le dije presto:
"Por... rudo[12] que un hombre sea,
nunca se enoja por esto."

202

Corcovió[13] el de los tamangos[14],
y creyéndosé muy fijo:
"Más *porrudo* serás vos,
gaucho rotoso", me dijo.

203

Y ya se me vino al humo[15],

como a buscarme la hebra[16],
y un golpe le acomodé
con el porrón de giñebra.

204

Áhi no más pegó el de hollín
más gruñidos que un chanchito[17],
y pelando el envenao[18]
me atropelló dando gritos.

205

Pegué un brinco y abrí cancha[19]
diciéndolés: "Caballeros,
dejen venir ese toro;
solo nací..., solo muero."

206

El negro, después del golpe,
se había el poncho refalao[20]
y dijo: "Vas a saber
si es solo o acompañao."

207

Y mientras se arremangó,
yo me saqué las espuelas,
pues malicié que aquel tío
no era de arriar con las riendas[21].

208

No hay cosa como el peligro
pa refrescar un mamao:
hasta la vista se aclara
por mucho que haiga chupao[22].

[8] *carona*   cuero sobre el que cabalga el gaucho
[9] *talariar*   tararear
[10] *fregona*   alusiva
[11] *conocí retobao*   reconocí que estaba airado
[12] *Por...rudo*   juego de palabras con *porrudo* (de pelo muy ensortijado)
[13] *Corcovió*   Dio un salto; i.e., respondió
[14] *tamangos*   zapatos de cuero de oveja
[15] *se...humo*   se me echó encima

[16] *como...hebra*   como buscando el punto vulnerable
[17] *chanchito*   puerco chiquito
[18] *pelando el envenao*   sacando el cuchillo
[19] *cancha*   espacio para bailar, pelear, etc.
[20] *refalao*   quitado
[21] *de...riendas*   fácil de manejar
[22] *haiga chupao*   haya bebido

209

El negro me atropelló
como a quererme comer;
me hizo dos tiros seguidos
y los dos le abarajé[23].

210

Yo tenía un facón[24] con S
que era de lima de acero;
le hice un tiro, lo quitó
y vino ciego el moreno.

211

Y en el medio de las astas[25]
un planaso[26] le asenté
que le largué culebriando
lo mesmo que buscapié[27].

212

Le coloriaron las motas[28]
con la sangre de la herida,
y volvió a venir furioso
como una tigra parida.

213

Y ya me hizo relumbrar
por los ojos el cuchillo,
alcanzando con la punta
a cortarme en un carrillo.

214

Me hirvió la sangre en las venas
y me le afirmé al moreno,
dándolé de punta y hacha
pa dejar un diablo menos.

[23] *abarajé*   evité
[24] *facón*   cuchillo largo
[25] *astas*   región frontal de la cabeza
[26] *planaso*   golpe con la parte plana de la hoja
[27] *buscapié*   cohete que corre por el suelo
[28] *motas*   cabello muy rizado

215

Por fin en una topada
en el cuchillo lo alcé,
y como un saco de güesos
contra un cerco lo largué.

216

Tiró unas cuantas patadas
y ya cantó pa el carnero[29].
Nunca me puedo olvidar
de la agonía de aquel negro.

217

En esto la negra vino,
con los ojos como ají,
y empezó, la pobre, allí
a bramar como una loba.
Yo quise darle una soba
a ver si la hacía callar;
mas pude reflesionar
que era malo en aquel punto,
y por respeto al dijunto
no la quise castigar.

218

Limpié el facón en los pastos,
desaté mi redomón,
monté despacio y salí
al tranco pa el cañadón.

219

Después supe que al finao
ni siquiera lo velaron,
y retobao[30] en un cuero
sin rezarle lo enterraron.

220

Y dicen que dende entonces,
cuando es la noche serena,

[29] *cantó... carnero*   murió
[30] *retobao*   envuelto

suele verse una luz mala
como de alma que anda en pena.

221

Yo tengo intención a veces,
para que no pene tanto,
de sacar de allí los güesos
y echarlos al camposanto.

IX

.   .   .

251

Ansí me hallaba una noche,
contemplando las estrellas,
que le parecen más bellas
cuanto[1] uno es más desgraciao,
y que Dios las haiga criao
para consolarse en ellas.

252

Les tiene el hombre cariño,
y siempre con alegría
ve salir las Tres Marías[2];
que si llueve, cuanto escampa,
las estrellas son la guía
que el gaucho tiene en la pampa.

253

Aquí no valen dotores,
sólo vale la esperencia;
aquí verían su inocencia
esos que todo lo saben;
porque esto tiene otra llave
y el gaucho tiene su cencia[3].

[1] *cuanto*   cuando
[2] *Tres Marías*   tres estrellas de Orión
[3] *cencia*   ciencia

254

Es triste en medio del campo
pasarse noches enteras
contemplando en sus carreras
las estrellas que Dios cría,
sin tener más compañía
que su soledá y las fieras.

255

Me encontraba, como digo,
en aquella soledá.
entre tanta oscuridá,
echando al viento mis quejas,
cuando el grito del chajá[4]
me hizo parar las orejas.

256

Como lumbriz[5] me pegué
al suelo para escuchar;
pronto sentí retumbar
las pisadas de los fletes,
y que eran muchos jinetes
conocí sin vasilar.

257

Cuando el hombre está en peligro
no debe tener confianza;
ansí, tendido de panza,
puse toda mi atención,
y ya escuché sin tardanza
como el ruido de un latón.

258

Se venían tan calladitos
que yo me puse en cuidao:
tal vez me hubieran bombiao[6]

[4] *chajá*   yajá
[5] *lumbriz*   lombriz
[6] *bombiao*   espiado

y me venían a buscar;
mas no quise disparar,
que eso es de gaucho morao[7].

259

Al punto me santigüé
y eché de giñebra un taco;
lo mesmito que el mataco[8]
me arroyé con el porrón.
"Si han de darme pa tabaco,
dije, ésta es buena ocasión."

260

Me refalé las espuelas,
para no peliar con grillos;
me arremangué el calzoncillo
y me ajusté bien la faja,
y en una mata de paja
probé el filo del cuchillo.

261

Para tenerlo a la mano
el flete[9] en el pasto até,
la cincha le acomodé,
y en un trance como aquél,
haciendo espaldas en él
quietito los aguardé.

262

Cuando cerca los sentí
y que áhi no más se pararon,
los pelos se me erizaron,
y aunque nada vían mis ojos,
"No se han de morir de antojo",
les dije cuanto llegaron.

---

[7] *morao* cobarde
[8] *mataco* armadillo
[9] *flete* caballo brioso

263

Yo quise hacerles saber
que allí se hallaba un varón;
les conocí la intención,
y solamente por eso
es que les gané el tirón,
sin aguardar voz de preso.

264

—"Vos sos un gaucho matrero",
dijo uno, haciéndosé el güeno.
"Vos matastes un moreno
y otro en una pulpería,
y aquí está la polecía,
que viene a justar tus cuentas;
te va a alzar por las cuarenta[10]
si te resistís hoy día."

265

—"No me vengan, contesté,
con relación de dijuntos;
ésos son otros asuntos;
vean si me pueden llevar,
que yo no me he de entregar
aunque vengan todos juntos.

266

Pero no aguardaron más,
y se apiaron en montón.
Como a perro cimarrón
me rodiaron entre tantos;
yo me encomendé a los santos,
y eché mano a mi facón.

267

Y ya vide el fogonazo
de un tiro de garabina[11];

---

[10] *alzar... cuarenta* llevar a la fuerza, matar
[11] *garabina* carabina

mas quiso la suerte indina[12]
de aquel maula[13] que me errase,
y áhi no más lo levantase
lo mesmo que una sardina.

268

A otro que estaba apurao
acomodando una bola,
le hice una dentrada sola
y le hice sentir el fierro,
y ya salió como el perro
cuando le pisan la cola.

269

Era tanta la aflición
y la angurria[14] que tenían,
que tuitos se me venían
donde yo los esperaba:
uno al otro se estorbaba
y con las ganas no vían.

270

Dos de ellos, que traiban sables,
más garifos[15] y resueltos,
en las hilachas[16] envueltos
enfrente se me pararon,
y a un tiempo me atropellaron
lo mesmo que perros sueltos.

271

Me fui reculando en falso
y el poncho adelante eché,
y cuanto le puso el pie

uno medio chapetón[17],
de pronto le di el tirón
y de espaldas lo largué.

272

Al verse sin compañero
el otro se sofrenó;
entonces le dentré yo,
sin dejarlo resollar,
pero ya empezó a aflojar
y a la pun...ta disparó[18].

273

Uno que en una tacuara[19]
había atao una tijera,
se vino como si juera
palenque de atar terneros[20];
pero en dos tiros certeros
salió aullando campo ajuera.

274

Por suerte en aquel momento
venía coloriando el alba,
y yo dije: "Si me salva
la Virgen en este apuro,
en adelante le juro
ser más güeno que una malva[21].

275

Pegué un brinco y entre todos
sin miedo me entreveré;
hecho ovillo[22] me quedé
y ya me cargó una yunta[23],

[12] *indina* indigna
[13] *maula* cobarde (por pelear con arma de fuego, desdeñada por el gaucho)
[14] *angurria* voracidad
[15] *garifos* atrevidos
[16] *hilachas* ponchos; era costumbre envolver el brazo izquierdo en el poncho, llevándolo luego como escudo o defensa

[17] *chapetón* inexperto
[18] *disparó* huyó
[19] *tacuara* caña fuerte parecida al bambú
[20] *como... terneros* como si yo fuera de poca resistencia
[21] *malva* planta que ablanda y suaviza, muy usada en los remedios
[22] *hecho ovillo* encogido
[23] *yunta* pareja

y por el suelo la punta
de mi facón les jugué[24].

276

El más engolosinao
se me apió[25] con un hachazo;
se lo quité con el brazo,
de no, me mata los piojos[26];
y antes de que diera un paso
le eché tierra en los dos ojos.

277

Y mientras se sacudía
refregándosé la vista,
yo me le fui como lista[27],
y áhi no más me le afirmé
diciéndolé: "Dios te asista."
Y de un revés lo voltié.

278

Pero en ese punto mesmo
sentí que por las costillas
un sable me hacía cosquillas,
y la sangre se me heló.
Dende ese momento yo
me salí de mis casillas[28].

279

Di para atrás unos pasos
hasta que pude hacer pie;
por delante me lo eché
de punta y tajos a un criollo;
metió la pata en un oyo[29],
y yo al oyo lo mandé.

280

Tal vez en el corazón
le tocó un santo bendito
a un gaucho, que pegó el grito,
y dijo: "Cruz no consiente
que se cometa el delito
de matar ansí un valiente."

281

Y áhi no más se me aparió[30]
dentrándolé a la partida.
Yo les hice otra embestida
pues entre dos era robo[31];
y el Cruz era como lobo
que defiende su guarida.

282

Uno despachó al infierno
de dos que lo atropellaron,
los demás remoliniaron[32],
pues íbamos a la fija[33],
y a poco andar dispararon
lo mesmo que sabandija.

283

Áhi quedaban largo a largo[34]
los que estiraron la jeta[35];
otro iba como maleta[36],
y Cruz, de atrás, les decía:
"Que venga otra polecía
a llevarlos en carreta."

[24] *por... jugué* señal de desafío; a la vez Fierro
agarró un manojo de polvo
[25] *apió* apearse (desmontar) se emplea frecuentemente como sinónimo de atacar
[26] *de... piojos* de otro modo, me habría dado en la
cabeza
[27] *como lista* directamente
[28] *me... casillas* abandoné toda prudencia
[29] *oyo* hoyo

[30] *aparió* juntó
[31] *robo* muy fácil
[32] *remoliniaron* formaron remolino (por su confusión)
[33] *a la fija* con la victoria asegurada
[34] *largo a largo* tirados
[35] *estiraron la jeta* murieron
[36] *como maleta* echado sobre el caballo

284

Yo junté las osamentas,
me hinqué y les recé un bendito;
hice una cruz de un palito
y pedí a mi Dios clemente
me perdonara el delito
de haber muerto tanta gente.

285

Dejamos amontonaos
a los pobres que murieron.
No sé si los recogieron,
porque nos fuimos a un rancho,
o si tal vez los caranchos
áhi no más se los comieron.

286

Lo agarramos mano a mano
entre los dos al porrón.
En semejante ocasión
un trago a cualquiera encanta,
y Cruz no era remolón
ni pijotiaba[37] garganta.

287

Calentamos los gargueros
y nos largamos muy tiesos,
siguiendo siempre los besos
al pichel[38], y, por más señas,
íbamos como cigüeñas,
estirando los pescuezos[39].

288

—"Yo me voy, —le dije— amigo,
donde la suerte me lleve,
y si es que alguno se atreve

a ponerse en mi camino,
yo seguiré mi destino,
que el hombre hace lo que debe.

289

"Soy un gaucho desgraciao,
no tengo donde ampararme,
ni un palo donde rascarme,
ni un árbol que me cubije;
pero ni aun esto me aflige,
porque yo sé manejarme.

290

"Antes de cair al servicio
tenía familia y hacienda;
cuando volví, ni la prenda
me habían dejao ya.
Dios sabe en lo que vendrá
a parar esta contienda.

.   .   .

SEGUNDA PARTE

Canta el hijo segundo de
Martín Fierro

XIII

719

Lo que les voy a decir
ninguno lo ponga en duda;
y aunque la cosa es peluda[1],
haré la resolución;
es ladino[2] el corazón
pero la lengua no ayuda.

---

[37] *ni pijotiaba*   no era tacaño
[38] *siguiendo...pichel*   besando el porrón, i.e., bebiendo
[39] *estirando los pescuezos*   estirando el cuello (para beber)

[1] *peluda*   complicada, difícil
[2] *ladino*   elocuente; el *ladino* era el indio que hablaba español además de su idioma nativo

720

El rigor de las desdichas
hemos soportao diez años,
pelegrinando entre estraños,
sin tener dónde vivir,
y obligados a sufrir
una máquina[3] de daños.

721

El que vive de ese modo
de todos es tributario;
falta el cabeza primario[4]
y los hijos que él sustenta
se dispersan como cuentas
cuando se corta el rosario.

722

Yo anduve ansí como todos,
hasta que al fin de sus días
supo mi suerte una tía
y me recogió a su lado;
allí viví sosegado
y de nada carecía.

723

No tenía cuidado alguno
ni que trabajar tampoco,
y como muchacho loco
lo pasaba de holgazán;
con razón dice el refrán
que lo güeno dura poco.

724

En mí todo su cuidado
y su cariño ponía;
como a un hijo me quería
con cariño verdadero,

---

[3] *máquina* muchedumbre
[4] *cabeza primario* padre

y me nombró de heredero
de los bienes que tenía.

725

El juez vino sin tardanza
cuando falleció la vieja.
"De los bienes que te deja,
me dijo, yo he de cuidar:
es un rodeo regular
y dos majadas de ovejas."

726

Era hombre de mucha labia,
con más leyes que un dotor.
Me dijo: "Vos sos menor,
y por los años que tienes
no podés manejar bienes;
voy a nombrarte un tutor."

727

Tomó un recuento de todo,
porque entendía su papel,
y después que aquel pastel
lo tuvo bien amasao[5],
puso al frente un encargao,
y a mí me llevó con él.

728

Muy pronto estuvo mi poncho
lo mesmo que cernidor[6];
el chiripá[7] estaba pior,
y aunque para el frío soy guapo[8]
ya no me quedaba un trapo
ni pa el frío, ni pa el calor.

---

[5] *después... amasao* después que había arreglado
bien la farsa
[6] *cernidor* rotoso
[7] *chiripá* paño llevado por los gauchos con la punta
de atrás levantada entre las piernas y asegurada
por delante
[8] *guapo* valiente

729

En tan triste desabrigo
tras de un mes, iba otro mes;
guardaba silencio el juez,
la miseria me invadía;
me acordaba de mi tía
al verme en tal desnudez.

730

No sé decir con fijeza
el tiempo que pasé allí;
y después de andar ansí
como moro sin señor[9],
pasé a poder del tutor
que debía cuidar de mí.

XIV

731

Me llevó consigo un viejo
que pronto mostró la hilacha[1];
dejaba ver por la facha
que era medio cimarrón,
muy renegao[2], muy ladrón,
y le llamaban Vizcacha.

732

Lo que el juez iba buscando
sospecho, y no me equivoco;
pero este punto no toco
ni su secreto averiguo;
mi tutor era un antiguo
de los que ya quedan pocos.

733

Viejo lleno de camándulas,

con un empaque[3] a lo toro,
andaba siempre en un moro
metido no sé en qué enriedos;
con las patas como loro,
de estribar entre los dedos.

734

Andaba rodiao de perros
que eran todo su placer:
jamás dejó de tener
menos de media docena;
mataba vacas ajenas
para darles de comer.

735

Carniábamos noche a noche
alguna res en el pago,
y dejando allí el rezago
alzaba en ancas el cuero,
que se lo vendía a un pulpero
por yerba, tabaco y trago.

736

¡Ah!, viejo más comerciante
en mi vida lo he encontrao.
Con ese cuero robao
él arreglaba el pastel,
y allí entre el pulpero y él,
se estendía el certificao[4].

737

La echaba de comedido[5];
en las trasquilas, lo viera,
se ponía como una fiera
si cortaban una oveja[6];

[9] *sin señor* libre
[1] *mostró la hilacha* descubrió sus malas cualidades
[2] *renegao* mal hablado

[3] *empaque* aspecto
[4] *se... certificao* se arreglaba el certificado de venta de la res
[5] *La... comedido* Fingía ser servicial
[6] *se... oveja* fingía ser muy honrado

pero de alzarse[7] no deja
un vellón o unas tijeras.

738

Una vez me dio una soba
que me hizo pedir socorro,
porque lastimé a un cachorro
en el rancho de unas vascas;
y al irse se alzó unas guascas[8]:
para eso era como zorro.

739

"¡Ahijuna!", dije entre mí;
"me has dao esta pesadumbre;
ya verás cuando vislumbre
una ocasión medio güena;
te he de quitar la costumbre
de cerdiar[9] yeguas ajenas."

740

Porque maté una vizcacha
otra vez me reprendió;
se lo vine a contar yo,
y no bien se lo hube dicho:
"Ni me nuembres ese bicho",
me dijo, y se me enojó.

741

Al verlo tan irritao
hallé prudente callar.
"Éste me va a castigar",
dije entre mí, "si se agravia."
Ya vi que les tenía rabia,
y no las volví a nombrar.

742

Una tarde halló una punta
de yeguas medio bichocas;
después que voltió unas pocas,
las cerdiaba con empeño:
yo vide venir al dueño,
pero me callé la boca.

743

El hombre venía jurioso
y nos cayó como un rayo;
se descolgó del caballo
revoliando el arriador[10],
y lo cruzó de un lazazo[11]
áhi no más a mi tutor.

744

No atinaba don Vizcacha
a qué lado disparar,
hasta que logró montar,
y, de miedo del chicote[12],
se lo apretó hasta el cogote[13],
sin pararse a contestar.

745

Ustedes creerán tal vez
que el viejo se curaría:
no, señores; lo que hacía,
con más cuidao dende entonces,
era maniarlas[14] de día
para cerdiar a la noche.

746

Ése jue el hombre que estuvo
encargao de mi destino;

[7] *alzarse* robar
[8] *guascas* tiras de cuero
[9] *cerdiar* cortar la cerda, o sea el pelo de la cola y el crin del caballo, que se vendían a buen precio

[10] *arriador* látigo
[11] *lazazo* golpe con el lazo o látigo
[12] *chicote* látigo
[13] *se... cogote* se agarró lo más posible al caballo
[14] *maniarlas* atarlas

siempre anduvo en mal camino,
y todo aquel vecindario
decía que era un perdulario,
insufrible de dañino.

747

Cuando el juez me lo nombró,
al dármeló de tutor,
me dijo que era un señor
el que me debía cuidar,
enseñarme a trabajar
y darme la educación.

748

Pero qué había de aprender
al lao de ese viejo paco[15],
que vivía como un chuncaco[16]
en los bañaos, como el tero;
un haragán, un ratero,
y más chillón que un barraco[17].

749

Tampoco tenía más bienes
ni propiedad conocida
que una carreta podrida,
y las paredes sin techo
de un rancho medio deshecho
que le servía de guarida.

750

Después de las trasnochadas
allí venía a descansar;
yo desiaba aviriguar
lo que tuviera escondido,
pero nunca había podido,
pues no me dejaba entrar.

[15] *paco*   taimado, aprovechador
[16] *chuncaco*   parásito parecido a la sanguijuela
[17] *barraco*   cerdo

751

Yo tenía unas jergas viejas,
que habían sido más peludas;
y con mis carnes desnudas,
el viejo, que era una fiera,
me echaba a dormir ajuera
con unas heladas crudas.

752

Cuando mozo jue casao,
aunque yo lo desconfío,
y decía un amigo mío
que, de arrebatao y malo,
mató a su mujer de un palo
porque le dio un mate frío.

753

Y viudo por tal motivo
nunca se volvió a casar;
no era fácil encontrar
ninguna que lo quisiera:
todas temerían llevar
la suerte de la primera.

754

Soñaba siempre con ella,
sin duda por su delito,
y decía el viejo maldito,
el tiempo que estuvo enfermo,
que ella dende el mesmo infierno
lo estaba llamando a gritos.

XV

755

Siempre andaba retobao[1];
con ninguno solía hablar;

[1] *retobao*   enojado

se divertía en escarbar
y hacer marcas con el dedo,
y en cuanto se ponía en pedo[2]
me empezaba a aconsejar.

756

Me parece que lo veo
con su poncho calamaco[3];
después de echar un güen taco,
ansí principiaba a hablar:
"Jamás llegués a parar
a donde veás perros flacos.

757

—"El primer cuidao del hombre
es defender el pellejo;
lleváte de mi consejo
fijáte bien lo que hablo:
el diablo sabe por diablo,
pero más sabe por viejo.

758

"Hacéte amigo del juez;
no le des de qué quejarse;
y cuando quiera enojarse
vos te debés encoger,
pues siempre es güeno tener
palenque ande ir a rascarse.

759

"Nunca le llevés la contra,
porque él manda la gavilla;
allí sentao en su silla,
ningún guey le sale bravo;
a uno le da con el clavo
y a otro con la cantramilla[4].

[2] *se... pedo* se emborrachaba
[3] *calamaco* de mala calidad
[4] *a uno... cantramilla* referencia a las puntas empleadas por el boyero para picar a los bueyes, i.e., el juez manda a todos

760

"El hombre, hasta el más soberbio,
con más espinas que un tala[5],
aflueja andando en la mala
y es blando como manteca:
hasta la hacienda baguala
cai al jagüel[6] con la seca.

761

"No andés cambiando de cueva;
hacé las que hace el ratón:
consérvate en el rincón
en que empezó tu esistencia:
vaca que cambia querencia
se atrasa en la parición."

762

Y menudiando los tragos
aquel viejo, como cerro,
"no olvidés", me decía, "Fierro,
que el hombre no debe crer
en lágrimas de mujer
ni en la renguera[7] del perro.

763

"No te debés afligir
aunque el mundo se desplome;
lo que más precisa el hombre
tener, según yo discurro,
es la memoria del burro,
que nunca olvida ande come.

764

"Dejá que caliente el horno
el dueño del amasijo;
lo que es yo, nunca me aflijo
y a todito me hago el sordo:

[5] *tala* árbol muy espinoso
[6] *jagüel* depósito de agua
[7] *renguera* cojera

el cerdo vive tan gordo,
y se come hasta los hijos.

765

"El zorro que ya es corrido
dende lejos la olfatea[8];
no se apure quien desea
hacer lo que le aproveche:
la vaca que más rumea
es la que da mejor leche.

766

"El que gana su comida
güeno es que en silencio coma;
ansina, vos, ni por broma
querrás llamar la atención:
nunca escapa el cimarrón
si dispara por la loma[9].

767

"Yo voy donde me conviene
y jamás me descarrío;
lleváte el ejemplo mío,
y llenarás la barriga;
aprendé de las hormigas:
no van a un noque vacío.

768

"A naides tengás envidia,
es muy triste el envidiar;
cuando veás a otro ganar,
a estorbarlo no te metas:
cada lechón en su teta
es el modo de mamar.

---

[8] *El... olfatea* El que tiene experiencia huela la trampa
[9] *nunca... loma* el caballo no logra escaparse si está en una loma porque se ve desde lejos

769

"Ansí se alimentan muchos
mientras los pobres lo pagan;
como el cordero hay quien lo haga
en la puntita, no niego[10];
pero otros, como el borrego,
toda entera se la tragan.

770

"Si buscás vivir tranquilo
dedicáte a solteriar[11],
mas si te querés casar,
con esta alvertencia sea:
que es muy difícil guardar
prenda que otros codicean.

771

"Es un bicho la mujer
que yo aquí no lo destapo[12],
siempre quiere al hombre guapo;
mas fijáte en la eleción,
porque tiene el corazón
como barriga de sapo[13]."

772

Y gangoso con la tranca[14],
me solía decir: "Potrillo,
recién te apunta el cormillo[15],
mas te lo dice un toruno:
no dejés que hombre ninguno
te gane el lao del cuchillo.

---

[10] *como... niego* no niego que hay quien coma como el cordero, nada más la punta de la teta
[11] *solteriar* ser soltero
[12] *que... destapo* ya se sabe
[13] *como... sapo* frío
[14] *tranca* borrachera
[15] *Potrillo... cormillo* Eres joven todavía; *cormillo* colmillo

"Las armas son necesarias,
pero naides sabe cuándo;
ansina, si andás pasiando,
y de noche sobre todo,
debés llevarlo de modo
que al salir, salga cortando.

774

"Los que no saben guardar
son pobres aunque trabajen;
nunca, por más que se atajen,
se librarán del cimbrón[16]:
al que nace barrigón
es al ñudo que lo fajen[17].

775

"Donde los vientos me llevan
allí estoy como en mi centro;
cuando una tristeza encuentro
tomo un trago pa alegrarme:
a mí me gusta mojarme
por ajuera y por adentro.

776

"Vos sos pollo, y te convienen
toditas estas razones;
mis consejos y leciones
no echés nunca en el olvido:
en las riñas he aprendido
a no peliar sin puyones[18]."

---

[16] *cimbrón* dolor, golpe
[17] *al que... fajen* es inútil tratar de disfrazar la gordura; i.e., es difícil cambiar la naturaleza humana; *al ñudo* inútil
[18] *puyones* púas de metal empleadas en las riñas de gallos para reforzar los espolones; aquí, apoyo, ayuda

777

Con estos consejos y otros
que yo en mi memoria encierro
y que aquí no desentierro,
educándomé seguía,
hasta que al fin se dormía
mesturao entre los perros.

XVI

778

Cuando el viejo cayó enfermo,
viendo yo que se empioraba
y que esperanza no daba
de mejorarse siquiera,
le truje una culandrera
a ver si lo mejoraba.

779

En cuanto lo vio, me dijo:
"Éste no aguanta el sogazo[1]:
muy poco le doy de plazo;
nos va a dar un espectáculo,
porque debajo del brazo
le ha salido un tabernáculo."

780

Dice el refrán que en la tropa
nunca falta un güey corneta[2]:
uno que estaba en la puerta
le pegó el grito áhi no más:
"Tabernáculo... qué bruto;
un tubérculo dirás."

---

[1] *sogazo* golpe con una soga; aquí, la enfermedad
[2] *güey corneta* buey de un solo cuerno; metafóricamente, el que es distinto o entremetido

781

Al verse ansí interrumpido,
al punto dijo el cantor:
"No me parece ocasión
de meterse los de ajuera;
tabernáculo, señor,
le decía la culandrera."

782

El de ajuera repitió,
dándolé otro chaguarazo[3]:
"Allá va un nuevo bolazo[4];
copo y se lo gano en puerta[5]:
a las mujeres que curan
se las llama curanderas."

783

"No es güeno, dijo el cantor,
muchas manos en un plato,
y diré al que ese barato[6]
ha tomao de entremetido,
que no creía haber venido
a hablar entre literatos."

784

Y para seguir contando
la historia de mi tutor,
le pediré a ese dotor
que en mi inorancia me deje,
pues siempre encuentra el que teje
otro mejor tejedor.

785

Seguía enfermo, como digo,
cada vez más emperrao;
yo estaba ya acobardao

[3] *chaguarazo* latigazo
[4] *bolazo* disparate
[5] *copo... puerta* apuesto y gano
[6] *barato* oportunidad

y lo espiaba dende lejos;
era la boca del viejo
la boca de un condenao.

786

Allá pasamos los dos
noches terribles de invierno:
él maldecía al Padre Eterno
como a los santos benditos,
pidiéndolé al diablo a gritos
que lo llevara al infierno.

787

Debe ser grande la culpa
que a tal punto mortifica;
cuando vía una reliquia
se ponía como azogado[7],
como si a un endemoniado
le echaran agua bendita.

788

Nunca me le puse a tiro[8],
pues era de mala entraña;
y viendo herejía tamaña,
si alguna cosa le daba,
de lejos se la alcanzaba
en la punta de una caña.

789

Será mejor, decía yo,
que abandonado lo deje,
que blasfeme y que se queje,
y que siga de esta suerte,
hasta que venga la muerte
y cargue con este hereje.

[7] *azogado* turbado
[8] *me... tiro* me le acerqué

790

Cuando ya no pudo hablar
le até en la mano un cencerro,
y al ver cercano su entierro,
arañando las paredes,
espiró allí entre los perros
y este servidor de ustedes.

.   .   .

Canta el poeta Hernández

XXXI

1143

Y despúes de estas palabras
que ya la intención revelan,
procurando los presentes
que no se armara pendencia,
se pusieron de por medio
y la cosa quedó quieta.[1]
Martín Fierro y los muchachos[2],
evitando la contienda,
montaron y paso a paso,
como el que miedo no lleva,
a la costa de un arroyo
llegaron a echar pie a tierra.
Desensillaron los pingos
y se sentaron en rueda,
refiriéndosé entre sí
infinitas menudencias
porque tiene muchos cuentos
y muchos hijos la ausencia.
Allí pasaron la noche
a la luz de las estrellas,
porque ése es un cortinao
que lo halla uno donde quiera,

y el gaucho sabe arreglarse
como ninguno se arregla:
el colchón son las caronas,
el lomillo es cabecera,
el coginillo es blandura
y con el poncho o la jerga,
para salvar del rocío,
se cubre hasta la cabeza[3].
Tiene su cuchillo al lado
—pues la precaución es güena—,
freno y rebenque a la mano,
y, teniendo el pingo cerca,
que pa asigurarlo bien
la argolla del lazo entierra
(aunque el atar con el lazo
da del hombre mala idea),
se duerme ansí muy tranquilo
todita la noche entera;
y si es lejos del camino,
como manda la prudencia,
más siguro que en su rancho
uno ronca a pierna suelta,
pues en el suelo no hay chinches,
y es una cuja camera[4]
que no ocasiona disputas
y que naides se la niega.
Además de eso, una noche
la pasa uno como quiera,
y las va pasando todas
haciendo la mesma cuenta;
y luego los pajaritos
al aclarar lo dispiertan,
porque el sueño no lo agarra
a quien sin cenar se acuesta.
Ansí, pues, aquella noche
jue para ellos una fiesta,
pues todo parece alegre
cuando el corazón se alegra.
No pudiendo vivir juntos
por su estado de pobreza,

[1] *Y despúes... quieta* Fierro acaba de tener un lance que no llega a la pelea por la intervención de los presentes.
[2] *muchachos* los hijos de Fierro y el hijo de Cruz

[3] *el colchón... cabeza* el sentido es que el gaucho duerme contento, empleando nada más que le sirva también para cabalgar
[4] *cuja camera* cama ancha

resolvieron separarse
y que cada cual se juera
a procurarse un refugio
que aliviara su miseria.
Y antes de desparramarse
para empezar vida nueva,
en aquella soledá
Martín Fierro, con prudencia,
a sus hijos y al de Cruz
les habló de esta manera:

XXXII

1144

Un padre que da consejos
más que padre es un amigo;
ansí como tal les digo
que vivan con precaución:
naides sabe en qué rincón
se oculta el que es su enemigo.

1145

Yo nunca tuve otra escuela
que una vida desgraciada:
no estrañen si en la jugada
alguna vez me equivoco,
pues debe saber muy poco
aquél que no aprendió nada.

1146

Hay hombres que de su cencia
tienen la cabeza llena;
hay sabios de todas menas[1],
mas digo, sin ser muy ducho:
es mejor que aprender mucho
el aprender cosas güenas.

[1] *menas*   clases

1147

No aprovechan los trabajos
si no han de enseñarnos nada;
el hombre, de una mirada,
todo ha de verlo al momento:
el primer conocimiento
es conocer cuándo enfada.

1148

Su esperanza no la cifren
nunca en corazón alguno;
en el mayor infortunio
pongan su confianza en Dios;
de los hombres, sólo en uno;
con gran precaución, en dos.

1149

Las faltas no tienen límites
como tienen los terrenos;
se encuentran en los más güenos,
y es justo que les prevenga:
aquél que defectos tenga,
disimule los ajenos.

1150

Al que es amigo, jamás
lo dejen en la estacada,
pero no le pidan nada
ni lo aguarden todo de él:
siempre el amigo más fiel
es una conducta honrada.

1151

Ni el miedo ni la codicia
es güeno que a uno le asalten;
ansí, no se sobresalten
por los bienes que perezcan;
al rico nunca le ofrezcan
y al pobre jamás le falten.

1152

Bien lo pasa, hasta entre pampas,
el que respeta a la gente;
el hombre ha de ser prudente
para librarse de enojos:
cauteloso entre los flojos,
moderado entre valientes.

1153

El trabajar es la ley,
porque es preciso alquirir;
no se espongan a sufrir
una triste situación:
sangra mucho el corazón
del que tiene que pedir.

1154

Debe trabajar el hombre
para ganarse su pan;
pues la miseria, en su afán
de perseguir de mil modos,
llama a la puerta de todos
y entra en la del haragán.

1155

A ningún hombre amenacen,
porque naides se acobarda;
poco en conocerlo tarda
quien amenaza imprudente,
que hay un peligro presente
y otro peligro se aguarda.

1156

Para vencer un peligro,
salvar de cualquier abismo,
por esperencia lo afirmo,
más que el sable y que la lanza
suele servir la confianza
que el hombre tiene en sí mismo.

1157

Nace el hombre con la astucia
que ha de servirle de guía;
sin ella sucumbiría,
pero, sigún mi esperencia,
se vuelve en unos prudencia
y en los otros picardía.

1158

Aprovecha la ocasión
el hombre que es diligente;
y, ténganló bien presente
si al compararla no yerro:
la ocasión es como el fierro:
se ha de machacar caliente.

1159

Muchas cosas pierde el hombre
que a veces las vuelve a hallar;
pero les debo enseñar,
y es güeno que lo recuerden:
si la vergüenza se pierde,
jamás se vuelve a encontrar.

1160

Los hermanos sean unidos
porque ésa es la ley primera;
tengan unión verdadera
en cualquier tiempo que sea,
porque, si entre ellos pelean,
los devoran los de ajuera.

1161

Respeten a los ancianos:
el burlarlos no es hazaña;
si andan entre gente estraña
deben ser muy precavidos,
pues por igual es tenido
quien con malos se acompaña.

1162

La cigüeña, cuando es vieja,
pierde la vista, y procuran
cuidarla en su edá madura
todas sus hijas pequeñas:
apriendan de las cigüeñas
este ejemplo de ternura.

1163

Si les hacen una ofensa,
aunque la echen en olvido,
vivan siempre prevenidos;
pues ciertamente sucede
que hablará muy mal de ustedes
aquél que los ha ofendido.

1164

El que obedeciendo vive
nunca tiene suerte blanda,
mas con su soberbia agranda
el rigor en que padece:
obedezca el que obedece
y será güeno el que manda.

1165

Procuren de no perder
ni el tiempo ni la vergüenza;
como todo hombre que piensa,
procedan siempre con juicio;
y sepan que ningún vicio
acaba donde comienza.

1166

Ave de pico encorvado[2]
le tiene al robo afición;
pero el hombre de razón
no roba jamás un cobre,

[2] *Ave... encorvado* Ave de rapiña

pues no es vergüenza ser pobre
y es vergüenza ser ladrón.

1167

El hombre no mate al hombre
ni pelee por fantasía;
tiene en la desgracia mía
un espejo en que mirarse;
saber el hombre guardarse
es la gran sabiduría.

1168

La sangre que se redama[3]
no se olvida hasta la muerte;
la impresión es de tal suerte,
que, a mi pesar, no lo niego,
cai como gotas de juego
en el alma del que la vierte.

1169

Es siempre, en toda ocasión,
el trago el pior enemigo;
con cariño se los digo,
recuérdenló con cuidado:
aquél que ofiende embriagado
merece doble castigo.

1170

Si se arma algún revolutis[4],
siempre han de ser los primeros;
no se muestren altaneros,
aunque la razón les sobre:
en la barba de los pobres
aprienden pa ser barberos[5].

[3] *redama* derrama
[4] *revolutis* pelea
[5] *en... barberos* los pobres siempre llevan la peor
parte de todo

1171

Si entriegan su corazón
a alguna mujer querida,
no le hagan una partida[6]
que la ofienda a la mujer:
siempre los ha de perder
una mujer ofendida.

1172

Procuren, si son cantores,
el cantar con sentimiento,
ni tiemplen el estrumento
por sólo el gusto de hablar,
y acostúmbrensé a cantar
en cosas de jundamento.

1173

Y les doy estos consejos
que me ha costado alquirirlos,
porque deseo dirigirlos;
pero no alcanza mi cencia
hasta darles la prudencia
que precisan pa seguirlos.

1174

Estas cosas y otras muchas
medité en mis soledades;
sepan que no hay falsedades
ni error en estos consejos:
es de la boca del viejo
de ande salen las verdades.

XXXIII

1175

Después a los cuatro vientos
los cuatro se dirigieron;

---

una promesa se hicieron
que todos debían cumplir;
mas no la puedo decir,
pues secreto prometieron.

1176

Les alvierto solamente
y esto a ninguno le asombre,
pues muchas veces el hombre
tiene que hacer de ese modo:
convinieron entre todos
en mudar allí de nombre.

1177

Sin ninguna intención mala
lo hicieron, no tengo duda;
pero es la verdá desnuda
siempre suele suceder:
aquél que su nombre muda
tiene culpas que esconder.

1178

Y ya dejo el estrumento
con que he divertido a ustedes;
todos conocerlo pueden
que tuve costancia suma:
éste es un botón de pluma[1]
que no hay quien lo desenriede.

1179

Con mi deber he cumplido,
y ya he salido del paso;
pero diré, por si acaso,
pa que me entiendan los criollos:
todavía me quedan rollos
por si se ofrece dar lazo[2].

---

[6] *partida* aquí, mala partida

[1] *botón de pluma* referencia cuyo significado exacto se discute todavía, pero el sentido es que el canto de Fierro ha sido muy largo y fatigoso para él
[2] *todavía... lazo* todavía tengo cosas que decir si resulta necesario

1180

Y con esto me despido
sin espresar hasta cuándo;
siempre corta por lo blando
el que busca lo siguro;
mas yo corto por lo duro,
y ansí he de seguir cortando.

1181

Vive el águila en su nido,
el tigre vive en su selva,
y el zorro en la cueva ajena,
y, en su destino incostante,
sólo el gaucho vive errante
donde la suerte lo lleva.

1182

Es el pobre en su orfandá
de la fortuna el desecho,
porque naides toma a pechos
el defender a su raza:
debe el gaucho tener casa,
escuela, iglesia y derechos.

1183

Y han de concluir algún día
estos enriedos malditos;
la obra no la facilito[3]
porque aumentan el fandango[4]
los que están, como el chimango[5],
sobre el cuero y dando gritos.

1184

Mas Dios ha de permitir
que esto llegue a mejorar;
pero se ha de recordar,
para hacer bien el trabajo,

que el fuego, pa calentar,
debe ir siempre por abajo.

1185

En su ley está el de arriba
si hace lo que le aproveche;
de sus favores sospeche
hasta el mesmo que lo nombra:
siempre es dañosa la sombra
del árbol que tiene leche[6].

1186

Al pobre, al menos descuido,
lo levantan de un sogazo,
pero yo compriendo el caso
y esta consecuencia saco:
el gaucho es el cuero flaco:
da los tientos para el lazo[7].

1187

Y en lo que esplica mi lengua
todos deben tener fe;
ansí, pues, entiéndanmé,
con codicias no me mancho:
no se ha de llover el rancho[8]
en donde este libro esté.

1188

Permítanmé descansar,
¡pues he trabajado tanto!
En este punto me planto
y a continuar me resisto:
éstos son treinta y tres cantos,
que es la mesma edá de Cristo.

---

[3] *no la facilito* no la veo muy fácil
[4] *fandango* baile; aquí, problema
[5] *chimango* ave de rapiña

[6] *siempre... leche* la higuera, considerada por los gauchos árbol de sombra dañina; referencia al peligro de buscar el amparo de los poderosos
[7] *el gaucho... lazo* el gaucho era la materia cruda (el cuero) a base de la cual existía la sociedad (el lazo)
[8] *no... rancho* no pasarán aprietos

1189

Y guarden estas palabras
que les digo al terminar:
en mi obra he de continuar
hasta dárselás concluida,
si el ingenio o si la vida
no me llegan a faltar.

1190

Y si la vida me falta,
ténganló todos por cierto
que el gaucho, hasta en el desierto,
sentirá en tal ocasión
tristeza en el corazón
al saber que yo estoy muerto.

1191

Pues son mis dichas desdichas
las de todos mis hermanos;
ellos guardarán ufanos

en su corazón mi historia:
me tendrán en su memoria
para siempre mis paisanos.

1192

Es la memoria un gran don,
calidá muy meritoria;
y aquéllos que en esta historia
sospechen que les doy palo,
sepan que olvidar lo malo
también es tener memoria.

1193

Mas naides se crea ofendido
pues a ninguno incomodo
y si canto de este modo
por encontrarlo oportuno,
no es para mal de ninguno
sino para bien de todos.

25 Juan Montalvo
(1832-1889)

Con el ecuatoriano Juan Montalvo, comenzó la larga y honrosa línea de la creación artística en prosa que conduce por toda la segunda mitad del siglo pasado, abarcando la novela de la llamada segunda generación romántica, algo purificada de los excesos de escuela; el ensayo, sobre todo el del positivismo; y el realismo y naturalismo, que desembocaron en el siglo XX. Sin embargo, Montalvo era en muchos sentidos plenamente romántico.

De temperamento fogoso, Montalvo pasó gran parte de su vida azarosa fuera del Ecuador: después de un viaje a Europa de 1857 a 1860, tuvo que pasar al destierro político en 1869, volviendo en 1876 para abandonar el país definitivamente en 1879. La razón de estas largas ausencias fue el odio raigal de Montalvo hacia la tiranía y la opresión. Blanco predilecto de sus ataques fue el tirano Gabriel García Moreno (1821–1875), conocido como el "Santo del Patíbulo" por haber fundado una teocracia intolerante y cruel. Aun después de la caída de García Moreno, volvió Montalvo al exilio cuando se dio cuenta de que el nuevo gobierno no significaba gran progreso en la batalla contra la tiranía.

Escribió Montalvo relatos, poesías y dramas, pero lo mejor de su producción literaria son sus ensayos, que regaba en libros y periódicos —fundó dos en su país natal y otro en París. A pesar del sentido político que informa gran parte de lo que escribió, interesan estos ensayos por su calibre literario. Como pensador político, Montalvo disponía de gran valor y extraordinario ímpetu, pero su caudal de ideas políticas se reducía a abogar por las virtudes tradicionales ejemplificadas en sus constantes referencias a la tradición romana: la virtud, el heroísmo, la abnegación, la tolerancia. Tampoco descollaba en la construcción orgánica; demasiado se ven las costuras. Pero donde apenas tiene rival Montalvo es en el brillo estilístico. Dueño de una nutrida cultura literaria que abarcaba los siglos XVIII y XIX hasta los costumbristas, los clásicos y los grandes autores del Renacimiento, enriquecía sus obras con citas y alusiones. Cierto sabor libresco resultado de esta costumbre queda equilibrada por su viva imaginación y una señalada capacidad para la recreación de diversos estilos. En el pulimento del lenguaje, el cuidado ante escoger la palabra justa, anticipa a los modernistas. El producto de este proceso creador es como un enorme mosaico en el cual se destacan muchos fragmentos por su riqueza verbal. El fragmento aquí incluido es de su obra maestra *Siete tratados*, escrita entre 1871 y 1875 y publicada en 1883. Entre sus otras obras siguen interesando por su valor literario varias, tales como *Los capítulos que se le olvidaron a Cervantes*, continuación de *Don Quixote* publicada póstumamente en 1885, y los ensayos reunidos en *Las Catalinarias* (1880–1881).

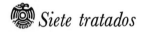 *Siete tratados*

LOS HÉROES

Llamábase Bolívar ese americano; el cual sabiendo al fin para lo que había nacido, sintió convertirse en vida inmensa y firme la desesperación que le mataba. La grande, muda, inerme presa que España había devorado trescientos largos años, echa al fin la primera queja y da una sacudida. Los patriotas sucumben, el verdugo se declara en ejercicio de su ministerio, y el Pichincha[1] siente los pies bañados con la sangre de los hijos mayores de la patria. Bien sabían éstos que el fruto de su atre-

[1] *Pichincha* volcán al norte de Quito, sitio de la derrota de los españoles por Sucre en 1822

De Juan Montalvo, *Siete tratados* (1883), pp. 103–113.

vimiento sería su muerte; no quisieron sino dar la señal, y dejar prendido el fuego que acabaría por destruir al poderoso tan extremado en la opresión como dueño de llevarla adelante. ¿Qué nombre tiene ese ofrecer la vida sin probabilidad ninguna de salir con el intento? Sacrificio; y los que se sacrifican son mártires; y los mártires se vuelven santos; y los santos gozan de la veneración del mundo. Nuestros santos, los santos de la libertad, santos de la patria, si no tienen altares en los templos, los tienen en nuestros corazones, sus nombres están grabados en la frente de nuestras montañas, nuestros ríos respetan la sangre corrida por sus márgenes y huyen de borrar esas manchas sagradas. Miranda[2], Madariaga[3], Roscio[4] a las cadenas; Torres[5], Caldas[6], Pombo[7], al patíbulo. Pero los que cogieron la flor de la tumba, los que desfilaron primero hacia la eternidad coronados de espinas bendecidas en el templo de la patria, se llaman Ascásubi, Salinas, Morales[8], y otros hombres, grandes en su obscuridad misma, grandes por el fin con que se entregaron al cadalso, primogénitos escogidos para el misterio de la redención de Sud-América. La primera

voz de independencia fue a extinguirse en el sepulcro: Quito, primera en intentarla, había de ser última en disfrutarla: así estaba de Dios, y doce años más de cautiverio se los había de resarcir en su montaña el más virtuoso de los héroes. Ese ¡ay! de tan ilustres víctimas; ese ¡ay! que quería decir: ¡Americanos, despertaos! ¡americanos, a las armas! llegó a Bolívar, y él se creyó citado para ante la posteridad por el Nuevo Mundo que ponía en sus manos sus destinos. Presta el oído, salta de alegría, se yergue y vuela hacia donde tiene un compromiso tácitamente contraído con las generaciones venideras. Vuela, mas no antes de vacar a una promesa que tenía hecha al monte Sacro, mausoleo de la Roma libre; porque el espíritu de Cincinato[9] y de Furio Camilo[10] le asistieran en la obra estupenda a la cual iba a poner los hombros. Medita, ora, se encomienda al Dios de los ejércitos, y en nao veloz cruza los mares a tomar lo que en su patria le corresponde de peligro y gloria.

Austero, pero sufrido; pocas virtudes le faltaban. Si el sufrimiento no se aviniera con la fogosidad de su alma cuando el caso lo pedía ¿qué fuera hoy de independencia y libertad? Sus aborrecedores agravios, él silencio; sus envidiosos calumnias, él desprecio; sus rivales provocaciones, él prudencia; con el ejército enemigo, un león: se echa sobre él y lo devora. Los huesos con que están blanqueando los campos de Carabobo, San Mateo, Boyacá, Junín[11] acreditan si esa fiera nobilísima era terrible en la batalla. Si de la exaltación pudiera resultar algo en

[2] *Miranda* Francisco Miranda (1752–1816), venezolano, peleó por la libertad de los Estados Unidos en la Revolución, militó en el ejército revolucionario francés e inició la Guerra de Independencia en Venezuela.

[3] *Madariaga* Joaquín Madariaga (1799–1848) y su hermano Juan (n. 1809), militares unitarios argentinos

[4] *Roscio* Juan Germán Roscio (1769–1821), político venezolano

[5] *Torres* Camilo Torres (1766–1816), patriota colombiano fusilado por el general español Morillo

[6] *Caldas* Francisco José de Caldas (1770–1816), naturalista colombiano matado por Morillo

[7] *Pombo* Miguel de Pombo (1779–1816), patriota colombiano fusilado por los españoles

[8] *Ascásubi, Salinas, Morales* miembros de una temprana sublevación, muertos todos en 1810 mientras el pueblo quiteño luchaba por sacarlos de la cárcel

[9] *Cincinato* legendario héroe romano (c. 500–430 a. de J.C.) quien, habiendo salvado el país de peligro, volvió a sus tareas agrícolas, abandonando el poder

[10] *Furio Camilo* Lucio Furio Camilo (siglo IV a. de J.C.), general romano

[11] *Carabobo... Junín* famosas batallas de la Guerra de Independencia sudamericana

daño de la República, un filósofo. Cuando el fin de las acciones de un hombre superior es otro que su propio engrandecimiento, sabe muy bien distinguir los casos en que ha de imperar su voluntad de los en que se rinde a la necesidad. Su inteligencia no abrazaba solamente las cosas a bulto, pero las deslindaba con primoroso discernimiento; y nunca se dio que faltase un punto a la gran causa de la emancipación apocándose con celos, odios ni rivalidades. En orden a las virtudes siempre sobre todos: cuando se vio capitán, luego fue Libertador. Imposible que hombre de su calidad no fuese el primero, aun entre reyes. Como caudillo, par a par con los mayores; de persona a persona, hombre de tomarse con el Cid, seguro que pudiera faltarle el brazo en diez horas de batalla, el ánimo ni un punto. Pero ni el brazo le falta: el vigor físico no es prenda indiferente en el que rige a los demás. Palante yace extendido boca arriba en las tierras de Evandro con una herida al pecho, la cual nada menos tiene que dos pies de longitud. Eneas[12] se la dio. Un trotón sale corriendo por el campo de batalla de entre las piernas de su caballero, cuando éste ha caído en dos mitades, una al un lado, otra al otro, partido desde la cabeza de un solo fendiente. Pirro es el dueño de esta hazaña. ¿Y quién se bota al suelo, se echa sobre la granada que está humeando a sus pies y la aplica a las fauces de su caballo que baila enajenado? Ah, estos poetas de la acción labran sus poemas en formas visibles, y los del pensamiento las estampan en caracteres perpetuos. Napoleón es tan poeta como Chateaubriand, Bolívar tan poeta como Olmedo.

Fervoroso, activo, pronto, no era hombre don Simón cuyo genio fuese irse paso a paso en las operaciones de la guerra; antes si mal resultó en ella varias veces, fue por sobra de ardor en la sangre y de prontitud en la resolución. De Fabio Máximo[13] no mucho, de Julio César poco, todo de Alejandro en el determinarse y el acometer. Cierta ocasión que había dejado mal seguras las espaldas, reparó con la celeridad el daño de la imprudencia; porque revolviendo sobre el enemigo cuando éste menos lo pensaba, hizo en él estragos tales, que el escarmiento fue igual a la osadía: unos a punta de lanza, otros ahogados en la fuga, dio tan buena cuenta de ellos, que si alguno se escapó fue merced al paso que llevaba. Agualongo[14], caudillo famoso, griego por la astucia, romano por la fuerza de carácter, sabe si a uno como Bolívar se le podía acosar impunemente. Pocas veces erró Bolívar por imprevisión: el don de acierto comunicaba solidez a sus ideas, y al paso que iba levantado muy alto en el ingenio, asentaba el pie sobre seguro, creciendo su alma en la erección con que propendía de continuo hacia la gloria. El leer y el estudiar habían sido en él diligencias evacuadas en lo más fresco de la juventud, sin que dejase de robarle a ésta buenas horas destinadas a las locuras del amor; lo que es en la edad madura, tiempo le faltó para la guerra, siendo así que combatió largos veinte años con varia fortuna, hasta ver colocada la imagen de la libertad en el altar de la patria. El cultivo de las letras más sosiego necesita del que permite el ruido de las armas; ni es de todos el dar ocupación a la pluma a un mismo tiempo que a la espada. César transmitía a

12 *Palante... Eneas* referencia a tres personajes de la *Eneida*, poema épico de las aventuras de Eneas después de la Guerra Troyana. Su autor fue Virgilio (70–19 a. de J.C.).

13 *Fabio Máximo* Quintus Fabius Maximus (m. 203 a. de J.C.), general romano que derrotó a Aníbal mediante una táctica sutil que evitaba la confrontación directa
14 *Agualongo* Augustín Agualongo (m. 1824), militar colombiano, coronel de milicias

la posteridad sus hechos según los iba consumando, ¡y en qué escritura, si pensáis! Las obras del acero, como suyas; la prosa en que las inmortalizaba, medida por la de Cicerón[15]. En los hombres extraordinarios, ésos que prevalecen sobre cien generaciones, y dominan la tierra altos como una montaña, el genio viene armado de todas armas, y así menean la cuchilla como dejan correr la pluma y sueltan la lengua en sonoros raudales de elocuencia. Guerrero, escritor, orador, todo lo fue Bolívar, y de primera línea. El pensamiento encendido, el semblante inmutado, cuando habla de la opresión, "la dulce tiranía de los labios" es terrible en el hombre que nació para lo grande. Su voz no ostentaba lo del trueno, pero como espada se iba a las entrañas de la tiranía, fulgurando en esos capitolios al raso[16] que la victoria erigía después de cada gran batalla. Cuéntase que al penetrar en el recinto del congreso, libertada ya Colombia y constituida la República, entró que parecía ente sobrehumano por el semblante, el paso, el modo, y un aire de superioridad y misterio, que dio mucho en que se abismasen los próceres allí reunidos. Una obra inmensa llevada a felice cima; batallas estupendas, triunfos increíbles, proezas del valor y la constancia, y por corona la admiración y el aplauso de millones de hombres, son en efecto para comunicar a un héroe ese aspecto maravilloso con que avasalla el alma de los que le miran, agolpándoseles a la memoria los hechos con los cuales ha venido a ser tan superior a todos.

Andando el tiempo, hallábase enfermo en Pativilca[17], presa de la calentura, desencajado, mustio: uno de sus admiradores nos le describe sentado ahí, juntas y puntiagudas las rodillas, pálido el rostro, hombre más para la sepultura que para la batalla. Los españoles, formidables, dueños de todo el alto Perú[18] y de la mayor parte del bajo: quince mil hombres de los que habían vencido a las huestes napoleónicas y echado de España el águila poderosa. Laserna[19], Canterac[20] y otros valientes generales, bien armados, ricos y atrevidos con mil triunfos: la República, perdida. "¿Qué piensa hacer vuestra excelencia?," pregunta don Joaquín Mosquera[21]. "Vencer," responde el héroe. Toques sublimes de elevación y longanimidad que acreditan lo noble de su sangre y lo alto de su pecho. ¿En qué la cede a los grandes hombres de lo antiguo? En que es menor con viente siglos, y sólo el tiempo, viejo prodigioso, destila en su laboratorio mágico el óleo con que unge a los príncipes de naturaleza. ¿Qué será Bolívar cuando sus hazañas, pasando de gente en gente, autorizadas con el prestigio de los siglos, lleguen a los que han de vivir de aquí a mil años? Podrá Europa injusta y egoísta apocarnos cuanto quiera ahora que estamos dando nuestros primeros pasos en el mundo; pero si de ella es el pasado, el porvenir es de América, y las ruinas no tienen sonrisas de desdén para la gloria. ¡Luis XIV, Napoleón, grandes hombres! Grandes son los que civilizan, los que libertan pueblos: grande es Pedro I de Rusia, grande Bolívar, civilizador el uno, libertador el otro. Luis XIV es el Genio del despotismo; Napoleón, el de la ambición y la conquista. El Genio de la

[15] *Cicerón* Marcus Tullius Cicero (106–43 a. de J.C.), orador y escritor romano cuyo estilo se considera modelo

[16] *al raso* al aire libre

[17] *Pativilca* ciudad peruana donde Bolívar descansó de una herida antes de emprender la campaña del Perú

[18] *el alto Perú* región que corresponde al actual país de Bolivia

[19] *Laserna* José de la Serna (1770–1832), general español de la batalla de Ayacucho

[20] *Canterac* José Canterac (m. 1835), general español

[21] *Joaquín Mosquera* (1787–1882), prócer y político colombiano

libertad en ninguna manera ha de ser inferior; antes siendo hijo de la luz, su progenitura es divina, cuando los otros crecen, y se desenvuelven y son grandes en las sombras. Sus enemigos echaron en campaña la voz de su coronación por mano de las potencias europeas, cuando nada estuvo más lejos de su pensamiento. Verdad es que hubo Antonios que le tentasen a ese respecto; pero más leal que César o menos ambicioso, él siempre rechazó de buena fe tan indebidas ofertas. Su bandera había sido la de la democracia, y no podía sin incurrir en mal caso relegar al olvido el símbolo de sus victorias. A ser él para dar oído a las almibaradas cláusulas de la adulación, tiempo había que hubiera muerto rey, pues de seguro le matan si acomete a coronarse. El cuchillo de la envidia envuelto en tinieblas, erró el golpe; el puñal de la salud en el brazo de la libertad le hubiera acertado en medio pecho. Trabajo les mandaba ya a sus detractores de que fundasen sus malos juicios en alegaciones aceptables. El puñal tendrá fuerza de convencimiento cuando habla en mano de Bruto; en la de cualquier otro, jura falso. Los que evocan la sombra de este romano, aseguren el golpe, si quieren ser libertadores; en fallando la empresa, quedarán por asesinos: el buen éxito es necesario para la bondad de la causa. ¿Qué digo? Si Bolívar muere a poder de los Cascas y los Casios colombianos, las maldiciones de América hubieran estado cayendo perpetuamente sobre ellos, como las gotas negras que miden la eternidad y marcan la frente de los réprobos: el mal suceso de su temerario intento los ha salvado; pues, según se me trasluce, perdonados están en razón de la buena fe con que tal vez algunos de ellos abrazaron esa horrible causa, ya por exceso de credulidad, ya por sobra de ardor en la sangre. Voy a más y digo, que puesto caso que las intenciones ambiciosas

del Libertador fueran manifiestas, no era el puñal el instrumento de la salvación de la República: el parricidio vuelve negro todo cuanto le rodea, infesta un gran espacio a la redonda, y sus sombras envenenadas son capaces de corromper la luz del día. Los chinos arrasan, no solamente la casa, sino también el pueblo donde ha nacido un parricida: parientes, extraños, viejos, mozos, mujeres, niños, todo lo matan, hasta los animales, y esterilizan con sal la tierra que produjo bestia semejante. En ser de hombres libres y republicanos todos somos hijos de Bolívar, libertador y fundador de la República: no podemos matarle sin merecer el castigo de los parricidas.

Los soldados andan taciturnos por el campamento, el cañón está apagado y triste: la lanza no amaga tendida en el brazo del llanero, y el corcel pace tranquilo en la dehesa. ¿Qué ha sucedido? El jefe se halla en su tienda de campaña, la calentura le tiene delirante: sus heridas, anchas y profundas, hablan de muerte, y amenazan a la guerra con viudez inconsolable. España va a perder uno de sus hijos más feroces, pero más esforzados; la causa de la servidumbre se verá privada de su primer ministro. ¡Boves[22] se muere, murió Boves! Boves no ha muerto: sobre un bridón que resopla y manotea pasa revista a sus llaneros, sus amigos fieles, cuyo cariño es para nosotros la ruina de la patria. Negra la cabellera, pálido el rostro, se gallardea en un pisador soberbio, ostentando la salud recobrada y el brío de su temperamento. Los soldados han visto convertirse en júbilo su tristeza, en bélico ardor el desmayo de sus corazones. Boves está allí, al frente de ellos, Boves su jefe, Boves el cruel, Boves el terrible con el enemigo; el afable, el bueno, el generoso con

[22] *Boves* José Tomás Boves (1783–1814), guerrillero realista español y jefe de un ejército llanero que derrotó a Bolívar y Mariño en 1814

el amigo. Por Boves, no por el rey, se combaten con sus compatriotas, por él se matan con sus hermanos: el amor de la guerra une esas almas fieras, y este consorcio apasionado es funesto para los republicanos. Boves el león había infundido cariño terrible en el pecho de los llaneros, otros leones, los del Apure[23], más reales que los de Asia, los de esos bosques temerosos donde el sol y la tierra se unen para crear los seres más pujantes.

El jefe va y viene, su aspecto anima a los soldados, su voz los enardece; todos piden el combate. ¡A caballo! ¡a caballo! Tiembla el suelo a ese galope tempestuoso, los aceros van despidiendo sanguinolentas llamas, suena airada la vaina en el estribo, y una torre de polvo se levanta detrás de aquel turbión humano. ¿Quién resiste el empuje de esas fieras juramentadas ante el príncipe de las tinieblas para salir con la victoria o bajar todos al infierno? ¿Qué cuello es tan listo que rehuya la comba homicida de ese sable? ¿Qué pecho tan duro que rechace los botes de esa lanza? El escudo de Ayax[24], aforrado con siete cueros de toro, no sería resguardo harto seguro contra esa lengua horripilante que se viene vibrando como culebra enfurecida. Ya embisten, ya sueltan el brazo, ya causan la herida larga como la cuarta. ¿Qué los detiene? ¿por qué retroceden aterrados los jinetes? El enemigo habló por mil bocas de fuego, la metralla hace estragos en los contrarios escuadrones: las columnas de San Mateo permanecen inmobles: las fuerzas todas de la potente Iberia no las quebrantarían, si contra ellas se viniesen en hórrido coraje. Y el jefe realista está allí, activo, ardiente, furioso. ¡Llaneros, a la carga! Y los llaneros vuelven, porque no iban de fuga, y acometen con más ímpetu, y se estrellan contra los infantes que

23 *el Apure*   estado venezolano
24 *Ayax*   Ajax, héroe de la Guerra Troyana

les oponen la erguida bayoneta. Mil caballos huyen sueltos, otros arrancan espantados, su dueño colgando en la estribera, y bufan y acocean al agonizante. El número de los llaneros disminuye, pero su valor aumenta: la sangre de sus camaradas les aviva la sed que tienen de la del enemigo, los enfurece, les pone fuego a las entrañas: quieren vengar a los caídos, y caen a su vez, y la tierra se encharca, al tiempo que el aire rebosa con el ruido de las armas y el vocear de los guerreros. Ninguno da pie atrás: la pelea está irritada con el punto de honra y la venganza, ese fuego no se apaga sino con la última gota de la enemiga sangre. Boves se dispara del uno al otro extremo de las filas combatientes; Boves manda en voz alta triunfar a todo trance; Boves anima, Boves enloquece, y en su pasar de un lado a otro semeja al héroe fantástico de las batallas infernales. El fuego contra el fuego nada presta: ¡arma blanca, sable, espada! ¡cargar, llaneros! ¡triunfar, valientes! Boves habla; los llaneros se tiran ciegos, miles caen de una y otra parte, la victoria está indecisa.

Un día subió un niño a las alturas del Pichincha: niño es, y sabe ya en dónde está, y tiene la cabeza y el pecho llenos de la batalla. El monte en las nubes, con su rebozo de nieblas hasta la cintura: gigante enmascarado, causa miedo. La ciudad de Quito, a sus pies, echa al cielo sus mil torres: las verdes colinas de esta linda ciudad, frescas y donosas, la circunvalan cual nudos gigantescos de esmeralda, puestas como al descuido en su ancho cinturón. Roma, la ciudad de las colinas, no las tiene ni más bellas, ni en más número. Un ruido llega apenas a la altura, confuso, vago, fantástico, ese ruido compuesto de mil ruidos, esa voz compuesta de mil voces que sale y se levanta de las grandes poblaciones. El retintín de la campana, el golpe del martillo, el relincho del caballo, el ladrido del perro, el chirrido de los carros, y mil ayes que no sabe uno de dónde proceden, suspiros de sombras, arrojados acaso por el hambre de su aposento sin hogar, y subidos a lo alto a mezclarse con las risas del placer y corromperlas con su melancolía. El niño oía, oía con los ojos, oía con el alma, oía el silencio, como está dicho en la Escritura; oía el pasado, oía la batalla. ¿En dónde estaba Sucre[25]? Tal vez aquí, en este sitio mismo, sobre este verde peldaño: pasó por allí, corrió por más allá, y al fin se disparó por ese lado tras los españoles fugitivos. Echó de ver un hueso blanco el niño, hueso medio oculto entre la grama y las florecillas silvestres: se fue para él y lo tomó: ¿será de uno de los realistas? ¿será de uno de los patriotas? ¿es hueso santo o maldito? ¡Niño! no digas eso: hombres malditos puede haber; huesos malditos no hay. Sabe que la muerte, con ser helada, es fuego que purifica el cuerpo: primero lo corrompe, lo descompone, lo disuelve; después le quita el mal olor, lo depura: los huesos de los muertos, desaguados por la lluvia, labrados por el aire, pulidos por la mano del tiempo, son despojos del género humano; de éste ni de ese hombre, no: los de nuestros enemigos no son huesos enemigos; restos son de nuestros semejantes. Niño, no lo arrojes con desdén. Pero se engañaba ese infantil averiguador de las cosas de la tumba: los huesos de nuestros padres muertos en Pichincha son ya gaje[26] de la nada: el polvo mismo tomó una forma más sutil, se convirtió en espíritu, desapareció, y está depositado en la ánfora invisible en que la eternidad recoge los del género humano.

[25] *Sucre*   Antonio José de Sucre (1793–1830), general venezolano que ganó las batallas de Pichincha (1822) y Ayacucho (1824), aseguró la independencia de Bolivia y se hizo presidente de Bolivia (1824–1828)

[26] *gaje*   parte

Hubiera convenido que ese niño, que no debió de ser como los otros, hallase en el campo de batalla una columna en la cual pudiese leer las circunstancias principales de ese gran acontecimiento.

A orillas del Atlántico, en quinta solitaria se halla tendido un hombre en lecho casi humilde: poca gente, poco ruido. El mar da sus chasquidos estrellándose contra las peñas, o gime como sombra cuando sus ondas se apagan en la arena. Algunos árboles oscuros alrededor de la casa parecen los dolientes; los dolientes, pues ese hombre se muere. ¿Quién es? Simón Bolívar, libertador de Colombia y del Perú. ¿Y el libertador de tantos pueblos agoniza en ese desamparo? ¿dónde los embajadores, dónde los comisionados que rodeen el lecho de ese varón insigne? Ese varón insigne es proscrito a quien cualquier perdido puede quitar la vida: su patria lo ha decretado[27]. "¡Me siento convertir en un dios!," exclamó Vespasiano[28] cuando rendía el aliento: Bolívar rindió el aliento y se convirtió en un dios. El espíritu que se liberta de la carne y se hunde en el abismo de la inmortalidad, se convierte en dios: abismo luminoso, glorioso, infinito: allí está Bolívar. El puñal no sube al cielo a perseguir a nadie. Murió Bolívar casi en la necesidad, rasgo indispensable a su grandeza. Manio Curio[29],

[27] *decretado*   El sueño bolivariano de una gran federación, la Gran Colombia, se vio frustrado por la corrupción, la ambición, el separatismo y el privilegio entre los dirigentes políticos. Cuando el mismo Bolívar mandó matar a varios hombres que habían intentado asesinarle, se le acusó de tirano. Amargado, abandonó su tarea y murió el mismo año. El decreto al cual aquí se refiere refleja el estado de insurrección y rebeldía, además de los intentos de matarle.

[28] *Vespasiano*   emperador romano (9–79 d. de J.C.)

[29] *Manio Curio*   Dentato Curio (siglo III a. de J.C.), cónsul romano, célebre por sus hazañas militares y su rechazo del lujo

Fabricio[30], Emilio Paulo[31] murieron indigentes: Régulo[32], si no araba con su mano su pegujalito[33], no podía mantener a su familia; y Mumio[34] nada tomó para sí de los tesoros inagotables de Corinto[35]. Arístides[36], el más justo; Epaminondas[37], el mayor de los griegos, no dejaron con qué se los enterrase, y habían vencido reyes en pro de la libertad. Las riquezas son como un desdoro en los hombres que nacen para lo alto, viven para lo bueno, y mueren dejando el mundo lleno de su gloria. La codicia no es

[30] *Fabricio* Fabricius (m. *c.* 270 a. de J.C.), héroe romano, símbolo de la rectitud
[31] *Emilio Paulo* cónsul romano que murió peleando contra los cartaginenses, en 216 a. de J.C.
[32] *Régulo* cónsul romano (siglo III a. de J.C.) célebre por su patriotismo y su rectitud
[33] *pegujalito* pequeña hacienda
[34] *Mumio* general romano (siglo II a. de J.C.), conquistador de Grecia
[35] *Corinto* ciudad griega conquistada por Mumio
[36] *Arístides* juez ateniense (530–468 a. de J.C.), símbolo de la justicia
[37] *Epaminondas* general griego (*c.* 410–362 a. de J.C.)

achaque de hombres grandes, puesto que la ambición no deja de inquietarlos con sus ennoblecedoras comezones: enfermedad agradable por lo que tiene de voluptuoso; temible, si no la suaviza la cordura. Si Bolívar hubiera sido naturalmente ambicioso, su juicio recto, su pulso admirable, su magnanimidad incorrupta le hubieran hecho volver el pensamiento a cosas de más tomo que una ruin corona, la cual, con ser ruin, le habría despedazado la cabeza. Rey es cualquier hijo de la fortuna; conquistador es cualquier fuerte; libertadores son los enviados de la Providencia. Tanto vale un hombre superior y bien intencionado, que no conocerle es desgracia; combatir conociéndole, malicia imperdonable. Los enemigos de Bolívar desaparecen de día en día sin dejar herederos de sus odios: dentro de mil años su figura será mayor y más resplandeciente que la de Julio César, héroe casi fabuloso, abultado con la fama, ungido por los siglos.

26 Ricardo Palma
(1832-1919)

Fuera de algunos viajes de juventud, Ricardo Palma pasó casi toda la vida en su Lima natal. Después de militar en la política turbulenta de la época, se apartó de la vida pública para dedicarse a las letras. De igual manera renegó de sus dramas y poemas de juventud, obras de un romanticismo truculento que habían ganado bastante éxito popular. El temperamento de Palma era más bien irónico, escéptico; prefirió dedicarse a las letras y a sus estudios de filología e historia, materias en las cuales llevó a cabo investigaciones importantes. Durante casi tres décadas ocupó el puesto de jefe de la Biblioteca Nacional.

La contribución más importante de Palma a la literatura la fueron sus *Tradiciones peruanas*, que suman diez volúmenes publicados entre 1872 y 1911, si bien las ensayaba alrededor de 1860. Palma mismo nos dio la definición de la tradición:

> ... es romance y no es romance; es historia y no es historia. La forma ha de ser ligera y recogida; la narración, rápida y humorística. Me vino en mientes platear píldoras y dárselas a tragar al pueblo, sin andarme con escrúpulos de monja boba. Algo, y aún algos, de mentira, y tal cual dosis de verdad, por infinitésimal que sea: mucho de esmero y pulimento en el lenguaje; y cata[1] la receta para escribir *tradiciones*.

Consta que aquí hay cierta porción de descaro; al hablar de recetas, píldoras y la falta de escrúpulos, deja bien claro que las confeccionaba en sangre fría. No obstante, muchas tradiciones se leen todavía con gusto por el tono irónico. Referentes a la época colonial, mezclan historia y fantasía, y todo se expresa a través de una gracia ligera, a veces rayana en lo picante (hay un manuscrito de tradiciones inéditas por exceso de tales condimentos). Sería demasiado hacer entrar todas las tradiciones en la historia del cuento; falta el desarrollo, falta la unidad. Más que cuentos, son comentarios burlones. Sus asuntos los encontraba Palma en todo lo referente a la Colonia: el folklore, las crónicas, documentos, cartas. Empleaba deliberadamente un idioma ligeramente arcaico salpimentado de toda clase de vocablos y giros americanos y hasta callejeros, pero con una sintaxis rigurosamente castiza. Esta pasión por enriquecer el idioma a través de un estilo cuidadoso lo emparienta con el modernismo naciente. La tradición aquí reproducida es una de sus más famosas y merece tal fama por la aparente inocencia del relato de las proezas del fraile, inocencia que no disfraza del todo la discreta sonrisa irónica.

[1] *cata*   behold

El alacrán de Fray Gómez

(*A Casimiro Prieto Valdés*)

Principio principiando;
  principiar quiero,
por ver si principiando
  principiar puedo.

In diebus illis[1], digo, cuando yo era muchacho, oía con frecuencia a las viejas exclamar, ponderando el mérito y precio de una alhaja: "¡Esto vale tanto como el alacrán de fray Gómez!"

[1] *In diebus illis*   (latín) En aquellos días, i.e., hace mucho

De Ricardo Palma, *Tradiciones peruanas* (Madrid, 1923–1925).

Tengo una chica, remate de lo bueno, flor de la gracia y espumita de la sal, con unos ojos más pícaros y trapisondistas que un par de escribanos:

chica que se parece
al lucero del alba
cuando amanece,

al cual pimpollo he bautizado, en mi paternal chochera, con el mote de *alacrancito de fray Gómez*. Y explicar el dicho de las viejas, y el sentido del piropo con que agasajo a mi Angélica, es lo que me propongo, amigo y camarada Prieto, con esta tradición.

El sastre paga deudas con puntadas, y yo no tengo otra manera de satisfacer la literaria que con usted he contraído que dedicándole estos cuatro palotes.

I

Éste era un lego contemporáneo de don Juan de la Pirindica, el de la valiente pica, y de San Francisco Solano[2]; el cual lego desempeñaba en Lima, en el convento de los padres seráficos, las funciones de refitolero en la enfermería u hospital de los devotos frailes. El pueblo lo llamaba fray Gómez, y fray Gómez lo llaman las crónicas conventuales, y la tradición lo conoce por fray Gómez. Creo que hasta en el expediente que para su beatificación y canonización existe en Roma no se le da otro nombre.

Fray Gómez hizo en mi tierra milagros a mantas, sin darse cuenta de ellos y como quien no quiere la cosa. Era de suyo milagrero[3], como aquél que hablaba en prosa sin sospecharlo[4].

Sucedió que un día iba el lego por el puente, cuando un caballo desbocado arrojó sobre las losas al jinete. El infeliz quedó patitieso, con la cabeza hecha una criba y arrojando sangre por boca y narices.

—¡Se descalabró, se descalabró! —gritaba la gente—. ¡Que vayan a San Lázaro por el santo óleo!

Y todo era bullicio y alharaca.

Fray Gómez acercóse pausadamente al que yacía en la tierra, púsole sobre la boca el cordón de su hábito, echóle tres bendiciones, y sin más médico ni más botica el descalabrado se levantó tan fresco, como si golpe no hubiera recibido.

—¡Milagro, milagro! ¡Viva fray Gómez! —exclamaron los infinitos espectadores.

Y en su entusiasmo intentaron llevar en triunfo al lego. Éste, para substraerse a la popular ovación, echó a correr camino de su convento y se encerró en su celda.

La crónica franciscana cuenta esto último de manera distinta. Dice que fray Gómez, para escapar de sus aplaudidores, se elevó en los aires y voló desde el puente hasta la torre de su convento. Yo ni lo niego ni lo afirmo. Puede que sí y puede que no. Tratándose de maravillas, no gasto tinta en defenderlas ni en refutarlas.

Aquel día estaba fray Gómez en vena de hacer milagros, pues cuando salió de su celda se encaminó a la enfermería, donde encontró a San Francisco Solano acostado sobre una tarima, víctima de una furiosa jaqueca. Pulsóle el lego y le dijo:

[3] *Era... milagrero* Hacía milagros por naturaleza, sin apenas darse cuenta

[4] *aquél... sospecharlo* referencia al *Bourgeois gentilhomme* de Molière, autor cómico francés (1622-1673)

[2] *Solano* franciscano español (1549-1610) que murió en Lima

—Su paternidad está muy débil, y haría bien en tomar algún alimento.

—Hermano —contestó el santo—, no tengo apetito.

—Haga un esfuerzo, reverendo padre, y pase siquiera un bocado.

Y tanto insistió el refitolero, que el enfermo, por librarse de exigencias que picaban ya en majadería, ideó pedirle lo que hasta para el virrey habría sido imposible conseguir, por no ser la estación propicia para satisfacer el antojo.

—Pues mire, hermanito, sólo comería con gusto un par de pejerreyes.

Fray Gómez metió la mano derecha dentro de la manga izquierda, y sacó un par de pejerreyes tan fresquitos que parecían acabados de salir del mar.

—Aquí los tiene su paternidad, y que en salud se le conviertan. Voy a guisarlos.

Y ello es que con los benditos pejerreyes quedó San Francisco curado como por ensalmo.

Me parece que estos dos milagritos de que incidentalmente me he ocupado no son paja picada[5]. Dejo en mi tintero otros muchos de nuestro lego, porque no me he propuesto relatar su vida y milagros.

Sin embargo, apuntaré, para satisfacer curiosidades exigentes, que sobre la puerta de la primera celda del pequeño claustro, que hasta hoy sirve de enfermería, hay un lienzo pintado al óleo representando estos dos milagros, con la siguiente inscripción:

El Venerable Fray Gómez. Nació en Extremadura en 1560. Vistió el hábito en Chuquisaca en 1580. Vino a Lima en 1587. Enfermero fue cuarenta años, ejercitando todas las virtudes, dotado de favores y dones celestiales. Fue su vida un continuado milagro. Falleció en 2 de mayo de 1631, con fama de santidad. En el año siguiente se *colocó el cadáver en la capilla de Aranzazú, y en 13 de octubre de 1810 se pasó debajo del altar mayor, a la bóveda donde son sepultados los padres del convento. Presenció la traslación de los restos el señor doctor don Bartolomé María de las Heras. Se restauró este venerable retrato en 30 de noviembre de 1882, por M. Zamudio.*

II

Estaba una mañana fray Gómez en su celda entregado a la meditación, cuando dieron a la puerta unos discretos golpecitos, y una voz de quejumbroso timbre dijo:

—*Deo gratias*... ¡Alabado sea el Señor!

—Por siempre jamás, amén. Entre, hermanito —contestó fray Gómez.

Y penetró en la humildísima celda un individuo algo desarrapado, *vera effigies*[1] del hombre a quien acongojan pobrezas, pero en cuyo rostro se dejaba adivinar la proverbial honradez del castellano viejo.

Todo el mobiliario de la celda se componía de cuatro sillones de vaqueta, una mesa mugrienta, y una tarima sin colchón, sábanas ni abrigo, y con una piedra por cabezal o almohada.

—Tome asiento, hermano, y dígame sin rodeos lo que por acá le trae —dijo fray Gómez.

—Es el caso, padre, que yo soy hombre de bien a carta cabal...

—Se le conoce y que persevere deseo, que así merecerá en esta vida terrena la paz de la conciencia, y en la otra la bienaventuranza.

—Y es el caso que soy buhonero, que vivo cargado de familia y que mi comercio no cunde por falta de medios, que no por holgazanería y escasez de industria en mí.

---

[5] *paja picada*   triviales

[1] *vera effigies*   (latín) verdadero efigie o imagen viva

—Me alegro, hermano, que a quien honradamente trabaja Dios le acude.

—Pero es el caso, padre, que hasta ahora Dios se me hace el sordo, y en acorrerme tarda...

—No desespere, hermano, no desespere.

—Pues es el caso que a muchas puertas he llegado en demanda de habilitación por quinientos duros, y todas las he encontrado con cerrojo y cerrojillo. Y es el caso que anoche, en mis cavilaciones, yo mismo me dije a mí mismo: "¡Ea!, Jerónimo, buen ánimo y vete a pedirle el dinero a fray Gómez, que si él lo quiere, mendicante y pobre como es, medio encontrará para sacarte del apuro. Y es el caso que aquí estoy porque he venido, y a su paternidad le pido y ruego que me preste esa puchuela² por seis meses, seguro que no será por mí por quien se diga:

En el mundo hay devotos
de ciertos santos:
la gratitud les dura
lo que el milagro;
que un beneficio
da siempre vida a ingratos
desconocidos.

—¿Cómo ha podido imaginarse, hijo, que en esta triste celda encontraría ese caudal?

—Es el caso, padre, que no acertaría a responderle; pero tengo fe en que no me dejará ir desconsolado.

—La fe lo salvará, hermano. Espere un momento.

Y paseando los ojos por las desnudas y blanqueadas paredes de la celda, vio un alacrán que caminaba tranquilamente sobre el marco de la ventana. Fray Gómez arrancó

²*puchuela* cosa insignificante

una página de un libro viejo, dirigióse a la ventana, cogió con delicadeza a la sabandija, la envolvió en el papel, y tornándose hacia el castellano viejo le dijo:

—Tome, buen hombre, y empeñe esta alhajita; no olvide, sí, devolvérmela dentro de seis meses.

El buhonero se deshizo en frases de agradecimiento, se despidió de fray Gómez y más que de prisa se encaminó a la tienda de un usurero.

La joya era espléndida, verdadera alhaja de reina morisca, por decir lo menos. Era un prendedor figurando un alacrán. El cuerpo lo formaba una magnífica esmeralda engarzada sobre oro, y la cabeza un grueso brillante con dos rubíes por ojos.

El usurero, que era hombre conocedor, vio la alhaja con codicia, y ofreció al necesitado adelantarle dos mil duros por ella; pero nuestro español se empeñó en no aceptar otro préstamo que el de quinientos duros por seis meses, y con un interés judaico, se entiende. Extendiéronse y firmáronse los documentos o papeletas de estilo, acariciando el agiotista la esperanza de que a la postre el dueño de la prenda acudiría por más dinero, que con el recargo de intereses lo convertiría en propietario de joya tan valiosa por su mérito intrínseco y artístico.

Y con este capitalito fuele tan prósperamente en su comercio, que a la terminación del plazo pudo desempeñar la prenda, y, envuelta en el mismo papel en que la recibiera, se la devolvió a fray Gómez.

Éste tomó el alacrán, lo puso sobre el alféizar de la ventana, le echó una bendición y dijo:

—Animalito de Dios, sigue tu camino.

Y el alacrán echó a andar libremente por las paredes de la celda.

Y vieja, pelleja,
aquí dio fin la conseja.

27 Juan Zorrilla de San Martín
(1855-1931)

Tanto la vida como la obra literaria y política de Juan Zorrilla de San Martín eran una reacción contra el liberalismo materialista que dominaba la vida pública uruguaya durante gran parte de la segunda mitad del siglo XIX. Estudió en colegios religiosos de Chile y el Uruguay, y en la vida madura se destacó como vocero del catolicismo democrático conservador, fundando el importante diario *El Bien Público*. Además de ser profesor, periodista y juez, desempeñó una serie de cargos políticos; entre éstos, los de Ministro Plenipotenciario a España, Portugal y Francia de 1891 a 1897 y diversas misiones diplomáticas a la Argentina, Chile, Paraguay, el Brasil y el Vaticano.

Sus *Poesías líricas* (1877) son típicas del romanticismo tardío, con notoria influencia de Bécquer y Espronceda; alcanzó el primer éxito con *La leyenda patria* (1879), exagerando el arrebato romántico. Pero de toda la obra voluminosa de Zorrilla de San Martín, la más importante a todas luces es *Tabaré*, inspirada en una leyenda indígena chilena. La primera edición es de 1888, pero la versión definitiva data de 1923. El asunto es típicamente romántico: el mestizo Tabaré, hijo del cacique charrúa[1] y una española cautiva, se enamora de la dama española Blanca. Cuando la roba el cacique Yamandú, Tabaré la rescata; al llevarla en brazos para devolvérsela a su hermano, éste mata al infortunado Tabaré. Amores sin esperanza, tono elegíaco, tema novelesco, ambiente del Siglo XVI: todo sobradamente romántico. Pero Zorrilla de San Martín concibió su poema desde un punto de vista rigurosamente ortodoxo, dándole específico significado teológico. Los charrúas representan la falta de la gracia de Dios, los españoles, obviamente, el gozo y el privilegio de vivir con esta gracia. *Tabaré*, pues, simboliza el poder sobrenatural del bautismo, la posibilidad de pasar de la primera condición a la segunda. Hoy resulta difícil aceptar esta ortodoxia de hierro; sabe a hispanofilia empedernida, y queda perfectamente claro que para Zorrilla de San Martín la tradición católica, española, europeizante en cierto sentido, representaba el bien positivo.

Pero si este conservadurismo riguroso condujo al poeta a extremar la estructura filosófica del poema, sigue vigente éste como ejemplo cabal del momento cuando el romanticismo daba paso al modernismo. Escuchamos en *Tabaré* el acento de Bécquer, acento producto de una fuerte afinidad espiritual; oímos también la música delicada y suave que señala el nacimiento del modernismo. La naturaleza viva, las metáforas encadenadas a base de impresiones, el paso hacia el simbolismo, por ejemplo en el leitmotiv de la flor, son elementos que impresionan todavía al lector mientras indican claramente que *Tabaré* es una obra de raíces románticas y desarrollo modernista.

---

[1] *charrúa* de la tribu indígena seminómada y feroz. Se discute si los charrúas habrían llegado ya al Río de la Plata en la época de *Tabaré* (siglo XVI) o si los indios del poema deberían ser más bien guaraníes.

Tabaré

LIBRO PRIMERO

CANTO SEGUNDO

I

¡Cayó la flor al rio!
los temblorosos círculos concéntricos
balancearon los verdes camalotes[1],
y en el silencio del juncal murieron.

Las aguas se han cerrado;
las algas despertaron de su sueño,
y a la flor abrazaron, que moría,
falta de luz, en el profundo légamo...

Las grietas del sepulcro
han engendrado un lirio amarillento;
tiene el perfume de la flor caída,
su misma palidez... ¡La flor ha muerto!

Así el himno sonaba
de los lejanos ecos;
así cantaba el *urutí*[2] en las ceibas[3],
y se quejaba en el sauzal el viento.

II

Siempre llorar la vieron los charrúas;
siempre mirar al cielo,
y más allá... Miraba lo invisible,
con los ojos azules y serenos.

El cacique a su lado está tendido.
Lo domina el misterio.
Hay luz en la mirada de la esclava,
luz que alumbra sus lágrimas de fuego,

y ahuyenta al indio, al derramar en
ellas
ese blanco reflejo
de que se forma el nimbo de los mártires,
la diáfana sonrisa de los cielos.

Siempre llorar la vieron los charrúas,
y así pasaba el tiempo.
Vedla sola en la playa. En esa lágrima
rueda por sus mejillas un recuerdo.

Sus labios las sonrisas olvidaron.
Sólo salen de entre ellos
las plegarias, vestidas de elegías,
como coros de vírgenes de un templo.

III

Un niño llora. Sus vagidos se oyen,
del bosque en el secreto,
unidos a las voces de los pájaros
que cantan en las ramas de los ceibos[1].

Le llaman *Tabaré*. Nació una noche,
bajo el obscuro techo
en que el indio guardaba a la cautiva
a quien el niño exprime el dulce seno.

Le llaman *Tabaré*. Nació en el bosque
de *Caracé* el guerrero;
ha brotado, en las grietas del sepulcro,
un lirio amarillento.

.   .   .

---

[1] *camalotes* plantas acuáticas, de hoja en forma de plato
[2] *urutí* pequeño pájaro famoso por su plumaje policromo
[3] *ceibas* especie de árbol o arbusto alto

[1] *ceibos* ceibas

De *Tabaré*, novísima edición, corregida por el autor (Montevideo, Imprenta Nacional Colorada, 1930).

JUAN ZORRILLA DE SAN MARTÍN 219

IV

El indio niño en las pupilas tiene
    el azulado cerco
que entre sus hojas pálidas ostenta
la flor del cardo en pos de un aguacero.

Los charrúas, que acuden a mirarlo,
    clavan sus ojos negros
en los ojos azules de aquel niño
que se reclina en el materno seno,

y lo oyen y lo miran asombrados
    como a un pájaro nuevo
que, unido a las calandrias y zorzales,
ensaya entre las ramas sus gorjeos.

Mira el niño a la madre. Ésta llorando
    lo mira y mira al cielo,
y envía en su mirada al infinito
un amor que en el mundo es extranjero.

.   .   .

VIII ·

Duerme, hijo mío. Mira: entre las ramas
    está dormido el viento,
el tigre en el flotante camalote,
y en el nido los pájaros pequeños.

Ya no se ven los montes de las islas;
    también están durmiendo.
Han salido las nutrias de sus cuevas;
se oye apenas la voz del teru-tero[1].

.   .   .

IX

Cayó la flor al río,
se ha marchitado, ha muerto.

[1] *teru-tero* ave zancuda, así llamada por su grito
estridente

Ha brotado en las grietas del sepulcro
    un lirio amarillento.

La madre ya ha sentido
    mucho frío en los huesos;
la madre tiene, en torno de los ojos,
    amoratado cerco;

y en el alma la angustia,
y el temblor en los miembros,
y en los brazos el niño que sonríe,
y en los labios un cántico y un ruego.

Duerme, hijo mío. Mira: entre las ramas
    está dormido el viento,
el tigre en el flotante camalote,
y en el nido los pájaros pequeños.

Los párpados del niño se cerraban.
    Las sonrisas, entre ellos
asomaban apenas, como asoman
las últimas estrellas a lo lejos.

Los párpados caían de la madre
    que, con esfuerzo lento,
pugnaba en vano porque no llegaran
de su pupila al agrandado hueco.

Pugnaba por mirar al indio niño
    una vez más al menos;
pero el niño, para ella, poco a poco,
en un nimbo sutil se iba perdiendo.

.   .   .

LIBRO TERCERO

Canto segundo

VI

¡Ahú![1] ¡Ahú! ¡Ahú! Por todos lados
    los indios atraviesan;

[1] *¡Ahú!* (guaraní) expresión de ira

aúllan, corren, saltan jadeantes,
dando al aire las rígidas melenas.

Hacen silbar las bolas[2], agitadas
    en torno a sus cabezas,
chocan las lanzas, los cerrados puños
con feroz ademán al aire elevan,

y forman un acorde indescriptible
    que en los aires revienta:
ebullición de gritos y clamores,
golpes, imprecaciones y carreras.

.   .   .

XII

    ¡Ahú! ¡Dejad al muerto!
    ¡Dejad al tubichá[1]!
¿Por qué sopláis la lumbre de sus fuegos?
    ¡Dejad al muerto, Añang[2]!

    ¡No le cerréis los ojos!
    ¡Ahú! ¡ahú! ¡ahú!
¿Sentís ladrar las sombras? Han salido
    del tronco del ombú.

    ¡Corred, seguid aquélla
    que se revuelve allá!
Sacude la maleza con las alas,
    y agita el *ñapindá*[3].

    ¿A quién lleva el fantasma
    de rápido correr?
Va fugitivo, y en sus hombros lleva
    al cacique que fue.

    ¡Cómo gritan los árboles!
    ¡Ahú! ¡ahú! ¡ahú!

[2] *bolas*   piedras que tiraban los charrúas con la
    honda
[1] *tubichá*   (guaraní) jefe grande
[2] *Añang*   espíritu del mal entre los guaraníes
[3] *ñapindá*   planta espinosa

El aire zumba; son los moscardones
    que corre *Añanguazu*[4].

    ¡Persiguiendo la luna,
    los perros negros van!
¡los perros negros que a beber comienzan
    su tibia claridad!

    ¡Cómo mira esa sombra
    con sus ojos de luz!
¡Y cómo se retuercen y se alargan
    sus alas de ñandú!

    ¡El viento! ¡El viento negro!
    ¡Allá va! ¡Allá va!
¿Quién zumba en él? ¡Las moscas, que
    conduce
    gruñendo el *mamangá*[5]!

XIII

    Las sombras de la noche
vienen volando, en caravana aérea,
y luchan con las llamas, las sacuden,
y, en torno del hogar, revolotean.

    Las llamas las rechazan,
y las detienen en aureola negra,
en cuyo seno los añosos árboles
cobran formas variables y quiméricas.

    Los ojos del cadáver,
horriblemente abiertos, parpadean.
Parece que sus miembros se estremecen
al avivarse el fuego que lo cerca,

    o que el rígido cuerpo
nada en el aire, flota en las tinieblas,
y se hunde, y reaparece, y se transforma,
cuando la inquieta llamarada amengua,

[4] *Añanguazú*   (guaraní) Gran diablo
[5] *mamangá*   abejorro

formando un fondo negro
lleno de líneas vagas y revueltas;
un medio en que se esfuman y se mueven
formas abigarradas e incompletas.

XIV

El viento se ha callado entre los aires;
    los salvajes jadean;
se apoyan en sus lanzas o en los troncos,
o se dejan caer sobre la hierba.

La grita se enrarece; por el aire
    las voces se dispersan.
Suenan acá los llantos de mujeres;
allá los magullados aún se quejan.

Los fuegos no avivados languidecen;
    sus oscilantes lenguas
se mueven como el indio que borracho
lleva de un hombro a otro la cabeza.

Corre entre aquellas voces un silencio
    semejante al que reina
sobre la onda del río, cuando acaba
de pasar por el aire la tormenta.

XV

Lo rompe un joven indio que, saltando,
    desaforado llega;
da un grito clamoroso, y con su lanza
pasa de un viejo tronco la corteza.

Habla a voces, furioso sacudiendo
    la cabellera negra.
Sus palabras parecen alaridos,
de una ruda y fantástica elocuencia;

y salta como el tigre, y con la maza
    el cuerpo se ensangrienta,
y, sobre el negro matorral de plumas
la bola agita atada a su muñeca.

Son de hierro sus miembros; nadie excede
    su talla gigantesca;
ramas de sauce negro, los cabellos
sobre el rostro y los hombros, se despeñan.

Y en sus ojos pequeños y escondidos,
    las miradas chispean,
como las aguas negras y profundas,
tocadas por el rayo de una estrella.

XVI

Es el cacique Yamandú. Los indios
    se alzan, y lo rodean.
¿Qué quiere Yamandú? Reclama el mando,
mostrando sus heridas y su fuerza.

    .   .   .   .

XVII

¿Queréis matar al extranjero? Entonces,
    seguid a Yamandú.
Yo sé matarlo, como al gato bravo
    de los bosques del *Hum*[1].

Los cráneos de los pálidos guerreros
    al indio servirán
para beber la chicha[2] de algarrobas
    y el jugo del palmar.

Sus rayos no me ofenden; en su sangre
    se hundirán nuestros pies;
sus cabelleras, en las lanzas nuestras,
    el viento ha de mover.

Vírgenes blancas, que en los ojos tienen
    hermosa claridad,
encenderán en nuestros libres valles,
    nuestro salvaje hogar.

    .   .   .   .

[1] *Hum*   nombre charrúa del Río Negro, que cruza
el país de este a oeste; es el afluente más importante
del Río Uruguay
[2] *chicha*   bebida ligeramente alcohólica

¡Vamos! ¡Seguidme! ¡El extranjero duerme,
　　duerme en el Uruguay!
¡El sueño, que en sus ojos se ha sentado,
　　no se levantará!

.　　.　　.

XVIII

Un feroz alarido, y pavoroso,
　　en los aires revienta.
Nadie, a fauces humanas, esos gritos,
al escucharlos de noche, atribuyera.

Un águila tranquila, que pasaba
　　sobre la selva aquella
el vuelo aceleró, cambió de rumbo,
y se perdió en la soledad inmensa;

y el tigre, bajo el párpado apagando
de su enorme pupila la lumbrera,
y barriendo la tierra con la cola
y tendiendo hacia atrás la aguda oreja,

a largo paso y con temor, cambiando
　　de sitio en la maleza,
se revolvió tres veces, para hundirse
y quedar más oculto entre las breñas.

XIX

¡Yamandú tubichá! ¡Yamandú enciende
　　los fuegos de la guerra!
¡Al río! ¡Al río! ¡El extranjero blanco
tendido duerme en su cerrada tienda!

¡Ahú! ¡ahú! ¡ahú! ¡Vamos, cacique,
　　lanza al aire tu flecha,
para que al astro de los indios llegue,
y con presagios de victoria vuelva!

Y la flecha del indio, por el aire
　　tiende las alas muertas...

¡Ahú! ¡ahú! ¡ahú! Volvió del astro,
volvió del astro y se clavó en la tierra.

¡Recta como las palmas de las islas!
　　¡El astro habló con ella!
¡Al río! ¡Al río! ¡Al Uruguay! ¡Al río!
¡Cacique Yamandú! ¡Fuegos de guerra!

XX

En pos de Yamandú corre la tribu.
　　Su negra silueta
se ve, a lo lejos, tramontar las lomas,
como obscuro rebaño de culebras.

Los gritos, y los choques de las armas,
　　se perciben apenas;
las mujeres, los niños, los heridos,
en todas direcciones se dispersan.

Se escuchan sus quejidos algún tiempo,
　　que en el bosque se internan;
el silencio que huyó, de nuevo vuelve
a echarse, fatigado, entre la yerba.

XXI

Todo esté en calma: el viento está callado;
　　han vuelto las estrellas
a brillar, a través de sus vapores,
y siguen, en silencio, su carrera.

El cadáver del indio, abandonado,
　　flota entre las tinieblas;
las hogueras, a punto de extinguirse,
lo alumbran, con penosa intermitencia,

bañándolo en las tenues llamaradas
　　que, oscilantes y trémulas,
sacan, de entre las cálidas cenizas,
las puntiagudas y azuladas lenguas.

.　　.　　.

JUAN ZORRILLA DE SAN MARTÍN　223

CAPÍTULO SÉPTIMO

EL POSITIVISMO

D URANTE LA SEGUNDA MITAD del siglo pasado surgió un grupo de pensadores hispanoamericanos profundamente preocupados por la aparente imposibilidad de alcanzar el soñado progreso económico y social. Después de ganar la independencia política, los países hispanoamericanos se encontraban hundidos en la anarquía, sus recursos económicos diezmados por la guerra. Alrededor de 1870 se logró por fin cierta estabilidad, y los pensadores aludidos se dedicaban a convertir en hechos los ideales anhelados: alterar el sistema legal de modo que sirviera a los necesitados, notoriamente los indios; establecer un sistema de enseñanza pública; cambiar las bases de la economía pública de acuerdo con el nuevo liberalismo económico.

El arma filosófica de esta revolución ideológica fue el positivismo. Aunque revestía diversos trajes en diversos países, según los líderes de la renovación recibían la influencia de un refinamiento u otro, el concepto básico seguía siendo el rechazo de la metafísica a favor de las llamadas ciencias positivas. Los positivistas creían en la razón y en las ciencias experimentales; sus tentativas de reforma casi siempre estaban ancladas en el materialismo. En algunos países hicieran una marcada contribución al desarrollo nacional, pero a la larga su influencia no ha sido del todo provechosa. Sea como fuere, y reconociendo las diferencias de escuela y los vaivenes del individuo, bajo esta rúbrica podemos incluir a un representante sobresaliente de este grupo en verdad glorioso.

Además de pensadores, los positivistas fueron hombres de acción; sus múltiples actividades reformistas dejaron huella importante en las instituciones de sus países. Y todavía les alcanzaba el tiempo para escribir; sus obras completas tienden a llenar varios gruesos volúmenes. Además del ensayo, género preferido por obvias razones, desarrollaban otras formas literarias. El puertorriqueño Eugenio María de Hostos (1839–1903) dudaba del valor de la literatura, pero dejó bellos cuentos y poemas que reflejan el gusto de su época. En México, Justo Sierra (1848–1912) era de importancia como poeta de transición al modernismo, y en sus discursos escribía con el mismo cuidado estilístico; el cubano Enrique José Varona (1849–1933), si no alcanzó en sus versos la condensación armónica que caracteriza su prosa, creó poemas de

Saturnino Herrán
Detalle de "La ofrenda"
1913

elegante sobriedad. Otras figuras de menor renombre cultivaban las letras a la vez que buscaban forjar las bases de una sólida estructura nacional. Quizá resume mejor el espíritu de este movimiento polígrafo el peruano Manuel González Prada (1848–1918), acendrado radical de suma importancia en la historia del pensamiento y la política del Perú y estilista que figura entre los más importantes poetas de la renovación estética que desembocaría en el modernismo.

	1840	1850	1860	1870	1880	1890	1900	1910	1920	1930
LITERATURA HISPANOAMERICANA					(1880–82) Varona *Conferencias filosóficas* (1885) Pimentel *Historia crítica de la poesía en México* (1888) Hostos *Moral social*	(1894) **González Prada** *Páginas libres*	(1900) Sierra *La evolución política del pueblo mexicano* (1903) Bunge *Nuestra América* (1904) Bulnes *El verdadero Juárez*			
LITERATURA ESPAÑOLA				(1874) Menéndez Pelayo *La ciencia española*		(1897) Ramón y Cajal *Reglas y consejos sobre investigación biológica* (1898) Costa *Colectivismo agrario en España* (1900) Altamira *Historia de España y de la civilización española*				
OTRAS LITERATURAS	(1830–42) Comte *Cours de philosophie positive*	(1853–55) Gobineau *Essai sur l'inégalité des races humaines* (1859) Darwin *Origin of Species*		(1867) Marx *Das Kapital*		(1894) Le Bon *Lois psychologiques de l'évolution des peuples* (1895) Brooks Adams *The Law of Civilization and Decay*	(1913) Freud *The Interpretation of Dreams*			
MARCO HISTORICO	(1833) —— Isabel II, Reina de España —— (1868)		(1868–74) Período revolucionario en España (1869–70) *La Prensa* y *La Nación*, periódicos argentinos (1870–71) Guerra entre Alemania y Francia (1872–75) Segunda Guerra Carlista (1873–74) Primera República Española (1875) Termina la dictadura de García Moreno en el Ecuador (1879–83) Guerra del Pacífico* (1887) Porfirio Díaz, Presidente de México (1874) Alfonso XII, (1885) Rey de España	Alfonso XIII, (1931) Rey de España			(1903) Panamá se separa de Colombia (1910) Fiestas del Centenario en México y Buenos Aires			

* Chile contra Perú y Bolivia

28 Manuel González Prada
(1848-1918)

Hijo de una distinguida familia de la aristocracia limeña, Manuel González Prada se destacaba por su rechazo de todos los valores tradicionales y su firme apego a un radicalismo combativo. La derrota del Perú por Chile en 1881 lo ensañó, y sus obras en prosa son una larga diatriba colérica contra la orden establecida. Enarbolando el lema "los viejos a la tumba, los jóvenes a la obra", atacaba a la sociedad tradicionalista y sus privilegios, a la burocracia y al clero. Libre pensador, denunciaba los abusos de la jerarquía eclesiástica; anarquista, renegaba del capitalismo. El programa de González Prada, que le acarreó el odio y el miedo de muchos, pedía la justicia social, la enseñanza popular, el desarrollo económico y la incorporación del indio a la sociedad peruana; ha sido de gran influencia en el sector liberal de la política, en el movimiento aprista[1] y en el pensamiento de líderes como Víctor Raúl Haya de la Torre (n. 1895) y José Carlos Mariátegui (1895–1930).

La prosa de González Prada es como su actuación vital: truculenta y tersa. Reaccionando contra el estilo sobrecargado de los escritores de boga, desarrolló un idioma particular, ardiente, vibrante. Frente a las frases interminables, cultivaba una estructura a base de cláusulas breves, concisas. Resulta curioso que este paladín del individualismo, del positivismo racionalista, fuera también poeta de gran refinamiento, conocedor de las últimas corrientes francesas como el parnasismo y el simbolismo. Reproducimos aquí "La muerte i la vida", que ejemplifica el materialismo profundamente humano de González Prada, y diversos poemas que abarcan desde el clamor social de "El mitayo" hasta la experimentación técnica.

[1] *el movimiento aprista*   Alianza Popular Revolucionaria Americana, fundada en 1924 por Haya de la Torre y durante muchos años destacada por su programa de reformas y de integración del indio a la sociedad, aunque recientemente se ha hecho más conservadora

 *La muerte i[1] la vida*

I

Pobres o ricos, ignorantes o sabios, nacidos en chozas o palacios, al fin tenemos por abrigo la mortaja, por lecho la tierra, por Sol la oscuridad, por únicos amigos los gusanos i la podre. La tumba, ¡digno desenlace del drama!

¿Hai gran dolor en morir, o precede a la última crisis un insensible estado comatoso? La muerte unas veces nos deja morir

[1] *i*   En este fragmento se ha respetado la ortografía del autor, dejando *i* por *y*, *hai* por *hay*, *s'eximen* por *se eximen*, *l'arenilla* por *la arenilla*, *j* por *g*, *s* por *x*, etc.

De Manuel González Prada, *Páginas libres* (Madrid, 1894).

i otras nos asesina. Algunos presentan indicios de consumirse con suave lentitud, como esencia que s'escurre del frasco por imperceptible rajadura; pero otros sucumben desesperadamente, como si les arrancaran la vida, pedazo a pedazo, con tenazas de fuego. En la vejez se capitula, en la juventud se combate. Quién sabe la muerte sea: primero, un gran dolor o un pesado amodorramiento; después, un sueño invencible; en seguida, un frío polar; i por último, algo que s'evapora en el cerebro i algo que se marmoliza en el resto del organismo.

No pasa de ilusión poética o recurso teolójico, el encarecer la belleza i majestad del cadáver. ¿Quién concibe a Romeo encontrando a Julieta más hermosa de muerta que de viva? Un cadáver infunde alejamiento, repugnancia; estatua sin la pureza del mármol, con todos los horrores i miserias de la carne. Los muertos sólo se muestran grandes en el campo de batalla, donde se ven ojos que amenazan con imponente virilidad, manos de actitud de cojer una espada, labios que parecen concluir una interrumpida voz de mando.

El cadáver en descomposición, eso que según Bossuet[2] no tiene nombre en idioma alguno, resume para el vulgo lo más tremendo i espantoso de la muerte. Parece que la póstuma conservación de la forma implicara la supervivencia del dolor. Los hombres se imajinan, no sólo muertos, sino muriendo a pausas, durante largo tiempo. Cuando la tumba se cambia por el horno crematorio, cuando la carne infecta se trasforme en llamas azuladas, i al esqueleto aprisionado en el ataúd suceda el puñado de polvo en la urna cineraria, el fanatismo habrá perdido una de sus más eficaces armas.

[2] *Bossuet* Jacques Bénigne Bossuet (1627–1704), eclesiástico francés famoso por sus controversias teológicas y su oratoria

¿Existe algo más allá del sepulcro? ¿Conservamos nuestra personalidad o somos absorbidos por el Todo, como una gota por el Océano? ¿Renacemos en la Tierra o vamos a los astros para seguir una serie planetaria i estelaria de nuevas i variadas existencias? Nada sabemos: céntuple muralla de granito separa la vida de la muerte, i hace siglos de siglos que los hombres queremos perforar el muro con la punta de un alfiler. Decir "esto cabe en lo posible, esto no cabe", llega al colmo de la presunción o locura. Filosofía i Religión declaman i anatematizan; pero declamaciones i anatemas nada prueban. ¿Dónde los hechos?

Entonces ¿qué esperanza debemos alimentar al hundirnos en ese abismo que hacía temblar a Turenne[3] i horripilarse a Pascal[4]? Ninguna, para no resultar engañados, o gozar con la sorpresa si hai algo. La Naturaleza, que sabe crear flores para ser comidas por gusanos i planetas para ser destruidos en una explosión, puede crear Humanidades para ser anonadadas por la muerte. ¿A quién acojernos? A nadie. Desmenuzadas todas las creencias tradicionales, subsisten dos magnas cuestiones que todavía no han obtenido una prueba científica ni refutación lójica: la inmortalidad del alma i la existencia de un "Dios distinto i personal, de un Dios ausente del Universo", como decía Hegel[5]. Hasta hoi ¿a qué se reducen Dios i el alma? A dos entidades hipotéticas, imajinadas para esplicar el orijen de las cosas i las funciones del cerebro.

Si escapamos al naufrajio de la tumba, nada nos autoriza para inferir que arribaremos a playas más hospitalarias que la

[3] *Turenne* Henri de la Tour d'Auvergne, Vicomte de Turenne (1611–1675), llamado por Napoleón el mayor de los generales franceses
[4] *Pascal* Blaise Pascal (1623–1662), pensador religioso francés
[5] *Hegel* Georg Wilhelm Friedrich Hegel (1770–1831), filósofo alemán

Tierra. Quizá no tengamos derecho de jactarnos con el estoico de "poseer en la muerte un bien que el mundo entero no puede arrebatarnos", porque no sabemos si la puerta del sepulcro conduce al salón de un festín o a la caverna de unos bandoleros. Morir es un mal, decía Safo, porque de otro modo, los dioses habrían muerto. Acaso tuvo razón Aquiles cuando entre las sombras del Erebo[6] respondió a Ulises con estas melancólicas palabras: "No intentes consolarme de la muerte; preferiría cultivar la Tierra al servicio de un hombre pobre i sin recursos, a reinar entre todas las sombras de los que ya no existen."

En el miedo a la muerte ¿hai un simple ardid de la Naturaleza para encadenarnos a la vida o un presentimiento de venideros infortunios? Al acercarse la hora suprema, todas las células del organismo parece que sintieran el horror de morir i temblaran como soldados al entrar en batalla.

En la Tierra no se realizan esclarecimientos de derechos, sino concursos de fuerzas; en la historia de la Humanidad no se ve apoteosis de justos, sino eliminaciones del débil; pero nosotros aplazamos el desenlace del drama terrestre para darle un fin moral... Aplicando a la Naturaleza el sistema de compensaciones, estendiendo a todo lo creado nuestra concepción puramente humana de la justicia, imaginamos que si la Naturaleza nos prodiga hoy males, nos reserva para mañana bienes: abrimos con ella una *cuenta corriente*, pensamos tener un *debe* i un *haber*. Toda doctrina de penas i recompensas se funda en l'aplicación de la Teneduría de Libros a la Moral.

La Naturaleza no aparece injusta ni justa, sino creadora. No da señales de conocer la sensibilidad humana, el odio ni el

amor: infinito vaso de concepción, divinidad en interminable alumbramiento, madre toda seno i nada corazón, crea i crea para destruir i volver a crear i volver a destruir. En un soplo desbarata la obra de mil i mil años: no ahorra siglos ni vidas, porque cuenta con dos cosas inagotables, el tiempo i la fecundidad. Con tanta indiferencia mira el nacimiento de un microbio como la desaparición de un astro, i rellenaría un abismo con el cadáver de la Humanidad para que sirviera de puente a una hormiga.

La Naturaleza, indiferente para los hombres en la Tierra ¿se volverá justa o clemente porque bajemos al sepulcro i revistamos otra forma? Vale tanto como figurarnos que un monarca dejará de ser sordo al clamor de la desgracia porque sus súbditos varíen de habitación o cambien de harapos. Vayamos donde vayamos, no saldremos del Universo, no escaparemos a leyes inviolables i eternas.

Amilana i aterra considerar a qué parajes, a qué trasformaciones, puede conducirnos el torbellino de la vida. Nacer parece entrar en una danza macabra para nunca salir, caer en un vertijinoso torbellino para jirar eternamente sin saber cómo ni por qué.

¿Hay algo más desolado que nuestra suerte?, ¿más lúgubre que nuestra esclavitud? Nacemos sin que nos hayan consultado, morimos cuando no lo queremos, vamos tal vez donde no desearíamos ir. Años de años peregrinamos en un desierto, i el día que fijamos tienda i abrimos una cisterna i sembramos una palma i nos apercibimos a descansar, asoma la muerte. ¿Queremos vivir?, pues la muerte. ¿Queremos morir?, pues la vida. ¿Qué distancia media entre la piedra atraída al centro del Globo i el hombre arrastrado por una fuerza invencible hacia un paraje desconocido?

¿Por qué no somos dueños ni de noso-

---

[6] *Erebo* según la mitología griega, caverna subterránea que conduce al infierno; aquí, referencia a un incidente de la *Odisea*

tros mismos? Cuando la cabeza gravita sobre nuestros hombros con el peso de una montaña, cuando el corazón se retuerce en nuestro pecho como tigre vencido pero no domesticado, cuando el último átomo de nuestro ser esperimenta el odio i la náusea de la existencia, cuando nos mordemos la lengua para detener la esplosión de una estúpida blasfemia, ¿por qué no tenemos poder de anonadarnos con un acto de la voluntad?

¿Acaso todos los hombres desean la inmortalidad? Para muchos, la Nada se presenta como inmersión deliciosa en mar sin fondo, como desvanecimiento voluptuoso en atmósfera infinita, como sueño sin pesadillas en noche sin término. Mirabeau[7], moribundo, se regocijaba con la idea de anonadarse. ¿Acaso siempre resolvemos de igual modo el problema de la inmortalidad? Unas veces, hastiados de sentir i fatigados de pensar, nos desconsolamos con la perspectiva de una actividad eterna i envidiamos el ocio estéril de la Nada; otras veces esperimentamos insaciable sed de sabiduría, curiosidad inmensa, i anhelamos existir como esencia impalpable i ascendente, para viajar de mundo en mundo, viéndolo todo, escudriñándolo todo, sabiéndolo todo; otras veces deseamos yacer en una especie de nirvana, i de cuando en cuando recuperar la conciencia por un solo instante, para gozar la dicha de haber muerto.

Pero ¿a qué amilanarse? Venga lo que viniere. El miedo, como las solfataras de Nápoles, puede asfixiar a los animales que llevan la frente ras con ras del suelo, no a los seres que levantan la cabeza unos palmos de la tierra. Cuando la muerte se aproxima, salgamos a su encuentro, i muramos de pie como el Emperador romano. Fijemos los ojos en el misterio, aunque veamos espectros amenazantes i furiosos; estendamos las manos hacia lo Desconocido, aunque sintamos la punta de mil puñales. Como dice Guyau[8], "que nuestro último dolor sea nuestra última curiosidad".

Hai modos i modos de morir: unos salen de la vida, como espantadizo reptil que se guarece en las rajaduras de una peña; otros se van a lo tenebroso, como águila que atraviesa un nubarrón cargado de tormentas. Hablando aquí sin preocupaciones gazmoñas, es indigno de un hombre morir demandando el último puesto en el banquete de la Eternidad, como el mendigo pide una migaja de pan a las puertas del señor feudal que siempre le vapuló sin misericordia. Vale más aceptar la responsabilidad de sus acciones i lanzarse a lo Desconocido, como sin papeles ni bandera el pirata se arroja a las inmensidades del mar.

II

Nosotros nos figuramos al Todo como una repetición inacabable del espectáculo que ven nuestros ojos o fantasea nuestra imaginación; pero ¿qué importa el diminuto radio de nuestras observaciones? ¿Qué valor objetivo poseen nuestras concepciones cerebrales? Probamos la unidad de las fuerzas físicas i la unidad material del Universo; i ¡quién sabe si nos encontramos en el caso del espectador iluso que toma por escenario i actores las simples figuras del telón!

Estendemos brazos de pigmeo para cojer i abarcar lo que dista de nosotros una eternidad de tiempo i una inmensidad de espacio. Nos enorgullecemos con haber encontrado la verdad; cuando, en lo más dulce de las ilusiones, la observación i el esperi-

---

[7] *Mirabeau* Honoré Gabriel Victor Riqueti, Comte de Mirabeau (1749–1791), uno de los líderes de la Revolución Francesa

[8] *Guyau* Jean Marie Guyau (1854–1888), filósofo francés que reivindicaba el impulso vital y la vida espontánea

mento derriban todos nuestros sistemas i todas nuestras relijiones, como el mar desbarata en sus playas los montículos de arena levantados por un niño. Todas las jeneraciones se afanan por descubrir el secreto de la vida, todas repiten la misma interrogación; pero la Naturaleza responde a cada hombre con diversas palabras i guarda eternamente su misterio.

¿Qué separa la cristalización mineral, la célula de las plantas i la membrana de los animales? ¿Qué diferencia media entre savia i sangre? El hombre ¿representa el último eslabón de los seres terrestres o algún día quedará desposeído de su actual supremacía? Cuando nacemos ¿surgimos de la Nada o sólo realizamos una metempsícosis? ¿A qué venimos a la Tierra? Todo lo creeríamos un sueño, si el dolor no probara la realidad de las cosas.

La duda, como noche polar, lo envuelve todo; lo evidente, lo innegable, es que en el drama de la existencia todos los individuos representamos el doble papel de verdugos i víctimas. Vivir significa matar a otros; crecer, asimilarse el cadáver de muchos. Somos un cementerio ambulante donde miríadas de seres se entierran para darnos vida con su muerte. El hombre, con su vientre insaciable, hace del Universo un festín de cien manjares; mas no creamos en la resignación inerme de todo lo creado: el mineral i la planta esconden sus venenos, el animal posee sus garras i sus dientes. El microbio carcome i destruye el organismo del hombre: lo más humilde abate a lo más soberbio. El omnívoro comedor es comido a su vez.

¿Para qué tanta hambre de vivir? Si la vida fuera un bien, bastaría la seguridad de perderla para convertirla en mal. Si cada segundo marca la agonía de un hombre ¿cuántas lágrimas se derraman en un solo día? ¿Cuántas se han derramado desde

que la Humanidad existe? Los nacidos superan a los muertos; pero ¿gozamos al venir al mundo? Esa masa de carne que llamamos un recién nacido, ese frájil ente que dormita con ojos abiertos, como si no hubiera concluido de sacudir la somnolencia de la Nada, sabe quejarse, mas no reírse. El alumbramiento ¿no causa el dolor de los dolores? En el lecho de la mujer que alumbra se realiza un duelo entre el ser estúpido i egoísta que pugna por nacer i la persona inteligente i abnegada que batalla por dar a otro la vida.

¿Por qué hai un Sol hermoso para iluminar escenas tristes? Cuando se ve sonreír a los niños, cuando se piensa que mañana morirán en el dolor o vivirán en amarguras más acerbas que la muerte, un inefable sentimiento de conmiseración se apodera de los corazones más endurecidos. Si un tirano quería que el pueblo de Roma poseyera una sola cabeza, para cercenársela de un tajo; si un humorista inglés deseaba que las caras de todos los hombres se redujeran a una sola, para darse el gusto de escupirla ¿quién no anhelaría que la Humanidad tuviera un solo rostro, para poderla enjugar todas sus lágrimas?

Hay horas de solidarismo jeneroso en que no sólo amamos a la Humanidad entera, sino a brutos i aves, plantas i lagos, nubes i piedras; hasta querríamos poseer brazos inmensos para estrechar a todos los seres que habitan los globos del Firmamento. En esas horas admiramos la magnanimidad de los eleusinos[1] que en sus leyes prescribían no matar animales, i concebimos la esquisita sensibilidad de los antiguos arianos que en sus oraciones a Indra[2] le imploraban que hiciera descender bendición i felicidad sobre

[1] *eleusinos* habitantes de Eleusis, pueblo griego famoso en la antigüedad por sus ritos religiosos
[2] *Indra* en la religión de los antiguos arios, la atmósfera, uno de los tres términos de la trinidad

los entes animados i las cosas inanimadas. La verdadera caridad no se circunscribe al hombre: como ala jigantesca, s'estiende para cobijar todo el Universo.

¿Por qué negar la perversidad humana? Hai hombres que matan con su sombra, como el manzanillo de Cuba o el duho-upas de Java[3]. La Humanidad, como el Océano, debe ser vista de lejos; como el tigre merece un bocado, no una caricia. El mérito enjendra envidias, el beneficio produce ingratitudes, el bien acarrea males. Nuestros amigos parecen terrenos malditos donde sembramos trigo i cosechamos malas yerbas; las mujeres que amamos con todo el calor de nuestras entrañas, son impuras como el lodo de los caminos o ingratas como las víboras calentadas en el seno. Pero ¿qué origina la perversidad? Un infeliz ¿puede ser bueno i sufrido? Toda carne desgarrada se rebela contra Cielo i Tierra.

Si el hombre sufre una crucifixión ¿s'eximen de padecer el animal, la planta i la roca? ¿Qué realidad encierran nuestras casuísticas diferencias de materia inanimada i animada, de seres inorgánicos i orgánicos? ¿Quién sabe lo que pasa en las moléculas de una piedra? Tal vez una sola gota de agua encierra más trajedias i más dolores que toda la historia de la Humanidad. El gran paquidermo i el arador, el cedro del Líbano i el liquen de Islandia, el bloque de la cordillera i l'arenilla del mar, todos "son nuestros compañeros en la vida", nuestros hermanos en el infortunio. Filósofos antiguos creían a los astros unos animales jigantescos. La celeste armonía que Pitágoras[4] escuchaba

¿no será el jemido exhalado por las humanidades que habitan en las moles del Firmamento? Dondequiera que nos trasportemos con la imajinación, donde concibamos la más rudimentaria o la más compleja manifestación del ser, allí están l'amargura i la muerte. Quien dijo existencia dijo dolor; i la obra más digna de un Dios consistiría en reducir el Universo a la Nada.

En este martirolojio infinito no hai ironía más sangrienta que la imperturbable serenidad de las leyes naturales; no hai desconsuelo más profundo que lo intanjible, lo impersonal, de las fuerzas opresoras: nos trituran inconscientes piedras de molino, nos estrangulan manos que sentimos i no podemos asir, nos despedazan monstruos de cien bocas invisibles. Mas el Universo ¿es actor, cómplice, verdugo, víctima o sólo instrumento i escenario del mal? ¡Quién lo sabe! Sin embargo, se diría muchas veces que en medio del horror universal i eterno *alguien* goza i se pasea, como Nerón se paseaba entre el clamor de hombres, lentamente devorados por el fuego i convertidos en luminarias.

Mas ¿qué determinación seguir en la guerra de todos contra uno i de uno contra todos? Si con la muerte no queda más refujio que el sometimiento mudo, porque toda rebelión es inútil i ridícula, con la vida nos toca l'acción i la lucha. L'acción aturde, embriaga i cura el mal de vivir; la lucha centuplica las fuerzas, enorgullece i da el dominio de la Tierra. No vejetemos ocupados únicamente en abrir nuestra fosa ni nos petrifiquemos en la inacción hasta el punto que aniden pájaros en nuestra cabeza.

Poco, nada vale un hombre; pero ¿sabemos el destino de la Humanidad? ¿Sabemos si está cerrado el cielo de nuestra evolución? ¿Sabemos si nuestra especie dará orijen a una especie superior? ¿No concebimos que el *ser de mañana* supere al hombre de

---

[3] *como... Java* referencia a la superstición muy extendida de que la sombra de ciertos árboles causa la muerte

[4] *Pitágoras* filósofo y matemático griego (*c.* 530 a. de J.C.). Entre su doctrina figura la creencia en la música emitida por el movimiento de los cuerpos celestiales, produciendo así una "armonía de las esferas"

hoi como Platón al gorilla, como Friné[5] a la Venus hotentota? Viendo de qué lugar salimos i dónde nos encontramos, comparando lo que fuimos i lo que somos, puede calcularse adónde llegaremos i lo que seremos mañana. Habitábamos la caverna o el bosque, i ya vivimos en el palacio; rastreábamos en las tinieblas de la bestialidad, i ya sentimos la sacudida vigorosa de alas interiores que nos impelen a rejiones de serenidad i luz. El animal batallador i antropólogo produce hoi abnegados tipos que defienden al débil, se declaran paladines de la justicia i se inoculan enfermedades para encontrar el medio de combatirlas; el salvaje, feliz antes con dormir, comer i procrear, escribe la *Iliada*, erije el Partenón i mide el curso de los astros.

Ninguna luz sobrehumana nos alumbró en nuestra noche, ninguna voz amiga nos animó en nuestros desfallecimientos, ningún brazo invisible combatió por nosotros en la guerra secular con los elementos i las fieras: lo que fuimos, lo que somos, nos lo debemos a nosotros mismos. Lo que podamos ser nos lo deberemos también. Para marchar, no necesitamos ver arriba, sino adelante. Sobradas horas poblamos el Firmamento con los fantasmas de nuestra imajinación i dimos cuerpo a las alucinaciones forjadas por el miedo i la esperanza; llega el tiempo de arrojar la venda de nuestros ojos i ver el Universo en toda su hermosa pero también en toda su implacable realidad.

No pedimos la existencia; pero con el hecho de vivir, aceptamos la vida. Aceptémosla, pues, sin monopolizarla ni quererla eternizar en nuestro beneficio esclusivo; nosotros reímos i nos amamos sobre la tumba de nuestros padres; nuestros hijos reirán i se amarán sobre la nuestra.

(1890)

[5] *Friné* Phryne, cortesano ateniense del siglo IV a. de J.C., posible modelo de la estatua de Venus de Praxiteles

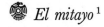 ## El mitayo[1]

—Hijo, parto: la mañana
reverbera en el volcán.
Dame el báculo de chonta[2],
las sandalias de jaguar.

—Padre, tienes las sandalias,
tienes el báculo ya,
mas ¿por qué me ves y lloras?
¿A qué región te vas?

—La injusta ley de los *Blancos*
me arrebata del hogar.
Voy al trabajo y al hambre,
Voy a la mina fatal.

—Tú, que partes hoy en día,
¿cuándo, cuándo volverás?
—Cuando el llama de las punas
ame el desierto arenal.

—¿Cuándo el llama de las punas
las arenas amará?

[1] *mitayo* indio que se encontraba obligado a trabajar en la mita; el trabajo forzado
[2] *chonta* especie de palmera

De Manuel González Prada, *Antología poética*, introducción y notas de Carlos García Prada (México, Editorial Cultura, 1940).

—Cuando el tigre de los bosques
beba las aguas del mar.

    —¿Cuándo el tigre de los bosques
en los mares beberá?
—Cuando del huevo de un cóndor
nazca la sierpe mortal.

    —¿Cuándo del huevo de un cóndor

una sierpe nacerá?
—Cuando el pecho de los *Blancos*
se conmueva de piedad.

    —¿Cuándo el pecho de los *Blancos*
piadoso y tierno será?
—Hijo, el pecho de los *Blancos*
no se conmueve jamás.

🦅 *Los caballos blancos*

(*Polirritmo sin rima*)

    ¿Por qué trepida la tierra
y asorda las nubes fragor estupendo?
¿Segundos titanes descuajan los montes?
¿Nuevos hunos[1] se desgalgan abortados por
        las nieves
o corre inmensa tropa de búfalos salvajes?
No son los bárbaros, no son los titanes ni
        los búfalos:
son los hermosos caballos blancos:

    Esparcidas al viento las crines,
inflamados los ojos, batientes los ijares,

pasan y pasan en rítmico galope:
avalancha de nieve rodando por la estepa,
cortan el azul monótono del cielo
con ondulante faja de nítida blancura.

    Pasaron. Lejos, muy lejos, en la paz
        del horizonte,
expira un vago rumor, se extingue leve el
        polvo.
Queda en la llanura, queda por vestigio,
Ancha cinta roja.

    ¡Ay de los pobres caballos blancos!
Todos van heridos,
heridos de muerte.

[1] *hunos*   los del pueblo bárbaro que devastó Europa
en el siglo V

🦅 *Rondel*

    Aves de paso que en flotante hilera
recorren el azul del firmamento,
exhalan a los aires un lamento
y se disipan en veloz carrera,
son el amor, la dicha y el contento.

    ¿Qué son las mil y mil generaciones
que brillan y descienden al ocaso,

que nacen y sucumben a millones?
    Aves de paso.

    Inútil es, ¡oh pechos infelices!,
al mundo encadenarse con raíces.
Impulsos misteriosos y pujantes
nos llevan entre sombras, al acaso,
que somos, ¡ay!, eternos caminantes.
    Aves de paso.

Ritmo soñado

(Reproducción bárbara del ritmo alkmánico[1])

Sueño con ritmos domados al yugo del
rígido acento,
libres del rudo cancán de la rima.

Ritmos sedosos que afloren la idea, cual
plumas de un cisne
rozan el agua tranquila de un lago.

Ritmos que arrullen con fuentes y ríos,

y en sol de apoteosis
vuelen con alas de nube y alondra.

Ritmos que encierren dulzor de panales,
susurro de abejas
fuego de auroras y nieve de ocasos.

Ritmos que en griego crisol atesoren son-
rojos de virgen,
leche de lirios y sangre de rosas.

Ritmos, ¡oh Amada!, que envuelvan tu
pecho, cual lianas tupidas
cubren de verdes cadenas el árbol.

[1] *alkmánico* referente a la poesía de tipo oral cuya fundación se atribuye al poeta griego Alcmán o Alcmeón de Sardis (siglo VII a. de J.C.)

CAPÍTULO OCTAVO

REALISMO Y NATURALISMO

EL REALISMO HISPANOAMERICANO, como sería de esperar, fue de la familia del realismo español, de esa larga tradición que florecía en el siglo XIX. Sus raíces inmediatas estaban en el cuadro de costumbres, el retrato de circunstancias particulares tan grato a los románticos. Pero el realismo hispanoamericano se diferenciaba del costumbrismo por ser más objetivo. El paisaje de la novela *María* del romántico colombiano Jorge Isaacs (1837–1895) se confundía con el alma sentimental de los personajes; el paisaje de los realistas solía ser el fondo sombrío del drama íntimo o social. Del realismo al naturalismo había un pequeño paso. El ambiente visto con objetividad cedía a esos elementos que reforzaban la tesis del autor: la circunstancia sórdida, personajes depravados, vicios y pecados. Los naturalistas, llenos de fe positivista en la posibilidad de mejorar el mundo y redimir a los más corrompidos, intentaban despertar la conciencia de sus lectores a la existencia del mal, y muy frecuentemente, un mal de índole social.

Los realistas y naturalistas de Hispanoamérica recibían la influencia de novelistas europeos, no sólo los españoles sino también los rusos y franceses, señaladamente Emile Zola (1840–1902), teórico del naturalismo. Estas influencias son muy visibles en el énfasis en el problema social y el desarrollo de una sicología auténtica en los personajes, pero los novelistas hispanoamericanos no aceptaban unánimemente el determinismo de Zola y su séquito, de modo que novelistas tan distintos entre sí como Federico Gamboa (México, 1864–1939), Manuel Gálvez (Argentina, 1882–1962) y Eugenio Cambaceres (Argentina, 1843–1888), por ejemplo, pueden considerarse naturalistas. En realidad había un largo proceso que iba desde el paisajismo y costumbrismo de los románticos, pasando por el realismo romántico al realismo y al naturalismo, sin que en realidad sea factible encasillar a los escritores individuales, ya que la mayoría de ellos practicaban un naturalismo algo atenuado o pasaban de un estilo a otro.

Timeline (1840–1930)

LITERATURA HISPANOAMERICANA

- (1862) Blest Gana *Martín Rivas*
- Matto de Turner *Aves sin nido* (1889)
- Carrasquilla *Frutos de mi tierra* (1896)
- **Viana** *Campo* (1896)
- López Portillo y Rojas *La parcela* (1898)
- (1900) Machado de Asís *Don Casmurro*
- (1901) Altamirano *El Zarco* *
- (1903) Gamboa *Santa*
- (1904) **Lillo** *Sub terra*
- (1905) **Sánchez** *Barranca abajo*
- (1908) Payró *Pago chico*

LITERATURA ESPAÑOLA

- (1849) Fernán Caballero *La gaviota*
- Valera *Pepita Jiménez* (1874)
- Alarcón *El sombrero de tres picos* (1874)
- (1884) Clarín *La regenta*
- (1885) Pereda *Sotileza*
- (1886) Galdós *Fortunata y Jacinta*
- (1886) Pardo Bazán *Los pazos de Ulloa*
- (1898) Blasco Ibáñez *La barraca*

OTRAS LITERATURAS

- (1832–55) Balzac *La Comédie humaine*
- (1857) Flaubert *Madame Bovary*
- (1866) Dostoievsky *Crime and Punishment*
- Maupassant *Boule de suif* (1880)
- (1880) Zola *Nana*
- (1881) James *Portrait of a Lady*
- (1884) Ibsen *The Wild Duck*
- (1889) Hauptmann *Before Dawn*
- (1890) Howells *A Hazard of New Fortunes*
- (1900) Conrad *Lord Jim*
- (1900) Dreiser *Sister Carrie*

MARCO HISTÓRICO

- Se extienden las líneas férreas en México (1890)
- Se crea la Unión Panamericana (1890)
- (1898) Guerra entre España y los Estados Unidos ‡
- (1901) Segunda Conferencia Panamericana en México
- (1902) Conflicto entre Venezuela y las potencias europeas §
- (1874) Alfonso XII, (1885) Rey de España
- Alfonso XIII, (1931) Rey de España †

---

* Novela póstuma
† 1885–1902, bajo la regencia de María Cristina
‡ Cuba independiente; Puerto Rico y las Filipinas en poder de los Estados Unidos
§ Inglaterra, Francia, Italia

29 Javier de Viana
(1868-1926)

Javier de Viana fue uno de los autores mas prolíficos de la literatura uruguaya y hasta de la hispanoamericana; debido a la estrechez económica, producía cuentos con una rapidez vertiginosa, con el obvio resultado de que su producción literaria era muy desigual. Su materia preferida fue la vida campesina; bajo la tutela del naturalismo francés, y de Zola sobre todo, la vio como una vida brutalizada y cruel. La visión amarga de Viana no respondía exclusivamente a influencias literarias; de joven había conocido la provincia y visto el bajo nivel económico y espiritual que pesaba sobre la vida rural. Las descripciones objetivas de esta vida deprimente y el marcado tono de preocupación social de sus obras señalan claramente su filiación naturalista. En "Matapájaros" vemos esta pobreza espiritual de una población rural deprimida, cuajada en un relato bien construido y de sobrio dramatismo.

Matapájaros

¿Cuál era su nombre?

Nadie lo sabía. Ni él mismo, probablemente. Fernández o Pérez, y si alguien le hacía notar las contradicciones, encogíase de hombros, respondiendo:

—¡Qué sé yo!... ¿Qué importa el apelativo?... Los pobres semos[1] como los perros: tenemos un nombre solo... Tigre, Picazo, Nato, Barcino... ¿Pa qué más?...

En su caso, en efecto, ello no tenía importancia alguna. Era un vagabundo. Dormía y comía en las casas donde lo llamaban para algún trabajo extraordinario: podar las parras, construir un muro, o hacer unas empanadas especiales en días de gran holgorio; componer un reloj o una máquina de coser; cortar el pelo o redactar una carta.

Porque él entendía de todo, hasta de medicina y veterinaria.

Terminando su trabajo, que siempre se lo remuneraban con unos pocos reales —lo que quisieran darle—, se marchaba, sin rumbo, al azar.

Todo su bien era una yegua lobuna, tan pequeña, tan enclenque que aun siendo él, como era, chiquitín y magro, no hubiera podido conducirlo sobre sus lomos durante una jornada entera.

Pero Juan marchaba casi todo el tiempo a pie, llevando al hombro la vieja escopeta de fulminante[2], que no la abandonaba jamás.

Él iba adelante, la yegua detrás, siguiéndolo como un perro, deteniéndose a

[1] *semos* somos

[2] *escopeta de fulminante* flintlock

De Javier de Viana, *Cardos* (Montevideo, 1919).

trechos para triscar la hierba, pero sin quedar nunca rezagada.

Algunas veces se presentaba el regalo de un trozo de camino cubierto de abundante y substancioso pasto y el animal apresuraba los tarascones[3], demorábase, levantando de tiempo en tiempo, la cabeza, como implorando del amo:

—Déjame aprovechar esta bolada.

Y Juan comprendiendo, sentábase en el suelo y esperaba pacientemente. De todos modos, nunca tenía prisa, puesto que nunca iba a ninguna parte preestablecida. Un trozo de carne fiambre y un par de galletas, siempre tenía para la cena y para dormir, ningún colchón más blando que la tierra y ningún techo mejor que el gran techo del cielo.

Luego, contentos los dos, volvíanse a poner en marcha. Juan se detenía a menudo para hacer fuego sobre todo pájaro que se le presentaba a tiro. Porque, habitualmente, sólo mataba pájaros. Recién cuando le escaseaban las municiones y el dinero para reponerlas, dignábase tirar sobre liebres y venados, únicas piezas que recogía para trocarlas luego, en el primer boliche, por pólvora y perdigones...

Cuando en el rigor de las siestas los pobladores cercanos al camino oían una detonación, exclamaban convencidos:

—Ahí viene "Matapájaros".

Y cavilaban en qué podrían aprovechar la oportunidad de su presencia y sus múltiples habilidades.

—Ahí anda el loco'e los pájaros —decía otro, sin demostrar la menor extrañeza.

Al principio despertó general curiosidad aquella guerra encarnizada a los inocentes pajarillos, pues conviene advertir que Juan jamás hacía fuego sobre las águilas, caranchos ni chimangos[4]: los rapaces le merecían todo respeto.

Andando el tiempo, todos se convencieron de que era una chifladura como otra cualquiera, y no se preocuparon más. Él, por su parte, taciturno, guardaba empecinado silencio ante todas las preguntas que al respecto le hicieran.

En un atardecer lluvioso iba malhumorado pues en el transcurso de una hora de marcha a pie, no había encontrado un solo pajarito que ultimar.

—¡Se escuenden![5] —exclamaba con rabia—¡pero es al ñudo[6], porque yo acabaré por encontrarlos!...

Andando, vio en lo alto de uno de los palos de una cancela un nido de horneros[7]. El macho, muy tranquilo, muy confiado, hacía guardia a la puerta de su palacio de barro.

Juan, respetando la superstición gaucha, nunca había tirado sobre los horneros. Ese día vaciló.

—¡A fin de cuentas, pueda ser qu'está ahí no más!...

Tras unos momentos de indecisión, se echó el fusil a la cara, apretó el gatillo...

Siguióse una tremenda detonación y el vagabundo cayó en tierra cubierto de sangre el rostro y el pecho destrozados por los trozos de acero del cañón del arma, que había reventado con extraordinaria violencia.

Lo recogieron agonizando, y sólo entonces, en medio de las incoherencias del delirio, reveló su secreto:

—Cuando se me juyó mi mujer... la vieja Casilda... me echó las cartas[8]... Luisa[9]

---

[3] *tarascones* mordeduras

[4] *chimangos* caranchos, aves de rapiña
[5] *¡Se escuenden!* ¡Se esconden!
[6] *al ñudo* en vano
[7] *horneros* pajaritos que fabrican nidos de barro en forma de horno
[8] *me... cartas* me predijo el futuro en los naipes
[9] *Luisa* su mujer

muerta... su alma escondida en un pajarito...
¡P'hacer arterías mala indina![10] ¡Juré
chumbiarle[11] el alma!... ¡Dejuro[12] qu'estaba
adentro'el hornero y m'hizo reventar la
escopeta!...

[10] *¡P'hacer... indina!* Esto es, su alma se escondió en el pájaro para realizar más artimañas.

[11] *chumbiarle* fusilarle
[12] *Dejuro* Ciertamente

30 Baldomero Lillo
(1867-1923)

Durante la vida del chileno Baldomero Lillo se publicaron solamente dos libros de cuentos suyos, *Sub terra* (1904) y *Sub sole* (1907); años después de su muerte apareció *Relatos populares* (1942), recopilación de cuentos esparcidos en periódicos y revistas. *Sub terra* le conquistó la fama casi inmediata. Los protagonistas son los mineros, miembros de una clase trabajadora condenada a una vida de constante peligro y gran miseria; Lillo estudia el problema de esta clase en actitud de protesta. En *Sub sole* trasladó el escenario a la superficie, la tierra y el mar, y ensayó otros enfoques literarios, aunque en muchos cuentos seguía el naturalismo de denuncia que empleaba en *Sub terra*.

El Chiflón[1] del Diablo

En una sala baja y estrecha, el capataz de turno sentado en su mesa de trabajo y teniendo delante de sí un gran registro abierto, vigilaba la bajada de los obreros en aquella fría mañana de invierno. Por el hueco de la puerta se veía el ascensor aguardando su carga humana que, una vez completa, desaparecía con él, callada y rápida, por la húmeda apertura del pique[2].

Los mineros llegaban en pequeños gru-

[1] *chiflón* (chileno) galería de una mina

[2] *pique* boca de la mina

De Baldomero Lillo, *Sub terra* (Santiago de Chile, 1904).

pos y, mientras descolgaban de los ganchos adheridos a las paredes sus lámparas ya encendidas, el escribiente fijaba en ellos una ojeada penetrante, trazando con el lápiz una corta raya al margen de cada nombre. De pronto, dirigiéndose a dos trabajadores que iban presurosos hacia la puerta de salida los detuvo con un ademán, diciéndoles:

—Quédense Uds.

Los obreros se volvieron sorprendidos y una vaga inquietud se pintó en sus pálidos rostros. El más joven, muchacho de veinte años escasos, pecoso, con una abundante cabellera rojiza, a la que debía el apodo de Cabeza de Cobre, con que todo el mundo lo designaba, era de baja estatura, fuerte y robusto. El otro, más alto, un tanto flaco y huesudo, era ya viejo, de aspecto endeble y achacoso.

Ambos con la mano derecha sostenían la lámpara y con la izquierda un manojo de pequeños trozos de cordel en cuyas extremidades había atados un botón o una cuenta de vidrio de distintas formas y colores: eran los tantos o señales que los barreteros[3] sujetan dentro de las carretillas de carbón para indicar su procedencia[4].

La campana del reloj, colgado en el muro, dio pausadamente las seis. De cuando en cuando un minero jadeante se precipitaba por la puerta, descolgaba su lámpara y con la misma prisa abandonaba la habitación, lanzando al pasar junto a la mesa una tímida mirada al capataz, quien, sin despegar los labios, impasible y severo, señalaba con una cruz el nombre del rezagado.

Después de algunos minutos de silenciosa espera el empleado hizo una seña a los obreros para que se acercasen, y les dijo:

[3] *barreteros* los que derriban el mineral con barras o piquetas
[4] *tantos… procedencia* Los mineros colocaban cuentas para señalar de donde se había sacado el carbón, cada color correspondiendo a una galería o un filón distintos.

—Son Uds. barreteros de la Alta, ¿no es así?

—Sí, señor, —respondieron los interpelados.

—Siento decirles que quedan sin trabajo. Tengo orden de disminuir el personal de esta veta.

Los obreros no contestaron y hubo por un instante un profundo silencio.

Por fin el de más edad, dijo:

—¿Pero se nos ocupará en otra parte?

El individuo cerró el libro con fuerza y echándose atrás en el asiento con tono serio contestó:

—Lo veo difícil, tenemos gente de sobra en todas las faenas.

El obrero insistió:

—Aceptamos el trabajo que se nos dé; seremos torneros, apuntaladores[5], lo que Ud. quiera.

El capataz movía la cabeza negativamente.

—Ya les he dicho, hay gente de sobra y si los pedidos de carbón no aumentan, habrá que disminuir también la explotación en algunas otras vetas.

Una amarga e irónica sonrisa contrajo los labios del minero, y exclamó:

—Sea Ud. franco, don Pedro, y díganos de una vez que quiere obligarnos a que vayamos a trabajar al Chiflón del Diablo.

El empleado se irguió en la silla y protestó indignado:

—Aquí no se obliga a nadie. Así como Uds. son libres para rechazar el trabajo que no les agrade, la Compañía, por su parte, está en su derecho para tomar las medidas que más convengan a sus intereses.

Durante aquella filípica, los obreros con los ojos bajos escuchaban en silencio y al ver su humilde continente la voz del capataz se dulcificó.

[5] *torneros, apuntaladores* winch operators, shorers

—Pero, aunque las órdenes que tengo son terminantes —agregó— quiero ayudarles a salir del paso. Hay en el Chiflón Nuevo, o del Diablo, como Uds. lo llaman, dos vacantes de barreteros, pueden ocuparlas ahora mismo; pues mañana sería tarde.

Una mirada de inteligencia se cruzó entre los obreros. Conocían la táctica y sabían de antemano el resultado de aquella escaramuza. Por lo demás estaban ya resueltos a seguir su destino. No había medio de evadirse. Entre morir de hambre o aplastado por un derrumbe era preferible lo último: tenía la ventaja de la rapidez. ¿Y adónde ir? El invierno, implacable enemigo de los desamparados, que convertía en torrentes los lánguidos arroyuelos, dejaba los campos desolados y yermos. Las tierras bajas eran inmensos pantanos de aguas cenagosas y en las colinas y en las laderas de los montes, los árboles ostentaban bajo el cielo eternamente opaco la desnudez de sus ramas y de sus troncos.

En las chozas de los campesinos el hambre asomaba su pálida faz a través de los rostros famélicos de sus habitantes, quienes se veían obligados a llamar a la puerta de los talleres de las fábricas en busca del pedazo de pan que les negaba el mustio suelo de las campiñas exhaustas. Había, pues, que someterse a llenar los huecos que el fatídico corredor abría constantemente en sus filas de inermes desamparados, en perpetua lucha contra las adversidades de la suerte, abandonados de todos, y contra quienes toda injusticia e iniquidad estaba permitida.

El trato quedó hecho. Los obreros aceptaron sin poner objeciones el nuevo trabajo y un momento después estaban en la jaula, cayendo a plomo en las profundidades de la mina.

La galería del Chiflón del Diablo tenía una siniestra fama. Abierta para dar salida al mineral de un filón recién descubierto se habían en un principio ejecutado los trabajos con el esmero requerido. Pero a medida que se ahondaba en la roca, ésta se tornaba porosa e inconsistente. Las filtraciones un tanto escasas al empezar habían ido en aumento, haciendo muy precaria la estabilidad de la techumbre que sólo se sostenía mediante revestimientos.

Una vez terminada la obra, como la inmensa cantidad de maderas que había que emplear en los apuntalamientos aumentaba el costo del mineral de un modo considerable, se fue descuidando poco a poco esta parte esencialísima del trabajo. Se revestía siempre, sí, pero con flojedad, economizando todo lo que se podía.

Los resultados de este sistema no se dejaron esperar. Continuamente había que extraer de allí un contuso, un herido y también a veces algún muerto aplastado por un brusco desprendimiento de aquel techo falto de apoyo, y que minado traidoramente por el agua, era una amenaza constante para las vidas de los obreros, quienes, atemorizados por la frecuencia de los hundimientos, empezaron a rehuir las tareas en el mortífero corredor. Pero la Compañía venció muy luego su repugnancia con el cebo de unos cuantos centavos más en los salarios y la explotación de la nueva veta continuó.

Muy luego, sin embargo, el alza de jornales fue suprimida sin que por esto se paralizasen las faenas, bastando para obtener este resultado el método puesto en práctica por el capataz aquella mañana.

Cabeza de Cobre llegó esa noche a su habitación más tarde que de costumbre. Estaba grave, meditabundo, y contestaba con monosílabos las cariñosas preguntas que le hacía su madre sobre su trabajo del día. En ese hogar humilde había cierta decencia y limpieza, por lo común desusadas en aquellos albergues donde, en promiscuidad repugnante, se confundían hombres, mujeres, y niños y una variedad tal de animales que cada uno de aquellos cuartos sugería en el espíritu la bíblica visión del Arca de Noé.

La madre del minero era una mujer alta, delgada, de cabellos blancos. Su rostro muy pálido tenía una expresión resignada y dulce que hacía más suave aún el brillo de sus ojos húmedos, donde las lágrimas parecían estar siempre prontas a resbalar. Llamábase María de los Ángeles.

Hija y madre de mineros, terribles desgracias la habían envejecido prematuramente. Su marido y dos hijos, muertos unos tras otros, por los hundimientos y las explosiones del grisú[6], fueron el tributo que los suyos habían pagado a la insaciable avidez de la mina. Sólo le restaba aquel muchacho por quien su corazón, joven aún, pasaba en continuo sobresalto.

Siempre temerosa de una desgracia, su imaginación no se apartaba un instante de las tinieblas del manto carbonífero que absorbía aquella existencia que era su único bien, el único lazo que la sujetaba a la vida.

¡Cuántas veces en esos instantes de recogimiento había pensado, sin acertar a explicárselo, en el porqué de aquellas odiosas desigualdades humanas que condenaba a los pobres, al mayor número, a sudar sangre para sostener el fausto de la inútil existencia de unos pocos! ¡Y si tan sólo se pudiera vivir sin aquella perpetua zozobra por la suerte de los seres queridos, cuyas vidas eran el precio, tantas veces pagado, del pan de cada día!

Pero aquellas cavilaciones eran pasajeras y no pudiendo descifrar el enigma, la anciana ahuyentaba esos pensamientos y

tornaba a sus quehaceres con su melancolía habitual.

Mientras la madre daba la última mano a los preparativos de la cena, el muchacho, sentado junto al fuego, permanecía silencioso, abstraído en sus pensamientos. La anciana, inquieta por aquel mutismo, se preparaba a interrogarlo cuando la puerta giró sobre sus goznes y un rostro de mujer asomó por la abertura.

—¡Buenas noches, vecina! ¿Cómo está el enfermo? —preguntó cariñosamente María de los Ángeles.

—Lo mismo —contestó la interrogada, penetrando en la pieza—. El médico dice que el hueso de la pierna no ha soldado todavía y que debe estar en la cama sin moverse.

La recién llegada era una joven de moreno semblante, demacrado por vigilias y privaciones. Tenía en la diestra una escudilla de hoja de lata, y mientras respondía, esforzábase por desviar la vista de la sopa que humeaba sobre la mesa. La anciana alargó el brazo y cogió el jarro; en tanto vaciaba en él el caliente líquido continuó preguntando:

—¿Y hablaste, hija, con los jefes? ¿Te han dado algún socorro?

La joven murmuró con desaliento:

—Sí, estuve allá. Me dijeron que no tenía derecho a nada, que bastante hacían con darnos el cuarto; pero, que si él se moría, fuera a buscar una orden para que en el despacho me entregaran cuatro velas y una mortaja.

Y dando un suspiro agregó:

—Espero en Dios que mi pobre Juan no los obligará a hacer ese gasto.

María de los Ángeles añadió a la sopa un pedazo de pan y puso ambas dádivas en manos de la joven, quien se encaminó hacia la puerta, diciendo agradecida:

---

[6] *grisú* gas inflamable

—La Virgen se lo pagará, vecina.

—¡Pobre Juana! —dijo la madre, dirigiéndose a su hijo, que había arrimado su silla junto a la mesa—, pronto hará un mes que sacaron a su marido del pique con la pierna rota. ¿En qué se ocupaba?

—Era barretero del Chiflón del Diablo.

—¡Ah, sí, dicen que los que trabajan allí tienen la vida vendida!

—No tanto, madre —dijo el obrero— ahora es distinto, se han hecho grandes trabajos de apuntalamientos. Hace más de una semana que no hay desgracias.

—Será así como dices, pero yo no podría vivir si trabajaras allá; preferiría irme a mendigar por los campos. No quiero que te traigan un día como me trajeron a tu padre y tus hermanos.

Gruesas lágrimas se deslizaban por el pálido rostro de la anciana. El muchacho callaba y comía sin levantar la vista del plato.

Cabeza de Cobre se fue a la mañana siguiente a su trabajo sin comunicar a su madre el cambio de faena efectuado el día anterior. Tiempo de sobra habría siempre para decirle aquella mala noticia. Con la despreocupación propia de la edad no daba grande importancia a los temores de la anciana. Fatalista, como todos sus camaradas, creía que era inútil tratar de sustraerse al destino que cada cual tenía de antemano designado.

Cuando una hora después de la partida de su hijo, María de los Ángeles abría la puerta, se quedó encantada de la radiante claridad que inundaba los campos. Hacía mucho tiempo que sus ojos no veían una mañana tan hermosa. Un nimbo de oro circundaba el disco del sol que se levantaba sobre el horizonte enviando a torrentes sus vívidos rayos sobre la húmeda tierra, de la que se desprendían por todas partes azulados y blancos vapores. La luz del astro, suave como una caricia, derramaba un soplo de vida sobre la naturaleza muerta. Bandadas de aves cruzaban, allá lejos, el sereno azul, y un gallo de plumas tornasoladas desde lo alto de un montículo de arena, lanzaba una alerta estridente cada vez que la sombra de un pájaro deslizábase junto a él. Algunos viejos, apoyándose en bastones y muletas, aparecieron bajo los sucios corredores, atraídos por el glorioso resplandor que iluminaba el paisaje. Caminaban despacio, estirando sus miembros entumecidos, ávidos de aquel tibio calor que fluía de lo alto.

Eran los inválidos de la mina, los vencidos del trabajo. Muy pocos eran los que no estaban mutilados y que no carecían ya de un brazo o de una pierna. Sentados en un banco de madera que recibía de lleno los rayos del sol, sus pupilas fatigadas, hundidas en las órbitas, tenían una extraña fijeza. Ni una palabra se cruzaba entre ellos, y de cuando en cuando, tras una tos breve y cavernosa, sus labios cerrados se entreabrían para dar paso a un escupitajo negro como la tinta.

Se acercaba la hora del mediodía, y en los cuartos las mujeres atareadas preparaban las cestas de la merienda para los trabajadores, cuando el breve repique de la campana de alarma las hizo abandonar la faena y precipitarse despavoridas fuera de las habitaciones.

María de los Ángeles se ocupaba en colocar en la cesta destinada a su hijo la botella del café, cuando la sorprendió el toque de alarma y, soltando aquellos objetos, se abalanzó hacia la puerta frente a la cual pasaban a escape con las faldas levantadas, grupos de mujeres seguidas de cerca por turbas de chiquillos que corrían desesperadamente en pos de sus madres. La anciana siguió aquel ejemplo; sus pies parecían tener alas, el aguijón del terror galvanizaba sus viejos músculos y todo su cuerpo se estremecía y vibraba como la cuerda del arco en su máximum de tensión. En breve se colocó en primera fila y su blanca cabeza herida por los rayos del sol, parecía atraer y precipitar tras de sí la masa sombría del harapiento rebaño.

Las habitaciones quedaron desiertas. Sus puertas y ventanas se abrían y se cerraban con estrépito impulsadas por el viento. Un perro atado en uno de los corredores, sentado en sus cuartos traseros, con la cabeza vuelta hacia arriba, dejaba oír un aullido lúgubre como respuesta al plañidero clamor que llegaba hasta él, apagado por la distancia.

Como los polluelos que, percibiendo de improviso el rápido descenso del gavilán, corren lanzando piítos desesperados a buscar un refugio bajo las plumas erizadas de la madre, aquellos grupos de mujeres con las cabelleras destrenzadas, gimoteando, fustigadas por el terror, aparecieron en breve bajo los brazos descarnados de la cabria, empujándose y estrechándose sobre la húmeda plataforma. Las madres apretaban a sus pequeños hijos, envueltos en sucios harapos, contra el seno semidesnudo, y un clamor que no tenía nada de humano brotaba de las bocas entreabiertas contraídas por el dolor.

Una recia barrera de maderos defendía por un lado la abertura del pozo y en ella fue a estrellarse parte de la multitud. En el otro lado unos cuantos obreros con la mirada hosca, silenciosos y taciturnos, contenían las apretadas filas de aquella turba que ensordecía con sus gritos, pidiendo noticias de sus deudos, del número de muertos y del sitio de la catástrofe.

En la puerta de los departamentos de las máquinas se presentó con la pipa entre los dientes uno de los ingenieros, un inglés corpulento, de patillas rojas, y con la indiferencia que da la costumbre, pasó una mirada sobre aquella escena. Una formidable imprecación lo saludó y centenares de voces aullaron:

—¡Asesinos, asesinos!

Las mujeres levantaban los brazos por encima de sus cabezas y mostraban los puños ebrias de furor. Él que había provocado aquella explosión de odio lanzó al aire algunas bocanadas de humo y volviendo la espalda, desapareció.

Las noticias que los obreros daban del accidente calmaron un tanto aquella excitación. El suceso no tenía las proporciones de las catástrofes de otras veces: sólo había tres muertos, de quienes se ignoraban los nombres. Por lo demás y casi no había necesidad de decirlo, la desgracia, un derrumbe, había ocurrido en la galería del Chiflón del Diablo, donde se trabajaba hacía ya dos horas en extraer las víctimas, esperando de un momento a otro la señal de izar en el departamento de las máquinas.

Aquel relato hizo nacer la esperanza en muchos corazones devorados por la inquietud. María de los Ángeles, apoyada en la barrera, sintió que la tenaza que mordía sus entrañas aflojaba sus férreos garfios. No era la suya esperanza, sino certeza: de seguro él no estaba entre aquellos muertos. Y reconcentrada entre sí misma con ese feroz egoísmo de las madres, oía casi con indiferencia los histéricos sollozos de las mujeres y sus ayes de desolación y angustia.

De improviso el llanto de las mujeres cesó: un campanazo seguido de otros tres resonaron lentos y vibrantes: era la señal de izar. Un estremecimiento agitó la muchedumbre que siguió con avidez las oscilaciones del cable que subía, en cuya extremidad estaba la terrible incógnita que todos ansiaban y temían descifrar.

Un silencio lúgubre interrumpido apenas por uno que otro sollozo reinaba en la plataforma y el aullido lejano se esparcía en la llanura y volaba por los aires, hiriendo los corazones como un presagio de muerte. Algunos instantes pasaron, y de pronto la gran argolla de hierro que corona la jaula, asomó por sobre el brocal. El ascensor se balanceó un momento y luego se detuvo sujeto por los ganchos del reborde superior. Dentro de él algunos obreros con las cabezas descubiertas rodeaban una carretilla negra de barro y de polvo de carbón.

Un clamoreo inmenso saludó la aparición del fúnebre carro, la multitud se arremolinó y su loca desesperación dificultaba enormemente la extracción de los cadáveres. El primero que se presentó a las ávidas miradas de la turba estaba forrado en mantas y sólo dejaba ver los pies descalzos, rígidos y manchados de lodo.

El segundo que siguió inmediatamente al anterior tenía la cabeza desnuda: era un viejo de barba y cabellos grises. El tercero y último apareció a su vez. Por entre los pliegues de la tela que lo envolvía asomaban algunos mechones de pelos rojos que lanzaban a la luz del sol un reflejo de cobre recién fundido. Varias voces profirieron con espanto:

—¡El Cabeza de Cobre!

El cadáver tomado por los hombros y por los pies fue colocado trabajosamente en la camilla que lo aguardaba. María de los Ángeles al percibir aquel lívido rostro y esa cabellera que parecía empapada en sangre, hizo un esfuerzo sobrehumano para abalanzarse sobre el muerto; pero apretada contra la barrera sólo pudo mover los brazos en tanto que un sonido inarticulado brotaba de su garganta. Luego, sus músculos se aflojaron, los brazos cayeron a lo largo del cuerpo y permaneció inmóvil en el sitio como herida por el rayo.

Los grupos se apartaron y muchos rostros se volvieron hacia la mujer, quien con la cabeza doblada sobre el pecho, sumida en una insensibilidad absoluta, parecía absorta en la contemplación del abismo abierto a sus pies.

Jamás se supo cómo salvó la barrera, detenida por los cables niveles, se la vio por un instante agitar sus piernas descarnadas en el vacío, y luego, sin un grito, desaparecer en el abismo. Algunos segundos después, un ruido sordo, lejano, casi imperceptible, brotó de la hambrienta boca del pozo de la cual se escapaban bocanadas de tenues vapores: era el aliento del monstruo ahito de sangre en el fondo de su cubil.

31 Florencio Sánchez
(1875-1910)

Acosado por la penuria y trabajando en empleos modestos, muerto a los treinta y cinco años, el uruguayo Florencio Sánchez fue el dramaturgo hispanoamericano más importante del naturalismo y uno de los más grandes del siglo. Anarquista, hizo teatro didáctico-social que desnuda los abusos sociales y la miseria económica. Las fuentes de Sánchez se encuentran en el teatro de tesis de Henrik Ibsen y el naturalismo italiano y francés, pero era a la vez el heredero legítimo del teatro rural rioplatense. Sus obras más conocidas son casi exclusivamente de asunto campesino: *Barranca abajo* (1905), el despojo del viejo gaucho; *M'hijo el dotor* (1903), el conflicto entre ciudad y campo en dos generaciones de una misma familia; *La gringa* (1904), el choque entre el antiguo sistema rural y los nuevos inmigrantes italianos. Pero esta preocupación con un sistema en trance de desaparecer no impedía que Sánchez tratara los problemas urbanos, como vemos en *El desalojo* (1906), aguafuerte de la angustia de los desamparados de la gran ciudad de Buenos Aires.

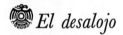 *El desalojo*

PERSONAJES

ENCARGADA	EL INVÁLIDO
VECINAS 1ª y 2ª	COMISARIO
INDALECIA	UN CHICO
JUAN	UN PERIODISTA
JENARO	UNA NENA
FOTÓGRAFO	

ACTO ÚNICO

ESCENA I

ENCARGADA, VECINAS 1ª y 2ª, INDALECIA y JUAN

ENCARGADA[1] (*Saliendo de una de las habitaciones*) Ya sabe, ¿eh? Bueno, que no se le olvide. Estoy cansada de esperar que hoy e mañana e que de aquí un rato...

VECINA 1ª ¡Qué le hemos de hacer! Cuando no se puede, no se puede.

ENCARGADA Entonces no se arquilan[2] los cuartos ¿sabe? ¿Se ha pensao que estamos en una república aquí?... L'arquiler es lo primero.

VECINA 1ª ¡Bueno, bueno; basta! ¡No precisa hablar tanto!

ENCARGADA Eso digo yo. Non precisa hablar tanto. Al fin de mes se paga e nos quedamos todos callao la boca. (*Alejándose*) Sí, señor. E non precisa tanto orgullo... Si quieren vivir de arriba, se compra el palacio del Congreso, ¿sabe?, en la calle Entrerío. (*Tropieza con un mueble.*) ¡Ay, Dío!

VECINA 1ª ¡No haberte roto algo!...

ENCARGADA ¡Ay, Madona Santísima!... Uiii... (*Golpea el mueble con rabia y volviéndose a* INDALECIA) ¿Y osté también se ya[3] pensao tener todo el año este cachivache ner[4] patio? Non tiene vergüenza.

INDALECIA Pero señora, si yo...

ENCARGADA Un corno[5]. Si le hubiesen tirao esta porquería de mueble a la calle, no estaría tanto tiempo sin buscar pieza. ¡Parece mentira! (*Quejándose*) ¡Ay! ¡Ay!

VECINA 2ª (*Aproximándose*) ¿Se lastimó mucho, señora?

ENCARGADA ¡Qué sé yo!... Un golpe tremendo.

---

[1] *Encargada* La Encargada y Jenaro hablan un español con fuerte dejo italiano. Se señalarán esas palabras cuyo sentido no puede sacarse facilmente.
[2] *arquilan* alquilan

[3] *se ya* se ha
[4] *ner* en el
[5] *corno* cuerno; i.e., le importa muy poco lo que diga Indalecia

VECINA 2ª ¡A ver! Esos golpes suelen ser malos...

VECINA 1ª (*Burlona*) ¡Ah! Se le puede formar un cáncer. Llamen a la Asistencia...

ENCARGADA Mire, doña Francisca. Venga.

(*Se vuelve detrás del mueble a enseñar la pierna lastimada. Dos* INQUILINOS *que salen con rumbo a la calle se detienen a mirar.*)

VECINA 1ª ¡Ay, qué temeridad!

ENCARGADA Ner mismo güeso[6], vea. (*Viendo a los* VECINOS) ¿Y ostedes qué quieren? ¿No tienen nada más que hacer?...

VECINA 2ª ¡Ave María! ¡Tanta curiosidad!

(*Los dos* VECINOS *se alejan riendo.*)

VECINA 1ª (*Deteniéndolos*) Diga, Juan; ¿no sabe si dan baile este sábado "Los adulones del Sur"?

JUAN Creo que sí. (*Mutis.*)

VECINA 2ª Lo que es usted no faltará.

VECINA 1ª No estoy invitada. La fiesta es pa ustedes las socias no más... ¡Ja, ja!... (*Mutis.*)

VECINA 2ª ¡Dispará no más, comadre!

ENCARGADA ¡Déjela! Non vale la pena...

VECINA 2ª Tiene razón. Venga a mi cuarto. Le daré una frotación de aguardiente... Venga... También, la verdad es que ni se puede caminar en este patio.

ENCARGADA Naturalmente. Con toda esta porquería de cachivaches adentro...

VECINA 2ª ¡Un día, pase; dos también, pero más es demasiada pachorra[7]!

INDALECIA (*Tristemente*) ¡Ay, señora! ¡Ruégole a Dios que no se vea en nuestro caso!

VECINA 2ª ¡Pierda cuidado! Mientras Él me dé salud para trabajar, puedo estar tranquila. No ha de ser esta persona quien se quede brazos cruzaos esperando que las cosas caigan del cielo.

---

[6] *güeso* hueso
[7] *pachorra* flojera

ENCARGADA Eso digo yo. Mire, doña Indalecia. Crea que no lo hago de gusto, porque el buen corazón lo tengo, ¿sabe? Ma non se puede estar estorbando la gente todo el tiempo.

INDALECIA ¿Qué debo hacer? ¿Quieren que me tire al río con todos mis hijos?

VECINA 2ª No decimos tanto. Pero... moverse, caminar, buscar trabajo... En este Buenos Aires no falta con qué ganarse la vida.

INDALECIA Pero, señora, si no he hecho otra cosa que buscar ocupación... Ustedes bien lo saben. Costuras no le dan en el registro a una mujer vieja como yo; ir a la fábrica no puedo, ni conchavarme[8], pues tengo que cuidar a mis hijos...

ENCARGADA Ma dígame. ¿Qué le precisa tener tantos hijos? Si no hay con qué mantenerlos, se agarran y se dan[9].

VECINA 2ª ¿Y los asilos?

INDALECIA ¡Oh! Eso es muy fácil decirlo... ¡Pobrecitos!

ENCARGADA Pobrecitos, pobrecitos, e mientras tanto andan muertos de hambre como los gatos, robando la comida en casa de los vecinos.

ESCENA II

JENARO, VECINA 2ª, INDALECIA *y* ENCARGADA

JENARO (*Que ha aparecido momentos antes con un paquete en la mano*) Y hacen bien, cuando los vecinos son tan agarrados[1]. ¡Mándense mudar de aquí! No tienen vergüenza. Estar embromando a la pobre mujer... ¡Bruta gente!...

---

[8] *conchavarme* contratarme para un trabajo
[9] *se... dan* se hace lo que se puede
[1] *agarrados* tacaños

VECINA 2ª   El terremoto de la Calabria[2]. Vámonos señora...

ENCARGADA (*A* JENARO)   Ma diga. ¿Qué se ha pensao osté? Ma diga...

JENARO (*Rezongando sin hacerle caso*)   ¡Bruta gente!... ¡Bruta gente!... (*A* INDALECIA) ¿No vino ninguno?

INDALECIA   Nadie.

(JENARO *se encamina hacia el cuarto de la izquierda.*)

ENCARGADA (*Deteniéndolo*)   ¡A lei[3], sí, a lei..., a lei, sí!...

(JENARO *la mira fijo un instante y le hace una mueca característica de los napolitanos. Se va a su cuarto, dando un portazo al entrar.*)

ENCARGADA (*Furibunda*)   Furbo... Mascalzone[4].

VECINA 2ª   Está borracho el botellero. No le haga caso, venga.

ENCARGADA   Canaglia[5]...

VECINA 2ª   Venga a curarse esa pierna. Déjelo.

ENCARGADA   ¡Mascalzones! (*Volviéndose a* INDALECIA) E osté también, que está compadriando ahí[6]... Mañana mismo le hago tirar ese cachivache a la calle... Tanto incomodar también.

(*Se va rezongando, conducida por la* VECINA.)

ESCENA III

INDALECIA, JENARO *y* UN CHICO

INDALECIA (*Deja la costura y se aproxima a la cuna.*)   ¡Vamos, nena, arriba! ¡No se va

[2] *Calabria*   region del sudoeste de Italia, muy sujeta a temblores
[3] *A lei*   (italiano) A ella
[4] *Furbo... Mascalzone*   (italiano) Shrewd... Scoundrel
[5] *Canaglia*   (italiano) Canalla
[6] *compadriando ahí*   hanging around

a pasar durmiendo todo el día! ¿Está enfermita? ¿Le duele algo?... ¿No?... Entonces upa... (*La levanta.*) ¿Quiere pancito? (*Saca un mendrugo del bolsillo y se lo da.*) Esta noche nos traerán centavos, bastante plata y vamos a comer mucho..., mucho... ¿Tiene hambrecita?...

JENARO (*Reapareciendo con queso, pan y una naranja en las manos. Se acerca a* INDALECIA *y corta una porción.*)   ¡Toma..., mangia[1]!...

INDALECIA   ¡Oh! ¿Para qué se ha incomodado?

JENARO   ¡Mangia, te digo! (*Saca un bolso del bolsillo y se lo da a la* NENA.) Mangia, vos. ¿Dove sonno i ragazzi?[2]

INDALECIA   No sé; en la calle... tal vez.

JENARO (*Se aproxima a la puerta del foro y llama a voces.*)   ¡Eh... tú!... Ven... aquí, tú... (*Aparecen tres* CHICOS. JENARO *da un trozo de pan a cada uno.*) Toma... Mangia... Tú, mangia... Mangia...

(*Los* MUCHACHOS *reciben el pan con alborozo y se ponen a comer.*)

INDALECIA   Mal agradecidos. ¿Cómo se dice?

CHICO (*A boca llena*)   Muchas gracias.

JENARO (*Indicándoles la puerta*)   Vía.[3] Indalecia, no hacen falta cumplimientos. Hay hambre, se mangia y se acabó. (*Los* CHICOS *mutis.* JENARO *se sienta en cualquier parte; saca salame del bolsillo y se pone a comer. Pausa.*) Estuve en el hospital. Le han hecho la operación a tu marido.

INDALECIA   ¡Cómo! ¿Otra?

JENARO   Naturalmente. (*Levantándose*) Toma, mangia un poco de salame.

INDALECIA   ¡Oh! ¡Me lo van a matar!... (*Toma el salame y se lo da a la* NENA.)

JENARO (*Volviendo a sentarse*)   Sería mejor; se ha de quedar paralítico...

[1] *mangia*   (italiano) come
[2] *¿Dove...ragazzi?*   (italiano) ¿Dónde están los niños?
[3] *Vía*   Vea

INDALECIA ¡Pobre Daniel! ¿Habló con él?

JENARO No lo dejan ver. No hace falta tampoco. (*Pausa.*) ¿Qué decía la encargada?

INDALECIA ¡Oh! Lo de siempre..., rezongar..., insultarme.

JENARO ¡Bruta gente!...

INDALECIA ¡Son tan malos!... Vea; a ella la disculpo, porque al fin y al cabo es patrona; pero a las otras, a las demás vecinas... Gente desalmada... Si fueran más felices o mejores que una, no diría nada. ¡Qué diablos!... Tendrían derecho, pero no. Son pobres como yo; tienen hijos como yo y maridos que trabajan, expuestos a que los destroce una máquina o a caerse de un andamio; y en vez de pensar un poco en que podrían verse en mi caso mañana o pasado, se ponen a la par de las otras para mortificarme. ¡Y todo por adularla, nada más!... ¿Usted cree que ha habido uno solo en esta casa capaz de ofrecerme un poco de caldo para la nena? No, señor; prefieren tirar las sobras por el caño.

JENARO ¡Bruta gente!...

INDALECIA ¡Es lo que más me desconsuela!... (*Afligida*) Me dan tantas ganas de llorar... ver que una no es nadie..., que de repente queda sola en el mundo, aislada..., abandonada de todos, peor que un perro. (*Llora.*)

JENARO Malo... Malo... ¿Qué se gana con afligirse?... Cállate la boca... Déjate de llorar, ¿sabes?... (*Se oye tumulto y gritos afuera.*) "Viejo loco..., viejo loco..., viejo borracho..., viejo loco...,"

(*Aparece un grupo de* PILLUELOS, *entre ellos los* HIJOS *de* INDALECIA, *acosando a un* VIEJO SOLDADO INVÁLIDO *de la guerra del Paraguay[4].*)

[4] *guerra del Paraguay* guerra entre el Paraguay y las fuerzas de la Argentina, el Uruguay y el Brasil (1865–1870)

ESCENA IV

INVÁLIDO, INDALECIA *y* JENARO

INVÁLIDO (*Persiguiendo a los* MUCHACHOS *con el bastón enarbolado*) Mal enseñados, con eso van a hacer patria.

INDALECIA ¡Tata!...

JENARO (*A los* CHICOS) Viá[1]... Caramba... Caramba... Fuori[2]... ¡Sinvergüenza!

INVÁLIDO Muchas gracias, don... Parece mentira.

JENARO Son cosas de ragazzi.

INVÁLIDO ¿No ve, hombre? ¡A qué extremo hemos llegado! Los gringos tienen que defender a los servidores de la patria. Vea, amigo. Aquí, ande usted me ve, yo soy el cabo Morante, y pregúntele a cualquiera de los que estuvieron en la guerra, si llevo al cuete[3] esta cintita y esta otra...

JENARO ¡Eh! Bueno, qué le vamos a hacer...

INVÁLIDO ¿Cómo qué le vamos a hacer? Que lo respeten, canejo. (*A* INDALECIA) ¿Cómo te va diendo[4], m'hija?

INDALECIA Aquí estamos... Y usted, ¿qué hace por acá?

INVÁLIDO A verte, pues... ¿Y así no más me recibís? No digo... Hasta los hijos son unos ingratos...

JENARO ¿Éste es su padre?

INVÁLIDO ¿Y cómo le va?... Y legítimo, ¿sabe, che, gringo?... Lo que hay es que ya no me va reconociendo...

INDALECIA ¿Y cómo ha venido a dar conmigo?

INVÁLIDO Por tu desgracia...; estaba esta mañana en el boliche del tuerto Ramos, allá en Palermo[5], ¿sabes?, y oí que un mocito leía en el diario que te habían

[1] *Viá* Voy a...
[2] *Fuori* (italiano) Fuera
[3] *al cuete* inutilmente, en vano
[4] *diendo* yendo
[5] *Palermo* barrio de Buenos Aires

desalojao y que levantaban una suscripción pa vos. ¡Pucha!, digo. ¡Si es m'hija! ¡Pobre mujer! ¿Ande vive? "Calle tal," me dijo el mozo. ¡Vamos a ver a Indalecia en la mishadura[6]! Y agarré pa acá... Si en algo puedo servirte, ¿sabes?, aunque soy manco, no me olvido que sos m'hija...

INDALECIA   Podía haberse acordado antes...

INVÁLIDO   ¡Quenquerés![7] Te retobaste[8]; te empeñaste en juir[9] con ese zonzo de tu marido...

INDALECIA   Bueno; no hablemos de él, ¿eh?

INVÁLIDO   No hablemos de él, si querés; pero yo te dije que ibas a ser desgraciada con él, y ya ves cómo salió cierto. Se cayó de un andamio, ¿no?

INDALECIA   Sí, señor.

INVÁLIDO   ¿No ves, pues? Cuando yo te lo decía... ¿Esa nena es tuya?... Venga pa acá mocita, con su agüelo[10]... (La CHICA, asustada, se acerca a su madre.) ¿No ve, pues?... Pucha, cómo está el país, amigo gringo... Los nietos no las van con los agüelos. Ya no se respeta la familia ni nada... En nuestro tiempo había e[11] ver... Y estos otros mocosos, ¿son tuyos también? Conque ustedes eran los que venían insultando a su agüelo, ¿eh? Ahora van a ver, mocosos... (Va hacia ellos.)

INDALECIA   ¡Tata!...

JENARO (Deteniéndolo)   A ver. Déjese de embromar.

INVÁLIDO   ¡Oh! ¿Y a vos quién te da vela[12]? Che, Indalecia. ¿Éste es otro yerno? Amigo, ¡podía pasarle el cuarto cuando menos!

[6] mishadura   miseria
[7] ¡Quenquerés!   ¡Qué quieres!
[8] Te... retobaste   Te enojaste
[9] juir   huir
[10] agüelo   abuelo
[11] e   de
[12] quién... vela   (... en este entierro), i.e., no es asunto tuyo

JENARO   Décase[13] de embromar. (Se va a su cuarto.) Bruta gente... Bruta gente...

INVÁLIDO   Míralo al gringo... Hinchao como un zorrino[14]... (A voces) ¡Che, che!...

INDALECIA   Déjelo, tata. Si ha venido para fastidiar gente, podía haberse quedado...

INVÁLIDO   Bueno me viá sentar, ya que no me invitás (Se sienta. Pausa.) ¿Te trajeron la plata e suscripción ya?...

INDALECIA   No, señor.

INVÁLIDO   ¿Ya sabés? No te puedo ayudar con nada porque ando muy pobre, pero si querés te puedo buscar pieza pa mudarte. Hoy he visto una en la calle Solé...

INDALECIA   No se incomode...

INVÁLIDO   ¿Y qué pensás hacer?

INDALECIA   No sé; nada.

INVÁLIDO   Esperate un poco. Hay un asilo de güérfanos militares, ¿sabés? Allí... pucha, madre. Si yo no estuviera tan desacreditado con el coronel... le podría pedir una recomendación.

(Sale la ENCARGADA.)

INDALECIA   ¿Para qué?

INVÁLIDO   Para que te metas todos esos muchachos... ¿Qué vas a hacer con ellos?

Escena V

ENCARGADA, INDALECIA e INVÁLIDO

ENCARGADA   Eso es lo que digo yo. Que los meta en el asilo... No sirven más que pa trabajo...

INVÁLIDO   Salú, doña...

INDALECIA   No, señor... No me separo de mis hijos. Si ustedes no tienen corazón, yo lo tengo, y bien puesto.

ENCARGADA   Ma dígame un poco. ¿No es peor que se mueran de hambre de no tener qué comer?...

[13] Décase   Déjese
[14] Hinchao... zorrino   Touchy as a skunk...

INVÁLIDO   Ha dicho la verdad. Choque esos cinco.[1] (*A* INDALECIA) ¿Quién es ésta, che?

ENCARGADA   Soy la encargada de la casa...

INVÁLIDO   Che, che, che, y nos la pusiste de patitas en la calle, ¿no?

ENCARGADA   E... naturalmente, si no pagaba l'arquiler...

INVÁLIDO   Y todavía te metés a dar consejos... Ya podés ir tocando[2], gringa, de acá.

ENCARGADA   ¿E osté qué se ha pensao? Yo soy la dueña de acá, ¿sabe?

INVÁLIDO   ¡Qué vas a ser dueña, desgraciada!

ENCARGADA   Bueno, déjese de embromar... (*A* INDALECIA) ¿E éste se ha creído que esto es una sala pa recibir las visitas? Haga el favor de sacar de aquí a ese vieco[3] borracho...

INVÁLIDO   Gringa el[4] diablo...

ESCENA VI

Los mismos y JENARO

JENARO   Madona del Carmen, dejen en paz a esa pobre mujer... (*Enérgico, tomando por un brazo a la* ENCARGADA) Haga el favor, mándese mudar de aquí... ¡Ya!... ¡Ya!... Váyase, porque le rompo la facha... Caramba...

ENCARGADA   (*Volviéndose furiosa*) ¡Dío Santo! Porco[1], canaglia...

JENARO   (*La empuja con violencia.*) Fuori... (*Volviéndose al* INVÁLIDO) Usted también, mándese mudar... Bruta, bruta gente...

INVÁLIDO   No me toqués. No te acerqués, gringo... Porque...

---

[1] *Choque esos cinco* (*dedos*), i.e., Apriéteme la mano; aquí, estoy de acuerdo
[2] *tocando* marchándote
[3] *vieco* viejo
[4] *el* del
[1] *Porco* (italiano) Puerco

(*Tumulto. Salen* VECINOS; *la* ENCARGADA *vocifera.*)

INDALECIA   Sosiéguese, don Jenaro.

JENARO   (*Dándole un sopapo a la* ENCARGADA) ¡Bruta gente!...

INVÁLIDO   Ladiate[2], Indalecia, que entoavía[3] puedo con un gringo...

ESCENA VII

Los mismos, COMISARIO, PERIODISTA *y la* NENA

(*Aparecen el* COMISARIO *y un* PERIODISTA, *seguidos de un grupo de* CHICOS.)

COMISARIO   ¿Qué desorden es éste?... A ver, sosiéguense... Comisario de la sección...

ENCARGADA   Vea, señor comisario..., este canaglia de un botellero, me ha pegao una trompada tremenda...

INVÁLIDO   (*Cuadrándose*) ¡A la orden, mi jefe!...

JENARO   (*Yéndose a su pieza*) ¡Bruta gente, per Dío!...

ENCARGADA   No le deje dir, señor comisario; me ha pegao, ¡e un sinvergüenza!

COMISARIO   (*A* JENARO) ¡A ver, deténgase!... ¿Qué ha pasado?...

ENCARGADA   Mire, señor comisario, lléveselo preso.

COMISARIO   Cállese la boca.

INVÁLIDO   Yo soy testigo, mi comisario. No ha pasao nada, mi comisario. Todo ha sido de boca no más. ¿Basta la palabra?

COMISARIO   Bajá la mano no más. A ver, despeje[1] un poco.

ENCARGADA   Ma, señor comisario...

COMISARIO   ¡Despeje, le he dicho!

---

[2] *Ladiate* Apártate
[3] *entoavía* todavía
[1] *despeje* apártese; break it up

(ENCARGADA *se va refunfuñando, y antes de desaparecer mira con odio a* JENARO *y besa la cruz², jurándosela.*)

COMISARIO (*A* INDALECIA, *que está rodeada de sus* HIJOS) ¿Quién es la dueña de estos muebles?

INVÁLIDO (*Indicando a* INDALECIA) Es una servidora... m'hija...

COMISARIO Bien, señora. Yo soy el comisario de la sección y el señor es un repórter de *La Nación*. Hemos sabido que usted se encontraba en esa situación y...

PERIODISTA Nuestro diario ha sido el primero en dar la noticia.

INVÁLIDO Me consta. ¿No te dije, m'hija, que lo había leído?

PERIODISTA Usted ya sabrá que iniciamos una suscripción en su favor. Vengo a traerle lo que se ha recibido hasta hoy. No es mucha cosa, pero le permitirá alquilar una pieza y atender a las primeras necesidades...

INVÁLIDO Da las gracias, pues, mujer.

PERIODISTA Aquí tiene estos sesenta pesos y la lista de las personas que los han mandado al diario... Sírvase.

(INDALECIA *se echa a llorar, estrechando a la* NENA. *Pausa. Emoción.* JENARO *se seca los ojos con la manga.*)

PERIODISTA No se aflija, señora. Ya ve usted... las cosas se remedian... cálmese. Tome su dinerito...

INVÁLIDO ¿Sabe que está lindo esto? Cuando te traen la salvación, te ponés a llorar. ¡Lo hubiese hecho antes! (*Toma el dinero y se lo ofrece.*) Agarrá y da las gracias, pues...

NENA ¡Mamita!... ¡Mamita!...

INVÁLIDO (*Serenándose*) Está bien, muchas gracias; no llore, mi nena, no llore... ¿Ve?... Mamita ya no llora tampoco...

² *besa la cruz* besa los dedos en forma de cruz; señal de odio, deseo de mala suerte

A ver, séquense esos ojitos. (*Le limpia la cara y le suena los mocos con el delantal.*) Sea buenita... ¡Esos hombres son muy buenos! Muchas gracias, señores, muchas gracias...

PERIODISTA El comisario, por su parte, ha hecho algunas diligencias en su favor. El le dirá.

COMISARIO Es cierto; he conseguido colocarle a sus hijos. ¿Son éstos? ¿Éste es el mayor? Bueno; a éste lo mandaremos a la correccional de menores...

JENARO ¿Cómo dice, señor comisario?

COMISARIO (*Prosiguiendo sin contestarle*) Allí aprenderá un oficio y se hará un hombre útil... Para los demás he conseguido que el asilo...

INDALECIA ¿Cómo? ¿Mis hijos?

COMISARIO Sí, señora. Ya está todo dispuesto. La Sociedad de Beneficencia los tomará a su cargo.

INDALECIA Mis hijos... ¡No, no, no señor!... De ninguna manera. ¡Pobrecitos!... Son míos... Son muy buenos...

COMISARIO Señora, comprenda usted que en su caso...

INDALECIA ¡Mis hijos! ¡Qué esperanza!... No, ni lo sueñen.

JENARO Natural. Y tiene razón.

COMISARIO Retírese usted. Nada tiene que ver aquí...

JENARO No tengo que ver, pero digo la verdad, ¿sabe?

COMISARIO ¡Que despeje le he dicho!

JENARO ¡Eh! Bueno... Está bien... Ma es una injusticia. Bruta gente...

PERIODISTA Tiene que resignarse, señora. Es natural que le duela separarse de ellos, pero es preferible que se los mantenga la sociedad a que mañana tengan que andar robando por ahí...

INDALECIA Tendrá mucha razón, señor. Pero yo no puedo separarme de ellos.

INVÁLIDO ¿Pero han visto? ¡Qué rica cosa! Es la primera vez que la patria se ocupa

de proteger a este viejo servidor mante-
niéndole a los nietos, y vos te oponés. No
seas mal agradecida, mujer... Mire,
amigo; este brazo lo perdí en Estero Bellaco[3], y aquí en esta pierna tengo otra
bala más, ¿sabe? Bueno, y ya ve lo que
he ganao... Que mis hijos y que mis nietos
se vean en este estao. ¿Ahora se acuer-
dan?... Está bien... Hay que agarrar no
más... Vale más tarde que nunca, ¿no le
parece?

COMISARIO   Es natural. Bien, señora. Tiene
usted que resolverse y...

INDALECIA   No, señor. Estoy bien resuelta.
No me separo de mis pobres hijos..., no
puedo..., no puedo..., nunca podría...

INVÁLIDO   Pucha, mujer zonza. No pareces hija mía...

COMISARIO   ¿Prefiere usted verlos morir de
hambre o convertidos en unos perdu-
larios?

INDALECIA   No, no... Ya me han ayudado
a tomar pieza. Ahora denme trabajo si
quieren, que a mí no me faltan fuerzas, y
yo me encargaré de mantenerlos y edu-
carlos.

JENARO   Eso está bien dicho.

COMISARIO   Le he dicho que no se meta
usted.

INDALECIA   Y después, no son míos solamente. ¿Qué cuentas le voy a dar al pobre padre que tanto los quiere, que se ha
desvivido por ellos? ¿Qué cuentas le voy
a dar cuando salga del hospital? ¡No...,
no..., no es posible! ¡Mis hijitos!...

COMISARIO   ¡Oh! A ese respecto debe estar
tranquila. Su marido está muy mal y
difícilmente saldrá del hospital. En todo
caso, quedará paralítico.

JENARO   ¡Oh! ¡Bruta gente!

(INDALECIA *se echa a llorar*.)

---

[3] *Estero Bellaco*   batalla de la Guerra del Paraguay,
2 de mayo de 1866

ESCENA VIII

Los mismos y el FOTÓGRAFO

FOTÓGRAFO   (*El* FOTÓGRAFO *de* Caras y Caretas, *al* PERIODISTA)   ¡Hola amigo!

PERIODISTA   ¿Viene a hacer una nota[1]?

FOTÓGRAFO   Precisamente. Una linda nota,
por lo que veo. ¿Ésta es la víctima?

PERIODISTA   ¿Usted conoce al señor? (*Presentando*) El comisario de la sección. Un
repórter de *Caras y Caretas*. (*Saludos*)

FOTÓGRAFO   Llego en un lindo momento.
(*Al* MENSAJERO *que lleva los aparatos*) A
ver, saca pronto eso.

COMISARIO   Esto se ve a cada momento...
es una cosa bárbara la miseria que hay...

(*El* FOTÓGRAFO, *rodeado de* PILLUELOS *y*
VECINOS, *acomoda la máquina sobre el trí-
pode, buscando la luz conveniente*.)

FOTÓGRAFO   Aquí queda bien. Así... (*Los*
VECINOS *toman colocación frente al foco, tratando de salir a la vista.*) Le tomaremos una
así, llorando; es un momento espléndido.
(*Enfoca*.) Ustedes tendrán la bondad de
retirarse... más, más lejos. (*Al* INVÁLIDO)
Usted también, retírese...

INVÁLIDO   Yo soy el padre de ella, pues...
¿por qué viá salir?

FOTÓGRAFO   Está bien, disculpe... (*Cuando
se vuelve, todos se acomodan de nuevo*.) He
dicho que se retiren.

COMISARIO   A ver. ¡Despejen!

FOTÓGRAFO   Ya les ha de llegar su turno.
Pierdan cuidado... Bien... no se mue-
van..., un momento..., ya está.

INVÁLIDO   ¿He salido bien yo?

FOTÓGRAFO   Macanudo[2]... (*Al* COMISARIO)
Ahora podrían ponerse ustedes... Y si la
señorita quisiera levantar la cabeza...
¡Señora!... ¡Señora!

JENARO   Métame preso y hagan lo que

---

[1] *hacer una nota*   hacer un reportaje
[2] *Macanudo*   Magnífico

quieran... Ma esto es una barbaridad... ¡Mándese mudar, per Dío! ¡Qué bruta gente! Dejen tranquila a esa pobre muquer[3]... Caramba... Caramba...

PERIODISTA (*Al* COMISARIO, *que quiere intervenir*) La verdad es que no le falta razón; sería mejor.

FOTÓGRAFO Por mí... La nota importante ya la tengo... (*Se pone a empaquetar su aparato.*)

INVÁLIDO ¿Pero han visto este gringo que se ha creído de la familia también? No faltaba más, hombre...

COMISARIO (*A* INDALECIA) Bueno, señora; no se aflija más y resuélvase...

INVÁLIDO Déjela... Si ya está resuelta...

INDALECIA Mis pobres hijitos... No es posible... No puedo; me moriría.

PERIODISTA Piense que es un egoísmo suyo. Por el momento, podrá mantenerlos si trabaja. Pero puede ocurrirle que mañana no tenga qué darles de comer... enfermarse..., morirse... ¿Qué va a ser de ellos?... Usted no los pierde dándolos al asilo... los podría visitar a menudo; allí se formarán, aprenderán un oficio.

COMISARIO Y mañana serán hombres útiles para usted y para todos...

INVÁLIDO Claro está... ¿Preferís verlos en la cárcel por bandidos?

INDALECIA Bueno, basta... Sí..., hagan de mí lo que quieran... ¡Sí!... ¡Sí!... ¡Pobres hijitos míos!

COMISARIO Eso es entrar en razón... Bueno;

[3] *muquer* mujer

con ese dinero alquílese una pieza y mañana venga con los chicos por la comisaría, que iremos a colocarlos ¿eh?

PERIODISTA ¿Nos vamos? Bien... Adiós, señora... Tranquilícese usted... Sea razonable...

INVÁLIDO Da las gracias pues, y saluda...

PERIODISTA Déjela... Le mandaremos con el comisario la plata que se reciba... (*Al* FOTÓGRAFO) ¿Salimos?

FOTÓGRAFO Sí. ¿Cómo no? Buenas tardes, señores.

COMISARIO (*A* JENARO) Y a ver vos, si te dejás de andar con zonceras.

(JENARO *le vuelve la espalda.*)

INVÁLIDO (*Al* COMISARIO) Diga, mi jefe. ¿No habría unos níqueles pa el milico viejo?...

COMISARIO Para mamarte, ¿no?

INVÁLIDO ¿Qué quiere, pues? Es lo único que me ha dado la patria... Un vicio...

COMISARIO (*Riéndose*) ¡Tenés razón, tomá...

(*Mutis, los* MUCHACHOS. *Los* VECINOS *salen también detrás.*)

INVÁLIDO (*Volviéndose a* INDALECIA) ¡Che, m'hija! Hoy no he sacado nada, ¿sabes? Dame algunos níqueles de ésos que te dieron...

INDALECIA Tome... Tómelos todos... ¿Yo para qué los quiero ahora? (*Se abraza sollozando a sus* HIJOS.)

FIN

CAPÍTULO NOVENO

EL MODERNISMO

EL MODERNISMO, que se manifestó en todos los géneros, fue un movimiento literario que tuvo sus orígenes en Hispanoamérica, si bien se encontró más tarde en España también. Hacia 1880, como resultado de la influencia de los escritores franceses parnasianos y simbolistas, los hispanoamericanos —entre quienes se encontraban Manuel Gutiérrez Nájera (México, 1859–1895), Salvador Díaz Mirón (México, 1853–1928), José Martí (Cuba, 1853–1895), Julián del Casal (Cuba, 1863–1893), José Asunción Silva (Colombia, 1865–1896) y otros— abandonaron la estética romántica y comenzaron a dar expresión a nuevos asuntos y temas y a ensayar nuevas formas. En vez de huir del galicismo, como lo habían hecho los académicos y tradicionalistas, lo cultivaron y plasmaron, tanto en la sintaxis como en la dicción, sobre modelos franceses. De los parnasianos aprendieron a impartir a sus obras una forma perfecta, a usar la imagen precisa y a aspirar al refinamiento verbal; de los simbolistas, a usar el cromatismo simbólico, la imagen exótica, la sinestesia y las cadencias musicales; de ambos, a trabajar nuevos temas y asuntos refinados, aristocráticos y exóticos. Como los parnasianos, cuyo lema era "el arte por el arte", los modernistas eran esteticistas y por lo tanto se desentendían de los problemas intelectuales y sociales. Este interés esteticista los llevó, por primera vez en la historia de la literatura hispanoamericana, a dar énfasis a lo universal, a evadir lo regional y lo costumbrista.

La influencia de los franceses no fue la única; también se encontraba la de los escritores italianos, ingleses, españoles, norteamericanos, portugueses y alemanes; lo que indica, como ha apuntado Amado Alonso, que el modernismo fue un movimiento sintético. Pero fue la influencia de los parnasianos y los simbolistas la que predominaba. Las lecciones de los poetas franceses, tan bien aprendidas por Gutiérrez Nájera y Casal, no cayeron en terreno estéril. Pronto dieron sus mejores frutos en las obras de Rubén Darío (Nicaragua, 1867–1916), pontífice del movimiento modernista; de Amado Nervo (México, 1870–1919), quien dio énfasis a los motivos religiosos; de Ricardo Jaimes Freyre (Bolivia, 1868–1933), quien prefería los temas nórdicos; de Julio Herrera y Reissig (Uruguay, 1875–1910), el mejor simbolista del grupo; de Guillermo Valencia (Colombia, 1873–1943), el mejor discípulo de los parna-

Thalia, detalle de vidriera de colores
Palacio de Bellas Artes
ciudad de México

sianos; de Leopoldo Lugones (1874–1938), el representante por excelencia del modernismo en la Argentina; de José Santos Chocano (Perú, 1875–1934), ya preocupado por la temática americana; de Manuel Díaz Rodríguez (Venezuela, 1868–1927), quien dio preferencia a las formas narrativas, en las que desplegó su interés en el cromatismo; de José Enrique Rodó (Uruguay, 1871–1917), el mejor prosista del movimiento; y de Enrique González Martínez (México, 1871–1952), el último modernista y primer posmodernista.

Con los modernistas la poesía y la prosa hispánicas se enriquecieron, ya que fueron ellos quienes introdujeron nuevas formas y dieron vida a la anquilosada literatura romántica, que había caído en el proceso de repetir fórmulas gastadas. Y aún más, vivificaron formas ya olvidadas por los escritores hispanos, como el alejandrino de catorce sílabas, de origen medieval, que se convirtió en el signo de la poesía modernista; el dodecasílabo de las "coplas de arte mayor"; y aun la forma popular de las canciones gallegas, el endecasílabo anapéstico, como lo empleó Darío en "Pórtico" ("Libre la frente que el casco rehusa / casi desnuda en la gloria del día").

Mas no sólo remozaron los modernistas las formas externas de la poesía y la prosa; también crearon una expresión lírica propia, a través del uso de un nuevo léxico y de una sintaxis simplificada; de imágenes, metáforas y símiles originales íntimamente asociados a su modo de ser, a su modo de percibir la realidad. Los modernistas imitaron primero, es verdad, a los franceses. Pero luego crearon, o para decirlo con las palabras de Alfonso Reyes:

> ...deseamos imitar y, sin querer, transformamos. Lo que Francia trajo fue un toque de universalidad, permitiendo a nuestra poesía ponerse a compás con el mundo. La lengua francesa parecía entonces la lengua natural del pensamiento y de la poesía. El Modernismo abrió la ventana sobre Francia, se le entró el aire de los más vastos horizontes, e hizo olvidar o ver bajo un prisma de refracción lo que había dentro de casa.

La estética modernista, para dar a su obra un tono universal, se valía de motivos y símbolos artísticos, entre los que tocó primerísimo lugar al cisne, representante de la belleza, la gracia y la delicadeza; vinieron después el azul, símbolo del arte; la flor de lis, el de lo aristocrático; el oro, el de la opulencia; y en general el predominio de lo plástico sobre lo dinámico. No menos importante fue el uso, por su valor decorativo, de motivos y símbolos religiosos. Imágenes y símbolos, todos ellos, que exaltaban los sentidos y dieron a la obra modernista un tono aristocrático, universal, refinado.

Si bien los modernistas escribían bajo el imperio de los positivistas en la filosofía y de los realistas y los naturalistas en la literatura, para no contagiarse se refugiaban en su torre de marfil, desde la cual lanzaban sus manifiestos. De 1888 hasta 1905 lograron mantenerse en la lucha contra las escuelas de oposición y aun sobresalir y predominar con obras como *Azul...* (1888), *Prosas profanas* (1896) y *Cantos de vida y esperanza* (1905) de Darío; *Lascas* (1901) de Díaz Mirón; *Bustos y rimas* (1893) de Casal; *Ariel* (1900) de Rodó; *Castalia bárbara* (1899) de Jaimes Freyre; *Las montañas de oro* (1897), *Los crepúsculos del jardín* (1905) y el *Lunario sentimental* (1909) de Lugones; y *Alma América* (1906) de Santos Chocano. Papel importante jugaron también las revistas modernistas, como la *Revista Azul* (1894–1896) y la *Revista Moderna* (1898–1903, 1903–1911) en México, *El Cojo Ilustrado* (1892–1915) en Venezuela, *La Edad de Oro* (1889) en Nueva York (publicada por José Martí), la *Revista Nacional de Literatura y Ciencias Sociales* (1895–1897) en el Uruguay y la *Revista de América* (1894) y *La Biblioteca* (1896–1898) en la Argentina.

Con Darío, Lugones y Rodó, el modernismo obtuvo su más alto nivel artístico. A partir de 1906, sin embargo, nuevas preocupaciones entre los jóvenes escritores comenzaron a minar la torre modernista, que se vino abajo en 1911 con la publicación del famoso soneto de Enrique González Martínez, "Tuércele el cuello al cisne". Mas en el corto lapso que predominaron, los modernistas lograron lo que generaciones anteriores no habían podido hacer: dar a la literatura hispanoamericana un lugar en las letras mundiales, sacándola del solar nativo que había ocupado por más de tres siglos.

	1880	1885	1890	1895	1900	1905	1910	1915	1920

LITERATURA HISPANOAMERICANA

- (1883) Gutiérrez Nájera *Cuentos frágiles*
- (1888) **Darío** *Azul...*
- (1891) **Martí** *Versos sencillos*
- (1894) **Silva** *Nocturno*
- (1896) **Darío** *Prosas profanas*
- (1897) **Lugones** *Las montañas de oro*
- (1900) **Rodó** *Ariel*
- (1904) Herrera y Reissig *Los éxtasis de la montaña*
- (1905) **Darío** *Cantos de vida y esperanza*
- (1905) **Lugones** *Los crepúsculos del jardín*

LITERATURA ESPAÑOLA

- (1897) Ganivet *Idearium español*
- (1902–5) Valle-Inclán *Sonatas*
- (1907) Benavente *Los intereses creados*
- (1908) Jiménez *Elegías*
- (1912) Azorín *Castilla*
- (1912) Unamuno *Del sentimiento trágico de la vida*

OTRAS LITERATURAS

- (1884) D'Annunzio *Intermezzo*
- (1887) Mallarmé *Poésies*
- (1888) Verlaine *Sagesse*
- (1890) Wilde *Portrait of Dorian Gray*
- (1893) Heredia *Trophées*
- (1896) Valéry *Soirée avec M. Teste*

MARCO HISTÓRICO

- (1885) ——— Alfonso XIII, Rey de España ——— (1931)
- (1898) Guerra entre España y los Estados Unidos
- (1901) T. Roosevelt, Presidente de los Estados Unidos
- (1903) Independencia de Panamá*

* Formaba parte de Colombia

32 José Martí
(1853-1895)

José Martí fue el único modernista que participó activamente en la política; encontró la muerte luchando por la independencia de su patria, la isla de Cuba. Nació en la Habana y allí, inspirado por su maestro Rafael María de Mendive, tomaba parte desde temprana edad en el movimiento revolucionario de Carlos María de Céspedes en favor de la independencia cubana.

En 1869, año en que escribió su primera obra, el poema dramático *Abdala*, Martí fue condenado a seis años de prisión por sus actividades políticas. Pero después de seis meses de trabajo forzado en la Isla de Pinos, sus amigos y familiares lograron que la pena fuera conmutada y Martí pasó desterrado a España el 15 de enero de 1871. El resultado de sus experiencias políticas y de su prisión fue el libro *El presidio político en Cuba* (1871), de intención expositiva pero escrito en prosa que ya reveló una conciencia de estilo. Aprovechó Martí su estancia en España para estudiar derecho, lo que hizo en Zaragoza. En 1874, cuando terminó sus estudios, logró trasladarse a Francia, de donde pasó a Inglaterra y después a México. En 1877, tras una corta visita a Cuba, se radicó por algún tiempo en Guatemala, donde enseñó literatura. Fue allí que el poeta conoció a María García Granados, a quien dedicó su famosa poesía "La niña de Guatemala". No contento con el gobierno de Justo Rufinos Barrios, Martí volvió a la Habana, de donde fue desterrado por segunda vez a España (1879). Al año siguiente se encontró en Nueva York, en donde había de permanecer, excepto por viajes dentro de los Estados Unidos y en Hispanoamérica, hasta el año de su trágica muerte en la tierra cubana que tanto amó.

Martí es conocido como poeta y como prosista. Su primer libro de poemas, *Ismaelillo*, dedicado a su hijo, se publicó en Nueva York en 1882. En las quince composiciones que lo forman predomina el tema paternal; en la forma Martí dio preferencia al verso de arte menor (de cinco, seis, siete sílabas), a la estrofa corta y a la simple estructura interna.

Ya vemos en estos primeros libros algunos rasgos modernistas, como el cromatismo de "Tórtola blanca" y una que otra imagen exótica. Sus otros dos libros de poesías, *Versos sencillos* (1891) y *Versos libres* (escritos entre 1878 y 1882 y publicados en 1913), muestran ya con mayor relieve las características de la escuela. Sin embargo, no son enteramente modernistas los temas: la libertad, el amor, la amistad, la resignación; pero sí muestran el espíritu enteramente humano de Martí, lo mismo que su gran sinceridad.

La contribución principal de Martí a las letras hispánicas se encuentra en su prosa —cuentos, novelas, cartas, crónicas, ensayos—, con la cual creó una nueva manera de expresión. La prosa martiana, de frases cortas y claras, cargada de imágenes poéticas, de símbolos y de metáforas, ha servido de modelo a los escritores hispánicos, quienes consideran a Martí como maestro.

La muñeca negra

De puntillas, de puntillas, para no despertar a Piedad, entran en el cuarto de dormir el padre y la madre. Vienen riéndose, como dos muchachones. Vienen de la mano, como dos muchachos. El padre viene detrás como si fuera a tropezar con todo. La madre no tropieza; porque conoce el camino. ¡Trabaja mucho el padre, para comprar todo lo de la casa, y no puede ver a su hija cuando quiere! A veces, allá en el trabajo, se ríe solo, o se pone de repente como triste, o se le ve en la cara como una luz; y es que está pensando en su hija; se le cae la pluma de la mano cuando piensa así, pero en seguida empieza a escribir, y escribe tan de prisa, tan de prisa, que es como si la pluma fuera volando. Y le hace muchos rasgos a la letra, y las oes le salen grandes como un sol, y las ges largas como un sable, y las eles están debajo de la línea, como si se fueran a clavar en el papel, y las eses caen al fin de la palabra, como una hoja de palma; ¡tiene que ver lo que escribe el padre cuando ha pensado mucho en la niña! Él dice que siempre que le llega por la ventana el olor de las flores del jardín, piensa en ella. O a veces, cuando está trabajando cosas de números, o poniendo un libro sueco en español, la ve venir, venir despacio, como en una nube, y se le sienta al lado, le quita la pluma, para que repose un poco, le da un beso en la frente, le tira de la barba rubia, le esconde el tintero: es sueño no más, no más que sueño, como ésos que se tienen sin dormir, en que ve uno vestidos muy bonitos, o un caballo vivo de cola muy larga, o un cochecito, con cuatro chivos blancos, o una sortija con la piedra azul; sueño es no más,

pero dice el padre que es como si lo hubiera visto, y que después tiene más fuerza y escribe mejor. Y la niña se va, se va despacio por el aire, que parece de luz todo; se va como una nube.

Hoy el padre no trabajó mucho, porque tuvo que ir a una tienda; ¿a qué iría el padre a una tienda? y dicen que por la puerta de atrás entró una caja grande; ¿qué vendrá en la caja? ¡a saber lo que vendrá! Mañana hace ocho años que nació Piedad. La criada fue al jardín y se pinchó el dedo por cierto, por querer coger, para un ramo que hizo, una flor muy hermosa. La madre a todo dice que sí, y se puso el vestido nuevo, y le abrió la jaula al canario. El cocinero está haciendo un pastel, y recortando en figura de flores los nabos y las zanahorias, y le devolvió a la lavandera el gorro, porque tenía una mancha que no se veía apenas, pero, "¡hoy, hoy, señora lavandera, el gorro ha de estar sin mancha!" Piedad no sabía, no sabía. Ella sí vio que la casa estaba como el primer día de sol, cuando se va ya la nieve, y les salen las hojas a los árboles. Todos sus juguetes se los dieron aquella noche, todos. Y el padre llegó muy temprano del trabajo, a tiempo de ver a su hija dormida. ¡La madre lo abrazó de veras! Mañana cumple Piedad ocho años.

* * *

El cuarto está a media luz, una luz como la de las estrellas, que viene de la lámpara de velar, con su bombillo de color de ópalo. Pero se ve, hundida en la almohada, la cabecita rubia. Por la ventana

---

De *Obras completas de Martí*, Tomo 23, edición dirigida por Gonzalo de Quesada y Miranda (La Habana, Editorial Trópico, 1940), pp. 225–35.

entra la brisa, y parece que juegan, las mariposas que no se ven, con el cabello dorado. Le da en el cabello la luz. Y la madre y el padre vienen andando, de puntillas. ¡Al suelo, el tocador de jugar! ¡Este padre ciego, que tropieza con todo! Pero la niña no se ha despertado. La luz le da en la mano ahora; parece una rosa la mano. A la cama no se puede llegar; porque están alrededor todos los juguetes, en mesas y sillas. En una silla está el baúl que le mandó en Pascuas la abuela, lleno de almendras y de mazapanes; boca abajo está el baúl, como si lo hubieran sacudido, a ver si caía alguna almendra de un rincón, o si andaban escondidas por la cerradura algunas migajas de mazapán; ¡eso es, de seguro, que las muñecas tenían hambre! En otra silla está la loza, mucha loza y muy fina, y en cada plato una fruta pintada; un plato tiene una cereza, y otro un higo, y otro una uva; da en el plato ahora la luz, en el plato del higo, y se ven como chispas de estrellas; ¿cómo habrá venido esta estrella a los platos? "¡Es azúcar!" dijo el pícaro padre. "¡Eso es de seguro!," dice la madre: "eso es que estuvieron las muñecas golosas comiéndose el azúcar." El costurero está en otra silla, y muy abierto, como de quien ha trabajado de verdad; el dedal está machucado ¡de tanto coser!; cortó la modista mucho, porque del calicó que le dio la madre no queda más que redondel con el borde de picos, y el suelo está por allí lleno de recortes, que le salieron mal a la modista, y allí está la chambra empezada a coser, con la aguja clavada junto a una gota de sangre. Pero la sala, y el gran juego, está en el velador, al lado de la cama. El rincón, allá contra la pared, es el cuarto de dormir de las muñequitas de loza, con su cama de la madre, de colcha de flores, y al lado una muñeca de traje rosado, en una silla roja; el tocador está entre la cama y la cuna, con su muñequita

de trapo, tapada hasta la nariz, y el mosquitero encima; la mesa del tocador es una cajita de cartón castaño, y el espejo es de los buenos, de los que vende la señora pobre de la dulcería, a dos por un centavo. La sala está delante del velador, y tiene en medio una mesa, con el pie hecho de un carretel de hilo, y lo de arriba de una concha de nácar, con una jarra mexicana en medio, de las que traen los muñecos aguadores de México; y alrededor unos papelitos doblados, que son los libros. El piano es de madera, con las teclas pintadas; y no tiene banqueta de tornillo, que eso es poco lujo, sino una de espaldar hecha de la caja de una sortija, con lo de abajo forrado de azul; y la tapa cosida por un lado, para la espalda, y forrada de rosa; y encima un encaje. Hay visitas, por supuesto, y son de pelo de veras, con ropones de seda lila de cuartos blancos, y zapatos dorados; y se sientan sin doblarse, con los pies en el asiento; y la señora mayor, la que trae gorra color de oro, y está en el sofá, tiene su levantapiés porque del sofá se resbala; y el levantapiés es una cajita de paja japonesa, puesta boca abajo; en un sillón blanco están sentadas juntas, con los brazos muy tiesos, dos hermanas de loza. Hay un cuadro en la sala, que tiene detrás, para que no se caiga, un pomo de olor; y es una niña de sombrero colorado, que trae en los brazos un cordero. En el pilar de la cama, del lado del velador, está una medalla de bronce, de una fiesta que hubo con las cintas francesas; en su gran moña de los tres colores está adornando la sala el medallón, con el retrato de un francés muy hermoso, que vino de Francia a pelear porque los hombres fueran libres[1], y otro retrato del que inventó el pararrayos[2], con la cara de

[1] *francés... libres* Marie Joseph La Fayette (1757–1834)
[2] *del... pararrayos* de Benjamin Franklin (1706–1790)

abuelo que tenía cuando pasó el mar para pedir a los reyes de Europa que lo ayudaran a hacer libre su tierra; ésa es la sala, y el gran juego de Piedad. Y en la almohada, durmiendo en su brazo, y con la boca desteñida de los besos, está su muñeca negra.

*   *   *

Los pájaros del jardín la despertaron por la mañanita. Parece que se saludan los pájaros, y la convidan a volar. Un pájaro llama, y otro pájaro responde. En la casa hay algo, porque los pájaros se ponen así cuando el cocinero anda por la cocina saliendo y entrando, con el delantal volándole por las piernas, y la olla de plata en las dos manos, oliendo a leche quemada[3] y a vino dulce. En la casa hay algo; porque si no, ¿para qué está ahí, al pie de la cama, su vestidito nuevo, el vestidito color de perla, y la cinta lila que compraron ayer, y las medias de encaje? "Yo te digo, Leonor, que aquí pasa algo. Dímelo tú, Leonor, tú que estuviste ayer en el cuarto de mamá, cuando yo fui a paseo. ¡Mamá mala, que no te dejó ir conmigo, porque dice que te he puesto muy fea con tantos besos, y que no tienes pelo, porque te he peinado mucho! La verdad, Leonor; tú no tienes mucho pelo; pero yo te quiero así, sin pelo, Leonor; tus ojos son los que quiero yo, porque con los ojos me dices que me quieres; te quiero mucho, porque no te quieren: ¡a ver! ¡sentada aquí en mis rodillas, que te quiero peinar!; las niñas buenas se peinan en cuanto se levantan; ¡a ver, los zapatos, que ese lazo no está bien hecho!; y los dientes, déjame ver los dientes, las uñas; ¡Leonor! esas uñas no están limpias. Vamos, Leonor, dime la verdad; oye, oye a los pájaros que parece que tienen baile; dime, Leonor, ¿qué pasa en

[3] *leche quemada* dulce hecho con leche, azúcar, almendras y canela

esta casa? " Y a Piedad se le cayó el peine de la mano, cuando le tenía ya una trenza hecha a Leonor; y la otra estaba toda alborotada. Lo que pasaba, allí lo veía ella. Por la puerta venía la procesión. La primera era la criada con el delantal de rizos de los días de fiesta y la cofia de servir la mesa en los días de visita; traía el chocolate, el chocolate con crema, lo mismo que el día de Año Nuevo, y los panes dulces en una cesta de plata; luego venía la madre, con un ramo de flores blancas y azules; ¡ni una flor colorada en el ramo, ni una flor amarilla!; y luego venía la lavandera, con el gorro blanco que el cocinero no se quiso poner, y un estandarte que el cocinero le hizo, con un diario y un bastón; y decía en el estandarte, debajo de una corona de pensamientos: "¡Hoy cumple Piedad ocho años! " Y la besaron, y la vistieron con el traje color de perla, y la llevaron, con el estandarte detrás, a la sala de los libros de su padre, que tenía muy peinada su barba rubia, como si se la hubieran peinado muy despacio, y redondeándole las puntas, y poniendo cada hebra en su lugar. A cada momento se asomaba a la puerta, a ver si Piedad venía; escribía, y se ponía a silbar; abría un libro, y se quedaba mirando a un retrato, a un retrato que tenía siempre en su mesa, y era como Piedad, una Piedad de vestido largo. Y cuando oyó ruido de pasos, y un vozarrón que venía tocando música en un cucurucho de papel, ¿quién sabe lo que sacó de una caja grande? y se fue a la puerta con una mano en la espalda; y con el otro brazo cargó a su hija. Luego dijo que sintió como que en el pecho se le abría una flor, y como que se le encendía en la cabeza un palacio, con colgaduras azules de flecos de oro, y mucha gente con alas; luego dijo todo eso, pero entonces, nada se le oyó decir. Hasta que Piedad dio un salto en sus brazos, y se le quiso subir por el hombro, porque en un espejo había visto lo que llevaba en la otra mano el padre. "¡Es como el sol el pelo, mamá, lo mismo que el sol! ¡ya la vi, ya la vi, tiene el vestido rosado! ¡dile que me la dé, mamá! si es de peto verde, de peto de terciopelo, ¡como las mías son las medias, de encaje como las mías!" Y el padre se sentó con ella en el sillón, y le puso en los brazos la muñeca de seda y porcelana. Echó a correr Piedad, como si buscase a alguien. "¿Y yo me quedo hoy en casa por mi niña —le dijo su padre—, y mi niña me deja solo?" Ella escondió la cabecita en el pecho de su padre bueno. Y en mucho, mucho tiempo, no la levantó, aunque ¡de veras! le picaba la barba.

Hubo paseo por el jardín, y almuerzo con un vino de espuma debajo de la parra, y el padre estaba muy conversador, cogiéndole a cada momento la mano a su mamá, y la madre estaba como más alta, y hablaba poco, y era como música todo lo que hablaba. Piedad le llevó al cocinero una dalia roja, y se la prendió en el pecho del delantal; y a la lavandera le hizo una corona de claveles; y a la criada le llenó los bolsillos de flores de naranjo, y le puso en el pelo una flor, ¿con sus dos hojas verdes. Y luego, con mucho cuidado, hizo un ramo de *no me olvides*. "¿Para quién es ese ramo, Piedad?" "No sé, no sé para quién es; ¡quién sabe si es para alguien!" Y lo puso a la orilla de la acequia, donde corría como un cristal el agua. Un secreto le dijo a su madre, y luego le dijo: "¡Déjame ir!" Pero le dijo "caprichosa" su madre; "¿tu muñeca de seda, no te gusta?; mírale la cara, que es muy linda; y no le has visto los ojos azules." Piedad sí se los había visto; y la tuvo sentada en la mesa después de comer, mirándola sin reírse; y la estuvo enseñando a andar en el jardín. Los ojos era lo que miraba ella; y le tocaba en el lado del corazón: "¡Pero, muñeca, háblame, háblame!" Y la muñeca

de seda no la hablaba. "¿Conque no te ha gustado la muñeca que te compré, con sus medias de encaje y su cara de porcelana y su pelo fino?" "Sí, mi papá, sí me ha gustado mucho. Vamos, señora muñeca, vamos a pasear. Usted querrá coches, y lacayos, y querrá dulce de castañas, señora muñeca. Vamos, vamos a pasear." Pero en cuanto estuvo Piedad donde no la veían, dejó a la muñeca en un tronco, de cara contra el árbol. Y se sentó sola, a pensar, sin levantar la cabeza, con la cara entre las dos manecitas. De pronto echó a correr, de miedo de que se hubiese llevado el agua el ramo de *no me olvides*.

* * *

—¡Pero, criada, llévame pronto!

—¿Piedad, qué es eso de criada? ¡Tú nunca le dices criada así, como para ofenderla!

—No, mamá, no; es que tengo mucho sueño; estoy muerta de sueño. Mira, me parece que es un monte la barba de papá; y el pastel de la mesa me da vueltas, vueltas alrededor, y se están riendo de mí las banderitas; y me parece que están bailando en aire las flores de la zanahoria; estoy muerta de sueño; ¡adios, mi madre!; mañana me levanto muy tempranito; tú, papá, me despiertas antes de salir; yo te quiero ver siempre antes de que te vayas a trabajar; ¡oh, las zanahorias! ¡estoy muerta de sueño! ¡Ay, mamá, no me mates el ramo! ¡mira, ya me mataste mi flor!

—¿Conque se enoja mi hija porque le doy un abrazo?

—¡Pégame[4], mi mamá! ¡papá, pégame tú! es que tengo mucho sueño.

Y Piedad salió de la sala de los libros, con la criada que le llevaba la muñeca de seda.

---

[4] *Pégame*   Hit me (aquí, castígame)

—¡Qué de prisa va la niña, que se va a caer! ¿Quién espera a la niña?

—¡Quién sabe quién me espera!

Y no habló con la criada; no le dijo que le contase el cuento de la niña jorobadita que se volvió una flor; un juguete no más le pidió, y lo puso a los pies de la cama; y le acarició a la criada la mano, y se quedó dormida. Encendió la criada la lámpara de velar, con su bombillo de ópalo; salió de puntillas; cerró la puerta con mucho cuidado. Y en cuanto estuvo cerrada la puerta, relucieron dos ojitos en el borde de la sábana; se alzó de repente la cubierta rubia; de rodillas en la cama, le dio toda la luz a la lámpara de velar; y se echó sobre el juguete que puso a los pies, sobre la muñeca negra. La besó, la abrazó, se la apretó contra el corazón: "Ven, pobrecita, ven, que esos malos te dejaron aquí sola; tú no estás fea, no, aunque no tengas más que una trenza; la fea es ésa, la que han traído hoy, la de los ojos que no hablan; dime, Leonor, dime, ¿tú pensaste en mí? mira el ramo que te traje, un ramo de *no me olvides*, de los más lindos del jardín; ¡así, en el pecho! ¡ésta es mi muñeca linda! ¿no has llorado? ¡te dejaron tan sola! ¡no me mires así, porque voy a llorar yo! ¡no, tú no tienes frío! ¡aquí conmigo, en mi almohada, verás como te calientas! ¡y me quitaron, para que no me hiciera daño, el dulce que te traía! ¡así, así, bien arropadita! ¡a ver, mi beso, antes de dormirte! ¡ahora, la lámpara baja! ¡y a dormir, abrazadas las dos! ¡te quiero, porque no te quieren!

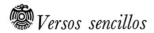 ## *Versos sencillos*

I

Yo soy un hombre sincero
de donde crece la palma;
y antes de morirme quiero
echar mis versos del alma.

. . .

Yo he visto en la noche oscura
llover sobre mi cabeza
los rayos de lumbre pura
de la divina belleza.

Alas nacer vi en los hombros
de las mujeres hermosas,
y salir de los escombros,
volando las mariposas.

. . .

Yo he visto al águila herida
volar al azul sereno,
y morir en su guarida
la víbora del veneno.

Yo sé bien que cuando el mundo
cede, lívido, al descanso,
sobre el silencio profundo
murmura el arroyo manso.

. . .

Todo es hermoso y constante,
todo es música y razón,
y todo, como el diamante,
antes que luz es carbón.

De *Obras completas de Martí*, Tomo 41, edición dirigida por Quesada (La Habana, Editorial Trópico, 1942), pp. 51–53, 64–65, 97.

IX

Quiero, a la sombra de un ala,
contar este cuento en flor:
la niña de Guatemala,
la que se murió de amor.

Eran de lirios los ramos,
y las orlas de reseda
y de jazmín; la enterramos
en una caja de seda.

...Ella dio al desmemoriado
una almohadilla de olor;
él volvió, volvió casado;
ella se murió de amor.

Iban cargándola en andas
obispos y embajadores;
detrás iba el pueblo en tandas,
todo cargado de flores.

...Ella, por volverlo a ver,
salió a verlo al mirador;
él volvió con su mujer;
ella se murió de amor.

Como de bronce candente
al beso de despedida,
era su frente: ¡la frente
que más he amado en mi vida!

...Se sentó de tarde en el río,
la sacó muerta el doctor;
dicen que murió de frío:
yo sé que murió de amor.

Allí, en la bóveda helada,
la pusieron en dos bancos:
besé su mano afilada,
besé sus zapatos blancos.

Callado, al oscurecer,
me llamó el enterrador:
¡nunca más he vuelto a ver
a la que murió de amor!

XXXIX

Cultivo una rosa blanca,
en julio como en enero,
para el amigo sincero
que me da su mano franca.

Y para el cruel que me arranca
el corazón con que vivo,
cardo ni oruga cultivo:
cultivo la rosa blanca.

Centro América y las hormigas

Un paciente leedor de libros antiguos ha hallado en el *Talmud* pruebas numerosas de que los escritores hebreos eran perspicaces observadores de la naturaleza; y acaba de publicar una colección de escritos del libro sagrado de los judíos, que demuestran

De José Martí, *Nuestra América* (Buenos Aires, Editorial Losada, 1939), pp. 221–24.

que ya en aquel tiempo se tenían ideas semejantes a las que ahora pasan como novísimas y nacidas de Darwin[1].

Un escritor hebreo[2] habla muy minuciosamente de lo mucho que tiene que hacer el que la cresta del gallo esté entera en su capacidad como jefe del serrallo, y diserta sobre la pérdida visible de ánimo y vigor que se nota en las aves cuando van perdiendo aquellos ornamentos que constituyen su hermosura; así el quetzal de ahora, en la América del Centro, que es fama que muere cuando se le quita la larga y tornasolada pluma que le hace de cola. Y cuando lo cautivan también muere; por eso hace el quetzal gallarda figura, como símbolo de independencia, en el escudo de Guatemala: sólo que no siempre obran los pueblos en conformidad con lo que establecen sus escudos.

Salomón[3] señaló a la hormiga como ejemplo de criaturas cuerdas e industriosas, y un observador hebreo[4] de aquellos tiempos viejos afirma que Salomón tuvo razón, pues la hormiga es animal que fabrica sus casas en tres pisos y almacena sus provisiones, no en el piso más alto de la casa, donde estarían expuestas a las lluvias, ni en el piso bajo, donde podrían sufrir de la humedad, sino en el piso del medio, donde deposita todo lo que puede recoger.

Ese mismo escritor se entretiene contando que la hormiga es, además, muy honrada, y nunca toma lo que pertenece a sus vecinos, cuya propiedad ayuda y respeta. También esto nos trae a la memoria a un hombre de hermoso corazón, clarísimo pensamiento y notable cultura, de Centro América; al que sacudió al país de su apatía conventual, y lo echó a vivir como hubiera podido con un hijo, sin entristecerse grandemente el día en que la fortuna le quitó el premio de su valor, previsión y atrevimiento de las manos; al mantenedor brioso, en parlamentos y batallas, del decoro y libre pensamiento humanos, que de Thiers[5] tuvo tanto, que hubiera sido en Francia o compañero o rival suyo, y, fatigado de la pequeñez de lo común de los hombres, se sentó al fin a ver correr la vida, y murió sin entusiasmo, sin fe y sin quejas; al caudillo civil y militar de la revolución liberal que sacó, para siempre acaso, de las manos de la Compañía de Jesús y sus servidores laicos, a su patria Guatemala, y a Centro América tal vez: a don Miguel García Granados[6]. Era profundo pensador, estratégico consumado, ajedrecista notabilísimo, y tan curioso en cosas de ciencia, que había llegado a formar una teoría nueva, fundada en muchos hechos, sobre la inteligencia, dotes de administración y gobierno y lenguaje de las hormigas. Para aquella vasta mente, servida por una razón limpia y un corazón sencillo, nada había indigno del más atento estudio.

Entre aquellos hebreos de que hablamos hubo uno que se llamó Simón ben Chalafta. El *Experimentador* observó también mucho los hábitos de las hormigas. Un periódico de ahora, hablando de él, dice que Simón hizo, entre otros, un experimento digno de Lubbock[7], que los ha hecho tan

---

[1] *Darwin* Charles Robert Darwin (1809–1882), naturalista y fisiólogo inglés, autor del famoso libro *The Origin of Species* (1859), que entre 1831 y 1836 viajó por las costas sudamericanas en el barco llamado *Beagle*
[2] *escritor hebreo* Simón ben Chalafta, erudito hebreo que nació durante el primer siglo de nuestra era y murió durante el segundo
[3] *Salomón* en Prov. vi:6–8
[4] *observador hebreo* Chalafta

[5] *Thiers* Adolfo Thiers (1797–1877), historiador francés
[6] *Miguel García Granados* (1809–1890), general y político liberal guatemalteco, presidente de la República de 1871 a 1873
[7] *Lubbock* Sir John Lubbock, Lord Avebury (1834–1913), político y naturalista inglés

buenos: en un día muy caluroso, puso una especie de toldo sobre un hormiguero. Salió una hormiga, que iba como de centinela avanzada; vio la cubierta, y se volvió a contar el caso a sus compañeras. Asomáronse todas en seguida, visiblemente contentas de la sombra que les daba el toldo, y de cuyo recinto no salían. Pero aquí viene lo que demuestra que la naturaleza humana no es distinta de la de los demás seres vivos, en todos los cuales, como en el hombre, se mezclan a los instintos más tiernos los más injustos y feroces: quitó Simón el toldo, para ver lo que las hormigas hacían, y éstas entraron en tan gran cólera, que creyéndose engañadas por la hormiga centinela, y que con un falso informe las había sacado a los rigores del sol, cayeron sobre ella y la dejaron muerta. En cambio, Simón cuenta otros muchos sucesos en que se ve que la hormiga gusta de contribuir, y aun de sacrificarse, al bien de sus semejantes.

El lector de libros hebreos a quien nos referíamos al comenzar estas líneas cita pasajes del *Talmud* que dejan creer que ya para entonces se tenía como diferente sólo en cantidad la inteligencia del hombre y la de los demás animales.

Pero parece que el *Talmud*, después de observar mucho, había hallado que cuando se ha explicado todo lo que se ve, todavía no se sabe todo lo que se desea, ni se explica lo que no se ve y se siente, como no entendería la naturaleza del vapor, ni podría más que deducir la necesidad de su existencia, aquél que conociera solamente, aunque de un modo acabado, todas las partes de una locomotora. Así dice el *Talmud*, con más prudencia de la que debe guiar a los hombres, que tienen el derecho de investigar lo que entrevén y de apagar la sed que les inquieta. Así dice el *Talmud*; "No procures alcanzar lo que está demasiado alto para ti, ni penetrar lo que está fuera de tu conocimiento, ni descubrir lo que ha sido colocado más allá del dominio de tu mente. Encamina tu pensamiento hacia aquello que puedas llegar a conocer, y no te inquiete el deseo de llegar a conocer las cosas escondidas."

Pasa el positivismo como cosa nueva, sin ser más que la repetición de una época filosófica conocida en la historia de todos los pueblos; porque ésa que hemos transcrito del *Talmud* no es más que la timorata doctrina positivista, que con el sano deseo de alejar a los hombres de construcciones mentales ociosas, está haciendo el daño de detener a la humanidad en medio de su camino.

Se debe poner tierra primero antes de adelantar un paso en ciencia; pero no se puede hacer calzada al cielo.

El viaje humano consiste en llegar al país que llevamos descrito en nuestro interior y que una voz constante nos promete.

Sin querer, hemos llegado a este punto, del extracto de la noticia de un periódico.

(Nueva York, mayo de 1884)

33 Manuel Gutiérrez Nájera
(1859-1895)

Manuel Gutiérrez Nájera fue el iniciador del movimiento modernista en México. Sus cuentos, crónicas, relatos y poesías, que comenzaron a aparecer en los periódicos y revistas de la ciudad de México en 1875, representan la transición del romanticismo al modernismo. Los *Cuentos frágiles*, publicados en 1883 pero escritos antes, ya mostraron las nuevas tendencias en la prosa de Gutiérrez Nájera que con el tiempo se habrían de convertir en el modelo de los escritores modernistas. Y es ahí precisamente donde encontramos el deseo que demostró Gutiérrez Nájera en crear un nuevo estilo, en desprenderse del tono romántico, en renovar la temática y en dar expresión a sus sentimientos en nuevas formas. Gutiérrez Nájera, discípulo de los prosistas franceses, introdujo en la lengua castellana inovaciones que le dieron a la frase sorprendente agilidad y soltura; con Nájera, apunta Alfonso Reyes, apareció en la prosa hispánica "la sentencia etérea y saltarina, cuyo secreto murió con él". Nada más distinto de la prosa de frase larga de los españoles Juan Valera y Emilio Castelar, prosa representativa de la época, que la de Nájera, que si bien no pudo ser imitado por sus contemporáneos, dejó un legado que prosistas posteriores habían de sobrepasar con creces.

Como poeta, Gutiérrez Nájera se distingue por haber creado un ritmo musical de sorprendentes matices ("La serenata de Schubert"), por el cromatismo simbólico ("De blanco", "Mariposas") y por el tono triste, melancólico que a veces impartía a sus composiciones ("Para entonces", "Mis enlutadas"); en la forma experimentaba con nuevas combinaciones métricas, siempre con el propósito de impartir a su verso un tono de suave lirismo; en la selección de las imágenes, escogía por lo general aquéllas que dan a su poesía la nota sugerente, base de su poética.

La contribución de Gutiérrez Nájera al movimiento modernista no se limita a su obra creativa. Fue también un excelente crítico y director de publicaciones. La famosa *Revista Azul*, por él fundada en 1894, pronto se convirtió en el portavoz del movimiento en los países de habla hispánica. La temprana muerte del "Duque Job" (su seudónimo favorito) y la desaparición de la *Revista Azul* privaron al modernismo de uno de sus primeros y a la vez más representativos exponentes.

La mañana de San Juan

Pocas mañanas hay tan alegres, tan frescas, tan azules como esta mañana de San Juan[1]. El cielo está muy limpio "como si los ángeles lo hubieran lavado por la mañana"; llovió anoche y todavía cuelgan de las ramas brazaletes de rocío que se evaporan luego que el sol brilla, como los sueños luego que amanece; los insectos se ahogan en las gotas de agua que resbalan por las hojas y se aspira con regocijo ese olor delicioso de tierra húmeda, que sólo puede compararse con el olor de los cabellos negros, con el olor de la epidermis blanca y el olor de las páginas recién impresas. También la naturaleza sale de la alberca con el cabello suelto y la garganta descubierta; los pájaros se emborrachan con el agua, cantan mucho y los niños del pueblo hunden su cara en la gran palangana de metal. ¡Oh mañanita de San Juan, la de camisa limpia y jabones perfumados, yo quisiera mirarte lejos de estos calderos en que hierve grasa humana; quisiera contemplarte al aire libre, allí donde apareces virgen todavía, con los brazos muy blancos y los rizos húmedos! Allí eres virgen: cuando llegas a la ciudad, tus labios rojos han besado mucho; muchas guedejas[2] rubias de tu undívago[3] cabello se han quedado en las manos de tus mil amantes, como queda el vellón de los corderos en los zarzales del camino; muchos brazos han rodeado tu cintura; traes en el cuello la marca roja de una mordida, y vienes tambaleando, con traje de raso blanco to-davía, pero ya prostituido, profanado, semejante al de Giroflé[4] después de la comida, cuando la novia muerde sus inmaculados azahares y empapa sus cabellos en el vino. ¡No, mañanita de San Juan, así yo no te quiero! Me gustas en el campo: allí donde se miran tus azules ojitos y tus trenzas de oro. Bajas por la escarpada colina poco a poco; llamas a la puerta o entornas sigilosamente la ventana, para que tu mirada alumbre el interior, y todos te recibimos como reciben los enfermos la salud, los pobres la riqueza y los corazones el amor. ¿No eres amorosa? ¿No eres muy rica? ¿No eres sana? Cuando vienes, los novios hacen sus eternos juramentos; los que padecen, se levantan vueltos a la vida; y la dorada luz de tus cabellos siembra de lentejuela y monedas de oro el verde oscuro de los campos, el fondo de los ríos, y la pequeña mesa de madera pobre en que se desayunan los humildes, bebiendo un tarro de espumosa leche, mientras la vaca muge en el establo. ¡Ah! Yo quisiera mirarte así cuando eres virgen, y besar las mejillas de Ninón[5]... ¡sus mejillas de sonrosado terciopelo y sus hombros de raso blanco!

* * *

Cuando llegas, ¡oh mañanita de San Juan! recuerdo una vieja historia que tú sabes y que ni tú ni yo podemos olvidar. ¿Te

---

[1] *mañana* [o *dia*]... *Juan*   el 24 de junio
[2] *guedejas*   cabellera larga
[3] *undívago*   ondulado

[4] *Giroflé*   personaje en la ópera bufa *Giroflé-Giroflá* de Letterrier, Vanloo y Lecocq (1874)
[5] *Ninón*   famosa cortesana francesa (1616–1706) y también personaje en *Contes à Ninon* (1864) de Emile Zola (1840–1902)

De Manuel Gutiérrez Nájera, *Cuentos frágiles* (México, Imprenta de E. Dublán y Companía, 1883) pp. 37–44.

acuerdas? La hacienda en que yo estaba por aquellos días era muy grande, con muchas fanegas de tierra sembradas e incontables cabezas de ganado. Allí está el caserón, precedido de un patio, con su fuente en medio. Allá está la capilla. Lejos, bajo las ramas colgantes de los grandes sauces, está la presa en que van a abrevarse los rebaños. Vista desde una altura y a distancia, se diría que la presa es la enorme pupila azul de algún gigante, tendido a la bartola[6] sobre el césped. ¡Y qué honda es la presa! ¡Tú lo sabes...!

Gabriel y Carlos jugaban comúnmente en el jardín. Gabriel tenía seis años; Carlos siete. Pero un día, la madre de Gabriel y Carlos cayó en cama y no hubo quien vigilara sus alegres correrías. Era el día de San Juan. Cuando empezaba a declinar la tarde, Gabriel dijo a Carlos:

—Mira, mamá duerme y ya hemos roto nuestros fusiles. Vamos a la presa. Si mamá nos riñe, le diremos que estábamos jugando en el jardín. Carlos, que era el mayor, tuvo algunos escrúpulos ligeros. Pero el delito no era tan enorme, y además, los dos sabían que la presa estaba adornada con grandes cañaverales y ramos de zempazúchil[7]. ¡Era día de San Juan!

—¡Vamos! —le dijo— llevaremos un Monitor[8] para hacer barcos de papel y les cortaremos las alas a las moscas para que sirvan de marineros.

Y Carlos y Gabriel salieron muy quedito para no despertar a su mamá, que estaba enferma. Como era día de fiesta, el campo estaba solo. Los peones y trabajadores dormían la siesta en sus cabañas.

[6] *a la bartola* sin ningún cuidado
[7] *zempazúchil* (*cempazúchil*) clavel de Indias, planta de flor amarilla con la cual en México se cubren las tumbas, y por eso se llama también "flor de los muertos"
[8] *Monitor* *El Monitor Republicano*, periódico fundado en 1844

Gabriel y Carlos no pasaron por la tienda, para no ser vistos, y corrieron a todo escape por el campo. Muy en breve llegaron a la presa. No había nadie: ni un peón, ni una oveja. Carlos cortó en pedazos el Monitor e hizo dos barcos, tan grandes como los navíos de Guatemala[9]. Las pobres moscas que iban sin alas y cautivas en una caja de obleas, tripularon humildemente las embarcaciones. Por desgracia, la víspera habían limpiado la presa, y estaba el agua un poco baja. Gabriel no la alcanzaba con sus manos. Carlos, que era el mayor, le dijo:

—Déjame a mí que soy más grande. Pero Carlos tampoco la alcanzaba. Trepó entonces sobre el pretil de piedra, levantando las plantas de la tierra, alargó el brazo e iba a toca el agua y a dejar en ella el barco, cuando, perdiendo el equilibrio cayó al tranquilo seno de las ondas. Gabriel lanzó un agudo grito. Rompiéndose las uñas con las piedras, rasgándose la ropa, a viva fuerza, logró también encaramarse sobre la cornisa, tendiendo casi todo el busto sobre el agua. Las ondas se agitaban todavía. Adentro estaba Carlos. De súbito, aparece en la superficie, con la cara amoratada, arrojando agua por la nariz y por la boca.

—¡Hermano! ¡Hermano!

—¡Ven acá! ¡Ven acá! No quiero que te mueras.

Nadie oía. Los niños pedían socorro, estremeciendo el aire con sus gritos; no acudía ninguno. Gabriel se inclinaba cada vez más sobre las aguas y tendía las manos.

—Acércate, hermanito, yo te estiro.

Carlos quería nadar y aproximarse al muro de la presa, pero ya le faltaban fuerzas, ya se hundía. De pronto, se movieron las ondas y asió Carlos unas ramas, y apoyado en ellas logró ponerse junto del pretil y alzó una mano: Gabriel la apretó con las mani-

[9] *navíos de Guatemala* símil irónico

tas suyas, y quiso el pobre niño levantar por los aires a su hermano que había sacado medio cuerpo de las aguas y se agarraba a las salientes piedras de la presa. Gabriel estaba rojo y sus manos sudaban, apretando la blanca manecita del hermano.

—¡Si no puedo sacarte! ¡Si no puedo!

Y Carlos volvía a hundirse, y con sus ojos negros muy abiertos le pedía socorro.

—¡No seas malo! ¿Qué te he hecho? Te daré mis cajitas de soldados y el molino de marmaja[10] que te gustan tanto. ¡Sácame de aquí!

Gabriel lloraba nerviosamente, y estirando más el cuerpo de su hermanito moribundo, le decía:

—¡No quiero que te mueras! ¡Mamá! ¡Mamá! ¡No quiero que se muera!

Y ambos gritaban, exclamando luego:

—¡No nos oyen! ¡No nos oyen!

—¡Santo ángel de mi guarda! ¿Por qué no me oyes?

Y entretanto, fue cayendo la noche. Las ventanas se iluminaban en el caserío. Allí había padres que besaban a sus hijos. Fueron saliendo las estrellas en el cielo. Diríase que miraban la tragedia de aquellas tres manitas enlazadas que no querían soltarse, y se soltaban! ¡Y las estrellas no podían ayudarles, porque las estrellas son muy frías y están muy altas!

Las lágrimas amargas de Gabriel caían sobre la cabeza de su hermano. ¡Se veían juntos, cara a cara, apretándose las manos, y uno iba a morirse!

—Suelta, hermanito, ya no puedes más; voy a morirme.

—¡Todavía no! ¡Todavía no! ¡Socorro! ¡Auxilio!

<hr>

[10] *marmaja* marcasita, sulfuro de hierro brillante, de color de oro

—¡Toma!, voy a dejarte mi reloj. ¡Toma, hermanito!

Y con la mano que tenía libre sacó de su bolsillo el diminuto reloj de oro, que le habían regalado el Año Nuevo. ¡Cuántos meses había pensado sin descanso en ese pequeño reloj de oro! El día en que al fin lo tuvo, no quería acostarse. Para dormir, lo puso bajo su almohada. Gabriel miraba con asombro sus dos tapas, la carátula blanca en que giraban poco a poco las manecitas negras y el instantero que, nerviosamente, corría, corría, sin dar jamás con la salida del estrecho círculo. Y decía: "Cuando tenga siete años, como Carlos, también me comprarán un reloj de oro!" No, pobre niño; no cumples aún siete años y ya tienes el reloj. Tu hermanito se muere y te lo deja. ¿Para qué lo quiere? La tumba es muy oscura, y no se puede ver la hora que es.

—Toma, hermanito, voy a darte mi reloj; ¡toma, hermanito!

Y las manitas ya moradas, se aflojaron, y las bocas se dieron un beso desde lejos. Ya no tenían los niños fuerza en sus pulmones para pedir socorro. Ya se abren las aguas, como se abre la muchedumbre en una procesión cuando la Hostia pasa. Ya se cierran y sólo queda por un segundo, sobre la onda azul, un bucle lacio de cabellos rubios.

Gabriel soltó a correr en dirección del caserío, tropezando, cayendo sobre las piedras que lo herían. No digamos ya más: cuando el cuerpo de Carlos se encontró, ya estaba frío, tan frío, que la madre, al besarlo, quedó muerta.

* * *

¡Oh mañanita de San Juan! ¡Tu blanco traje de novia tiene también manchas de sangre!

LA DUQUESA JOB

A Manuel Puga y Acal

En dulce charla de sobremesa,
mientras devoro fresa tras fresa
y abajo ronca tu perro Bob,
te haré el retrato de la duquesa
que adora a veces el duque Job[1].

No es la condesa que Villasana[2]
caricatura, ni la poblana
de enagua roja, que Prieto[3] amó;
no es la criadita de pies nudosos,
ni la que sueña con los gomosos[4]
y con los gallos de Micoló[5].

Mi duquesita, la que me adora,
no tiene humos de gran señora:
es la griseta de Paul de Kock[6].
No baila *Boston*[7], y desconoce
de las carreras el alto goce,
y los placeres del *five o'clock*.

Pero ni el sueño de algún poeta,
ni los querubes que vio Jacob[8],
fueron tan bellos cual la coqueta
de ojitos verdes, rubia griseta
que adora a veces el duque Job.

Si pisa alfombras, no es en su casa,
si por Plateros[9] alegre pasa
y la saluda Madam Marnat[10],
no es, sin disputa, porque la vista;
sí porque a casa de otra modista
desde temprano rápida va.

No tiene alhajas mi duquesita,
pero es tan guapa, y es tan bonita,
y tiene un cuerpo tan *v'lan*, tan *pschutt*[11];
de tal manera trasciende a Francia
que no la igualan en elegancia
ni las clientes de Hélène Kossut[12].

Desde las puertas de la Sorpresa[13]
hasta la esquina del Jockey Club[14],
no hay española, *yankee* o francesa,
ni más bonita, ni más traviesa
que la duquesa del duque Job.

¡Cómo resuena su taconeo
en las baldosas! ¡Con qué meneo

---

[1] *el duque Job* seudónimo de Gutiérrez Nájera
[2] *Villasana* José María Villasana (m. en 1904), famoso caricaturista mexicano
[3] *Prieto* Guillermo Prieto (1818–1897), poeta, autor de *Musa callejera*, en donde hay romances acerca de la china poblana (de Puebla), cuyo traje típico consiste en una blusa blanca y una enagua roja.
[4] *gomosos* petimetres; "dandies"
[5] *Micoló* famoso peluquero francés; *los gallos de Micoló* petimetres que frecuentaban su peluquería
[6] *Paul de Kock* (1794–1871), autor francés en cuyas novelas aparecen las grisetas (grisettes), o sea muchachas alegres de la clase trabajadora
[7] *Boston* baile semejante al vals

[8] *querubes… Jacob* Gen. xxviii:12
[9] *Plateros* calle en la ciudad de México, hoy llamada Francisco I. Madero
[10] *Madam Marnat* modista de la época
[11] *tan v'lan… pschutt* tan llamativo, tan atractivo
[12] *Hélène Kossut* modista francesa
[13] *la Sorpresa* elegante almacén en la calle de Plateros, cerca del zócalo
[14] *Jockey Club* ("casa de los azulejos"), club social, hoy ocupado por Sanborn's en la calle Madero

---

De Gutiérrez Nájera, *Poesías completas*, II, edición de Francisco González Guerrero (México, Editorial Porrúa, S.A., 1953), pp. 19–23, 135–37, 129.

luce su talle de tentación[15]!
¡Con qué airecito de aristocracia
mira a los hombres, y con qué gracia
frunce los labios! —¡Mimí Pinsón[16]!

Si alguien la alcanza, si la requiebra,
ella, ligera como una cebra,
sigue camino del almacén;
pero ¡ay del tuno[17] si alarga el brazo!
¡nadie le salva del sombrillazo
que le descarga sobre la sien!

¡No hay en el mundo mujer más linda!
Pie de andaluza, boca de guinda,
esprit rociado de Veuve Clicquot[18];
talle de avispa, cutis de ala,
ojos traviesos de colegiala
como los ojos de *Louise Théo*[19].

Ágil, nerviosa, blanca, delgada,
media de seda bien estirada,
gola[20] de encaje, corsé de ¡crac![21],
nariz pequeña, garbosa, cuca[22],
y palpitantes sobre la nuca
rizos tan rubios como el coñac.

Sus ojos verdes bailan el tango;
nada hay más bello que el arremango
provocativo de su nariz[23].
Por ser tan joven y tan bonita,
cual mi sedosa, blanca gatita,
diera sus pajes la emperatriz.

¡Ah! tú no has visto cuando se peina,
sobre sus hombros de rosa reina
caer los rizos en profusión.
¡Tú no has oído qué alegre canta,
mientras sus brazos y su garganta
de fresca espuma cubre el jabón!

¡Y los domingos!... ¡Con qué alegría
oye en su lecho bullir el día
y hasta las nueve quieta se está!
¡Cuál se acurruca la perezosa,
bajo la colcha color de rosa,
mientras a misa la criada va!

La breve cofia de blanco encaje
cubre sus rizos, el limpio traje
aguarda encima del canapé;
altas, lustrosas y pequeñitas,
sus puntas muestran las dos botitas,
abandonadas del catre al pie.

Después, ligera, del lecho brinca.
¡Oh quién la viera cuando se hinca
blanca y esbelta sobre el colchón!
¿Qué valen junto de tanta gracia
las niñas ricas, la aristocracia,
ni mis amigas de cotillón?

Toco; se viste; me abre; almorzamos;
con apetito los dos tomamos
un par de huevos y un buen *beefsteak*,
media botella de rico vino,
y en coche juntos, vamos camino
del pintoresco Chapultepec[24].

Desde las puertas de la Sorpresa
hasta la esquina del Jockey Club,
no hay española, *yankee* o francesa,
ni más bonita ni más traviesa
que la duquesa del duque Job.

---

[15] *talle de tentación*   tempting waistline
[16] *Mimí Pinsón*   personaje en las obras de Alfredo de Musset, poeta francés (1810–1857)
[17] *tuno*   pilluelo
[18] *Veuve Clicquot*   famoso champaña francés
[19] *Louise Théo*   famosa francesa cantante de operetas
[20] *gola*   collar
[21] *corsé de ¡crac!*   rib-cracking corset
[22] *cuca*   mona, bonita
[23] *arremango... nariz*   característica desafiadora de la nariz vuelta hacia arriba

[24] *Chapultepec*   famoso parque y castillo, hoy museo en la ciudad de México

MARIPOSAS

A J. M. Bustillos

Ora blancas cual copos de nieve,
ora negras, azules o rojas,
en miriadas esmaltan el aire
y en los pétalos frescos retozan.
Leves saltan del cáliz abierto,
como prófugas almas de rosas,
y con gracia gentil se columpian
en sus verdes hamacas de hojas.
Una chispa de luz les da vida
y una gota al caer las ahoga;
aparecen al claro del día,
y ya muertas las halla la sombra.

¿Quién conoce sus nidos ocultos?
¿En qué sitio de noche reposan?
¡Las coquetas no tienen morada!...
¡Las volubles no tienen alcoba!...
Nacen, aman, y brillan, y mueren
en el aire; al morir se transforman,
y se van, sin dejarnos su huella,
cual de tenue llovizna las gotas.

Tal vez unas en flores se truecan,
y llamadas al cielo las otras,
con millones de alitas compactas
el arco-iris espléndido forman.
Vagabundas, ¿en dónde está el nido?
Sultanita, ¿qué harén te aprisiona?
¿A qué amante prefieres, coqueta!
¿En qué tumba dormís, mariposas!

* * *

¡Así vuelan y pasan y expiran
las quimeras de amor y de gloria,
esas alas brillantes del alma,
ora blancas, azules o rojas!
¿Quién conoce en qué sitio os perdisteis,
ilusiones que sois mariposas?
¡Cuán ligero voló vuestro enjambre
al caer en el alma la sombra!

Tú, la blanca, ¿por qué ya no vienes?
¿No eras fresco azahar de mi novia?
Te formé con un grumo del cirio
que de niño llevé a la parroquia;
eras casta, creyente, sencilla,
y al posarte temblando en mi boca,
murmurabas, heraldo de goces,
¡ya está cerca tu noche de bodas!

Ya no viene la blanca, la buena.
Ya no viene tampoco la roja,
la que en sangre teñí, beso vivo,
al morder unos labios de rosa.
Ni la azul que me dijo: ¡poeta!
Ni la de oro, promesa de gloria.
¡Ha caído la tarde en el alma!
¡Es de noche... ya no hay mariposas!

Encended ese cirio amarillo...
Ya vendrán en tumulto las otras,
las que tienen las alas muy negras
y se acercan en fúnebre ronda.
Compañeras, la cera está ardiendo;
compañeras, la pieza está sola;
si por mi alma os habéis enlutado,
¡venid pronto, venid, mariposas!

PARA ENTONCES

Quiero morir cuando decline el día,
en alta mar y con la cara al cielo;
donde parezca sueño la agonía,
y el alma, un ave que remonta el vuelo.

No escuchar en los últimos instantes,
ya con el cielo y con el mar a solas,
más voces ni plegarias sollozantes
que el majestuoso tumbo de las olas.

Morir cuando la luz, triste, retira
sus áureas redes de la onda verde,

y ser como ese sol que lento expira:
algo muy luminoso que se pierde.

Morir, y joven: antes que destruya
el tiempo aleve la gentil corona;
cuando la vida dice aún: soy tuya,
¡aunque sepamos bien que nos traiciona!

34 José Asunción Silva
(1865-1896)

José Asunción Silva, bogotano, comenzó escribiendo poesías bajo la influencia de los románticos, a quienes pronto abandonó. De sus años en París (1883–1885) data el cambio que sufrió su personalidad; su profundo tedio, su escepticismo, su mal "fin de siglo" son el resultado de sus experiencias en Europa. Pero también contribuyó al cambio el hecho de haber perdido el padre su fortuna, como consecuencia de una revolución. La muerte de su padre en 1889 y la de su hermana Elvira dos años más tarde, unido a la pérdida de sus manuscritos en el naufragio que sufrió el buque en el que regresaba de Caracas (donde había servido en la Legación de su país), fueron las principales causas de su suicidio en la flor de la edad.

La poesía modernista de Silva, la que escribió después de su viaje a París, se caracteriza por lo bien que se ajusta la forma al contenido. Silva supo dar expresión a sus temas en formas orgánicas que se desprenden de la materia poética. Consiguió ese efecto experimentando con antiguos versos (restauró el eneasílabo) e introduciendo nuevas combinaciones métricas. Pero no se quedó en lo externo; sus temas son significativos, sus sentimientos sinceros y sus actitudes auténticas. Así sus mejores composiciones, como "Nocturno III", "Día de difuntos", "Crepúsculo", "La voz de las cosas", "Muertos". Sus primeros versos fueron recogidos en el pequeño tomo, *Poesías*, que apareció en Bogotá en 1886. Mas no fue hasta 1908, con la publicación en Barcelona de las *Poesías* prologadas por don Miguel de Unamuno, cuando se reveló el verdadero significado de Silva como poeta. Su valor fue reafirmado más tarde con el conocimiento de obras que habían quedado inéditas, publicadas por sus amigos y críticos, como Sanín Cano, Arturo Capdevila y García Prada. Entre sus obras inéditas dejó una novela, *De sobremesa*, que no se publicó hasta 1925. A no haber sido por su temprana muerte, Silva tal vez se hubiera convertido en uno de los grandes representantes del modernismo hispanoamericano. No obstante su corta vida, dejó poesías que han tenido una profunda influencia en el desarrollo de la lírica hispánica.

Los maderos de San Juan[1]

...Y aserrín
aserrán
los maderos
de San Juan
piden queso
piden pan;
los de Roque,
alfandoque[2];
los de Rique,
alfeñique;
los de Trique,
triquitrán.
¡Triqui, triqui, triqui, tran!
¡Triqui, triqui, triqui, tran!

Y en las rodillas duras y firmes de
    la abuela con
movimiento rítmico se balancea el niño, y
    entrambos
agitados y trémulos están...
La abuela se sonríe con maternal cariño,
mas cruza por su espíritu como un terror
    extraño
por lo que en el futuro, de angustia y
    desengaño,
los días ignorados del nieto guardarán...

Los maderos
de San Juan
piden queso
piden pan;
¡triqui, triqui, triqui, tran!

[1] *Los... Juan* canción popular de niños en Colombia. Con el sonido de las palabras en los cortos versos siguientes se imita el ruido de la sierra al cortar la madera.
[2] *alfandoque* pasta de azúcar con almendras

¡Esas arrugas hondas recuerdan una
    historia
de largos sufrimientos y silenciosa angustia!,
y sus cabellos blancos como la nieve están;
...de un gran dolor el sello marcó la frente
    mustia
y son sus ojos turbios espejos que empañaron
los años, y que a tiempo la forma reflejaron
de seres y de cosas que nunca volverán...

...Los de Roque,
alfandoque...
¡Triqui, triqui, triqui, tran!

Mañana, cuando duerma la abuela,
    yerta y muda,
lejos del mundo vivo, bajo la oscura tierra,
donde otros, en la sombra, desde hace
    tiempo están,
del nieto a la memoria, con grave voz que
    encierra
todo el poema triste de la remota infancia
pasando por las sombras del tiempo y la
    distancia,
de aquella voz querida las notas volverán...

...Los de Riqui,
alfeñique...
¡Triqui, triqui, triqui, tran!

En tanto, en las rodillas cansadas de la
    abuela
con movimientos rítmicos se balancea el
    niño,
y entrambos agitados y trémulos están...
La abuela se sonríe con maternal cariño,

De *Poesías de José Asunción Silva*, precedidas de un prólogo de Miguel de Unamuno (Barcelona, Editorial Maucci, *sin fecha*), pp. 39–41, 65–68, 89–90.

mas cruza por su espíritu como un terror extraño
por lo que en el futuro, de angustia y desengaño,
los días ignorados del nieto guardarán...

...Los maderos
de San Juan

piden queso
piden pan;
los de Roque,
alfandoque;
los de Rique,
alfeñique;
los de Triqui,
triquitrán.
¡Triqui, triqui, triqui, tran!

Nocturno [III]

Una noche,
una noche toda llena de murmullos, de perfumes y de músicas de alas;
una noche
en que ardían en la sombra nupcial y húmeda las luciérnagas fantásticas,
a mi lado lentamente, contra mí ceñida toda, muda y pálida,
como si un presentimiento de amarguras infinitas
hasta el más secreto fondo de las fibras te agitara,
por la senda florecida que atreviesa la llanura,
caminabas;
y la luna llena
por los cielos azulosos, infinitos y profundos esparcía su luz blanca;
y tu sombra
fina y lánguida,
y mi sombra,
por los rayos de la luna proyectadas,
sobre las arenas tristes
de la senda se juntaban,
y eran una,
y eran una,
y eran una sola sombra larga,
y eran una sola sombra larga,

y eran una sola sombra larga...

Esta noche
solo; el alma
llena de las infinitas amarguras y agonías de tu muerte,
separado de ti misma por el tiempo, por la tumba y la distancia,
por el infinito negro
donde nuestra voz no alcanza,
mudo y solo
por la senda caminaba...
Y se oían a lo lejos los ladridos de los perros a la luna,
a la luna pálida,
y el chirrido
de las ranas...
Sentí frío. Era el frío que tenían en tu alcoba
tus mejillas y tus sienes y tus manos adoradas,
entre las blancuras níveas
de las mortuorias sábanas.
Era el frío del sepulcro, era el hielo de la muerte,
era el frío de la nada.
Y mi sombra,
por los rayos de la luna proyectada,
iba sola,

iba sola,
iba sola por la estepa solitaria;
y tu sombra esbelta y ágil,
fina y lánguida,
como en esa noche tibia de la muerta
primavera,
como en esa noche llena de murmullos, de
perfumes y de músicas de alas,

se acercó y marchó con ella,
se acercó y marchó con ella,
se acercó y marchó con ella. ¡Oh las sombras enlazadas!
¡Oh las sombras de los cuerpos que se juntan con las sombras de las almas!
¡Oh las sombras que se buscan en las noches de tristezas y de lágrimas!

Un poema

Soñaba en ese entonces con forjar un
poema
de arte nervioso y nuevo, obra audaz y
suprema.

Escogí entre un asunto grotesco y otro
trágico,
llamé a todos los ritmos con un conjuro
mágico,

y los ritmos indóciles vinieron acercándose,
juntándose en las sombras, huyéndose y
buscándose:

ritmos sonoros, ritmos potentes, ritmos
graves,
unos cual choque de armas, otros cual canto
de aves;

de Oriente hasta Occidente, desde el
Sur hasta el Norte,
de metros y de formas se presentó la corte.

Tascando frenos áureos bajo las riendas
frágiles
cruzaron los tercetos, como corceles ágiles;

abriéndose ancho paso por entre aquella grey,
vestido de oro y púrpura llegó el soneto rey.

Y allí cantaron todos... Entre la alga-
rabía
me fascinó el espíritu por su coquetería

alguna estrofa aguda, que excitó mi
deseo,
con el retintín claro de su campanilleo.

Y la escogí entre todas... Por regalo
nupcial
le di unas rimas ricas, de plata y de cristal.

En ella conté un cuento, que, huyendo
lo servil,
tomó un carácter trágico, fantástico y sutil;

era la historia triste, desprestigiada y
cierta
de una mujer hermosa, idolatrada y muerta;

y para que sintieran la amargura, ex
profeso[1],
junté sílabas dulces, como el sabor de un
beso,

bordé las frases de oro, les di música
extraña,
como de mandolinas que un laúd acompaña;

[1] *ex profeso* (latín) de propósito, con particular
intención.

dejé en una luz vaga las hondas lejanías
llenas de nieblas húmedas y de melancolías,

y por el fondo oscuro, como en mundana fiesta,
cruzan ágiles máscaras al compás de la orquesta,

envueltas en palabras que ocultan como un velo,
y con caretas negras de raso y terciopelo

cruzar hice en el fondo las vagas sugestiones...

de sentimientos místicos y humanas tentaciones...

Complacido en mis versos, con orgullo de artista,
les di olor de heliotropo y color de amatista...

Le mostré mi poema a un crítico estupendo...
y lo leyó seis veces, y me dijo "¡No entiendo! "

35   Rubén Darío
(1867-1916)

El modernismo obtuvo su más alta expresión en las obras de Rubén Darío, representante por excelencia de la poesía hispanoamericana de entre siglos. Su nacimiento en un pequeño pueblo nicaragüense (Metapa) da mayor prestigio a su obra, resultado de su ingenio y su voluntad de ser. Darío representa todo lo que es prometedor en tierras famosas por sus violencias. Es la flor que ofrece el espinoso cacto.

Desde niño Darío se interesó en la literatura, leyendo con ansias de saber todo lo que contenía aquel mundo maravilloso. En El Salvador conoció al poeta Francisco Gavidia (1864–1955), quien le interesó en la poesía francesa y le inició en el cultivo del verso alejandrino que con el tiempo había de perfeccionar. Deseando respirar aires cosmopolitas, fue a Chile, donde publicó en 1888 su *Azul...*, con el cual revolucionó la prosa hispánica y marcó una nueva tendencia en las letras. Don Juan Valera, decano de los críticos españoles de la época, lo elogió y dio a conocer a su autor a través del mundo hispano, y especialmente en España, a donde Darío hizo su primer viaje en 1892 a propósito del cuarto centenario del descubrimiento de América.

El segundo libro de poesía[1], *Prosas profanas* (1896), que Darío publicó en Buenos Aires, donde residía entonces, le valió el elogio, esta vez, de un crítico americano, Rodó, quien hizo resaltar el mérito de las poesías que lo integran. Su estudio, que Darío utilizó como Prólogo para la segunda edición del libro (1901), fue el primer intento crítico significativo sobre la poesía del nicaragüense. Ahí hizo destacar el uruguayo las novedades técnicas introducidas por Darío: el uso de nuevas formas estróficas, lo novedoso de la sintaxis y la creación de nuevos ritmos.

En *Prosas profanas*, colección que representa el más alto nivel estético al cual había de llegar el modernismo, cada una de las poesías que la forman puede ser considerada como representativa del arte poético de Darío. Han dejado huella permanente en la trayectoria de la poesía hispánica todas estas poesías, pero especialmente las siguientes: "Era un aire suave", "Sonatina", "Blasón", "Elogio de la seguidilla", "Sinfonía en gris mayor", "Responso a Verlaine", "Palimpsesto", "El reino interior".

Durante su estancia en Buenos Aires Darío fue un constante colaborador de *La Nación*, periódico que le envió a España de representante en 1898. Llegó el poeta a Barcelona casi al mismo tiempo que España firmó el tratado de paz con los Estados Unidos y abandonó sus últimas posesiones en América, acontecimiento que afectó a Darío tanto como a los escritores que, andando el tiempo, habían de llamarse "Generación del 98".

Darío permaneció casi todo el resto de su vida en Europa, viajando entre Francia y España y de cuando en cuando haciendo viajes a otros países. No había de volver a América hasta 1906, año que se celebró la Conferencia Panamericana en Río de Janeiro y que Darío atendió como Secretario de la delegación de Nicaragua. Un año antes había publicado en Madrid otro libro de poesías, los *Cantos de vida y esperanza*. También había dado a la imprenta, entre 1898 y 1905, cuatro libros de prosas. Mas es aquel libro de poesías el que destaca como obra cumbre.

El cambio que el lector encuentra entre las *Prosas Profanas* y los *Cantos* no es solamente formal sino también temático e ideológico. Si en el primero Darío es todavía poeta de torre de marfil —de ambientes versallescos[2], mujeres idealizadas, motivos exóticos—, en el segundo la preocupación es humana, a veces social. Así en la "Salutación del optimista", en "A Roosevelt", en la "Canción de otoño en primavera", en el "Nocturno" y en las "Letanías de nuestro Señor Don Quijote". No menos importante es el cambio sicológico que sufre el poeta. Si antes su preocupación era el placer, la vida bohemia, la búsqueda de la rara sensación, ahora por primera vez ve hacia adentro, se preocupa por el destino personal y por el significado de la existencia. En "Yo soy aquél", en "Lo fatal", en el "Nocturno", el poeta mismo analiza el cambio de actitud. La preocupación por el destino del mundo hispánico aflora en las poesías "A Roosevelt" y "Salutación del optimista". En fin, los *Cantos de vida y esperanza* representan la culminación del movimiento modernista. El mismo Darío dice en el Prefacio: "El movimiento de libertad que me tocó iniciar en América se propagó hasta España, y tanto aquí como allá el triunfo está logrado." Y pensar que, cuando apareció *Azul...*, un académico español había dicho que el libro

---

[1] *El... poesía*   En 1887 había publicado *Abrojos* en Valparaíso, Chile. *Azul...* contiene prosa y verso.
[2] *versallescos*   referente a Versalles (Versailles), el palacio francés construido por **Luis XIV** (1638–1715)

"respira cursilería por sus cuatro letras". Los *Cantos*, apropiadamente, terminan con una de las más sentidas poesías de Darío, "Lo fatal": "Ser, y no saber nada, y ser sin rumbo cierto, / y el temor de haber sido y un futuro terror..." Así, Darío dio expresión a su profunda preocupación por el significado de la existencia. A los cien años de su nacimiento, Darío continúa siendo el poeta por excelencia de la América Hispana.

Los últimos años de Darío no eran felices. Seguía publicando (*El canto errante, poesías*, 1907; *Poema del otoño y otros poemas*, 1910; *Canto a la Argentina y otros poemas*, 1914), pero vivía preocupado por la muerte y por el más allá. Sus últimos días los pasó en un estado de delirio y depresión mental que le hicieron intolerable el seguir viviendo. Murió por fin en su país natal el 6 de febrero de 1916. Mas su presencia es eterna.

El pájaro azul

(1886)

París es teatro divertido y terrible. Entre los concurrentes al Café Plombier, buenos y decididos muchachos —pintores, escultores, escritores, poetas; sí, ¡todos buscando el viejo laurel verde!—, ninguno más querido que aquel pobre Garcín, triste casi siempre, buen bebedor de ajenjo, soñador que nunca se emborrachaba, y, como bohemio intachable, bravo improvisador. En el cuartucho destartalado de nuestras alegres reuniones, guardaba el yeso de las paredes, entre los esbozos y rasgos de futuros Delacroix[1], versos, estrofas enteras escritas en la letra echada[2] y gruesa de nuestro *pájaro azul*.

El pájaro azul era el pobre Garcín. ¿No sabéis por qué se llamaba así? Nosotros le bautizamos con ese nombre.

Ello no fue un simple capricho. Aquel excelente muchacho tenía el vino triste[3].

Cuando le preguntábamos por qué, cuando todos reíamos como insensatos o como chicuelos, él arrugaba el ceño y miraba fijamente el cielo raso, nos respondía sonriendo con cierta amargura:

—Camaradas: habéis de saber que tengo un pájaro azul en el cerebro; por consiguiente...

Sucedía también que gustaba de ir a las campiñas nuevas, al entrar la primavera. El aire del bosque hacía bien a sus pulmones, según nos decía el poeta.

De sus excursiones solía traer ramos de violetas y gruesos cuadernillos de madrigales, escritos al ruido de las hojas y bajo el ancho cielo sin nubes. Las violetas eran para Niní, su vecina, una muchacha fresca y rosada, que tenía los ojos muy azules.

Los versos eran para nosotros. Nosotros los leíamos y los aplaudíamos. Todos teníamos una alabanza para Garcín. Era un ingenio que debía brillar. El tiempo vendría. ¡Oh, el pájaro azul volaría muy alto! ¡Bravo! ¡Bien! ¡Eh, mozo, más ajenjo!

[1] *Delacroix*   Eugène Delacroix (1799–1863), pintor romántico francés
[2] *letra echada*   de rasgos tendidos
[3] *tenía... triste*   se ponía triste cuando tomaba

De Rubén Darío, *Azul...* (Valparaíso, Imprenta y Litografía Excélsior, 1888), pp. 64–70.

Principios de Garcín:

De las flores, las lindas campánulas.
Entre las piedras preciosas, el zafiro.

De las inmensidades, el cielo y el amor;
es decir, las pupilas de Niní.

Y repetía el poeta: Creo que siempre
es preferible la neurosis a la estupidez.

A veces Garcín estaba más triste que de
costumbre.

Andaba por los bulevares; veía pasar
indiferente los lujosos carruajes, los ele-
gantes, las hermosas mujeres. Frente al esca-
parate de un joyero sonreía; pero cuando
pasaba cerca de un almacén de libros, se
llegaba a las vidrieras, husmeaba y, al ver
las lujosas ediciones, se declaraba decididamente envidioso, arrugaba la frente; para
desahogarse, volvía el rostro hacia el cielo
y suspiraba. Corría al café en busca de nosotros, conmovido, exaltado, pedía su vaso de
ajenjo, y nos decía:

—Sí, dentro de la jaula de mi cerebro
está preso un pájaro azul que quiere su
libertad...

Hubo algunos que llegaron a creer en
un descalabro de razón.

Un alienista a quien se le dio la noticia
de lo que pasaba, calificó el caso como una
monomanía especial. Sus estudios patoló-
gicos no dejaban lugar a duda.

Decididamente el desgraciado Garcín
estaba loco.

Un día recibió de su padre, un viejo
provinciano de Normandía, comerciante en
trapos, una carta que decía lo siguiente,
poco más o menos: "Sé tus locuras en París.
Mientras permanezcas de este modo, no
tendrás de mí un solo *sou*[4]. Ven a llevar los
libros de mi almacén, y cuando hayas quemado, gandul, tus manuscritos de tonterías,
tendrás mi dinero."

Esta carta se leyó en el Café Plombier.

—¿Y te irás?
—¿No te irás?
—¿Aceptas?
—¿Desdeñas?

¡Bravo, Garcín! Rompió la carta, y soltando el trapo a la vena[5], improvisó unas
cuantas estrofas, que acababan, si mal no
recuerdo:

¡Sí, seré siempre un gandul,
lo cual aplaudo y celebro,
mientras sea mi cerebro
jaula de pájaro azul!

Desde entonces Garcín cambió de carácter, se volvió charlador, se dio un baño
de alegría, compró levita nueva y comenzó
un poema en tercetos, titulado, pues es
claro: *El pájaro azul.*

Cada noche se leía en nuestra tertulia
algo nuevo de la obra. Aquello era excelente, sublime, disparatado.

Allí había un cielo muy hermoso, una
campiña muy fresca, países brotados como
por la magia del pincel de Corot[6], rostros de
niños asomados entre flores, los ojos de Niní
húmedos y grandes; y por añadidura, el
buen Dios que envía volando, volando, sobre todo aquello, un pájaro azul que, sin
saber cómo ni cuándo, anida dentro del
cerebro del poeta, en donde queda aprisionado. Cuando el pájaro quiere volar y
abre las alas y se da contra las paredes del
cráneo, se alzan los ojos al cielo, se arruga
la frente y se bebe ajenjo con poca agua,
fumando además, por remate, un cigarrillo
de papel.

He ahí el poema.

Una noche llegó Garcín riendo mucho
y, sin embargo, muy triste.

La bella vecina había sido conducida
al cementerio.

---

[4] *sou*   moneda francesa, de cobre, de poco valor

[5] *soltando... vena*   dándole vuelo a la inspiración
[6] *Corot*   Jean Baptiste Corot (1796–1875), pintor
francés, paisajista idealista

—¡Una noticia! ¡Una noticia! Canto último de mi poema. Niní ha muerto. Viene la primavera y Niní se va. Ahorro de violetas para la campiña. Ahora falta el epílogo del poema. Los editores no se dignan siquiera leer mis versos. Vosotros muy pronto tendréis que dispersaros. Ley del tiempo. El epílogo debe titularse así: *De cómo el pájaro azul alza el vuelo al cielo azul*.

¡Plena primavera! ¡Los árboles florecidos, las nubes rosadas en el alba y pálidas por la tarde; el aire suave que mueve las hojas y hace aletear las cintas de paja con especial ruido! Garcín no ha ido al campo.

Hele ahí, viene con traje nuevo, a nuestro amado Café Plombier, pálido, con una sonrisa triste.

—¡Amigos míos, un abrazo! Abrazadme todos, así, fuerte; decidme adiós, con todo el corazón, con toda el alma... El pájaro azul vuela...

Y el pobre Garcín lloró, nos estrechó, nos apretó las manos con todas sus fuerzas y se fue.

Todos dijimos:

—Garcín, el hijo pródigo, busca a su padre, el viejo normando. ¡Musas, adiós; adiós, gracias! ¡Nuestro poeta se decide a medir trapos! ¡Eh! ¡Una copa por Garcín!

Pálidos, asustados, entristecidos, al día siguiente todos los parroquianos del Café Plombier, que metíamos tanta bulla en aquel cuartucho destartalado, nos hallábamos en la habitación de Garcín. Él estaba en su lecho, sobre las sábanas ensangrentadas, con el cráneo roto de un balazo.

Sobre la almohada había fragmentos de masa cerebral... ¡Horrible!

Cuando, repuestos de la impresión, pudimos llorar ante el cadáver de nuestro amigo, encontramos que tenía consigo el famoso poema. En la última página había escritas estas palabras:

Hoy, en plena primavera, dejo abierta la puerta de la jaula al pobre pájaro azul.

¡Ay, Garcín, cuántos llevan en el cerebro tu misma enfermedad!

Selecciones de *"Prosas profanas"* (1896)

ERA UN AIRE SUAVE...

Era un aire suave, de pausados giros:
el hada Harmonía ritmaba sus vuelos,
e iban frases vagas y tenues suspiros
entre los sollozos de los violoncelos.

Sobre la terraza, junto a los ramajes,
diríase un trémolo de liras eolias[1]

cuando acariciaban los sedosos trajes,
sobre el tallo erguidas las blancas magnolias.

La marquesa Eulalia risas y desvíos
daba a un tiempo mismo para dos rivales:
el vizconde rubio de los desafíos
y el abate joven de los madrigales.

Cerca, coronado con hojas de viña,
reía en su máscara Término[2] barbudo,

[1] *eolias* de la Eólide, país de Asia antigua; también perteneciente a Eolo, dios de los vientos, quien reinaba en las Islas Eolias (las Islas Lípari)

[2] *Término* dios romano, protector de los límites

De Darío, *Obras completas*, edición de Alfonso Méndez Plancarte, aumentada por Antonio Oliver Belmas (Madrid, Aguilar, 1967), pp. 549–51, 556–57, 591–92, 627–30, 631–32, 646–47, 655–56, 656–57, 657–59, 680–81, 688, 737–38, 784–87.

y como un efebo[3] que fuese una niña,
mostraba una Diana su mármol desnudo.

Y bajo un boscaje del amor palestra,
sobre rico zócalo al modo de Jonia[4],
con un candelabro prendido en la diestra
volaba el Mercurio de Juan de Bolonia[5].

La orquesta perlaba sus mágicas notas;
un coro de sones alados se oía;
galantes pavanas, fugaces gavotas
cantaban los dulces violines de Hungría.

Al oír las quejas de sus caballeros,
ríe, ríe, ríe la divina Eulalia,
pues son su tesoro las flechas de Eros,
el cinto de Cipria[6], la rueca de Onfalia[7].

¡Ay de quien sus mieles y frases recoja!
¡Ay de quien del canto de su amor se fíe!
Con sus ojos lindos y su boca roja,
la divina Eulalia, ríe, ríe, ríe.

Tiene azules ojos, es maligna y bella;
cuando mira, vierte viva luz extraña;
se asoma a sus húmedas pupilas de estrella
el alma del rubio cristal de Champaña.

Es noche de fiesta, y el baile de trajes
ostenta su gloria de triunfos mundanos.
La divina Eulalia, vestida de encajes,
una flor destroza con sus tersas manos.

El teclado harmónico de su risa fina
a la alegre música de un pájaro iguala,

con los *staccati*[8] de una bailarina
y las locas fugas de una colegiala.

¡Amoroso pájaro que trinos exhala
bajo el ala a veces ocultando el pico;
que desdenes rudos lanza bajo el ala,
bajo el ala aleve del leve abanico!

Cuando a medianoche sus notas arranque
y en arpegios áureos gima Filomela[9],
y el ebúrneo[10] cisne, sobre el quieto estanque,
como blanca góndola imprima su estela,

la marquesa alegre llegará al boscaje,
boscaje que cubre la amable glorieta
donde han de estrecharla los brazos de un
paje,
que, siendo su paje, será su poeta.

Al compás de un canto de artista de
Italia
que en la brisa errante la orquesta deslíe,
junto a los rivales la divina Eulalia,
la divina Eulalia, ríe, ríe, ríe.

¿Fue acaso en el tiempo del rey Luis de
Francia,
sol[11] con corte de astros, en campos de azur,
cuando los alcázares llenó de fragancia
la regia y pomposa rosa Pompadour[12]?

¿Fue cuando la bella su falda cogía
con dedos de ninfa, bailando el minué,
y de los compases el ritmo seguía,
sobre el tacón rojo, lindo y leve el pie?

[3] *efebo*   joven, muchacho
[4] *zócalo... Jonia*   pedestal de orden jónico; Jonia
(Ionia) era una comarca de Asia Menor
[5] *el Mercurio... Bolonia*   famosa escultura de Gio-
vanni da Bologna (1524–1608)
[6] *Cipria*   Venus; dábasele este nombre por haber
nacido en el mar cerca de la isla de Chipre; su
cinto mágico tenía el poder de convertir a quien
lo usara en un ser amado de todos
[7] *Onfalia*   reina de Lidia que se casó con Hércules,
y éste le sirvió de rueca

[8] *staccatti*   (italiano) serie de notas rápidas, en la
que cada una se destaca de las demás
[9] *Filomela*   hija de Pandión, rey de Atenas, quien
fue cambiada en ruiseñor
[10] *ebúrneo*   de marfil; blanco como el marfil
[11] *sol*   referencia a Luis XIV de Francia, "el rey sol"
[12] *Pompadour*   Antonieta Poisson (1721–1764) marquesa de Pompadour, favorita del rey Luis XV
de Francia

¿O cuando pastoras de floridos valles
ornaban con cintas sus albos corderos
y oían, divinas Tirsis de Versalles[13],
las declaraciones de sus caballeros?

¿Fue en ese buen tiempo de duques
   pastores,
de amantes princesas y tiernos galanes,
cuando entre sonrisas y perlas y flores
iban las casacas de los chambelanes?

¿Fue acaso en el Norte o en el Mediodía?
Yo el tiempo y el día y el país ignoro;
pero sé que Eulalia ríe todavía,
¡y es crüel y eterna su risa de oro!

                                (1893)

SONATINA

La princesa está triste... ¿Qué tendrá la
   princesa?
Los suspiros se escapan de su boca de fresa,
que ha perdido la risa, que ha perdido el
   color.
La princesa está pálida en su silla de oro,
está mudo el teclado de su clave sonoro,
y en un vaso, olvidada, se desmaya una flor.

El jardín puebla el triunfo de los pavos-
   reales.
Parlanchina, la dueña dice cosas banales,
y vestido de rojo piruetea el bufón.
La princesa no ríe, la princesa no siente;
la princesa persigue por el cielo de Oriente
la libélula vaga de una vaga ilusión.

¿Piensa acaso en el príncipe de Golconda[1] o de China,
o en el que ha detenido su carroza argentina
para ver de sus ojos la dulzura de luz,
o en el rey de las islas de las Rosas fragantes,
o en el que es soberano de los claros diamantes,
o en el dueño orgulloso de las perlas de
   Ormuz[2]?

¡Ay!, la pobre princesa de la boca de
   rosa
quiere ser golondrina, quiere ser mariposa,
tener alas ligeras, bajo el cielo volar;
ir al sol por la escala luminosa de un rayo,
saludar a los lirios con los versos de Mayo,
o perderse en el viento sobre el trueno del
   mar.

Ya no quiere el palacio, ni la rueca de
   plata,
ni el halcón encantado, ni el bufón escarlata,
ni los cisnes unánimes en el lago de azur.
Y están tristes las flores por la flor de la
   corte,
los jazmines de Oriente, los nelumbos[3] del
   Norte,
de Occidente las dalias y las rosas del Sur.

¡Pobrecita princesa de los ojos azules!
Está presa en sus oros, está presa en sus
   tules[4],
en la jaula de mármol del palacio real;
el palacio soberbio que vigilan los guardas,
que custodian cien negros con cien ala-
   bardas,
un lebrel que no duerme y un dragón
   colosal.

---

[13] *Tirsis de Versalles* nombre usado por las cortesanas
que, disfrazadas de pastoras, participaban en las
fiestas que el rey Luis XIV celebraba en el Petit
Trianon, que formaba parte del Palacio de Versalles; *Tirsis* pastora que aparece en la Égloga
VII de Virgilio

[1] *Golconda* rica ciudad de la antigua India
[2] *Ormuz* isla a la entrada del golfo Pérsico, famosa
por sus perlas
[3] *nelumbo* (*nelumbio*) planta de flor amarilla
[4] *tules* tejidos delgados y transparentes

¡Oh, quién fuera hipsipila[5] que dejó la
    crisálida!
(La princesa está triste. La princesa está
    pálida.)
¡Oh visión adorada de oro, rosa y marfil!
¡Quién volara a la tierra donde un príncipe
    existe
(La princesa está pálida. La princesa está
    triste.)
más brillante que el alba, más hermoso que
    Abril!

    —Calla, calla, princesa —dice el hada
    madrina—;
en caballo con alas, hacia acá se encamina,
en el cinto la espada y en la mano el azor,
el feliz caballero que te adora sin verte,
y que llega de lejos, vencedor de la Muerte,
a encenderte los labios con su beso de amor.

SINFONÍA EN GRIS MAYOR

El mar, como un vasto cristal azogado,
refleja la lámina de un cielo de zinc;
lejanas bandadas de pájaros manchan
el fondo bruñido de pálido gris.

    El sol, como un vidrio redondo y opaco,
con paso de enfermo camina al cenit;
el viento marino descansa en la sombra
teniendo de almohada su negro clarín.

[5] *hipsipila* mariposa

Las ondas, que mueven su vientre de
    plomo,
debajo del muelle parecen gemir.
Sentado en un cable, fumando su pipa,
está un marinero pensando en las playas
de un vago, lejano, brumoso país.

    Es viejo ese lobo. Tostaron su cara
los rayos de fuego del sol del Brasil;
los recios tifones del mar de la China
le han visto bebiendo su frasco de *gin*.

    La espuma, impregnada de yodo y
    salitre,
hace tiempo conoce su roja nariz,
sus crespos cabellos, sus bíceps de atleta,
su gorra de lona, su blusa de dril.

    En medio del humo que forma el
    tabaco,
ve el viejo el lejano, brumoso país,
adonde una tarde caliente y dorada,
tendidas las velas, partió el bergantín...

    La siesta del trópico. El lobo se duerme.
Ya todo lo envuelve la gama del gris.
Parece que un suave y enorme esfumino
del curvo horizonte borrará el confín.

    La siesta del trópico. La vieja cigarra
ensaya su ronca guitarra senil,
y el grillo preludia su solo monótono
en la única cuerda que está en su violín.

Selecciones de "Cantos de vida y esperanza" (1905)

I

Yo soy aquél

A J. Enrique Rodó

    Yo soy aquél que ayer no más decía
el verso azul y la canción profana,

en cuya noche un ruiseñor había
que era alondra de luz por la mañana.

    El dueño fui de mi jardín de sueño,
lleno de rosas y de cisnes vagos;
el dueño de las tórtolas, el dueño
de góndolas y liras en los lagos;

y muy siglo diez y ocho, y muy antiguo
y muy moderno; audaz, cosmopolita;
con Hugo[1] fuerte y con Verlaine[2] ambiguo,
y una sed de ilusiones infinita.

Yo supe de dolor desde mi infancia;
mi juventud..., ¿fue juventud la mía?,
sus rosas aún me dejan su fragancia,
una fragancia de melancolía...

Potro sin freno se lanzó mi instinto,
mi juventud montó potro sin freno;
iba embriagada y con puñal al cinto;
si no cayó, fue porque Dios es bueno.

En mi jardín se vio una estatua bella;
se juzgó mármol y era carne viva;
un alma joven habitaba en ella,
sentimental, sensible, sensitiva.

Y tímida ante el mundo, de manera
que, encerrada, en silencio, no salía
sino cuando en la dulce primavera
era la hora de la melodía...

Hora de ocaso y de discreto beso;
hora crepuscular y de retiro;
hora de madrigal y de embeleso,
de "te adoro", de "¡ay!", y de suspiro.

Y entonces era en la dulzaina[3] un juego
de misteriosas gamas cristalinas,
un renovar de notas del Pan[4] griego
y un desgranar de músicas latinas,

Con aire tal y con ardor tan vivo,
que a la estatua nacían de repente
en el muslo viril patas de chivo
y dos cuernos de sátiro en la frente.

Como la Galatea gongorina[5]
me encantó la marquesa verleniana[6],
y así juntaba a la pasión divina
una sensual hiperestesia humana;

todo ansia, todo ardor, sensación pura
y vigor natural; y sin falsía,
y sin comedia y sin literatura...:
si hay un alma sincera, ésa es la mía.

La torre de marfil tentó mi anhelo;
quise encerrarme dentro de mí mismo,
y tuve hambre de espacio y sed de cielo
desde las sombras de mi propio abismo.

Como la esponja que la sal satura
en el jugo del mar, fue el dulce y tierno
corazón mío, henchido de amargura
por el mundo, la carne y el infierno.

Mas, por gracia de Dios, en mi conciencia
el Bien supo elegir la mejor parte;
y si hubo áspera hiel en mi existencia,
melificó toda acritud el Arte.

Mi intelecto libré de pensar bajo,
bañó el agua castalia[7] el alma mía,
peregrinó mi corazón y trajo
de la sagrada selva[8] la armonía.

¡Oh, la selva sagrada! ¡Oh, la profunda
emanación del corazón divino
de la sagrada selva! ¡Oh, la fecunda
fuente cuya virtud vence al destino!

---

[1] *Hugo* Víctor Hugo (1802–1885) poeta, novelista
y dramaturgo francés
[2] *Verlaine* Paul Verlaine (1844–1896), poeta francés
[3] *dulzaina* instrumento músico de viento
[4] *Pan* dios de la naturaleza y los rebaños que
acompañaba a Baco por los campos, tocando una
flauta hecha de caña

[5] *Galatea gongorina* referencia a la *Fábula de Polifemo
y Galatea* de Luis de Góngora (1561–1627)
[6] *verleniana* perteneciente a la poesía de Verlaine
[7] *agua castalia* la de la Fuente Castalia, al pie del
Parnaso y dedicada a las Musas; metafóricamente,
la inspiración
[8] *sagrada selva* la de las Musas; metafóricamente,
el arte

Bosque ideal que lo real complica,
allí el cuerpo arde y vive y Psiquis[9] vuela;
mientras abajo el sátiro fornica,
ebria de azul deslíe Filomela

    perla de ensueño y música amorosa
en la cúpula en flor del laurel verde,
Hipsipila sutil liba en la rosa,
y la boca del fauno el pezón muerde.

    Allí va el dios en celo tras la hembra
y la caña de Pan se alza del lodo:
la eterna vida sus semillas siembra,
y brota la armonía del gran Todo.

    El alma que entra allí debe ir desnuda,
temblando de deseo y fiebre santa,
sobre cardo heridor y espina aguda:
así sueña, así vibra y así canta.

    Vida, luz y verdad, tal triple llama
produce la interior llama infinita;
el Arte puro como Cristo exclama:
Ego sum lux et veritas et vita! [10]

    Y la vida es misterio; la luz ciega
y la verdad inaccesible asombra;
la adusta perfección jamás se entrega,
y el secreto ideal muere en la sombra.

    Por eso ser sincero es ser potente:
de desnuda que está, brilla la estrella;
el agua dice el alma de la fuente
en la voz de cristal que fluye d'ella.

    Tal fue mi intento, hacer del alma pura
mía, una estrella, una fuente sonora,
con el horror de la literatura
y loco de crepúsculo y de aurora.

[9] *Psiquis* joven querida del Amor
[10] *Ego... vita!* (latín) ¡Yo soy la luz, la verdad y
la vida! (San Juan IX:5; XIV:6)

    Del crepúsculo azul que da la pauta
que los celestes éxtasis inspira;
bruma y tono menor —¡toda la flauta!,
y Aurora, hija del Sol— ¡toda la lira!

    Pasó una piedra que lanzó una honda;
pasó una flecha que aguzó un violento.
La piedra de la honda fue a la onda,
y la flecha del odio fuese al viento.

    La virtud está en ser tranquilo y fuerte;
con el fuego interior todo se abrasa;
se triunfa del rencor y de la muerte,
y hacia Belén..., ¡la caravana pasa!

II

SALUTACIÓN DEL OPTIMISTA[1]

Ínclitas razas ubérrimas[2], sangre de His-
    pania fecunda,
espíritus fraternos, luminosas almas; ¡salve!
Porque llega el momento en que habrán de
    cantar nuevos himnos
lenguas de gloria. Un vasto rumor llena los
    ámbitos;
mágicas ondas de vida van renaciendo de
    pronto;
retrocede el olvido, retrocede engañada la
    muerte,
se anuncia un reino nuevo, feliz sibila[3]
    sueña,
y en la caja pandórica[4] de que tantas des-
    gracias surgieron

[1] *Salutación del optimista* poesía leída por el autor
en el Ateneo de Madrid el 28 de marzo de 1905 e
incluida en los *Cantos de vida y esperanza*, del mismo
año
[2] *ubérrimas* muy fértiles
[3] *sibila* adivina
[4] *pandórica* de Pandora

encontramos de súbito[5], talismánica[6], pura, rïente,
cual pudiera decirla en sus versos Virgilio divino,
la divina reina de luz, ¡la celeste Esperanza!

Pálidas indolencias, desconfianzas fatales que a tumba
o a perpetuo presidio, condenasteis al noble entusiasmo,
ya veréis el salir del sol en un triunfo de liras,
mientras dos continentes, abonados de huesos gloriosos,
del Hércules antiguo la gran sombra soberbia evocando,
digan al orbe: la alta virtud resucita,
que a la hispana progenie hizo dueña de siglos.

Abominad la boca que predice desgracias eternas,
abominad los ojos que ven sólo zodíacos funestos,
abominad las manos que apedrean las ruinas ilustres
o que la tea empuñan[7] o la daga suicida.
Siéntense sordos ímpetus en las entrañas del mundo,
la inminencia de algo fatal hoy conmueve la tierra;
fuertes colosos caen, se desbandan bicéfalas águilas[8],
y algo se inicia como vasto social cataclismo
sobre la faz del orbe. ¿Quién dirá que las savias dormidas

no despierten entonces en el tronco del roble gigante[9]
bajo el cual se exprimió la ubre de la loba romana[10]?
¿Quién será el pusilánime que al vigor español niegue músculos
y que al alma española juzgase áptera[11] y ciega y tullida?
No es Babilonia ni Nínive enterrada en olvido y en polvo,
ni entre momias y piedras, reina que habita el sepulcro,
la nación generosa, coronada de orgullo inmarchito,
que hacia el lado del alba fija las miradas ansiosas,
ni la que, tras los mares en que yace sepulta la Atlántida,
tiene su coro de vástagos, altos, robustos y fuertes.

Únanse, brillen secúndense, tantos vigores dispersos;
formen todos un solo haz de energía ecuménica[12].
Sangre de Hispania fecunda, sólidas, ínclitas razas,
muestren los dones pretéritos que fueron antaño su triunfo.
Vuelva el antiguo entusiasmo, vuelva el espíritu ardiente
que regará lenguas de fuego[13] en esa epifanía.
Juntas las testas ancianas ceñidas de líricos lauros
y las cabezas jóvenes que la alta Minerva[14] decora,

---

[5] *de súbito*   de pronto
[6] *talismánica*   con el poder de un talismán (objeto o figura que posee virtudes portentosas)
[7] *la tea empuñan*   asen la *tea* (torch) para quemar las ciudades
[8] *se... águilas*   referencia a la derrota de Rusia por el Japón en 1905; en el escudo de los Romanov hay un águila bicéfala (con dos cabezas)
[9] *tronco··· gigante*   símbolo de la raza latina
[10] *loba romana*   la que alimentó a Rómulo y Remo, los gemelos mitológicos fundadores del Imperio Romano
[11] *áptera*   sin alas
[12] *ecuménica*   universal
[13] *lenguas de fuego*   de los Apóstoles 2:3-4.
[14] *Minerva*   diosa de la sabiduría

así los manes[15] heroicos de los primitivos
abuelos,
de los egregios padres que abrieron el surco
pristino,
sientan los soplos agrarios de primaverales
retornos
y el rumor de espigas que inició la labor
triptolémica[16].

Un continente y otro renovando las
viejas prosapias[17],
en espíritu unidos, en espíritu y ansias y
lengua,
ven llegar el momento en que habrán de
cantar nuevos himnos.
La latina estirpe[18] verá la gran alba futura:
en un trueno de música gloriosa, millones
de labios
saludarán la espléndida luz que vendrá del
Oriente,
Oriente augusto, en donde todo lo cambia y
renueva
la eternidad de Dios, la actividad infinita.
Y así sea Esperanza la visión permanente en
nosotros,
¡ínclitas razas ubérrimas, sangre de Hispania fecunda!

XIV

Marcha triunfal

¡Ya viene el cortejo!
¡Ya viene el cortejo! Ya se oyen los claros
clarines.
La espada se anuncia con vivo reflejo;

ya viene, oro y hierro, el cortejo de los
paladines.

Ya pasa, debajo los arcos ornados de
blancas Minervas y Martes[1],
los arcos triunfales en donde las Famas[2]
erigen sus largas trompetas,
la gloria solemne de los estandartes
llevados por manos robustas de heroicos
atletas.
Se escucha el rüido que forman las armas
de los caballeros,
los frenos que mascan los fuertes caballos de
guerra,
los cascos que hieren la tierra,
y los timbaleros
que el paso acompasan con ritmos marciales.
¡Tal pasan los fieros guerreros
debajo los arcos triunfales!

Los claros clarines de pronto levantan
sus sones,
su canto sonoro,
su cálido coro,
que envuelve en un trueno de oro
la augusta soberbia de los pabellones.
Él dice la lucha, la herida venganza,
las ásperas crines,
los rudos penachos, la pica, la lanza,
la sangre que riega de heroicos carmines
la tierra;
los negros mastines
que azuza la muerte, que rige la guerra.

Los áureos sonidos
anuncian el advenimiento
triunfal de la Gloria;
dejando el picacho que guarda sus nidos,
tendiendo sus alas enormes al viento,
los cóndores llegan. ¡Llegó la Victoria!

---

[15] *manes* armas de los muertos, adoradas por los
romanos
[16] *triptolémica* agrícola; Triptólemo, rey de Eleusis,
aprendió de Ceres, diosa de la agricultura, el arte
de cultivar la tierra
[17] *prosapias* ascendencias o linajes
[18] *estirpe* tronco de una familia o linaje

---

[1] *Marte* dios de la guerra
[2] *Fama* divinidad alegórica, mensajera de Júpiter

Ya pasa el cortejo.
Señala el abuelo los héroes al niño:
—ved cómo la barba del viejo
los bucles de oro circunda de armiño[3]—.
Las bellas mujeres aprestan coronas de
flores,
y bajo los pórticos vense sus rostros de rosa;
y la más hermosa
sonríe al más fiero de los vencedores.
¡Honor al que trae cautiva la extraña
bandera;
honor al herido y honor a los fieles
soldados que muerte encontraron por mano
extranjera!
¡Clarines! ¡Laureles!

Las nobles espadas de tiempos gloriosos,
desde sus panoplias[4] saludan las nuevas
coronas y lauros:
—las viejas espadas de los granaderos[5], más
fuertes que osos,
hermanos de aquellos lanceros que fueron
centauros—.
Las trompas guerreras resuenan;
de voces los aires se llenan...
A aquellas antiguas espadas,
a aquellos ilustres aceros,
que encarnan las glorias pasadas...
Y al sol que hoy alumbra las nuevas victorias ganadas,
y al héroe que guía su grupo de jóvenes
fieros;
al que ama la insignia del suelo materno,
al que ha desafiado, ceñido el acero y el
arma en la mano,
los soles del rojo verano,
las nieves y vientos del gélido invierno,
la noche, la escarcha
y el odio y la muerte, por ser por la patria
inmortal,
saludan con voces de bronce las trompas de
guerra que tocan la marcha triunfal...

OTROS POEMAS

Al doctor Adolfo Altamirano

IV

Tarde del trópico

Es la tarde gris y triste.
Viste el mar de terciopelo
y el cielo profundo viste
de duelo.

Del abismo se levanta
la queja amarga y sonora.
La onda, cuando el viento canta,
llora.

Los violines de la bruma
saludan al sol que muere.
Salmodia la blanca espuma:
¡Miserere!

La armonía el cielo inunda,
y la brisa va a llevar
la canción triste y profunda
del mar.

Del clarín del horizonte
brota sinfonía rara,
como si la voz del monte
vibrara.

[3] *barba... armiño* La barba del viejo, blanca como el
armiño, circunda el pelo rubio y rizado del niño.
[4] *panoplias* colecciones de armas artísticamente dis-
puestas en una pared
[5] *granaderos* tropas formadas por soldados de ele-
vada estatura. Los granaderos de San Martín son
famosos en la historia militar argentina. Para escribir esta poesía Darío se inspiró en el desfile
celebrado en Buenos Aires en mayo de 1895 para
conmemorar la independencia del país por San
Martín. La poesía se publicó primero en *La Nación*
de Buenos Aires el 25 de mayo de 1895.

Cual si fuese lo invisible...
Cual si fuese el rudo son
que diese al viento un terrible
león.

V

NOCTURNO

Quiero expresar mi angustia en versos que
    abolida
dirán mi juventud de rosas y de ensueños,
y la desfloración amarga de mi vida
por un vasto dolor y cuidados pequeños.

    Y el viaje a un vago Oriente por entre-
    vistos barcos,
y el grano de oraciones que floreció en
    blasfemia,
y los azoramientos del cisne entre los char-
    cos,
y el falso azul nocturno de inquerida bo-
    hemia.

    Lejano clavicordio que en silencio y
    olvido
no diste nunca al sueño la sublime sonata,
huérfano esquife, árbol insigne, oscuro nido
que suavizó la noche de dulzura de plata...

    Esperanza olorosa a hierbas frescas,
    trino
del ruiseñor primaveral y matinal,
azucena tronchada por un fatal destino,
rebusca de la dicha; persecución del mal...

    El ánfora funesta del divino veneno
que ha de hacer por la vida la tortura
    interior;
la conciencia espantable de nuestro humano
    cieno
y el horror de sentirse pasajero, el horror

de ir a tientas, en intermitentes es-
    pantos,
hacia lo inevitable desconocido, y la
pesadilla brutal de este dormir de llantos
¡de la cual no hay más que ella que nos
    despertará!

VI

CANCIÓN DE OTOÑO EN PRIMAVERA

A G. Martínez Sierra

Juventud, divino tesoro,
¡ya te vas para no volver!
Cuando quiero llorar, no lloro...
y a veces lloro sin querer.

    Plural ha sido la celeste
historia de mi corazón.
Era una dulce niña, en este
mundo de duelo y aflicción.

    Miraba como el alba pura;
sonreía como una flor.
Era su cabellera obscura
hecha de noche y de dolor.

    Yo era tímido como un niño.
Ella, naturalmente, fue,
para mi amor hecho de armiño,
Herodías y Salomé...

    Juventud, divino tesoro,
¡ya te vas para no volver!...
Cuando quiero llorar, no lloro,
y a veces lloro sin querer...

    La otra fue más sensitiva,
y más consoladora y más
halagadora y expresiva,
cual no pensé encontrar jamás.

Pues a su continua ternura
una pasión violenta unía.
En un peplo[1] de gasa pura
una bacante[2] se envolvía...

En sus brazos tomó mi ensueño
y lo arrulló como a un bebé...
Y le mató, triste y pequeño,
falto de luz, falto de fe...

Juventud, divino tesoro,
¡te fuiste para no volver!...
Cuando quiero llorar, no lloro,
y a veces lloro sin querer...

Otra juzgó que era mi boca
el estuche de su pasión
y que me roería, loca,
con sus dientes el corazón,

poniendo en un amor de exceso
la mira de su voluntad,
mientras eran abrazo y beso
síntesis de la eternidad:

y de nuestra carne ligera
imaginar siempre un Edén,
si pensar que la Primavera
y la carne acaban también...

Juventud, divino tesoro,
¡ya te vas para no volver!...
Cuando quiero llorar, no lloro,
¡y a veces lloro sin querer!

¡Y las demás!, en tantos climas,
en tantas tierras siempre son,
si no pretexto de mis rimas,
fantasmas de mi corazón.

[1] *peplo* vestidura de las mujeres de la antigua
Grecia; se abrochaba al hombro
[2] *bacante* sacerdotisa de Baco; mujer que celebraba
las bacanales

En vano busqué a la princesa
que estaba triste de esperar.
La vida es dura, amarga y pesa.
¡Ya no hay princesa que cantar!

Mas a pesar del tiempo terco,
mi sed de amor no tiene fin;
con el caballo gris me acerco
a los rosales del jardín...

Juventud, divino tesoro,
¡ya te vas para no volver!...
Cuando quiero llorar, no lloro,
y a veces lloro sin querer...

¡Mas es mía el alba de oro!

XXXII

Nocturno

A Mariano de Cavia

Los que auscultasteis el corazón de la noche,
los que por el insomnio tenaz habéis oído
el cerrar de una puerta, el resonar de un
            coche
lejano, un eco vago, un ligero rüido...

En los instantes del silencio misterioso,
cuando surgen de su prisión los olvidados,
en la hora de los muertos, en la hora del
            reposo,
sabréis leer estos versos de amargor impreg-
            nados...

Como en un vaso vierto en ellos mis
            dolores
de lejanos recuerdos y desgracias funestas,
y las tristes nostalgias de mi alma, ebria de
            flores,
y el duelo de mi corazón, triste de fiestas.

Y el pesar de no ser lo que yo hubiera
    sido,
la pérdida del reino que estaba para mí,
el pensar que un instante pude no haber
    nacido,
¡y el sueño que es mi vida desde que yo nací!

Todo esto viene en medio del silencio
    profundo
en que la noche envuelve la terrena ilusión,
y siento como un eco del corazón del mundo
que penetra y conmueve mi propio corazón.

XLI

Lo FATAL

A René Pérez

Dichoso el árbol que es apenas sen-
    sitivo,

y más la piedra dura, porque ésta ya no
    siente,
pues no hay dolor más grande que el dolor
    de ser vivo,
ni mayor pesadumbre que la vida cons-
    ciente.

Ser, y no saber nada, y ser sin rumbo
    cierto,
y el temor de no haber sido, y un futuro
    terror...
Y el espanto seguro de estar mañana
    muerto,
y sufrir por la vida y por la sombra y por

lo que no conocemos y apenas sospe-
    chamos,
y la carne que tienta con sus frescos racimos,
y la tumba que aguarda con sus fúnebres
    ramos,
¡y no saber adónde vamos,
ni de dónde venimos...!

Selección de "El canto errante" (1907)

"¡EHEU!" [1]

Aquí, junto al mar latino[2],
digo la verdad:
Siento en roca, aceite y vino
yo mi antigüedad.

¡Oh, qué anciano soy, Dios santo,
oh, qué anciano soy!...
¿De dónde viene mi canto?
Y yo, ¿adónde voy?

El conocerme a mí mismo,
ya me va costando
muchos momentos de abismo
y el cómo y el cuándo...

Y esta claridad latina,
¿de qué me sirvió
a la entrada de la mina
del yo y el no yo...?

Nefelibata[3] contento,
creo interpretar
las confidencias del viento,
la tierra y el mar...

Unas vagas confidencias
del ser y el no ser,
y fragmentos de conciencias
de ahora y ayer.

Como en medio de un desierto
me puse a clamar;
y miré el sol como muerto
y me eché a llorar.

[1] "*¡Eheu!*" (latín) ¡Ay!
[2] *mar latino* el Mediterráneo

[3] *Nefelibata* Soñador

VIII

A MARGARITA DEBAYLE[1]

Margarita, está linda la mar,
y el viento
lleva esencia sutil de azahar;
yo siento
en el alma una alondra cantar:
tu acento.
Margarita, te voy a contar
un cuento.

*   *   *

Éste era un rey que tenía
un palacio de diamantes,
una tienda hecha del día
y un rebaño de elefantes.

Un kiosco de malaquita[2],
un gran manto de tisú[3],
y una gentil princesita,
tan bonita,
Margarita,
tan bonita como tú.

Una tarde la princesa
vio una estrella aparecer;
la princesa era traviesa
y la quiso ir a coger.

La quería para hacerla
decorar un prendedor,
con un verso y una perla,
una pluma y una flor.

[1] *Margarita Debayle*   hija del doctor Luis H. Debayle,
   a quien Darío conoció en Nicaragua
[2] *malaquita*   piedra de hermoso color verde veteado
[3] *tisú*   seda con hilos de oro o de plata

Las princesas primorosas
se parecen mucho a ti.
Cortan lirios, cortan rosas,
cortan astros. Son así.

Pues se fue la niña bella,
bajo el cielo y sobre el mar,
a cortar la blanca estrella
que la hacía suspirar.

Y siguió camino arriba,
por la luna y más allá;
mas lo malo es que ella iba
sin permiso del papá.

Cuando estuvo ya de vuelta
de los parques del Señor,
se miraba toda envuelta
en un dulce resplandor.

Y el rey dijo: "¿Qué te has hecho?
Te he buscado y no te hallé;
y ¿qué tienes en el pecho
que encendido se te ve?"

La princesa no mentía,
y así, dijo la verdad:
"Fui a cortar la estrella mía
a la azul inmensidad."

Y el rey clama: "¿No te he dicho
que el azul no hay que tocar?
¡Qué locura! ¡Qué capricho!
El Señor se va a enojar."

Y dice ella: "No hubo intento:
yo me fui no sé por qué;
por las olas y en el viento
fui a la estrella y la corté."

Y el papá dice enojado:
"Un castigo has de tener:
vuelve al cielo, y lo robado
vas ahora a devolver."

La princesa se entristece
por su dulce flor de luz,
cuando entonces aparece
sonrïendo el Buen Jesús.

Y así dice: "En mis campiñas
esa rosa le ofrecí:
son mis flores de las niñas
que al soñar piensan en Mí."

Viste el rey ropas brillantes,
y luego hace desfilar

cuatrocientos elefantes
a la orilla de la mar.

La princesa está bella,
pues ya tiene el prendedor
en que lucen, con la estrella,
verso, perla, pluma y flor.

*   *   *

Margarita, está linda la mar,
y el viento
lleva esencia sutil de azahar:
tu aliento.

Ya que lejos de mí vas a estar,
guarda, niña, un gentil pensamiento
al que un día te quiso contar
un cuento.

36 Leopoldo Lugones
(1874-1938)

El argentino Leopoldo Lugones atravesó, como poeta, por varias etapas estéticas. Su primera manera, bajo la influencia de Víctor Hugo, puede caracterizarse como romántica. Su primer libro, *Los mundos* (1893), refleja esa tendencia, lo mismo que un gran interés en lo social. La lectura de Nietzsche, sin embargo, pronto le hizo cambiar de orientación, y abandonó por completo la poesía de muchedumbres para escribir en estilo modernista, refinado y a veces hasta preciosista. *Las montañas de oro* (1897) y *Los crepúsculos del jardín* (1905) son libros límites de su segunda época, durante la cual alcanzó su más alto nivel expresivo. Pero Lugones seguía evolucionando y en una etapa posterior, la del *Lunario sentimental* (1909), trascendió el modernismo, anunciando ya las escuelas de vanguardia. Las imágenes en ese último libro, por lo novedoso, sorprendieron a los poetas contemporáneos, y no faltó quién dijera que Lugones había querido burlarse del lector. Hoy, sus novedades nos parecen tímidos balbuceos en el arte poético abstracto; sin embargo apuntaron hacia la nueva expresión lírica.

Durante la última etapa, la más extensa, Lugones abandonó toda clase de experimento y volvió a cultivar la poesía vernácula y nacional, sin desdeñar la épica (*Odas seculares*, 1910). El nuevo interés no parece ser la imagen exótica, refinada, deshumanizada, sino todo lo contrario; predomina ahora el interés en el paisaje vernáculo, en la tradición nacional, en las costumbres nativas. Eso es lo que encontramos en sus últimas obras: *El libro de los paisajes* (1917), *Las horas doradas* (1922), *Romancero* (1924), *Los poemas solariegos* (1928) y los *Romances del Río Seco* (1938, obra póstuma).

Otro aspecto importante en la obra de Lugones es su narrativa. Aquí, sin embargo, el proceso fue a la inversa. Comenzó escribiendo relatos criollos (*La guerra gaucha*, 1905) en estilo modernista para de ahí pasar al cuento fantástico (*Las fuerzas extrañas*, 1906), libro que contiene algunas de sus mejores prosas ("La lluvia de fuego", "Los caballos de Abdera"). Años más tarde volvió Lugones al relato con *Cuentos fatales* (1924), algunos de ellos inspirados en leyendas egipcias.

Las siguientes palabras del crítico argentino Luis Emilio Soto sintetizan la obra literaria de Lugones:

> Austero ciudadano, desprovisto de rasgos exteriores capaces de llamar la atención, Lugones se singularizaba por los contrastes subjetivos. Era un extremista en punto de ideas y pasiones por un lado y, por el otro, sustentaba los ideales del racionalismo griego, principio de armonía extensivo en primer lugar al arte. Esa antinomia dramatiza su intuición de la belleza, la cual oscila en procura de equilibrio entre los valores esenciales y formales.

Selecciones de "Romancero" (1924)

LIED DE LA BOCA FLORIDA[1]

Al ofrecerte una rosa
el jardinero prolijo,
orgulloso de ella, dijo:
"No existe otra más hermosa."

A pesar de su color,
su belleza y su fragancia,
respondí con arrogancia:
"Yo conozco otra mejor."

Sonreíste tú a mi fiero
remoque[2] de paladín...
Y regresó a su jardín
cabizbajo el jardinero.

TONADA

Las tres hermanas de mi alma
novio salen a buscar.
La mayor dice: "Yo quiero,
quiero un rey para reinar."
Ésa fue la favorita,
favorita del sultán.

[1] *Lied... florida* canción zalamera; *lied* (alemán) canción popular; *boca florida* la que echa flores, o sea galanterías a las mujeres

[2] *remoque* gibe

De Leopoldo Lugones, *Obras completas*, precedidas de un prólogo de Miguel Obligado (Madrid, Aguilar, 1959), pp. 781, 739–40. Permiso de reproducción concedido por Leopoldo Lugones (hijo).

La segunda dice: "Yo
quiero un sabio de verdad,
que en juventud y hermosura
me sepa inmortalizar.
Ésa casó con el mago
de la ínsula de cristal.

La pequeña nada dice,
sólo acierta a suspirar.
Ella es de las tres hermanas
la única que sabe amar.
No busca más que el amor,
y no lo puede encontrar.

 # La lluvia de fuego

EVOCACIÓN DE UN DESCARNADO DE GOMORRA

*"Y tornaré al cielo de hierro
y la tierra de cobre."*
(LEVÍTICO, XXVI:19)

Recuerdo que era un día de sol hermoso, lleno del hormigueo popular, en las calles atronadas de vehículos. Un día asaz cálido y de tersura perfecta.

Desde mi terraza dominaba una vasta confusión de techos, vergeles salteados[1], un trozo de bahía punzado de mástiles, la recta gris de una avenida...

A eso de las once cayeron las primeras chispas. Una aquí, otra allá —partículas de cobre— semejante a las morcellas de un pabilo[2]; partículas de cobre incandescente que daban en el suelo con un ruidecito de arena. El cielo seguía de igual limpidez; el rumor urbano no decrecía. Únicamente los pájaros de mi pajarera, cesaron de cantar.

Casualmente lo había advertido, mirando hacia el horizonte en un momento de abstracción. Primero creí en una ilusión óptica formada por mi miopía. Tuve que esperar largo rato para ver caer otra chispa, pues la luz solar anegábales bastante; pero el cobre ardía de tal modo, que se destacaban lo mismo. Una rapidísima vírgula[3] de fuego, y el golpecito en la tierra. Así, a largos intervalos.

Debo confesar que al comprobarlo, experimenté un vago terror. Exploré el cielo en una ansiosa ojeada. Persistía la limpidez. ¿De dónde venía aquel extraño granizo? ¿Aquel cobre? ¿Era cobre?...

Acababa de caer una chispa en mi terraza, a pocos pasos. Extendí la mano; era, a no caber duda, un gránulo de cobre que tardó mucho en enfriarse. Por fortuna la brisa se levantaba, inclinando aquella lluvia singular hacia el lado opuesto de mi terraza. Las chispas eran harto ralas, además. Podía creerse por momentos que aquello había ya cesado. No cesaba. Uno que otro, eso sí, pero caían siempre los temibles gránulos.

En fin, aquello no había de impedirme

[1] *salteados*   esparcidos
[2] *las... pabilo*   las chispas de la mecha de una vela

[3] *vírgula*   rayita muy delgada

De Lugones, *Las fuerzas extrañas*, edición de M. Gleizer (Buenos Aires, Imprenta de A. de Martino, 1926), pp. 27–41. Permiso de reproducción concedido por Leopoldo Lugones (hijo).

almorzar, pues era el mediodía. Bajé al comedor atravesando el jardín, no sin cierto miedo de las chispas. Verdad es que el toldo, corrido para evitar el sol, me resguardaba...

¿Me resguardaba? Alcé los ojos; pero un toldo tiene tantos poros, que nada pude descubrir.

En el comedor me esperaba un almuerzo admirable; pues mi afortunado celibato sabía dos cosas sobre todo: leer y comer. Excepto la biblioteca, el comedor era mi orgullo. Ahíto de mujeres y un poco gotoso, en punto a vicios amables nada podía esperar ya sino de la gula. Comía solo, mientras un esclavo me leía narraciones geográficas. Nunca había podido comprender las comidas en compañía; y si las mujeres me hastiaban, como he dicho, ya comprenderéis que aborrecía a los hombres.

¡Diez años me separaban de mi última orgía! Desde entonces, entregado a mis jardines, a mis peces, a mis pájaros, faltábame tiempo para salir. Alguna vez, en las tardes muy calurosas, un paseo a la orilla del lago. Me gustaba verlo, escamado de luna al anochecer, pero esto era todo y pasaba meses sin frecuentarlo.

La vasta ciudad libertina, era para mí un desierto donde se refugiaban mis placeres. Escasos amigos; breves visitas; largas horas de mesa; lecturas; mis peces; mis pájaros; una que otra noche tal cual orquesta de flautistas, y dos o tres ataques de gota por año...

Tenía el honor de ser consultado para los banquetes, y por ahí figuraban, no sin elogio, dos o tres salsas de mi invención. Esto me daba derecho —lo digo sin orgullo— a un busto municipal, con tanta razón como a la compatriota que acababa de inventar un nuevo beso.

Entre tanto, mi esclavo leía. Leía las narraciones de mar y de nieve, que comentaban admirablemente, en la ya entrada

siesta, el generoso frescor de las ánforas[4]. La lluvia de fuego había cesado quizá, pues la servidumbre no daba muestras de notarla.

De pronto, el esclavo que atravesaba el jardín con un nuevo plato, no pudo reprimir un grito. Llegó, no obstante, a la mesa; pero acusando con su lividez un dolor horrible. Tenía en su desnuda espalda un agujerillo, en cuyo fondo sentíase chirriar aún la chispa voraz que lo había abierto. Ahogámosla en aceite, y fue enviado al lecho sin que pudiera contener sus ayes.

Bruscamente acabó mi apetito; y aunque seguí probando los platos para no desmoralizar a la servidumbre, aquélla se apresuró a comprenderme. El incidente me había desconcertado.

Promediaba la siesta cuando subí nuevamente a la terraza. El suelo estaba ya sembrado de gránulos de cobre; mas no parecía que la lluvia aumentara. Comenzaba a tranquilizarme, cuando una nueva inquietud me sobrecogió. El silencio era absoluto. El tráfico estaba paralizado a causa del fenómeno, sin duda. Ni un rumor en la ciudad. Sólo, de cuando en cuando, un vago murmullo de viento sobre los árboles. Era también alarmante la actitud de los pájaros. Habíanse apelotonado en un rincón, casi unos sobre otros. Me dieron compasión y decidí abrirles la puerta. No quisieron salir; antes se recogieron más acongojados aún. Entonces comenzó a intimidarme la idea de un cataclismo.

Sin ser grande mi erudición científica, sabía que nadie mencionó jamás esas lluvias de cobre incandescente. ¡Lluvias de cobre! En el aire no hay minas de cobre. Luego aquella limpidez del cielo, no dejaba conjeturar la procedencia. Y lo alarmante del fenómeno era esto. Las chispas venían de

[4] *narraciones... ánforas* esto es, el frescor que proporcionan las ánforas (llenas de agua) se hace más agradable al oír las narraciones de mar y de nieve

todas partes y de ninguna. Era la inmensidad desmenuzándose invisiblemente en fuego. Caía del firmamento el terrible cobre, pero el firmamento permanecía impasible en su azul. Ganábame poco a poco una extraña congoja; pero, cosa rara: hasta entonces no había pensado en huir. Esta idea se mostró con desagradables intenciones. ¡Huir! ¿Y mi mesa, mis libros, mis pájaros, mis peces que acababan precisamente de estrenar[5] un vivero[6], mis jardines ya ennoblecidos de antigüedad, mis cincuenta años de placidez, en la dicha del presente, en el descuido del mañana?...

¿Huir?... Y pensé con horror en mis posesiones (que no conocía) del otro lado del desierto, con sus camelleros viviendo en tiendas de lana negra y tomando por todo alimento leche cuajada, trigo tostado, miel agria...

Quedaba una fuga por el lago, corta fuga después de todo, si en el lago como en el desierto, según era lógico, llovía cobre también; pues no viniendo aquello de ningún foco visible, debía ser general.

No obstante el vago terror que me alarmaba, decíame todo eso claramente, lo discutía conmigo mismo, un poco enervado a la verdad por el letargo digestivo de mi siesta consuetudinaria. Y después de todo, algo me decía que el fenómeno no iba a pasar de allí. Sin embargo, nada se perdía con hacer armar el carro.

En ese momento llenó el aire una vasta vibración de campanas. Y casi junto con ella, advertí una cosa: ya no llovía cobre. El repique era una acción de gracias, coreada casi acto continuo por el murmullo habitual de la ciudad. Ésta despertaba de su fugaz atonía, doblemente gárrula. En algunos barrios hasta quemaban petardos.

Acodado al parapeto de la terraza, miraba con un desconocido bienestar solidario, la animación vespertina que era todo amor y lujo. El cielo seguía purísimo. Muchachos afanosos, recogían en escudillas la granalla[7] de cobre, que los caldereros habían empezado a comprar. Era todo cuanto quedaba de la grande amenaza celeste.

Más numerosa que nunca, la gente de placer coloría[8] las calles; y aún recuerdo que sonreí vagamente a un equívoco mancebo, cuya túnica recogida hasta las caderas en un salto de bocacalle, dejó ver sus piernas glabras[9], jaqueladas[10] de cintas. Las cortesanas, con el seno desnudo según la nueva moda, y apuntalado en deslumbrante corselete, paseaban su indolencia sudando perfumes. Un viejo lenón[11], erguido en su carro, manejaba como si fuese una vela una hoja de estaño, que con apropiadas pinturas anunciaba amores monstruosos de fieras; ayuntamiento de lagartos con cisnes; un mono y una foca; una doncella cubierta por la delirante pedrería de un pavo real. Bello cartel, a fe mía; y garantida la autenticidad de las piezas. Animales amaestrados por no sé qué hechicería bárbara, y desequilibrados con opio y con asafétida[12].

Seguido por tres jóvenes enmascarados pasó un negro amabilísimo, que dibujaba en los patios, con polvos de colores derramados al ritmo de una danza, escenas secretas. También depilaba al oropimente[13] y sabía dorar las uñas.

Un personaje fofo, cuya condición de eunuco se adivinaba en su morbidez, pre-

---

[7] *granalla* metal en granos pequeños
[8] *gente... coloría* los libertinos daban color
[9] *glabras* lampiñas, sin vello
[10] *jaqueladas* cubiertas (de cintas) cruzadas
[11] *lenón* alcahuete
[12] *asafétida* planta de olor penetrante que antiguamente se usaba en la medicina como antiespasmódico
[13] *depilaba al oropimente* quitaba el vello con sulfuro natural de arsénico

[5] *estrenar* to use for the first time
[6] *vivero* fishpond

gonaba al son de crótalos[14] de bronce, cobertores de un tejido singular que producía el insomnio y el deseo. Cobertores cuya abolición habían pedido los ciudadanos honrados. Pues mi ciudad sabía gozar, sabía vivir.

Al anochecer recibí dos visitas que cenaron conmigo. Un condiscípulo jovial, matemático cuya vida desarreglada era el escándalo de la ciencia, y un agricultor enriquecido. La gente sentía necesidad de visitarse después de aquellas chispas de cobre. De visitarse y de beber, pues ambos se retiraron completamente borrachos. Yo hice una rápida salida. La ciudad caprichosamente iluminada, había aprovechado la coyuntura para decretarse una noche de fiesta. En algunas cornisas, alumbraban perfumando, lámparas de incienso. Desde sus balcones, las jóvenes burguesas, excesivamente ataviadas, se divertían en proyectar de un soplo a las narices de los transeúntes distraídos, tripas pintarrajeadas y crepitantes de cascabeles[15]. En cada esquina se bailaba. De balcón a balcón cambiábanse flores y gatitos de dulce. El césped de los parques, palpitaba de parejas...

Regresé temprano y rendido. Nunca me acogí al lecho con más grata pesadez de sueño.

Desperté bañado en sudor, los ojos turbios, la garganta reseca. Había afuera un rumor de lluvia. Buscando algo, me apoyé en la pared, y por mi cuerpo corrió como un latigazo el escalofrío del miedo. La pared estaba caliente y conmovida por una sorda vibración. Casi no necesité abrir la ventana para darme cuenta de lo que ocurría.

La lluvia de cobre había vuelto, pero esta vez nutrida y compacta. Un caliginoso vaho sofocaba la ciudad; un olor entre fosfato y urinoso apestaba el aire. Por fortuna, mi casa estaba rodeada de galerías y aquella lluvia no alcanzaba las puertas.

Abrí la que daba al jardín. Los árboles estaban negros, ya sin follaje; el piso, cubierto de hojas carbonizadas. El aire, rayado de vírgulas de fuego, era de una paralización mortal; y por entre aquéllas, se divisaba el firmamento, siempre impasible, siempre celeste.

Llamé, llamé en vano. Penetré hasta los aposentos famularios[16]. La servidumbre se había ido. Envueltas las piernas en un cobertor de biso[17], acorazándome espaldas y cabeza con una bañera de metal que me aplastaba horriblemente, pude llegar hasta las caballerizas. Los caballos habían desaparecido también. Y con una tranquilidad que hacía honor a mis nervios, me di cuenta de que estaba perdido.

Afortunadamente, el comedor se encontraba lleno de provisiones; su sótano, atestado de vinos. Bajé a él. Conservaba todavía su frescura; hasta su fondo no llegaba la vibración de la pesada lluvia, el eco de su grave crepitación. Bebí una botella, y luego extraje de la alacena secreta el pomo de vino envenenado. Todos los que teníamos bodega poseíamos uno, aunque no lo usáramos ni tuviéramos convidados cargosos. Era un licor claro e insípido, de efectos instantáneos.

Reanimado por el vino, examiné mi situación. Era asaz sencilla. No pudiendo huir, la muerte me esperaba; pero con el veneno aquel, la muerte me pertenecía. Y decidí ver eso todo lo posible, pues era, a no dudarlo, un espectáculo singular. ¡Una lluvia de cobre incandescente! ¡Ciudad en llamas! Valía la pena.

Subí a la terraza, pero no pude pasar de la puerta que daba acceso a ella. Veía desde allá lo bastante, sin embargo. Veía

---

[14] *crótalos*   especie de castañuelas
[15] *pintarrajeadas... cascabeles*   mal pintadas y con ruidosos cascabeles

[16] *famularios*   de los fámulos o criados
[17] *biso*   tela finísima de la antigüedad

y escuchaba. La soledad era absoluta. La crepitación no se interrumpía sino por uno que otro ululato de perro, o explosión anormal. El ambiente estaba rojo; y a su través, troncos, chimeneas, casas, blanqueaban con una lividez tristísima. Los pocos árboles que conservaban follaje retorcíanse, negros, de un negro de estaño. La luz había decrecido un poco, no obstante de persistir la limpidez celeste. El horizonte estaba, esto sí, mucho más cerca, y como ahogado en ceniza. Sobre el lago flotaba un denso vapor, que algo corregía la extraordinaria sequedad del aire.

Percibíase claramente la combustible lluvia, en trazos de cobre que vibraban como el cordaje innumerable de un arpa, y de cuando en cuando mezclábanse con ella ligeras flámulas[18]. Humaredas negras anunciaban incendios aquí y allá. Mis pájaros comenzaban a morir de sed y hube de bajar hasta el aljibe para llevarles agua. El sótano comunicaba con aquel depósito, vasta cisterna que podía resistir mucho al fuego celeste; mas por los conductos que del techo y de los patios desembocaban allá, habíase deslizado algún cobre y el agua tenía un gusto particular, entre natrón[19] y orina, con tendencia a salarse. Bastóme levantar las trampillas de mosaico que cerraban aquellas vías, para cortar a mi agua toda comunicación con el exterior.

Esa tarde y toda la noche fue horrendo el espectáculo de la ciudad. Quemada en sus domicilios, la gente huía despavorida, para arderse en las calles, en la campiña desolada; y la población agonizó bárbaramente, con ayes y clamores de una amplitud, de un horror, de una variedad estupendos. Nada hay tan sublime como la voz humana. El derrumbe de los edificios, la combustión de tantas mercancías y efectos diversos, y más que todo la quemazón de tantos cuerpos, acabaron por agregar al cataclismo el tormento de su hedor infernal. Al declinar el sol, el aire estaba casi negro de humo y de polvaredas. Las flámulas que danzaban por la mañana entre el cobre pluvial, eran ahora llamaradas siniestras. Empezó a soplar un viento ardentísimo, denso, como alquitrán caliente. Parecía que se estuviese en un inmenso horno sombrío. Cielo, tierra, aire, todo acababa. No había más que tinieblas y fuego. ¡Ah, el horror de aquellas tinieblas que todo el fuego, el enorme fuego de la ciudad ardida no alcanzaban a dominar; y aquella fetidez de pingajos, de azufre, de grasa cadavérica en el aire seco que hacía escupir sangre; y aquellos clamores que no sé cómo no acababan nunca, aquellos clamores que cubrían el rumor del incendio, más vasto que un huracán, aquellos clamores en que aullaban, gemían, bramaban todas las bestias con un inefable pavor de eternidad!...

Bajé a la cisterna, sin haber perdido hasta entonces mi presencia de ánimo, pero enteramente erizado con todo aquel horror; y al verme de pronto en esa oscuridad amiga, al amparo de la frescura, ante el silencio del agua subterránea, me acometió de pronto un miedo que no sentía —estoy seguro— desde cuarenta años atrás, el miedo infantil de una presencia enemiga y difusa; y me eché a llorar, a llorar como un loco, a llorar de miedo, allá en un rincón, sin rubor alguno.

No fue sino muy tarde, cuando al escuchar el derrumbe de un techo, se me ocurrió apuntalar la puerta del sótano. Hícelo así con su propia escalera y algunos barrotes de la estantería, devolviéndome aquella defensa alguna tranquilidad; no porque hubiera de salvarme, sino por la benéfica influencia de la acción. Cayendo a cada instante en modorras que entrecortaban fu-

---

[18] *flámulas*   llamas pequeñas
[19] *natrón*   carbonato de sosa, carbonizado natural

nestas pesadillas, pasé las horas. Continuamente oía derrumbes allá cerca. Había encendido dos lámparas que traje conmigo, para darme valor, pues la cisterna era asaz lóbrega. Hasta llegué a comer, bien que sin apetito, los restos de un pastel. En cambio bebí mucha agua.

De repente mis lámparas empezaron a amortiguarse, y junto con eso el terror, el terror paralizante esta vez, me asaltó. Había gastado, sin prevenirlo, toda mi luz, pues no tenía sino aquellas lámparas. No advertí, al descender esa tarde, traerlas todas conmigo.

Las luces decrecieron y se apagaron. Entonces advertí que la cisterna empezaba a llenarse con el hedor del incendio. No quedaba otro remedio que salir; y luego, todo, todo era preferible a morir asfixiado como una alimaña en su cueva.

A duras penas conseguí alzar la tapa del sótano que los escombros del comedor cubrían...

...Por segunda vez había cesado la lluvia infernal. Pero la ciudad ya no existía. Techos, puertas, gran cantidad de muros, todas las torres yacían en ruinas. El silencio era colosal, un verdadero silencio de catástrofe. Cinco o seis grandes humaredas empinaban aún sus penachos; y bajo el cielo que no se había enturbiado ni un momento, un cielo cuya crudeza azul certificaba indiferencias eternas, la pobre ciudad, mi pobre ciudad, muerta para siempre, hedía como un verdadero cadáver.

La singularidad de la situación, lo enorme del fenómeno, y sin duda también el regocijo de haberme salvado, único entre todos, cohibían mi dolor reemplazándolo por una curiosidad sombría. El arco de mi zaguán había quedado en pie, y asiéndome de las adarajas[20] pude llegar hasta su ápice.

No quedaba un solo resto combustible y aquello se parecía mucho a un escorial[21] volcánico. A trechos, en los parajes que la ceniza no cubría, brillaba con un bermejor[22] de fuego, el metal llovido. Hacia el lado del desierto, resplandecía hasta perderse de vista un arenal de cobre. En las montañas, a la otra margen del lago, las aguas evaporadas de éste condensábanse en una tormenta. Eran ellas las que habían mantenido respirable el aire durante el cataclismo. El sol brillaba inmenso, y aquella soledad empezaba a agobiarme con una honda desolación, cuando hacia el lado del puerto percibí un bulto que vagaba entre las ruinas. Era un hombre, y habíame percibido ciertamente, pues se dirigía a mí.

No hicimos ademán alguno de extrañeza cuando llegó, y trepando por el arco vino a sentarse conmigo. Tratábase de un piloto, salvado como yo en una bodega, pero apuñaleando a su propietario. Acababa de agotársele el agua y por ello salía.

Asegurado a este respecto, empecé a interrogarlo. Todos los barcos ardieron, los muelles, los depósitos; y el lago habíase vuelto amargo. Aunque advertí que hablábamos en voz baja, no me atreví —ignoro por qué— a levantar la mía.

Ofrecíle mi bodega, donde quedaban aún dos docenas de jamones, algunos quesos, todo el vino...

De repente notamos una polvareda hacia el lado del desierto. La polvareda de una carrera. Alguna partida que enviaban, quizá, en socorro, los compatriotas de Adama o de Seboim[23].

Pronto hubimos de sustituir esta esperanza por un espectáculo tan desolador como peligroso.

[20] *adarajas*   resaltos en la pared

[21] *escorial*   montón de escorias (lava)
[22] *bermejor*   color rojizo
[23] *Adama... Seboim*   centros urbanos cerca de la ciudad de Gomorra

Era un tropel de leones, las fieras sobrevivientes del desierto, que acudían a la ciudad como a un oasis, furiosos de sed, enloquecidos de cataclismo.

La sed y no el hambre los enfurecía, pues pasaron junto a nosotros sin advertirnos. ¡Y en qué estado venían! Nada como ellos revelaba tan lúgubremente la catástrofe.

Pelados como gatos sarnosos, reducidos a escasos chicharrones la crin, secos los ijares, en una desproporción de cómicos a medio vestir con la fiera cabezota, el rabo agudo y crispado como el de una rata que huye, las garras pustulosas, chorreando sangre, todo aquello decía a las claras sus tres días de horror bajo el azote celeste, al azar de las inseguras cavernas que no habían conseguido ampararlos.

Rondaban los surtidores secos con un desvarío humano en sus ojos, y bruscamente reemprendían su carrera en busca de otro depósito, agotado también; hasta que sentándose por último en torno del postrero, con el calcinado hocico en alto, la mirada vagorosa de desolación y de eternidad, quejándose al cielo, estoy seguro, pusiéronse a rugir.

Ah... nada, ni el cataclismo con sus horrores, ni el clamor de la ciudad moribunda era tan horroso como ese llanto de fiera sobre las ruinas. Aquellos rugidos tenían una evidencia de palabra. Lloraban quién sabe qué dolores de inconsciencia y de desierto a alguna divinidad oscura. El alma sucinta de la bestia agregaba a sus terrores de muerte, el pavor de lo incomprensible. Si todo estaba lo mismo, el sol cotidiano, el cielo eterno, el desierto familiar —¿por qué se ardían y por qué no había agua?... Y careciendo de toda idea de relación con los fenómenos, su horror era ciego, es decir más espantoso. El transporte de su dolor elevábalos a cierta vaga noción de provenencia, ante aquel cielo de donde había estado cayendo la lluvia infernal; y sus rugidos preguntaban ciertamente algo a la cosa tremenda que causaba su padecer. Ah... esos rugidos, lo único de grandioso que conservaban aún aquellas fieras disminuidas: cuál comentaban el horrendo secreto de la catástrofe; cómo interpretaban en su dolor irremediable la eterna soledad, el eterno silencio, la eterna sed...

Aquello no debía durar mucho. El metal candente empezó a llover de nuevo, más compacto, más pesado que nunca.

En nuestro súbito descenso, alcanzamos a ver que las fieras se desbandaban buscando abrigo bajo los escombros.

Llegamos a la bodega, no sin que nos alcanzaran algunas chispas; y comprendiendo que aquel nuevo chaparrón iba a consumar la ruina, me dispuse a concluir.

Mientras mi compañero abusaba de la bodega —por primera y última vez, a buen seguro— decidí aprovechar el agua de la cisterna en mi baño fúnebre; y después de buscar inútilmente un trozo de jabón, descendí a ella por la escalinata que servía para efectuar su limpieza.

Llevaba conmigo el pomo de veneno, que me causaba un gran bienestar, apenas turbado por la curiosidad de la muerte.

El agua fresca y la oscuridad me devolvieron a las voluptuosidades de mi existencia de rico que acababa de concluir. Hundido hasta el cuello, el regocijo de la limpieza y una dulce impresión de domesticidad, acabaron de serenarme.

Oía afuera el hucarán de fuego. Comenzaban otra vez a caer escombros. De la bodega no llegaba un solo rumor. Percibí en eso un reflejo de llamas que entraban por la puerta del sótano, el característico tufo urinoso... Llevé el pomo a mis labios, y...

37 José Enrique Rodó
(1871-1917)

El uruguayo José Enrique Rodó, uno de los mejores prosistas del modernismo, debe su fama a un pequeño libro, *Ariel* (1900), obra señera en el desarrollo del ensayo hispanoamericano. Rodó había comenzado a publicar sus prosas en la *Revista Nacional de Literatura y Ciencias Sociales*, órgano por él fundado en 1895. Si bien en esa época todavía no era modernista, pronto se unió al movimiento, al cual había de contribuir con su fina y clara prosa. En 1898 Rodó había escrito que el modernismo "nos lleva a una inmoderada avidez de la sensación desconocida, de la impresión nunca gustada, de lo artifical en el sentimiento y en la forma". Un año después exclamó: "Yo soy un modernista también; yo pertenezco con toda mi alma a la gran reacción que da carácter y sentido a la evolución del pensamiento." Mas hay que subrayar que Rodó no fue un modernista a la manera de Darío. El artista, según él, debe de estar vinculado a la lucha social y debe de ayudar a la creación de una cultura, sin olvidar, por supuesto, el estilo y en general la función estética de la obra. Años más tarde (1909) escribió:

> Creo que la tendencia que ganará terreno cada día en las letras es la que las mueve a interesarse en ideas y propósitos sociales, de alta y noble educación humana... Todo esto sin mengua del arte, desde luego. No concibo la obra literaria sin estilo... La obra a que, en mi entender, debemos aplicarnos ahora es a la de expresar artísticamente un ideal constructivo, de trascendencia social, buscando apoyo en el fondo síquico de la raza.

Toda su vida la dedicó Rodó a realizar ese ideal.

Después de *Ariel* su autor dio a las prensas dos obras no menos significativas, los *Motivos de Proteo* (1909) y *El mirador de Próspero* (1913). Ambos libros, escritos bajo la influencia de Henri Bergson y sus ideas en torno a la evolución creadora, perduran por el excelente estilo, la clara expresión de las ideas y la rica orquestación de motivos artísticos.

En *Ariel* Rodó había logrado dar expresión a un tema significativo —la materialización del espíritu— en torno a dos símbolos centrales; uno (Ariel) representativo de lo espiritual y el otro (Calibán), de lo material. Escribiendo a raíz de la guerra del 98, analizó Rodó la cultura anglosajona, presentando a los Estados Unidos como ejemplo del materialismo que Hispanoamérica debía evitar a toda costa. Las ideas de Rodó en *Ariel* han sido trascendidas; mas no la trabajada forma y el exquisito estilo. En carta a Unamuno, firmada el 12 de octubre de 1900, Rodó dijo: "Creo que sin estilo no hay obra realmente literaria." *Ariel*, sin duda alguna, es una obra literaria de alto valor estético.

Ariel

Aquella tarde, el viejo y venerado maestro, a quien solían llamar Próspero, por alusión al sabio mago de *La Tempestad* shakespeariana, se despedía de sus jóvenes discípulos, pasado un año de tareas, congregándolos una vez más a su alrededor.

Ya habían llegado ellos a la amplia sala de estudio, en la que un gusto delicado y severo esmerábase por todas partes en honrar la noble presencia de los libros, fieles compañeros de Próspero. Dominaba en la sala —como numen[1] de su ambiente sereno— un bronce primoroso, que figuraba al Ariel de *La Tempestad*. Junto a este bronce se sentaba habitualmente el maestro, y por ello le llamaban con el nombre del mago a quien sirve y favorece en el drama el fantástico personaje que había interpretado el escultor. Quizá en su enseñanza y en su carácter había, para el nombre, una razón y un sentido más profundos.

Ariel, genio del aire, representa, en el simbolismo de la obra de Shakespeare, la parte noble y alada del espíritu. Ariel es el imperio de la razón y el sentimiento sobre los bajos estímulos de la irracionalidad; es el entusiasmo generoso, el móvil alto y desinteresado en la acción, la espiritualidad de la cultura, la vivacidad y la gracia de la inteligencia, el término ideal a que asciende la selección humana, rectificando en el hombre superior los tenaces vestigios de Calibán, símbolo de sensualidad y de torpeza, con el cincel perseverante de la vida.

La estatua, de real arte, reproducía al genio aéreo en el instante en que, libertado por la magia de Próspero, va a lanzarse a los aires para desvanecerse en un lampo[2]. Desplegadas las alas; suelta y flotante la leve vestidura, que la caricia de la luz en el bronce damasquinaba[3] de oro; erguida la amplia frente; entreabiertos los labios por serena sonrisa, todo en la actitud de Ariel acusaba admirablemente el gracioso arranque del vuelo; y con inspiración dichosa, el arte que había dado firmeza escultural a su imagen, había acertado a conservar en ella, al mismo tiempo, la apariencia seráfica y la levedad ideal.

Próspero acarició, meditando, la frente de la estatua; dispuso luego al grupo juvenil en torno suyo; y con su firme voz, —*voz magistral*, que tenía para fijar la idea e insinuarse en las profundidades del espíritu, bien la esclarecedora penetración del rayo de luz, bien el golpe incisivo del cincel en el mármol, bien el toque impregnante del pincel en el lienzo o de la onda en la arena—, comenzó a decir, frente a una atención afectuosa:

Junto a la estatua que habéis visto presidir, cada tarde, nuestros coloquios de amigos, en los que he procurado despojar a la enseñanza de toda ingrata austeridad, voy a hablaros de nuevo, para que sea nuestra despedida como el sello estampado en un convenio de sentimientos y de ideas.

Invoco a Ariel como mi numen. Quisiera ahora para mi palabra la más suave

[1] *numen* inspiración

[2] *lampo* resplandor fugaz
[3] *damasquinaba* labraba con incrustaciones

De José Enrique Rodó, *Ariel* (Montevideo, Colombino Hnos., 1947), pp. 15–22, 22–43.

y persuasiva unción que ella haya tenido jamás. Pienso que hablar a la juventud sobre nobles y elevados motivos, cualesquiera que sean, es un género de oratoria sagrada. Pienso también que el espíritu de la juventud es un terreno generoso donde la simiente de una palabra oportuna suele rendir, en corto tiempo, los frutos de una inmortal vegetación.

Anhelo colaborar en una página del programa que, al prepararos a respirar el aire libre de la acción, formularéis, sin duda, en la intimidad de vuestro espíritu, para ceñir a él vuestra personalidad moral y vuestro esfuerzo. Este programa propio, —que algunas veces se formula y escribe; que se reserva otras para ser revelado en el mismo transcurso de la acción—, no falta nunca en el espíritu de las agrupaciones y los pueblos que son algo más que muchedumbres. Si con relación a la escuela de la voluntad individual, pudo Goethe[4] decir profundamente que sólo es digno de la libertad y la vida quien es capaz de conquistarlas día a día para sí, con tanta más razón podría decirse que el honor de cada generación humana exige que ella se conquiste, por la perseverante actividad de su pensamiento, por el esfuerzo propio, su fe en determinada manifestación del ideal y su puesto en la evolución de las ideas.

Al conquistar los vuestros, debéis empezar por reconocer un primer objeto de fe, en vosotros mismos. La juventud que vivís es una fuerza de cuya aplicación sois los obreros y un tesoro de cuya inversión sois responsables. Amad ese tesoro y esa fuerza; haced que el altivo sentimiento de su posesión permanezca ardiente y eficaz en vosotros. Yo os digo con Renán[5]: "La juventud es el descubrimiento de un horizonte inmenso, que es la vida." El descubrimiento que revela las tierras ignoradas necesita completarse con el esfuerzo viril que las sojuzga. Y ningún otro espectáculo puede imaginarse más propio para cautivar a un tiempo el interés del pensador y el entusiasmo del artista, que el que presenta una generación humana que marcha al encuentro del futuro, vibrante con la impaciencia de la acción, alta la frente, en la sonrisa un altanero desdén del desengaño, colmada el alma por dulces y remotos mirajes que derraman en ella misteriosos estímulos, como las visiones de Cipango[6] y El Dorado en las crónicas heroicas de los conquistadores.

Del renacer de las esperanzas humanas; de las promesas que fían eternamente al porvenir la realidad de lo mejor, adquiere su belleza el alma que se entreabre al soplo de la vida; dulce e inefable belleza, compuesta, como lo estaba la del amanecer para el poeta de *Las Contemplaciones*[7], de un "vestigio de sueño y un principio de pensamiento".

La humanidad, renovando de generación en generación su activa esperanza y su ansiosa fe en un ideal, al través de la dura experiencia de los siglos, hacía pensar a Guyau[8] en la obsesión de aquella pobre enajenada cuya extraña y conmovedora locura consistía en creer llegado, constantemente, el día de sus bodas. —Juguete de su ensueño, ella ceñía cada mañana a su frente pálida la corona de desposada y suspendía de su cabeza el velo nupcial. Con una dulce sonrisa, disponíase luego a recibir al prometido ilusorio, hasta que las sombras de la tarde, tras el vano esperar, traían la

[4] *Goethe* Johann Wolfgang von Goëthe (1749–1832), poeta y sabio alemán
[5] *Renán* Ernest Renan (1832–1892), pensador francés

[6] *Cipango* antiguo nombre del Japón
[7] *Las Contemplaciones* libro de poesías (1856) de Víctor Hugo
[8] *Guyau* Jean Marie Guyau (1854–1888), pensador francés

decepción a su alma. Entonces, tomaba un melancólico tinte su locura. Pero su ingenua confianza reaparecía con la aurora siguiente; y ya sin el recuerdo del desencanto pasado, murmurando: *Es hoy cuando vendrá*, volvía a ceñirse la corona y el velo y a sonreír en espera del prometido.

Es así como, no bien la eficacia de un ideal ha muerto, la humanidad viste otra vez sus galas nupciales para esperar la realidad del ideal soñado con nueva fe, con tenaz y conmovedora locura. Provocar esa renovación, inalterable como un ritmo de la Naturaleza, es en todos los tiempos la función y la obra de la juventud. De las almas de cada primavera humana está tejido aquel tocado de novia. Cuando se trata de sofocar esta sublime terquedad de la esperanza, que brota alada del seno de la decepción, todos los pesimismos son vanos. Lo mismo los que se fundan en la razón que los que parten de la experiencia, han de reconocerse inútiles para contrastar el altanero *no importa* que surge del fondo de la vida. Hay veces en que, por una aparente alteración del ritmo triunfal, cruzan la historia humana generaciones destinadas a personificar, desde la cuna, la vacilación y el desaliento. Pero ellas pasan, —no sin haber tenido quizá su ideal como las otras, en forma negativa y con amor inconsciente—; y de nuevo se ilumina en el espíritu de la humanidad la esperanza en el Esposo anhelado; cuya imagen, dulce y radiosa como en los versos de marfil de los místicos, basta para mantener la animación y el contento de la vida, aun cuando nunca haya de encarnarse en la realidad.

La juventud que así significa en el alma de los individuos y la de las generaciones, luz, amor, energía, existe y lo significa también en el proceso evolutivo de las sociedades. De los pueblos que sienten y consideran la vida como vosotros, serán siempre la fecundidad, la fuerza, el dominio del porvenir. —Hubo una vez en que los atributos de la juventud humana se hicieron, más que en ninguna otra, los atributos de un pueblo, los caracteres de una civilización, y en que un soplo de adolescencia encantadora pasó rozando la frente serena de una raza. Cuando Grecia nació, los dioses le regalaron el secreto de su juventud inextinguible. Grecia es el alma joven.

.　.　.

Las prendas del espíritu joven —el entusiasmo y la esperanza— corresponden en las armonías de la historia y la Naturaleza, al movimiento y a la luz.

.　.　.

Por lo demás, al hablaros del entusiasmo y la esperanza, como de altas y fecundas virtudes, no es mi propósito enseñaros a trazar la línea infranqueable que separe el escepticismo de la fe, la decepción de la alegría. Nada más lejos de mi ánimo que la idea de confundir con los atributos naturales de la juventud, con la graciosa espontaneidad de su alma, esa indolente frivolidad del pensamiento, que, incapaz de ver más que el motivo de un juego en la actividad, compra el amor y el contento de la vida al precio de su incomunicación con todo lo que pueda hacer detener el paso ante la faz misteriosa y grave de las cosas. —No es ése el noble significado de la juventud individual, ni ése tampoco el de la juventud de los pueblos. —Yo he conceptuado siempre vano el propósito de los que constituyéndose en avizores vigías del destino de América, en custodios de su tranquilidad, quisieran sofocar, con temeroso recelo, antes de que llegase a nosotros, cualquiera resonancia del humano dolor, cualquier eco venido de literaturas extrañas, que, por triste o insano, ponga en peligro la fragilidad de su optimismo. —Ninguna firme educación de la inteligencia puede fundarse en el aislamiento candoroso o en la ignorancia voluntaria. Todo problema propuesto al pensamiento humano por la Duda; toda sincera reconvención que sobre Dios o la Naturaleza se fulmine, del seno del desaliento y el dolor, tienen derecho a que les dejemos llegar a nuestra conciencia y a que los afrontemos. Nuestra fuerza de corazón ha de probarse aceptando el reto de la Esfinge[9], y no esquivando su interrogación formidable. —No olvidéis, además, que en ciertas amarguras del pensamiento hay, como en sus alegrías, la posibilidad de encontrar un punto de partida para la acción, hay a menudo sugestiones fecundas. Cuando el dolor enerva; cuando el dolor es la irresistible pendiente que conduce al marasmo o el consejero pérfido que mueve a la abdicación de la voluntad, la filosofía que le lleva en sus entrañas es cosa indigna de almas jóvenes. Puede entonces el poeta calificarle de "indolente soldado que milita bajo las banderas de la muerte." Pero cuando lo que nace del seno del dolor es el anhelo varonil de la lucha para conquistar o recobrar el bien que él nos niega, entonces es un acerado acicate de la evolución, es el más poderoso impulso de la vida; no de otro modo que como el hastío, para Helvecio[10], llega a ser la mayor y más preciosa de todas las prerrogativas humanas, desde el momento en que, impidiendo enervarse nuestra sensibilidad en los adormecimientos del ocio, se convierte en el vigilante estímulo de la acción.

En tal sentido, se ha dicho bien que hay pesimismos que tienen la significación de un *optimismo paradójico*. Muy lejos de suponer la renuncia y la condenación de la existencia, ellos propagan, con su descontento de lo actual, la necesidad de renovarla. Lo que a la humanidad importa salvar contra toda negación pesimista, es, no tanto la idea de la relativa bondad de lo presente, sino la de la posibilidad de llegar a un término mejor por el desenvolvimiento de la vida, apresurado y orientado mediante el esfuerzo de los hombres. La fe en el porvenir, la confianza en la eficacia del esfuerzo humano, son el antecedente necesario de toda acción enérgica y de todo propósito fecundo. Tal es la razón por la que he querido comenzar encareciéndoos la inmortal excelencia de esa fe que, siendo en la juventud un instinto, no debe necesitar seros impuesta por ninguna enseñanza, puesto que la encontraréis indefectiblemente dejando actuar en el fondo de vuestro ser la sugestión divina de la Naturaleza.

Animados por ese sentimiento, entrad, pues, a la vida, que os abre sus hondos horizontes, con la noble ambición de hacer sentir vuestra presencia en ella desde el momento en que la afrontéis con la altiva mirada del conquistador. —Toca al espíritu juvenil la iniciativa audaz, la genialidad innovadora. —Quizá universalmente, hoy, la acción y la influencia de la juventud son en la marcha de las sociedades humanas menos efectivas e intensas que debieran ser. Gastón Deschamps[11] lo hacía notar en Francia, hace poco, comentando la iniciación tardía de las jóvenes generaciones, en la vida pública y la cultura de aquel pueblo, y la escasa originalidad con que ellas contribuyen al trazado de las ideas dominantes. Mis impresiones del presente de América, en cuanto ellas pueden tener un carácter general a pesar del doloroso aislamiento en

[9] *Esfinge* estatua de Gizeh, Egipto, que tiene cuerpo de león y cabeza humana. Para los griegos era un animal misterioso que proponía enigmas a los caminantes y devoraba a los que no acertaban.
[10] *Helvecio* Claude Arien Helvétius (1715–1771), literato y filósofo francés

[11] *Gastón Deschamps* (1861–1931), crítico francés

que viven los pueblos que la componen, justificarían acaso una observación parecida. —Y sin embargo, yo creo ver expresada en todas partes la necesidad de una activa revelación de fuerzas nuevas; yo creo que América necesita grandemente de su juventud. —He ahí por qué os hablo. He ahí por qué me interesa extraordinariamente la orientación moral de vuestro espíritu. La energía de vuestra palabra y vuestro ejemplo puede llegar hasta incorporar las fuerzas vivas del pasado a la obra del futuro. Pienso con Michelet[12] que el verdadero concepto de la educación no abarca sólo la cultura del espíritu de los hijos por la experiencia de los padres, sino también, y con frecuencia mucho más, la del espíritu de los padres por la inspiración innovadora de los hijos.

Hablemos, pues, de cómo consideraréis la vida que os espera.

La divergencia de las vocaciones personales imprimirá diversos sentidos a vuestra actividad, y hará predominar una disposición, una aptitud determinada, en el espíritu de cada uno de vosotros. —Los unos seréis hombres de ciencia; los otros seréis hombres de arte; los otros seréis hombres de acción. —Pero por encima de los afectos que hayan de vincularos individualmente a distintas aplicaciones y distintos modos de la vida, debe velar, en lo íntimo de vuestra alma, la conciencia de la unidad fundamental de nuestra naturaleza, que exige que cada individuo humano sea, ante todo y sobre toda otra cosa, un ejemplar no mutilado de la humanidad, en el que ninguna noble facultad del espíritu quede obliterada y ningún alto interés de todos pierda su virtud comunicativa. Antes que las mo-

dificaciones de profesión y de cultura está el cumplimiento del destino común de los seres racionales. "Hay una profesión universal, que es la de *hombre*," ha dicho admirablemente Guyau. Y Renán, recordando, a propósito de las civilizaciones desequilibradas y parciales, que el fin de la criatura humana no puede ser exclusivamente saber, ni sentir, ni imaginar, sino ser real y enteramente *humana*, define el ideal de perfección a que ella debe encaminar sus energías como la posibilidad de ofrecer en un tipo individual un cuadro abreviado de la especie.

Aspirad, pues, a desarrollar en lo posible, no un solo aspecto, sino la plenitud de vuestro ser. No os encojáis de hombros delante de ninguna noble y fecunda manifestación de la naturaleza humana, a pretexto de que vuestra organización individual os liga con preferencia a manifestaciones diferentes. Sed espectadores atenciosos allí donde no podáis ser actores. —Cuando cierto falsísimo y vulgarizado concepto de la educación, que la imagina subordinada exclusivamente al fin utilitario, se empeña en mutilar, por medio de ese utilitarismo y de una especialización prematura, la integridad natural de los espíritus, y anhela proscribir de la enseñanza todo elemento desinteresado e ideal, no repara suficientemente en el peligro de preparar para el porvenir espíritus estrechos, que, incapaces de considerar más que el único aspecto de la realidad con que estén inmediatamente en contacto, vivirán separados por helados desiertos de los espíritus que, dentro de la misma sociedad, se hayan adherido a otras manifestaciones de la vida.

Lo necesario de la consagración particular de cada uno de nosotros a una actividad determinada, a un solo modo de cultura, no excluye, ciertamente, la tendencia a realizar, por la íntima armonía del espí-

---

[12] *Michelet* Jules Michelet (1798–1874), historiador francés de ideas liberales

ritu, el destino común de los seres racionales. Esa actividad, esa cultura, serán sólo la nota fundamental de la armonía. —El verso célebre[13] en que el esclavo de la escena antigua afirmó que, pues era hombre, no le era ajeno nada de lo humano, forma parte de los gritos que, por su sentido inagotable, resonarán eternamente en la conciencia de la humanidad. Nuestra capacidad de comprender sólo debe tener por límite la imposibilidad de comprender a los espíritus estrechos. Ser incapaz de ver de la Naturaleza más que una faz; de las ideas e intereses humanos más que uno solo, equivale a vivir envuelto en una sombra de sueño horadada por un solo rayo de luz. La intolerancia, el exclusivismo, que cuando nacen de la tiránica absorción de un alto entusiasmo, del desborde de un desinteresado propósito ideal, pueden merecer justificación, y aun simpatía, se convierten en la más abominable de las inferioridades cuando, en el círculo de la vida vulgar, manifiestan la limitación de un cerebro incapacitado para reflejar más que una parcial apariencia de las cosas.

Por desdicha, es en los tiempos y las civilizaciones que han alcanzado una completa y refinada cultura donde el peligro de esa limitación de los espíritus tiene una importancia más real y conduce a resultados más temibles. Quiere, en efecto, la ley de evolución, manifestándose en la sociedad como en la Naturaleza por una creciente tendencia a la heterogeneidad, que, a medida que la cultura general de las sociedades avanza, se limite correlativamente la extensión de las aptitudes individuales y haya de ceñirse el campo de acción de cada uno a una especialidad más restringida. Sin dejar de constituir una condición necesaria de

progreso, ese desenvolvimiento del espíritu de especialización trae consigo desventajas visibles, que no se limitan a estrechar el horizonte de cada inteligencia, falseando necesariamente su concepto del mundo, sino que alcanzan y perjudican, por la dispersión de las afecciones y los hábitos individuales, al sentimiento de la solidaridad. —Augusto Comte[14] ha señalado bien este peligro de las civilizaciones avanzadas. Un alto estado de perfeccionamiento social tiene para él un grave inconveniente en la facilidad con que suscita la aparición de espíritus deformados y estrechos; de espíritus "muy capaces bajo un aspecto único y monstruosamente ineptos bajo todos los otros". El empequeñecimiento de un cerebro humano por el comercio continuo de un solo género de ideas, por el ejercicio indefinido de un solo modo de actividad, es para Comte un resultado comparable a la mísera suerte del obrero a quien la división del trabajo de taller obliga a consumir en la invariable operación de un detalle mecánico todas las energías de su vida. En uno y otro caso, el efecto moral es inspirar una desastrosa indiferencia por el aspecto general de los intereses de la humanidad. Y aunque esta especie de automatismo humano —agrega el pensador positivista— no constituye felizmente sino la extrema influencia dispersiva del principio de especialización, su realidad, ya muy frecuente, exige que se atribuya a su apreciación una verdadera importancia.

No menos que a la solidez, daña esa influencia dispersiva a la *estética* de la estructura social. —La belleza incomparable de Atenas, lo imperecedero del modelo legado por sus manos de diosa a la admiración y el encanto de la humanidad, nacen de que aquella ciudad de prodigios fundó su concepción de la vida en el concierto de todas

---

[13] *El verso célebre* en la obra *El verdugo de sí mismo* de Terencio (194–159 a. de J.C.)

[14] *Augusto Comte* (1798–1857), filósofo francés

las facultades humanas, en la libre y acordada expansión de todas las energías capaces de contribuir a la gloria y al poder de los hombres. Atenas supo engrandecer a la vez el sentido de lo ideal y el de lo real, la razón y el instinto, las fuerzas del espíritu y las del cuerpo. Cinceló las cuatro faces del alma. Cada ateniense libre describe en derredor de sí, para contener su acción, un círculo perfecto, en el que ningún desordenado impulso quebrantará la graciosa proporción de la línea. Es atleta y escultura viviente en el gimnasio, ciudadano en el Pnix[15], polemista y pensador en los pórticos. Ejercita su voluntad en toda suerte de acción viril y su pensamiento en toda preocupación fecunda. Por eso afirma Macaulay[16] que un día de la vida pública del Ática[17] es más brillante programa de enseñanza que los que hoy calculamos para nuestros modernos centros de instrucción. —Y de aquel libre y único florecimiento de la plenitud de nuestra naturaleza, surgió el *milagro griego*, —una inimitable y encantadora mezcla de animación y de serenidad, una primavera del espíritu humano, una sonrisa de la historia.

En nuestros tiempos, la creciente complejidad de nuestra civilización privaría de toda seriedad al pensamiento de restaurar esa armonía, sólo posible entre los elementos de una graciosa sencillez. Pero dentro de la misma complejidad de nuestra cultura; dentro de la diferenciación progresiva de caracteres, de aptitudes, de méritos, que es la ineludible consecuencia del progreso en el desenvolvimiento social, cabe salvar una razonable participación de todos en ciertas

[15] *Pnix* plaza de Atenas donde se reunía la asamblea del pueblo
[16] *Macaulay* Thomas Macaulay (1800–1859), historiador inglés
[17] *Ática* región de la antigua Grecia cuya capital era Atenas

ideas y sentimientos fundamentales que mantengan la unidad y el concierto de la vida, —en ciertos *intereses del alma*, ante los cuales la dignidad del ser racional no consiente la indiferencia de ninguno de nosotros.

Cuando el sentido de la utilidad material y el bienestar, domina en el carácter de las sociedades humanas con la energía que tiene en lo presente, los resultados del espíritu estrecho y la cultura unilateral son particularmente funestos a la difusión de aquellas preocupaciones puramente ideales que, siendo objeto de amor para quienes les consagran las energías más nobles y perseverantes de su vida, se convierten en una remota, y quizá no sospechada, región, para una inmensa parte de los otros. —Todo género de meditación desinteresada, de contemplación ideal, de tregua íntima, en la que los diarios afanes por la utilidad cedan transitoriamente su imperio a una mirada noble y serena tendida de lo alto de la razón sobre las cosas, permanece ignorado, en el estado actual de las sociedades humanas, para millones de almas civilizadas y cultas, a quienes la influencia de la educación o la costumbre reduce el automatismo de una actividad, en definitiva, material. —Y bien: este género de servidumbre debe considerarse la más triste y oprobiosa de todas las condenaciones morales. Yo os ruego que os defendáis, en la milicia de la vida, contra la mutilación de vuestro espíritu por la tiranía de un objetivo único e interesado. No entreguéis nunca a la utilidad o a la pasión, sino una parte de vosotros. Aun dentro de la esclavitud material, hay la posibilidad de salvar la libertad interior: la de la razón y el sentimiento. No tratéis, pues, de justificar, por la absorción del trabajo o el combate, la esclavitud de vuestro espíritu.

Encuentro el símbolo de lo que debe

ser nuestra alma en un cuento que evoco de un empolvado rincón de mi memoria. —Era un rey patriarcal, en el Oriente indeterminado e ingenuo donde gusta hacer nido la alegre bandada de los cuentos. Vivía su reino la candorosa infancia de las tiendas de Ismael[18] y los palacios de Pilos[19]. La tradición le llamó después, en la memoria de los hombres, el rey hospitalario. Inmensa era la piedad del rey. A desvanecerse en ella tendía, como por su propio peso, toda desventura. A su hospitalidad acudían lo mismo por blanco pan el miserable que el alma desolada por el bálsamo de la palabra que acaricia. Su corazón reflejaba, como sensible placa sonora[20], el ritmo de los otros. Su palacio era la casa del pueblo. —Todo era libertad y animación dentro de este augusto recinto, cuya entrada nunca hubo guardas que vedasen. En los abiertos pórticos, formaban corros los pastores cuando consagraban a rústicos conciertos sus ocios; platicaban al caer la tarde los ancianos; y frescos grupos de mujeres disponían, sobre trenzados juncos, las flores y los racimos de que se componía únicamente el diezmo real. Mercaderes de Ofir[21], buhoneros de Damasco[22], cruzaban a toda hora las puertas anchurosas, y ostentaban en competencia, ante las miradas del rey, las telas, las joyas, los perfumes. Junto a su trono reposaban los abrumados peregrinos. Los pájaros se citaban al mediodía para recoger las migajas de su mesa; y con el alba, los niños llegaban en bandas bulliciosas al pie del lecho en que dormía el rey de barba de plata y le

anunciaban la presencia del sol. —Lo mismo a los seres sin ventura que a las cosas sin alma alcanzaba su liberalidad infinita. La Naturaleza sentía también la atracción de su llamado generoso; vientos, aves y plantas parecían buscar, —como en el mito de Orfeo[23] y en la leyenda de San Francisco de Asís[24]—, la amistad humana en aquel oasis de hospitalidad. Del germen caído al acaso, brotaban y florecían, en las junturas de los pavimentos y los muros, los alhelíes de las ruinas, sin que una mano cruel los arrancase ni los hollara un pie maligno. Por las francas ventanas se tendían al interior de las cámaras del rey las enredaderas osadas y curiosas. Los fatigados vientos abandonaban largamente sobre el alcázar real su carga de aromas y armonías. Empinándose desde el vecino mar, como si quisieran ceñirle en un abrazo, le salpicaban las olas con su espuma. Y una libertad paradisial, una inmensa reciprocidad de confianzas, mantenían por dondequiera la animación de una fiesta inextinguible...

Pero dentro, muy dentro; aislada del alcázar ruidoso por cubiertos canales; oculta a la mirada vulgar —como la "perdida iglesia" de Úhland[25] en lo esquivo del bosque— al cabo de ignorados senderos, una misteriosa sala se extendía, en la que a nadie era lícito poner la planta, sino al mismo rey, cuya hospitalidad se trocaba en sus umbrales en la apariencia de ascético egoísmo. Espesos muros la rodeaban. Ni un eco del bullicio exterior; ni una nota escapada al concierto de la Naturaleza, ni una

---

[18] *tiendas de Ismael* la vida nómada; *Ismael* hijo de Abraham y de Agar (Gen. xvi:15; xxi:20)
[19] *palacios de Pilos* la vida urbana; *Pilos* antigua ciudad griega
[20] *placa sonora* gong
[21] *Ofir* región en Arabia o en la costa oriental de África, a donde Salomón mandó a buscar oro
[22] *Damasco* capital de Siria, antigua residencia de los califas Omníadas

[23] *Orfeo* personaje mitológico que bajó a los infiernos y encantó con su música a las deidades infernales, quienes le devolvieron a su esposa Eurídice; las fieras perdían su braveza natural escuchando la música de Orfeo
[24] *San... Asís* fraile que hablaba con las aves y otros seres inferiores
[25] *Úhland* Johann Ludwig Uhland (1787-1862), poeta alemán

palabra desprendida de labios de los hombres, lograban traspasar el espesor de los sillares de pórfido[26] y conmover una onda del aire en la prohibida estancia. Religioso silencio velaba en ella la castidad del aire dormido. La luz, que tamizaban esmaltadas vidrieras, llegaba lánguida, medido el paso por una inalterable igualdad, y se diluía, como copo de nieve que invade un nido tibio, en la calma de un ambiente celeste. —Nunca reinó tan honda paz; ni en oceánica gruta, ni en soledad nemorosa[27]. —Alguna vez, —cuando la noche era diáfana y tranquila—, abriéndose a modo de dos valvas de nácar la artesonada techumbre, dejaba cernerse en su lugar la magnificencia de las sombras serenas. En el ambiente flotaba como una onda indisipable la casta esencia del nenúfar[28], el perfume sugeridor del adormecimiento penseroso y de la contemplación del propio ser. Graves cariátides custodiaban las puertas de marfil en la actitud del silenciario. En los testeros, esculpidas imágenes hablaban de idealidad, de ensimismamiento, de reposo... —Y el viejo rey aseguraba que, aun cuando a nadie fuera dado acompañarle hasta allí, su hospitalidad seguía siendo en el misterioso seguro tan generosa y grande como siempre, sólo que los que él congregaba dentro de sus muros discretos eran convidados impalpables y huéspedes sutiles. En él soñaba, en él se libertaba de la realidad, el rey legendario; en él sus miradas se volvían a lo interior y se bruñían en la meditación sus pensamientos como las guijas lavadas por la espuma; en él se desplegaban sobre su noble frente las blancas alas de Psiquis... Y luego, cuando la muerte vino a recordarle que él no había sido sino un huésped más en su palacio, la impenetrable estancia quedó clausurada y muda para siempre; para siempre abismada en su reposo infinito; nadie la profanó jamás, porque nadie hubiera osado poner la planta irreverente allí donde el viejo rey quiso estar solo con sus sueños y aislado en la última Thule[29] de su alma.

Yo doy al cuento el escenario de vuestro reino interior. Abierto con una saludable liberalidad, como la casa del monarca confiado, a todas las corrientes del mundo, exista en él, al mismo tiempo, la celda escondida y misteriosa que desconozcan los huéspedes profanos y que a nadie más que a la razón serena pertenezca. Sólo cuando penetréis dentro del inviolable seguro podréis llamaros, en realidad, hombres libres. No lo son quienes, enajenando insensatamente el dominio de sí a favor de la desordenada pasión o el interés utilitario, olvidan que, según el sabio precepto de Montaigne[30], nuestro espíritu puede ser objeto de préstamo, pero no de cesión. —Pensar, soñar, admirar: he ahí los nombres de los sutiles visitantes de mi celda. Los antiguos los clasificaban dentro de su noble inteligencia del *ocio*, que ellos tenían por el más elevado empleo de una existencia verdaderamente racional, identificándolo con la libertad del pensamiento emancipado de todo innoble yugo. El ocio noble era la inversión del tiempo que oponían, como expresión de la vida superior, a la actividad económica. Vinculando exclusivamente a esa alta y aristocrática idea del reposo su concepción de la dignidad de la vida, el espíritu clásico encuentra su corrección y su complemento en nuestra moderna creen-

[26] *pórfido* especie de mármol rojizo veteado de verde
[27] *nemorosa* de los bosques
[28] *nenúfar* planta acuática de flores blancas o amarillas

[29] *última Thule* símbolo de las más altas, si bien remotas, aspiraciones humanas; *Thule* nombre dado por los antiguos a una isla en el norte de Europa, probablemente una de las Orcadas; símbolo de la región más apartada
[30] *Montaigne* Michel de Montaigne (1533-1592), ensayista y moralista francés

cia en la dignidad del trabajo útil; y entrambas atenciones del alma pueden componer, en la existencia individual, un ritmo, sobre cuyo mantenimiento necesario nunca será inoportuno insistir. —La escuela estoica, que iluminó el ocaso de la antigüedad como por un anticipado resplandor del cristianismo, nos ha legado una sencilla y conmovedora imagen de la salvación de la libertad interior, aun en medio a los rigores de la servidumbre, en la hermosa figura de Cleanto[31]; de aquel Cleanto que, obligado a emplear la fuerza de sus brazos de atleta en sumergir el cubo de una fuente[32] y mover la piedra de un molino, concedía a la meditación las treguas del quehacer miserable y trazaba, con encallecida mano, sobre las piedras del camino, las máximas oídas de labios de Zenón[33]. Toda educación racional, todo perfecto cultivo de nuestra naturaleza tomarán por punto de partida la posibilidad de estimular, en cada uno de nosotros, la doble actividad que simboliza Cleanto.

Una vez más: el principio fundamental de vuestro desenvolvimiento, vuestro lema en la vida, deben ser mantener la integridad de vuestra condición humana. Ninguna función particular debe prevalecer jamás sobre esa finalidad suprema. Ninguna fuerza

aislada puede satisfacer los fines racionales de la existencia individual, como no puede producir el ordenado concierto de la existencia colectiva. Así como la deformidad y el empequeñecimiento son, en el alma de los individuos, el resultado de un exclusivo objeto impuesto a la acción y un solo modo de cultura, la falsedad de lo artificial vuelve efímera la gloria de las sociedades que han sacrificado el libre desarrollo de su sensibilidad y su pensamiento, ya a la actividad mercantil, como en Fenicia; ya a la guerra, como en Esparta; ya al misticismo, como en el terror del milenario[34]; ya a la vida de sociedad y de salón, como en la Francia del siglo XVIII. —Y preservándoos contra toda mutilación de vuestra naturaleza moral; aspirando a la armoniosa expansión de vuestro ser en todo noble sentido; pensad al mismo tiempo en que la más fácil y frecuente de las mutilaciones es, en el carácter actual de las sociedades humanas, la que obliga al alma a privarse de ese género de *vida interior*, donde tienen su ambiente propio todas las cosas delicadas y nobles que, a la intemperie de la realidad, quema el aliento de la pasión impura y el interés utilitario proscribe: la vida de que son parte la meditación desinteresada, la contemplación ideal, el *ocio* antiguo, la impenetrable estancia de mi cuento.

---

[31] *Cleanto* (301–¿232? a. de J.C.), filósofo estoico griego, discípulo de Zenón (Véase la nota 33.)

[32] *sumergir... fuente* sacar agua de la fuente con el cubo. De noche Cleanto trabajaba como acarreador de agua.

[33] *Zenón* (¿336–264? a. de J.C.), filósofo griego fundador del estoicismo

[34] *terror del milenario* terror que la humanidad sintió el año 1000, creyendo que se iba a acabar el mundo

CAPÍTULO DÉCIMO

LA ÉPOCA CONTEM-
PORÁNEA

La poesía

HACIA FINES de la primera década del siglo XX, declinaba el modernismo. Seguían muchos cultivando su jardín ya marchito, pero los mejores modernistas —y entre ellos Darío el primero— viraban hacia nuevas formas y nuevas modalidades de expresión. En *Cantos de vida y esperanza* (1905) encontramos un poema quizá nunca superado por Darío —"Lo fatal"—, en el cual es obvio que están lejanos los tiempos de *Azul* y de las *Prosas profanas*. En 1909 apareció *Lunario sentimental* de Lugones, obra a todas luces distinta de las anteriores del mismo poeta, y en 1911 publicó el mexicano Enrique González Martínez su famoso soneto, "Tuércele el cuello al cisne". Huelga decir que el cuello a torcer no fue el de Darío, sino el colectivo de los que se empeñaban en seguir entonando la misma melodía de hacía años.

Es 1911, pues, fecha conveniente para señalar el fin de algo moribundo desde varios años atrás y el comienzo de algo que ya se encontraba gestando, el llamado posmodernismo. Mucha tinta se ha derretido en el vano empeño de encasillar todos los diversos "ismos" que hervían en las décadas segunda y tercera del siglo: ultraísmo, creacionismo, criollismo, estridentismo. . . Todas estas corrientes eran parte de la renovación fundamental que se realizaba en las letras del mundo hispánico y del mundo occidental en general. Buscaban romper con el pasado; experimentaban con el idioma: neologismos, imágenes ilógicas, asociación libre, escritura automática, enumeración caótica. . . Todo esto iba mucho más allá de la poesía; en todos los géneros artísticos vemos el mismo rechazo de las normas aceptadas. La pintura cubista y abstracta, los descubrimientos de Einstein y de Freud, y la nueva literatura son todos en cierto sentido típicos de nuestro siglo estrepitoso y rebelde.

Esta vitalidad dio resultados poco homogéneos; los poetas se arriesgaban a las más diversas corrientes: la poesía hermética, la metafísica, la popular, la poesía pura. En este mundo caótico se produjeron múltiples reacciones estéticas, y frecuentemente las diversas actitudes estéticas iban de la mano de actitudes políticas. Pero, a pesar de que la poesía posterior al modernismo nos brinda un panorama todavía algo difícil de ordenar, es un panorama de extraordinaria riqueza, tanto en su diversidad como en su categoría artística.

Diego Rivera
Detalle de "La cosecha de azúcar"
1930

Timeline chart (1900–1980)

LITERATURA HISPANOAMERICANA
- (1911) **González Martínez** *Los senderos ocultos*
- (1916) **López Velarde** *La sangre devota*
- (1916) **Huidobro** *El espejo de agua*
- (1918) **Torres Bodet** *Fervor*
- (1918) **Vallejo** *Los heraldos negros*
- (1922) **Mistral** *Desolación*
- (1924) **Pellicer** *Piedra de sacrificio*
- (1924) **Neruda** *Veinte canciones de amor*
- (1928) Villaurrutia *Nostalgia de la muerte*
- (1931) **Guillén** *Sóngoro cosongo*
- (1933) **Neruda** *Residencia en la tierra, I*
- (1939) Gorostiza *Muerte sin fin*
- (1949) **Paz** *Libertad bajo palabra*
- (1956) Sabines *Tarumba*
- (1957) Molinari *Unida noche*
- (1959) Parra *La cuenca larga*
- (1963) Aridjis *Antes del reino*

LITERATURA ESPAÑOLA
- (1912) Machado *Campos de Castilla*
- (1917) Jiménez *Diario de un poeta recién casado*
- (1928) Lorca *Romancero gitano*
- (1929) Alberti *Cal y canto*
- (1936) Salinas *Razón de amor*
- (1939) Hernández *El hombre acecha*
- (1944) Aleixandre *Sombra del paraíso*
- (1944) Alonso *Hijos de la ira*
- (1950) Guillén *Cántico**
- (1958) Cernuda *La realidad y el deseo*

OTRAS LITERATURAS
- Apollinaire *Alcools* (1913)
- (1914) Sandburg *Chicago Poems*
- (1920) Valéry *Le Cimetière marin*
- (1922) Eliot *The Wasteland*
- (1923) Yeats *Later Poems*
- (1923) Stevens *Harmonium*
- (1938) e. e. cummings *Collected Poems*
- (1940) Aragon *Les Lilas et les roses*
- (1948) Ezra Pound *The Cantos*
- (1949) Robert Frost *Complete Poems*
- (1950) Éluard *Le Dur Désir de Durer*
- (1954) Dylan Thomas *Quite Early One Morning*

MARCO HISTÓRICO
- (1910) Se inicia la Revolución Mexicana el 20 de noviembre
- (1914) Se termina de construir el Canal de Panamá
- (1914) Primera Guerra Mundial
- (1917) Revolución Rusa
- (1928) Guerra del Chaco, hasta 1932
- (1931) Segunda República Española
- (1936-39) Guerra Civil Española
- (1939) Se inicia la Segunda Guerra Mundial
- (1945) Se fundan las Naciones Unidas
- (1946-55) Perón, Presidente de la Argentina
- (1948) Se funda la Organización de Estados Americanos
- (1956) Revolución Cubana
- (1965) Guerra de Vietnam
- (1968) Juegos olímpicos en México
- (1969) Primeros viajes a la luna

* Cuarta edición; la primera es de 1941

38 Enrique González Martínez
(1871-1952)

Enrique González Martínez estudió medicina y se recibió de médico. Pero su verdadera vocación fue siempre la poesía. Desde temprano se unió al grupo de escritores (Alfonso Reyes, José Vasconcelos, Antonio Caso, Pedro Henríquez Ureña) que en la ciudad de México había formado el Ateneo de la Juventud. Ese grupo se había reunido primero en torno a la revista *Savia Moderna*, que el poeta Alfonso Cravioto fundara en 1906; ahí aparecen las primeras poesías de González Martínez.

Antes de pasar a la ciudad de México, González Martínez había publicado tres libros de poesía: *Preludios* (1903), *Lirismos* (1907) y *Silenter* (1909). En los dos primeros de corte modernista ya aparece, pero no predomina, la nota que ha de caracterizar su lírica: el panteísmo. En el último, ese panteísmo, unido a la actitud meditativa, constituye el tono esencial que distingue su poesía de la de los modernistas.

Dos años más tarde González Martínez publicó su más famosa poesía, "Tuércele el cuello al cisne", recogida en *Los senderos ocultos* (1911), libro ya decididamente posmodernista. Así como el *Azul* de Darío marca la iniciación de una época en el desarrollo de la poesía hispanoamericana, así "Tuércele el cuello al cisne" marca su muerte oficial. Aunque González Martínez, para darle el tiro de gracia al movimiento, se valió de armas modernistas —el soneto alejandrino—, abandonó los temas de esa escuela y propuso una nueva actitud ante la realidad. En vez de aceptar, como los modernistas, una realidad cuyo valor se encuentra en el aspecto externo de las cosas, buscó la realidad en lo que palpita en las cosas tras el aparente aspecto externo y desarrolló en su poesía temas trascendentales: el misterio del más allá, el alma de las cosas, el sentido oculto de la vida, el enigma de la muerte. Sin embargo, a esos temas trascendentales les dio expresión, como ya lo había hecho en su "Tuércele el cuello al cisne", no en formas nuevas sino en las mismas estructuras utilizadas por los modernistas. Sus mejores libros, desde *La muerte del cisne* (1915) hasta *El nuevo Narciso* (1952), reflejan esas características, y permiten que consideremos a González Martínez el primer posmodernista, así como el último modernista.

Tuércele el cuello al cisne...

Tuércele el cuello al cisne de engañoso
    plumaje
que da su nota blanca al azul de la fuente;
él pasea su gracia nomás, pero no siente
el alma de las cosas ni la voz del paisaje.

Huye de toda forma y de todo lenguaje
que no vayan acordes con el ritmo latente
de la vida profunda... y adora intensamente
la vida, y que la vida comprenda tu homenaje.

De Enrique González Martínez, *Los senderos ocultos* (1911).

Mira el sapiente buho cómo tiende las
    alas
desde el Olimpo, deja el regazo de Palas[1]
y posa en aquel árbol el vuelo taciturno...

[1] *Palas* Minerva, diosa de las artes y la sabiduría,
cuyo símbolo es el buho

Él no tiene la gracia del cisne, mas su
    inquieta
pupila que se clava en la sombra, interpreta
el misterioso libro del silencio nocturno.

 ## Busca en todas las cosas

Busca en todas las cosas un alma y un
    sentido
oculto; no te ciñas a la apariencia vana;
husmea, sigue el rastro de la verdad arcana,
escudriñante el ojo y aguzando el oído.

No seas como el necio que al mirar la
    virgínea
imperfección del mármol que la arcilla apri-
    siona,
queda sordo a la entraña de la piedra que
    entona
en recóndito ritmo la canción de la línea.

Ama todo lo grácil de la vida: la calma
de la flor que se mece, el color, el paisaje.
Y sabrás poco a poco descifrar su lenguaje...
¡Oh divino coloquio de las cosas y el alma!

Hay en todos los seres una blanda
    sonrisa,
un dolor inefable, un misterio sombrío.

¿Sabes tú si son lágrimas las gotas de rocío?
¿Sabes tú qué secretos va contando la brisa?

Atan hebras sutiles a las cosas distantes;
al acento lejano corresponde otro acento...
¿Sabes tú dónde lleva los suspiros el viento?
¿Sabes tú si son almas las estrellas errantes?

No desdeñes al pájaro de argentina
    garganta
que se queja en la tarde, que salmodia a la
    aurora;
es un alma que canta, y es un alma que
    llora...
¡Y sabrá por qué llora y sabrá por qué
    canta!

Busca en todas las cosas el oculto sen-
    tido;
lo sabrás cuando logres comprender su len-
    guaje;
cuando escuches el alma colosal del paisaje
y los ayes lanzados por el árbol herido.

Como hermana y hermano

Como hermana y hermano
vamos los dos cogidos de la mano...

En la quietud de las praderas hay una
blanca y radiosa claridad de luna,

y el paisaje nocturno es tan risueño
que con ser realidad parece sueño.
De pronto, en un recodo del camino,
oímos un cantar... Parece el trino
de un ave nunca oída,

un canto de otro mundo y de otra vida...
"¿Oyes?", me dices, y a mi rostro juntas
tus pupilas preñadas de preguntas.
La dulce calma de la noche es tanta
que se escuchan latir los corazones.
Yo te digo: "No temas, hay canciones
que no sabremos nunca quién las canta..."

Como hermana y hermano
vamos los dos cogidos de la mano...

Besado por el soplo de la brisa,
el estanque cercano se divisa...
Bañándose en las ondas hay un astro;
un cisne alarga el cuello lentamente
como blanca serpiente
que saliera de un huevo de alabastro...
Mientras miras el agua silenciosa,
como un vuelo fugaz de mariposa
sientes sobre la nuca el cosquilleo,
la pasajera onda de un deseo,
el espasmo sutil, el calofrío
de un beso ardiente cual si fuera mío...

Alzas a mí tu rostro amedrentado
y trémula murmuras: "¿Me has besado?..."
Tu breve mano oprime
mi mano; y yo, a tu oído: "¿Sabes?, esos
besos nunca sabrás quién los imprime...
Acaso, ni siquiera si son besos."

Como hermana y hermano
vamos los dos cogidos de la mano...

En un desfalleciente desvarío,
tu rostro apoyas en el pecho mío,
y sientes resbalar sobre tu frente
una lágrima ardiente...
Me clavas tus pupilas soñadoras
y tiernamente me preguntas: "¿Lloras?..."
Secos están mis ojos... Hasta el fondo
puedes mirar en ellos... "Pero advierte
que hay lágrimas nocturnas —te respondo—
que no sabremos nunca quién las vierte..."

Como hermana y hermano
vamos los dos cogidos de la mano...

Un fantasma

El hombre que volvía de la muerte
se llegó a mí, y el alma quedó fría,
trémula y muda... De la misma suerte
estaba mudo el hombre que volvía
de la muerte...

Era sin voz, como la piedra... Pero
había en su mirar ensimismado
el solemne pavor del que ha mirado
un gran enigma, y torna mensajero
del mensaje que aguarda el orbe entero...

El hombre mudo se posó a mi lado.

Y su faz y mi faz quedaron juntas,
y me subió del corazón un loco
afán de interrogar... Mas, poco a poco,
se helaron en mi boca las preguntas...

Se estremeció la tarde con un fuerte
gemido de huracán... Y paso a paso,
perdióse en la penumbra del ocaso
el hombre que volvía de la muerte...

De González Martínez, *El romero alucinado* (1923).

39 Gabriela Mistral
(1889-1957)

Lucila Godoy Alcayaga —"Gabriela Mistral"—, chilena, recibió el Premio Nobel de Literatura en 1945 por su obra poética y especialmente por sus libros *Desolación* (1922), *Ternura* (1924) y *Tala* (1938). Gabriela Mistral representa al grupo de poetas hispanoamericanos que pueden ser clasificados como posmodernistas. De esta generación de escritores de transición del modernismo al vanguardismo citaremos a los argentinos Baldomero Fernández (1886–1950), Delmira Agustini (1886–1914), Enrique Banchs (n. 1888) y Alfonsina Storni (1892–1938); a la uruguaya Juana de Ibarbouru (1895); al colombiano Luis Carlos López (1883–1950); y al guatemalteco Rafael Arévalo Martínez (n. 1884). Estos poetas, que todavía escribían bajo la influencia de los modernistas no lograron crear una nueva estética. Mas siguiendo el consejo de González Martínez, abandonaron la temática modernista y ensayaron nuevos asuntos, ya nativistas, ya enteramente personales; el alejandrino rubendariano, las imágenes exóticas y el tono aristocrático desaparecieron. El resultado fue una lírica mucho más ligera, flexible y al mismo tiempo humana.

La poesía de Gabriela Mistral se distingue por la ternura y la gran capacidad para expresar los sentimientos humanos. Aquellas poesías en que la poetisa cultiva el tema de la maternidad, tal vez las más representativas de su modo de ser, son verdaderas y sentidas expresiones de profundas corrientes de amor humano.

 *Selecciones de "Desolación" (1922)*

IV. NATURALEZA, I

TRES ÁRBOLES

Tres árboles caídos
quedaron a la orilla del sendero.
El leñador los olvidó, y conversan,
apretados de amor, como tres ciegos.

El sol de ocaso pone
su sangre viva en los hendidos leños
¡y se llevan los vientos la fragancia
de su costado abierto!

Uno, torcido, tiende
su brazo inmenso y de follaje trémulo
hacia otro, y sus heridas
como dos ojos son, llenos de ruego.

El leñador los olvidó. La noche
vendrá. Estaré con ellos.

Recibiré en mi corazón sus mansas
resinas. Me serán como de fuego.
¡Y mudos y ceñidos
nos halle el día en un montón de duelo!

BALADA DE LA ESTRELLA

—Estrella, estoy triste.
Tú dime si otra
como mi alma viste.
—Hay otra más triste.

—Estoy sola, estrella.
Di a mi alma si existe
otra como ella.
—Sí, dice la estrella.

Contempla mi llanto.
Dime si otra lleva
de lágrimas manto.
—En otra hay más llanto.

—Di quién es la triste,
di quién es la sola,
si la conociste.

—Soy yo, la que encanto,
soy yo la que tengo
mi luz hecha llanto.

LA LLUVIA LENTA

Esta agua medrosa y triste,
como un niño que padece,

antes de tocar la tierra
desfallece.

Quieto el árbol, quieto el viento,
¡y en el silencio estupendo,
este fino llanto amargo
cayendo!

El cielo es como un inmenso
corazón que se abre, amargo.
No llueve: es un sangrar lento
y largo.

Dentro del hogar, los hombres
no sienten esta amargura,
este envío de agua triste
de la altura.

Este largo y fatigante
descender de aguas vencidas,
hacia la Tierra yacente
y transida.

Llueve..., y como un chacal trágico
la noche acecha en la sierra.
¿Qué va a surgir, en la sombra,
de la Tierra?

¿Dormiréis, mientras afuera
cae, sufriendo, esta agua inerte,
esta agua letal, hermana
de la Muerte?

40 Ramón López Velarde
(1888-1921)

En los atormentados versos del mexicano Ramón López Velarde se repite la eterna batalla entre alma y carne. Su obra muestra la antítesis entre el sentimiento religioso y el pecado carnal, entre la provincia y la ciudad, entre el amor puro y el deseo. Su idioma poético —a base de la asociación libre; metáforas nuevas y atrevidas; tono coloquial, y vocabulario enriquecido con neologismos, prosaísmos y palabras sacadas de la liturgia y la vida cotidiana de la provincia y la metrópoli— se distingue como uno de los grandes hallazgos del posmodernismo.

Alrededor de las figuras de Fuensanta, la novia inmaculada, y Sara, la pecadora, construyó López Velarde una poesía íntima, torturada y de tono inconfundiblemente personal. Y hasta en su "Suave patria", irónico canto de amor a México, se destacan estas características. En vida publicó *La sangre devota* (1916) y *Zozobra* (1921); varios volúmenes póstumos abarcan la mayor parte de la poesía y la prosa, la cual también ejercía con maestría.

 A Sara

A mi paso, y al azar, te desprendiste
como el fruto más profano
que pudiera concederme la benévola
actitud de este verano.

Blonda Sara, uva en sazón: mi leal
    apego
a tu persona, hoy me incita
a burlarme de mi ayer, por la inaudita
buena fe con que creí mi sospechosa
vocación la de un levita[1].

Sara, Sara, eres flexible cual la honda
de David, y contundente

como el lírico guijarro del mancebo;
y das, paralelamente,
una tortura de hielo y una combustión de
    pira;
y si en vértigo de abismo tu pelo se desma-
    deja,
todavía, con brazo heroico
y en caída acelerada, sostienes a su pareja.

Sara, Sara, golosina de horas muelles;
racimo copioso y magno de promisión que
    fatigas
el dorso de dos hebreos:
siempre te sean amigas
la llamarada del sol y del clavel: si tu brava
arquitectura se rompe como un hilo incon-
    sistente,

---

[1] *vocación... levita*   vocación de sacerdote

De Ramón López Velarde, *La sangre devota* (1916).

que bajo la tierra lóbrega
esté incólume tu frente;
y que refulja tu blonda melena, como un
tesoro

escondido; y que se guarden indemnes,
como real sello,
tus brazos y la columna
de tu cuello.

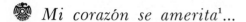 *Mi corazón se amerita*[1]...

Mi corazón, leal, se amerita en la
sombra.
Yo lo sacara al día, como lengua de fuego
que se saca de un ínfimo purgatorio a la luz;
y al oírlo batir su cárcel, yo me anego
y me hundo en la ternura remordida de un
padre
que siente, entre sus brazos, latir un hijo
ciego.

Mi corazón, leal, se amerita en la
sombra.
Placer, amor, dolor..., todo le es ultraje
y estimula su cruel carrera logarítmica,
sus ávidas mareas y su eterno oleaje.

Mi corazón, leal, se amerita en la
sombra.

[1] *se amerita*   crece, se desarrolla

Es la mitra y la válvula... Yo me lo arran-
caría
para llevarlo en triunfo a conocer el día,
la estola de violetas en los hombros del Alba,
el cíngulo morado de los atardeceres,
los astros y el perímetro jovial de las mujeres.

Mi corazón, leal, se amerita en la
sombra.
Desde una cumbre enhiesta yo lo he de
lanzar
como sangriento disco a la hoguera solar.
Así extirparé el cáncer de mi fatiga dura,
seré impasible por el Este y el Oeste,
asistiré con una sonrisa depravada
a las ineptitudes de la inepta cultura,
y habrá en mi corazón la llama que le
preste
el incendio sinfónico de la esfera celeste.

La suave Patria

PROEMIO

Yo que sólo canté de la exquisita
partitura del íntimo decoro,
alzo hoy la voz a la mitad del foro,

a la manera del tenor que imita
la gutural modulación del bajo,
para cortar a la epopeya un gajo.
Navegaré por las olas civiles
con remos que no pesan, porque van

De López Velarde, *Zozobra* (1919).

como los brazos del correo chuán[1]
que remaba la Mancha con fusiles[2].

Diré con una épica sordina:
la Patria es impecable y diamantina.

Suave Patria: permite que te envuelva
en la más honda música de selva
con que me modelaste por entero
al golpe cadencioso de las hachas,
entre risas y gritos de muchachas
y pájaros de oficio carpintero.

PRIMER ACTO

Patria: tu superficie es el maíz,
tu minas el palacio del Rey de Oros,
y tu cielo las garzas en desliz
y el relámpago verde de los loros.

El Niño Dios te escrituró[1] un establo
y los veneros de petróleo el diablo.

Sobre tu capital, cada hora vuela
ojerosa y pintada, en carretela;
y en tu provincia, del reloj en vela
que rondan los palomos colipavos[2],
las campanadas caen como centavos.

Patria: tu mutilado territorio
se viste de percal y de abalorio.

Suave Patria: tu casa todavía
es tan grande, que el tren va por la vía
como aguinaldo de juguetería.

Y en el barullo de las estaciones,
con tu mirada de mestiza, pones
la inmensidad sobre los corazones.

¿Quién en la noche que asusta a la
        rana,
no miró, antes de saber del vicio,
del brazo de su novia, la galana
pólvora de los fuegos de artificio?

Suave Patria: en tu tórrido festín
luces policromías de delfín,
y con tu pelo rubio se desposa
el alma, equilibrista chuparrosa,
y a tus dos trenzas de tabaco sabe
ofrendar aguamiel toda mi briosa
raza de bailadores de jarabe[3].

Tu barro suena a plata, y en tu puño
su sonora miseria es alcancía;
y por las madrugadas del terruño,
en calles como espejos, se vacía
el santo olor de la panadería.

Cuando nacemos, nos regalas notas;
después, un paraíso de compotas,
y luego te regalas toda entera,
suave Patria, alacena y pajarera.

Al triste y al feliz dices que sí
que en tu lengua de amor prueben de ti
la picadura del ajonjolí[4].

¡Y tu cielo nupcial, que cuando truena
de deleites frenéticos nos llena!
Trueno de nuestras nubes, que nos baña
de locura, enloquece a la montaña,
requiebra a la mujer, sana al lunático,
incorpora a los muertos, pide el Viático[5],
y al fin derrumba las madererías

---

[1] *chuán* insurrecto francés
[2] *como... fusiles* se refiere a un episodio de la Contrarrevolución Francesa de fines del siglo XVIII; uno de los insurgentes, según se dice, cruzó la Mancha remando con fusiles
[1] *te escrituró* te dejó por escrito; te legó
[2] *colipavos* de cola de pavo

[3] *jarabe* baile popular de Jalisco
[4] *ajonjolí* sésamo
[5] *Viático* eucaristía, sacramento administrado a los moribundos

de Dios, sobre las tierras labrantías.
Trueno del temporal: oigo en tus quejas
crujir los esqueletos en parejas,
oigo lo que se fue, lo que aún no toco
y la hora actual con su vientre de coco,
y oigo en el brinco de tu ida y venida,
¡oh, trueno!, la ruleta de mi vida.

INTERMEDIO

(*Cuauhtémoc*[1])

Joven abuelo: escúchame loarte,
único héroe a la altura del arte.

Anacrónicamente, absurdamente,
a tu nopal inclínase el rosal;
al idioma del blanco, tú lo imantas
y es surtidor de católica fuente
que de responsos llena el victorial
zócalo de ceniza de tus plantas.

No como a César el rubor patricio
te cubre el rostro en medio del suplicio:
tu cabeza desnuda se nos queda,
hemisféricamente, de moneda.

Moneda espiritual en que se fragua
todo lo que sufriste: la piragua
prisionera, el azoro de tus crías,
el sollozar de tus mitologías,
la Malinche[2], los ídolos a nado,
y por encima, haberte desatado
del pecho curvo de la emperatriz
como del pecho de una codorniz.

---

[1] *Cuauhtémoc* sobrino de Moctezuma y último emperador azteca; aparece frecuentemente en la literatura mexicana como símbolo del aporte del indio a la cultura mexicana

[2] *Malinche* doña Marina, mencionado por Bernal Díaz del Castillo en su *Historia verdadera de la conquista de la Nueva España*, intérprete y amante de Cortés, considerada traidora por los mexicanos

SEGUNDO ACTO

Suave Patria: tú vales por el río
de las virtudes de tu mujerío;
tus hijas atraviesan como hadas,
o destilando un invisible alcohol,
vestidas con las redes de tu sol,
cruzan como botellas alambradas.

Suave Patria: te amo no cual mito,
sino por tu verdad de pan bendito,
como a niña que asoma por la reja
con la blusa corrida hasta la oreja
y la falda bajada hasta el huesito[1].

Inaccesible al deshonor, floreces;
creeré en ti mientras una mexicana
en su tápalo lleve los dobleces
de la tienda, a las seis de la mañana,
y al estrenar su lujo, quede lleno
el país, del aroma del estreno.

Como la sota moza[2], Patria mía,
en piso de metal, vives al día,
de milagro, como la lotería.

Tu imagen, el Palacio Nacional,
con tu misma grandeza y con tu igual
estatura de niño y de dedal.

Te dará, frente al hambre y al obús,
un higo San Felipe de Jesús[3].

Suave Patria, vendedora de chía[4]:
quiero raptarte en la cuaresma opaca,
sobre un garañón, y con matraca,
y entre los tiros de la policía.

---

[1] *huesito* tobillo

[2] *sota moza* figura de la baraja, que corresponde aproximadamente al "jack"

[3] *San Felipe de Jesús* misionero franciscano, mártir en el Japón (1597). Según la leyenda, el día de su muerte volvió a florecer una higuera de su casa en México

[4] *chía* refresco popular

RAMÓN LÓPEZ VELARDE 339

Tus entrañas no niegan un asilo
para el ave que el párvulo sepulta
en una caja de carretes de hilo,
y nuestra juventud, llorando, oculta
dentro de ti, el cadáver hecho poma
de aves que hablan nuestro mismo idioma.

Si me ahogo en tus julios, a mí baja
desde el vergel de tu peinado denso
frescura de rebozo y de tinaja,
y si tirito, dejas que me arrope
en tu respiración azul de incienso
y en tus carnosos labios de rompope[5].

Por tu balcón de palmas bendecidas
el Domingo de Ramos, yo desfilo
lleno de sombra, porque tú trepidas.

Quieren morir tu ánima y tu estilo,
cual muriéndose van las cantadoras
que en las ferias, con el bravío pecho
empitonando la camisa, han hecho
la lujuria y el ritmo de las horas.

Patria, te doy de tu dicha la clave:
sé siempre igual, fiel a tu espejo diario;
cincuenta veces es igual el ave
taladrada en el hilo del rosario,
y es más feliz que tú, Patria suave.

Sé igual y fiel; pupilas de abandono;
sedienta voz, la trigarante[6] faja
en tus pechugas al vapor; y un trono
a la intemperie, cual una sonaja:
la carreta alegórica de paja.

[6] *trigarante* referencia a las tres garantías de la
Guerra de Independencia, indicadas aquí por los
tres colores de la bandera mexicana

[5] *rompope* bebida de leche, aguardiente y dulce

Alfonsina Storni
(1892-1938)

Alfonsina Storni nació en Suiza, pero muy joven la llevaron a la Argentina. Vivió
en la provincia hasta recibirse de maestra rural; una vez en Buenos Aires, se dedicaba
a diversos aspectos de la creación literaria y la crítica. Sus *Farsas pirotécnicas* anticipa-
ron el teatro vanguardista de posguerra, pero es en la poesía que alcanzó mayor fama.
Después de los primeros libros de tono romántico —*La inquietud del rosal* (1916),
El dulce daño (1918), *Irremediablemente* (1919), *Languidez* (1920)— cultivaba una poesía
de amargura y desilusión que imprime un sello personal a *Ocre* (1925), *Mundo de
siete pozos* (1934) y *Mascarilla y trébol* (1938). Sintiéndose prisionera en un mundo
masculino, resentida contra los hombres pero incapaz de vencer su espíritu pagano,
se burlaba de su adversario en versos que recuerdan los de la poetisa americana
Edna St. Vincent Millay. A medida que leemos sus últimos libros, los encontramos
cada vez más intelectuales, más renovadores, menos retóricos. Alfonsina Storni se
suicidó poco después de escribir "Voy a dormir", uno de sus poemas más desnudos y
conmovedores.

Hombre pequeñito

Hombre pequeñito, hombre pequeñito,
suelta a tu canario que quiere volar...
yo soy el canario, hombre pequeñito,
déjame saltar.

Estuve en tu jaula, hombre pequeñito,
hombre pequeñito que jaula me das.

Digo pequeñito porque no me entiendes,
ni me entenderás.

Tampoco te entiendo, pero mientras tanto
ábreme la jaula, que quiero escapar;
hombre pequeñito, te amé media hora,
no me pidas más.

El engaño

Soy tuya, Dios lo sabe por qué, ya que com-
    prendo
que habrás de abandonarme, fríamente,
    mañana,
y que, bajo el encanto de mis ojos, te gana
otro encanto el deseo, pero no me defiendo.

Espero que esto un día cualquiera se con-
    cluya,
pues intuyo, al instante, lo que piensas o
    quieres.
Con voz indiferente te hablo de otras mu-
    jeres

y hasta ensayo el elogio de alguna que fue
    tuya.

Pero tú sabes menos que yo, y algo orgulloso
de que te pertenezca, en tu juego engañoso
persistes, con un aire de actor del papel
    dueño.

Yo te miro callada con mi dulce sonrisa,
y cuando te entusiasmas, pienso: no te des
    prisa,
no eres tú el que me engaña; quien me en-
    gaña es mi sueño.

Tú que nunca serás...

Sábado fue y capricho el beso dado,
capricho de varón, audaz y fino,
mas fue dulce el capricho masculino
a éste mi corazón, lobezno alado.

No es que crea, no creo; si inclinado
sobre mis manos te sentí divino
y me embriagué, comprendo que este vino
no es para mí, mas juego y rueda el dado...

De Alfonsina Storni, *Irremediablemente* (1919).

De Storni, *Ocre* (1925).

Yo soy ya la mujer que vive alerta,
tú el tremendo varón que se despierta
y es un torrente que se ensancha en río

y más se encrespa mientras corre y poda.
Ah, me resisto, mas me tienes toda,
tú, que nunca serás del todo mío.

◉ *Mundo de siete pozos*

Se balancea,
arriba, sobre el cuello,
el mundo de las siete puertas:
la humana cabeza...

Redonda, como los planetas:
Arde en su centro
el núcleo primero.
Ósea la corteza
sobre ella el limo dérmico
sembrado
del bosque espeso de la cabellera.

Desde el núcleo,
en mareas
absolutas y azules,
asciende el agua de la mirada
y abre las suaves puertas
de los ojos
como mares en la tierra.
        ...Tan quietas
esas mansas aguas de Dios
            que sobre ellas
mariposas e insectos de oro
            se balancean.

Y las otras dos puertas:
las antenas acurrucadas
en las catacumbas que inician las orejas;
pozos de sonidos,
caracolas de nácar donde resuena
la palabra expresada

y la no expresa;
tubos colocados a derecha e izquierda
para que el mar no calle nunca,
y el alma mecánica de los mundos
rumorosa sea.

Y la montaña alzada
sobre la línea ecuatorial de la cabeza:
la nariz de batientes de cera
por donde comienza
a callarse el color de la vida;
las dos puertas
por donde adelanta
—flores, ramas y frutas—
la serpentina olorosa de la primavera.

    Y el cráter de la boca
de bordes ardidos
y paredes calcinadas y resecas;
el cráter que arroja
el azufre de las palabras violentas;
el humo denso que viene
del corazón y su tormenta;
la puerta
en corales labrada suntuosos
por donde engulle la bestia
y el ángel canta y sonríe
y el volcán humano desconcierta.

Se balancea,
        arriba,

De Storni, *Mundo de siete pozos* (1934).

sobre el cuello,
el mundo de los siete pozos:
la humana cabeza.

Y se abren praderas rosadas
en sus valles de seda:

las mejillas musgosas.

Y riela
sobre la comba de la frente,
desierto blanco,
la luz lejana de una luna muerta...

🦅 *Voy a dormir*

Dientes de flores, cofia de rocío,
manos de hierbas, tú, nodriza fina,
tenme prestas las sábanas terrosas
y el edredón de musgos escardados.

Voy a dormir, nodriza mía, acuéstame.
Ponme una lámpara a la cabecera;
una constelación, la que te guste;
todas son buenas, bájala un poquito.

Déjame sola: oyes romper los brotes...
te acuna un pie celeste desde arriba
y un pájaro te traza unos compases

para que olvides... Gracias... Ah, un
encargo:
si él llama nuevamente por teléfono
le dices que no insista, que he salido.

42 César Vallejo
(1892-1938)

César Vallejo publicó su primer libro de poesía, *Los heraldos negros*, en 1918, poco después de abandonar su ciudad natal de Trujillo y establecerse en Lima. Si se notan en este extraordinario primer libro recuerdos de Darío, Lugones o Herrera y Reissig, hay también una tónica peruana en el amor a la tierra, la que dista mucho del mero pintoresquismo o localismo; es la expresión auténtica de todo lo que sintiera el poeta de su suelo natal. Pero la actitud más importante de *Los heraldos negros*

De Storni, *Mascarilla y trébol* (1938).

es la solidaridad humana frente al dolor: la angustia del poeta que experimenta el sufrimiento de toda la raza humana, expresada a través de un tono intensamente personal. *Trilce* (1922) sigue esta línea de depuración y rebeldía; abandona el metro y la rima, rompe por completo con la retórica y agudiza el sentimiento de solidaridad humana, y cuanto más que varios poemas fueron escritos en la cárcel, persecución que sufrió Vallejo de noviembre de 1920 a febrero de 1921.

En julio de 1923 se radicó Vallejo en París, donde escribió *Poemas en prosa* y *Contra el secreto profesional*. En 1928 realizó su primer viaje a la Unión Soviética, donde el impacto con una realidad social radicalmente diferente definió su ideología revolucionaria. Seguía documentándose sobre el marxismo y a raíz del segundo viaje a la U.R.S.S. emergió el militante. Convencido de la función social revolucionaria del arte, inició en 1930 *El arte y la revolución* y abordó el teatro en *Lock-Out* y *Moscú contra Moscú*, que más tarde titularía *Entre las dos orillas corre el río*. En 1930 se promulgó el decreto de expulsión contra Vallejo, quien dejó Francia para radicarse en España. En 1931 publicó las obras en prosa *El tungsteno*, *Rusia en 1931* y *Paco Yunque*, realizando también su último viaje a Rusia. En el curso de este viaje reanudó su obra poética, interrumpida desde 1928, escribiendo los *Poemas humanos* (1932, publicados en 1937). En 1934 escribió *Colacho hermanos o Presidentes de América*, sátira que raya en la farsa, y tres años más tarde, su última obra, *La piedra cansada*.

En la técnica poética, Vallejo figura entre los vanguardistas más importantes, pero rechaza la objetividad y la deshumanización del arte, guardando siempre la fidelidad al prójimo. Los *Poemas humanos* muestran esta pasión social, pero a la vez dejan ver como un gran poeta es capaz de destilar su poesía social hasta hacerla poesía auténtica, sin resabios de propaganda. Fue violentamente impresionado por la Guerra Civil de España, que había visto en 1936 cuando viajó como representante del Perú al Congreso Mundial de Escritores Antifascistas desde París, donde vivía de nuevo. Y a raíz de esta impresión escribió *España*, *aparta de mí este cáliz*, publicado en 1939 en un volumen con los *Poemas en prosa* y los *Poemas humanos*. Es su obra poética mayor, en la cual la desesperación y el dolor de los poemas anteriores ceden el lugar al sufrimiento esperanzado y culminan el amor de Vallejo por la humanidad, su adhesión a la dignidad y la rectitud humanas que permitirán al hombre triunfar sobre el sufrimiento y la muerte.

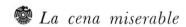 *La cena miserable*

Hasta cuándo estaremos esperando lo que no se nos debe... Y en qué recodo estiraremos nuestra pobre rodilla para siempre! Hasta cuándo

la cruz que nos alienta no detendrá sus remos.

Hasta cuándo la Duda nos brindará blasones

De César Vallejo, *Los heraldos negros* (1918).

por haber padecido...
     Ya nos hemos sentado
mucho a la mesa, con la amargura de un
                niño
que a media noche, llora de hambre,
             desvelado...

Y cuándo nos veremos con los demás, al
              borde
de una mañana eterna, desayunados todos.
Hasta cuándo este valle de lágrimas, a
             donde

yo nunca dije que me trajeran.
     De codos
todo bañado en llanto, repito cabizbajo
y vencido: hasta cuándo la cena durará.

Hay alquien que ha bebido mucho, y se
             burla,
y acerca y aleja de nosotros, como negra
           cuchara
de amarga esencia humana, la tumba...
     Y menos sabe
ese oscuro hasta cuándo la cena durará!

El pan nuestro

Se bebe el desayuno... Húmeda tierra
de cementerio huele a sangre amada.
Ciudad de invierno... La mordaz cruzada
de una carreta que arrastrar parece
una emoción de ayuno encadenada!

Se quisiera tocar todas las puertas,
y preguntar por no sé quién; y luego
ver a los pobres, y, llorando quedos,
dar pedacitos de pan fresco a todos.
Y saquear a los ricos sus viñedos
con las dos manos santas
que a un golpe de luz
volaron desclavadas de la Cruz!

Pestaña matinal, no os levantéis!

¡El pan nuestro de cada día dánoslo,
Señor...!

Todos mis huesos son ajenos;
yo tal vez los robé!
Yo vine a darme lo que acaso estuvo
asignado para otro;
y pienso que, si no hubiera nacido,
otro pobre tomara este café!
Yo soy un mal ladrón... A dónde iré!

Y en esta hora fría, en que la tierra
trasciende a polvo humano y es tan triste,
quisiera yo tocar todas las puertas,
y suplicar a no sé quién, perdón,
y hacerle pedacitos de pan fresco
aquí, en el horno de mi corazón...!

Los heraldos negros

Hay golpes en la vida, tan fuertes... ¡Yo no
     sé!
Golpes como del odio de Dios; como si ante
     ellos,

la resaca de todo lo sufrido
se empozara en el alma... ¡Yo no sé!

Son pocos, pero son... Abren zanjas oscuras

en el rostro más fiero y en el lomo más fuerte.
Serán tal vez los potros de bárbaros atilas;
o los heraldos negros que nos manda la
    Muerte.

Son las caídas hondas de los cristos del alma,
de alguna fe adorable que el destino blas-
    fema.
Esos golpes sangrientos son las crepitaciones
de algún pan que en la puerta del horno se
    nos quema.

Y el hombre... ¡Pobre... pobre! Vuelve los
    ojos, como
cuando por sobre el hombro nos llama una
    palmada;
vuelve los ojos locos, y todo lo vivido
se empoza, como charco de culpa, en la
    mirada.

Hay golpes en la vida, tan fuertes... ¡Yo no
    sé!

Cuarto: *Considerando en frío, imparcialmente...*

ANTÍTESIS

Considerando en frío, imparcialmente,
que el hombre es triste, tose y, sin embargo,
se complace en su pecho colorado;
que lo único que hace es componerse
de días;
que es lóbrego mamífero y se peina...

Considerando
que el hombre procede suavemente del
    trabajo
y repercute jefe, suena subordinado;
que el diagrama del tiempo
es constante diorama en sus medallas
y, a medio abrir, sus ojos estudiaron,
desde lejanos tiempos,
su fórmula famélica de masa...
Comprendiendo sin esfuerzo
que el hombre se queda, a veces, pensando,
como queriendo llorar,
y, sujeto a tenderse como objeto,
se hace buen carpintero, suda, mata
y luego canta, almuerza, se abotona...

Considerando también
que el hombre es en verdad un animal
y, no obstante, al voltear, me da con su
    tristeza en la cabeza...

Examinando, en fin,
sus encontradas piezas, su retrete,
su desesperación, al terminar su día atroz,
    borrándolo...

Comprendiendo
que él sabe que le quiero,
que le odio con afecto y me es, en suma,
    indiferente...

Considerando sus documentos generales
y mirando con lentes aquel certificado
que prueba que nació muy pequeñito...

le hago una seña,
viene,
y le doy un abrazo, emocionado.
¡Qué más da! Emocionado... Emocionado...

De Vallejo, *Poemas humanos* (1937).

Los nueve monstruos

Y, desgraciadamente,
el dolor crece en el mundo a cada rato,
crece a treinta minutos por segundo, paso a
        paso,
y la naturaleza del dolor, es el dolor dos
        veces
y la condición del martirio, carnívora,
        voraz,
es el dolor, dos veces
y la función de la yerba purísima, el dolor
dos veces
y el bien de ser, dolernos doblemente.

Jamás, hombres humanos,
hubo tanto dolor en el pecho, en la solapa,
        en la cartera,
en el vaso, en la carnicería, en la aritmética!
Jamás tanto cariño doloroso,
jamás tan cerca arremetió lo lejos,
jamás el fuego nunca
jugó mejor su rol de frío muerto!
Jamás, señor ministro de salud, fue la salud
más mortal
y la migrana extrajo tanta frente de la
        frente!
y el mueble tuvo en su cajón, dolor,
el corazón, en su cajón, dolor,
la lagartija, en su cajón, dolor.

Crece la desdicha, hermanos hombres,
más pronto que la máquina, a diez máqui-
        nas, y crece
con la res de Rousseau, con nuestras barbas;
crece el mal por razones que ignoramos
y es una inundación con propios líquidos,
con propio barro y propia nube sólida!
Invierte el sufrimiento posiciones, da fun-
        ción
en que el humor acuoso es vertical
al pavimento,
el ojo es visto y esta oreja oída,

y esta oreja da nueve campanadas a la hora
del rayo, y nueve carcajadas
a la hora del trigo, y nueve sones hembras
a la hora del llanto, y nueve cánticos
a la hora del hambre, y nueve truenos
y nueve látigos, menos un grito.

El dolor nos agarra, hermanos hombres,
por detrás, de perfil,
y nos aloca en los cinemas,
nos clava en los gramófonos,
nos desclava en los lechos, cae perpendicu-
        larmente
a nuestros boletos, a nuestras cartas;
y es muy grave sufrir, puede uno orar...
Pues de resultas del dolor, hay algunos
que nacen, otros crecen, otros mueren,
y otros que nacen y no mueren, otros
que sin haber nacido, mueren, y otros
que no nacen ni mueren (Son los más).
Y también de resultas
del sufrimiento, estoy triste
hasta la cabeza, y más triste hasta el tobillo,
de ver al pan, crucificado, al nabo,
ensangrentado,
llorando, a la cebolla,
al cereal, en general, harina,
a la sal, hecha polvo, al agua, huyendo,
al vino, un ecce-homo,
tan pálida a la nieve, al sol tan ardio!

¡Cómo, hermanos humanos,
no deciros que ya no puedo y
ya no puedo de tanto cajón,
tanto minuto, tanta
lagartija y tanta
inversión, tanto lejos y tanta sed de sed!
Señor Ministro de Salud: ¿qué hacer?
¡Ah! desgraciadamente, hombres humanos,
hay, hermanos, muchísimo que hacer.

⊛ La cólera que quiebra al hombre en niños

La cólera que quiebra al hombre en niños,
que quiebra al niño, en pájaros iguales,
y al pájaro, después, en huevecillos;
la cólera del pobre
tiene un aceite contra dos vinagres.

La cólera que al árbol quiebra en hojas,
a la hoja en botones desiguales
y al botón, en ranuras telescópicas;
la cólera de pobre
tiene dos ríos contra muchos mares.

La cólera que quiebra al bien en dudas,
a la duda, en tres arcos semejantes
y al arco, luego en tumbas imprevistas;
la cólera del pobre
tiene un acero contra dos puñales.

La cólera que quiebra el alma en cuerpos,
al cuerpo en órganos desemejantes
y al órgano, en octavos pensamientos;
la cólera del pobre
tiene un fuego central contra dos cráteres.

⊛ Quinto: Imagen española de la muerte

¡Ahí pasa! ¡Llamadla! ¡Es su costado!
¡Ahí pasa la muerte por Irún[1]!
sus pasos de acordeón, su palabrota,
su metro de tejido que te dije,
su gramo de aquel peso que he callado...
     ¡si son ellos!

¡Llamadla! ¡Daos prisa! Va buscándome en
     los rifles,
como que sabe bien dónde la venzo,
cuál es mi maña grande, mis leyes espe-
     ciosas, mis códigos terribles,
¡Llamadla! ella camina exactamente como
     un hombre, entre las fieras,
se apoya en aquel brazo que se enlaza a
     nuestros pies
cuando dormimos en los parapetos
y se para a las puertas elásticas del sueño.

¡Gritó! ¡Gritó! ¡Gritó su grito nato, sen-
     sorial!

¹ *Irún* ciudad española; sitio de una batalla de la
Guerra Civil

Gritara de vergüenza, de ver cómo ha caído
     entre las plantas,
de ver cómo se aleja de las bestias,
de oír cómo decimos: ¡Es la muerte!
¡De herir nuestros más grandes intereses!

(Porque elabora su hígado la gota que te
     dije, camarada;
porque se come el alma del vecino.)

¡Llamadla! Hay que seguirla
hasta el pie de los tanques enemigos,
que la muerte es un ser sido a la fuerza,
cuyo principio y fin llevo grabados
a la cabeza de mis ilusiones,
por mucho que ella corra el peligro corriente
que tú sabes
y que haga como que hace que me ignora.

¡Llamadla! No es un ser, muerte violenta,
sino, apenas, lacónico suceso;
más bien su modo tira, cuando ataca,

De Vallejo, *España, aparta de mí este cáliz.*

tira a tumulto simple, sin órbitas ni cánticos
  de dicha;
más bien tira a su tiempo audaz, a céntimo
  impreciso
y sus sordos quilates, a déspotas aplausos.
Llamadla, que en llamándola con saña, con
  figuras,

se la ayuda a arrastrar sus tres rodillas,
como, a veces,
a veces duelen, punzan fracciones enigmáticas, globales,

como, a veces, me palpo y no me siento.

¡Llamadla! ¡Daos prisa! Va buscándome,
con su cognac, su pómulo moral,
sus pasos de acordeón, su palabrota.
¡Llamadla! No hay que perderle el hilo en
  que la lloro.
De su olor para arriba, ¡ay de mi polvo,
  camarada!
De su pus para arriba, ¡ay de mi férula,
  teniente!
De su imán para abajo, ¡ay de mi tumba!

Undécimo

Miré el cadáver, su raudo orden visible
y el desorden lentísimo de su alma;
le vi sobrevivir; hubo en su boca
la edad entrecortada de dos bocas.
Le gritaron su número: pedazos.
Le gritaron su amor: ¡más le valiera!
Le gritaron su bala: ¡también muerta!

Y su orden digestivo sosteníase
y el desorden de su alma, atrás, en balde.
Le dejaron y oyeron, y es entonces
que el cadáver
casi vivió en secreto, en un instante;
más le auscultaron mentalmente, ¡y fechas!
lloráronlo al oído, ¡y también fechas!

Duodécimo: Masa

Al fin de la batalla,
y muerto el combatiente, vino hacia él un
  hombre
y le dijo: "¡No mueras; te amo tanto!"
Pero el cadáver ¡ay! siguió muriendo.

Se le acercaron dos y repitiéronle:
"¡No nos dejes! ¡Valor! ¡Vuelve a la vida!"
Pero el cadáver ¡ay! siguió muriendo.

Acudieron a él veinte, cien, mil, quinientos
  mil,

clamando: "¡Tanto amor, y no poder nada
  contra la muerte!"
Pero el cadáver ¡ay! siguió muriendo.

Le rodearon millones de individuos,
con un ruego común: "¡Quédate hermano!"
Pero el cadáver ¡ay! siguió muriendo.

Entonces, todos los hombres de la tierra
le rodearon; les vio el cadáver triste, emocionado;
incorporóse lentamente,
abrazó al primer hombre; echóse a andar...

43 Vicente Huidobro
(1893-1948)

Aunque también escribió teatro y prosa, el chileno Vicente Huidobro es más importante por su poesía, sobre todo *Altazor* (publicada en 1931, aunque parte, por lo menos, ya estaba escrita en 1919), y por su papel de teórico de la nueva poesía. Figura orgullosa, se consideraba a sí mismo inventor del creacionismo y, en cierto sentido, de la nueva manera de concebir el arte, lo cual le valió furiosos ataques y una serie de sonadas polémicas. Según la teoría creacionista desarrollada por Huidobro, la misión del poeta era la de crear realidades poéticas nuevas. El arte debía ser totalmente libre, y el poema en sí, independiente tanto del poeta-creador como de la circunstancia. Hoy resulta claro que, descartando la parte considerable de exageración que había en Huidobro, fue de los primeros en predicar conceptos vanguardistas tan extendidos e importantes. En su obra queda patente esta contribución en las metáforas, asombrosas por su atrevimiento y su novedad, en la experimentación formal y verbal, en sus palabras que van desde la metáfora nítida hasta el balbuceo incoherente en busca de la comunicación antilógica que, según los vanguardistas, era la esencia de la poesía.

Vivió Huidobro muchos años en Europa, y en París desde 1916 a 1926, período durante el cual colaboró en *Nord Sud*, revista de importancia fundamental para el conocimiento de la poesía contemporánea. Entre sus muchos libros hay varios escritos en francés, pero lo más importante de su haber literario sigue siendo *El espejo de agua* (1916), *Altazor* y los diversos manifiestos teóricos.

Selección de "El espejo de agua" (1916)

ARTE POÉTICA

Que el verso sea como una llave
Que abra mil puertas.
Una hoja cae; algo pasa volando;
Cuanto miren los ojos creado sea,
Y el alma del oyente quede temblando.

Inventa mundos nuevos y cuida tu
palabra;
El adjetivo, cuando no da vida, mata.

Estamos en el ciclo de los nervios.
El músculo cuelga,
Como recuerdo, en los museos;

De *Obras completas de Vicente Huidobro*, I, precedidas de un prólogo de Braulio Arenas (Santiago de Chile, Empresa Editora Zig-Zag, 1964), pp. 225, 394-402.

Mas no por eso tenemos menos fuerza:
El vigor verdadero
Reside en la cabeza.

Por qué cantáis la rosa, ¡oh Poetas!
Hacedla florecer en el poema;

Sólo para nosotros
Viven todas las cosas bajo el Sol.

El poeta es un pequeño Dios.

 *Altazor (1931)*

CANTO IV

No hay tiempo que perder
Enfermera de sombras y distancias
Yo vuelvo a ti huyendo del reino incal-
culable
De ángeles prohibidos por el amanecer

Detrás de tu secreto te escondías
En sonrisa de párpados y de aire
Yo levanté la capa de tu risa
Y corté las sombras que tenían
Tus signos de distancia señalados

Tu sueño se dormirá en mis manos
Marcado de las líneas de mi destino inse-
parable
En el pecho de un mismo pájaro
Que se consume en el fuego de su canto
De su canto llorando al tiempo
Porque se escurre entre los dedos

Sabes que tu mirada adorna los veleros
De las noches mecidas en la pesca
Sabes que tu mirada forma el nudo de las
estrellas
Y el nudo del canto que saldrá del pecho
Tu mirada que lleva la palabra al corazón
Y a la boca embrujada del ruiseñor

No hay tiempo que perder

A la hora del cuerpo en el naufragio
ambiguo
Yo mido paso a paso el infinito

El mar quiere vencer
Y por lo tanto no hay tiempo que perder
Entonces
Ah entonces
Más allá del último horizonte
Se verá lo que hay que ver
Por eso hay que cuidar el ojo precioso regalo
del cerebro
El ojo anclado al medio de los mundos
Donde los buques se vienen a varar
¿Mas si se enferma el ojo qué he de hacer?
¿Qué haremos si han hecho mal de ojo al
ojo?
Al ojo avizor afiebrado como faro de lince
La geografía del ojo digo es la más com-
plicada
El sondaje es difícil a causa de las olas
Los tumultos que pasan
La apretura continua
Las plazas y avenidas populosas
Las procesiones con sus estandartes
Bajando por el iris hasta perderse
El rajá en su elefante de tapices
La cacería de leones en selvas de pestañas
seculares
Las migraciones de pájaros friolentos hacia
otras retinas

Yo amo mis ojos y tus ojos y los ojos
Los ojos con su propia combustión
Los ojos que bailan al son de una música
    interna
Y se abren como puertas sobre el crimen
Y salen de su órbita y se van como cometas
    sangrientos al azar
Los ojos que se clavan y dejan heridas lentas
    a cicatrizar
Entonces no se pegan los ojos como cartas
Y son cascadas de amor inagotables
Y se cambian día y noche
Ojo por ojo
Ojo por ojo como hostia por hostia
Ojo árbol
Ojo pájaro
Ojo río
Ojo montaña
Ojo mar
Ojo tierra
Ojo luna
Ojo cielo
Ojo silencio
Ojo soledad por ojo ausencia
Ojo dolor por ojo risa

No hay tiempo que perder
Y si viene el instante prosaico
Siga el barco que es acaso el mejor
Ahora que me siento y me pongo a escribir
¿Qué hace la golondrina que vi esta ma-
    ñana
Firmando cartas en el vacío?
Cuando muevo el pie izquierdo
¿Qué hace con su pie el gran mandarín
    chino?
Cuando enciendo un cigarro
¿Qué hacen los otros cigarros que vienen en
    el barco?
¿En dónde está la planta del fuego futuro?
Y si yo levanto los ojos ahora mismo
¿Qué hace con sus ojos el explorador de pie
    en el polo?
Yo estoy aquí

¿En dónde están los otros?
Eco de gesto en gesto
Cadena electrizada o sin correspondencias
Interrumpido el ritmo solitario
¿Quiénes están muriendo y quiénes nacen
Mientras mi pluma corre en el papel?

No hay tiempo que perder
Levántate alegría
Y pasa de poro en poro la aguja de tus sedas

Darse prisa darse prisa
Vaya por los globos y los cocodrilos mojados
Préstame mujer tus ojos de verano
Yo lamo las nubes salpicadas cuando el
    otoño sigue la carreta del asno
Un periscopio en ascensión debate el pudor
    del invierno
Bajo la perspectiva del volantín azulado por
    el infinito
Color joven de pájaros al ciento por ciento
Tal vez era un amor mirado de palomas
    desgraciadas
O el guante importuno del atentado que va
    a nacer de una mujer o una amapola
El florero de mirlos que se besan volando
Bravo pantorrilla de noche de la más novia
    que se esconde en su piel de flor

Rosa al revés rosa otra vez y rosa y rosa
Aunque no quiera el carcelero
Río revuelto para la pesca milagrosa

Noche préstame tu mujer con pantorrillas
    de florero de amapolas jóvenes
Mojadas de color como el asno pequeño
    desgraciado
La novia sin flores ni globos de pájaros
El invierno endurece las palomas presentes
Mira la carreta y el atentado de cocodrilos
    azulados
Que son periscopios en las nubes del pudor
Novia en ascensión al ciento por ciento
    celeste

Lame la perspectiva que ha de nacer salpicada de volantines
Y de los guantes agradables del otoño que se debate en la piel del amor

No hay tiempo que perder
La indecisión en barca para los viajes
Es un presente de las crueldades de la noche
Porque el hombre malo o la mujer severa
No pueden nada contra la mortalidad de la casa
Ni la falta de orden
Que sea oro o enfermedad
Noble sorpresa o espión doméstico para victoria extranjera
La disputa intestina produce la justa desconfianza
De los párpados lavados en la prisión
Las penas tendientes a su fin son travesaños antes del matrimonio
Murmuraciones de cascada sin protección
Las disensiones militares y todos los obstáculos
A causa de la declaración de esa mujer rubia
Que critica la pérdida de la expedición
O la utilidad extrema de la justicia
Como una separación de amor sin porvenir
La prudencia llora los falsos extravíos de la locura naciente
Que ignora completamente las satisfacciones de la moderación

No hay tiempo que perder
Para hablar de la clausura de la tierra y la llegada del día agricultor a la nada amante de lotería sin proceso ni niño para enfermedad pues el dolor imprevisto que sale de los cruzamientos de la espera en este campo de la sinceridad nueva es un poco negro como el eclesiástico de las empresas para la miseria o el traidor en retardo sobre el agua que busca apoyo en la unión o la disensión sin reposo de la ignorancia Pero la carta viene sobre la ruta y la mujer colocada en el incidente del duelo conoce el buen éxito de la preñez y la inacción del deseo pasado da la ventaja al pueblo que tiene inclinación por el sacerdote pues él realza de la caída y se hace más íntimo que el extravío de la doncella rubia o la amistad de la locura

No hay tiempo que perder
Todo esto es triste como el niño que está quedándose huérfano
O como la letra que cae al medio del ojo
O como la muerte del perro de un ciego
O como el río que se estira en su lecho de agonizante
Todo esto es hermoso como mirar el amor de los gorriones
Tres horas después del atentado celeste
O como oír dos pájaros anónimos que cantan a la misma azucena
O como la cabeza de la serpiente donde sueña el opio
O como el rubí nacido de los deseos de una mujer
Y como el mar que no se sabe si ríe o llora
Y como los colores que caen del cerebro de las mariposas
Y como la mina de oro de las abejas
Las abejas satélites del nardo como las gaviotas del barco
Las abejas que llevan la semilla en su interior
Y van más perfumadas que pañuelos de narices
Aunque no son pájaros
Pues no dejan sus iniciales en el cielo
En la lejanía del cielo besada por los ojos
Y al terminar su viaje vomitan el alma de los pétalos
Como las gaviotas vomitan el horizonte
Y las golondrinas el verano

No hay tiempo que perder
Ya viene la golondrina monotémpora

Trae un acento antípoda de lejanías que se
  acercan
Viene gondoleando la golondrina

Al horitaña de la montazonte
La violondrina y el goloncelo
Descolgada esta mañana de la lunala
Se acerca a todo galope
Ya viene viene la golondrina
Ya viene viene la golonfina
Ya viene la golontrina
Ya viene la goloncima
Viene la golonchina
Viene la golonclima
Ya viene la golonrima
Ya viene la golonrisa
La golonniña
La golongira
La golonlira
La golonbrisa
La golonchilla
Ya viene la golondía
Y la noche encoge sus uñas como el leopardo
Ya viene la golontrina
Que tiene un nido en cada uno de los dos
  calores
Como yo lo tengo en los cuatro horizontes
Viene la golonrisa
Y las olas se levantan en la punta de los pies
Viene la golonniña
Y siente un vahido la cabeza de la montaña
Viene la golongira
Y el viento se hace parábola de sílfides en
  orgía
Se llenan de notas los hilos telefónicos
Se duerme el ocaso con la cabeza escondida
Y el árbol con el pulso afiebrado

Pero el cielo prefiere el rodoñol
Su niño querido el rorreñol
Su flor de alegría el romiñol
Su piel de lágrima el rofañol
Su garganta nocturna el rosolñol
El rolañol

El rosiñol

No hay tiempo que perder
El buque tiene los días contados
Por los hoyos peligrosos que abren las
  estrellas en el mar
Puede caerse al fuego central
El fuego central con sus banderas que esta-
  llan de cuando en cuando
Los elfos exacerbados soplan las semillas y
  me interrogan
Pero yo sólo oigo las notas del alhelí
Cuando alguien aprieta los pedales del
  viento
Y se presenta el huracán
El río corre como un perro azotado
Corre que corre a esconderse en el mar
Y pasa el rebaño que devasta mis nervios
Entonces yo sólo digo
Que no compro estrellas en la nochería
Y tampoco olas nuevas en la marería
Prefiero escuchar las notas del alhelí
Junto a la cascada que cuenta sus monedas
O el bronceo del aeroplano en la punta del
  cielo
O mirar el ojo del tigre donde sueña una
  mujer desnuda
Porque si no la palabra que viene de tan
  lejos
Se quiebra entre los labios

Yo no tengo orgullos de campanario
Ni tengo ningún odio petrificado
Ni grito como un sombrero afectuoso que
  viene saliendo del desierto
Digo solamente
No hay tiempo que perder
El visir con lenguaje de pájaro
Nos habla largo largo como un sendero
Las caravanas se alejan sobre su voz
Y los barcos hacia horizontes imprecisos
El devuelve el oriente sobre las almas
Que toman un oriente de perla
Y se llenan de fósforos a cada paso

De su boca brota una selva
De su selva brota un astro
Del astro cae una montaña sobre la noche
De la noche cae otra noche
Sobre la noche del vacío
La noche lejos tan lejos que parece una
    muerta que se llevan
Adiós hay que decir adiós
Adiós hay que decir a Dios
Entonces el huracán destruido por la luz de
    la lengua
Se deshace en arpegios circulares
Y aparece la luna seguida de algunas
    gaviotas
Y sobre el camino
Un caballo que se va agrandando a medida
    que se aleja

Darse prisa darse prisa
Están prontas las semillas
Esperando una orden para florecer
Paciencia ya luego crecerán
Y se irán por los senderos de la savia
Por su escalera personal
Un momento de descanso
Antes del viaje al cielo del árbol
El árbol tiene miedo de alejarse demasiado
Tiene miedo y vuelve los ojos angustiados
La noche lo hace temblar
La noche y su licantropía
La noche que afila sus garras en el viento
Y aguza los oídos de la selva
Tiene miedo digo el árbol tiene miedo
De alejarse de la tierra

No hay tiempo que perder
Los icebergs que flotan en los ojos de los
    muertos
Conocen su camino
Ciego sería el que llorara
Las tinieblas del féretro sin límites
Las esperanzas abolidas
Los tormentos cambiados en inscripción de
    cementerio

Aquí yace Carlota ojos marítimos
Se le rompió un satélite
Aquí yace Matías en su corazón dos escualos
    se batían
Aquí yace Marcelo mar y cielo en el mismo
    violoncelo
Aquí yace Susana cansada de pelear contra
    el olvido
Aquí yace Teresa ésa es la tierra que araron
    sus ojos hoy ocupada por su cuerpo
Aquí yace Angélica anclada en el puerto de
    sus brazos
Aquí yace Rosario río de rosas hasta el
    infinito
Aquí yace Raimundo raíces del mundo son
    sus venas
Aquí yace Clarisa clara risa enclaustrada en
    la luz
Aquí yace Alejandro antro alejado ala
    adentro
Aquí yace Gabriela rotos los diques sube en
    las savias hasta el sueño esperando la
    resurrección
Aquí yace Altazor azor fulminado por la
    altura
Aquí yace Vicente antipoeta y mago

Ciego sería el que llorara
Ciego como el cometa que va con su bastón
Y su neblina de ánimas que lo siguen
Obediente al instinto de sus sentidos
Sin hacer caso de los meteoros que apedrean
    desde lejos
Y viven en colonias según la temporada
El meteoro insolente cruza por el cielo
El meteplata el metecobre
El metepiedras en el infinito
Meteópalos en la mirada
Cuidado aviador con las estrellas
Cuidado con la aurora
Que el aeronauta no sea el auricida
Nunca un cielo tuvo tantos caminos como
    éste

Ni fue tan peligroso
La estrella errante me trae el saludo de un
    amigo muerto hace diez años
Darse prisa darse prisa
Los planetas maduran en el planetal
Mis ojos han visto la raíz de los pájaros
El más allá de los nenúfares
Y el ante acá de las mariposas
¿Oyes el ruido que hacen las mandolinas al
    morir?
Estoy perdido
No hay más que capitular
Ante la guerra sin cuartel
Y la emboscada nocturna de estos astros
La eternidad quiere vencer
Y por lo tanto no hay tiempo que perder
Entonces
    Ah entonces
Más allá del último horizonte
Se verá lo que hay que ver
La ciudad
Debajo de las luces y las ropas colgadas
El jugador aéreo

Desnudo
Frágil
La noche al fondo del océano
Tierna ahogada
La muerte ciega
        Y su esplendor
Y el sonido y el sonido
Espacio la lumbrera
        A estribor
        Adormecido
En cruz
   en luz
La tierra y su cielo
El cielo y su tierra
Selva noche
Y río día por el universo
El pájaro tralalí canta en las ramas de mi
    cerebro
Porque encontró la clave del eterfinifrete
Rotundo como el unipacio y el espaverso
Uiu uiui
Tralalí tralalá
Aia ai ai aaia i i

44 Jaime Torres Bodet
(n. 1902)

Durante muchos años Jaime Torres Bodet se ha distinguido en el servicio de su país
México: Embajador a Francia, varias veces Ministro de Educación Pública. Asimismo
fue Director General de la UNESCO. En sus escritos en prosa, que abarcan notables
estudios críticos de escritores europeos, se desarrolla un concepto serio de la responsabilidad del escritor, concepto que demuestra la unidad espiritual de un hombre que
ha alcanzado fama en dos carreras. Su poesía de juventud era un recorrido por los
diversos "ismos," pero a partir de *Cripta* (1937), la obra de Torres Bodet muestra una
solidez creciente, una condensación limpia de la expresión. En *Sonetos* (1949),

Fronteras (1954) y *Sin tregua* (1957) se enfrenta con los temas de siempre: el tiempo, la muerte, el ansia de comunidad humana. Miembro de la Generación de Contemporáneos, de la cual formaban parte poetas de la jerarquía de José Gorostiza (n. 1901), Xavier Villaurrutia (1903-1950), Carlos Pellicer (n. 1899) y Salvador Novo (n. 1904) Torres Bodet es muestra cabal de la alta categoría de este extraordinario grupo.

 Otoño

¿Por dónde entró el otoño?
¿Quién fue el primero en verlo?
¿En qué momento principió a dorarse
la sílaba final del largo estío?
¿Qué oído de mujer
escuchó resbalar sobre el estanque
la hoja —apenas rubia—
por la que empieza a despedirse el bosque?

¿Qué hacías, alma, entonces? ¿Por qué no
    me anunciaste
esta patria abolida, este abandono,
este brusco vacío
de algo que no sé si suspiraba,
ni qué era —si era—
y sin cuya presencia no me encuentro?

¿Contra qué acantilados te rompías,
viento del mar, augurio del otoño,
que tus clarines no me despertaron?
Y tú, luna de plata entre las frondas,
¿quién te enseñó a mentir? ¿cómo seguiste
contándome un verano
que nada retenía
en la noche, en el tiempo, en la conciencia?

Todo me traicionó. Nadie me dijo
que esa gloria de ser era el instante
en que comienza el miedo del otoño,
ni que esta fruta de orgullosas mieles

fuera la cima última
de una estación, de un árbol, de una vida...

Y no te culpo, otoño.
Yo te llevaba en mí desde la hora
en que más te negó la golondrina.
Estabas en la aurora y en la rosa.
La huella de ese pie desconocido
sobre la grama, en mayo, era tu huella.
Y aquel silencio súbito
del manantial de pronto intimidado
era tu delación en pleno abril.

Cada vez que el espíritu dudaba,
la mano —sin saberlo—
había acariciado
en quién sabe qué zonas del estío
una verdad de otoño,
el hombro de una diosa prohibida...

Peldaños que subían al otoño
eran los días de mi primavera.
Escalera de otoño era mi prisa,
y terraza de otoño mi descanso.

Por eso
te acepto en todo, octubre, y te consagro,
pues no eres tú quien llega de improviso
sino yo quien por fin se reconoce
y para ser más él se quema en ti.

De Jaime Torres Bodet, *Fronteras* (1954).

🦅 Éxodo

Venían del terror y del tumulto,
huyendo de provincias bombardeadas
en donde solamente
siguen doblando a muerto esas campanas
que nadie ha visto y que ninguno atiende.
Venían de los límites de un mundo
perdido para siempre... ¡y perdido por
    nada!

Traían a caballo, a pie, en carrozas
de pompas funerarias,
o sobre antiguos coches de bomberos,
todo lo que se salva
—en el minuto ciego de la angustia—
de lo que fue un hogar, una costumbre,
un paisaje, una época del alma:
el retrato de un niño vestido de almirante,
el proyector de una linterna mágica,
un reloj descompuesto, un calendario,
la funda de un paraguas,
el pasaporte oculto donde sangran las visas
y, junto al corazón, no una medalla,
ni una carta de amor, sino un paquete
de billetes de banco —porque todos,
hasta los más modestos, esperaban
comprarse un porvenir dichoso y libre
al llegar a la aduana deseada.

Venían sin rencor, sin pensamiento,
formando un gran ciempiés de sombras
    cautas,
sorprendidos de ser tan numerosos

y de no descubrir en tantas caras
ni una sonrisa amable, ni unos ojos
donde verse, al pasar, sin desconfianza.

Iban hacia el destierro con el mismo
premioso paso, anónimo y oscuro,
que los llevó —en la paz abandonada—
al taller, a la escuela, a la oficina,
pidiéndose perdón unos a otros
cuando la multitud los agolpaba
en un recodo estrecho
de la ruta polvosa, ardiente y larga.

A veces una cólera surgía.
Era una llama rápida,
la luz de un grito que lograba apenas
probar hasta qué punto les mentían
el cielo, el sol, el viento, las distancias.

Pero pronto volvía a integrarse el silencio.
Porque nada hay tan mudo como una tribu
    en marcha
desde el amanecer hasta el exilio,
a pie, a caballo, en coche,
en carros de combate, en ambulancias,
ejército que avanza preguntándose
a cada instante si la blanca torre
adivinada al pie de la colina
anuncia ya la etapa:
el pajar donde pueden los vencidos
hallar al fin un sueño sin fronteras
sobre un suelo que ayer era una patria...

🦅 Resumen

Vivimos de no ser... De ser morimos.
Somos proyecto en todo mientras somos.

Proyecto de esperanza en el deseo;
y, cuando poseemos lo esperado,

De Torres Bodet, *Sin tregua* (1957).

proyecto de evasión, sed de abandono.
En el joven trigal, lo verde es siempre
ansiedad de la espiga. Acaba en oro.
Pero ¿dónde comienza cuanto acaba?

Vivimos de inventar lo que no somos.
En cambio, este magnífico absoluto
de lo que ya no sufre deterioros,
de la que ya no pueden

modificar ni el tiempo ni el olvido,
este sólido trozo
de vida inalterable que es la muerte
¡cómo nos garantiza y nos define
y nos revela y nos demuestra en todo!

Vivimos sólo de creer que fuimos.
Seremos siempre póstumos.

La escena

Hace ya muchos años
—tal vez desde el momento en que na-
  cimos—
estamos ensayando inútilmente
la misma escena lenta y sin sentido.

Una palabra nos traiciona siempre,
o bien una actitud... Y, cuando el ritmo
del diálogo parece concertarse,
nos avergüenza descubrir de pronto
que el verdadero asunto era distinto.

Revisamos el texto —y nada falta.

Todo cuanto intentamos o dijimos,
cada voz, cada paso, cada gesto,
¡hasta nuestro callar estaba escrito!...

¿Cómo explicar, entonces,
tanto ensayo trivial y sin sentido?

¿No será que el autor nos dejó en blanco
los párrafos mejores, el ímpetu imprevisto:
la escena brusca, luminosa y breve
que, si queremos ser lo que pensamos,
habremos de inventar nosotros mismos?

La noria

He tocado los límites del tiempo.
Y vuelvo del dolor como de un viaje
alrededor del mundo...
                    Pero siento
que no salí jamás, mientras viajaba,
de un pobre aduar perdido en el desierto.

Caminé largamente, ansiosamente,
en torno de mi sombra.
Y los meses giraban y los años

como giran las ruedas de una noria
bajo el cielo de hierro del desierto.

¿Fue inútil ese viaje imaginario?...
Lo pienso, a veces, aunque no lo creo.
Porque la gota de piedad que moja
mi corazón sediento
y la paz que me une a los que sufren
son el premio del tiempo en el desierto.

JAIME TORRES BODET 359

Pasaron caravanas al lado de la noria
y junto de la noria durmieron los camellos.
Cargaban los camellos alforjas de dia-
    mantes.
Diamantes, con el alba, rodaban por el
    suelo...
Pero en ninguna alforja
vi nunca lo que tengo:

una lágrima honrada, un perdón justo,
una piedad real frente al esfuerzo
de todos los que viven como yo
—en el sol, en la noche, bajo el cielo de
    hierro—
caminando sin tregua en torno de la noria
para beber, un día,
el agua lenta y dura del desierto.

45 Nicolás Guillén
(n. 1902)

Una de las direcciones más interesantes del posmodernismo es la vuelta a formas
populares, a veces folklóricas. Los vanguardistas argentinos descubrieron las posibilidades del gaucho; algunos mexicanos y peruanos explotaron la tradición indígena y
la poesía popular; y en las Antillas los cubanos Nicolás Guillén (n. 1902) y Emilio
Ballagas (1908–1954), el puertorriqueño Luis Palés Matos (1898–1959) y otros
quedaron deslumbrados ante el rico filón de la tradición afroantillana. La boga
negrista duró poco tiempo, pero produjo algunos poemas de franco humorismo y
musicalidad radicada en la conciencia popular. Pasado el apogeo de esta corriente,
quedó enriquecida la poesía por las nuevas perspectivas rítmicas —la canción
popular— y lingüísticas —el habla dialéctica, la pura musicalidad de las palabras.

Nicolás Guillén fue uno de los que más lograron dentro de esta veta popular,
pero era también poeta lírico de gran sensitividad y poeta comprometido, consciente
de la necesidad de combatir la intolerancia y la injusticia en una poesía militante.
En *El son entero* (1947), su colección más importante, reunió su obra hasta entonces,
dando una muestra cabal de las tres tendencias de su poesía.

 *Búcate plata*

Búcate[1] plata,
búcate plata,
porque no doy un paso má:

[1] *Búcate* En estos poemas, Guillén intenta reproducir la pronunciación del Caribe eliminando la
"s" y la "z" finales y preconsonantales.

etoy a arró con galleta
na má.

    Yo bien sé cómo etá to,
pero viejo, hay que comer:
búcate plata,

búcate plata,
porque me voy a correr.

Depué dirán que soy mala,
y no me querrán tratar,
pero amor con hambre, viejo,

¡qué va!
Con tanto zapato nuevo,
¡qué va!
Con tanto reló, compadre,
¡qué va!
Con tanto lujo, mi negro,
¡qué va!

 ## Tú no sabe inglé

Con tanto inglé que tú sabía,
Vito Manuel,
con tanto inglé, no sabe ahora
decir: ye.

Lamericana te buca,
y tú le tiene que huir:
tu inglé era detrái guan,
detrái guan y guan tu tri[1]...

Vito Manuel, tú no sabe inglé,
tú no sabe inglé,
tú no sabe inglé.

No te namore más nunca,
Vito Manué,
si no sabe inglé,
si no sabe inglé!

[1] *detrái... tri*   mofa de la pronunciación del inglés:
  "try one, try one and one, two, three"

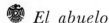 ## El abuelo

Esta mujer angélica de ojos septen-
trionales,
que vive atenta al ritmo de su sangre
europea,
ignora que en lo hondo de ese ritmo golpea
un negro el parche duro de roncos atabales.

Bajo la línea escueta de su nariz aguda,
la boca, en fino trazo, traza una raya breve;
y no hay cuervo que manche la geografía de
nieve

de su carne, que fulge temblorosa y desnuda

¡Ah, mi señora! Mírate las venas misteriosas;
boga en el agua viva que allá dentro te fluye,
y ve pasando lirios, nelumbios, lotos, rosas;

que ya verás, inquieta, junto a la fresca
orilla,
la dulce sombra oscura del abuelo que huye,
el que rizó por siempre tu cabeza amarilla.

De Nicolás Guillén, *Motivos de son* (1930).

De Guillén, *Sóngoro cosongo* (La Habana, 1931).

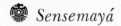 *Sensemayá*

(*CANTO PARA MATAR
A UNA CULEBRA*)

¡Mayombe-bombe-mayombé!
¡Mayombe-bombe-mayombé!
¡Mayombe-bombe-mayombé!

La culebra tiene los ojos de vidrio;
la culebra viene, y se enreda en un palo;
con sus ojos de vidrio en un palo,
con sus ojos de vidrio.
La culebra camina sin patas;
la culebra se esconde en la yerba;
caminando se esconde en la yerba,
caminando sin patas!

¡Mayombe-bombe-mayombé!
¡Mayombe-bombe-mayombé!
¡Mayombe-bombe-mayombé!

Tú le das con el hacha, y se muere:
¡dale ya!
¡No le des con el pie, que te muerde,
no le des con el pie, que se va!

Sensemayá, la culebra,
sensemayá.
Sensemayá, con sus ojos,
sensemayá.
Sensemayá con su lengua,
sensemayá.
Sensemayá con su boca,
sensemayá!

La culebra muerta no puede comer;
la culebra muerta no puede silbar:
no puede caminar,
no puede correr!
La culebra muerta no puede mirar;
la culebra muerta no puede beber,
no puede respirar,
no puede morder!

¡Mayombe-bombe-mayombé!
Sensemayá, la culebra...
¡Mayombe-bombe-mayombé!
Sensemayá, no se mueve...
¡Mayombe-bombe-mayombé!
Sensemayá, la culebra...
¡Mayombe-bombe-mayombé!
¡Sensamayá, se murió!

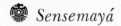 *Iba yo por un camino...*

Iba yo por un camino
cuando con la Muerte di.
—¡Amigo! —gritó la Muerte,
pero no le respondí,
pero no le respondí;
miré no más a la Muerte,
pero no le respondí.

Llevaba yo un lirio blanco
cuando con la Muerte di;
me pidió el lirio la Muerte,
pero no le respondí,
pero no le respondí;
miré no más a la Muerte,
pero no le respondí.

De Guillén, *West Indies Ltd.* (1934).

Ay Muerte,
si otra vez volviera a verte,
iba a platicar contigo
como un amigo;
mi lirio sobre tu pecho,

como un amigo;
mi beso sobre tu mano,
como un amigo;
yo, detenido y sonriente,
como un amigo.

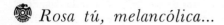 *Rosa tú, melancólica...*

El alma vuela y vuela
buscándote a lo lejos,
Rosa tú, melancólica
rosa de mi recuerdo.
Cuando la madrugada
va el campo humedeciendo,
y el día es como un niño
que despierta en el cielo,
Rosa tú, melancólica,

ojos de sombra llenos,
desde mi estrecha sábana
toco tu firme cuerpo.
Cuando ya el alto sol
ardió con su alto fuego,
cuando la tarde cae
del ocaso deshecho,
yo en mi lejana mesa
tu oscuro pan contemplo.

46 Pablo Neruda surrealista.
(n. 1904)

Pablo Neruda (seudónimo de Neftalí Ricardo Reyes) es uno de los grandes poetas en cualquier idioma, y uno de los que más hayan influido en el desarrollo de la poesía en castellano. Suele dividirse su extensa obra en cuatro períodos. En el primero, que abarca hasta *Crepusculario* (1923), se mostró Neruda sujeto todavía a formas y lenguaje tradicionales, pero en el segundo, a partir de *Veinte poemas de amor y una canción desesperada* (1924), hubo una notable depuración y un acento personal. Esta

---

De Guillén, *El son entero* (1947).

evolución culminó en la tercera etapa, la de *Residencia en la tierra* (1945). Es ésta una poesía hermética, angustiada, llena de furia metafísica, en la tradición del surrealismo, pero un surrealismo descendiente de la visión infernal de Arthur Rimbaud y la desesperación desgarrada de Quevedo. En *Residencia en la tierra* influyó de manera decisiva también la experiencia de Neruda como Cónsul de Chile en España durante la Guerra Civil; data de este momento el creciente izquierdismo del poeta. La poesía de la cuarta etapa es comprometida, frecuentemente política y a veces abiertamente propagandística. A pesar de estos elementos, el *Canto general* (1950) contiene algunos de los mejores momentos de su obra, sobre todo cuando el poeta comulga con las esencias naturales y ancestrales del continente. En sus libros posteriores, notablemente las *Odas elementales* (1954), *Navegaciones y regresos* (1959), *Las piedras de Chile* (1961) y *Plenos poderes* (1962), cultiva Neruda una poesía mucho más sencilla, más asequible por las masas a quienes quiere llegar. Preocupado todavía por la injusticia política, logra en los mejores libros de su producción reciente destilar su ira en poemas de poderosa concisión. Sea lo que fuere la dirección futura de la obra de Neruda, esta poesía seguirá siendo uno de los mayores valores de la literatura hispanoamericana.

Poema 15

Me gustas cuando callas, porque estás
    como ausente,
y me oyes desde lejos, y mi voz no te toca.
Parece que los ojos se te hubieran volado
y parece que un beso te cerrara la boca.

Como todas las cosas están llenas de mi
    alma,
emerges de las cosas, llena del alma mía.
Mariposa de ensueño, te pareces a mi alma,
y te pareces a la palabra melancolía.

Me gustas cuando callas y estás como
    distante
y estás como quejándote, mariposa en arru-
    llo,

y me oyes desde lejos, y mi voz no te
    alcanza:
déjame que me calle en el silencio tuyo.

Déjame que te hable también con tu
    silencio
claro como una lámpara, simple como un
    anillo.
Eres como la noche, callada y constelada.
Tu silencio es de estrella, tan lejano y
    sencillo.

Me gustas cuando callas, porque estás
    como ausente.
Distante y dolorosa como si hubieras
    muerto.
Una palabra entonces, una sonrisa bastan.
Y estoy alegre, alegre de que no sea cierto.

De Pablo Neruda, *Veinte poemas de amor y una canción desesperada* (1924).

Poema 20

Puedo escribir los versos más tristes esta
noche.

Escribir, por ejemplo: "La noche está estrellada,
y tiritan, azules, los astros, a lo lejos."

El viento de la noche gira en el cielo y canta.

Puedo escribir los versos más tristes esta
noche.
Yo la quise, y a veces ella también me quiso.

En las noches como ésta la tuve entre mis
brazos.
La besé tantas veces bajo el cielo infinito.

Ella me quiso, a veces yo también la quería.
¡Cómo no haber amado sus grandes ojos
fijos!

Puedo escribir los versos más tristes esta
noche.
Pensar que no la tengo. Sentir que la he
perdido.

Oír la noche inmensa, más inmensa sin ella.
Y el verso cae al alma como al pasto el rocío.

¡Qué importa que mi amor no pudiera
guardarla!
La noche está estrellada y ella no está conmigo.

Eso es todo. A lo lejos alguien canta. A lo
lejos.
Mi alma no se contenta con haberla perdido.

Como para acercarla mi mirada la busca.
Mi corazón la busca, y ella no está conmigo.

La misma noche que hace blanquear los
mismos árboles.
Nosotros, los de entonces, ya no somos los
mismos.

Ya no la quiero, es cierto, pero cuánto la
quise.
Mi voz buscaba el viento para tocar su oído.

De otro. Será de otro. Como antes de mis
besos.
Su voz, su cuerpo claro. Sus ojos infinitos.

Ya no la quiero, es cierto, pero tal vez la
quiero.
Es tan corto el amor, y es tan largo el olvido.

Porque en noches como ésta la tuve en mis
brazos,
mi alma no se contenta con haberla perdido.

Aunque éste sea el último dolor que ella me
causa,
y éstos sean los últimos versos que yo le
escribo.

Arte poética

Entre sombra y espacio, entre guarniciones
y doncellas,

dotado de corazón singular y sueños funestos,

precipitadamente pálido, marchito en la frente

y con luto de viudo furioso por cada día de vida,

ay, para cada agua invisible que bebo soñolientamente

y de todo sonido que acojo temblando,

tengo la misma sed ausente y la misma fiebre fría,

un oído que nace, una angustia indirecta,

como si llegaran ladrones o fantasmas,

y en una cáscara de extensión fija y profunda,

como un camarero humillado, como una campana un poco ronca,

como un espejo viejo, como un olor de casa sola

en la que los huéspedes entran de noche perdidamente ebrios,

y hay un olor de ropa tirada al suelo, y una ausencia de flores,

—posiblemente de otro modo aún menos melancólico—,

pero, la verdad, de pronto, el viento que azota mi pecho,

las noches de substancia infinita caídas en mi dormitorio,

el ruido de un día que arde con sacrificio

me piden lo profético que hay en mí, con melancolía,

y un golpe de objetos que llaman sin ser respondidos

hay, y un movimiento sin tregua, y un nombre confuso.

Walking around

Sucede que me canso de ser hombre.

Sucede que entro en las sastrerías y en los cines

marchito, impenetrable, como un cisne de fieltro

navegando en un agua de origen y ceniza.

El olor de las peluquerías me hace llorar a gritos.

Sólo quiero un descanso de piedras o de lana,

sólo quiero no ver establecimientos ni jardines,

ni mercaderías, ni anteojos, ni ascensores.

Sucede que me canso de mis pies y mis uñas

y mi pelo y mi sombra.

Sucede que me canso de ser hombre.

Sin embargo sería delicioso

asustar a un notario con un lirio cortado

o dar muerte a una monja con un golpe de oreja.

Sería bello

ir por las calles con un cuchillo verde

y dando gritos hasta morir de frío.

No quiero seguir siendo raíz en las tinieblas,

vacilante, extendido, tiritando de sueño,

hacia abajo, en las tripas mojadas de la tierra,

absorbiendo y pensando, comiendo cada día.

De Neruda, *Residencia en la tierra*, I.

De Neruda, *Residencia en la tierra*, II.

No quiero para mí tantas desgracias.
No quiero continuar de raíz y de tumba,
de subterráneo solo, de bodega con muertos,
aterido, muriéndome de pena.

Por eso el día lunes arde como el petróleo
cuando me ve llegar con mi cara de cárcel,
y aúlla en su transcurso como una rueda
herida,
y da pasos de sangre caliente hacia la noche.

Y me empuja a ciertos rincones, a ciertas
casas húmedas,
a hospitales donde los huesos salen por la
ventana,
a ciertas zapaterías con olor a vinagre,
a calles espantosas como grietas.

Hay pájaros de color de azufre y horribles
intestinos
colgando de las puertas de las casas que
odio,
hay dentaduras olvidadas en una cafetera,
hay espejos
que debieran haber llorado de vergüenza y
espanto,
hay paraguas en todas partes, y venenos, y
ombligos.

Yo paseo con calma, con ojos, con zapatos,
con furia, con olvido,
paso, cruzo oficinas y tiendas de ortopedia,
y patios donde hay ropas colgadas de un
alambre:
calzoncillos, toallas y camisas que lloran
lentas lágrimas sucias.

Alturas de Macchu Picchu[1]

V

[FRAGMENTO]

No eres tú, muerte grave, ave de plumas
férreas,
la que el pobre heredero de las habitaciones
· llevaba entre alimentos apresurados, bajo la
piel vacía:
era algo, un pobre pétalo de cuerda exter-

minada:
un átomo del pecho que no vino al combate
o el áspero rocío que no cayó en la frente.
Era lo que no pudo renacer, un pedazo
de la pequeña muerte sin paz ni territorio:
un hueso, una campana que morían en él.
Yo levanté las vendas del yodo, hundí las
manos
en los pobres dolores que mataban la muerte,
y no encontré en la herida sino una racha
fría
que entraba por los vagos intersticios del
alma.

[1] *Macchu Picchu* fortaleza incaica en los Andes, refugio de la nobleza incaica ignorada por los conquistadores españoles

De Neruda, *Canto general* (1950).

VI

Entonces en la escala de la tierra he subido
entre la atroz maraña de las selvas perdidas
hasta ti, Macchu Picchu.
Alta ciudad de piedras escalares,
por fin morada del que lo terrestre
no escondió en las dormidas vestiduras.
En ti, como dos líneas paralelas,
la cuna del relámpago y del hombre
se mecían en un viento de espinas.

Madre de piedra, espuma de los cóndores.

Alto arrecife de la aurora humana.

Pala perdida en la primera arena.

Ésta fue la morada, éste es el sitio:
aquí los anchos granos del maíz ascendieron
y bajaron de nuevo como granizo rojo.

Aquí la hebra dorada salió de la vicuña
a vestir los amores, los túmulos, las madres,
el rey, las oraciones, los guerreros.

Aquí los pies del hombre descansaron de
    noche
junto a los pies del águila, en las altas
    guaridas
carniceras, y en la aurora
pisaron con los pies del trueno la niebla
    enrarecida,
y tocaron las tierras y las piedras
hasta reconocerlas en la noche o la muerte.

Miro las vestiduras y las manos
el vestigio del agua en la oquedad sonora,
la pared suavizada por el tacto de un rostro
que miró con mis ojos las lámparas te-
    rrestres,
que aceitó con mis manos las desaparecidas
maderas: porque todo, ropaje, piel, vasijas,
palabras, vino, panes,
se fue, cayó a la tierra.

Y el aire entró con dedos
de azahar sobre todos los dormidos:
mil años de aire, meses, semanas de aire,
de viento azul, de cordillera férrea,
que fueron como suaves huracanes de pasos
lustrando el solitario recinto de la piedra.

 Muertos de un solo abismo...

VII

Muertos de un solo abismo, sombras de una
    hondonada,
la profunda, es así como al tamaño
de vuestra magnitud

vino la verdadera, la más abrasadora
muerte y desde las rocas taladradas,
desde los capiteles escarlata,
desde los acueductos escalares
os desplomasteis como en un otoño
en una sola muerte.

Hoy el aire vacío ya no llora,
ya no conoce vuestros pies de arcilla,
ya olvidó vuestros cántaros que filtraban el
    cielo
cuando lo derramaban los cuchillos del rayo,
y el árbol poderoso fue comido
por la niebla, y cortado por la racha.
Él sostuvo una mano que cayó de repente
desde la altura hasta el final del tiempo.
Ya no sois, manos de araña, débiles
hebras, tela enmarañada:
cuanto fuisteis cayó: costumbres, sílabas
raídas, máscaras de luz deslumbradora.

Pero una permanencia de piedra y de
    palabra:
la ciudad como un vaso se levantó en las
    manos

de todos, vivos, muertos, callados, sostenidos
de tanta muerte, un muro, de tanta vida un
    golpe
de pétalos de piedra: la rosa permanente,
    la morada:
este arrecife andino de colonias glaciales.

Cuando la mano de color de arcilla
se convirtió en arcilla, y cuando los pe-
    queños párpados se cerraron
llenos de ásperos muros, poblados de cas-
    tillos,
y cuando todo el hombre se enredó en su
    agujero,
quedó la exactitud enarbolada:
el alto sitio de la aurora humana:
la más alta vasija que contuvo el silencio:
una vida de piedra después de tantas vidas.

47 Octavio Paz
(n. 1914)

La aventura lírica de Octavio Paz es una de las más fascinantes de las letras modernas. Desde su *Bajo tu clara sombra* (1937) el escritor mexicano ha luchado apasionadamente por adueñarse de la palabra y convertirla en medio adecuado para la expresión de temas metafísicos. Esto no quiere decir que falte lo humano; son constantes de su obra la conciencia de la soledad, la existencia desgarrada, el amor como único camino a la libertad. Es la suya una poesía angustiada, pero a la vez esperanzada, donde el amor y la palabra son capaces de encontrar la salida. Si las raíces de esta actitud estética están en los poetas románticos y sus herederos —en Novalis, William Blake y Arthur Rimbaud—, la técnica es herencia del surrealismo: la asociación libre, la metáfora ilógica. Recientemente, ha aumentado la visible preocupación de Paz con la filosofía de India, y la creciente perfección del idioma poético va aliada a temas filosóficos.

Además de una serie de importantes volúmenes de poesía, Paz ha publicado diversas colecciones de ensayos críticos que revelan la misma extraordinaria sensibilidad y originalidad de perspectiva. En otro capítulo hemos incluido una selección de su *Laberinto de la soledad*, estudio poético-sociológico de la personalidad del mexicano, libro imprescindible para el estudio de la cultura mexicana.

La poesía

¿Por qué tocas mi pecho nuevamente?
Llegas, silenciosa, secreta, armada,
tal los guerreros a una ciudad dormida;
quemas mi lengua con tus labios, pulpo,
y despiertas los furores, los goces,
y esta angustia sin fin
que enciende lo que toca
y engendra en cada cosa
una avidez sombría.

El mundo cede y se desploma
como metal al fuego.
Entre mis ruinas me levanto
y quedo frente a ti,
solo, desnudo, despojado,
sobre la roca inmensa del silencio,
como un solitario combatiente
contra invisibles huestes.

Verdad abrasadora,
¿a qué me empujas?
No quiero tu verdad,
tu insensata pregunta.
¿A qué esta lucha estéril?
No es el hombre criatura capaz de con-
        tenerte,
avidez que sólo en la sed se sacia,
llama que todos los labios consume,
·espíritu que no vive en ninguna forma,
mas hace arder todas las formas
con un secreto fuego indestructible.

Pero insistes, lágrima escarnecida,
y alzas en mí tu imperio desolado.

Subes desde lo más hondo de mí,
desde el centro innombrable de mi ser,
ejército, marea.
Creces, tu sed me ahoga,
expulsando, tiránica,
aquello que no cede
a tu espada frenética.
Ya sólo tú me habitas,
tú, sin nombre, furiosa substancia,
avidez subterránea, delirante.

Golpean mi pecho tus fantasmas,
despiertas a mi tacto,
hielas mi frente
y haces proféticos mis ojos.

Percibo el mundo y te toco,
substancia intocable,
unidad de mi alma y de mi cuerpo,
y contemplo el combate que combato
y mis bodas de tierra.

Nublan mis ojos imágenes opuestas,
y a las mismas imágenes
otras, más profundas, las niegan,
tal un ardiente balbuceo,
aguas que anega un agua más oculta y
        densa.

De Octavio Paz, *A la orilla del mundo* (1942).

En su húmeda tiniebla vida y muerte,
quietud y movimiento, son lo mismo.

Insiste, vencedora,
porque tan sólo existo porque existes,
y mi boca y mi lengua se formaron
para decir tan sólo tu existencia
y tus secretas sílabas, palabra
impalpable y despótica,
substancia de mi alma.

Eres tan sólo un sueño,
pero en ti sueña el mundo
y su mudez habla con tus palabras.
Rozo al tocar tu pecho
la eléctrica frontera de la vida,

la tiniebla de sangre
donde pacta la boca cruel y enamorada,
ávida aún de destruir lo que ama
y revivir lo que destruye,
con el mundo, impasible
y siempre idéntico a sí mismo,
porque no se detiene en ninguna forma,
ni se demora sobre lo que engendra.

Llévame, solitaria,
llévame entre los sueños,
llévame, madre mía,
despiértame del todo,
hazme soñar tu sueño,
unta mis ojos con tu aceite,
para que al conocerte, me conozca.

Misterio

Relumbra el aire, relumbra,
el mediodía relumbra,
pero no veo al sol.

Y de presencia en presencia
todo se me transparenta,
pero no veo al sol.

Perdido en las transparencias
voy de reflejo a fulgor,
pero no veo al sol.

Y él en la luz se desnuda
y a cada esplendor pregunta,
pero no ve al sol.

Más allá del amor

Todo nos amenaza:
el tiempo, que en vivientes fragmentos
    divide
al que fui
        del que seré,
como el machete a la culebra;

la conciencia, la transparencia traspasada,
la mirada ciega de mirarse mirar;
las palabras, guantes grises, polvo mental
    sobre la yerba, el agua, la piel;
nuestros nombres, que entre tú y yo se
    levantan,

De Paz, *Condición de nube* (1944).

De Paz, *El girasol* (1948).

murallas de vacío que ninguna trompeta
derrumba.

Ni el sueño y su pueblo de imágenes rotas,
ni el delirio y su espuma profética,
ni el amor con sus dientes y uñas, nos bastan.
Más allá de nosotros,
en las fronteras del ser y el estar,
una vida más vida nos reclama.

Afuera la noche respira, se extiende,
llena de grandes hojas calientes,
de espejos que combaten:
frutos, garras, ojos, follajes,

espaldas que relucen,
cuerpos que se abren paso entre otros
    cuerpos.

Tiéndete aquí a la orilla de tanta espuma,
de tanta vida que se ignora y entrega:
tú también perteneces a la noche.
Extiéndete blancura que respira,
late, oh estrella repartida,
copa,
pan que inclinas la balanza del lado de la
    aurora,
pausa de sangre entre este tiempo y otro sin
    medida.

 Hacia el poema

(*PUNTOS DE PARTIDA*)

I

Palabras, ganancias de un cuarto de hora arran-cado al árbol calcinado del lenguaje, entre los buenos días y las buenas noches, puertas de en-trada y salida y entrada de un corredor que va de ningunaparte a ningúnlado.

Damos vueltas y vueltas en el vientre animal, en el vientre mineral, en el vientre temporal. Encontrar la salida: el poema.

Obstinación de ese rostro donde se quiebran mis mirados. Frente armada, invicta ante un paisaje en ruinas, tras el asalto al secreto. Melancolía de volcán.

La benévola jeta de piedra de cartón del Jefe, del Conductor, fetiche del siglo; los yo, tú, él, tejedores

de tela de araña, pronombres armados de uñas; las divinidades sin rostro, abstractas. Él y nosotros, Nosotros y Él: nadie y ninguno. Dios padre se venga en todos estos ídolos.

El instante se congela, blancura compacta que ciega y no responde y se desvanece, témpano em-pujado por corrientes circulares. Ha de volver.

Arrancar la máscaras de la fantasía, clavar una pica en el centro sensible: provocar la erupción.

Cortar el cordón umbilical, matar bien a la Ma-dre: crimen que el poeta moderno cometió por todos, en nombre de todos. Toca al nuevo poeta descubrir a la Mujer.

Hablar por hablar, arrancar sones a la desesperada, escribir al dictado lo que dice el vuelo de la mosca, ennegrecer. El tiempo se abre en dos: hora del salto mortal.

De Paz, *¿Águila o sol?* (1950).

II

Palabras, frases, sílabas, astros que giran alrededor de un centro fijo. Dos cuerpos, muchos seres que se encuentran en una palabra. El papel se cubre de letras indelebles, que nadie dijo, que nadie dictó, que han caído allí y arden y queman y se apagan. Así pues, existe la poesía, el amor existe. Y si yo no existo, existes tú.

Por todas partes los solitarios forzados empiezan a crear las palabras del nuevo diálogo.

El chorro de agua. La bocanada de salud. Una muchacha reclinada sobre su pasado. El vino, el fuego, la guitarra, la sobremesa. Un muro de terciopelo rojo en una plaza de pueblo. Las aclamaciones, la caballería reluciente entrando a la ciudad, el pueblo en vilo: ¡himnos! La irrupción de lo blanco, de lo verde, de lo llameante. Lo demasiado fácil, lo que se escribe solo: la poesía.

El poema prepara un orden amoroso. Preveo un hombre-sol y una mujer-luna, el uno libre de su poder, la otra libre de su esclavitud, y amores implacables rayando el espacio negro. Todo ha de ceder a esas águilas incandescentes.

Por las almenas de tu frente el canto alborea. La justicia poética incendia campos de oprobio: no hay sitio para la nostalgia, el yo, el nombre propio.

Todo poema se cumple a expensas del poeta.

Mediodía futuro, árbol inmenso de follaje invisible. En las plazas cantan los hombres y las mujeres el canto solar, surtidor de transparencias. Me cubre la marejada amarilla: nada mío ha de hablar por mi boca.

Cuando la Historia duerme, habla en sueños: en la frente del pueblo dormido el poema es una constelación de sangre. Cuando la Historia despierta, la imagen se hace acto, acontece el poema: la poesía entra en acción.

Merece lo que sueñas.

Himno entre ruinas

> donde espumoso el mar siciliano...
> GÓNGORA

Coronado de sí el día extiende sus plumas.
¡Alto grito amarillo,
caliente surtidor en el centro de un cielo
imparcial y benéfico!
Las apariencias son hermosas en esta su verdad momentánea.
El mar trepa la costa,
se afianza entre las peñas, araña deslumbrante;

la herida cárdena del monte resplandece;
un puñado de cabras es un rebaño de piedras;
el sol pone su huevo de oro y se derrama sobre el mar.
Todo es dios.
¡Estatua rota,
columnas comidas por la luz,
ruinas vivas en un mundo de muertos en vida!

De Paz, *La estación violenta* (1958).

Cae la noche sobre Teotihuacán[1].
En lo alto de la pirámide los muchachos fuman
    marihuana,
suenan guitarras roncas.
¿Qué yerba, qué agua de vida ha de darnos la
    vida,
dónde desenterrar la palabra,
la proporción que rige al himno y al discurso,
al baile, a la ciudad y a la balanza?
El canto mexicano estalla en un carajo,
estrella de colores que se apaga,
piedra que nos cierra las puertas del contacto.
Sabe la tierra a tierra envejecida.

Los ojos ven, las manos tocan.
Bastan aquí unas cuantas cosas:
tuna, espinoso planeta coral,
higos encapuchados,
uvas con gusto a resurrección,
almejas, virginidades ariscas,
sal, queso, vino, pan solar.
Desde lo alto de su morenía una isleña me
    mira,
esbelta catedral vestida de luz.
Torres de sal, contra los pinos verdes de la
    orilla
surgen las velas blancas de las barcas.
La luz crea templos en el mar.

Nueva York, Londres, Moscú.
La sombra cubre al llano con su yedra fantasma,
con su vacilante vegetación de escalofrío,
su vello ralo, su tropel de ratas.
A trechos tirita un sol anémico.
Acodado en montes que ayer fueron ciudades,
    Polifemo[2] bosteza.

Abajo, entre los hoyos, se arrastra un rebaño de
    hombres.
(Bípedos domésticos, su carne
—a pesar de recientes interdicciones religiosas—
es muy gustada por las clases ricas.
Hasta hace poco el vulgo los consideraba animales
    impuros.)

Ver, tocar formas hermosas, diarias.
Zumba la luz, dardos y alas.
Huele a sangre la mancha de vino en el
    mantel.
Como el coral sus ramas en el agua
extiendo mis sentidos en la hora viva:
el instante se cumple en una concordancia
    amarilla,
¡oh mediodía, espiga henchida de minutos,
copa de eternidad!

Mis pensamientos se bifurcan, serpean, se enre-
    dan,
recomienzan,
y al fin se inmovilizan, ríos que no desembocan,
delta de sangre bajo un sol sin crepúsculo.
¿Y todo ha de parar en este chapoteo de aguas
    muertas?

¡Día, redondo día,
luminosa naranja de veinticuatro gajos,
todos atravesados por una misma y amarilla
    dulzura!
La inteligencia al fin encarna,
se reconcilian las dos mitades enemigas
y la conciencia-espejo se licúa,
vuelve a ser fuente, manantial de fábulas:
Hombre, árbol de imágenes,
palabras que son flores que son frutos que
    son actos.

---

[1] *Teotihuacán* sitio religioso prehispánico, famoso
por sus pirámides y extensas construcciones
[2] *Polifemo* el más célebre de los cíclopes de la
mitología griega, cegado por Ulises cuando éste
se escapó de la cueva donde Polifemo lo tenía
encerrado

La narrativa

A MEDIDA QUE EL MODERNISMO PERDÍA VIGOR, surgía una nueva modalidad de la prosa narrativa, el realismo. Aunque emparentada con la vigorosa tradición realista de las letras hispánicas, el nuevo brote tenía sus raíces en dos movimientos, uno estético y otro socio-político. En el criollismo, el interés en el regionalismo como posibilidad artística, vemos el deseo de estudiar las múltiples facetas de la realidad hispanoamericana con el propósito de encontrar lo valioso, lo perenne. En la práctica, este lejano descendiente del costumbrismo tendía a fijarse en lo pintoresco. Desdeñando la posibilidad de encontrar lo auténtico hispanoamericano en la ciudad, y movido muchas veces por su furia ante el antiguo sistema de discriminación y opresión de los desvalidos, el cuentista o novelista pintaba la vida del gaucho —tradición social en franca descomposición desde hacía tiempo—, o la inútil lucha de las comunidades indígenas por mantener sus tierras, o el conflicto entre viejos sistemas rurales y nuevos modelos salidos de la ciudad. El fenómeno socio-político de la Revolución Mexicana creó un subgénero, la novela de la Revolución, que mostraba la violencia y aparente falta de dirección del cataclismo social.

Afortunadamente, los escritores de este nuevo movimiento realista habían reaccionado contra el modernismo decadente sin rechazar su lección más importante, las posibilidades expresivas de la nueva literatura. Los mejores escritores no regresaban al realismo del siglo XIX sino creaban sus obras a base de una observación de la realidad y una voluntad artística. Así Ricardo Güiraldes empleó en su visión de la vida gauchesca procedimientos aprendidos de la vanguardia poética, y Benito Lynch rehuyó lo meramente típico a favor de la ironía y un inesperado tono trágico. Las mejores novelas de la Revolución y las obras de otros escritores regionalistas llegan en sus mejores momentos a una concisión rayana en el impresionismo.

En algunas obras del nuevo realismo —sobre todo en las novelas del chileno Eduardo Barrios (1884–1963)— apareció el interés sicológico, enfocando los problemas del individuo. Cundió este interés entre otros escritores más jóvenes a la vez que se manifestaban despiertos a las nuevas corrientes literarias. A partir de la Segunda Guerra Mundial la prosa hispanoamericana es decididamente urbana, cosmopolita, muchas veces de orientación filosófica. El existencialismo literario tiene sus representantes distinguidos; también tienen sus exponentes la literatura mítica, la fantástica, la sicoanalítica, la surrealista. . . En fin, la narrativa moderna de Hispanoamérica persigue todas las metas y emplea todas las técnicas de la prosa universal. Goza de una generación madura establecida entre los grandes escritores del mundo —entre ellos, Eduardo Mallea, Ernesto Sábato, Alejo Carpentier, Manuel Rojas, José Revueltas, Miguel Ángel Asturias, Juan Rulfo, Juan José Arreola, Jorge Luis Borges, Augusto Roa Bastos, Agustín Yáñez y Julio Cortázar. Y a este grupo ya sigue una promoción joven que da trazas de no rebajar la bien ganada fama de sus antecedentes. Con Mario Vargas Llosa, Beatriz Guido, Carlos Fuentes, Gabriel García Márquez y muchos más, la prosa narrativa hispanoamericana tiene el futuro asegurado.

Timeline chart with decade columns: 1910 · 1920 · 1930 · 1940 · 1950 · 1960 · 1970 · 1980

LITERATURA HISPANOAMERICANA

- (1915) Azuela *Los de abajo*
- (1917) Quiroga *Cuentos de amor, de locura y de muerte*
- (1922) Barrios *El hermano asno*
- (1924) Rivera *La vorágine*
- (1926) Güiraldes *Don Segundo Sombra*
- (1928) Guzmán *El águila y la serpiente*
- (1929) Gallegos *Doña Bárbara*
- (1932) Asturias *Leyendas de Guatemala*
- (1941) Mallea *Todo verdor perecerá*
- (1944) Borges *Ficciones*
- (1946) Asturias *El señor Presidente*
- (1947) Yáñez *Al filo del agua*
- (1948) Sábato *El túnel*
- (1949) Borges *El aleph*
- (1951) Rojas *Hijo de ladrón*
- (1951) Cortázar *Bestiario*
- (1952) Arreola *Confabulario*
- (1953) Carpentier *Los pasos perdidos*
- (1955) Rulfo *Pedro Páramo*
- (1962) Fuentes *La muerte de Artemio Cruz*
- (1963) Cortázar *Rayuela*
- (1963) Vargas Llosa *La ciudad y los perros*
- (1967) García Márquez *Cien años de soledad*

LITERATURA ESPAÑOLA

- (1910) Pérez de Ayala *A.M.D.G.**
- (1911) Baroja *El árbol de la ciencia*
- (1917) Miró *El libro de Sigüenza*
- (1942) Cela *La familia de Pascual Duarte*
- (1949) Ayala *Los usurpadores*
- (1956) Matute *Los niños tontos*
- (1957) Aldecoa *Gran Sol*
- (1958) Goytisolo *La resaca*
- (1958) Sánchez Ferlosio *El Jarama*
- (1961) García Pavón *Cuentos republicanos*
- (1964) Hierro *Libro de las alucinaciones*

OTRAS LITERATURAS

- (1912) Kafka *Metamorphosis*
- (1913) Lawrence *Sons and Lovers*
- (1913) Proust *Du côté de chez Swann*
- (1920) Lewis *Main Street*
- (1922) Joyce *Ulysses*
- (1924) Mann *The Magic Mountain*
- (1925) Dos Passos *Manhattan Transfer*
- (1926) Gide *Les Faux-Monnayeurs*
- (1928) Woolf *Orlando*
- (1928) Huxley *Point Counter Point*
- (1929) Hemingway *Farewell to Arms*
- (1929) Faulkner *The Sound and the Fury*
- (1938) Sartre *La Nausée*
- (1942) Camus *L'Étranger*
- (1947) Lowry *Under the Volcano*
- (1951) Samuel Beckett *Malone Dies*
- (1955) Silone *Bread and Wine*
- (1957) Robbe-Grillet *La Jalousie*
- (1962) Porter *Ship of Fools*
- (1964) Bellow *Herzog*

MARCO HISTÓRICO

- (1910) Se inicia la Revolución Mexicana el 20 de noviembre
- (1914) Se termina de construir el Canal de Panamá
- (1914) Primera Guerra Mundial
- (1917) Revolución Rusa
- (1928) Guerra del Chaco, hasta 1932
- (1931) Segunda República Española
- (1936–39) Guerra Civil Española
- (1939) Se inicia la Segunda Guerra Mundial
- (1945) Se fundan las Naciones Unidas
- (1946–55) Perón, Presidente de la Argentina
- (1948) Se funda la Organización de Estados Americanos
- (1956) Revolución Cubana
- (1965) Guerra de Vietnam
- (1968) Juegos olímpicos en México
- (1969) Primeros viajes a la luna

* Latín: Ad Majorem Dei Gloriam, a la mayor gloria de Dios

48 Horacio Quiroga
(1878-1937)

Con la obra del uruguayo Horacio Quiroga, cambió de rumbo el cuento hispano-americano. A la escueta narración descriptiva de los realistas y el pulimento de los modernistas, opuso un nuevo concepto estético y una temática también novedosa. Para Quiroga, teórico consciente, lo principal del cuento son la tensión comprimida, la estructura lineal, la sobriedad y concisión y la sugerencia. Publicó su primer cuento en 1899, y hasta 1904 seguía escribiendo bajo la tutela modernista. Sus mejores años como cuentista son de 1904 a 1916; en la obra de este período se notan dos influencias decisivas: la lectura de Edgar Allan Poe y la estancia de Quiroga en el estado argentino de Misiones (1909-1916). De Poe aprendió algunos conceptos teóricos, notablemente la importancia de construir el horror y el misterio alrededor del conflicto mental del personaje. En la provincia fronteriza de Misiones aprendió la naturaleza indiferente, cuando no enemiga, que rodea al hombre.

La obra maestra de Quiroga es *Cuentos de amor, de locura y de muerte* (1917), colección de cuentos en los cuales se destacan la tensión y el misterio, la sicología tanto humana como animal y la nota de fantasía. La visión vital del autor es desolada; sus personajes viven en un ambiente de horror, acosados por la muerte inexorable dentro de una naturaleza del todo indiferente a su soledad.

La vida de Quiroga fue tan desesperada como la de cualquiera de sus creaciones literarias; víctima de toda una serie de crueles golpes de la suerte, se suicidó. A pesar de esta vida trágica, nos dejó una obra que ha influido de una manera decisiva en cuentistas posteriores y que todavía se yergue como monumento de la literatura hispanoamericana.

El perro rabioso

El 20 de marzo de este año los vecinos de un pueblo del Chaco[1] santafecino persiguieron a un hombre rabioso que, en pos de descargar su escopeta contra su mujer, mató de un tiro a un peón que cruzaba delante de él. Los vecinos, armados, lo rastrearon en el monte como a una fiera, hallándolo por fin trepado en un árbol, con su escopeta aún y aullando de un modo horrible. Viéronse en la necesidad de matarlo de un tiro.

* * *

[1] *Chaco* gran llanura que ocupa parte de Bolivia, la Argentina y el Paraguay

De Horacio Quiroga, *Cuentos de amor, de locura y de muerte* (1917).

Marzo 9

Hoy hace treinta y nueve días, hora por hora, que el perro rabioso entró de noche en nuestro cuarto. Si un recuerdo ha de perdurar en mi memoria, es el de las dos horas que siguieron a aquel momento.

La casa no tenía puerta sino en la pieza que habitaba mamá, pues como había dado desde el principio en tener miedo, no hice otra cosa, en los primeros días de urgente instalación, que aserrar tablas para las puertas y ventanas de su cuarto. En el nuestro, y a la espera de mayor desahogo de trabajo, mi mujer se había contentado —verdad que bajo un poco de presión de mi parte— con magníficas puertas de harpillera. Como estábamos en verano, este detalle de riguroso ornamento no dañaba nuestra salud ni nuestro miedo. Por una de estas harpilleras, la que da al corredor central, fue por donde entró y me mordió el perro rabioso.

Yo no sé si el alarido de un epiléptico da a los demás la sensación de clamor bestial y fuera de toda humanidad que me produce a mí. Pero estoy seguro de que el aullido de un perro rabioso que se obstina de noche alrededor de nuestra casa provocará en todos la misma fúnebre angustia. Es un grito corto, estrangulado, de agonía, como si el animal boqueara ya, y todo él empapado en cuanto de lúgubre sugiere un animal rabioso.

Era un perro negro, grande, con las orejas cortadas. Y para mayor contrariedad, desde que llegáramos no había hecho más que llover. El monte[2], cerrado por el agua; las tardes, rápidas y tristísimas; apenas salíamos de casa, mientras la desolación del campo, en un temporal sin tregua, había ensombrecido al exceso el espíritu de mamá.

Con esto, los perros rabiosos. Una mañana el peón nos dijo que por su casa había andado uno la noche anterior y que había mordido al suyo. Dos meses antes un perro barcino había aullado *feo* en el monte. Había muchos, según él. Mi mujer y yo no dimos mayor importancia al asunto; pero no así mamá, que comenzó a hallar terriblemente desamparada nuestra casa a medio hacer. A cada momento salía al corredor para mirar el camino.

Sin embargo, cuando nuestro chico volvió esa mañana del pueblo confirmó aquello. Había explotado una fulminante epidemia de rabia. Una hora antes acababan de perseguir a un perro en el pueblo. Un peón había tenido tiempo de asestarle un machetazo en la oreja, y el animal, al trote, el hocico en tierra y el rabo entre las patas delanteras, había cruzado por nuestro camino mordiendo a un potrillo y a un chancho que halló en el trayecto.

Más noticias aún. En la chacra vecina a la nuestra y esa misma madrugada, otro perro había tratado inútilmente de saltar el corral de las vacas. Un inmenso perro flaco había corrido a un muchacho a caballo, por la picada[3] del puerto viejo. Todavía de tarde se sentía dentro del monte el aullido agónico del perro. Como dato final, a las 9 llegaron al galope dos agentes a darnos la filiación de los perros rabiosos vistos y a recomendarnos sumo cuidado.

Había de sobra para que mamá perdiera el resto de valor que le quedaba. Aunque de una serenidad a toda prueba, tiene terror a los perros rabiosos, a causa de cierta cosa horrible que presenció en su niñez. Sus nervios, ya enfermos por el cielo constantemente encapotado y lluvioso, provocáronle verdaderas alucinaciones de perros que entraban al trote por la portera.

Había un motivo real para este temor. Aquí, como en todas partes donde la gente

---

[2] *monte* bosque

[3] *picada* senda angosta

pobre tiene muchos más perros de los que puede mantener, las casas son todas las noches merodeadas por perros hambrientos, a quienes los peligros del oficio —un tiro o una mala pedrada— han dado verdadero proceder de fieras. Avanzan al paso, agachados, los músculos flojos. No se siente jamás su marcha. Roban —si la palabra tiene sentido aquí— cuanto les exige su atroz hambre. Al menor rumor, no huyen, porque esto haría ruido, sino se alejan al paso, doblando las patas. Al llegar al pasto se agazapan, y esperan así tranquilamente media o una hora, para avanzar de nuevo.

De aquí la ansiedad de mamá, pues siendo nuestra casa una de las tantas merodeadas, estábamos desde luego amenazados por la visita de los perros rabiosos, que recordarían el camino nocturno.

En efecto, esa misma tarde, mientras mamá, un poco olvidada, iba caminando despacio hacia la portera, oí su grito:

—¡Federico! ¡Un perro rabioso!

Un perro barcino, con el lomo arqueado, avanzaba al trote en ciega línea recta. Al verme llegar se detuvo, erizando el lomo. Retrocedí sin volver el cuerpo, para ir a buscar la escopeta, pero el animal se fue. Recorrí inútilmente el camino, sin volverlo a hallar.

Pasaron dos días. El campo continuaba desolado de lluvia y tristeza, mientras el número de perros rabiosos aumentaba. Como no se podía exponer a los chicos a un terrible tropiezo en los caminos infestados, la escuela se cerró; y la carretera, ya sin tráfico, privada de este modo de la bulla escolar que animaba su soledad a las siete y a las doce, adquirió lúgubre silencio.

Mamá no se atrevía a dar un paso fuera del patio. Al menor ladrido miraba sobresaltada hacia la portera, y apenas anochecía veía avanzar por entre el pasto ojos fosforescentes. Concluida la cena se encerraba en su cuarto, el oído atento al más hipotético aullido.

Hasta que la tercera noche me desperté, muy tarde ya: tenía la impresión de haber oído un grito, pero ya no podía precisar la sensación. Esperé un rato. Y de pronto un aullido corto, metálico, de atroz sufrimiento, tembló bajo el corredor.

—¡Federico! —oí la voz traspasada de emoción de mamá—, ¿sentiste?

—Sí —respondí, deslizándome de la cama. Pero ella oyó el ruido.

—¡Por Dios, es un perro rabioso! ¡Federico, no salgas, por Dios! ¡Juana! ¡Dile a tu marido que no salga! —clamó desesperada, dirigiéndose a mi mujer.

Otro aullido explotó, esta vez en el corredor central, delante de la puerta. Una finísima lluvia de escalofríos me bañó la médula hasta la cintura. No creo que haya nada más profundamente lúgubre que un aullido de perro rabioso a esa hora. Subía tras él la voz desesperada de mamá.

—¡Federico! ¡Va a entrar en tu cuarto! ¡No salgas, mi Dios, no salgas! ¡Juana! ¡Dile a tu marido!...

—¡Federico! —se cogió mi mujer a mi brazo.

Pero la situación podía tornarse muy crítica si esperaba a que el animal entrara, y encendiendo la lámpara descolgué la escopeta. Levanté de lado la harpillera de la puerta, y no vi más que el negro triángulo de la profunda tiniebla de afuera. Tuve tiempo apenas de avanzar una pierna, cuando sentí que algo firme y tibio me rozaba el muslo: el perro rabioso se entraba en nuestro cuarto. Le eché violentamente atrás la cabeza de un golpe de rodilla y súbitamente me lanzó un mordisco, que falló en un claro golpe de dientes. Pero un instante después sentí un dolor agudo.

Ni mi mujer ni mi madre se dieron cuenta de que me había mordido.

—¡Federico! ¿Qué fue eso? —gritó mamá, que había oído mi detención y la dentellada en el aire.

—Nada: quería entrar.

—¡Oh!...

De nuevo, y esta vez detrás del cuarto de mamá el fatídico aullido explotó.

—¡Federico! ¡Está rabioso! ¡No salgas! —clamó enloquecida, sintiendo al animal tras la pared de madera, a un metro de ella.

Hay cosas absurdas que tienen la apariencia de un legítimo razonamiento. Salí afuera con la lámpara en una mano y la escopeta en la otra, exactamente como para buscar una rata aterrorizada, que me daba perfecta holgura para colocar la luz en el suelo y matarla en el extremo de un horcón.

Recorrí los corredores. No se oía un rumor; pero de dentro de las piezas me seguía la tremenda angustia de mamá y mi mujer, que esperaban el estampido.

El perro se había ido.

—¡Federico! —exclamó mamá al sentirme volver por fin—. ¿Se fue el perro?

—Creo que sí; no lo veo. Me parece haber oído un trote cuando salí.

—Sí, yo también sentí... Federico: ¿no estará en tu cuarto?... ¡No tiene puerta, mi Dios! ¡Quédate dentro! ¡Puede volver!

En efecto, podía volver. Eran las dos y veinte de la mañana. Y juro que fueron fuertes las dos horas que pasamos mi mujer y yo, con la luz prendida, hasta que amaneció, ella acostada, yo sentado en la cama, vigilando sin cesar la harpillera flotante.

Antes me había curado. La mordedura era nítida: dos agujeros violeta, que oprimí con todas mis fuerzas y lavé con permanganato.

Yo creía muy restrictivamente en la rabia del animal. Desde el día anterior se había empezado a envenenar perros, y algo en la actitud abrumada del nuestro me prevenía en pro de la estricnina. Quedaban el fúnebre aullido y el mordisco; pero de todos modos, me inclinaba a lo primero. De aquí, seguramente, mi relativo descuido con la herida.

Llegó por fin el día. A las ocho, y a cuatro cuadras de casa, un transeúnte mató de un tiro de revólver al perro negro, que trotaba en inequívoco estado de rabia. En seguida lo supimos, teniendo de mi parte que librar una verdadera batalla contra mamá y mi mujer para no bajar a Buenos Aires a darme inyecciones. La herida, franca, había sido bien oprimida y lavada con mordiente lujo de permanganato. Todo esto, a los cinco minutos de la mordedura. ¿Qué demonios podía temer tras esa corrección higiénica? En casa concluyeron por tranquilizarse, y como la epidemia —provocada seguramente por una crisis de llover sin tregua como jamás se viera aquí— había cesado casi de golpe, la vida recobró su línea habitual.

Pero no por ello mamá y mi mujer dejaron ni dejan de llevar cuenta exacta del tiempo. Los clásicos cuarenta días pesan fuertemente, sobre todo en mamá, y aun hoy, con treinta y nueve transcurridos sin el más leve trastorno, ella espera el día de mañana para echar de su espíritu, en un inmenso suspiro, el terror, siempre vivo, que guarda de aquella noche.

El único fastidio acaso que para mí ha tenido esto es recordar punto por punto o que ha pasado. Confío en que mañana de noche concluya, con la cuarentena, esta historia que mantiene fijos en mí los ojos de mi mujer y de mi madre, como si buscaran en mi expresión el primer indicio de enfermedad.

* * *

Marzo 10

¡Por fin! Espero que de aquí en adelante podré vivir como un hombre cualquiera que no tiene suspendidas sobre su cabeza coronas de muerte. Ya han pasado los famosos cuarenta días, y la ansiedad, la manía de las persecuciones y los terribles gritos que esperaban de mí pasaron también para siempre.

Mi mujer y mi madre han festejado el fausto acontecimiento de un modo particular: contándome punto por punto todos los terrores que han sufrido sin hacérmelo ver. El más insignificante desgano mío las sumía en mortal angustia: "¡Es la rabia que comienza!", gemían. Si alguna mañana me levanté tarde, durante horas no vivieron, esperando otro síntoma. La fastidiosa infección en un dedo que me tuvo tres días febril e impaciente fue para ellas una absoluta prueba de la rabia que comenzaba: de donde su consternación, más angustiosa por furtiva.

Y así, el menor cambio de humor, el más leve abatimiento, provocáronles, durante cuarenta días, otras tantas horas de inquietud.

No obstante estas confesiones retrospectivas, desagradables siempre para el que ha vivido engañado, aun con la más arcangélica buena voluntad, con todo me he reído buenamente. "¡Ah, mi hijo! ¡No puedes figurarte lo horrible que es para una madre el pensamiento de que su hijo pueda estar rabioso! Cualquier otra cosa...; ¡pero rabioso, rabioso!..."

Mi mujer, aunque más sensata, ha divagado también bastante más de lo que confiesa. ¡Pero ya se acabó, por suerte! Esta situación de mártir, de bebé vigilado segundo a segundo contra tal disparatada amenaza de muerte no es seductora, a pesar de todo. ¡Por fin, de nuevo! Viviremos en paz, y ojalá que mañana o pasado no amanezca con dolor de cabeza, para resurrección de las locuras.

*　　*　　*

MARZO 15

Hubiera querido estar absolutamente tranquilo, pero es imposible. No hay ya más, creo, posibilidad de que esto concluya. Miradas de soslayo todo el día, cuchicheos incesantes, que cesan de golpe en cuanto oyen mis pasos, un crispante espionaje de mi expresión cuando estamos en la mesa, todo esto se va haciendo intolerable. "¿Pero qué tienen? ¡Por favor! —acabo de decirles—. ¿Me hallan algo anormal, no estoy exactamente como siempre? ¡Ya es un poco cansadora la historia del perro rabioso!" "¡Pero, Federico! —me han respondido, mirándome con sorpresa—. ¡Si no te decimos nada ni nos hemos acordado de eso!"

¡Y no hacen, sin embargo, otra cosa, otra que espiarme noche y día, día y noche, a ver si la estúpida rabia de su perro se ha infiltrado en mí!

*　　*　　*

MARZO 18

Hace tres días que vivo como debería y desearía hacerlo toda la vida. ¡Me han dejado en paz por fin, por fin!

*　　*　　*

MARZO 19

¡Otra vez! ¡Otra vez han comenzado! Ya no me quitan los ojos de encima, como si sucediera lo que parecen desear: que esté rabioso. ¡Cómo es posible tanta estupidez en dos personas sensatas! Ahora no disimulan más, y hablan precipitadamente en voz alta de mí; pero, no sé por qué, no puedo entender una palabra. En cuanto llego cesan de golpe, y apenas me alejo un paso recomienza el vertiginoso parloteo. No he podido contenerme, y me he vuelto con rabia: "¡Pero, hablen, hablen delante, que es menos cobarde!"

No he querido oír lo que han dicho y me he ido. ¡Ya no es vida la que llevo!

*　　*　　*

HORACIO QUIROGA　383

8 p.m.

—¡Quieren irse! ¡Quieren que nos vayamos!

¡Ah, yo sé por qué quieren dejarme!...

*   *   *

Marzo 20 (6 a.m.)

¡Aullidos, aullidos! ¡Toda la noche no he oído más que aullidos! ¡He pasado toda la noche despertándome a cada momento! ¡Perros, nada más que perros ha habido anoche alrededor de la casa! ¡Y mi mujer y mi madre han fingido el más perfecto sueño, para que yo solo absorbiera por los ojos los aullidos de todos los perros que me miraban!...

*   *   *

7 a.m.

¡No hay más que víboras! ¡Mi casa está llena de víboras! ¡Al lavarme había tres enroscadas en la palangana! ¡En el fondo del saco había muchas! ¡Y hay más! ¡Hay otras cosas! ¡Mi mujer me ha llenado la casa de víboras! ¡Ha traído enormes arañas peludas que me persiguen! ¡Ahora comprendo por qué me espiaba día y noche! ¡Ahora comprendo todo! ¡Quería irse por eso!

*   *   *

A la deriva

El hombre pisó algo blanduzco, y en seguida sintió la mordedura en el pie. Saltó adelante, y al volverse con un juramento, vio a una yararacusú[1] que, arrollada sobre sí misma, esperaba otro ataque.

[1] *yararacusú*   culebra muy venenosa

7.15 a.m.

¡El patio está lleno de víboras! ¡No puedo dar un paso! ¡No, no!... ¡Socorro!...

*   *   *

¡Mi mujer se va corriendo! ¡Mi madre se va! ¡Me han asesinado!... ¡Ah, la escopeta!... ¡Maldición! ¡Está cargada con munición! Pero no importa...

*   *   *

¡Qué grito ha dado! Le erré... ¡Otra vez las víboras! ¡Allí, allí hay una enorme!... ¡Ay! ¡¡Socorro, socorro!!

*   *   *

—¡Todos me quieren matar! ¡Las han mandado contra mí todas! ¡El monte está lleno de arañas! ¡Me han seguido desde casa!...

*   *   *

Ahí viene otro asesino... ¡Las trae en la mano! ¡Viene echando víboras en el suelo! ¡Viene sacando víboras de la boca y las echa en el suelo contra mí! ¡Ah! Pero éste no vivirá mucho... ¡Le pegué! ¡Murió con todas las víboras!... ¡Las arañas! ¡Ay! ¡¡Socorro!! ¡Ahí vienen, vienen todos!... ¡Me buscan, me buscan!... ¡Han lanzado contra mí un millón de víboras! ¡Todos las ponen en el suelo! ¡Y yo no tengo más cartuchos!... ¡Me han visto!... Uno me está apuntando...

El hombre echó una veloz ojeada a su pie, donde dos gotitas de sangre engrosaban dificultosamente, y sacó el machete de la cintura. La víbora vio la amenaza y hundió más la cabeza en el centro mismo de su espiral; pero el machete cayó de plano, dislocándole las vértebras.

El hombre se bajó hasta la mordedura, quitó las gotitas de sangre y durante un instante contempló. Un dolor agudo nacía de los dos puntitos violeta y comenzaba a invadir todo el pie. Apresuradamente se ligó el tobillo con su pañuelo y siguió por la picada hacia su rancho.

El dolor en el pie aumentaba, con sensación de tirante abultamiento, y de pronto el hombre sintió dos o tres fulgurantes puntadas que, como relámpagos, habían irradiado desde la herida hasta la mitad de la pantorrilla. Movía la pierna con dificultad; una metálica sequedad de garganta, seguida de sed quemante le arrancó un nuevo juramento.

Llegó por fin al rancho y se echó de brazos sobre la rueda de un trapiche. Los dos puntitos violeta desaparecían ahora en una monstruosa hinchazón del pie entero. La piel parecía adelgazada y a punto de ceder, de tensa. Quiso llamar a su mujer, y la voz se quebró en un ronco arrastre de garganta reseca. La sed lo devoraba.

—¡Dorotea! —alcanzó a lanzar en un estertor—. ¡Dame caña!

Su mujer corrió con un vaso lleno, que el hombre sorbió en tres tragos. Pero no había sentido gusto alguno.

—¡Te pedí caña, no agua! —rugió de nuevo—. ¡Dame caña!

—¡Pero es caña, Paulino! —protestó la mujer, espantada.

—¡No, me diste agua! ¡Quiero caña, te digo!

La mujer corrió otra vez, volviendo con la damajuana. El hombre tragó uno tras otro dos vasos, pero no sintió nada en la garganta.

—Bueno; esto se pone feo —murmuró entonces, mirando su pie, lívido y con lustre gangrenoso. Sobre la honda ligadura del pañuelo la carne desbordaba como una monstruosa morcilla.

Los dolores fulgurantes se sucedían en continuos relampagueos y llegaban ahora hasta la ingle. La atroz sequedad de garganta, que el aliento parecía caldear más, aumentaba a la par. Cuando pretendió incorporarse un fulminante vómito lo mantuvo medio minuto con la frente apoyada en la rueda de palo.

Pero el hombre no quería morir, y descendiendo hasta la costa subió a su canoa. Sentóse en la popa y comenzó a palear hasta el centro del Paraná. Allí la corriente del río, que en las inmediaciones del Iguazú corre seis millas, lo llevaría antes de cinco horas a Tacurú-Pacú.

El hombre, con sombría energía, pudo efectivamente llegar hasta el medio del río; pero allí sus manos dormidas dejaron caer la pala en la canoa y tras un nuevo vómito —de sangre esta vez— dirigió una mirada al sol, que ya trasponía el monte.

La pierna entera, hasta medio muslo, era ya un bloque deforme y durísimo que reventaba la ropa. El hombre cortó la ligadura y abrió el pantalón con su cuchillo: el bajo vientre desbordó hinchado, con grandes manchas lívidas y terriblemente doloroso. El hombre pensó que no podría jamás llegar él solo a Tacurú-Pacú y se decidió a pedir ayuda a su compadre Alves, aunque hacía mucho tiempo que estaban disgustados.

La corriente del río se precipitaba ahora hacia la costa brasileña, y el hombre pudo fácilmente atracar. Se arrastró por la picada en cuesta arriba; pero a los veinte metros, exhausto, quedó tendido de pecho.

—¡Alves! —gritó con cuanta fuerza pudo; y prestó oído en vano.

—¡Compadre Alves! ¡No me niegue este favor! —clamó de nuevo, alzando la cabeza del suelo.

En el silencio de la selva no se oyó un solo rumor. El hombre tuvo aún valor para llegar hasta su canoa, y la corriente, cogiéndola de nuevo, la llevó velozmente a la deriva.

El Paraná corre allí en el fondo de una inmensa hoya, cuyas paredes, altas de cien metros, encajonan fúnebremente el río. Desde las orillas, bordeadas de negros bloques de basalto, asciende el bosque, negro también. Adelante, a los costados, detrás, la eterna muralla lúgubre, en cuyo fondo el río arremolinado se precipita en incesantes borbollones de agua fangosa. El paisaje es agresivo y reina en él un silencio de muerte. Al atardecer, sin embargo, su belleza sombría y calma cobra una majestad única.

El sol había caído ya, cuando el hombre, semitendido, en el fondo de la canoa, tuvo un violento escalofrío. Y de pronto, con asombro, enderezó pesadamente la cabeza: se sentía mejor. La pierna le dolía apenas, la sed disminuía, y su pecho, libre ya, se abría en lenta inspiración.

El veneno comenzaba a irse, no había duda. Se hallaba casi bien, y aunque no tenía fuerzas para mover la mano, contaba con la caída del rocío para reponerse del todo. Calculó que antes de tres horas estaría en Tacurú-Pacú.

El bienestar avanzaba, y con él una somnolencia llena de recuerdos. No sentía ya nada ni en la pierna ni en el vientre. ¿Viviría aún su compadre Gaona en Tacurú-Pacú? Acaso viera también a su ex patrón míster Dougald y al recibidor del obraje.

¿Llegaría pronto? El cielo, al poniente, se abría ahora en pantalla de oro, y el río se había coloreado también. Desde la costa paraguaya, ya entenebrecida, el monte dejaba caer sobre el río su frescura crepuscular en penetrantes efluvios de azahar y miel silvestre. Una pareja de guacamayos cruzó muy alto y en silencio hacia el Paraguay.

Allá abajo, sobre el río de oro, la canoa derivaba velozmente, girando a ratos sobre sí misma, ante el borbollón de un remolino. El hombre que iba en ella se sentía cada vez mejor, y pensaba entre tanto en el tiempo justo que había pasado sin ver a su ex patrón Dougald. ¿Tres años? Tal vez no, no tanto. ¿Dos años y nueve meses? Acaso. ¿Ocho meses y medio? Eso sí, seguramente.

De pronto sintió que estaba helado hasta el pecho. ¿Qué sería? Y la respiración también...

Al recibidor de maderas de míster Dougald, Lorenzo Cubilla, lo había conocido en Puerto Esperanza un Viernes Santo... ¿Viernes? Sí o jueves...

El hombre estiró lentamente los dedos de la mano.

—Un jueves...

Y cesó de respirar.

49 Mariano Azuela
(1873-1952)

Oriundo de Lagos de Moreno, pequeña ciudad del estado de Jalisco sin relación literaria o política con el mundo porfirista, Mariano Azuela tuvo papel destacado en el gobierno de Francisco Madero y, después del asesinato de éste en 1913, peleó contra la dictadura antirrevolucionaria de Victoriano Huerta. Los altibajos de la azarosa vida política mexicana de la época revolucionaria provocaron por fin que se refugiara Azuela en El Paso, Téxas, donde publicó en 1915 su obra más importante, *Los de abajo*. Al volver a México, se apartó de la política, dedicándose a escribir y a su profesión de médico.

Antes de 1915 Azuela había publicado una serie de novelas influidas por el naturalismo tradicional, objetivas y desiguales. En dicho año escribió su primer cuento de la Revolución, siendo así el primero en practicar tanto la novela como el cuento dedicados a retratar el proceso revolucionario. A su regreso a México en 1916, escribió una serie de novelas que desnudan los abusos sociales de la Revolución y de la sociedad posrevolucionaria. En su mayoría estas obras siguen las formas del realismo rayano en naturalismo, pero hay dos excepciones que han provocado fuertes desacuerdos de la crítica. En *La Malhora* (1923) y *La Luciérnaga* (1932) Azuela ensayó una mezcla de denuncia naturalista, con todo lo que implica de sordidez, y una técnica vanguardista, con empleo de metáforas libres. Algunos críticos las creen de excepcional interés, mientras que para otros muestran marcadas debilidades.

Donde no hay desacuerdo alguno es en la importancia de *Los de abajo*, no sólo por ser la primera de las novelas de la Revolución Mexicana sino también por ser un retrato sin par de un pueblo que sufre, pelea y muere. La novela pasó desapercibida hasta 1925, cuando se publicó como folletín en *El Universal Ilustrado* y se hizo un éxito inmediato. Consiste la novela en una serie de episodios de gran dinamismo que pintan todos los diversos tipos que en su conjunto formaron el sangriento caleidoscopio de la Revolución, caleidoscopio visto por Azuela con desilusión pero sin perder su creencia en su necesidad y su inevitabilidad. En la violencia desenfrenada, el antiheroísmo cotidiano y la brutalidad vemos cómo el observador objetivo escoge los detalles justos para crear cuadros a veces casi impresionistas.

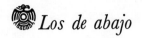

Los de abajo

PRIMERA PARTE

I

—Te digo que no es un animal... Oye cómo ladra el *Palomo*... Debe ser algún cristiano...

La mujer fijaba sus pupilas en la oscuridad de la sierra.

—¿Y que fueran siendo[1] federales[2]? —repuso un hombre que, en cuclillas, yantaba en un rincón, una cazuela en la diestra y tres tortillas en taco en la otra mano.

La mujer no le contestó; sus sentidos estaban puestos fuera de la casuca.

Se oyó un ruido de pesuñas en el pedregal cercano, y el *Palomo* ladró con más rabia.

—Sería bueno que por sí o por no te escondieras, Demetrio.

El hombre, sin alterarse, acabó de comer; se acercó un cántaro y, levantándolo a dos manos, bebió agua a borbotones. Luego se puso en pie.

—Tu rifle está debajo del petate —pronunció ella en voz muy baja.

El cuartito se alumbraba por una mecha de sebo. En un rincón descansaban un yugo, un arado, un otate[3] y otros aperos de labranza. Del techo pendían cuerdas sosteniendo un viejo molde de adobes, que servía de cama, y sobre mantas y desteñidas hilachas dormía un niño.

Demetrio ciñó la cartuchera a su cintura y levantó el fusil. Alto, robusto, de faz bermeja, sin pelo de barba, vestía camisa y calzón de manta, ancho sombrero de soyate[4] y guaraches.

Salió paso a paso, desapareciendo en la oscuridad impenetrable de la noche.

El *Palomo*, enfurecido, había saltado la cerca del corral. De pronto se oyó un disparo, el perro lanzó un gemido sordo y no ladró más.

Unos hombres a caballo llegaron vociferando y maldiciendo. Dos se apearon y otro quedó cuidando las bestias.

—¡Mujeres..., algo de cenar!... Blanquillos[5], leche, frijoles, lo que tengan, que venimos muertos de hambre.

—¡Maldita sierra! ¡Sólo el diablo no se perdería!

—Se perdería, mi sargento, si viniera de borracho como tú...

Uno llevaba galones en los hombros, el otro cintas rojas en las mangas.

—¿En dónde estamos, vieja[6]?... ¡Pero con una!... ¿Esta casa está sola?

—¿Y entonces, esa luz?... ¿Y ese chamaco[7]?... ¡Vieja, queremos cenar, y que sea pronto! ¿Sales o te hacemos salir?

—¡Hombres malvados, me han matado mi perro!... ¿Qué les debía ni qué les comía mi pobrecito *Palomo*?

La mujer entró llevando a rastras el

---

[1] *que fueran siendo* si fueran
[2] *federales* soldados del gobierno de Victoriano Huerta, Presidente de México (1913–1914) después de haber mandado asesinar al Presidente Francisco I. Madero
[3] *otate* goad

[4] *soyate* palma de baja calidad
[5] *Blanquillos* Huevos
[6] *vieja* mujer (sin que sea necesariamente vieja)
[7] *chamaco* niño

De Mariano Azuela, *Los de abajo* (México, Fondo de Cultura Económica, 1961), pp. 7–11, 78–82, 150–52.

perro, muy blanco y muy gordo, con los ojos claros ya y el cuerpo suelto.

—¡Mira no más qué chapetes[8], sargento!... Mi alma, no te enojes, yo te juro volverte tu casa un palomar; pero, ¡por Dios!...

> *No me mires airada...*
> *No más enojos...*
> *Mírame cariñosa,*
> *luz de mis ojos—,*

acabó cantando el oficial con voz aguardentosa.

—Señora, ¿cómo se llama este ranchito? —preguntó el sargento.

—Limón —contestó hosca la mujer, ya soplando las brasas del fogón y arrimando leña.

—¿Conque aquí es Limón?... ¡La tierra del famoso Demetrio Macías!... ¿Lo oye, mi teniente? Estamos en Limón.

—¿En Limón?... Bueno, para mí... ¡plin!... Ya sabes, sargento, si he de irme al infierno, nunca mejor que ahora..., que voy en buen caballo. ¡Mira no más qué cachetitos de morena!... ¡Un perón para morderlo!...

—Usted ha de conocer al bandido ese, señora... Yo estuve junto con él en la Penitenciaría de Escobedo.

—Sargento, tráeme una botella de tequila; he decidido pasar la noche en amable compañía con esta morenita... ¿El coronel?... ¿Qué me hablas tú del coronel a estas horas?... ¡Que vaya mucho a...! Y si se enoja, pa mí... ¡plin!... Anda, sargento, dile al cabo que desensille y eche de cenar. Yo aquí me quedo... Oye, chatita, deja a mi sargento que fría los blanquillos y caliente las gordas[9]; tú ven acá conmigo. Mira, esta carterita apretada de billetes es sólo para ti. Es mi gusto. ¡Figúrate! Ando

un poco borrachito por eso, y por eso también hablo un poco ronco... ¡Como que en Guadalajara dejé la mitad de la campanilla[10] y por el camino vengo escupiendo la otra mitad!... ¿Y qué le hace...? Es mi gusto. Sargento, mi botella, mi botella de tequila. Chata, estás muy lejos; arrímate a echar un trago. ¿Cómo que no?... ¿Le tienes miedo a tu... marido... o lo que sea?... Si está metido en algún agujero dile que salga..., pa mí ¡plin!... Te aseguro que las ratas no me estorban.

Una silueta blanca llenó de pronto la boca oscura de la puerta.

—¡Demetrio Macías! —exclamó el sargento despavorido, dando unos pasos atrás.

El teniente se puso de pie y enmudeció, quedóse frío e inmóvil como una estatua.

—¡Mátalos! —exclamó la mujer con la garganta seca.

—¡Ah, dispense, amigo!... Yo no sabía... Pero yo respeto a los valientes de veras.

Demetrio se quedó mirándolos y una sonrisa insolente y despreciativa plegó sus líneas.

—Y no sólo los respeto, sino que también los quiero... Aquí tiene la mano de un amigo... Está bueno, Demetrio Macías, usted me desaira... Es porque no me conoce, es porque me ve en este perro y maldito oficio... ¡Qué quiere, amigo!... ¡Es uno pobre, tiene familia numerosa que mantener! Sargento, vámonos; yo respeto siempre la casa de un valiente, de un hombre de veras.

Luego que desaparecieron, la mujer abrazó estrechamente a Demetrio.

—¡Madre mía de Jalpa[11]! ¡Qué susto! ¡Creí que a ti te habían tirado el balazo!

—Vete luego a la casa de mi padre —dijo Demetrio.

[8] *chapetes* mejillas; caderas
[9] *gordas* tortillas
[10] *campanilla* pulmón
[11] *Jalpa* pueblo mexicano, sede de la Virgen de Jalpa, una de las tres patronas de México

Ella quiso detenerlo; suplicó, lloró; pero él, apartándola dulcemente, repuso sombrío:

—Me late[12] que van a venir todos juntos.

—¿Por qué no los mataste?

—¡Seguro que no les tocaba[13] todavía!

Salieron juntos; ella con el niño en los brazos.

Ya a la puerta se apartaron en opuesta dirección.

La luna poblaba de sombras vagas la montaña.

En cada risco y en cada chaparro, Demetrio seguía mirando la silueta dolorida de una mujer con su niño en los brazos.

Cuando después de muchas horas de ascenso volvió los ojos, en el fondo del cañón, cerca del río, se levantaban grandes llamaradas.

Su casa ardía...

XXI

El atronar de la fusilería aminoró y fue alejándose. Luis Cervantes se animó a sacar la cabeza de su escondrijo, en medio de los escombros de unas fortificaciones, en lo más alto del cerro.

Apenas se daba cuenta de cómo había llegado hasta allí. No supo cuándo desaparecieron Demetrio y sus hombres de su lado. Se encontró solo de pronto, y luego, arrebatado por una avalancha de infantería, lo derribaron de la montura, y cuando, todo pisoteado, se enderezó, uno de a caballo lo puso a grupas[1]. Pero, a poco, caballo y montados dieron en tierra, y él sin saber de su fusil, ni del revólver, ni de nada, se encontró en medio de la blanca humareda y del silbar de los proyectiles. Y aquel hoyanco y aque-

llos pedazos de adobes amontonados se le habían ofrecido como abrigo segurísimo.

—¡Compañero!...

—¡Compañero!...

—Me tiró el caballo; se me echaron encima; me han creído muerto y me despojaron de mis armas... ¿Qué podía yo hacer? —explicó apenado Luis Cervantes.

—A mí nadie me tiró... Estoy aquí por precaución..., ¿sabe?...

El tono festivo de Alberto Solís ruborizó a Luis Cervantes.

—¡Caramba! —exclamó aquél—. ¡Qué machito es su jefe! ¡Qué temeridad y qué serenidad! No sólo a mí, sino a muchos bien quemados[2] nos dejó con tamaña boca abierta.

Luis Cervantes, confuso, no sabía qué decir.

—¡Ah! ¿No estaba usted allí? ¡Bravo! ¡Buscó lugar seguro a muy buena hora!... Mire, compañero; venga para explicarle. Vamos allí, detrás de aquel picacho. Note que de aquella laderita, al pie del cerro, no hay más vía accesible que lo que tenemos delante; a la derecha la vertiente está cortada a plomo y toda maniobra es imposible por ese lado; punto menos por la izquierda: el ascenso es tan peligroso, que dar un solo paso en falso es rodar y hacerse añicos por las vivas aristas de las rocas. Pues bien; una parte de la brigada Moya nos tendimos en la ladera, pecho a tierra, resueltos a avanzar sobre la primera trinchera de los federales. Los proyectiles pasaban zumbando sobre nuestras cabezas; el combate era ya general; hubo un momento en que dejaron de foguearnos[3]. Nos supusimos que se les atacaba vigorosamente por la espalda. Entonces nosotros nos arrojamos sobre la trinchera. ¡Ah, compañero, fíjese!... De media ladera abajo es un verdadero tapiz de cadáveres. Las

---

[12] *Me late* Sospecho
[13] *no les tocaba* no les tocaba morir
[1] *lo... grupas* lo derribó, lo dejó tirado

[2] *bien quemados* experimentados, veteranos
[3] *foguearnos* tirarnos

ametralladoras lo hicieron todo; nos barrieron materialmente; unos cuantos pudimos escapar. Los generales estaban lívidos y vacilaban en ordenar una nueva carga con el refuerzo inmediato que nos vino. Entonces fue cuando Demetrio Macías, sin esperar ni pedir órdenes a nadie, gritó:

"—¡Arriba, muchachos!...

"—¡Qué bárbaro! —clamé asombrado.

"Los jefes, sorprendidos, no chistaron. El caballo de Macías, cual si en vez de pesuñas hubiese tenido garras de águila, trepó sobre estos peñascos. '¡Arriba, arriba!', gritaron sus hombres, siguiendo tras él, como venados, sobre las rocas, hombres y bestias hechos uno. Sólo un muchacho perdió pisada y rodó al abismo; los demás aparecieron en brevísimos instantes en la cumbre, derribando trincheras y acuchillando soldados. Demetrio lazaba las ametralladoras, tirando de ellas cual si fuesen toros bravos. Aquello no podía durar. La desigualdad numérica los habría aniquilado en menos tiempo del que gastaron en llegar allí. Pero nosotros nos aprovechamos del momentáneo desconcierto, y con rapidez vertiginosa nos echamos sobre las posiciones y los arrojamos de ellas con la mayor facilidad. ¡Ah, qué bonito soldado es su jefe!"

De lo alto del cerro se veía un costado de la Bufa, con su crestón, como testa empenachada de altivo rey azteca. La vertiente, de seiscientos metros, estaba cubierta de muertos, con los cabellos enmarañados, manchadas las ropas de tierra y de sangre, y en aquel hacinamiento de cadáveres calientes, mujeres haraposas iban y venían como famélicos coyotes esculcando y despojando.

En medio de la humareda blanca de la fusilería y los negros borbotones de los edificios incendiados, refulgían al claro sol casas de grandes puertas y múltiples ventanas, todas cerradas; calles en amontonamiento, sobrepuestas y revueltas en vericuetos pintorescos, trepando a los cerros circunvecinos. Y sobre el caserío risueño se alzaba una alquería[4] de esbeltas columnas y las torres y cúpulas de las iglesias.

—¡Qué hermosa es la Revolución, aun en su misma barbarie! —pronunció Solís conmovido. Luego, en voz baja y con vaga melancolía:

—Lástima que lo que falta no sea igual. Hay que esperar un poco. A que no haya combatientes, a que no se oigan más disparos que los de las turbas entregadas a las delicias del saqueo; a que resplandezca diáfana, como una gota de agua, la psicología de nuestra raza, condensada en dos palabras: ¡robar, matar!... ¡Qué chasco, amigo mío, si los que venimos a ofrecer todo nuestro entusiasmo, nuestra misma vida por derribar a un miserable asesino[5], resultásemos los obreros de un enorme pedestal donde pudieran levantarse cien o doscientos mil monstruos de la misma especie!... ¡Pueblo sin ideales, pueblo de tiranos!... ¡Lástima de sangre!

Muchos federales fugitivos subían huyendo de soldados de grandes sombreros de palma y anchos calzones blancos.

Pasó silbando una bala.

Alberto Solís, que, cruzados los brazos, permanecía absorto después de sus últimas palabras, tuvo un sobresalto repentino y dijo:

—Compañero, maldito lo que me simpatizan estos mosquitos zumbadores. ¿Quiere que nos alejemos un poco de aquí?

Fue la sonrisa de Luis Cervantes tan despectiva, que Solís, amoscado, se sentó tranquilamente en una peña.

Su sonrisa volvió a vagar siguiendo las espirales de humo de los rifles y la polvareda de cada casa derribada y cada techo que se

[4] *alquería*   casa de campo
[5] *asesino*   Huerta

hundía. Y creyó haber descubierto un símbolo de la Revolución en aquellas nubes de humo y en aquellas nubes de polvo que fraternalmente ascendían, se abrazaban, se confundían y se borraban en la nada.

—¡Ah —clamó de pronto—, ahora sí!...

Y su mano tendida señaló la estación de los ferrocarriles. Los trenes resoplando furiosos, arrojando espesas columnas de humo, los carros colmados de gente que escapaba a todo vapor.

Sintió un golpecito seco en el vientre, y como si las piernas se le hubiesen vuelto de trapo, resbaló de la piedra. Luego le zumbaron los oídos... Después, oscuridad y silencio eternos...

TERCERA PARTE

VI

La mujer de Demetrio Macías, loca de alegría, salió a encontrarlo por la vereda de la sierra, llevando de la mano al niño.

¡Casi dos años de ausencia!

Se abrazaron y permanecieron mudos; ella embargada por los sollozos y las lágrimas.

Demetrio, pasmado, veía a su mujer envejecida, como si diez o veinte años hubieran transcurrido ya. Luego miró al niño, que clavaba en él sus ojos con azoro. Y su corazón dio un vuelco cuando reparó en la reproducción de las mismas líneas de acero de su rostro y en el brillo flamante de sus ojos. Y quiso atraerlo y abrazarlo; pero el chiquillo, muy asustado, se refugió en el regazo de la madre.

—¡Es tu padre, hijo!... ¡Es tu padre!...

El muchacho metía la cabeza entre los pliegues de la falda y se mantenía huraño.

Demetrio, que había dado su caballo al asistente, caminaba a pie y poco a poco con su mujer y su hijo por la abrupta vereda de la sierra.

—¡Hora sí, bendito sea Dios que ya veniste!... ¡Ya nunca nos dejarás! ¿Verdad? ¿Verdad que ya te vas a quedar con nosotros?...

La faz de Demetrio se ensombreció.

Y los dos estuvieron silenciosos, angustiados.

Una nube negra se levantaba tras la sierra, y se oyó un trueno sordo. Demetrio ahogó un suspiro. Los recuerdos afluían a su memoria como una colmena.

La lluvia comenzó a caer en gruesas gotas y tuvieron que refugiarse en una rocallosa covacha.

El aguacero se desató con estruendo y sacudió las blancas flores de San Juan[1], manojos de estrellas prendidos en los árboles, en las peñas, entre la maleza, en los pitahayos y en toda la serranía.

Abajo, en el fondo del cañón y a través de la gasa de la lluvia, se miraban las palmas rectas y cimbradoras[2]; lentamente se mecían sus cabezas angulosas y al soplo del viento se desplegaban en abanicos. Y todo era serranía: ondulaciones de cerros que suceden a cerros, más cerros circundados de montañas y éstas encerradas en una muralla de sierra de cumbres tan altas que su azul se perdía en el zafir.

—¡Demetrio, por Dios!... ¡Ya no te vayas!... ¡El corazón me avisa que ahora te va a suceder algo!...

Y se deja sacudir de nuevo por el llanto.

El niño, asustado, llora a gritos, y ella tiene que refrenar su tremenda pena para contentarlo.

La lluvia va cesando; una golondrina de plateado vientre y alas angulosas cruza

[1] *flores... Juan* especie de rosa
[2] *cimbradoras* flexibles

oblicuamente los hilos de cristal, de repente iluminados por el sol vespertino.

—¿Por qué pelean ya, Demetrio?

Demetrio, las cejas muy juntas, toma distraído una piedrecita y la arroja al fondo del cañón. Se mantiene pensativo viendo el desfiladero, y dice:

—Mira esa piedra cómo ya no se para...

50 Ricardo Güiraldes
(1886-1927)

El argentino Ricardo Güiraldes era vanguardista cosmopolita y a la vez casi el último eslabón de la cadena de la literatura gauchesca. En la estancia pampeana de sus padres, donde pasó parte de la juventud y a la cual regresaba frecuentemente, convivió con los gauchos, y sus cuentos y novelas tienen como eje esta figura popular. En París, donde vivió gran parte de la madurez, se empapó de la nueva literatura, y estas influencias saltan a la vista en su poesía y en las metáforas que enriquecen su prosa. En *Raucho* (1915), *Rosaura* (1922) y *Xaimacá* (1923) buscaba reproducir la realidad pampeana con voluntad artística. Esta tendencia culminó en *Don Segundo Sombra* (1926), donde destiló a través de su visión particular la realidad, por él vivida, de una valiosa tradición en trance de desaparecer. Es esta novela una especie de mitificación del gaucho, donde la tradición aparece estilizada; es una novela regionalista escrita por un poeta de vanguardia; y es también una novela didáctica, en la cual Güiraldes quiere subrayar la necesidad de que se alíen los dos enemigos señalados por Sarmiento: la cultura cosmopolita y las rudas virtudes campesinas.

La selección que figura en esta antología es un cuento publicado en *Cuentos de muerte y de sangre* (1915); en él se destacan el ambiente criollo y la preocupación estilística a base de motivos populares. Como muchos cuentos de Güiraldes éste contiene los gérmenes de una novela futura —de su obra maestra, *Don Segundo Sombra*.

Hartas de silencio, morían las brasas aterciopelándose de ceniza. El candil tiraba su llama loca ennegreciendo el muro. Y la última llama del fogón lengüeteaba en torno a la pava[1] sumida en morrongueo[2] soñoliento.

Semejantes, mis noches se seguían; y me dejaba andar a esa pereza general, pensando o no pensando, mientras vagamente oía el silbido ronco de la pava, la sedosidad de algún bordoneo[3] o el murmullo vago de voces pensativas que me arrullaban como un arrorró.

En la mesa, una eterna partida de tute dio su fin. Todos volvían, preparándose a tomar los últimos cimarrones[4] del día y atardarse en una conversación lenta.

Silverio, un hombrón de diecinueve años, acercó un banco al mío. Familiarmente dejó caer su puño sobre mi muslo.

—¡Chupe y no se duerma!

Tomé el mate que otro me ofrecía, sin que lo hubiera visto, distraído.

Silverio reía con su risa franca. Una explosión de dientes blancos en el semblante virilmente tostado de aire.

Dirigió sus pullas a otro.

—Don Segundo, se le van a pegar los dedos[5]; venga a contar un cuento...; atraque un banco.

El enorme moreno se empacaba en un bordoneo demasiado difícil para sus manos callosas. Su pequeño sombrero, requintado[6], le hacía parecer más grande.

Dejó en un rincón el instrumento, plagado de golpes y uñazos, con sus cuerdas anudadas como miembros viejos.

—Arrímese —dijo uno, dándole lugar—, que aquí no hay duendes.

Hacía alusión a las supersticiones del viejo paisano; supersticiones conocidas de todos y que completaban su silueta característica.

—De duendes —dijo— les voy a contar un cuento —y recogió el chiripá sobre las rodillas para que no rozara el suelo.

En cuento es para alguien pretexto de hermosas frases; estudio, para otros; para aquéllos, un medio de conciliar el sueño.

Pero manjar exquisito para el criollo, por su rareza, hace que éste viva al par del héroe de la historia y tenga gestos, hasta palabras de protesta, en los momentos álgidos[7]. Sus emociones son tan reales, que si le dijera "¡Ésos son los traidores! ¡Ésa es el ánima malhechora!", muchos de entre ellos tendrían placer en dar una manito al hombre cuya alma ha repercutido en las suyas por un gesto noble, una palabra altanera o una actitud de coraje en momentos aciagos.

Dejaron que el hombre meditara, pues es exordio necesario a toda buena relación, y de antemano se prepararon a saborear emociones, evocando lo que cada cual había tenido que ver en esos fenómenos cuya causa ignoran y que atribuyen al sobrenatural (gracias a Dios).

---

[1] *pava* vasija que se emplea para preparar mate
[2] *morrongueo* sueño
[3] *bordoneo* rasgueo de una guitarra
[4] *cimarrones* mates sin azúcar
[5] *se... dedos* referencia, como después se aclara, a que don Segundo está intentando un bordoneo muy difícil

[6] *requintado* ladeado
[7] *álgidos* activos, excitados

De Ricardo Güiraldes, *Cuentos de muerte y de sangre* (1915).

El que menos[8] pasó su momento de terror en la vida. Uno se topó con la viuda[9]; otro, con una luz mala que trepara en ancas del caballo; a aquél le había salido el chancho[10], y este otro se perdió en un cementerio poblado de quejidos.

—Est'era un inglés —comenzó el relator—, moso[11] grande y juerte, metido ya en más de una peyejería[12], y que había criao fama de hombre aveso[13] pa salir de un apuro.

"Iba, en esa ocasión, a comprar una noviyada gorda y mestisona, de una viuda ricacha, y no paraba en descontar los ojos de güey[14] que podía agensiarse en el negosio.

"Era noche serrada, y el hombre cabilaba sobre los ardiles que empleería con la viuda pa engordar un capitalito que había amontonao comprando hasienda pa los corrales.

"Faltarían dos leguas para yegar, cuando uno de los mancarrones[15] de la volanta[16] dentró a bailar desparejo; y jue opinión del cochero darles más bien un resueyo y seguir pegándole[17] al día siguiente con la fresca. Pero el inglés, apurao por sus patacones, no se quería conformar con el atraso, y fayó por dirse a pie más bien que abandonar la partida.

"Así jue, y el cochero le señaló dos caminos: uno yendo derecho pal Sur, hasta una pulpería de donde no tendría más que seguir el cayejón hasta la estancia; y otro más corto, tomando derecho a un monte,

que podía devisarse[18] de donde estaban y, en crusándolo, enderesar a un ombú, que ésa era la estansia e la viuda. Pero el camino era peligroso, y muchas cosas se contaban de los que se habían quedao por querer crusarlo. Era el quintón[19] de Álvarez, nombrao en todo el partido[20], y que el inglés conosía de mentas[21].

"Se desía que había una ánima, pero el cochero le relató la verdad.

"Era que el hijo de la viuda desaparesió un día sin dejar más rastro que un papelito, en que pedía que no olvidaran su alma, condenada a vagar por el mundo, y que le pusieran todos los días una tira de asao y dos pesos en un escampao[22] que había en el quintón.

"Dende ese día se cumplió con la voluntad del finao, y a la madrugada siguiente aparesía el plato vasío. Los dos pesos se los habían llevao, y en la tierra, escrito con los dedos, desía 'grasias'; y esto a naides sorprendía, porque el finao jue hombre cumplido, y aunque no supiera escrebir, otra cosa jue su alma.

"Dende entonses no hay cristiano que se atreva a crusar de noche, y los más corajudos han güelto a mitad de camino y cuentan cosas estrañas.

"La viejecita llevaba de día la comida y los dos pesos, y no le había susedido nada, de no oír la voz del alma en pena de su hijo, que le agradesía.

"Con esto concluyó su relato el cochero, le desió güenas noches al inglés y agarró camino pal poblao, mientras el otro enderesaba al monte, pues era hombre de agayas y no creiba en aparisiones.

"Yegó y, sin titubiar, rumbió pal me-

8 *El que menos* Todos
9 *viuda* un fantasma
10 *chancho* cerdo diabólico del folklore
11 *moso* mozo. En este cuento se ha guardado la ortografía dialéctica: *s* por *c* y *z*, *y* por *ll*, confusión de *b* y *v*, *j* por *f* inicial, etc.
12 *peyejería* pellejería; aquí, lío
13 *aveso* avieso
14 *ojos de güey* dinero
15 *mancarrones* caballos
16 *volanta* carruaje
17 *pegándole* aquí, viajando

18 *devisarse* divisarse
19 *quintón* finca
20 *partido* distrito
21 *de mentas* de oídas
22 *escampao* descampado, terreno abierto

dio, buscando el abra en que debía estar la comida.

"Cualquiera se hubiera acoquinao en aquella escuridá, pero al inglés le buyía la curiosidá y el alma le retosaba de coraje.

"Así jue, pues, que yegó al punto señalao y vido el plato con la comida y los dos pesos, que no era hora toavía de salir las ánimas y estaban como la mano e la viuda los había dejao.

"Se agasapó entre el yuyal, peló un trabuco y aguaitó²³ lo que viniera.

"Ya lo estaba sopapiando el sueño, cuando un baruyo de ojarasca le hiso parar la oreja. Vichó pa todos laos, y no tardó en vislumbrar un gaucho araposo.

"Este tersiaba en el braso un poncho blanco que de largo arrastraba po'l suelo; las botas, de potro, no le alcansaban más que hasta medio pie²⁴, y traiba un chiripasito corto con más aujeros²⁵ que disgustos tiene un pobre.

"Ay²⁶ no más se sentó juntito al plato, peló una daga como de una brasada de largor y dio comienso a tragar a lo hambriento.

"En eso, y Dios parese que sirviera las miras del inglés, se alsó un remolino que arrió con los dos pesos. El malevo largó el cuchillo y dentró a perseguirlos, como un abriboca²⁷, cuando sintió, pa mal de sus pecaos, que el inglés lo había acogotao y quería darle fin de un trabucaso. Entonses rogó por su vida, alegando que él, aunque se había disgrasiao, no era un bandido y que le contaría cómo se había hecho ánima.

"Ay verán.

²³ *Se... aguaito* Se escondió entre la maleza, armó su escopeta y aguardó
²⁴ *botas... pie* las botas, hechas del pellejo de la pierna de potro o vaca, le alcanzaban a medio pie porque estaban deshechas.
²⁵ *aujeros* agujeros
²⁶ *Ay* Ahí
²⁷ *abriboca* tonto

"Hasía ya más de veinte años, en sus mosedades, este paisano había jurao cortarle la cresta al gayo que le arrastraba el ala²⁸ a su china; pero ese hombre era el finao Jasinto, entonses moso pudiente en el partido, y le encajaron una marimba e palos, acusándolo de pendensiero.

"Dende entonses hiso la promesa de no tener pas hasta vengarse del hombre que lo había agrabiao robándole la prenda. Y una noche quiso el destino que lo hayase solo, y lo mató; pero peliando en güena lay²⁹.

"Dispués había enterrao al muerto y, peligrando que lo vieran, había gatiao, de noche, hasta las casas de la viuda, donde le dejó un papelito que le debía asigurar la comida y una platita pa poder con el tiempo salir de apuros.

"Ésa era su historia; y los sustos que daba a la gente, envolviéndose en su poncho blanco, era de miedo que lo encontraran un día y lo reconosieran.

"Golbió a pedir por su vida, que bastante castigo tenía con su disgrasia.

"El inglés, poco amigo de alcagüeterías, prometió cayarse y dejarlo al infelís yorando su amargura.

"Esto pasó hase muchos años, y disen que al inglés, como premio a su güena alma, nunca le salió más redondo³⁰ un negosio."

Don Segundo hizo una pausa; su cara bronceada parecía impresionada por sus palabras, y golpeaba con una ramita robada al fuego la maternal fecundidad de la olla.

El auditorio esperaba en calma la conclusión de la historia.

—Güeno, es el caso que muchos años dispués tuvo ocasión el inglés, que era viajadoraso, de golver por el pago.

"Paró en casa e la viuda, y no podía

²⁸ *cortarle... ala* pelear con el hombre que cortejaba
²⁹ *en güena lay* de buena ley, derecho
³⁰ *redondo* ventajoso

dejar de pensar en lo que le había susedido por sus mosedades.

"En la mesa, aunque juera asunto delicao, preguntó a la patrona por el ánima de su hijo. La viejita se largó a yorar, disiendo que ya nunca oiba la voz de su hijo querido y que ya no escribía 'grasias' como antes en el suelo.

"Dejuro[31] en algo lo había ofendido, que eya no sabía tratar con espíritus; y, pa colmo, ni los dos pesos se alsaba, aunque siempre comía lo que eya le yevaba. Muchas veses había yorao suplicándole al alma le contestara, pero nunca hayó respuesta a sus lamentos.

"Al inglés le picó la curiosidá y, aunque estaba medio bichoco[32] por los años pa meterse en malos pasos, se le remosaba el alma con el recuerdo y se aprestó pa la noche misma. Dijo a la vieja que tendería el recao bajo el alero, que la noche iba a ser caliente; y cuando todos se habían dormido, enderesó al quintón con un paso menos asentao que años antes y cabiloso sobre el cambio que había dao el malevo en sus costumbres.

"Ni bien yegó al parque, un ventarrón se alsó y creyó el hombre en mal aviso. Se abrió paso como pudo entre las malesas y yegó trompesando[33] al abra dispués de muchas güeltas. Venía sudando; el aliento se le añudaba en el garguero y se sentó a descansar, esperando que se le pasara el sofocón y preguntándose si no sería miedo. Malo es pa un varón haserse esa pregunta, y el hombre ya comensó a sobresaltarse con los ruidos de aqueya soledá.

"La tormenta suele alsar ruidos extraños en la arboleda. A veses el viento es como un yanto de mujer, una rama rota gime como un cristiano, y hasta a mí me ha suse-

dido quedarme atento al ruido de un cascarón de uncalito[34] que golpeaba el tronco, creyendo juera el alma de algún condenao a hachar leña sin descanso. Al día siguiente, como susede en esos castigos de Dios, el ánima encuentra desecho su trabajo y tiene que seguir hachando y hachando con la esperansa que un día el filo de su hacha ruempa[35] el encanto.

"En esos momentos he sentido achicarsemé el alma, pensando en lo que a cada uno le puede guardar la suerte, y me hago cargo lo qué sería del inglés, ya viejón, con más de un pecao ensima, figurándose que ésa sería la'ora de su castigo.

"Pero él no creiba en ánimas, de suerte que crió coraje y se arrimó al lugar en que debía estar el plato. Lo hayó como antes, y como antes también se agasapó pa esperar.

"Ya harían muchas horas que estaba ayí, y le paresió una eternidá. No podía ver la hora por la escuridá y quiso levantarse; pero sintió como una mano que le pasaba por la carretiya y se agachó más bajito, pues ya le estaba entrando frío, y si no ganaba las casas era porque tenía miedo.

"Tendió la oreja y sintió que, en frente, algo caminaba entre las hojas secas. Había parao el viento y podía oír clarito los pasos de un cristiano que gateaba.

"Aguantó el resueyo y miró pal lao que venía el ruido. Como a una cuarta[36] del suelo, vido relumbrar dos ojos que lo miraban. Sintió que el corasón le daba un vuelco y apretó el cuchillo que había desembainao[37], jurando que, si era broma, bien cara la había de pagar quien le hasía pasar tamaño susto. Pero golvió a mirar, y más cerca otros dos ojitos briyaron; sintió un

---

[31] *Dejuro*   Seguro
[32] *bichoco*   viejo, inservible
[33] *trompesando*   tropezando

[34] *uncalito*   juncal
[35] *ruempa*   rompa
[36] *cuarta*   palmo
[37] *desembainao*   desenvainado

tropel a su espalda, le paresió que alguien se raiba, y ya, mitad de rabia y miedo, saltó al esplayao.

"—Venga —gritó— el que sea, que yo le he de en..., pero, ay no más, un bulto le pegó en las piernas; el hombre trabocó[38] unos pasos y se jue de largo, cayendo con el hosico entre el plato de latón vasío. Más sombras le pasaron por ensima; alguno le grító una cosa al oído, yevándosele media oreja; sintió como patas peludas de diablo que le pisoteaban la cara y se la rajuñaban[39].

"Hiso juerza y disparó pal monte. No quería saber nada, y corría este cristiano por entre los árboles, dándose contra los troncos, pisando en falso, enredándose en las bisnagas[40], chusiándose[41] en los cardos, y gritaba como ternero perdido rogando al Señor lo sacara de ese infierno."

Don Segundo se rio.

[38] *trabocó*   tropezó
[39] *rajuñaban*   rasguñaban, arañaban
[40] *bisnagas*   plantas parecidas a perejil (parsley)
[41] *chusiándose*   chuzándose, pinchándose

—Ave María, susto grande se yevó este hombre.

—Vea: el duro —gritó otro— se hizo manteca. Y cómo jue que había tanto bulto, si parese maldisión —rio Silverio.

—Jue —siguió don Segundo— que la tal ánima había juntao unos pesos y juyó del pago a vivir como Dios manda. Como la viuda seguía poniendo la comida, la olfatió un zorro, y dende entonces vienen en manada. El que quiera sacárselas tiene que ir alvertido y no pisar en hoyos.

Todos festejaron el cuento. Decididamente, don Segundo los había "fumao[42]" para que no lo embromaran; pero el cuento valía uno serio.

Hubo un movimiento general. A los que estaban cebando se les había enfriado la yerba; otros se fueron a dormir, mientras los menos cansados volvían hacia la mesa, donde la baraja, manoseada y vieja, esperaba el apretón cariñoso de las manos fuertes.

[42] *fumao*   tomado el pelo

51 Martín Luis Guzmán
(n. 1887)

Periodista, ensayista, revolucionario y batallador tenaz a favor de los ideales de la Revolución Mexicana, Martín Luis Guzmán es famoso sobre todo por tres obras literarias: *El águila y la serpiente* (1928), *La sombra del caudillo* (1929) y las *Memorias de Pancho Villa* (1938–1940). De las tres solamente la segunda con justicia puede llamarse novela, y aun en ésta se trata de la realidad política de México; es una acerba crítica del régimen del general Plutarco Elías Calles y la perversión del sueño revolucionario. *El águila y la serpiente* y los cuatro volúmenes de las *Memorias* son más bien crónicas históricas, pero crónicas de un gran dramatismo inmediato. Pintó Guzmán episodios que había vivido, líderes a quienes había conocido. En su chispeante prosa vemos la complejidad de la Revolución, acaso mejor simbolizada en la contradictoria figura de Pancho Villa, cuya sombra preside algunas de las mejores páginas de Guzmán. Aunque sus obras no sean novelas en el sentido tradicional, la voluntad estilística del autor y su examen de hechos trascendentales para la historia de México han creado libros de lectura apasionada y han influido extensamente en la novela mexicana posterior.

 *El águila y la serpiente*

[FRAGMENTOS]

LA MUERTE DE DAVID BERLANGA

Una mañana Rodolfo Fierro[1] llegó a la Secretaría de Guerra menos compuesto y sonriente que de costumbre. En realidad su hermosa figura se conservaba íntegra. Ostentaba, como siempre, aquel admirable par de mitasas[2] que adquirían en sus piernas un vigor de línea único y cabal. Su sombrero tejano, de lo más fino y blanco, no había perdido, en la manera como le cubría la cabeza, un solo ápice de su aire vagamente provocativo y seguramente amenazador. Seguía revistiéndose su palabra con las modulaciones de un timbre suave y rehuyendo los dichos malsonantes o soeces. Sus ojos, ligeramente turnios, miraban aún con la misma pupila afirmativa, inquiridora. Mas con todo, aquella mañana su personalidad parecía envuelta en un velo opaco:

sin estarlo de hecho, se veía marchito, envejecido.

Creí que venía, igual que tantas otras veces, en busca de dinero, pues a fuer de buen general y buen revolucionario gastaba mucho. Los cientos, los miles de pesos se le escurrían por entre los dedos con más facilidad que si en cada mano tuviera una fábrica de *bilimbiques*[3]. Y como desde que entramos en México la Secretaría de Guerra —esto lo sabía él muy bien— estaba obligada a ser su banco, cada dos, cada tres días se llegaba hasta mi escritorio y me decía con su voz más suave y segura:

—Quiero ponerle a usted un recibito.

—¡Imposible! —le contestaba yo siempre—. No tenemos un centavo.

Pero él, que conocía el juego, insistía con los mayores recursos de sus dulzuras verbales y acababa llevándose la autorización para parte, por lo menos, de lo que esperaba. Claro que en esto yo no hacía sino ceñirme a las instrucciones de José Isabel

[1] *Rodolfo Fierro* ayudante de Pancho Villa
[2] *mitasas* calzoneras

[3] *bilimbiques* billetes emitidos durante la Revolución de 1913

De Martín Luis Guzmán, *El águila y la serpiente* (1928).

Robles[4]. "A Fierro —me había dicho— necesitamos tenerlo grato cueste lo que cueste." Y, en verdad, el precio que por Fierro pagábamos no era excesivo en comparación con el de otros muchos: tan sólo dos o tres mil pesos tres o cuatro veces por semana.

—Bueno —le pregunté esta vez al advertir que tras de saludarme no me decía nada—: ¿por cuánto el recibito?

—Por lo que guste —respondió—. Lo principal no es ahora eso... Quisiera hablarle... hablarle en lo particular...

Y, sonriendo, subrayó las últimas palabras con una mirada hacia los dos taquígrafos que se encontraban junto a mi escritorio y hacia varios militares que esperaban, sentados en el estrado de enfrente, su turno de audiencia.

Mandé a los taquígrafos que se retiraran e invité a Fierro a sentarse en una butaca inmediata a mí.

—No —observó él—. Dificulto que así pueda hablarle sin estorbos. Despache usted a aquellos oficiales o vámonos a un lugar donde estemos solos de veras.

Adiviné entonces que se trataba de algo positivamente serio; de modo que, sin más explicaciones, me alcé del asiento e indiqué al general villista que me siguiera. Atravesamos la antesala y el despacho del ministro, donde a esa hora no estaban más que los ayudantes; abrí la puerta, disimulada en la pared, que daba acceso a la alcoba privada, y allí nos encerramos. Me senté en una silla mientras ofrecía otra a Fierro. Él no la aceptó, sino que prefirió sentarse en la cama, sobre cuya colcha, de raso verde, arrojó el sombrero con aire de fatiga apenas perceptible. Miró a continuación, uno por uno, los muebles, las cortinas, la alfombra, los

tapices; abrió los cajones del velador que tenía cerca, y, por fin, se puso a chupar el puro que traía en la boca, pero a chuparlo con atención tan reconcentrada, que se hubiera dicho que no pensaba más que en eso.

Yo, mientras tanto, lo estudiaba, esperando satisfacer una doble curiosidad: la que me inspiraba nuestra entrevista, impregnada ya de misterio, y la que jamás dejaba de producir en mí la presencia de aquella "bestia hermosa", según llamó a Fierro un periodista yanqui. Lo último me embargaba particularmente. Porque Fierro, que era por su gallardía física un tipo inconfundible, gozaba, además, de una leyenda terrible y fascinadora: se le pintaba como autor de proezas y crueldades tan pronto espeluznantes como heroicas. Allí, cruzadas las piernas, bellas y hercúleas, puesto el codo sobre la rodilla, inclinado el busto hasta la mano —mientras los dedos maceraban el rollo de tabaco y la boca despedía humo—, le afloraban el carácter preciso, la luz propia, la irradiación exacta. Su naturaleza semisalvaje, disfrazada hasta pocos segundos antes tras la cobertura de palabras, maneras y gestos civilizados, chocaba estrepitosamente contra el ambiente de los delicadísimos muebles de caoba, y con los encajes y las colgaduras de brocado, como una piedra sin pulir que estuviese estropeándolo y desgarrándolo todo con sus aristas en bruto.

De pronto me miró a los ojos y me dijo:

—Acabo de matar a David Berlanga... y créame usted que lo siento.

—¡A David Berlanga!

La imagen de aquel noble muchacho, todo abnegación y sinceridad, desinteresado, valiente, generoso, se me apareció íntegra. Creí verlo erguir el rostro pálido, la cabeza de cabellos largos y lacios, en el espacio que mediaba entre mí y la figura, ahora

---

[4] *José Isabel Robles* político y general revolucionario que, después de cambiar de partido varias veces, fue fusilado en 1917

resueltamente brutal y sanguinaria, de Rodolfo Fierro. Lo recordé entregado, pocas semanas antes, a denunciar con denuedo ante la Convención Militar de Aguascalientes[5] todas las mezquindades y corrupciones que corrían, como arroyos de cieno, por debajo de muchos hombres de la Revolución. Reconstruí de un solo trazo la órbita completa de su carrera de revolucionario joven, siempre postergado, siempre perseguido en secreto por los habilísimos inmorales que lograban escalar y conservar altos puestos a punta de intrigas, falsedades y traiciones. Y bajo la mirada del matador de hombres que tenía yo delante, experimenté de súbito un impulso horrible, una vaga inclinación a volverme yo también asesino, como tantas otras gentes cuyo aire había estado respirando los últimos meses, y a manchar con sangre humana la rica alfombra de aquella estancia. Ignoro si fue el instinto del bien, o la cobardía, o el extraño dejo de súplica que nimbaba la fijeza con que los ojos de Fierro estaban clavados en los míos; pero el caso es que la volición profunda que me empujaba a poner mano a la pistola varió de curso y se transformó en estas tres palabras, que eran ya, íntima y tácita, la aceptación de lo irremediable:

—Y ¿por qué?

—Por orden del Jefe[6].

Y entonces Fierro me lo contó todo.

*　　*　　*

—Berlanga —prosiguió— estuvo a cenar anteanoche en *Sylvain*. En otro de los gabinetes reservados cenaban asimismo, con varias mujeres, algunos de los ayudantes del Jefe. Ya sabe usted lo que seguido ocurre

en esos casos: se come mucho, se bebe demasiado, y luego, a la hora de pagar, el dinero falta. No me refiero a Berlanga, sino a los oficiales del Jefe. Pues bien: cuando les presentaron a los oficiales la cuenta, ellos se limitaron a firmar un vale por el importe y la propina. El mesero, claro, no se conformó, sino que se dispuso a rehusar el vale; pero, temiendo las consecuencias, fue a pedir consejo a Berlanga, a quien por lo visto conocían muy bien en el restaurante. Berlanga se indignó: se soltó a vociferar contra los militares que desprestigiaban la bandera de la Revolución; dijo que la División del Norte[7] estaba llena de salteadores, que los villistas no sabíamos triunfar sino para el robo, y cuando se cansó de gritar y echar pestes contra las fuerzas de mi general Villa, hizo efectivo el vale de los oficiales, para que el mesero no sufriera la pérdida, y para guardar el documento —declaró— como prueba de la conducta de las tropas del Jefe.

"Los oficiales, por supuesto, escucharon cuanto Berlanga había dicho y fueron con el chisme ayer en la mañana. Mi general Villa se puso furioso.

"—A esos perritos —dijo— que andan ladrándome y queriendo morderme el calcañar voy a aplastarlos así.

"Y alzó el pie, y lo dejó caer con una furia que yo mismo no le conocía. Acto seguido, me llamó aparte y me ordenó en voz baja:

"—Esta noche me saca usted a Berlanga de donde esté y me lo fusila.

"Yo, ¿qué podía hacer, salvo cumplir las órdenes? Órdenes de éstas, además, nunca me habían sorprendido ni molestado: va para años que estamos haciendo lo mismo, como usted sabrá. Ahora, muerto Berlanga, es cuando la cosa empieza a pesarme; porque, ¡palabra de honor!, Ber-

---

[5] *Convención... Aguascalientes* asamblea revolucionaria de 1914, cuyas tentativas de estabilizar la situación política no tuvieron éxito
[6] *Jefe* Villa

[7] *División del Norte* los soldados encabezados por Villa

langa era hombre como pocos: lo ha demostrado en el fusilamiento. Jamás seré yo capaz de matar a otro como él, así me pase a mí el Jefe por las armas.

"De acuerdo con lo mandado, me puse a buscar a Berlanga a eso de la medianoche o la una de la mañana. Metí en dos automóviles un grupo de *dorados*[8] y anduve, seguido de ellos, por diversos sitios. Luego me dirigí a *Sylvain*. Acabé por suponer que Berlanga estaría allí, porque recordaba haber oído decir a los oficiales, cuando hablaban con mi general Villa, que en *Sylvain* cenaba él las más de las noches.

"En efecto, cuando llegué al restaurante allí estaba. Al acercármele vi que llevaba buen rato de haber acabado la cena: se conocía en el puro que fumaba, quemado ya en más de la mitad y, al parecer, buenísimo, pues la ceniza, como enorme capullo, se mantenía todita pegada a la lumbre. Le dije que de orden de mi general Villa tenía encargo de pedirle que me acompañara, y que sería inútil toda resistencia, porque venía yo con fuerzas bastantes para hacerme obedecer.

"—¿Resistencia? —me contestó—. ¿Qué se adelanta en estos casos con la resistencia?

"Llamó al mesero; pagó el gasto; cogió el sombrero y se lo puso reposadamente —cuidando, mientras hacía todo esto, que sus movimientos no desprendieran la ceniza del puro—, y salimos.

"No volvió a dirigirme la palabra hasta que estábamos entrando por la puerta del cuartel de San Cosme.

"—¿Aquí es donde me van a encerrar? —me preguntó.

"—No —le respondí—. Aquí es donde lo vamos a fusilar.

"—¿A fusilar?... ¿Cuándo?

[8] *dorados* villistas

"—Ahora mismo.

"Y no pidió más explicaciones.

"Bajamos de los autos y entramos en el cuerpo de guardia. A la luz de la mala lámpara que allí ardía me fijé con cierta curiosidad en el aspecto de aquel hombre a quien íbamos a pasar por las armas sin más formalidades ni historias. Lo hice casi mecánicamente, y ahora lo deploro, porque Berlanga empezó entonces a interesarme. Seguía tan tranquilo como cuando lo encontré en *Sylvain*: no le había cambiado ni el color de la cara. Con la mayor calma que he visto en mi vida se desabotonó el chaquetín. Se acercó a una mesa. Sacó de los bolsillos un librito de apuntes y un lápiz. En el librito escribió varias líneas, que deben de haber sido muchas, pues tardó algo y yo no vi que levantara el lápiz del papel, ni que se detuviera, sino que escribió de corrido, como si supiera de antemano cuanto tenía que poner. En una hoja que arrancó del libro anotó otra cosa. Se quitó del dedo una sortija; sacó de los demás bolsillos algunos objetos, y, dándomelo todo, hasta el lápiz, me dijo:

"—Si es posible, le agradeceré que le entregue estas cosas a mi madre. En este papel he puesto el nombre y la dirección... Y estoy a sus órdenes.

"Su rostro se conservaba impasible. Su voz no acusaba el más leve rastro de emoción. Se abrochó el chaquetín, pero no de manera inconsciente, sino con pleno dominio de lo que estaba haciendo y atento todavía, como durante todas las operaciones anteriores, a que no se desprendieran las cenizas del puro. Éstas, en el tiempo transcurrido, habían crecido muchísimo: el capullo blanco era ya bastante mayor que la base de tabaco que lo sustentaba.

"Salimos de allí.

"El ruido de nuestros pasos al cruzar los patios del cuartel me sonó a hueco, a raro, a irreal; aún lo traigo metido en las orejas como un clavo. Las caras apenas nos las veíamos, porque era poca la luz.

"Pasada una puerta, después de otras muchas, nos detuvimos; hice formar el pelotón de los *dorados* frente a una pared y me volví hacia Berlanga, como para indicarle que todo estaba listo. Él entonces pareció fijar en mí la vista unos instantes; luego inclinó la cabeza hasta cerca de la mano en que tenía el puro, y, por fin, dijo, contestando a mi actitud:

"—Sí, en seguida. No lo haré esperar...

"Y durante algunos minutos, que para mí no duraron casi nada, siguió fumando. A despecho de las tinieblas, vi bien cómo apretaba cuidadosamente el puro entre las yemas de los dedos. Se adivinaba que, ajeno casi a su muerte inminente, Berlanga se deleitaba deteniéndose, a intervalos, para contemplar el enorme capullo de ceniza, cuyo extremo, por el lado de la lumbre, lucía con un vago resplandor color de salmón. Cuando el puro se hubo consumido casi por completo, Berlanga sacudió bruscamente la mano e hizo caer la ceniza al suelo, cual brasa a la vez brillante y silen-ciosa. Luego tiró lejos la colilla, y con paso tranquilo, ni precipitado ni lento, fue a ponerse de espaldas contra la pared... No se dejó vendar..."

* * *

—Ha sido un crimen horrible —le dije a Fierro después de una pausa larga.

—Sí, horrible —contestó, y se entregó de nuevo a la maceración de su tabaco, si bien ahora más ahincadamente que antes, obsesionado, atento al proceso formativo de la ceniza.

—En realidad —agregó a poco—, yo no soy tan malo como cuentan. También yo tengo corazón, también yo sé sentir y apreciar... ¡Qué hombre más valiente Berlanga! Y ¡qué fuerte! Mire usted —y me mostró el cigarro—: desde esta madrugada ando empeñado en fumarme un puro sin que se le caiga la ceniza, pero no lo logro. Los dedos, que no gobierno, se me mueven de pronto y la ceniza se cae. Y eso que no es malo el tabaco, yo se lo prometo. En cambio él, Berlanga, supo tener firme el pulso hasta que quiso, hasta el mismo instante en que lo íbamos a matar...

52 Rómulo Gallegos
(1884-1969)

Decano de la novela regionalista, autor de una larga serie de obras que presentan al hombre hispanoamericano en su conflicto con la naturaleza y con el prójimo, el venezolano Rómulo Gallegos tiene sus raíces en la novela realista y costumbrista del siglo pasado. Sus obras son de estructura tradicional, sin alardes de novedad técnica; en el contenido son casi un panorama del continente sudamericano, enfocando los problemas de ese mundo todavía en trance de encontrarse. La obra más divulgada de Gallegos, *Dona Bárbara* (1929) presenta en términos sarmentinos el conflicto entre la barbarie y la civilización; en otras obras retrata la explotación del indio y del negro, la corrupción política y otros males sociales. No obstante esta decidida actitud social, lo que sigue gustando son los personajes, firmemente trazados como auténticos seres humanos. Tal es el caso en *Pobre negro* (1937), novela de la cual presentamos aquí un fragmento.

Como su obra creadora, la vida de Rómulo Gallegos es un gran testimonio humano. Ha sido maestro; senador (puesto al cual renunció, desilusionado ante el espectáculo de la vida política); Ministro de Educación; y Presidente de la República Venezolana (1948), cargo que duró unos pocos meses antes de que un golpe militar lo derrocara.

*Pobre negro*

FASCINACIÓN

Un rancho llanero, en las sabanas de la entrada del Guárico[1], cerca de un palmar. Reina la sequía y en el horizonte vibran los espejismos. Una nube de polvo que avanza a lo lejos.

—Aguaite[2], mama —dice en la puerta del rancho un muchacho como de trece años—. Ahí como que viene la gente.

La madre se asoma a la puerta. Es una mujer todavía joven, pero sarmentosa y renegrida por el sol de la llanura. Mira hacia la nube de polvo y murmura:

—Sí. Es gente de tropa.

—¿Será el gobierno? —se pregunta el hijo.

Y ella, después de observar un rato:

—No. Son federales[3]. Y si no me equi-

voco, es la gente de mi compae[4] Ramón Nolasco.

—Menos mal —murmura el muchacho.

Y la madre agrega:

—Aunque pa lo que nos queda que perdé[5], bien pudieran sé enemigos. La cochina flaca y el burro espaletao[6].

—Y las cuatro maticas de yuca que se están secando —completa el hijo.

Y ambos permanecen en la puerta del rancho esperando lo que les traiga aquella nube de polvo. El sol abrasa la llanura, en el palmar estridulan las chicharras.

Llegaron los federales a quienes, en efecto, capitaneaba aquel Ramón Nolasco aludido.

—Salud, comadre —dijo, ya apeándose.

—Salú, compae —respondió ella.

Mientras el muchacho salía al encuen-

---

[1] *Guárico*   río venezolano
[2] *Aguaite*   Espera; Mira
[3] *federales*   soldados de la causa federalista. La lucha entre el federalismo y el centralismo fue una de las principales causas de las sangrientas guerras civiles que asolaron muchos países hispanoamericanos en el siglo XIX.

[4] *compae*   compadre
[5] *perdé*   perder; como en otras palabras de esta selección, en el habla dialectal de la región rural de Venezuela, no se pronuncia la r final, así como la d final e intervocálica y varias otras letras
[6] *espaletao*   con la paleta dislocada

De Rómulo Gallegos, *Pobre negro* (1937).

tro de aquél y arrodillándosele por delante, decíale:

—Su bendición mi padrino.

—Dios te bendiga, ahijado.

Y a la mujer:

—¿Qué nos tiene por aquí, comadre?

—Una poca de agua. ¡Y gracias, compae! Porque ya el pozo se está secando.

—¿Oyeron, muchachos? —preguntó Ramón Nolasco, dirigiéndose a su tropa—. Apláquense la sed, que para lo demás Dios proverá más adelante. Ándense al pozo, mientras yo echo aquí una conversadita con la comadre Justa.

Y ya tomando el rústico asiento que la mujer le ofrecía:

—Venimos a marcha forzada, para incorporarnos con la gente que está abriendo operaciones sobre Calabozo.

—¿Y de dónde la trae?

—De por los lados de Valle de la Pascua.

—¿No se topó por allá con la gente del General Sotillo[7]?

—No. Él anda ahora por los llanos de Chamariapa abriendo operaciones sobre Aragua de Barcelona, donde se han hecho fuertes los godos[8].

—Con él andan mis dos muchachos mayores. Digo, si ya no me los han matao.

—No se preocupe, comadre. Dios está con nosotros, los servidores de la causa del pueblo.

—Eso dicen, pero por aquí no lo he visto pasá a preguntame cómo me hallo.

—Mal, seguramente.

—¡Imagínese, compae! El marío muerto en la guerra, los dos hijos mayores corriendo la misma suerte y yo aquí con éste, su ahijado y con la nietecita huérfana

de mi difunta Asunción, que en paz descanse. Por ahí anda la pobrecita, buscando jobos[9] pa aplacase[10] el hambre.

El guerrillero se volvió hacia el muchacho —que estaba contemplando el sable dejado por él sobre un taburete— y dijo:

—Pero ya el ahijado está crecidito, comadre, y en algo puede ayudarla.

—Voluntá no le falta, pero mientras esta guerra dure... ¿Cuándo se acabará esto, compae?

—Esto va para largo. No hay que hacerse muchas ilusiones de momento. El triunfo será nuestro, al fin y al cabo, porque la buena causa tiene que imponerse; pero los godos todavía resisten. Si no nos hubieran matado al General Zamora[11], hace tiempo que estaríamos en Caracas; pero a falta de él, a Dios rogando y con el mazo dando.

Entre tanto el muchacho contemplaba el sable, que había sacado de su vaina de cuero. Le palpaba el filo y se deleitaba en el brillo de la hoja, buscando las señales de la sangre goda que hubiese derramado. Pero no era propiamente un sentimiento rencoroso que allí buscase complacencia, sino una fascinación ejercida sobre su alma por el acero desnudo que simbolizaba la guerra. A ésta se lanzaban los hombres valientes y ella los convertía en algo más que hombres: los guerrilleros que recorrían la llanura envueltos en un aura de leyenda, los caudillos que arrastraban en pos de sí a las muchedumbres armadas... La guerra era una cosa hermosa, con sus clarines y sus tambores, sus banderas y sus espadas brillantes. ¡Una cosa de hombres!

La mujer renegrida y sarmentosa había interrumpido el inacabable cuento de

---

[7] *Sotillo* Juan Antonio Sotillo, caudillo venezolano del siglo XIX

[8] *godos* durante la Guerra de la Independencia, españoles; en épocas posteriores, conservadores

[9] *jobos* árboles parecidos a la ciruela

[10] *aplacase* aplacarse

[11] *Zamora* Ezequiel Zamora (1817–1860), caudillo venezolano

sus miserias y tribulaciones y como advirtiese la contemplación a que se entregaba el hijo, hízole a su compadre una seña para que volviese la cabeza, a tiempo que se dibujaba en su rostro una sonrisa amarga, de resignación ante una fatalidad.

Ramón Nolasco se quedó mirando al muchacho y luego le preguntó:

—¿Te gusta, ahijado? ¿No querrías verte con uno tuyo que fuera un espejo de hombre, como ése donde te estás mirando?

—Sí —respondió el muchacho, volviendo hacia el guerrillero sus ojos fascinados—. Sí mi gustaría, padrino. Yo también quiero ser como usté, un militar valiente.

—¡Jm! —hizo la mujer—. ¿Lo está escuchando, compae? Ésa es la ayuda que puedo esperá de él.

Y Ramón Nolasco, sin hacer caso de las palabras de la madre:

—¿Te gustaría irte conmigo de una vez?

—Si mi mama me dejara...

—Démelo, comadre. Lo que va a suceder más tarde, que suceda más temprano. Deme ese muchacho para sacarle de él un hombre de provecho para la causa del pueblo. Yo se lo cuido.

Y la mujer fatalista:

—Lléveselo, compae. Usté lo ha dicho: lo que va a sucedé de tos modos, que suceda de una vez. Ya los otros cogieron su camino y sólo me quedaba éste pa dáselo también a la guerra. Otros hubieran venío a lleváselo por la fuerza. Los del gobierno el día menos pensao. Mejor es que se lo lleve usté.

Y horas después, ya el hijo alejándose por la sabana atardecida, a la grupa del caballo del guerrillero y ella en la puerta del rancho junto con la nietecita llorosa:

—Bueno, mijita. Ya nos quedamos solas. Mañana arriaremos por delante el burrito espaletao y la cochinita flaca y nos iremos a pedí limosnas por los pueblos. Dice el compae que Dios anda con ellos. ¡Que asina sea, pa que me proteja al muchacho!

53 Jorge Luis Borges
(n. 1899)

A Jorge Luis Borges se le conocía primero como poeta, el mejor y más lúcido del grupo bonaerence reunido alrededor de la revista *Martín Fierro*. Después de estudiar en Suiza, había pasado por Madrid, donde le atacó el sarampión ultraísta, y al regresar a Buenos Aires en 1921, colaboró en el movimiento vanguardista. Después, rechazó lo que había de relleno en el movimiento, aprovechándose de lo valioso para ir construyendo una poesía altamente personal. En 1935 empezó a cultivar el cuento, y aunque sigue escribiendo poemas, su mayor fama se debe a las colecciones de cuentos *Ficciones* (1944) y *El Aleph* (1949). También ha publicado diversos volúmenes de ensayos, donde el sabor a cuento se mezcla con la erudición, y en colaboración con Adolfo Bioy Casares (1914), distinguido cuentista y novelista, escribió tres colecciones de cuentos policíacos, bajo seudónimo colectivo.

Los cuentos de Borges tienen sello inconfundible: la mezcla de lo real y lo fantástico, hasta el punto de borrar la línea divisoria; el ambiente irreal; la asombrosa cultura que le permite emplear motivos sacados de los más inesperados rincones de la literatura y el pensamiento mundiales; la fascinación con lo argentino, tanto el suburbio como el arrabal o la pampa; el problema metafísico tratado en forma literaria; el estilo sutil, metafórico, lleno de hallazgos asombrosos. Algunos críticos han visto en la pasión de Borges por la metafísica una especie de juego superficial, pero han confundido la superficialidad con la clara negación de tomar demasiado en serio a sí mismo.

"El jardín de senderos que se bifurcan" es en muchos sentidos típico de la obra de Borges. La compleja estructura en la cual el protagonista busca salir de un problema laberíntico queda fundida con el laberinto-novela inventado por su antepasado Ts'ui Pên. Los cuentos de Borges son, como la novela de Ts'ui Pên, "una imagen incompleta, pero no falsa, del universo".

El jardín de senderos que se bifurcan

A Victoria Ocampo

En la página 22 de la *Historia de la Guerra Europea* de Liddell Hart, se lee que una ofensiva de trece divisiones británicas (apoyadas por mil cuatrocientas piezas de artillería) contra la línea Serre-Montauban había sido planeada para el veinticuatro de julio de 1916 y debió postergarse hasta la mañana del día veintinueve. Las lluvias torrenciales (anota el capitán Liddell Hart) provocaron esa demora —nada significativa, por cierto. La siguiente declaración, dictada, releída y firmada por el doctor Yu Tsun, antiguo catedrático de inglés en la *Hochschule* de Tsingtao, arroja una insospechada luz sobre el caso. Faltan las dos páginas iniciales.

"...y colgué el tubo. Inmediatamente después, reconocí la voz que había contestado en alemán. Era la del capitán Richard Madden. Madden, en el departamento de Viktor Runeberg, quería decir el fin de nuestros afanes y —pero eso parecía muy secundario, o *debía parecérmelo*— también de nuestras vidas. Quería decir que Runeberg había sido arrestado, o asesinado*. Antes que declinara el sol de ese día, yo correría la misma suerte. Madden era implacable. Mejor dicho, estaba obligado a ser implacable. Irlandés a las órdenes de Inglaterra, hombre acusado de tibieza y tal vez de traición

* Hipótesis odiosa y estrafalaria. El espía prusiano Hans Rabener alias Viktor Runeberg agredió con una pistola automática al portador de la orden de arresto, capitán Richard Madden. Éste, en defensa propia, le causó heridas que determinaron su muerte. (*Nota del Editor.*) NOTA DE BORGES MISMO

De Jorge Luis Borges, *Ficciones* (Buenos Aires, Emecé Editores, 1955).

¿cómo no iba a abrazar y agradecer este milagroso favor: el descubrimiento, la captura, quizá la muerte, de dos agentes del Imperio Alemán? Subí a mi cuarto; absurdamente, cerré la puerta con llave y me tiré de espaldas en la estrecha cama de hierro. En la ventana estaban los tejados de siempre y el sol nublado de las seis. Me pareció increíble que ese día sin premoniciones ni símbolos fuera el de mi muerte implacable. A pesar de mi padre muerto, a pesar de haber sido un niño en un simétrico jardín de Hai Feng ¿yo, ahora, iba a morir? Después reflexioné que todas las cosas le suceden a uno precisamente, precisamente ahora. Siglos de siglos y sólo en el presente ocurren los hechos; innumerables hombres en el aire, en la tierra y el mar, y todo lo que realmente pasa me pasa a mí... El casi intolerable recuerdo del rostro acaballado de Madden abolió esas divagaciones. En mitad de mi odio y de mi terror (ahora no me importa hablar de terror: ahora que he burlado a Richard Madden, ahora que mi garganta anhela la cuerda) pensé que ese guerrero tumultuoso y sin duda feliz no sospechaba que yo poseía el Secreto. El nombre del preciso lugar del nuevo parque de artillería británico sobre el Ancre. Un pájaro rayó el cielo gris y ciegamente lo traduje en un aeroplano y a ese aeroplano en muchos (en el cielo francés) aniquilando el parque de artillería con bombas verticales. Si mi boca, antes que la deshiciera un balazo, pudiera gritar ese nombre de modo que lo oyeran en Alemania... Mi voz humana era muy pobre. ¿Cómo hacerla llegar al oído del Jefe? Al oído de aquel hombre enfermo y odioso, que no sabía de Runeberg y de mí sino que estábamos en Staffordshire[1] y que en vano esperaba noticias nuestras en

[1] *Staffordshire* condado de Inglaterra

su árida oficina de Berlín, examinando infinitamente periódicos... Dije en voz alta: *Debo huir.* Me incorporé sin ruido, en una inútil perfección de silencio, como si Madden ya estuviera acechándome. Algo —tal vez la mera ostentación de probar que mis recursos eran nulos— me hizo revisar mis bolsillos. Encontré lo que sabía que iba a encontrar. El reloj norteamericano, la cadena de níquel y la moneda cuadrangular, el llavero con las comprometedoras llaves inútiles del departamento de Runeberg, la libreta, una carta que resolví destruir inmediatamente (y que no destruí), una corona, dos chelines y unos peniques, el lápiz rojo-azul, el pañuelo, el revólver con una bala. Absurdamente lo empuñé y sopesé para darme valor. Vagamente pensé que un pistoletazo puede oírse muy lejos. En diez minutos mi plan estaba maduro. La guía telefónica me dio el nombre de la única persona capaz de transmitir la noticia: vivía en un suburbio de Fenton, a menos de media hora de tren.

Soy un hombre cobarde. Ahora lo digo, ahora que he llevado a término un plan que nadie no calificará de arriesgado. Yo sé que fue terrible su ejecución. No lo hice por Alemania, no. Nada me importa un país bárbaro, que me ha obligado a la abyección de ser un espía. Además, yo sé de un hombre de Inglaterra —un hombre modesto— que para mí no es menos que Goethe. Arriba de una hora no hablé con él, pero durante una hora fue Goethe... Lo hice, porque yo sentía que el Jefe temía un poco a los de mi raza— a los innumerables antepasados que confluyen en mí. Yo quería probarle que un amarillo podía salvar a sus ejércitos. Además, yo debía huir del capitán. Sus manos y su voz podían golpear en cualquier momento a mi puerta. Me vestí sin ruido, me dije adiós en el espejo, bajé, escudriñé la calle tranquila y salí. La estación no distaba mucho de casa, pero juzgué preferible tomar un coche. Argüí que así corría menos peligro de ser reconocido; el hecho es que en la calle desierta me sentía visible y vulnerable, infinitamente. Recuerdo que le dije al cochero que se detuviera un poco antes de la entrada central. Bajé con lentitud voluntaria y casi penosa; iba a la aldea de Ashgrove, pero saqué un pasaje para una estación más lejana. El tren salía dentro de muy pocos minutos, a las ocho y cincuenta. Me apresuré; el próximo saldría a las nueve y media. No había casi nadie en el andén. Recorrí los coches: recuerdo unos labradores, una enlutada, un joven que leía con fervor los *Anales* de Tácito, un soldado herido y feliz. Los coches arrancaron al fin. Un hombre que reconocí corrió en vano hasta el límite del andén. Era el capitán Richard Madden. Aniquilado, trémulo, me encogí en la otra punta del sillón, lejos del temido cristal.

De esa aniquilación pasé a una felicidad casi abyecta. Me dije que ya estaba empeñado mi duelo y que yo había ganado el primer asalto, al burlar, siquiera por cuarenta minutos, siquiera por un favor del azar, el ataque de mi adversario. Argüí que esa victoria mínima prefiguraba la victoria total. Argüí que no era mínima, ya que sin esa diferencia preciosa que el horario de trenes me deparaba, yo estaría en la cárcel, o muerto. Argüí (no menos sofísticamente) que mi felicidad cobarde probaba que yo era hombre capaz de llevar a buen término la aventura. De esa debilidad saqué fuerzas que no me abandonaron. Preveo que el hombre se resignará cada día a empresas más atroces; pronto no habrá sino guerreros y bandoleros; les doy este consejo: *El ejecutor de una empresa atroz debe imaginar que ya la ha cumplido, debe imponerse un porvenir que sea irre-*vocable como el pasado. Así procedí yo, mientras mis ojos de hombre ya muerto registraban la fluencia de aquel día que era tal vez el último, y la difusión de la noche. El tren corría con dulzura, entre fresnos. Se detuvo, casi en medio del campo. Nadie gritó el nombre de la estación. *¿Ashgrove?* les pregunté a unos chicos en el andén. *Ashgrove*, contestaron. Bajé.

Una lámpara ilustraba el andén, pero las caras de los niños quedaban en la zona de sombra. Uno me interrogó: *¿Ud. va a casa del doctor Stephen Albert?* Sin aguardar contestación, otro dijo: *La casa queda lejos de aquí, pero Ud. no se perderá si toma ese camino a la izquierda y en cada encrucijada del camino dobla a la izquierda.* Les arrojé una moneda (la última), bajé unos escalones de piedra y entré en el solitario camino. Éste, lentamente, bajaba. Era de tierra elemental, arriba se confundían las ramas, la luna baja y circular parecía acompañarme.

Por un instante, pensé que Richard Madden había penetrado de algún modo mi desesperado propósito. Muy pronto comprendí que eso era imposible. El consejo de siempre doblar a la izquierda me recordó que tal era el procedimiento común para descubrir el patio central de ciertos laberintos. Algo entiendo de laberintos: no en vano soy bisnieto de aquel Ts'ui Pên, que fue gobernador de Yunnan y que renunció al poder temporal para escribir una novela que fuera todavía más populosa que el *Hung Lu Meng*[2] y para edificar un laberinto en el que se perdieran todos los hombres. Trece años dedicó a esas heterogéneas fatigas, pero la mano de un forastero lo asesinó y su novela era insensata y nadie encontró el labe-

[2] *Hung Lu Meng Sueño de la sala dorada*, novela autobiográfica por Ts'ao Chan (*c.* 1719–1765); se distingue por la minuciosa e imaginativa reconstrucción del pasado y por la glorificación de las mujeres

rinto. Bajo árboles ingleses medité en ese laberinto perdido: lo imaginé inviolado y perfecto en la cumbre secreta de una montaña, lo imaginé borrado por arrozales o debajo del agua, lo imaginé infinito, no ya de quioscos ochavados y de sendas que vuelven, sino de ríos y provincias y reinos... Pensé en un laberinto de laberintos, en un sinuoso laberinto creciente que abarcara el pasado y el porvenir y que implicara de algún modo los astros. Absorto en esas ilusorias imágenes, olvidé mi destino de perseguido. Me sentí, por un tiempo indeterminado, percibidor abstracto del mundo. El vago y vivo campo, la luna, los restos de la tarde, obraron en mí; asimismo el declive que eliminaba cualquier posibilidad de cansancio. La tarde era íntima, infinita. El camino bajaba y se bifurcaba, entre las ya confusas praderas. Una música aguda y como silábica se aproximaba y se alejaba en el vaivén del viento, empañada de hojas y de distancia. Pensé que un hombre puede ser enemigo de otros hombres, de otros momentos de otros hombres, pero no de un país: no de luciérnagas, palabras, jardines, cursos de agua, ponientes. Llegué, así, a un alto portón herrumbrado. Entre las rejas descifré una alameda y una especie de pabellón. Comprendí, de pronto, dos cosas, la primera trivial, la segunda casi increíble: la música venía del pabellón, la música era china. Por eso, yo la había aceptado con plenitud, sin prestarle atención. No recuerdo si había una campana o un timbre o si llamé golpeando las manos. El chisporroteo de la música prosiguió.

Pero del fondo de la íntima casa un farol se acercaba: un farol que rayaban y a ratos anulaban los troncos, un farol de papel, que tenía la forma de los tambores y el color de la luna. Lo traía un hombre alto. No vi su rostro, porque me cegaba la luz.

Abrió el portón y dijo lentamente en mi idioma:

—Veo que el piadoso Hsi P'êng se empeña en corregir mi soledad. ¿Usted sin duda querrá ver el jardín?

Reconocí el nombre de uno de nuestros cónsules y repetí desconcertado:

—¿El jardín?

—El jardín de senderos que se bifurcan.

Algo se agitó en mi recuerdo y pronuncié con incomprensible seguridad:

—El jardín de mi antepasado Ts'ui Pên.

—¿Su antepasado? ¿Su ilustre antepasado? Adelante.

El húmedo sendero zigzagueaba como los de mi infancia. Llegamos a una biblioteca de libros orientales y occidentales. Reconocí, encuadernados en seda amarilla, algunos tomos manuscritos de la Enciclopedia Perdida que dirigió el Tercer Emperador de la Dinastía Luminosa y que no se dio nunca a la imprenta. El disco del gramófono giraba junto a un fénix de bronce. Recuerdo también un jarrón de la familia rosa y otro, anterior de muchos siglos, de ese color azul que nuestros artífices copiaron de los alfareros de Persia...

Stephen Albert me observaba, sonriente. Era (ya lo dije) muy alto, de rasgos afilados, de ojos grises y barba gris. Algo de sacerdote había en él y también de marino; después me refirió que había sido misionero en Tientsin "antes de aspirar a sinólogo".

Nos sentamos; yo en un largo y bajo diván; él de espaldas a la ventana y a un alto reloj circular. Computé que antes de una hora no llegaría mi perseguidor, Richard Madden. Mi determinación irrevocable podía esperar.

—Asombroso destino el de Ts'ui Pên —dijo Stephen Albert—. Gobernador de su provincia natal, docto en astronomía, en astrología y en la interpretación infatigable de los libros canónicos, ajedrecista, famoso poeta y calígrafo: todo lo abandonó para componer un libro y un laberinto. Renunció a los placeres de la opresión, de la justicia, del numeroso lecho, de los banquetes y aun de la erudición y se enclaustró durante trece años en el Pabellón de la Límpida Soledad. A su muerte, los herederos no encontraron sino manuscritos caóticos. La familia, como usted acaso no ignora, quiso adjudicarlos al fuego; pero su albacea —un monje taoísta o budista— insistió en la publicación.

—Los de la sangre de Ts'ui Pên —repliqué— seguimos execrando a ese monje. Esa publicación fue insensata. El libro es un acervo indeciso de borradores contradictorios. Lo he examinado alguna vez: en el tercer capítulo muere el héroe, en el cuarto está vivo. En cuanto a la otra empresa de Ts'ui Pên, a su Laberinto...

—Aquí está el Laberinto —dijo indicándome un alto escritorio laqueado.

—¡Un laberinto de marfil! —exclamé—. Un laberinto mínimo...

—Un laberinto de símbolos —corrigió—. Un invisible laberinto de tiempo. A mí, bárbaro inglés, me ha sido deparado revelar ese misterio diáfano. Al cabo de más de cien años, los pormenores son irrecuperables, pero no es difícil conjeturar lo que sucedió. Ts'ui Pên diría una vez: *Me retiro a escribir un libro.* Y otra: *Me retiro a construir un laberinto.* Todos imaginaron dos obras; nadie pensó que libro y laberinto eran un solo objeto. El Pabellón de la Límpida Soledad se erguía en el centro de un jardín tal vez intrincado; el hecho puede haber sugerido a los hombres un laberinto físico. Ts'ui Pên murió; nadie, en las dilatadas tierras que fueron suyas, dio con el laberinto; la confusión de la novela me sugirió que ése era el laberinto. Dos circunstancias me dieron la recta solución del problema. Una: la curiosa leyenda de que Ts'ui Pên se había propuesto un laberinto que fuera estrictamente infinito. Otra: un fragmento de una carta que descubrí.

Albert se levantó. Me dio, por unos instantes, la espalda; abrió un cajón del áureo y renegrido escritorio. Volvió con un papel antes carmesí; ahora rosado y tenue y cuadriculado. Era justo el renombre caligráfico de Ts'ui Pên. Leí con incomprensión y fervor estas palabras que con minucioso pincel redactó un hombre de mi sangre: *Dejo a los varios porvenires (no a todos) mi jardín de senderos que se bifurcan.* Devolví en silencio la hoja. Albert prosiguió:

—Antes de exhumar esta carta, yo me había preguntado de qué manera un libro puede ser infinito. No conjeturé otro procedimiento que el de un volumen cíclico, circular. Un volumen cuya última página fuera idéntica a la primera, con posibilidad de continuar indefinidamente. Recordé también esa noche que está en el centro de las 1001 Noches, cuando la reina Shahrazad (por una mágica distracción del copista) se pone a referir textualmente la historia de las 1001 Noches, con riesgo de llegar otra vez a la noche en que la refiere, y así hasta lo infinito. Imaginé también una obra platónica, hereditaria, trasmitida de padre a hijo, en la que cada nuevo individuo agregara un capítulo o corrigiera con piadoso cuidado la página de los mayores. Esas conjeturas me distrajeron; pero ninguna parecía corresponder, siquiera de un modo remoto, a los contradictorios capítulos de Ts'ui Pên. En esa perplejidad, me remitieron de Oxford el manuscrito que usted ha examinado. Me detuve, como es natural, en la frase: *Dejo a los varios porvenires (no a todos) mi jardín de senderos que se bifurcan.* Casi en el acto comprendí; *el jardín de senderos que se*

ETERNO RETORNO

bifurcan era la novela caótica; la frase *varios porvenires* (*no a todos*) me sugirió la imagen de la bifurcación en el tiempo, no en el espacio. La relectura general de la obra confirmó esa teoría. En todas las ficciones, cada vez que un hombre se enfrenta con diversas alternativas, opta por una y elimina las otras; en la del casi inextricable Ts'ui Pên, opta —simultáneamente— por todas. *Crea*, así, diversos porvenires, diversos tiempos, que también proliferan y se bifurcan. De ahí las contradicciones de la novela. Fang, dígamos, tiene un secreto; un desconocido llama a su puerta; Fang resuelve matarlo. Naturalmente, hay varios desenlaces posibles: Fang puede matar al intruso, el intruso puede matar a Fang, ambos pueden salvarse, ambos pueden morir, etcétera. En la obra de Ts'ui Pên, todos los desenlaces ocurren; cada uno es el punto de partida de otras bifurcaciones. Alguna vez, los senderos de ese laberinto convergen: por ejemplo, usted llega a esta casa, pero en uno de los pasados posibles usted es mi enemigo, en otro mi amigo. Si se resigna usted a mi pronunciación incurable, leeremos unas páginas.

Su rostro, en el vívido círculo de la lámpara, era sin duda el de un anciano, pero con algo inquebrantable y aun inmortal. Leyó con lenta precisión dos redacciones de un mismo capítulo épico. En la primera, un ejército marcha hacia una batalla a través de una montaña desierta; el horror de las piedras y de la sombra le hace menospreciar la vida y logra con facilidad la victoria; en la segunda, el mismo ejército atraviesa un palacio en el que hay una fiesta; la resplandeciente batalla les parece una continuación de la fiesta y logran la victoria. Yo oía con decente veneración esas viejas ficciones, acaso menos admirables que el hecho de que las hubiera ideado mi sangre y de

que un hombre de un imperio remoto me las restituyera, en el curso de una desesperada aventura, en una isla occidental. Recuerdo las palabras finales, repetidas en cada redacción como un mandamiento secreto: *Así combatieron los héroes, tranquilo el admirable corazón, violenta la espada, resignados a matar y a morir.*

Desde ese instante, sentí a mi alrededor y en mi oscuro cuerpo una invisible, intangible pululación. No la pululación de los divergentes, paralelos y finalmente coalescentes ejércitos, sino una agitación más inaccesible, más íntima y que ellos de algún modo prefiguraban. Stephen Albert prosiguió:

—No creo que su ilustre antepasado jugara ociosamente a las variaciones. No juzgo verosímil que sacrificara trece años a la infinita ejecución de un experimento retórico. En su país, la novela es un género subalterno; en aquel tiempo era un género despreciable. Ts'ui Pên fue un novelista genial, pero también fue un hombre de letras que sin duda no se consideró un mero novelista. El testimonio de sus contemporáneos proclama —y harto lo confirma su vida— sus aficiones metafísicas, místicas. La controversia filosófica usurpa buena parte de su novela. Sé que de todos los problemas, ninguno lo inquietó y lo trabajó como el abismal problema del tiempo. Ahora bien, ése es el *único* problema que no figura en las páginas del *Jardín*. Ni siquiera usa la palabra que quiere decir *tiempo*. ¿Cómo se explica usted esa voluntaria omisión?

Propuse varias soluciones; todas, insuficientes. Las discutimos; al fin, Stephen Albert me dijo:

—En una adivinanza cuyo tema es el ajedrez ¿cuál es la única palabra prohibida? Reflexioné un momento y repuse:

—La palabra *ajedrez*.

—Precisamente —dijo Albert—. *El jardín de senderos que se bifurcan* es una enorme adivinanza, o parábola, cuyo tema es el tiempo; esa causa recóndita le prohíbe la mención de su nombre. Omitir *siempre* una palabra, recurrir a metáforas ineptas y a perífrasis evidentes, es quizá el modo más enfático de indicarla. Es el modo tortuoso que prefirió, en cada uno de los meandros de su infatigable novela, el oblicuo Ts'ui Pên. He confrontado centenares de manuscritos, he corregido los errores que la negligencia de los copistas ha introducido, he conjeturado el plan de ese caos, he restablecido, he creído restablecer, el orden primordial, he traducido la obra entera: me consta que no emplea una sola vez la palabra *tiempo*. La explicación es obvia: *El jardín de senderos que se bifurcan* es una imagen incompleta, pero no falsa, del universo tal como lo concebía Ts'ui Pên. A diferencia de Newton[3] y de Schopenhauer[4], su antepasado no creía en un tiempo uniforme, absoluto. Creía en infinitas series de tiempos, en una red creciente y vertiginosa de tiempos divergentes, convergentes y paralelos. Esa trama de tiempos que se aproximan, se bifurcan, se cortan o que secularmente se ignoran, abarca *todas* las posibilidades. No existimos en la mayoría de esos tiempos; en algunos existe usted y no yo; en otros, yo, no usted; en otros, los dos. En éste, que un favorable azar me depara, usted ha llegado a mi casa; en otro, usted, al atravesar el jardín, me ha encontrado muerto; en otro, yo digo estas mismas palabras, pero soy un error, un fantasma.

—En todos —articulé no sin un temblor— yo agradezco y venero su recreación

[3] *Newton* Isaac Newton (1642–1727), científico y filósofo inglés
[4] *Schopenhauer* Artur Schopenhauer (1788–1860), filósofo alemán

del jardín de Ts'ui Pên.

—No en todos —murmuró con una sonrisa—. El tiempo se bifurca perpetuamente hacia innumerables futuros. En uno de ellos soy su enemigo.

Volví a sentir esa pululación de que hablé. Me pareció que el húmedo jardín que rodeaba la casa estaba saturado hasta lo infinito de invisibles personas. Esas personas eran Albert y yo, secretos, atareados y multiformes en otras dimensiones de tiempo. Alcé los ojos y la tenue pesadilla se disipó. En el amarillo y negro jardín había un solo hombre; pero ese hombre era fuerte como una estatua, pero ese hombre avanzaba por el sendero y era el capitán Richard Madden.

—El porvenir ya existe —respondí—, pero yo soy su amigo. ¿Puedo examinar de nuevo la carta?

Albert se levantó. Alto, abrió el cajón del alto escritorio; me dio por un momento la espalda. Yo había preparado el revólver. Disparé con sumo cuidado: Albert se desplomó sin una queja, inmediatamente. Yo juro que su muerte fue instantánea: una fulminación.

Lo demás es irreal, insignificante. Madden irrumpió, me arrestó. He sido condenado a la horca. Abominablemente he vencido: he comunicado a Berlín el secreto nombre de la ciudad que deben atacar. Ayer la bombardearon; lo leí en los mismos periódicos que propusieron a Inglaterra el enigma de que el sabio sinólogo Stephen Albert muriera asesinado por un desconocido, Yu Tsun. El Jefe ha descifrado ese enigma. Sabe que mi problema era indicar (a través del estrépito de la guerra) la ciudad que se llama Albert y que no hallé otro medio que matar a una persona de ese nombre. No sabe (nadie puede saber) mi innumerable contrición y cansancio.

54 Miguel Ángel Asturias
(n. 1899)

Llegó Miguel Ángel Asturias a la literatura después de haber estudiado antropología e historia. *Leyendas de Guatemala* (1930) es una recopilación de las leyendas populares de su país, reelaboradas en un estilo casi barroco. Su mejor novela, *El señor presidente*, quedó inédita por razones políticas hasta 1946 a pesar de haber sido escrita unos veinte años antes. Es un retrato de la dictadura (1898–1920) de Manuel Estrada Cabrera, en el cual el ambiente de terror alcanza dimensiones casi alegóricas. Probablemente inspirada en *Tirano Banderas* de Valle-Inclán, *El señor presidente* es más apegada a la realidad inmediata, presentando una atmósfera tal de miedo que se convierte en pesadilla. En otras novelas (sobre todo en *Hombres de maíz*, 1949, y *Mulata de tal*, 1963), intentó Asturias recrear el mundo mágico de la mitología primitiva todavía vigente en Guatemala. *Viento fuerte* (1950), *El papa verde* (1954) y *Week-end en Guatemala* (1956) forman una trilogía antiimperialista inspirada en gran parte en los sucesos políticos de Guatemala que provocaron que Asturias se refugiara una vez más en otros países.

Tanto en sus obras políticas como en las mitológicas, emplea una técnica muy de vanguardia, a base de elementos surrealistas y una cronología casi arbitraria que nos presentan un mundo deformado, encubierto, como si detrás de la realidad cotidiana hubiera otra que el novelista intentara descubrir. Siendo Asturias Embajador de Guatemala a Francia, recibió en 1967 el Premio Nobel de Literatura.

 *Leyenda del Sombrerón*

El Sombrerón recorre los portales...

En aquel apartado rincón del mundo, tierra prometida a una Reina por un Navegante loco, la mano religiosa había construido el más hermoso templo al lado de las divinidades que en cercanas horas fueran testigos de la idolatría del hombre —el pecado más abominable a los ojos de Dios—, y al abrigo de los vientos que montañas y volcanes detenían con sus inmensas moles.

Los religiosos encargados del culto, corderos de corazón de león, por flaqueza humana, sed de conocimientos, vanidad ante un mundo nuevo o solicitud hacia la tradición espiritual que acarreaban navegantes y clérigos, se entregaron al cultivo de las bellas artes y al estudio de las ciencias y la filosofía, descuidando sus obligaciones y deberes a tal punto, que, como se sabrá el

De Miguel Ángel Asturias, *Leyendas de Guatemala*, 2ª edición (Buenos Aires, Editorial Losada, 1967), pp. 36–40, 47–51. Permiso de reproducción concedido por el autor.

Día del Juicio, olvidábanse de abrir el templo, después de llamar a misa, y de cerrarlo concluidos los oficios...

Y era de ver y era de oír y de saber las discusiones en que por días y noches se enredaban los más eruditos, trayendo a tal ocurrencia citas de textos sagrados, los más raros y refundidos.

Y era de ver y era de oír y de saber la plácida tertulia de los poetas, el dulce arrebato de los músicos y la inaplazable labor de los pintores, todos entregados a construir mundos sobrenaturales con los recados y privilegios del arte.

Reza en viejas crónicas, entre apostillas frondosas de letra irregular, que a nada se redujo la conversación de los filósofos y los sabios; pues, ni mencionan sus nombres, para confundirles la Suprema Sabiduría les hizo oír una voz que les mandaba se ahorraran el tiempo de escribir sus obras. Conversaron un siglo sin entenderse nunca ni dar una plumada, y diz que cavilaban en tamaños errores.

De los artistas no hay mayores noticias. Nada se sabe de los músicos. En las iglesias se topan pinturas empolvadas de imágenes que se destacan en fondos pardos al pie de ventanas abiertas sobre panoramas curiosos por la novedad del cielo y el sinnúmero de volcanes. Entre los pintores hubo imagineros y a juzgar por las esculturas de Cristos y Dolorosas[1] que dejaron, deben haber sido tristes y españoles. Eran admirables. Los literatos componían en verso, pero de su obra sólo se conocen palabras sueltas.

Prosigamos. Mucho me he detenido en contar cuentos viejos, como dice Bernal Díaz del Castillo en *La conquista de Nueva España*, historia que escribió para contradecir a otro historiador; en suma, lo que hacen los historiadores.

Prosigamos con los monjes...

Entre los unos, sabios y filósofos, y los otros, artistas y locos, había uno a quien llamaban a secas el Monje, por su celo religioso y santo temor de Dios y porque se negaba a tomar parte en las discusiones de aquéllos y en los pasatiempos de éstos, juzgándoles a todos víctimas del demonio.

El Monje vivía en oración dulces y buenos días, cuando acertó a pasar, por la calle que circunda los muros del convento, un niño jugando con una pelotita de hule.

Y sucedió...

Y sucedió, repito para tomar aliento, que por la pequeña y única ventana de su celda, en uno de los rebotes, colóse la pelotita.

El religioso, que leía la Anunciación de Nuestra Señora en un libro de antes, vio entrar el cuerpecito extraño, no sin turbarse, entrar y rebotar con agilidad midiendo piso y pared, pared y piso, hasta perder el impulso y rodar a sus pies, como un pajarito muerto. ¡Lo sobrenatural! Un escalofrío le cepilló la espalda.

El corazón le daba martillazos, como a la Virgen desustanciada[2] en presencia del Arcángel. Poco necesitó, sin embargo, para recobrarse y reír entre dientes de la pelotita. Sin cerrar el libro ni levantarse de su asiento, agachóse para tomarla del suelo y devolverla, y a devolverla iba cuando una alegría inexplicable le hizo cambiar de pensamiento: su contacto le produjo gozos de santo, gozos de artista, gozos de niño...

Sorprendido, sin abrir bien sus ojillos de elefante, cálidos y castos, la apretó con toda la mano, como quien hace un cariño, y la dejó caer en seguida, como quien suelta una brasa; mas la pelotita, caprichosa y coqueta, dando un rebote en el piso, devolvióse a sus manos tan ágil y tan presta que

---

[1] *Dolorosas* Vírgenes

[2] *desustanciada* turbada

apenas si tuvo tiempo de tomarla en el aire y correr a ocultarse con ella en la esquina más oscura de la celda, como el que ha cometido un crimen.

Poco a poco se apoderaba del santo hombre un deseo loco de saltar y saltar como la pelotita. Si su primer intento había sido devolverla, ahora no pensaba en semejante cosa, palpando con los dedos complacidos su redondez de fruto, recreándose en su blancura de armiño, tentado de llevársela a los labios y estrecharla contra sus dientes manchados de tabaco; en el cielo de la boca le palpitaba un millar de estrellas...

"¡La Tierra debe ser esto en manos del Creador!", pensó.

No lo dijo porque en ese instante se le fue de las manos —rebotadora inquietud—, devolviéndose en el acto, con voluntad extraña, tras un salto, como una inquietud.

—¿Extraña o diabólica?...

Fruncía las cejas —brochas en las que la atención riega dentífrico invisible— y, tras vanos temores, reconciliábase con la pelotita, digna de él y de toda alma justa, por su afán elástico de levantarse al cielo.

Y así fue como en aquel convento, en tanto unos monjes cultivaban las Bellas Artes y otros las Ciencias y la Filosofía, el nuestro jugaba en los corredores con la pelotita.

Nubes, cielo, tamarindos... Ni un alma en la pereza del camino. De vez en cuando, el paso celeroso de bandadas de pericas domingueras[3] comiéndose el silencio. El día salía de las narices de los bueyes, blanco, caliente, perfumado.

A la puerta del templo esperaba el monje, después de llamar a misa, la llegada de los feligreses, jugando con la pelotita que había olvidado en la celda. "¡Tan liviana, tan ágil, tan blanca!", repetíase mentalmente. Luego, de viva voz, y entonces el eco contestaba en la iglesia, saltando como un pensamiento:

—¡Tan liviana, tan ágil, tan blanca!... Sería una lástima perderla. —Esto le apenaba, arreglándoselas para afirmar que no la perdería, que nunca le sería infiel, que con él la enterrarían..., tan liviana, tan ágil, tan blanca...

¿Y si fuese el demonio?

Una sonrisa disipaba sus temores: era menos endemoniada que el Arte, las Ciencias y la Filosofía, y, para no dejarse mal aconsejar por el miedo, tornaba a las andadas, tentado de ir a traerla, enjuagándose con ella de rebote en rebote..., tan liviana, tan ágil, tan blanca...

Por los caminos —aún no había calles en la ciudad trazada por un teniente para ahorcar— llegaban a la iglesia hombres y mujeres ataviados con vistosos trajes, sin que el religioso se diera cuenta, arrobado como estaba en sus pensamientos. La iglesia era de piedras grandes; pero, en la hondura del cielo, sus torres y cúpula perdían peso, haciéndose ligeras, aliviadas, sutiles. Tenía tres puertas mayores en la entrada principal, y entre ellas, grupos de columnas salomónicas, y altares dorados, y bóvedas y pisos de un suave color azul. Los santos estaban como peces inmóviles en el acuoso resplandor del templo.

Por la atmósfera sosegada se esparcían tuteos de palomas, balidos de ganados, trotes de recuas, gritos de arrieros. Los gritos abríanse como lazos en argollas infinitas, abarcándolo todo: alas, besos, cantos. Los rebaños, al ir subiendo por las colinas, formaban caminos blancos, que al cabo se borraban. Caminos blancos, caminos móviles, caminitos de humo para jugar una pelota con un monje en la mañana azul...

—¡Buenos días le dé Dios, señor!

---

[3] *pericas domingueras* papagayos de plumaje brillante, como si estuvieran vestidos de fiesta

La voz de una mujer sacó al monje de sus pensamientos. Traía de la mano a un niño triste.

—¡Vengo, señor, a que, por vida suya, le eche los Evangelios a mi hijo, que desde hace días está llora que llora, desde que perdió aquí, al costado del convento, una pelota que, ha de saber su merced, los vecinos aseguraban era la imagen del demonio...

(...tan liviana, tan ágil, tan blanca...)

El monje se detuvo de la puerta para no caer del susto, y, dando la espalda a la madre y al niño, escapó hacia su celda, sin decir palabra, con los ojos nublados y los brazos en alto.

Llegar allí y despedir la pelotita, todo fue uno.

—¡Lejos de mí, Satán! ¡Lejos de mí, Satán!

La pelota cayó fuera del convento —fiesta de brincos y rebrincos de corderillo en libertad—, y, dando su salto inusitado, abrióse como por encanto en forma de sombrero negro sobre la cabeza del niño, que corría tras ella. Era el sombrero del demonio.

Y así nace al mundo el Sombrerón.

55 Eduardo Mallea
(n. 1903)

Eduardo Mallea nació en Bahía Blanca, Argentina, ciudad que en muchos libros suyos vuelve a aparecer como escenario del drama personal. Escritor fecundo, sus libros, numerosos y en general largos, forman en conjunto un macizo testimonio de su auténtica preocupación espiritual. Los personajes de Mallea sufren el drama contemporáneo de la angustia y la falta de comunicación humana, pero con una dimensión añadida, porque son argentinos, y para Mallea ser argentino equivale a pertenecer a un país desgarrado que ha olvidado su esencia. Mallea busca las raíces de su nación no realizada en la llamada Argentina invisible, esa capa del ser donde se conservan la integridad y la rectitud.

Sus primeras novelas tienden a ser largas y abstractas, con mucho de ensayo; de este período se destaca *La bahía de silencio* (1940). Más tarde ha depurado y enriquecido, creando en *Chaves* (1953) una novela breve y compacta que comunica toda la angustia y toda la esperanza que encuentra Mallea en su país. Hemos escogido un fragmento de *Todo verdor perecerá* (1941) que demuestra de manera ejemplar la capacidad de Mallea para establecer el clima espiritual de sequedad y esterilidad del cual provienen sus personajes en su búsqueda ritual de la realización.

Todo verdor perecerá

PRIMERA PARTE

I

Cuarenta y cuatro días consecutivos de seca y fuego arrasaron la sierra, el valle, las matas salvajes, la cabellera rala e hirsuta en el cráneo de tierra tendido al sol. En las horas del día, tan largo y tan alejado del cielo, el paisaje parecía una superficie calcinada, blanca y enorme; blanca era la tierra seca; blancos los pastos; blancas las cortaderas[1] y el olmo esquelético; blancos el algarrobo y el tala[2], retorcidos y agarrotados y rígidos como sistemas nerviosos muertos, sacados de la tierra al aire ardiente. Los campos mostraban su cara espectral y hambrienta, su boca árida, su escuálida garra extendida sin fuerza por millares de kilómetros. Abajo, hendido entre yuyos en la mitad del valle como una grieta serpeante, el cauce del arroyo no contenía más que piedras y un hilo exhausto de agua clara, pálido como el resto de las cosas. De tiempo en tiempo un animal errante y flaco se acercaba a beber; luego caminaba vencido por entre las matas espinosas. En aquella zona de desolación y sequía ya casi no quedaba ganado; alguna vez aparecía en lo alto de la sierra, más arriba de la casa solitaria, un jinete emigrante —o en el camino un fugaz automóvil terroso— o en la pendiente un ternero perdido; todo lo demás era campo desierto, sierras pétreas, cumbres a las que sólo el anochecer traía el alivio de la sombra.

Años antes la región, despoblada como hoy, era pródiga: de pronto, el cielo parecía haberse agostado. Ahora estaba tan alto, tan remoto, tan sin nubes, que sólo era sensible, al que levantaba los ojos, la imagen de su mortal abdicación. En los años prósperos, del otro lado de la sierra, a muchas leguas de la casa solitaria, se originó un pequeño pueblo. Verdeaban los espinillos, y en primavera un oro joven venía prestado a las copas. Vientos foráneos trajeron luego de la costa lejana arenas intrusas; un médano sentó sus reales[3] en la parte más abierta y baja de la región, y otros se le acercaron luego en estéril asamblea. Grandes extensiones fueron viciadas a ambos pies de la sierra.

Los pastos recibieron la invasión; las lluvias decrecieron; el campo, enfermo, devino torvo. Y la población se fue deshaciendo en lentas migraciones. Tan sólo quedó, allá arriba, la casa solitaria. Era como un reducto de Job en el panorama de aridez y de muerte. En lo alto de la falda, la conversación se trababa entre esos cuatro mutismos: la casa blanca con su cerco de pircas, la cumbre, la hondonada, los constantes halcones.

Las osamentas se pudrían al lado del hilo de agua. Y eran huesos de animales ya viejos, hechos a la privación y al pasto ingrato. El escaso ganado sobreviviente existía de la providencia. Muy de tiempo en tiempo, tras muchas semanas de espera, se confabulaba en la atmósfera una de esas nublazones[4] que encendían en el corazón de

---

[1] *cortaderas* plantas de hojas cortantes
[2] *tala* árbol espinoso

[3] *sentó sus reales* se arraigó
[4] *nublazones* nubes tormentosas

De Eduardo Mallea, *Todo verdor perecerá* (Buenos Aires, Editorial Sudamericana, 1965).

Nicanor Cruz una esperanza colérica. Estaba tan hecho al desastre, que al fin desafiaba las esperanzas; ya no le quedaba con qué luchar, sino con ellas. Pero las nublazones pasaban sin haber traído otra cosa que un breve oscurecimiento en la palidez de aquella tremenda esterilidad. Nicanor Cruz se reía; de mucho tiempo a esta parte, ése era su modo de llorar. Y aquella risa, como todo lo demás, había acabado por asimilarse al contorno; era seca como él, estéril, rígida, la famosa risa de Nicanor Cruz.

Aquella risa se parecía a las ramas secas del tala, a la tierra sin agua, al pasto sin verdor, a la inmensa extensión cruda e inútil como un juramento. Aquella risa parecía ser ajena a una criatura de Dios. Aquella risa, como decían en la zona, no era una risa de cristiano.

La seca era como un incendio; quemaba la vegetación por debajo, la buscaba, la mataba en la entraña. Algunos pastos se defendían terriblemente, duraban, echaban jugo, se nutrían desde adentro, tenaces; otros se entregaban sin réplica; otros nacían para aquel clima. Éstos eran como el usurero en años de ruina: siniestros de condición. Insidiosa, prolija, la arena trabajaba con el fuego solar en la ruina de los habitantes vivos de aquel sitio; abrazaba los tallos, volaba, levantaba diminutos copos, ahogaba las especies. Y cuando venía alguna lluvia, rápida, voluble, era como una visita a esos agentes de desesperanza.

La seca llevaba esta vez cuarenta y cuatro días. La última lluvia cayó por espacio de un día y una noche ante las ventanas de aquella casa, el 17 de enero. La piedra mojada brillaba a la sombra; por la noche hizo frío, y Nicanor Cruz recorrió el campo envuelto en la capa de cuero que estaba dura de tierra. Galopaba serio, con el brazo derecho caído a lo largo del cuerpo, con la mano izquierda mojada sosteniendo las riendas. Tenía las manos negras como un indígena, terrosas, de un color y de una consistencia inverosímiles, míticos, como el color y la consistencia de un cuero milenario. Galopaba, y volvió a la madrugada. Los ojos de la mujer estaban todavía tras de la ventana. Se apartaron. Al día siguiente hubo de nuevo sol; los animales comieron, aparecieron algunos en la sierra, negros, flacos. En la estancia La Oración, a bastantes leguas de allí, parecían vivir siempre en el mejor de los mundos. Desde el alto mirador blanco se abarcaba con la vista hasta muy lejos; se veía la ciudad, la bahía, la ciudad comercial recostada sobre el Atlántico.

Cuarenta y cuatro días consecutivos de seca y fuego arrasaron la sierra, el valle, las matas salvajes.

Ágata Cruz, en el cuarto grande, miró la hora: eran las doce; Nicanor iba a llegar; su corazón se cerró. Acercó a la mesa de comer las dos sillas de paja, salió a la galería: la fila de hormigas subía constantemente hasta la terraza; a veinte pasos de allí los agapantos estaban comidos, el ligustro[5] comido. Ágata Cruz miró la sierra, la falda pelada y blancuzca, el valle calcinado. Respiró el aire caliente. La casa blanca estaba en un alto, posada en su plano reposo sobre las simples columnas del tiempo colonial argentino. Por las columnas subían las hormigas, finísimas estrías verticales sobre la cal. Algo más abajo, en el potrero, Estaurófilo daba agua a los caballos flacos en grandes baldes de hojalata. Un aludo sombrero negro lo protegía del sol; era alto y encorvado, con las enormes piernas metidas en un pantalón colgante desde los hombros con tiradores de brin gris. Sostenía el balde, calmoso. La bestia bebía despacio, semejante

[5] *agapantos, ligustro* plantas

a una criatura consumida. Ágata Cruz entró en la casa.

Las puertas entornadas y el protector de alambre tejido llenaban el cuarto de sombra, pero de sombra glutinosa, caliente. Ágata se enfrentó en el espejo con su boca entreabierta, sus ojos grandes, áridos, su cabello negro y sedoso. Paseó lentamente su mano por aquel cabello, por aquellas mejillas lisas y no acariadas. Se apartó sin complacencia del espejo, fue a la cocina, y, desganada, destapó la olla. El vapor hirviente abrazó esa cara de mujer joven, a la que la falta de color, una palidez profunda, una fuerte demacración le agregaban, lejos de afearla, un encanto crepuscular.

La cocina tenía una ventana y se veía desde allí el lomo de la sierra, semejante en su desnudez escuálida al espinazo de un galgo hambriento. Piedras y matas moteaban el flanco vertical; una de las piedras recibía, en lo más alto, la luz directa del sol, y reverberaba como inmovilizada a mitad de una gesticulación. Ágata no veía desde allí los restos de la huerta, el último reducto de algunas hortalizas amables, manzanos, naranjos, duraznos; pero bajo la ventana corría el seto de ligustro, limitando al área de la casa.

Oyó el ruido que hizo al cerrarse la puerta de alambre tejido. Nicanor colgó el sombrero detrás de los postigos. Aquel hombre flaco, nervioso, tenía los ojos ariscos del que no duerme, ojos de caballo brioso y asustadizo, ojos de impaciencia y alarma. La camisa abierta, sucia, mostraba el comienzo cobrizo del pecho; el cuello manchado y negro. Se sentó en una de las sillas de paja junto a la mesa, y con el cortaplumas se puso a abrir estrías en un pequeño trozo de madera. Ágata trajo la fuente humeante. El pan casero estaba ya sobre la mesa, igual que el vino, que el agua, casi tibia. ¿Desde cuánto tiempo aquel silencio tomaba cuerpo entre los dos? Ágata se sentó; cada uno se sirvió su porción. Ella miró, por milésima vez, aquellas manos de hombre, huesudas y cetrinas, cortando el pan blanco. Quince años de convivencia se las tornaban cada día más extrañas.

Al pelar las frutas:

—Ya no van a quedar agapantos —dijo ella—. Todo está comido.

Él levantó los ojos, la miró.

—¿Qué se va a hacer hasta el invierno? Cuando el ariete[6] dé más agua las cosas se compondrán.

En quince años las cosas no se habían compuesto. Ágata se levantó, trajo el agua caliente, preparó el café. Él comenzó de nuevo a trabajar en la madera.

—La parte principal está ya hecha —dijo—. Esta tarde tendrá que ayudarme Estaurófilo a poner las estacas.

Estaurófilo se presentó en la puerta. Miró desde lejos la mesa con sus ojos ausentes, y esperó; los brazos le llegaban hasta cerca de las rodillas; de uno de ellos colgaba el sombrero —arratonado, grasiento—, el único que había conocido en sus treinta años de vida. Después se adelantó y tomó la olla que le alcanzaba Ágata Cruz y salió, golpeando la puerta de alambre. Dejó en el cuarto un olor a establo, a cebada.

—Habrá que avisarle —dijo Ágata—. Si no se va a ir, y después no vuelve hasta la noche.

Hablaban impersonalmente para no tutearse. Ya hacía mucho tiempo que no se hablaban directamente, lo cual los separaba más. Él contestó que le iba a avisar a la siesta. Ella se recostó en el sofá, fijó los ojos en el techo. Él volvió a tomar su sombrero y se lo puso y salió. "Hasta luego", dijo.

---

[6] *ariete* máquina para subir agua del pozo

"Hasta luego", contestó ella.

Nicanor trabajaba a la siesta. Ágata lo veía bajar todos los días a la siesta hasta el valle hasta el punto de la hondonada donde estaba preparando, solo, el nuevo ariete. Traerían más agua, a fin de salvar la granja, mientras no se pudiera hacer otra cosa. Un puerco beneficio, una ganancia de hambre, pero tan necesaria. Puesto que era el pan, puesto que era lo que les daba de comer. Ella lo veía trabajar a la siesta, a pleno sol.

Habría querido estimarlo, habría querido poder estimarlo. Pero no podía. Toda ella estaba cerrada, su corazón cerrado. Los días y las noches caían sobre ellos como una capa de mutismo. Nicanor la miraba con rabia y con esperanza, y ella le había visto una vez los ojos húmedos. Habría querido poder estimarlo, pero aquella afloración de rencor la cubría toda, la devoraba, como el higuerón al árbol noble en las cercanías de la casa.

56 Agustín Yáñez
(n. 1904)

Aunque Agustín Yáñez ya había publicado varias novelas, su verdadera consagración como novelista se debe a su extraordinaria *Al filo del agua* (1947), libro que ha influido de manera decisiva en el desarrollo de la novela mexicana. En vez de retratar la violencia de la Revolución Mexicana, *Al filo del agua* explora en el subconsciente de un pueblo rural en el año anterior al estallido revolucionario, buscando las causas no en los hechos políticos sino en la compleja relación entre vida interior y vida exterior. Es una novela ambiciosa y difícil, en la cual el autor muestra hasta qué punto ha logrado adueñarse de técnicas aprendidas en Faulkner, Joyce y Proust.

En sus novelas posteriores Yáñez nos brinda el panorama del mundo artístico en México después de la Revolución (*La creación*, 1959) y el ritmo vital de la gran metrópoli (*Ojerosa y pintada*, 1960). En *La tierra pródiga* (1960) y *Las tierras flacas* (1962) volvió a su Jalisco natal para estudiar la compleja relación entre la tierra domada y el hombre domador y la realidad de las tierras rurales. En las dos novelas emplea técnicas avanzadas, tales como el contrapunto temporal y el monólogo interior, para llegar a la verdad escondida de los personajes. Además de ser gran novelista, Yáñez ha desempeñado importantes puestos públicos; fue Gobernador de Jalisco y actualmente es Secretario de Educación Pública.

Al filo del agua

[Fragmentos]

ACTO PREPARATORIO

Pueblo de mujeres enlutadas. Aquí, allá, en la noche, al trajín del amanecer, en todo el santo río de la mañana, bajo la lumbre del sol alto, a las luces de la tarde —fuertes, claras, desvaídas, agónicas—; viejecitas, mujeres maduras, muchachas de lozanía, párvulas; en los atrios de iglesias, en la soledad callejera, en los interiores de tiendas y de algunas casas —cuán pocas— furtivamente abiertas.

Gentes y calles absortas. Regulares las hiladas de muros, a grandes lienzos vacíos. Puertas y ventanas de austera cantería, cerradas con tablones macizos, de nobles, rancias maderas, desnudas de barnices y vidrios, todas como trabajadas por uno y el mismo artífice rudo y exacto. Pátina del tiempo, del sol, de las lluvias, de las manos consuetudinarias, en los portones, en los dinteles y sobre los umbrales. Casas de las que no escapan rumores, risas, gritos, llantos; pero a lo alto, la fragancia de finos leños consumidos en hornos y cocinas, envuelta para regalo del cielo con telas de humo azul.

En el corazón y en los aledaños el igual hermetismo. Casas de las orillas, junto al río, junto al cerro, al salir de los caminos, con la nobleza de su cantería, que sella dignidad a los muros de adobe.

Y cruces al remate de la fachada más humilde, coronas de las esquinas, en las paredes interminables; cruces de piedra, de cal y canto, de madera, de palma; unas, anchas; otras, altas; y pequeñas, y frágiles, y perfectas, y toscas.

Pueblo sin fiestas, que no la danza diaria del sol con su ejército de vibraciones. Pueblo sin otras músicas que cuando clamorean las campanas, propicias a doblar por angustias, y cuando en las iglesias la opresión se desata en melodías plañideras, en coros atiplados y roncos. Tertulias, nunca. Horror sagrado al baile: ni por pensamiento: nunca nunca. Las familias entre sí se visitan sólo en caso de pésame o enfermedad, quizás cuando ha llegado un ausente mucho tiempo esperado.

Pueblo seco, sin árboles ni huertos. Entrada y cementerio sin árboles. Plaza de matas regadas. El río enjuto por los mayores meses; río de grandes losas brillantes al sol. Áridos lomeríos[1] por paisaje, cuyas líneas escuetas van superponiendo iguales horizontes. Lomeríos. Lomeríos.

Pueblo sin alameda. Pueblo de sol, reseco, brillante. Pilones de cantera, consumidos, en las plazas, en las esquinas. Pueblo cerrado. Pueblo de mujeres enlutadas. Pueblo solemne.

La limpieza pone una nota de vida. Bien barridas las calles. Enjalbegadas las casas y ninguna, ni en las orillas, ruinosa. Afeitados los varones, viejos de cara cenceña, muchachos chapeteados[2], muchachos pálidos, de limpias camisas, de limpios pantalones; limpios los catrines, limpios los charros, limpios los jornaleros de calzón blanco. Limpias las mujeres pálidas, enlutadas, pálidas y enlutadas, que son el alma de los atrios, de las calles ensolecidas, de las alcobas furtivamente abiertas. Nota de vida y de frescura, las calles bien barridas bajo el

[1] *lomeríos* conjuntos de lomas no muy elevadas
[2] *chapeteados* de mejillas gordas o rosadas

De Agustín Yáñez, *Al filo del agua* (México, Editorial Porrúa, 1961).

sol y al cabo del día, entre la noche. Mujeres enlutadas, madrugadoras, riegan limpieza desde secretos pozos.

En cada casa un brocal, oculto a las miradas forasteras, como las yerbas florecidas en macetas que pueblan los secretos patios, los adentrados corredores, olientes a frescura y a paz.

Muy más adentro la cocina, donde también se come y es el centro del claustro familiar. Allí las mujeres vestidas de luto, pero destocadas, lisamente peinadas.

Luego las recámaras. Imágenes. Imágenes. Lámparas. Una petaquilla cerrada con llave. Algún armario. Ropas colgadas, como ahorcados fantasmas. Canastas con cereales. Algunas sillas. Todo pegado a las paredes. La cama, las camas arrinconadas (debajo, canastas con ropa blanca). Y en medio de las piezas, grandes, vacíos espacios.

Salas que lo son por sus muchas sillas y algún canapé. No falta una cama. La cama del señor. En las rinconeras, las imágenes principales del pueblo y del hogar, con flores de artificio, esferas y tibores. La Mano de la Providencia, el Santo Cristo, alguna Cruz Milagrosa que fue aparecida en algún remoto tiempo, a algún ancestro legendoso.

De las casas emana el aire de misterio y hermetismo que sombrea las calles y el pueblo. De las torres bajan las órdenes que rigen el andar de la casa. Campanadas de hora fija, clamores, repiques.

Pueblo conventual. Cantinas vergonzantes. Barrio maldito, perdido entre las breñas, por entre la cuesta baja del río seco. Pueblo sin billares, ni fonógrafos, ni pianos. Pueblo de mujeres enlutadas.

El deseo, los deseos disimulan su respiración. Y hay que pararse un poco para oírla, para entenderla tras de las puertas atrancadas, en el rastro de las mujeres con luto, de los hombres graves, de los muchachos colorados y de los muchachillos pálidos. Hay que oírla en los rezos y cantos ecle-

siásticos a donde se refugia. Respiración profunda, respiración de fiebre a fuerzas contenida. Los chiquillos no pueden menos que gritar, a veces. Trepidan las calles. ¡Cantaran las mujeres! No, nunca, sino en la iglesia los viejos coros de generación en generación aprendidos. El cura y sus ministros pasan con trajes talares y los hombres van descubriéndose; los hombres y las mujeres enlutadas, los niños, les besan la mano. Cuando llevan el Santísimo, revestidos, un acólito —revestido— va tocando la campanilla y el pueblo se postra; en las calles, en la plaza. Cuando las campanas anuncian la elevación y la bendición, el pueblo se postra, en las calles y en la plaza. Cuando a campanadas lentas, lentísimas, tocan las doce, las tres y la oración[3], se quitan el sombrero los hombres, en las calles y en la plaza. Cuando la Campana Mayor, pesada, lentísimamente, toca el alba, en oscuras alcobas hay toses de ancianidad y nicotina, toses leves y viriles, con rezos largos, profundos, de sonoras cuerdas a medio apagar; viejecitos de nuca seca, mujeres y campesinos madrugadores arrodillados en oscuros lechos, vistiéndose, rayando fósforos, tal vez bostezando, entre palabras de oración, mientras la Campana ronca da el alba con solemne lentitud, pesadamente.

Los matrimonios son en las primeras misas. A oscuras. O cuando raya la claridad, todavía indecisa. Como si hubiera un cierto género de vergüenza. Misteriosa. Los matrimonios nunca tienen la solemnidad de los entierros, de las misas de cuerpo presente, cuando se desgranan todas las campanas en plañidos prolongados, extendiéndose por el cielo como humo; cuando los tres padres y los cuatro monagos vienen por el atrio, por las calles, al cementerio, ricamente ataviados de negro, entre cien cirios, al son de cantos y campanas.

[3] *oración*   hora de rezar al anochecer

Hay toques de agonía que piden a todo el pueblo, sobre los patios, en los rincones de la plaza, de las calles, de las recámaras, que piden oraciones por un moribundo. Los vecinos rezan el "Sal, alma cristiana, de este mundo..."[4] y la oración de la Sábana Santa[5].

Cuando la vida se consume, las campanas mudan ritmo y los vecinos tienen cuenta de que un alma está rindiendo severísimo Juicio. Corre una común angustia por las calles, por las tiendas, entre las casas. Algunas gentes que han entrado a ayudar a bien morir, se retiran; otras, de mayor confianza, se quedan a ayudar a vestir al difunto, cuando sea pasado un rato de respeto, mientras acaba el Juicio, pero antes de que el cuerpo se enfríe.

Las campanas repican los domingos y fiestas de guardar. También los jueves en la noche. Sólo son alegres cuando repican a horas del sol. El sol es la alegría del pueblo, una casi incógnita alegría, una disimulada alegría, como los afectos, como los deseos, como los instintos.

Como los afectos, como los deseos, como los instintos, el miedo, los miedos asoman, agitan sus manos invisibles, como de cadáveres, en ventanas y puertas herméticas, en los ojos de las mujeres conlutadas y en sus pasos precipitados por la calle y en sus bocas contraídas, en la gravedad masculina y en el silencio de los niños.

Los deseos, los ávidos deseos, los deseos pálidos y el miedo, los miedos, rechinan en las cerraduras de las puertas, en los goznes resecos de las ventanas; y hay un olor suyo, inconfundible, olor sudoroso, sabor salino, en los rincones de los confesonarios, en las capillas oscurecidas, en la pila bautismal, en las pilas del agua bendita, en los atardeceres, en las calles a toda hora del día, en la honda pausa del mediodía, por todo el pueblo, a todas horas, un sabor a sal, un olor a humedad, una invisible presencia terrosa, angustiosa, que nunca estalla, que nunca mata, que oprime la garganta del forastero y sea quizá placer del vecindario, como placer de penitencia.

En las noches de luna escapan miedos y deseos, a la carrera; pueden oírse sus pasos, el vuelo fatigoso y violento, al ras de la calle, sobre las paredes, arriba de las azoteas. Camisas de fuerza batidas por el aire, contorsionados los puños y las faldas, golpeando las casas y el silencio en vuelos de pájaro ciego, negro, con alas de vampiro, de tecolote o gavilán; con alas de paloma, sí, de paloma torpe, recién escapada, que luego volverá, barrotes adentro. Los deseos vuelan siempre con ventaja, en las noches de luna; los miedos corren detrás, amenazándolos, imprecando espera, chillando: vientos con voz aguda e inaudible. Saltan los deseos de la luz a la sombra, de la sombra a la luz, y en vano los miedos repiten el salto. Dura la vieja danza media noche. Pasa el cansancio. Y a la madrugada, cuando hay luna, cuando la campana toca el alba, recomienza el brincar de los deseos jugando con los miedos. La mañana impone la victoria de los últimos, que ya por todo el día serán los primeros en rondar el atrio, las calles, la plaza, mientras los deseos yacen tendidos en las mejillas, en los labios, en los párpados, en las frentes, en las manos, tendidos en los surcos de las caras o metidos en oscuras alcobas, transpirando sudor que impregna el aire del pueblo.

En las noches de luna, en casas de la orilla, quién sabe si en lo hondo de alguna casa céntrica, rasguean guitarras en sordina, preñadas de melancolía, lenguas de los de-

[4] "*Sal... mundo*" oración de la Extrema Unción, rezada por el cura por el alma del moribundo
[5] *Oración... Santa* oración de Semana Santa, que corresponde al momento de envolver en sábana el cuerpo de Cristo

seos. En las noches de luna, cantan en las cantinas vergonzantes una canción profana, canción de los terrores, jinetes de los deseos. En las noches de luna hay dulce tristeza en los pilones exangües de la plaza, cuyas piedras reverberan melancolía por un ausente pensamiento nazareno y una emoción samaritana, también ausente. Nunca estas pilas, ni en las noches de luna, quién sabe si ni en las más negras noches, han oído un diálogo de amor; nunca vienen a sentarse más que deseos en soledad; nunca sobre sus bordes una pareja estrechó las manos con resortes de fiebre. Secas pilas pulidas por el tiempo.

En las tardes cargadas de lluvia, en las horas torrenciales, en las tardes cuando ha llovido y queda el olor de las paredes, maderas y calles mojadas, en las noches eléctricas cuando amenaza tormenta, en las mañanas nubladas, en los días de llovizna interminable y cuando aprieta el agobio veraniego, en las noches de intenso frío cuando la transparencia del invierno, salen también los deseos y se les oye andar a ritmo bailarín, se les oye cantar en cuerda de gemido una canción profana, invisibles demonios que a vueltas emborrachan las cruces de las fachadas, de los muros, de las esquinas, de las garitas, y la gran cruz en el dintel del camposanto. Los miedos alguaciles, loqueros, habrán de sujetarlos con camisas negras y blancas, con cadenas de fierro, al conjuro de las campanas y a la sombra de los trajes talares.

Pueblo de perpetua cuaresma. Primavera y verano atemperados por una lluvia de ceniza. Oleo del *Dies irae*[6] inexhausto para las orejas. Agua del *Asperges*[7] para las frentes. Púas del *Miserere*[8] para las espaldas. Canon del *Memento, homo*[9], para los ojos. Sal del *Requiem aeternam*[10] para la memoria. Los cuatro jinetes de las Postrimerías[11], gendarmes municipales, rondan sin descanso las calles, las casas y las conciencias. *De profundis*[12] para lenguas y gargantas. Y en los lagrimales, la cuenca de vigilia tenaz, con dársenas en las frentes y en las mejillas.

Pueblo de ánimas. Las calles son puentes de necesidad. Para ir a la iglesia. Para desahogar estrictos menesteres. Las mujeres enlutadas llevan rítmica prisa, el rosario y el devocionario en las manos, o embrazadas las canastas de los mandados. Hieráticas. Breves, cortantes los saludos de obligación. Acaso en el atrio se detengan un poco a bisbisear, muy poco, cual temerosas. (Pero habrá que fijarse bien, mucho, para ver cómo algunas veces llegan a las puertas, lentamente, y se diría que no tienen ganas de que les abrieran, y entran con gesto de prisioneras que dejan sobre la banqueta toda esperanza. Habrá que fijarse bien. Quizá suspiran cuando la puerta vuelve a cerrarse.) Hay, sí, hombres en las esquinas, en las afueras de los comercios, en las bancas de la plaza; son pocos, y parcos de palabras; parecen meditantes y no brilla en sus pupilas el esplendor de la curiosidad que acusara el gozo de la calle por la calle. A la noche habrá pasos obsesionados y sombras embozadas bajo las oscilaciones de los faroles municipales; y a la media noche o muy de

---

[6] *Dies irae* (latín) Día de la Ira o del Juicio Final
[7] *Asperges* (latín) santificación con el agua santa al comienzo de la misa
[8] *Miserere* (latín) ten piedad; comienzo de la plegaria de contrición
[9] *Memento, homo* (latín) parte de la ceremonia de Miércoles de Ceniza
[10] *Requiem aeternam* (latín) parte de la misa por los muertos
[11] *cuatro... Postrimerías* los signos que anunciarán el fin del mundo
[12] *De profundis* (latín) salmo de contrición cantado en los entierros

madrugada podrían oírse bisbiseos junto a las cerraduras de las puertas o entre las resquebrajaduras de las ventanas. ¡Ah! es el gran misterio, triunfante sobre los cuatro jinetes; la vida que rompe compuertas; pero entre sombras, con vieja discreción, como lo exige —y lo permite— la costumbre del pueblo. Mientras duermen las campanas. Y es mejor, más recomendable, más honesto, el lenguaje escrito: guardan las tiendas con cautela de mercancía vergonzante ciertos pliegos ya escritos, capaces de reducirse a toda circunstancia; pero también hay hombres y mujeres emboscados que pueden redactar misivas especiales, para casos difíciles o perdidos.

No se ven, pero se sienten los cintarazos de los cuatro jinetes en las mesnadas de los instintos, al oscurecer, a las altas horas de la noche. Rechinan los huesos, las lenguas enjutas y sedientas.

.   .   .

EL DÍA DE LA SANTA CRUZ

1

Día de ira, de furor, aquel día, esa noche de divina venganza, en que fue concebida la abominación y previno el Supremo Juez un gran castigo para el pueblo. Pero nadie advirtió en el cielo presagios. Era domingo. Domingo dos de mayo. A las tres de la tarde se nubló e hizo calor sofocante, sin que soplara el viento. Resonó un trueno; pero no relincharon los caballos y en esto tampoco vieron presagio las gentes. Como globos de plomo, pesaban sobre el pueblo las nubes, hidrópicas, no grávidas. Vientres atumorados, infecundos. No corría ninguna fragancia, ningún anticipo de tierra húmeda. Entre cuatro y cinco, el nublado comenzó a tomar tintes cárdenos. Resplandor

siniestro bañaba las cruces y los horizontes a las seis. Fue oscureciendo siniestramente.

—¡Siempre no llovió!

—Yo creía que ya eran las primeras aguas.

—¿No lloverá siempre?

¡Qué había de llover! Era cielo cargado de augurios; pero nadie los reconoció. La noche fue insoportablemente calurosa. Daban ganas de salir a las puertas, de abrir las ventanas, de subir a las azoteas, de tirar las ropas.

—¡Nunca había hecho tanto calor!

—Nos vamos a asar.

Era como si pasara un ejército de tizones ardiendo, invisible, sin que las tinieblas de la noche alcanzaran a refrescar las huellas encendidas.

El calor sofocante atizaba la desesperación de Damián[1], propuesto a que no pasara ese día sin obtener una respuesta de Micaela. ("O ¿qué? ¿no más me anda dando carita para volarme y montarme en puercos pintos?[2] ¡ah qué caramba: no más eso faltaba! Si aunque no fuera más que cuestión de orgullo eso no puede quedarse así. Más trabajosas las he visto, como aquellas gringas mañosas, cuantimás una catrincita de mi tierra. Pues ahora me cumple, sin que se pase la noche, o armo un escándalo...") También Micaela estaba fuera de sí, muy lejos de conformarse con la sepultura en días monótonos, exacerbada su creciente, insatisfecha sensualidad; pero con un vago temor. ("¿Lo podré mantener a raya[3], como yo quiera? Más vale no darle ocasión. Pero es insoportable seguir encerrada como todos estos días por miedo a hablarle. ¿Miedo a

[1] *Damián* joven del pueblo que está enloquecido por el coqueteo de Micaela. El capítulo aquí reproducido subraya la violencia latente creada por la frustración y la moral estrecha del pueblo.
[2] *¿no más... pintos?* ¿coquetea conmigo para burlarse después?
[3] *mantener a raya* frenar, mantener dentro de límites

un ranchero? ¿Y si también éste se me va, como yo siga haciéndome la remolona? No, es necesario darme a ver. Le pondré un plazo largo; pero con los ojos le haré entender un interés que no siento. Sí, siento interés de vengarme. O yo no soy Micaela, o dejarán de cumplirse mis tanteadas. ¿Miedo? ¿por qué? Ni que fuera yo Hija de María[4]. Y también, también, aunque sea con éste ¿cómo voy a pasármela[5] sin sentir el rodeo de un hombre? Después de todo no es un pelmazo cualquiera. Ni comparación con Ruperto Ledesma. ¡Y hay que darle en la cabeza a la intrusa Victoria! ¡Quién dijo miedo! Por andar cavilando voy a quedarme sin miel ni jícara. ¡Tengo ganas de verlo! Sí, la verdad. Yo no sé si por este calor; pero hasta me gustaría que me robara. ¡La verdad! ¿Para qué hacerse una de la boca chiquita[6]? Ahora mismo voy a darle ocasión de que me encuentre. ¡Qué calor! Dan ganas de salir desnuda y tirarse a dormir en campo raso...") ¿Quién podría conciliar el sueño con este calor, en aquellas alcobas sofocadas?

Las familias tenían pretexto para salir: ponerse de acuerdo para la reunión de mañana en la madrugada. Efectivamente: hasta las nueve de la noche hubo desfile de fantasmas y voces por las calles oscuras; travesías de faroles y voces.

En las puertas, en las aceras, resonaban convenciones:

—Nos vamos a juntar en el atrio, antes de las cinco; de allí, como todos los años, nos iremos por la calle del río.

—Bueno. De todos modos los alcanzaremos.

—Nosotras, con Doña Tomasita, vamos a salir lueguito que se acabe la primera misa.

[4] *Hija de María*   miembro de una sociedad femenina religiosa
[5] *pasármela*   aquí, pasar el tiempo
[6] *hacerse... chiquita*   fingir; no decir la verdad

—Quedamos de ir con las Islas. Van a salir Oratorio.

Cada frase, como si fuera marcada con hierros encendidos, se rompía en la exclamación: ¡qué calor!

—¡Qué calor!

—¡Qué calor!

—¡Qué insoportable calor!

Chicoteaban las palabras en las paredes ennegrecidas.

Dos de mayo. Domingo. Víspera de la Santa Cruz.

—Queremos ser de los primeros en llegar y en volver, para estar a la misa cantada.

—Nosotros también queremos estar de vuelta antes de las siete.

Tinieblas y calor envolvían las Cruces —ahora desnudas—, que amanecerían enfloradas.

Damián se puso en acecho, a escondidas, desde al atardecer.

¿Cómo? ¡Quién sabe! Lo cierto es que Micaela, sin ser vista, supo descubrirlo. Maligno resplandor iluminó las pupilas de la muchacha. "Que sufra", dijo casi en alta voz, mientras extremaba precauciones para gozar a sus anchas el rostro y los movimientos del acechante, sin peligro de ser descubierta. ¡Qué intenso placer el de ir descubriendo signos de impaciencia en los gestos y en las posturas del violento galán! ¡el saberse la causa de aquella espera por parte de un hombre con fama de dominador y bien corrido! ¡qué placentera zozobra la de advertir en la cara del varón las coloraciones terribles del crepúsculo: cara tumefacta, como de ahorcado; lívida, como de ahogado; terrosa, como de cadáver insepulto! ¡intensa sensación de verdugo que ahorca, ahoga, niega sepultura, se recrea en las convulsiones de la víctima, ve cómo las sombras de la muerte invaden los músculos, distienden la fisonomía, cubren los rasgos de la vida y arrebatan el pulso. Todo acaba. En la noche, los frecuentes fogonazos de cerillos y la lumbre temblorosa de los cigarros delatan la nerviosidad en creciente. Damián ha salido del escondite, pasea la calle cada vez con menos cautela, se acerca, está aquí, se le siente respirar, gruñir, maldecir entre dientes. Vuelve a retirarse. "Si se cansara y se fuera para no volver", piensa Micaela; y está a punto de ir en busca del hombre; por lo menos quiere hablarle; las palabras se contienen ya en la lengua; Micaela se sobrepone; con sangre fría de jugador en riesgo extremo se retira y va a tenderse en el rincón más oscuro del patio. Cielo siniestro, sin estrellas. Pasan las horas.

Damián fragua violencias, más desesperadas a medida que transcurre el tiempo. Ha salido Juanita y ha vuelto. Llegan las Martínez. Cuando salen, las acompañan Doña Lola y Juanita. Sale Don Inocencio. Sale otra vez Juanita. Ni luces de Micaela. Regresan Don Inocencio y Juanita; ésta sale de vuelta con Doña Lola. Don Inocencio se queda en la puerta; por fin la cierra estrepitosamente. Llega un mozo con dos cabalgaduras. Vuelven Doña Lola y Juanita. Se oye que cierran con llave la puerta. Ni luces de Micaela. "Ni duda que me está tanteando; qué milagro: ¡tan encerradita! Vas a saber de lo que soy capaz. ¿Qué te figurabas?", masculla Damián.

Micaela siente ruido en la azotea. Piensa con toda calma: "Es él", y sigue tendida en la oscuridad. No lo ve; pero tiene la sensación de ser vista. Gozosa sensación de hormigueo. "Ya es hora", dice, y se incorpora calmadamente, va a la cocina, enciende un ocote, abre la puerta del corral y, junto a los macheros, se pone a esperar con increíble tranquilidad. Damián repta la barda.

—¿Quién es? —pregunta Micaela con voz calculada.

—Yo soy, Damián, óyeme, no te asustes.

—¿Por qué habría de asustarme?

—Oyeme.

—Lo oigo; pero si hace intento de bajarse, grito.

El tono duro, inesperado, con que Micaela respondía, disipó las malas ideas de Damián. Micaela lograba disimular el miedo que la cogió al advertir el tono jadeante, de súplica violenta, de amenaza, que tenían las palabras de Damián. Ahora era como si él fuese a saltar sobre ella para estrangularla; como si ya sintiese los dedos rudos, convulsos, coléricos, rozando el cuello, y pronto apretaran; como si le arrojara en el rostro la respiración sudorosa; como si los ojos en los ojos le comunicaran lumbre, odios, deseos. ¿Deseos? A Micaela le castañeteaban los dientes; anudábasele la lengua; con inaudito esfuerzo lograba firmeza de voz.

—¿Qué quiere?

—Que... que por qué no me has... por qué no me ha contestado mi carta...

Al advertir el titubeo de Damián, Micaela experimentó una salvaje alegría, e inmediatamente un desencanto por el fácil triunfo. El deseo de que bajara el hombre se deshizo. La muchacha recobró la sangre fría.

—Porque no me gusta ser juguete de nadie, ni plato de segunda mano. ¿Ha creído usted que yo soy como las otras que se le rinden con verlo nomás? ¿Quién me garantiza sus buenas intenciones?

—Te lo juro. Se lo juro, que no más por usted he sentido ser capaz de todo con tal que me quisiera. Déjeme bajar y se convencerá.

—Si da traza de bajar, gritaré.

—Micaela, Micaelita, déjame que te hable de tú, como antes. Correspóndeme.

—¡Sería fácil! ¡Para que mañana ande presumiendo con otra conquista!

—Ponme las pruebas que quieras. Pero no me desprecies, porque...

—Mejor será que me deje en paz.

—Micaela, Micaela, por Dios, no me haga perder la paciencia.

¿Por qué un rayo, en esos momentos, no abatió a cualquiera de los dos desgraciados? ¿Por qué a esa hora no se abrió la tierra y se tragó a Damián? La noche aciaga hubiese abortado. La vergüenza no hubiera manchado para siempre al pueblo. ¿Quién vendó a Micaela los ojos para dejar de ver tantos augurios funestos? ¿Cómo pudieron estar dormidos hasta los perros de la casa cuando fue concebida la abominación de la comarca? ¿Quién ofuscó la videncia de Lucas Macías y el celo de Don Dionisio, que a ese tiempo debieron recorrer las calles, prorrumpiendo alaridos, como profetas de lengua inflamada? Un silencio de muerte llenaba el hocico de lobo, que era la noche. Micaela, instrumento de la venganza contra los pecados ocultos y de la admonición para la corruptela en creciente, abrió la puerta a las Furias.

—Bueno; acepto darle un plazo para que me pruebe ser sincero en su declaración.

—¿Para qué es eso de los plazos? Tú no eres Hija de María.

Saltó Damián. Micaela no gritó.

57 Alejo Carpentier
(n. 1904)

El escritor cubano Alejo Carpentier ha viajado extensamente, viviendo a intervalos en París, donde estudió de joven. Musicólogo y antropólogo, ha escrito libretos de ballet y es autor de la primera historia de la música cubana publicada en aquel país. Por sus actividades políticas pasó tiempo en la cárcel, donde escribió su primera novela.

Las obras literarias de Carpentier tienen en común el anhelo de dar con las raíces antiguas que expliquen y justifiquen la sociedad moderna y de alcanzar una especie de inesperada iluminación de la realidad, lo que el mismo Carpentier ha llamado "lo real maravilloso". Es artífice de un idioma literario inconfundible que varía de un libro a otro, como varían los instrumentos de una orquesta. Y éste es el arte de Carpentier, orquesta conducida por un maestro que conoce todos los secretos del arte.

Écue-Yamba-Ó (1933) es una novela negrista, empapada en la realidad y la mitología de la provincia cubana. En *El reino de este mundo* (1949) Carpentier construyó alrededor de los episodios de la Guerra de Independencia haitiana un relato de aventuras fabulosas; en *El siglo de las luces* (1963) trazó sugestivos paralelos entre el siglo XVIII francés y el nuestro. Su obra más conocida es *Los pasos perdidos* (1953), compleja Odisea contemporánea en busca de lo esencial. *El acoso* (1957) y *La guerra del tiempo* (1958) incluyen cuatro relatos. De este último escogimos "Semejante a la noche", donde Carpentier sigue su característica investigación de las posibilidades del tiempo liberado de las estructuras cronológicas normales.

🦅 *Semejante a la noche*

Y caminaba, semejante a la noche.
CANTO I, ILÍADA

I

El mar empezaba a verdecer entre los promontorios todavía en sombras, cuando la caracola del vigía anunció las cincuenta naves negras que nos enviaba el Rey Agamemnón[1]. Al oír la señal, los que esperaban desde hacía tantos días sobre las boñigas de las eras, empezaron a bajar el trigo hacia la playa donde ya preparábamos los rodillos que servirían para subir las embarcaciones hasta las murallas de la fortaleza. Cuando las quillas tocaron la arena, hubo algunas riñas con los timoneles, pues tanto se había dicho a los micenianos[2] que carecíamos de toda inteligencia para las faenas marítimas, que trataron de alejarnos con sus pértigas. Además, la playa se había llenado de niños que se metían entre las piernas de los soldados, entorpecían las maniobras, y se trepaban a las bordas para robar nueces de bajo los banquillos de los remeros. Las olas claras

[1] *Agamemnón* rey de Micenas y jefe de los griegos que sitiaron a Troya, asesinado a su regreso de la guerra por su mujer Clitemnestra y el amante de ésta, Egisto. Los otros personajes mencionados son figuras de la Guerra de Troya: Príamo, rey de Troya y padre de Paris; Elena, reina de Esparta, robada por Paris; Menelao, marido de Elena y hermano de Agamemnón.

[2] *micenianos* habitantes de Micenas

del alba se rompían entre gritos, insultos y agarradas a puñetazos, sin que los notables pudieran pronunciar sus palabras de bienvenida, en medio de la baraúnda. Como yo había esperado algo más solemne, más festivo, de nuestro encuentro con los que venían a buscarnos para la guerra, me retiré, algo decepcionado, hacia la higuera en cuya rama gruesa gustaba de montarme, apretando un poco las rodillas sobre la madera, porque tenía un no sé qué de flancos de mujer.

A medida que las naves eran sacadas del agua, al pie de las montañas que ya veían el sol, se iba atenuando en mí la mala impresión primera, debida sin duda al desvelo de la noche de espera, y también al haber bebido demasiado, el día anterior, con los jóvenes de tierras adentro, recién llegados a esta costa, que habrían de embarcar con nosotros, un poco después del próximo amanecer. Al observar las filas de cargadores de jarras, de odres negros, de cestas, que ya se movían hacia las naves, crecía en mí, con un calor de orgullo, la conciencia de la superioridad del guerrero. Aquel aceite, aquel vino resinado, aquel trigo sobre todo, con el cual se cocerían, bajo ceniza, las galletas de las noches en que dormiríamos al amparo de las proas mojadas, en el misterio de alguna ensenada desconocida, camino de la Magna Cita de

Naves —aquellos granos que habían sido aechados con ayuda de mi pala, eran cargados ahora para mí, sin que yo tuviese que fatigar estos largos músculos que tengo, estos brazos hechos al manejo de la pica de fresno, en tareas buenas para los que sólo sabían de oler la tierra; hombres, porque la miraban por sobre el sudor de sus bestias, aunque vivieran encorvados encima de ella, en el hábito de deshierbar y arrancar y rascar, como los que sobre la tierra pacían. Ellos nunca pasarían bajo aquellas nubes que siempre ensombrecían, en esta hora, los verdes de las lejanas islas de donde traían el silfión[3] de acre perfume. Ellos nunca conocerían la ciudad de anchas calles de los troyanos, que ahora íbamos a cercar, atacar y asolar. Durante días y días nos habían hablado, los mensajeros del Rey de Micenas, de la insolencia de Príamo, de la miseria que amenazaba a nuestro pueblo por la arrogancia de sus súbditos, que hacían mofa de nuestras viriles costumbres; trémulos de ira, supimos de los retos lanzados por los de Ilios[4] a nosotros, acaienos[5] de largas cabelleras, cuya valentía no es igualada por la de pueblo alguno. Y fueron clamores de furia, puños alzados, juramentos hechos con las palmas en alto, escudos arrojados a las paredes, cuando supimos del rapto de Elena de Esparta. A gritos nos contaban los emisarios de su maravillosa belleza, de su porte y de su adorable andar, detallando las crueldades a que era sometida en su abyecto cautiverio, mientras los odres derramaban el vino en los cascos. Aquella misma tarde, cuando la indignación bullía en el pueblo, se nos anunció el despacho de las cincuenta naves negras. El fuego se encendió entonces en las fundiciones de los bronceros, mientras las viejas traían leña del monte. Y

ahora, transcurridos los días, yo contemplaba las embarcaciones alineadas a mis pies, con sus quillas potentes, sus mástiles al descanso entre las bordas como la virilidad entre los muslos del varón, y me sentía un poco dueño de esas maderas que un portentoso ensamblaje, cuyas artes ignoraban los de acá, transformaba en corceles de corrientes, capaces de llevarnos a donde desplegábase en acta de grandezas el máximo acontecimiento de todos los tiempos. Y me tocaría a mí, hijo de talabartero, nieto de un castrador de toros, la suerte de ir al lugar en que nacían las gestas cuyo relumbre nos alcanzaba por los relatos de los marinos; me tocaría a mí, la honra de contemplar las murallas de Troya, de obedecer a los jefes insignes, y de dar mi ímpetu y mi fuerza a la obra del rescate de Elena de Esparta —másculo[6] empeño, suprema victoria de una guerra que nos daría, por siempre, prosperidad, dicha y orgullo. Aspiré hondamente la brisa que bajaba por la ladera de los olivares, y pensé que sería hermoso morir en tan justiciera lucha, por la causa misma de la Razón. La idea de ser traspasado por una lanza enemiga me hizo pensar, sin embargo, en el dolor de mi madre, y en el dolor, más hondo tal vez, de quien tuviera que recibir la noticia con los ojos secos —por ser el jefe de la casa. Bajé lentamente hacia el pueblo, siguiendo la senda de los pastores. Tres cabritos retozaban en el olor del tomillo. En la playa, seguía embarcándose el trigo.

II

Con bordoneos de vihuela y repiques de tejoletas[1], festejábase, en todas partes, la próxima partida de las naves. Los marinos de *La Gallarda* andaban ya en zarambeques

---

[3] *silfión* planta medicinal
[4] *Ilios* Troya
[5] *acaienos* miembros de la confederación griega que atacaba a Troya

[6] *másculo* viril
[1] *tejoletas* castañuelas

de negras horras, alternando el baile con coplas de sobado —como aquélla de la Moza del Retoño, en que las manos tentaban el objeto de la rima dejado en puntos por las voces. Seguía el trasiego del vino, el aceite y el trigo, con ayuda de los criados indios del Veedor, impacientes por regresar a sus lejanas tierras. Camino del puerto, el que iba a ser nuestro capellán arreaba dos bestias que cargaban con los fuelles y flautas de un órgano de palo. Cuando me tropezaba con gente de la armada, eran abrazos ruidosos, de muchos aspavientos, con risas y alardes para sacar las mujeres a sus ventanas. Éramos como hombres de distinta raza, forjados para culminar empresas que nunca conocerían el panadero ni el cardador de ovejas, y tampoco el mercader que andaba pregonando camisas de Holanda, ornadas de caireles de monjas, en patios de comadres. En medio de la plaza, con los cobres al sol, los seis trompetas del Adelantado se habían concertado en folías, en tanto que los atambores borgoñones atronaban los parches, y bramaba, como queriendo morder, un sacabuche con fauces de tarasca.

Mi padre estaba en su tienda oliente a pellejos y cordobanes, hincando la lezna en un ación con el desgano de quien tiene puesta la mente en espera. Al verme, me tomó en brazos con serena tristeza, recordando tal vez la horrible muerte de Cristobalillo, compañero de mis travesuras juveniles, que había sido traspasado por las flechas de los indios de la Boca del Drago[2]. Pero él sabía que era locura de todos, en aquellos días, embarcar para las Indias —aunque ya dijeran muchos hombres cuerdos que aquello era engaño común de muchos y remedio particular de pocos. Algo alabó de los bienes de la artesanía, del honor —tan honor como el que se logra en riesgosas empresas— de llevar el estandarte de los talabarteros en la procesión del Corpus; ponderó la olla segura, el arca repleta, la vejez apacible. Pero, habiendo advertido tal vez que la fiesta crecía en la ciudad y que mi ánimo no estaba para cuerdas razones, me llevó suavemente hacia la puerta de la habitación de mi madre. Aquél era el momento que más temía, y tuve que contener mis lágrimas ante el llanto de la que sólo habíamos advertido de mi partida cuando todos me sabían ya asentado en los libros de la Casa de la Contratación[3]. Agradecí las promesas hechas a la Virgen de los Mareantes por mi pronto regreso, prometiendo cuanto quiso que prometiera, en cuanto a no tener comercio deshonesto con las mujeres de aquellas tierras, que el Diablo tenía en desnudez mentidamente edénica para mayor confusión y extravío de cristianos incautos, cuando no maleados por la vista de tanta carne al desgaire. Luego, sabiendo que era inútil rogar a quien sueña ya con lo que hay detrás de los horizontes, mi madre empezó a preguntarme, con voz dolorida, por la seguridad de las naves y la pericia de los pilotos. Yo exageré la solidez y marinería de *La Gallarda*, afirmando que su práctico era veterano de Indias, compañero de Nuño García[4]. Y, para distraerla de sus dudas, le hablé de los portentos de aquel mundo nuevo, donde la Uña de la Gran Bestia y la Piedra Bezar curaban todos los males, y existía, en tierra de Omeguas, una ciudad toda hecha de oro, que un buen caminador tardaba una noche y dos días en atravesar, a la que llegaríamos, sin duda, a menos de que halláramos nuestra fortuna en comarcas aún ignoradas, cunas de ricos pueblos por sojuzgar. Mo-

[3] *Casa... Contratación* organismo del gobierno español, fundado en Sevilla en 1503, que tenía la responsabilidad de organizar y vigilar el comercio entre España e Indias
[4] *Nuño García* Nuño García Torreño, cartógrafo famoso del siglo XVI

[2] *Boca del Drago* isla de Panamá

viendo suavemente la cabeza, mi madre habló entonces de las mentiras y jactancias de los indianos, de amazonas y antropófagos, de las tormentas de las Bermudas, y de las lanzas enherboladas que dejaban como estatua al que hincaban. Viendo que a discursos de buen augurio ella oponía verdades de mala sombra, le hablé de altos propósitos, haciéndole ver la miseria de tantos pobres idólatras, desconocedores del signo de la cruz. Eran millones de almas, las que ganaríamos a nuestra santa religión, cumpliendo con el mandato de Cristo a los Apóstoles. Éramos soldados de Dios, a la vez que soldados del Rey, y por aquellos indios bautizados y encomendados, librados de sus bárbaras supersticiones por nuestra obra, conocería nuestra nación el premio de una grandeza inquebrantable, que nos daría felicidad, riquezas, y poderío sobre todos los reinos de la Europa. Aplacada por mis palabras, mi madre me colgó un escapulario del cuello y me dio varios ungüentos contra las mordeduras de alimañas ponzoñosas, haciéndome prometer, además, que siempre me pondría, para dormir, unos escarpines de lana que ella misma hubiera tejido. Y como entonces repicaron las campanas de la catedral, fue a buscar el chal bordado que sólo usaba en las grandes oportunidades. Camino del templo, observé que, a pesar de todo, mis padres estaban como acrecidos de orgullo por tener un hijo alistado en la armada del Adelantado. Saludaban mucho y con más demostraciones que de costumbre. Y es que siempre es grato tener un mozo de pelo en pecho, que sale a combatir por una causa grande y justa. Miré hacia el puerto. El trigo seguía entrando en las naves.

III

Yo la llamaba mi prometida, aunque nadie supiera aún de nuestros amores. Cuando vi a su padre cerca de las naves, pensé que estaría sola, y seguí aquel muelle triste, batido por el viento, salpicado de agua verde, abarandado[1] de cadenas y argollas verdecidas por el salitre, que conducía a la última casa de ventanas verdes, siempre cerradas. Apenas hice sonar la aldaba vestida de verdín, se abrió la puerta, y, con una ráfaga de viento que traía garúa de olas, entré en la estancia donde ya ardían las lámparas, a causa de la bruma. Mi prometida se sentó a mi lado, en un hondo butacón de brocado antiguo, y recostó la cabeza sobre mi hombro con tan resignada tristeza que no me atreví a interrogar sus ojos que yo amaba, porque siempre parecían contemplar cosas invisibles con aire asombrado. Ahora, los extraños objetos que llenaban la sala cobraban un significado nuevo para mí. Algo parecía ligarme al astrolabio, la brújula y la Rosa de los Vientos[2]; algo, también, al pez-sierra que colgaba de las vigas del techo, y a las cartas de Mercator y Ortellius[3] que se abrían a los lados de 'la chimenea, revueltos con mapas celestiales habitados por Osas, Canes y Sagitarios. La voz de mi prometida se alzó sobre el silbido del viento que se colaba por debajo de las puertas, preguntando por el estado de los preparativos. Aliviado por la posibilidad de hablar de algo ajeno a nosotros mismos, le conté de los sulpicianos y recoletos que embarcarían con nosotros, alabando la piedad de los gentileshombres y cultivadores escogidos por quien hubiera tomado posesión de las tierras lejanas en nombre del Rey de Francia. Le dije cuanto

[1] *abarandado*   rodeado como por un barandal
[2] *Rosa... Vientos*   instrumento de navegación; consistía en un círculo que tenía marcados los 32 rumbos en que se dividía el horizonte
[3] *Mercator y Ortellius*   seudónimos de dos geógrafos flamencos: Gerhard Kramer (1512–1594), conocido por *Mercator*, quien inventó un importante sistema de cartografía, y Abraham Oertel (1527–1598), conocido por *Ortellius*, quien publicó importantes colecciones de mapas

sabía del gigantesco río Colbert[4], todo orlado de árboles centenarios de los que colgaban como musgos plateados, cuyas aguas rojas corrían majestuosamente bajo un cielo blanco de garzas. Llevábamos víveres para seis meses. El trigo llenaba los sollados de *La Bella* y *La Amable*. Íbamos a cumplir una gran tarea civilizadora en aquellos inmensos territorios selváticos, que se extendían desde el ardiente Golfo de México hasta las regiones de Chicagúa[5], enseñando nuevas artes a las naciones que en ellos residían. Cuando yo creía a mi prometida más atenta a lo que le narraba, la vi erguirse ante mí con sorprendente energía, afirmando que nada glorioso había en la empresa que estaba haciendo repicar, desde el alba, todas las campanas de la ciudad. La noche anterior, con los ojos ardidos por el llanto, había querido saber algo de ese mundo de allende el mar, hacia el cual marcharía yo ahora, y, tomando los ensayos de Montaigne, en el capítulo que trata de los carruajes, había leído cuanto a América se refería. Así se había enterado de la perfidia de los españoles, de cómo, con el caballo y las lambardas, se habían hecho pasar por dioses. Encendida de virginal indignación, mi prometida me señalaba el párrafo en que el bordelés escéptico afirmaba que "nos habíamos valido de la ignorancia e inexperiencia de los indios, para atraerlos a la traición, lujuria, avaricia y crueldades, propias de nuestras costumbres". Cegada por tan pérfida lectura, la joven que piadosamente lucía una cruz de oro en el escote, aprobaba a quien impíamente afirmara que los salvajes del Nuevo Mundo no tenían por qué trocar su religión por la nuestra, puesto que se habían servido muy útilmente de la suya durante largo tiempo. Yo comprendía que, en esos errores, no debía ver más que

el despecho de la doncella enamorada, dotada de muy ciertos encantos, ante el hombre que le impone una larga espera, sin otro motivo que la azarosa pretensión de hacer rápida fortuna en una empresa muy pregonada. Pero, aun comprendiendo esa verdad, me sentía profundamente herido por el desdén a mi valentía, la falta de consideración por una aventura que daría relumbre a mi apellido, lográndose, tal vez, que la noticia de alguna hazaña mía, la pacificación de alguna comarca, me valiera algún título otorgado por el Rey —aunque para ello hubieran de perecer, por mi mano, algunos indios más o menos. Nada grande se hacía sin lucha, y en cuanto a nuestra santa fe, la letra con sangre entraba. Pero ahora eran celos los que se traslucían en el feo cuadro que ella me trazaba de la isla de Santo Domingo, en la que haríamos escala, y que mi prometida, con expresiones adorablemente impropias, calificaba de "paraíso de mujeres malditas". Era evidente que, a pesar de su pureza, sabía de qué clase eran las mujeres que solían embarcar para el Cabo Francés[6], en muelle cercano, bajo la vigilancia de los corchetes, entre risotadas y palabrotas de los marineros; alguien —una criada, tal vez— podía haberle dicho que la salud del hombre no se aviene con ciertas abstinencias y vislumbraba, en un misterioso mundo de desnudeces edénicas, de calores enervantes, peligros mayores que los ofrecidos por inundaciones, tormentas, y mordeduras de los dragones de agua que pululan en los ríos de América. Al fin empecé a irritarme ante una terca discusión que venía a sustituirse, en tales momentos, a la tierna despedida que yo hubiera apetecido. Comencé a renegar de la pusilanimidad de las mujeres, de su incapacidad de heroísmo, de sus filosofías de pañales y cos-

[4] *Colbert* aparentemente el Misisipi
[5] *Chicagúa* región de la ciudad actual de Chicago

[6] *Cabo Francés* cabo de la costa norte de Santo Domingo

tureros, cuando sonaron fuertes aldabonazos, anunciando el intempestivo regreso del padre. Salté por una ventana trasera sin que nadie, en el mercado, se percatara de mi escapada, pues los transeúntes, los pescaderos, los borrachos —ya numerosos en esta hora de la tarde— se habían aglomerado en torno a una mesa sobre la que a gritos hablaba alguien que en el instante tomé por un pregonero del Elixir de Orvieto, pero que resultó ser un ermitaño que clamaba por la liberación de los Santos Lugares. Me encogí de hombros y seguí mi camino. Tiempo atrás había estado a punto de alistarme en la cruzada predicada por Fulco de Neuilly. En buena hora una fiebre maligna —curada, gracias a Dios y a los ungüentos de mi santa madre— me tuvo en cama, tiritando, el día de la partida: aquella empresa había terminado, como todos saben, en guerra de cristianos contra cristianos. Las cruzadas estaban desacreditadas. Además, yo tenía otras cosas en qué pensar.

El viento se había aplacado. Todavía enojado por la tonta disputa con mi prometida, me fui hacia el puerto, para ver los navíos. Estaban todos arrimados a los muelles, lado a lado, con las escotillas abiertas, recibiendo millares de sacos de harina de trigo entre sus bordas pintadas de arlequín. Los regimientos de infantería subían lentamente por las pasarelas, en medio de los gritos de los estibadores, los silbatos de los contramaestres, las señales que rasgaban la bruma, promoviendo rotaciones de grúas. Sobre las cubiertas se amontonaban trastos informes, mecánicas amenazadoras, envueltos en telas impermeables. Un ala de aluminio giraba lentamente, a veces, por encima de una borda, antes de hundirse en la obscuridad de un sollado. Los caballos de los generales, colgados de cinchas, viajaban por sobre los techos de los almacenes, como corceles wagnerianos. Yo contemplaba los últimos preparativos desde lo alto de una pasarela de hierro, cuando, de pronto, tuve la angustiosa sensación de que faltaban pocas horas —apenas trece— para que yo también tuviese que acercarme a aquellos buques, cargando con mis armas. Entonces pensé en la mujer; en los días de abstinencia que me esperaban; en la tristeza de morir sin haber dado mi placer, una vez más, al calor de otro cuerpo. Impaciente por llegar, enojado aún por no haber recibido un beso, siquiera, de mi prometida, me encaminé a grandes pasos hacia el hotel de las bailarinas. Christopher, muy borracho, se había encerrado ya con la suya. Mi amiga se me abrazó, riendo y llorando, afirmando que estaba orgullosa de mí, que lucía más guapo con el uniforme, y que una cartomántica le había asegurado que nada me ocurriría en el Gran Desembarco. Varias veces me llamó *héroe*, como si tuviese una conciencia del duro contraste que este halago establecía con las frases injustas de mi prometida. Salí a la azotea. Las luces se encendían ya en la ciudad, precisando en puntos luminosos la gigantesca geometría de los edificios. Abajo, en las calles, era un confuso hormigueo de cabezas y sombreros.

No era posible, desde este alto piso, distinguir a las mujeres de los hombres en la neblina del atardecer. Y era sin embargo por la permanencia de ese pulular de seres desconocidos, que me encaminaría hacia las naves, poco después del alba. Yo surcaría el Océano tempestuoso de estos meses, arribaría a una orilla lejana bajo el acero y el fuego, para defender los Principios de los de mi raza. Por última vez, una espada había sido arrojada sobre los mapas de Occidente. Pero ahora acabaríamos para siempre con la nueva Orden Teutónica, y entraríamos, victoriosos, en el tan esperado futuro del hombre reconciliado con el hombre. Mi amiga puso una mano trémula en mi cabeza, adivinando, tal vez, la magnanimidad de mi pensamiento. Estaba desnuda bajo los vuelos de su peinador entreabierto.

IV

Cuando regresé a mi casa, con los pasos inseguros de quien ha pretendido burlar con el vino la fatiga del cuerpo ahíto de holgarse sobre otro cuerpo, faltaban pocas horas para el alba. Tenía hambre y sueño, y estaba desasosegado, al propio tiempo, por las angustias de la partida próxima. Dispuse mis armas y correajes sobre un escabel y me dejé caer en el lecho. Noté entonces, con sobresalto, que alguien estaba acostado bajo la gruesa manta de lana, y ya iba a echar mano al cuchillo cuando me vi preso entre brazos encendidos de fiebre, que buscaban mi cuello como brazos de náufrago, mientras unas piernas indeciblemente suaves se trepaban a las mías. Mudo de asombro quedé al ver que la que de tal manera se había deslizado en el lecho era mi prometida. Entre sollozos me contó su fuga nocturna, la carrera temerosa de ladridos, el paso furtivo por la huerta de mi padre, hasta alcanzar la ventana, y las impaciencias y los miedos de la espera. Después de la tonta disputa de la tarde, había pensado en los peligros y sufrimientos que me aguardaban, sintiendo esa impotencia de enderezar el destino azaroso del guerrero que se traduce, en tantas mujeres, por la entrega de sí mismas —como si ese sacrificio de la virginidad, tan guardada y custodiada, en el momento mismo de la partida, sin esperanzas de placer, dando el desgarre propio para el goce ajeno, tuviese un propiciatorio poder de ablación ritual. El contacto de un cuerpo puro, jamás palpado por manos de amante, tiene un frescor único y peculiar dentro de sus crispaciones, una torpeza que sin embargo acierta, un candor que intuye,

se amolda y encuentra, por obscuro mandato, las actitudes que más estrechamente machiembran los miembros. Bajo el abrazo de mi prometida, cuyo tímido vellón parecía endurecerse sobre uno de mis muslos, crecía mi enojo por haber extenuado mi carne en trabazones de harto tiempo conocidas, con la absurda pretensión de hallar la quietud de días futuros en los excesos presentes. Y ahora que se me ofrecía el más codiciable consentimiento, me hallaba casi insensible bajo el cuerpo estremecido que se impacientaba. No diré que mi juventud no fuera capaz de enardecerse una vez más aquella noche, ante la incitación de tan deleitosa novedad. Pero la idea de que era una virgen la que así se me entregaba, y que la carne intacta y cerrada exigiría un lento y sostenido empeño por mi parte, se me impuso con el temor al acto fallido. Eché a mi prometida a un lado, besándola dulcemente en los hombros, y empecé a hablarle, con sinceridad en falsete, de lo inhábil que sería malograr júbilos nupciales en la premura de una partida; de su vergüenza al resultar empreñada; de la tristeza de los niños que crecen sin un padre que les enseñe a sacar la miel verde de los troncos huecos, y a buscar pulpos debajo de las piedras. Ella me escuchaba, con sus grandes ojos claros encendidos en la noche, y yo advertía que, irritada por un despecho sacado de los trasmundos del instinto, despreciaba al varón que, en semejante oportunidad, invocara la razón y la cordura, en vez de roturarla, y dejarla sobre el lecho, sangrante como un trofeo de caza, de pechos mordidos, sucia de zumos, pero hecha mujer en la derrota. En aquel momento bramaron las reses que iban a ser sacrificadas en la playa y sonaron las caracolas de los vigías. Mi prometida, con el desprecio pintado en el rostro, se levantó bruscamente, sin dejarse tocar, ocultando ahora, menos con gesto de pudor que con ademán de quien recupera algo que estuviera a punto de malbaratar, lo que de súbito estaba encendiendo mi codicia. Antes de que pudiera alcanzarla, saltó por la ventana. La vi alejarse a todo correr por entre los olivos, y comprendí en aquel instante que más fácil me sería entrar sin un rasguño en la ciudad de Troya, que recuperar a la Persona perdida.

Cuando bajé hacia las naves, acompañado de mis padres, mi orgullo de guerrero había sido desplazado en mi ánimo por una intolerable sensación de hastío, de vacío interior, de descontento de mí mismo. Y cuando los timoneles hubieran alejado las naves de la playa con sus fuertes pértigas, y se enderezaron los mástiles entre las filas de remeros, supe que habían terminado las horas de alardes, de excesos, de regalos, que preceden las partidas de soldados hacia los campos de batalla. Había pasado el tiempo de las guirnaldas, las coronas de laurel, el vino en cada casa, la envidia de los canijos, y el favor de las mujeres. Ahora, serían las dianas, el lodo, el pan llovido, la arrogancia de los jefes, la sangre derramada por error, la gangrena que huele a almíbares infectos. No estaba tan seguro ya de que mi valor acrecería la grandeza y la dicha de los acaienos de largas cabelleras. Un soldado viejo que iba a la guerra por oficio, sin más entusiasmo que el trasquilador de ovejas que camina hacia el establo, andaba contando ya, a quien quisiera escucharlo, que Elena de Esparta vivía muy gustosa en Troya, y que cuando se refocilaba en el lecho de Paris sus estertores de gozo encendían las mejillas de las vírgenes que moraban en el palacio de Príamo. Se decía que toda la historia del doloroso cautiverio de la hija de Leda[1], ofendida y humillada por los troyanos, era mera propaganda de guerra, alentada por Agamemnón, con el asentimiento de Menelao. En realidad, detrás de la empresa que se escudaba con tan elevados propósitos, había muchos negocios que en nada beneficiarían a los combatientes de poco más o menos. Se trataba sobre todo —afirmaba el viejo soldado— de vender más alfarería, más telas, más vasos con escenas de carreras de carros, y de abrirse nuevos caminos hacia las gentes asiáticas, amantes de trueques, acabándose de una vez con la competencia troyana. La nave, demasiado cargada de harina y de hombres, bogaba despacio. Contemplé largamente las casas de mi pueblo, a las que el sol daba de frente. Tenía ganas de llorar. Me quité el casco y oculté mis ojos tras de las crines enhiestas de la cimera que tanto trabajo me hubiera costado redondear —a semejanza de las cimeras magníficas de quienes podían encargar sus equipos de guerra a los artesanos de gran estilo, y que, por cierto, viajaban en la nave más velera y de mayor eslora.

[1] *Leda*   madre de Elena, según el mito, seducida por Zeus, habiéndose convertido éste en cisne. De esta unión nació Elena.

58 Julio Cortázar
(n. 1914)

Julio Cortázar nació en Bruselas en 1914, y a pesar de que vivió en Buenos Aires desde los cuatro años, soñaba siempre con Europa. Después de cursar letras y trabajar como profesor de literatura entre 1935 y 1945, abandonó la enseñanza. Desde 1951 vive en París, donde trabaja de traductor. Publicó a los 26 años un volumen de poesías que ahora no quiere recordar y en 1949 un poema dialogado, *Los reyes*, que señala su filiación con Borges y sugiere el tema esencial de la búsqueda. En *Bestiario* (1951) y *Final del juego* (1956) creó cuentos de alta categoría, caracterizados por la visión irónica y la mezcla de fantasía y realidad. *Las armas secretas* (1959) comienza a atacar esta mezcla desde otro ángulo: el significado del reino interior, el secreto de la creación artística, las relaciones inexplicables entre ciertos seres y ciertos tiempos.

En 1960 publicó Cortázar su primera novela, *Los premios*, que algunos han calificado de sátira, otros de alegoría y hasta otros de novela con clave. Es, de todos modos, un anticipo del extraordinario rechazo de las estructuras literarias y cronológicas, el que encontramos en *Rayuela* (1963). Muy influida por la filosofía oriental, *Rayuela* es la odisea del hombre contemporáneo que busca su salvación a través de la visión mística y la autenticidad del individuo. *Historias de cronopios y de famas* (1962) es una visión original y divertida de la vida cotidiana; *La vuelta al día en 80 mundos* (1967), es una hilarante colección de reminiscencias y comentarios humorísticos y sociales. La obra más reciente de Cortázar, *Todos los fuegos el fuego* (1968), sigue el desarrollo de la temática personal del autor; investiga lo mudable del tiempo y de la realidad; y explora las interrelaciones de distintas realidades.

El cuento que reproducimos es una excelente introducción al mundo de Cortázar, un mundo lleno de extrañas amenazas, de silenciosos seres que nos acechan. Como muchas obras suyas, se presta a diversas interpretaciones —¿los hermanos realmente son el blanco del ataque, o se lo están imaginando?— sin que el lector pueda decir concretamente cuál es la intención del autor. Pero más que nada, nos presenta ese extraño mundo de Cortázar, donde el hombre parece un extranjero siempre en busca de la salida.

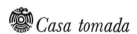

Casa tomada

Nos gustaba la casa porque aparte de espaciosa y antigua (hoy que las casas antiguas sucumben a la más ventajosa liquidación de sus materiales) guardaba los recuerdos de nuestros bisabuelos, el abuelo paterno, nuestros padres y toda la infancia.

Nos habituamos Irene y yo a persistir solos en ella, lo que era una locura pues en esa casa podían vivir ocho personas sin estorbarse. Hacíamos la limpieza por la mañana, levantándonos a las siete, y a eso de las once yo le dejaba a Irene las últimas habitaciones por repasar y me iba a la cocina. Almorzábamos a mediodía, siempre puntuales; ya no quedaba nada por hacer fuera de unos pocos platos sucios. Nos resultaba grato almorzar pensando en la casa profunda y silenciosa y cómo nos bastábamos para mantenerla limpia. A veces llegamos a creer que era ella la que no nos dejó casarnos. Irene rechazó dos pretendientes sin mayor motivo, a mí se me murió María Esther antes que llegáramos a comprometernos. Entramos en los cuarenta años con la inexpresada idea de que el nuestro, simple y silencioso matrimonio de hermanos, era necesaria clausura[1] de la genealogía asentada por los bisabuelos en nuestra casa. Nos moriríamos allí algún día, vagos y esquivos primos se quedarían con la casa y la echarían al suelo para enriquecerse con el terreno y los ladrillos; o mejor, nosotros mismos la voltearíamos justicieramente antes de que fuese demasiado tarde.

Irene era una chica nacida para no molestar a nadie. Aparte de su actividad matinal se pasaba el resto del día tejiendo en el sofá de su dormitorio. No sé por qué tejía tanto, yo creo que las mujeres tejen cuando han encontrado en esa labor el gran pretexto para no hacer nada. Irene no era

así, tejía cosas siempre necesarias, tricotas[2] para el invierno, medias para mí, mañanitas[3] y chalecos para ella. A veces tejía un chaleco y después lo destejía en un momento porque algo no le agradaba; era gracioso ver en la canastilla el montón de lana encrespada resistiéndose a perder su forma de algunas horas. Los sábados iba yo al centro a comprarle lana; Irene tenía fe en mi gusto, se complacía con los colores y nunca tuve que devolver madejas. Yo aprovechaba esas salidas para dar una vuelta por las librerías y preguntar vanamente si había novedades en literatura francesa. Desde 1939 no llegaba nada valioso a la Argentina.

Pero es de la casa que me interesa hablar, de la casa y de Irene, porque yo no tengo importancia. Me pregunto qué hubiera hecho Irene sin el tejido. Uno puede releer un libro, pero cuando un pullover está terminado no se puede repetirlo sin escándalo. Un día encontré el cajón de abajo de la cómoda de alcanfor lleno de pañoletas blancas, verdes, lila. Estaban con naftalina[4], apiladas como en una mercería; no tuve valor de preguntarle a Irene qué pensaba hacer con ellas. No necesitábamos ganarnos la vida, todos los meses llegaba la plata de los campos y el dinero aumentaba. Pero a Irene solamente la entretenía el tejido, mostraba una destreza maravillosa y a mí se me iban las horas viéndole las manos como erizos plateados, agujas yendo y viniendo y una o dos canastillas en el suelo

[1] *clausura*   fin

[2] *tricotas*   chalecos de tejido de punto
[3] *mañanitas*   bed jacket
[4] *naftalina*   preservativo para ropa contra insectos

donde se agitaban constantemente los ovillos. Era hermoso.

Cómo no acordarme de la distribución de la casa. El comedor, una sala con gobelinos[5], la biblioteca y tres dormitorios grandes quedaban en la parte más retirada, la que mira hacia Rodríguez Peña[6]. Solamente un pasillo con su maciza puerta de roble aislaba esa parte del ala delantera donde había un baño, la cocina, nuestros dormitorios y el living central, al cual comunicaban los dormitorios y el pasillo. Se entraba a la casa por un zaguán con mayólica[7], y la puerta cancel daba al living. De manera que uno entraba por el zaguán, abría la cancel y pasaba al living; tenía a los lados las puertas de nuestros dormitorios, y al frente el pasillo que conducía a la parte más retirada; avanzando por el pasillo se franqueaba la puerta de roble y más allá empezaba el otro lado de la casa, o bien se podía girar a la izquierda justamente antes de la puerta y seguir por un pasillo más estrecho que llevaba a la cocina y el baño. Cuando la puerta estaba abierta advertía uno que la casa era muy grande; si no, daba la impresión de un departamento de los que se edifican ahora, apenas para moverse; Irene y yo vivíamos siempre en esta parte de la casa, casi nunca íbamos más allá de la puerta de roble, salvo para hacer la limpieza, pues es increíble cómo se junta tierra en los muebles. Buenos Aires será una ciudad limpia, pero eso lo debe a sus habitantes y no a otra cosa. Hay demasiada tierra en el aire, apenas sopla una ráfaga se palpa el polvo en los mármoles de las consolas y entre los rombos de las carpetas

de macramé[8]; da trabajo sacarlo bien con plumero, vuela y se suspende en el aire, un momento después se deposita de nuevo en los muebles y los pianos.

Lo recordaré siempre con claridad porque fue simple y sin circunstancias inútiles. Irene estaba tejiendo en su dormitorio, eran las ocho de la noche y de repente se me ocurrió poner al fuego la pavita del mate. Fui por el pasillo hasta enfrentar la entornada puerta de roble, y daba la vuelta al codo que llevaba a la cocina cuando escuché algo en el comedor o la biblioteca. El sonido venía impreciso y sordo, como un volcarse de silla sobre la alfombra o un ahogado susurro de conversación. También lo oí al mismo tiempo o un segundo después, en el fondo del pasillo que traía desde aquellas piezas hasta la puerta. Me tiré contra la puerta antes de que fuera demasiado tarde, la cerré de golpe apoyando el cuerpo; felizmente la llave estaba puesta de nuestro lado y además corrí el gran cerrojo para más seguridad.

Fui a la cocina, calenté la pavita, y cuando estuve de vuelta con la bandeja del mate le dije a Irene:

—Tuve que cerrar la puerta del pasillo. Han tomado la parte del fondo.

Dejó caer el tejido y me miró con sus graves ojos cansados.

—¿Estás seguro?

Asentí.

—Entonces —dijo recogiendo las agujas— tendremos que vivir en este lado.

Yo cebaba el mate con mucho cuidado, pero ella tardó un rato en reanudar su labor. Me acuerdo que tejía un chaleco gris; a mí me gustaba ese chaleco.

[5] *gobelinos* tapices franceses de gran valor
[6] *Rodríguez Peña* calle de Buenos Aires
[7] *mayólica* loza de esmalte metálico

[8] *macramé* tejido de origen árabe con figuras geométricas

Los primeros días nos pareció penoso porque ambos habíamos dejado en la parte tomada muchas cosas que queríamos. Mis libros de literatura francesa, por ejemplo, estaban todos en la biblioteca. Irene extrañaba unas carpetas, un par de pantuflas que tanto la abrigaban en invierno. Yo sentía mi pipa de enebro y creo que Irene pensó en una botella de Hesperidina[9] de muchos años. Con frecuencia (pero esto solamente sucedió los primeros días) cerrábamos algún cajón de las cómodas y nos mirábamos con tristeza.

—No está aquí.

Y era una cosa más de todo lo que habíamos perdido al otro lado de la casa.

Pero también tuvimos ventajas. La limpieza se simplificó tanto que aun levantándose tardísimo, a las nueve y media por ejemplo, no daban las once y ya estábamos de brazos cruzados. Irene se acostumbró a ir conmigo a la cocina y ayudarme a preparar el almuerzo. Lo pensamos bien, y se decidió esto: mientras yo preparaba el almuerzo, Irene cocinaría platos para comer fríos de noche. Nos alegramos porque siempre resulta molesto tener que abandonar los dormitorios al atardecer y ponerse a cocinar. Ahora nos bastaba con la mesa en el dormitorio de Irene y las fuentes de comida fiambre.

Irene estaba contenta porque le quedaba más tiempo para tejer. Yo andaba un poco perdido a causa de los libros, pero por no afligir a mi hermana me puse a revisar la colección de estampillas de papá, y eso me sirvió para matar el tiempo. Nos divertíamos mucho, cada uno en sus cosas, casi siempre reunidos en el dormitorio de Irene que era más cómodo. A veces Irene decía:

—Fíjate este punto que se me ha ocurrido. ¿No da un dibujo de trébol?

Un rato después era yo el que le ponía ante los ojos un cuadradito de papel para que viese el mérito de algún sello de Eupen y Malmédy[10]. Estábamos bien, y poco a poco empezábamos a no pensar. Se puede vivir sin pensar.

(Cuando Irene soñaba en alta voz yo me desvelaba en seguida. Nunca pude habituarme a esa voz de estatua o papagayo, voz que viene de los sueños y no de la garganta. Irene decía que mis sueños consistían en grandes sacudones que a veces hacían caer el cobertor. Nuestros dormitorios tenían el living de por medio, pero de noche se escuchaba cualquier cosa en la casa. Nos oíamos respirar, toser, presentíamos el ademán que conduce a la llave del velador, los mutuos y frecuentes insomnios.

Aparte de eso todo estaba callado en la casa. De día eran los rumores domésticos, el roce metálico de las agujas de tejer, un crujido al pasar las hojas del álbum filatélico. La puerta de roble, creo haberlo dicho, era maciza. En la cocina y el baño, que quedaban tocando la parte tomada, nos poníamos a hablar en voz más alta o Irene cantaba canciones de cuna. En una cocina hay demasiado ruido de loza y vidrios para que otros sonidos irrumpan en ella. Muy pocas veces permitíamos allí el silencio, pero cuando tornábamos a los dormitorios y al living, entonces la casa se ponía callada y a media luz, hasta pisábamos más despacio para no molestarnos. Yo creo que era por eso que de noche, cuando Irene empezaba a soñar en alta voz, me desvelaba en seguida.)

---

[9] *Hesperidina* licor de cáscara de naranja

[10] *Eupen y Malmédy* ciudades alemanas cedidas a Bélgica después de la Primera Guerra Mundial

Es casi repetir lo mismo salvo las consecuencias. De noche siento sed, y antes de acostarnos le dije a Irene que iba hasta la cocina a servirme un vaso de agua. Desde la puerta del dormitorio (ella tejía) oí ruido en la cocina; tal vez en la cocina o tal vez en el baño porque el codo del pasillo apagaba el sonido. A Irene le llamó la atención mi brusca manera de detenerme, y vino a mi lado sin decir palabra. Nos quedamos escuchando los ruidos, notando claramente que eran de este lado de la puerta de roble, en la cocina y el baño, o en el pasillo mismo donde empezaba el codo casi al lado nuestro.

No nos miramos siquiera. Apreté el brazo de Irene y la hice correr conmigo hasta la puerta cancel, sin volvernos hacia atrás. Los ruidos se oían más fuerte pero siempre sordos, a espaldas nuestras. Cerré de un golpe la cancel y nos quedamos en el zaguán. Ahora no se oía nada.

—Han tomado esta parte —dijo Ireae. El tejido le colgaba de las manos y las hebras iban hasta la cancel y se perdían debajo. Cuando vio que los ovillos habínn quedado del otro lado, soltó el tejido sin mirarlo.

—¿Tuviste tiempo de traer alguna cosa? —le pregunté inútilmente.

—No, nada.

Estábamos con lo puesto. Me acordé de los quince mil pesos en el armario de mi dormitorio. Ya era tarde ahora.

Como me quedaba el reloj pulsera, vi que eran las once de la noche. Rodeé con mi brazo la cintura de Irene (yo creo que ella estaba llorando) y salimos así a la calle. Antes de alejarnos tuve lástima, cerré bien la puerta de entrada y tiré la llave a la alcantarilla. No fuese que a algún pobre diablo se le ocurriera robar y se metiera en la casa, a esa hora y con la casa tomada.

59 Juan Rulfo
(n. 1918)

Nacido en Jalisco, que tanto ha aportado a las letras actuales de México, Juan Rulfo es extremadamente parco en escribir; ha publicado un libro de cuentos, *El llano en llamas* (1953) y una novela, *Pedro Páramo* (1955). Es ésta una de las más originales novelas del siglo; se borran los límites del tiempo, los linderos entre muerte y vida, para presentarnos la imagen del odio despertado por un cacique local. No se puede leer la novela de la manera corriente; hay que sumergirse en ella, entrar en su mundo alejado de la lógica normal, para participar en el fluir de la ilógica del subconsciente.

En los cuentos de la vida rural de *El llano en llamas* predomina una terrible sequedad física y espiritual. Los desolados personajes funcionan en un ambiente a primera vista normal, pero que paulatinamente se nos revela contrahecho y hostil. "La Cuesta de las Comadres" ejemplifica el estilo casi lacónico empleado por Rulfo para desnudar la violenta existencia de sus personajes en su mundo deformado.

La Cuesta de las Comadres

Los difuntos Torricos siempre fueron buenos amigos míos. Tal vez en Zapotlán[1] no los quisieran; pero, lo que es de mí, siempre fueron buenos amigos, hasta tantito antes de morirse. Ahora eso de que no los quisieran en Zapotlán no tenía ninguna importancia, porque tampoco a mí me querían allí, y tengo entendido que a nadie de los que vivíamos en la Cuesta de las Comadres nos pudieron ver con buenos ojos los de Zapotlán. Esto era desde viejos tiempos.

Por otra parte, en la Cuesta de las Comadres, los Torricos no la llevaban bien con todo mundo. Seguido[2] había desavenencias. Y si no es mucho decir, ellos eran allí los dueños de la tierra y de las casas que estaban encima de la tierra, con todo y que, cuando el reparto[3], la mayor parte de la Cuesta de las Comadres nos había tocado por igual a los sesenta que allí vivíamos, y a ellos, a los Torricos, nada más un pedazo de monte, con una mezcalera[4] nada más, pero donde estaban desperdigadas casi todas las casas. A pesar de eso, la Cuesta de las Comadres era de los Torricos. El coamil[5]

que yo trabajaba era también de ellos: de Odilón y Remigio Torrico, y la docena y media de lomas verdes que se veían allá abajo eran juntamente de ellos. No había por qué averiguar nada. Todo mundo sabía que así era.

Sin embargo, de aquellos días a esta parte, la Cuesta de las Comadres se había ido deshabitando. De tiempo en tiempo, alguien se iba; atravesaba el guardaganado donde está el palo alto, y desaparecía entre los encinos y no volvía a aparecer ya nunca. Se iban, eso era todo.

Y yo también hubiera ido de buena gana a asomarme a ver qué había tan atrás del monte que no dejaba volver a nadie; pero me gustaba el terrenito de la Cuesta, y además era buen amigo de los Torricos.

El coamil donde yo sembraba todos los años un tantito de maíz para tener elotes, y otro tantito de frijol, quedaba por el lado de arriba, allí donde la ladera baja hasta esa barranca que le dicen Cabeza del Toro.

El lugar no era feo; pero la tierra se hacía pegajosa desde que comenzaba a llover, y luego había un desparramadero de piedras duras y filosas como troncones[6] que parecían crecer con el tiempo. Sin embargo, el maíz se pegaba bien y los elotes que allí

[1] *Zapotlán* pueblo mexicano del estado de Jalisco
[2] *Seguido* Constantemente
[3] *reparto* el de tierras; parte del programa de reforma agraria del gobierno federal
[4] *mezcalera* campo de maguey, del cual se deriva el mezcal, una bebida intoxicante
[5] *coamil* huerta

[6] *troncones* tree stumps

De Juan Rulfo, *El llano en llamas* (México, Fondo de Cultura Económica, 1953).

se daban eran muy dulces. Los Torricos, que para todo lo que se comían necesitaban la sal de tequesquite[7], para mis elotes no; nunca buscaron ni hablaron de echarle tequesquite a mis elotes, que eran de los que se daban en Cabeza del Toro.

Y con todo y eso, y con todo y que las lomas verdes de allá abajo eran mejores, la gente se fue acabando. No se iban para el lado de Zapotlán, sino por este otro rumbo, por donde llega a cada rato ese viento lleno del olor de los encinos y del ruido del monte. Se iban callados la boca, sin decir nada ni pelearse con nadie. Es seguro que les sobraban ganas de pelearse con los Torricos para desquitarse de todo el mal que les habían hecho; pero no tuvieron ánimos. Seguro eso pasó.

La cosa es que todavía después de que murieron los Torricos nadie volvió más por aquí. Yo estuve esperando. Pero nadie regresó. Primero les cuidé sus casas; remendé los techos y les puse ramas a los agujeros de sus paredes; pero viendo que tardaban en regresar, las dejé por la paz. Los únicos que no dejaron nunca de venir fueron los aguaceros de mediados de año, y esos ventarrones que soplan en febrero y que le vuelan a uno la cobija a cada rato. De vez en cuando, también, venían los cuervos volando muy bajito y graznando fuerte como si creyeran estar en algún lugar deshabitado.

Así siguieron las cosas todavía después de que se murieron los Torricos.

Antes, desde aquí, sentado donde ahora estoy, se veía claramente Zapotlán. En cualquier hora del día y de la noche podía verse la manchita blanca de Zapotlán allá lejos. Pero ahora las jarillas[8] han crecido muy tupido y, por más que el aire las mueve de un lado para otro, no dejan ver nada de nada.

Me acuerdo de antes, cuando los Torricos venían a sentarse aquí también y se estaban acuclillados horas y horas hasta el oscurecer, mirando para allá sin cansarse, como si el lugar este les sacudiera sus pensamientos o el mitote[9] de ir a pasearse a Zapotlán. Sólo después supe que no pensaban en eso. Únicamente se ponían a ver el camino: aquel ancho callejón arenoso que se podía seguir con la mirada desde el comienzo hasta que se perdía entre los ocotes[10] del cerro de la Media Luna.

Yo nunca conocí a nadie que tuviera un alcance de vista como el de Remigio Torrico. Era tuerto. Pero el ojo negro y medio cerrado que le quedaba parecía acercar tanto las cosas, que casi las traía junto a sus manos. Y de allí a saber qué bultos se movían por el camino no había ninguna diferencia. Así, cuando su ojo se sentía a gusto teniendo en quién recargar la mirada, los dos se levantaban de su divisadero y desaparecían de la Cuesta de las Comadres por algún tiempo.

Eran los días en que todo se ponía de otro modo aquí entre nosotros. La gente sacaba de las cuevas del monte sus animalitos y los traía a amarrar en sus corrales. Entonces se sabía que había borregos y guajolotes. Y era fácil ver cuántos montones de maíz y de calabazas amarillas amanecían asoleándose en los patios. El viento que atravesaba los cerros era más frío que otras veces; pero, no se sabía por qué, todos allí decían que hacía muy buen tiempo. Y uno oía en la madrugada que cantaban los gallos como en cualquier lugar tranquilo, y aquello parecía como si siempre hubiera habido paz en la Cuesta de las Comadres.

Luego volvían los Torricos. Avisaban

---

[7] *tequesquite* sustancia pétrea salina, empleado como substituto de la sal
[8] *jarillas* especie de flores

[9] *mitote* aquí, deseo
[10] *ocotes* especie de pinos

que venían desde antes que llegaran, porque sus perros salían a la carrera y no paraban de ladrar hasta encontrarlos. Y nada más por los ladridos todos calculaban la distancia y el rumbo por donde irían a llegar. Entonces la gente se apuraba a esconder otra vez sus cosas.

Siempre fue así el miedo que traían los difuntos Torricos cada vez que regresaban a la Cuesta de las Comadres.

Pero yo nunca llegué a tenerles miedo. Era buen amigo de los dos y a veces hubiera querido ser un poco menos viejo para meterme en los trabajos en que ellos andaban. Sin embargo, ya no servía yo para mucho. Me di cuenta aquella noche en que les ayudé a robar a un arriero. Entonces me di cuenta de que me faltaba algo. Como que la vida que yo tenía estaba ya muy desperdiciada y no aguantaba más estirones. De eso me di cuenta.

Fue como a mediados de las aguas[11] cuando los Torricos me convidaron para que les ayudara a traer unos tercios de azúcar. Yo iba un poco asustado. Primero, porque estaba cayendo una tormenta de ésas en que el agua parece escarbarle a uno por debajo de los pies. Después, porque no sabía adónde iba. De cualquier modo, allí vi yo la señal de que no estaba hecho ya para andar en andanzas.

Los Torricos me dijeron que no estaba lejos el lugar donde íbamos. "En cosa de un cuarto de hora estamos allá", me dijeron. Pero cuando alcanzamos el camino de la Media Luna comenzó a oscurecer y cuando llegamos adonde estaba el arriero era ya alta la noche.

El arriero no se paró a ver quién venía. Seguramente estaba esperando a los Torricos y por eso no le llamó la atención vernos llegar. Eso pensé. Pero todo el rato que trajinamos de aquí para allá con los tercios de azúcar, el arriero se estuvo quieto, agazapado entre el zacatal[12]. Entonces le dije eso a los Torricos. Les dije:

—Ése que está allí tirado parece estar muerto o algo por el estilo.

—No, nada más ha de estar dormido —me dijeron ellos—. Lo dejamos aquí cuidando, pero se ha de haber cansado de esperar y se durmió.

Yo fui y le di un patada en las costillas para que despertara; pero el hombre siguió igual de tirante.

—Está bien muerto —les volví a decir.

—No, no te creas, nomás está tantito atarantado porque Odilón le dio con un leño en la cabeza, pero después se levantará. Ya verás que en cuanto salga el sol y sienta el calorcito, se levantará muy aprisa y se irá en seguida para su casa. ¡Agárrate ese tercio de allí y vámonos! —Fue todo lo que me dijeron.

Ya por último le di una última patada al muertito y sonó igual que si se la hubiera dado a un tronco seco. Luego me eché la carga al hombro y me vine por delante. Los Torricos me venían siguiendo. Los oí que cantaban durante largo rato, hasta que amaneció. Cuando amaneció dejé de oírlos. Ese aire que sopla tantito antes de la madrugada se llevó los gritos de su canción y ya no pude saber si me seguían, hasta que oí pasar por todos lados los ladridos encarrerados de sus perros.

De ese modo fue como supe qué cosas iban a espiar todas las tardes los Torricos, sentados junto a mi casa de la Cuesta de las Comadres.

A Remigio Torrico yo lo maté.

Ya para entonces quedaba poca gente entre los ranchos. Primero se habían ido de

---

[11] *a... aguas*   a la mitad de la temporada de lluvias

[12] *zacatal*   pastizal

uno en uno; pero los últimos casi se fueron en manada. Ganaron y se fueron, aprovechando la llegada de las heladas. En años pasados llegaron las heladas y acabaron con las siembras en una sola noche. Y este año también. Por eso se fueron. Creyeron seguramente que el año siguiente sería lo mismo y parece que ya no se sintieron con ganas de seguir soportando las calamidades del tiempo todos los años y la calamidad de los Torricos todo el tiempo.

Así que, cuando yo maté a Remigio Torrico, ya estaba bien vacía de gente la Cuesta de las Comadres y las lomas de los alrededores.

Esto sucedió como en octubre. Me acuerdo que había una luna muy grande y muy llena de luz, porque yo me senté afuerita de mi casa a remendar un costal todo agujerado, aprovechando la buena luz de la luna, cuando llegó el Torrico.

Ha de haber andado borracho. Se me puso enfrente y se bamboleaba de un lado para otro, tapándome y destapándome la luz que yo necesitaba de la luna.

—Ir ladereando[13] no es bueno —me dijo después de mucho rato—. A mí me gustan las cosas derechas, y si a ti no te gustan, ahí te lo haiga, porque yo he venido aquí a enderezarlas.

Yo seguí remendando mi costal. Tenía puestos todos mis ojos en coserle los agujeros, y la aguja de arria[14] trabajaba muy bien cuando la alumbraba la luz de la luna. Seguro por eso creyó que yo no me preocupaba de lo que decía:

—A ti te estoy hablando —me gritó, ahora sí ya corajudo—. Bien sabes a lo que he venido.

Me espanté un poco cuando se me acercó y me gritó aquello casi a boca de

jarro. Sin embargo, traté de verle la cara para saber de qué tamaño era su coraje y me le quedé mirando, como preguntándole a qué había venido.

Eso sirvió. Ya más calmado se soltó diciendo que a la gente como yo había que agarrarla desprevenida.

—Se me seca la boca al estarte hablando después de lo que hiciste —me dijo—; pero era tan amigo mío mi hermano como tú y sólo por eso vine a verte, a ver cómo sacas en claro lo de la muerte de Odilón.

Yo lo oía ya muy bien. Dejé a un lado el costal y me quedé oyéndolo sin hacer otra cosa.

Supe cómo me echaba a mí la culpa de haber matado a su hermano. Pero no había sido yo. Me acordaba quién había sido, y yo se lo hubiera dicho, aunque parecía que él no me dejaría lugar para platicarle cómo estaban las cosas.

—Odilón y yo llegamos a pelearnos muchas veces —siguió diciéndome—. Era algo duro de entendederas y le gustaba encararse con todos, pero no pasaba de allí. Con unos cuantos golpes se calmaba. Y eso es lo que quiero saber: si te dijo algo, o te quiso quitar algo, o qué fue lo que pasó. Pudo ser que te haya querido golpear y tú le madrugaste. Algo de eso ha de haber sucedido.

Yo sacudí la cabeza para decirle que no, que yo no tenía nada que ver...

—Oye —me atajó el Torrico—, Odilón llevaba ese día catorce pesos en la bolsa de la camisa. Cuando lo levanté, lo esculqué y no encontré esos catorce pesos. Luego ayer supe que te habías comprado una frazada.

Y eso era cierto. Yo me había comprado una frazada. Vi que se venían muy aprisa los fríos y el gabán que yo tenía estaba ya todito hecho garras, por eso fui a Zapotlán a conseguir una frazada. Pero para

---

[13] *ladereando* ladeando, desviándose, no derecho
[14] *aguja de arria* aguja grande para coser cuero

eso había vendido el par de chivos que tenía, y no fue con los catorce pesos de Odilón con lo que la compré. Él podía ver que si el costal se había llenado de agujeros se debió a que tuve que llevarme al chivito chiquito allí metido, porque todavía no podía caminar como yo quería.

—Sábete de una vez por todas que pienso pagarme lo que le hicieron a Odilón, sea quien sea el que lo mató. Y yo sé quien fue —oí que me decía casi encima de mi cabeza.

—¿De modo que fui yo? —le pregunté.

—¿Y quién más? Odilón y yo éramos sinvergüenzas y lo que tú quieras, y no digo que no llegamos a matar a nadie; pero nunca lo hicimos por tan poco. Eso sí te lo digo a ti.

La luna grande de octubre pegaba de lleno sobre el corral y mandaba hasta la pared de mi casa la sombra larga de Remigio. Lo vi que se movía en dirección de un tejocote[15] y que agarraba el guango[16] que yo siempre tenía recargado allí. Luego vi que regresaba con el guango en la mano.

Pero al quitarse él de enfrente, la luz de la luna hizo brillar la aguja de arria que yo había clavado en el costal. Y no sé por qué, pero de pronto comencé a tener una fe muy grande en aquella aguja. Por eso, al pasar Remigio Torrico por mi lado, desensarté la aguja y sin esperar otra cosa se la hundí a él cerquita del ombligo. Se la hundí hasta donde le cupo. Y allí la dejé.

Luego luego se engarruñó[17] como cuando da el cólico y comenzó a acalambrarse hasta doblarse poco a poco sobre las corvas y quedar sentado en el suelo, todo entelerido y con el susto asomándosele por el ojo.

---

[15] *tejocote*   especie de árbol
[16] *guango*   hoz pequeña
[17] *se engarruñó*   se encogió

Por un momento pareció como que se iba a enderezar para darme un machetazo con el guango; pero seguro se arrepintió o no supo ya qué hacer, soltó el guango y volvió a engarruñarse. Nada más eso hizo.

Entonces vi que se le iba entristeciendo la mirada como si comenzara a sentirse enfermo. Hacía mucho que no me tocaba ver una mirada así de triste y me entró la lástima. Por eso aproveché para sacarle la aguja de arria del ombligo y metérsela más arribita, allí donde pensé que tendría el corazón. Y sí, allí lo tenía, porque nomás dio dos o tres respingos como un pollo descabezado y luego se quedó quieto.

Ya debía haber estado muerto cuando le dije:

—Mira, Remigio, me has de dispensar, pero yo no maté a Odilón. Fueron los Alcaraces. Yo andaba por allí cuando él se murió, pero me acuerdo bien de que yo no lo maté. Fueron ellos, toda la familia entera de los Alcaraces. Se le dejaron ir encima, y cuando yo me di cuenta, Odilón estaba agonizando. Y ¿sabes por qué? Comenzando porque Odilón no debía haber ido a Zapotlán. Eso tú lo sabes. Tarde o temprano tenía que pasarle algo en ese pueblo, donde había tantos que se acordaban mucho de él. Y tampoco los Alcaraces lo querían. Ni tú ni yo podemos saber qué fue a hacer él a meterse con ellos.

"Fue cosa de un de repente. Yo acababa de comprar mi zarape y ya iba de salida cuando tu hermano le escupió un trago de mezcal en la cara a uno de los Alcaraces. Él lo hizo por jugar. Se veía que lo había hecho por divertirse, porque los hizo reír a todos. Pero todos estaban borrachos. Odilón y los Alcaraces y todos. Y de pronto se le echaron encima. Sacaron sus cuchillos y se le apeñuscaron y lo aporrearon hasta no dejar de Odilón cosa que sirviera. De eso murió.

"Como ves, no fui yo el que lo mató. Quisiera que te dieras cabal cuenta de que yo no me entrometí para nada."

Eso le dije al difunto Remigio.

Ya la luna se había metido del otro lado de los encinos cuando yo regresé a la Cuesta de las Comadres con la canasta pizcadora vacía. Antes de volverla a guardar, le di unas cuantas zambullidas en el arroyo para que se le enjuagara la sangre. Yo la iba a necesitar muy seguido y no me hubiera gustado ver la sangre de Remigio a cada rato.

Me acuerdo que eso pasó allá por octubre, a la altura de las fiestas de Zapotlán. Y digo que me acuerdo que fue por esos días, porque en Zapotlán estaban quemando cohetes, mientras que por el rumbo donde tiré a Remigio se levantaba una gran parvada de zopilotes a cada tronido que daban los cohetes.

De eso me acuerdo.

60 Carlos Fuentes
(n. 1929)

El mexicano Carlos Fuentes es excelente representante de la nueva generación de prosistas aparecida en los últimos años. Pasó de los temas fantásticos y el ambiente irreal de sus cuentos de *Los días enmascarados* (1954) a una novela ambiciosa y de gran éxito, *La región más transparente* (1958), en la que intentó el retrato de la capital metropolitana de hoy y la traición de los ideales revolucionarios. En sus novelas posteriores —*Las buenas conciencias* (1960), *Aura* (1962), *La muerte de Artemio Cruz* (1962) y *Cambio de piel* (1967)— hay una construcción más ceñida, de mayor tensión. En *Las buenas conciencias* siguió a uno de los personajes de su primera novela en su vida provinciana. *Aura* es un relato fantástico, donde el personaje principal se debate entre alucinación y realidad. En *La muerte de Artemio Cruz* volvió a tratar la ciudad moderna en lo que tiene de heredera y traidora de la Revolución, pero esta vez enfocada en un revolucionario moribundo, el que encarna el tema en toda su complejidad.

Hemos escogido un fragmento de *La región más transparente* que presenta un tema importante en la obra de Fuentes: la traición del pasado y la problemática revolucionaria de hoy.

La región más transparente

[Fragmentos]

—¿De manera que usted es intelectual? —dijo, sin más preámbulos, Federico Robles una vez que Norma se había excusado.

—Sí —sonrió Zamacona—. Me imagino que para usted eso no acarrea gran prestigio.

Robles hurgó en su chaleco: —Maldito lo que me importa a mí el prestigio. Lo importante es hacer cosas.

—Hay muchas maneras... —volvió a sonreír Manuel.

—Correcto. —Robles encontró un puro crujiente de celofán—. Pero no en este país. Aquí no podemos darnos lujos de esa clase. Aquí hay que mirar hacia el futuro. Y los poetas son cosas del pasado.

Manuel bajó la cabeza, clavó las manos en los bolsillos: "Habría que definir qué cosa es el pasado."

—El pasado es lo muerto, amigo, algo que le hace a usted, en el mejor de los casos, sentirse grande o sentirse piadoso. Nomás.

Manuel levantó la cabeza, y, guiñando, fijó la mirada en Robles: "¿Y el de México?"

A pesar de su concentración en la envoltura del puro, Robles no dudó: "No existe. México es otra cosa después de la Revolución. El pasado se acabó para siempre."

—Pero para enfrentarse a ese futuro del cual me ha hablado —insistió en guiñar, en penetrar con los ojos los rayos del sol vespertino que caían sobre la cabeza y los hombros de Robles— en algún momento debió usted darse cuenta de que había un pasado que, en todo caso, había que olvidar.

—Puede.

El sol cortaba la figura de Robles en un solo bloque, coronado de luz, sólido y sin transparencia en la mirada molesta de Manuel.

—Y cuando lo observó usted, licenciado, ¿qué sintió ante ese pasado? ¿Se sintió usted engrandecido o piadoso?

Por fin, Robles rasgó el celofán y se llevó a la nariz el primer aroma del habano, fresco y virgen: "Para mí el pasado fue la pobreza, amigo. Nomás. El pasado mío, quiero decir."

—¿Y el de México, licenciado? Usted tiene ideas...

—Está bueno. Pues para mí México es un país atrasado y pobre que ha luchado por ser progresista y rico. Un país que ha tenido que correr, que galopar diría, para ponerse al corriente de las naciones civilizadas. Durante el siglo pasado, se pensó que con darnos leyes parecidas a las de los Estados Unidos o Inglaterra, bastaba. Nosotros hemos demostrado que esas metas sólo se alcanzan creando industrias, impulsando la economía del país. Creando una clase media, que es la beneficiaria directa de esas medidas de progreso. Ahora deme usted su versión.

Hablar de México. Manuel no sabía por dónde empezar. Recordaba que un día había sellado un pacto de sol, tácito y permanente, con México. ¿Por dónde empezar? Se recordaba arrojando su papel, sus palabras, al centro del sol de México. Sólo así podía hablar. Y ahora... "No dejo de envidiar su claridad. Yo... pues yo quisiera

De Carlos Fuentes, *La región más transparente*, 3ª edición (México, Fondo de Cultura Económica, 1960).

explicarme con tanta nitidez como usted la historia de México. Precisamente, lo que siento es que no encuentro el silogismo..." Manuel quería encontrar ésta, alguna, cualquier palabra; se mordió el labio inferior: "...la palabra mágica o la simple justificación que me expliquen una historia tan teñida de dolor como la nuestra."

Robles abrió los ojos y apagó el fósforo antes de encender el puro: "¿Dolor? ¿Cuál dolor? Aquí estamos en jauja, amigo. Pregúntele usted a un europeo si esto no es el paraíso. Dolor es haber pasado dos guerras mundiales, bombardeos y campos de concentración."

—No, no, no me entiende usted —Manuel iba hundiendo la suela en la hierba floja del jardín—: Porque esos hombres que sufrieron el bombardeo y el campo de concentración, como usted dice, pudieron al cabo asimilar sus experiencias y cancelarlas, dar una explicación a sus propios actos y a los de sus verdugos. —Quería representarse muchas, dos, sólo una cara de un hombre torturado, desplazado, marcado con la estrella amarilla. Sólo podía recrear las caras del minuto anterior, las anónimas y pedigüeñas—. La experiencia más terrible, Dachau o Buchenwald, no hizo sino destacar la fórmula agredida: la libertad, la dignidad del hombre, como guste llamarla. —Como un río subterráneo, pensó, indiferente y oscuro—. Para el dolor mexicano no existen semejantes fórmulas de justificación. ¿Qué justifica la destrucción del mundo indígena, nuestra derrota frente a los Estados Unidos, las muertes de Hidalgo[1] o Madero? ¿Qué justifica el hambre, los campos secos, las plagas, los asesinatos, las violaciones? ¿En aras de qué gran idea pueden soportarse? ¿En razón de qué meta son comprensibles? Toda, toda nuestra historia pesa sobre nuestros espíritus, en su integridad sangrienta, sin que sean nunca plenamente pasado ninguno de sus hechos o sus hombres.

Sin quererlo, tomó la manga de Robles y la estrujó, obligándolo a adelantar dos pasos. "Apolo, Dionisio, Fausto, l'homme moyen sensuel[2], ¿qué diablos significan aquí, qué diablos explican? Nada; todos se estrellan ante un muro impenetrable, hecho de la sangre más espesa que ha regado sin justicia la tierra. ¿Dónde está nuestra clave, dónde, dónde? ¿Viviremos para conocerla?" Manuel desprendió la mano de la manga de Robles: "Hay que resucitar algo y cancelar algo para que esa clave aparezca y nos permita entender a México. No podemos vivirnos y morirnos a ciegas, ¿me entiende usted?, vivirnos y morirnos tratando de olvidarlo todo y de nacer de nuevo todos los días sabiendo que todo está vivo y presente y aplastándonos el diafragma, por más que querramos olvidarlo: Quetzalcoatls y Corteses e Iturbides y Juárez y Porfirios y Zapatas, todos hechos un nudo en la garganta. ¿Cuál es nuestra verdadera efigie? ¿Cuál de todas?"

—A ustedes los intelectuales les encanta hacerse bolas —dijo Robles al abrir la mitad de la boca retacada[3] de tabaco—. Aquí no hay más que una verdad: o hacemos un

---

[1] *Hidalgo* Miguel Hidalgo (1753-1811), padre de la Independencia de México, fusilado por los españoles

[2] *Apolo... sensuel Apolo* dios griego conocido por su hermosura; *Dionisio* dios griego del vino; *Fausto* figura legendaria, tratada sobre todo en *Dr. Faustus* de Goethe, que representa el anhelo del hombre de superar su condición de mortal; *l'homme moyen sensuel* (francés) el hombre medio sensual. El significado de esta frase es que los mitos y las tradiciones occidentales nada tienen que ver con una posible explicación de la historia y la cultura de México.

[3] *retacada* llena

país próspero, o nos morimos de hambre. No hay que escoger sino entre la riqueza y la miseria. Y para llegar a la riqueza hay que apresurar la marcha hacia el capitalismo, y someterlo todo a ese patrón. Política. Estilo de vida. Gustos. Modas. Legislación. Economía. Lo que usted diga.

El sol brilló sobre el jardín con su intensidad total: menos rotunda que la del mediodía, pero más penetrante, más inquietante por la proximidad de la luz que, al hacer el último esfuerzo, vibraba por dar testimonio de su partida.

—Pero es lo que hemos hecho siempre —balbuceó Zamacona—, ¿no se da cuenta? Siempre hemos querido correr hacia modelos que no nos pertenecen, vestirnos con trajes que no nos quedan, disfrazarnos para ocultar la verdad: somos otros, otros por definición, los que nada tenemos que ver con nada, un país brotado como hongo en el centro de un paisaje sin nombre, inventado, inventado antes del primer día de la creación. ¿No ve usted a México descalabrado por ponerse a la par de Europa y los Estados Unidos? Pero si usted mismo me lo acaba de decir, licenciado. ¿No ve usted al porfirismo tratando de justificarse con la filosofía positivista, disfrazándonos a todos? ¿No ve usted que todo ha sido un carnaval, monárquico, liberal, comtiano, capitalista?

Robles dejó caer un chorro de humo sobre las solapas de Manuel: "¿Y qué quiere usted, amigo? ¿Que volvamos a vestirnos con plumas y a comer carne humana?"

—Es precisamente lo que no quiero, licenciado. Quiero que todas esas sombras ya no nos quiten el sueño, quiero entender qué significó vestirse con plumas para ya no usarlas y ser yo, mi yo verdadero, sin plumas. No, no se trata de añorar nuestro pasado y regodearnos en él, sino de penetrar en el pasado, entenderlo, reducirlo a razón,

cancelar lo muerto —que es lo estúpido, lo rencoroso—, rescatar lo vivo y saber, por fin, qué es México y qué se puede hacer con él.

Robles se separó de Manuel y caminó hacia la reja: "No sea usted presuntuoso. Con México sólo se puede hacer lo que nosotros, la Revolución, hemos hecho. Hacerlo progresar."

—¿Progresar hacia dónde?

—Hacia un mejor nivel de vida. O sea, hacia la felicidad particular de cada mexicano, que es lo que cuenta, ¿no le parece?

—¿Pero cómo se puede hablar de la felicidad particular de cada mexicano si antes no se ha explicado uno a ese mexicano? ¿Cómo sabe si cada mexicano quiere lo que usted se propone otorgarle?

Manuel, ahora, seguía a corta distancia a Robles. El industrial dio la vuelta y la cara a Zamacona: "Soy más viejo que usted, amigo. Conozco la naturaleza humana. Los hombres quieren bienes. Un carro. Educación para sus hijos. Higiene. Nomás."

—¿Cree usted que quienes ya tienen eso se sienten plenamente satisfechos? ¿Piensa usted, por ejemplo, que la nación más rica que ha conocido la historia es una nación precisamente feliz? ¿No es, por el contrario, una nación presa de un profundo malestar espiritual?

—Puede. Pero eso es secundario, amigo. Lo importante es que la mayoría de los gringos come y vive bien, tiene un refrigerador y un aparato de televisión, va a buenas escuelas y hasta se da el lujo de regalarle dinero a los limosneros de Europa. Se me hace que su cacareado malestar del espíritu les viene muy guango[4].

—Quizá tenga usted razón. —Manuel sacó las manos de los bolsillos y quiso captar

[4] *les... guango*   les importa muy poco

el origen del sol y el aire transparente. Se tapó los ojos con la mano—. No sé. Acaso haya planteado mal el problema. Quizá esté enfermo de odio hacia los Estados Unidos. Por algo soy mexicano.

Robles sonrió y le dio una palmadita obsequiosa en el hombro. "Ándele, no se me achicopale[5]. Me gusta discutir con los jóvenes. Después de todo, ustedes también son hijos de la Revolución, como yo."

Al querer corresponder la sonrisa, Manuel se dio cuenta de que, en realidad, fabricada una mueca. "La Revolución. Sí, ése es el problema. Sin la Revolución Mexicana, ni usted ni yo estaríamos aquí conversando de esta manera; quiero decir, sin la Revolución, nunca nos hubiéramos planteado el problema del pasado de México, de su significado, ¿no cree usted? Como que en la Revolución aparecieron, vivos y con el fardo de sus problemas, todos los hombres de la historia de México. Siento, licenciado, siento sinceramente que en los rostros de la Revolución aparecen todos ellos, vivos, con su refinamiento y su grosería, con sus ritmos y pulsaciones, con su voz y sus colores propios. Pero si la Revolución nos descubre la totalidad de la historia de México, no asegura que la comprendamos o que la superemos. Ése es su legado angustioso, más que para ustedes, que pudieron agotarse en la acción y pensar que en ella servían con suficiencia, para nosotros."

—Ustedes tienen el deber de proseguir nuestra obra.

—No es lo mismo, licenciado. Ustedes tenían tareas urgentes por delante. Y su ascenso corría rápido, y parejo, a la realización de esas tareas. Nosotros nos hemos encontrado con otro país, estable y rígido, donde todo está más o menos asentado y dispuesto, donde es difícil intervenir tem-

prano, y decisivamente, en la cosa pública. Un país celoso de su statu quo. A veces se me ocurre pensar que México vive un prolongado Directorio[6], una fórmula de estabilización que, a la vez que procura una notable paz interna, impide un desarrollo cabal de aquello que la Revolución se propuso en su origen.

—No estoy de acuerdo con usted, amigo. La Revolución ha desarrollado plenamente sus metas, en todos sentidos. Las ha desarrollado con suma inteligencia, por vías oblicuas, si usted quiere, pero las ha desarrollado. Usted no sabe la que era México en 1918 o 20. Hay que darse cuenta de eso para apreciar el progreso del país.

Los eucaliptos del jardín tapaban el sol; los rayos se perdían, se enmarañaban entre las hojas y las ramas, y apenas protegían, con un tinte cálido, las cortezas.

—Pero ¿adónde nos conducen esas "vías oblicuas?" —dijo Manuel Zamacona—. ¿No resulta bastante contradictorio que en el momento en que vemos muy claramente que el capitalismo ha cumplido su ciclo vital y subsiste apenas en una especie de hinchazón ficticia, nosotros iniciemos el camino hacia él? ¿No es evidente que todo el mundo busca fórmulas nuevas de convivencia moral y económica? ¿No es igualmente claro que nosotros podríamos colaborar en esa búsqueda?

—¿Qué quiere usted? ¿Un comunismo criollo?

—Póngale usted el mote que quiera, licenciado. Lo que a mí me interesa es encontrar soluciones que correspondan a México, que permitan, por primera vez, una conciliación de nuestra sustancia cultural y humana y de nuestras formas jurídicas. Una verdadera integración de los miembros dis-

[5] *no... achicopale*   no se me desanima

[6] *Directorio*   consejo que gobernó Francia de 1795 a 1799

persos del ser de este país.

—A ver, a ver. —Una inmensa llaga rosada coronaba todas las cimas del jardín—. Hablaba usted de las cosas que la Revolución se propuso en su origen. ¿Qué cosas fueron ésas?

Zamacona no quería discutir más. Pensaba, inquieto sobre el césped húmedo, que todo tenía dos, tres, infinitas verdades que lo explicasen. Que era faltar a la honradez adherirse a uno cualquiera de esos puntos de vista. Que acaso la honradez misma no era sino una manera de la convicción. Sí, de la convicción: "Tácitamente, a ciegas, lo que le acabo de decir: descubrir la totalidad de México a los mexicanos. Rescatar el pasado mexicano del olvido y de la mentira. El porfirismo, también de una manera implícita, pensó que un pueblo sólo es feliz si sabe olvidar. De allí su mentira y su disfraz. Díaz y los científicos[7] pensaron que era suficiente vestir a México con un traje confeccionado por Augusto Comte y meterlo en una mansión diseñada por Hausmann[8] para que, de hecho, ingresáramos a Europa. La Revolución nos obligó a darnos cuenta de que todo el pasado mexicano era presente y que, si recordarlo era doloroso, con olvidarlo no lograríamos suprimir su vigencia." ¿Qué significaban todas sus palabras?, pensaba Manuel detrás de ellas. ¿En qué punto real, concreto, se apoyaban? ¿A quién le servían? ¿O no era suficiente pensarlas, decirlas, para que se cumplieran y, llevadas por el aire, por su tangible estar dichas y pensadas, penetraran en todos los corazones? Sí, esto era, esto era, volvía a repetirse, detrás de sus palabras: "Y expresamente, la Revolución, al recoger todos los hilos de la experiencia histórica de México, nos propuso metas muy claras: reforma agraria, organización del trabajo, educación popular y, por sobre todas las cosas, superando el fracaso humano del liberalismo económico, anticipando el de los totalitarismos de derecha e izquierda, la necesidad de conciliar la libertad de la persona con la justicia social. La Revolución Mexicana fue el primer gran movimiento popular de nuestro siglo que supo distinguir este problema básico: cómo asegurar la plena protección y desarrollo de lo comunitario sin herir la dignidad de la persona. El liberalismo económico sacrificó, en aras del individuo, a la sociedad y al Estado. El totalitarismo, en aras del Estado, sacrificó a la sociedad y al individuo. Frente a este problema universal, ¿no cree usted que México encontró un principio de solución en el movimiento de 1910 a 1917? ¿Por qué no lo desarrollamos? ¿Por qué nos quedamos con las soluciones a medias? No puedo pensar que el único resultado concreto de la Revolución Mexicana haya sido la formación de una nueva casta privilegiada, la hegemonía económica de los Estados Unidos y la paralización de toda vida política interna."

Robles eructó tres pequeñas risas, mezcladas con la irritación del tabaco. "Calmantes montes[9], amiguito. En cuanto al primer punto, eso que usted llama casta privilegiada lo es en función de su trabajo y del impulso que da al país. No se trata ya de terratenientes ausentistas. El segundo: México es un país en etapa de desarrollo industrial, sin la capacidad suficiente para producir por sí mismo bienes de capital. Tenemos, en bien del país, que admitir inversiones norteamericanas que, al fin y al

[7] *científicos* los consejeros del presidente Porfirio Díaz, así llamados por su orientación positivista
[8] *Hausmann* Eugene Haussman (1809–1891), famoso por las obras de embellecimiento que hizo ejecutar en París. El autor alude a la arquitectura mexicana de la época porfiriana, notablemente influida por la francesa.

[9] *calmantes montes* del dicho popular mexicano *calmantes montes, pájaros cantantes* que significa "Hold it"; "Take it easy"

cabo, se encuentran bien controladas por nuestras leyes. El tercero: la vida política interna no ha sido paralizada por la Revolución, sino por la notoria incompetencia y falta de arraigo popular de los partidos de oposición.

—No, licenciado, no acepto su explicación. —Manuel sentía cómo le vibraban las aletas de la nariz, anticipando un encuentro definitivo con Robles y, sobre todo, con su mundo—. Esa nueva plutocracia no ha tenido su germen en el trabajo, sino en el aprovechamiento de una situación política para crear negocios prósperos; y su temprana creación frustró, desde arriba, lo más puro de la Revolución. Pues esta casta desempeña no sólo una función económica, como usted cree, sino una función política, y ésta es reaccionaria. Usted sabe también que el principio de la limitación de la participación extranjera en una empresa mexicana ha sido y es violado, y que se trata de empresas mexicanas de membrete. Usted sabe que las inversiones extranjeras, si no ayudan a la creación de un mercado interno mexicano, valen bien poco. Y sobre todo sabe usted que los precios de nuestra producción agrícola y minera, que la posibilidad de fomentar nuestra industria, que todo el equilibrio de nuestra economía, no depende de nosotros. Estoy de acuerdo en que el "partido único" es preferible a cualquiera de esos llamados partidos de oposición que

parecerían, más bien, los aliados efectivos del PRI[10]. Lo que rechazo es la somnolencia que el "partido único" ha impuesto a la vida política de México, impidiendo el nacimiento de movimientos políticos que pudieran ayudar a resolver los problemas de México y que podrían organizar y sacudir buena parte de la indiferencia en que hoy dormitan elementos que jamás se afiliarían a los partidos de la reacción clerical o de la reacción soviética. ¿O estará dispuesto el PRI a sancionar un statu quo sin solución alguna? Esto equivaldría a decirle al pueblo de México: "Estás bien como estás. No es necesario que pienses o hables. Nosotros sabemos lo que te conviene. Quédate allí." Pero ¿no es esto lo mismo que pensaba Porfirio Díaz?

—Habla usted como un irresponsable. Veo que no nos entendemos, amigo Zamacona.

—Y sin embargo, es tan necesario que nos entendamos, licenciado Robles.

Manuel tendió su mano y caminó hasta la reja del jardín, pálido en el atardecer, transparente en el vago cristal del crepúsculo de otoño: el valle estaba recién lavado por las últimas lluvias de la temporada, y era posible recoger, a cada paso, los olores de eucalipto y de laurel.

[10] *PRI* Partido Revolucionario Institucional, el "partido único", partido oficial del gobierno mexicano

El teatro

AUNQUE HUBO OBRAS DE INTERÉS, no produjo el modernismo movimiento teatral comparable con sus logros en la poesía y la narrativa. El florecimiento dramático de comienzos del siglo, casi exclusivamente naturalista, quedó limitado a unos cuantos países. Pronto entró el teatro en un letargo del cual no comenzó a despertar sino hasta alrededor de 1930, cuando aparecieron importantes grupos experimentales en diversos países. De estos grupos surgieron serios dramaturgos profesionales, como los mexicanos Xavier Villaurrutia (1903–1950) y Rodolfo Usigli (n. 1905) y el argentino Samuel Eichelbaum (n. 1894). Buscaban reconciliar las necesidades del teatro comercial con los preceptos artísticos aprendidos en el mejor teatro universal.

Después de la Segunda Guerra Mundial surgió una nueva generación caracterizada por el afán cosmopolita, la atención a nuevos conceptos producidos en otros países y una marcada intención social. No se trataba de un teatro de propaganda sino de una pléyade de dramaturgos preocupados por averiguar hacia donde iba Hispanoamérica, por desnudar los problemas provocados por una nueva manera de vivir en las grandes ciudades y por la persistencia de antiguos abusos. Si antes de la Guerra pocos países podían jactarse de tener un movimiento teatral bien desarrollado, ahora sí existe en México, Chile, el Río de la Plata, Puerto Rico y Cuba. En otros países concursos y grupos experimentales han hecho aparecer nuevos valores de una manera sorprendente. En México Emilio Carballido (n. 1925), Luisa Josefina Hernández (n. 1928), Sergio Magaña (n. 1924), Elena Garro (n. 1920) y Carlos Solórzano (n. 1922) encabezan un movimiento de gran riqueza y variedad. Los puertorriqueños Francisco Arriví (n. 1915) y René Marqués (n. 1919) examinan diversos aspectos de la realidad isleña. En Chile Luis Alberto Heiremans (1928–1964), Egon Wolff (n. 1926), Alejandro Sieveking (n. 1924) y otros encuentran sus temas en los problemas del vivir diario, mientras Jorge Díaz (n. 1930) desarrolla un teatro derivado del absurdo, pero cada vez más original. A esta nueva generación que actualmente entra en auge pertenecen también Carlos Gorostiza (n. 1920), Osvaldo Dragún (n. 1929), y Agustín

Cuzzani (n. 1924) en la Argentina; Abelardo Estorino (n. 1925), José Triana (n. 1933), Anton Arrufat (n. 1935), Manuel Reguera Saumell (n. 1928) en Cuba; Enrique Buenaventura (n. 1925) en Colombia; Isaac Chocrón (n. 1932) en Venezuela; y muchos más. Varios ya han visto sus obras representadas en Europa y los Estados Unidos, donde la capacidad técnica y la preocupación humana han probado que el teatro hispanoamericano ya alcanzó su mayoría de edad.

Timeline chart (horizontal axis): 1910 · 1920 · 1930 · 1940 · 1950 · 1960 · 1970 · 1980

LITERATURA HISPANOAMERICANA

- (1920) Moock *La serpiente*
- (1940) Eichelbaum *Pájaro de barro*
- (1944) Villaurrutia *El yerro candente*
- (1947) Usigli *El gesticulador* *
- **Marqués** *La carreta* (1952)
- Solórzano *Las manos de Dios* (1956)
- (1958) Arriví *Vegigantes*
- (1958) Carballido *Medusa*
- (1958) **Marqués** *Los soles truncos*
- (1962) Wolff *Los invasores*
- (1962) Dragún *Y nos dijeron que éramos inmortales*

LITERATURA ESPAÑOLA

- García Lorca *Bodas de sangre* (1933)
- (1936) García Lorca *La casa de Bernarda Alba*
- (1944) Casona *La dama del alba*
- (1949) Buero Vallejo *Historia de una escalera*
- (1954) Sastre *La muralla*

OTRAS LITERATURAS

- (1913) Shaw *Pygmalion*
- (1921) Pirandello *Six Characters in Search of an Author*
- (1928) O'Neill *Strange Interlude*
- (1947) Williams *A Streetcar Named Desire*
- (1949) Brecht *Mother Courage*
- (1949) Miller *Death of a Salesman*
- (1951) Ionesco *La Leçon*
- (1952) Beckett *En attendant Godot*

MARCO HISTÓRICO

- (1910) Se inicia la Revolución Mexicana el 20 de noviembre
- (1914) Se termina de construir el Canal de Panamá
- (1914) Primera Guerra Mundial
- (1917) Revolución Rusa
- (1928) Guerra del Chaco, hasta 1932
- (1931) Segunda República Española
- (1936–39) Guerra Civil Española
- (1939) Se inicia la Segunda Guerra Mundial
- (1945) Se fundan las Naciones Unidas
- (1946–55) Perón, Presidente de la Argentina
- (1948) Se funda la Organización de Estados Americanos
- (1956) Revolución Cubana
- (1965) Guerra de Vietnam
- (1968) Juegos olímpicos en México
- (1969) Primeros viajes a la luna

* Escrito en 1937

61 René Marqués
(n. 1919)

Las primeras obras del puertorriqueño René Marqués delatan la influencia de Faulkner y de Unamuno, pero su primer triunfo teatral, *La carreta* (1954), trata de manera naturalista los sufrimientos de una familia rural que busca la fortuna en el arrabal de San Juan y el barrio latino de New York, ignorando que su única felicidad era la tierra en la cual estaban sus raíces.

Los soles truncos (1958) pinta el choque cultural, tema que se halla en el fondo de toda la obra de Marqués. Las tres hermanas empobrecidas que se obstinan en ignorar el mundo real —el de afuera— están obsesionadas por la culpa, símbolo para Marqués de la traición de la auténtica tradición de su isla. La sólida estructura dramática enriquecida por la interacción de diversos niveles temporales, el paso de realidad a ilusión y el imaginativo empleo de los recursos técnicos del teatro contemporáneo hacen de *Los soles truncos* una de las mejores obras del nuevo teatro hispanoamericano.

En obras posteriores emplea Marqués técnicas avanzadas para seguir presentando su interpretación de la realidad de Puerto Rico atrapado entre dos culturas. *Un niño azul para esa sombra* (1960) sigue la misma línea técnica de *Los soles truncos* al presentar a un niño destrozado por tensiones familiares producidas por la situación política. En *La muerte no entrará en palacio*, todavía sin estrenar, intentó Marqués la tragedia política. *La casa sin reloj* (1961) abandona esta línea al presentar una visión irónica de la vida actual, deshecha por el tiempo y por la falta de conciencia. En *Carnaval adentro, carnaval afuera* (1963) y *El apartamiento* (1964) estudió Marqués dentro de un tono teatral más abstracto el aislamiento espiritual del hombre actual; y en *Mariana o el alba* (1964) creó un estudio lírico de la Rebelión de Lares, de 1868.

El teatro de Marqués es de una complejidad inusitada, empleando las técnicas más diversas para analizar la intangible realidad espiritual puertorriqueña. Sus personajes sufren de un radical sentimiento de culpa; están obsesionados por la necesidad del autosacrificio, como si sólo a través de esta purgación pudiesen vivir de verdad.

Es asimismo Marqués autor de una novela, *La víspera del hombre* (1959); de dos excelentes colecciones de cuentos, *Otro día nuestro* (1955) y *En una ciudad llamada San Juan* (1960); y también de ensayos importantes sobre la situación de Puerto Rico y el papel del escritor en Hispanoamérica.

 *Los soles truncos**

COMEDIA TRÁGICA EN DOS ACTOS

PERSONAJES

INÉS, EMILIA, HORTENSIA

ESCENA

La acción se desarrolla en una casa muy antigua de la calle del Cristo†, en la época actual.

PRIMER ACTO: *Primeras horas de una mañana estival*

SEGUNDO ACTO: *El mismo día, primeras horas de la tarde*

ACTO PRIMERO

Sala amplia en una antigua casa de la calle del Cristo, segundo piso. Al fondo, tres puertas persianas que dan al balcón. Las puertas están cerradas. Sobre cada una de las puertas hay un semicírculo de cristales en tres colores alternados: rojo, azul y amarillo[1]. La forma de los cristales recuerda el varillaje de un abanico o los rayos de un sol trunco. En una época estos cristales fueron transparentes. Hoy dan la impresión de ser esmerilados, debido, sin duda, al polvo, al salitre, al tiempo... Las persianas están cerradas. La luz exterior sólo entra en la sala a través de los soles truncos.

La casa está casi en ruinas. La sala, empapelada de verde y rosa, diseño floreado ya muy desvaído. En algunos lugares se ha roto el empapelado. La pared de la derecha muestra una enorme mancha de agua cuyo diseño ha tomado la forma caprichosa de un mapa: desde el techo hasta el piso, dos continentes unidos por un istmo.

A la derecha, en primer término[2], puerta a habitación, cerrada. En la parte superior de la puerta hay otro sol trunco, pero éste de madera calada. A la derecha, fondo, escalera de caoba que conduce a habitaciones superiores.

A la izquierda, abarcando centro y primer término, hay un gran medio punto[3] en forma de arco que conduce al vestíbulo y de éste a distintas dependencias de la casa. El vestíbulo está a un nivel más alto que la sala, de modo que para llegar a ésta se desciende un escalón. Parte de esta plataforma del vestíbulo se proyecta en semicírculo hacia la sala. De la mitad del arco del medio punto más inmediata a primer término pende un cortinón de damasco desteñido recogido al lado por un cordón de seda raída, cuyas puntas terminan en borlas. Una sección del vestíbulo, desolado y en penumbra, puede verse desde la sala.

Ocupan la sala, precariamente, restos heterogéneos de mobiliario de una época que conoció

† *calle del Cristo* calle del barrio más viejo de San Juan

[1] *semicírculo... amarillo* estos cristales son los "soles truncos" del título, que se refiere tanto a su forma semicircular como al hecho simbólico de que dejan entrar poca luz

[2] *primer término* stage front
[3] *medio punto* arco en semicírculo

De René Marqués, *Los soles truncos* (1958).

la suntuosidad y el refinamiento. Un piano de palo de rosa, al fondo centro, un poco hacia la derecha, dejando amplio espacio para moverse a su alrededor. Consola de mármol y gran espejo de marco dorado, rococó, adosada al único entrepaño[4] de la izquierda, entre el medio punto y la pared del fondo. En el centro de la escena, una butaca Luis XV y un sillón de Viena. Adosada a la pared de la derecha, entre la escalera y la puerta cerrada de primer término, una silla estilo Imperio. Todo deslustrado, deteriorado. Una araña de cristal de roca, que carece de un brazo y de varios lágrimas[5], pende del techo, cubierta de polvo, fuera de uso.

Sobre la consola hay un candelabro de tres brazos con una sola bujía. La plata del candelabro está ennegrecida. Sobre la cola del piano cuelga, a modo de tapete, un gran mantón de Manila de grandes rosas pálidas, más empalidecidas aún por el tiempo. La seda del mantón está, a trechos, raída. Sobre el mantón, un quinqué ordinario.

La bujía y el quinqué están encendidos, a pesar de que por los cristales de los soles truncos del fondo trata de colarse la luz alegre del día. La sala vive en este instante las primeras horas de una mañana estival.

Entra INÉS *por la izquierda, con un cubo de agua y un estropajo. Tiene setenta años: alta, fea, seca, enérgica. Viste traje negro, anticuado. Deja el cubo y el estropajo en primer término izquierda. Se dirige al fondo y abre una de las persianas. Va a la consola y apaga la bujía; luego va al piano y apaga el quinqué. Se empieza a arrollar las mangas del traje y se dirige al pie de la escalera, derecha.*

INÉS *(Mirando hacia lo alto de la escalera)* ¡Emilia! ¡Emilia! *(Se dirige a la puerta de primer término derecha. Al tocar el picaporte, se arrepiente, mira hacia atrás, va, toma el cubo de agua y el estropajo y lo deja al pie de la escalera.)* Emilia, aquí tienes el agua. *(En voz muy alta, irritada)* ¡Emilia!

EMILIA *(Su voz desde las habitaciones superiores)* Espera, Inés. El sol no me deja peinar.

---

[4] *adosada... entrepaño* arrimada a la pared entre dos columnas
[5] *lágrimas* vidrios ornamentales en forma ovoide o de pera, que cuelgan de la lámpara

INÉS El agua está lista.

EMILIA Es el sol, te digo. Yo no tengo la culpa. Es el sol.

INÉS *(Impaciente)* ¡Baja ya!

EMILIA Voy. Voooy...

*(*INÉS *se dirige a primer término derecha, abre la puerta, sale y cierra tras de sí.* EMILIA *desciende lentamente por la escalera. Tiene sesenta y cinco años: pequeña, frágil, rostro que aún conserva cierta remota belleza espiritual, ademanes y gestos indecisos se le escapan con frecuencia, revelando timidez de niño o de corza asustada. Cojea del pie izquierdo. Viste bata gris de casa, de principios de siglo, harto estropeada, aunque limpia.)*

EMILIA Y como el sol entra por esa persiana rota de la ventana y va a dar de lleno en el espejo, es imposible peinarse. Por eso te digo que, si fuera posible arreglarla, sólo... *(Se interrumpe al ver que no hay nadie en la sala. Se apoya en el pasamanos y llama quedamente.)* Inés... *(Mira hacia el vestíbulo y luego hacia la puerta de la derecha. Vuelve a llamar más quedamente aún.)* Inés... *(Al ver que nadie contesta, sonríe, se vuelve y sube de prisa, todo lo de prisa que le permite su pie lisiado.)*

(Desde la habitación de la derecha se oye la voz dolorida de INÉS.*)*

INÉS *(Su voz en la habitación de la derecha)* ¿Podrás perdonarme, Hortensia? ¿Podrás perdonarme?

*(*EMILIA *se detiene sobresaltada al oír la voz. Se vuelve y en su rostro se refleja ahora un gran temor. Se ha llevado un puño a la boca y, apoyándose en la pared, baja un escalón, con ademán indeciso. Llama en voz baja, temerosa.)*

EMILIA Inés. *(Al no recibir contestación, siempre indecisa, baja otro escalón.)* ¿Duermes, Hortensia? *(Pausa. Retrocede, subiendo de* espaldas el escalón que acaba de bajar.) ¿Sigues dormida, Hortensia? (*Escucha atentamente. Al no percibir sonido alguno, su rostro se tranquiliza, finalmente sonríe y, volviéndose, sube otra vez de prisa, y sale.*)

(*Desde la calle, al fondo, sube una voz de hombre en musical pregón callejero que pasa y se pierde a lo lejos.*)

VOZ DE PREGONERO ¡Malrayo, polvo de amor, besitos de coco[6], pruébelos, doña! ¡Malraaayo, polvo de amor, besitos de coco para endulzarse el alma, cómprelos, doña! ¡Malraaayo, polvo de amor, besitos bonitos de cocoooo...!

(*Al extinguirse el pregón* INÉS *entra por la puerta de la derecha con una palangana de agua y una toalla al brazo. Cierra la puerta tras de sí, cruza diligente hacia la izquierda y sale por el vestíbulo.* EMILIA *vuelve a aparecer en lo alto de la escalera. Oculta algo a sus espaldas. Echa una cuidadosa mirada a la sala, y, al ver que está desierta, baja. Cuando llega junto al cubo de agua y el estropajo, se detiene, hace un gesto de aprensión, saca el pequeño cofre que ocultaba a sus espaldas y lo aprieta contra su pecho como para protegerlo de alguna misteriosa contaminación. Luego, con la punta de los dedos, en gesto refinado, se recoge la falda y da un pequeño rodeo para evitar rozar el cubo. Ya en la sala, se da cuenta de que una de las persianas está abierta. Se cubre los ojos con el antebrazo para protegerse de la luz exterior que a ella le parece hiriente y avanza así hacia el fondo, como el que se mueve entre llamas. Con los ojos cerrados cierra la persiana. Se vuelve, abre los ojos aliviada, va al piano, abre la tapa posterior y esconde allí el pequeño cofre. Luego va a la consola y enciende la bujía que* INÉS *apagara momentos antes. Va a volverse, pero descubre su imagen en el espejo y se detiene observándola. Se arre-*

gla unas crenchas rebeldes, mientras tararea un vals de Chopin. Va a volverse, pero se detiene de nuevo. Siempre tarareando, se arregla el cuello de la bata. Da dos pasos atrás para observarse, luego uno hacia la consola. Satisfecha se vuelve y al fin avanza a primer término, centro. De pronto, se detiene indecisa, no sabiendo qué hacer. Echa una ojeada alrededor y descubre el cubo de agua. El tarareo empieza a languidecer a medida que se va acercando al cubo. Ya frente a él, se detiene indecisa. Ha dejado de tararear. Al fin se decide: doblándose a medias y con bastantes remilgos introduce el estropajo en el cubo y luego la pasa ligeramente por el primer escalón. Se yergue, deja caer el estropajo dentro del cubo, alza éste y va al fondo. Allí deja el cubo en el piso y mira indecisa alrededor. Sus ojos se detienen en el piano. Empieza a tararear el vals de Chopin, mientras se acerca al piano. Pasa la mano suavemente por la tapa cerrada del teclado, luego da la vuelta y levanta a medias la tapa de atrás del piano, donde guardara el cofre. De pronto, parece despertar de un sueño, deja caer la tapa y se dirige presurosa al fondo. A medida que se acerca al cubo, languidece el tarareo. Se detiene ante él, saca el estropajo y lo pasa ligeramente por el piso. Se yergue, deja caer el estropajo en el cubo, lo toma y cruza hacia el primer término izquierda. Deja el cubo sobre el borde de la plataforma semicircular que da al vestíbulo. Se despereza. Mira aburrida alrededor. Descubre la butaca Luis XV. Asume un aire digno. Se alisa el cabello rápidamente, sonríe y avanza, tratando de disimular su cojera. Hace una impecable reverencia cortesana ante la butaca y se sienta en el sillón de Viena. Se oye lejano el vals de Chopin.*)

EMILIA Perdone que le haya hecho esperar, caballero. (*Se arregla cuidadosamente la falda y empieza a mecerse.*) Es el sol, ¿sabe usted? Como nos educamos en el colegio de Es-

[6] *besitos de coco* dulces

trasburgo... No, no; lo del pie fue en nuestra hacienda de Toa Alta. Era yo muy pequeña. Antes del colegio, claro. Hortensia siempre fue la más hermosa. (*Ríe.*) Gracias. Es usted demasiado galante. Pero Hortensia en verdad es la más hermosa. (*Deja de mecerse, alarmada.*) No, por favor, que no le oiga Inés. Inés detesta mis versos. Tiene el mismo cabello oscuro de mamá Eugenia. Oscuro y espeso como el vino de Málaga. Así dice papá Bukhart. Pero inútilmente, porque mamá Eugenia trajo de su Andalucía un tipo de belleza que perteneció a los griegos. ¡Claro que la vio usted en la última recepción del gobernador general! Era ella con su diadema de brillantes y zafiros. (*En el tono de un lacayo que anuncia*) ¡Doña Eugenia Sandoval de Bukhart! Sí, sí, una verdadera reina en palacio. (*Suspira y se mece.*) ¡Qué quiere usted! La habrá vendido Inés. O empeñado, que es igual. Y la ajorca de rubíes, y la sortija de brillantes, y la de perlas... Nuestra plata también... (*Se interrumpe y deja de mecerse.*) Que no lo sepa Hortensia, por favor. Ella cree que la hacienda de Toa Alta todavía es nuestra. Le molesta el sol, ¿no es cierto? Permítame que suba las persianas. (*Se levanta y va al fondo sin interrumpir su charla.*) No, no es molestia. Siempre he dicho que el sol destiñe las alfombras. (*Finge cerrar la persiana que ya había cerrado.*) Mamá Eugenia lo repite siempre: "Cerrad las persianas, niñas, que el tapizado de los muebles pierde su color." Aunque papá Bukhart se ponga furioso y abra luego los postigos de par en par: "¡Que entre el sol, niñas, que entre el sol!" (*Sonríe suavemente y vuelve a sentarse en el sillón.*) Gracias por decirlo. Pero tiene usted razón. Es una familia encantadora. (*Con aire de misterio, dejando de mecerse*) La verdad es que las tres puertas sólo se cerraron

cuando Hortensia dijo "no" a la vida... Aunque de Estrasburgo ya habían llegado los encajes blancos... (*Cierra los ojos y se mece.*) No, no me lo pregunte usted. Sólo sé que dijo "no" a la vida...

(*Se oye la voz autoritaria de* INÉS *desde la izquierda.*)

INÉS   ¡Emilia!

EMILIA   (*Sobresaltada*) ¡Ay, perdone usted! Creo que me llaman.

INÉS   (*Su voz desde la izquierda*) ¡Emilia!

EMILIA   Perdón. Perdón. (*Levantándose y yendo presurosa hacia la izquierda, en voz muy alta*) Estoy... estoy trabajando. (*Se detiene, vuelve —siempre cojeando— sobre sus pasos e inmoviliza el sillón que había quedado meciéndose solo; regresa hacia la izquierda rezongando.*) Ni conversar se puede en este mundo loco. (*Saca el estropajo del cubo y lo pasa ligeramente por el borde de la plataforma semicircular.*)

(*Entra* INÉS *por la izquierda.*)

INÉS   No has hecho nada, como siempre.

EMILIA   ¿Nada, Inesita? ¿No ves que estoy terminando? La sala es muy grande. No soy una de esas máquinas que usan ahora. Soy sólo una pobre mujer sin fuerzas. Y mi pie...

INÉS   Está bien. Deja el tema del pie.

EMILIA   Pero, Inesita, era precisamente sobre el pie que yo le estaba explicando. Y de cómo me caí del caballo en la hacienda de Toa Alta. Era muy niña entonces, como sabes...

INÉS   ¿A quién le estabas explicando?

EMILIA   (*Cogida en pifia*) ¿Yo? ¿Explicando? A nadie, claro. Explicando, ¿dices?

INÉS   ¿Estás hablando sola otra vez?

EMILIA   (*Indignada*) ¿Hablando sola? ¿Yo, hablando sola? Pues no. No te admito semejante calumnia. No estaba sola. Estaba hablando con... (*Va a señalar hacia la butaca Luis XV, pero casi al instante detiene el gesto, desconcertada, perdida.*) Con... Yo estaba hablando... (*Deja caer el estropajo y se dirige vacilante al fondo. Allí permanece de espaldas. Hay una pausa. Luego su voz suena entrecortada.*) Siento no poder ayudarte, Inés.

(INÉS *se deja caer en la butaca.*)

INÉS   No he pedido tu ayuda. A nadie le pido ayuda. He pasado una noche de infierno. He cargado agua del aljibe. Voy a salir ahora...

EMILIA   (*Volviéndose a medias*) Me duele que salgas... así.

INÉS   (*Levantándose*) Eso es cuenta mía.

EMILIA   Quizá si yo...

INÉS   Lleva el cubo a la cocina. (*Se dirige a la escalera, se detiene y se vuelve a medias.*) Y, Emilia, que no se apague el cirio en la habitación de Hortensia.

EMILIA   (*Yendo angustiada hacia la escalera, con terror casi*) ¡No, Inesita, eso no!

(INÉS *se detiene, se vuelve y mira a* EMILIA *fríamente.* EMILIA *baja la cabeza, confusa.*)

EMILIA   Me da miedo.

INÉS   ¿Miedo?

EMILIA   ¿Dije miedo? No, no entiendes. Dolor. Y un poco de espanto. Pero más dolor. ¡Oh, Dios mío, qué horrible es el tiempo! Tenía el traje de raso azul y acababa de bailar una mazurca con el gobernador general. ¿Recuerdas? (*En grito rebelde*) ¡Inés, Inesita! ¿Cómo puedes enfrentarte al tiempo y no morir de horror? (*Se empieza a oír una mazurca. La luz de la sala adquiere un tenue tinte purpurino.* EMILIA *habla ahora con naturalidad.*) Fue entonces que se le acercó el alférez español y le dijo sonriendo: "Es usted la más deslumbrante belleza de esta recepción, señorita Hortensia." (INÉS *se vuelve con brusquedad y empieza a subir lentamente por la escalera de la derecha.*) Y bailaron. Una mazurca también. El tiempo no era horrible

entonces. El tiempo apenas si transcurría. (*Se intensifica la luz purpurina y sube de volumen la música.*) Era el palacio del gobernador general. Y Emilia, con sus trenzas apretadas —odiosas trenzas— junto a mamá Eugenia. "Gracias, caballero; Emilia aún es muy niña. No puede bailar. En cambio, mi hija Inés..." Y papá Bukhart, con su sonrisa helada: "¡Estrasburgo jamás será de Francia, Excelencia!" Porque el tiempo no hacía daño ni Estrasburgo era de Francia[7]. Y el salón era un ascua de luz y Hortensia reía en sus brazos, y giraban juntos, el alférez en uniforme y Hortensia en su traje de raso azul. (*Bruscamente, en nuevo grito agudo, rebelde, destruyendo el recuerdo momentáneamente*) ¿Cómo puedes, Inés, enfrentarte a la cara horrible del tiempo? (*Cesa de golpe la música y la iluminación vuelve a hacerse normal.* INÉS *ha desaparecido en lo alto de la escalera.* EMILIA, *desconcertada, mira en torno suyo. Luego cruza hacia la izquierda, toma el cubo y sale por el vestíbulo.*)

(*Breve intervalo. En lo alto de la escalera aparece* INÉS. *Se ha puesto un sombrero anticuado y lleva al brazo un bolso de pasamanería negra, terminado en borla. Baja calzándose los guantes. Al llegar a la sala se da cuenta de la persiana cerrada y la bujía encendida. Va al fondo, abre la persiana. Luego va a la consola y apaga la bujía. Al hacerlo se oye un sonido musical extraño, como la cuerda de un instrumento que se rompe. Simultáneamente languidece la luz mañanera del exterior que se cuela por los soles truncos y la persiana. Hay un breve*

---

[7] *Estrasburgo jamás... era de Francia*   la ciudad alemana de Strasbourg fue capturada por los franceses en 1681, pero tomada por Alemania en 1870. Quedó en poder de los alemanes hasta 1919. Esta referencia ubica el tiempo de la plática entre 1870 y 1919.

instante de penumbra intensa y luego empieza a iluminarse la parte derecha de la sala con una luz azul de sueño. HORTENSIA *aparece en lo alto de la escalera. Tiene diecinueve años, espléndido tipo de belleza nórdica, con porte altivo de reina. Viste elaborada bata de casa color de rosa, de las postrimerías del siglo pasado. Está cepillándose su larga cabellera rubia.)*

HORTENSIA ¿Llamabas, Inés?

INÉS (*En las sombras de la izquierda, frente al espejo de la consola, sin volverse, de espaldas a* HORTENSIA) Sí, Hortensia.

HORTENSIA ¿Y bien?

INÉS Llegaron los encajes de Estrasburgo.

HORTENSIA Los he visto. Mamá Eugenia y yo abrimos la caja.

INÉS ¿Te gustan?

HORTENSIA No están mal.

INÉS Tú mereces lo mejor.

HORTENSIA (*Empieza a bajar lentamente, siempre peinándose.*) Gracias, Inés. Supongo que fue lo mejor que pudieron conseguir los parientes de papá Bukhart.

INÉS Mereces también el mejor marido.

HORTENSIA (*Riendo*) Tengo el novio mejor.

INÉS No.

HORTENSIA (*Se sienta en la silla estilo Imperio y empieza a atarse una cinta a la cabeza. Habla con humor.*) Vamos, Inesita, nada te parece suficientemente bueno para mí. Pero San Juan no es París, ni Berlín, ni Madrid... Mamá Eugenia está contenta. Y hasta el pobre papá Bukhart...

INÉS ¿Por qué dices "el pobre"?

HORTENSIA Es un decir. Pero, ya sabes, un naturalista alemán metido a hacendado del trópico...

INÉS Con éxito.

HORTENSIA ¡Si no digo lo contrario!

INÉS Y te adora. Más que a nadie.

HORTENSIA Porque me parezco a él. Vanidad masculina, niña.

INÉS Es hermoso como un dios nórdico.

HORTENSIA (*Riendo*) Lo cual me convierte a mí en una Walkiria[8]. Por lo menos.

INÉS Nadie puede negar que eres hermosa.

HORTENSIA Tú tienes un bonito pelo, Inés. Siempre me ha gustado.

INÉS Yo soy la vergüenza de una familia donde reina la hermosura.

HORTENSIA (*Como si no la hubiese oído*) Tienes el mismo pelo de mamá Eugenia.

INÉS Pero no su cara.

HORTENSIA Y el mismo porte de reina mora.

INÉS No hay sangre mora en nuestras venas.

HORTENSIA Es otro decir, criatura. Ya sé que somos celtíberos por la rama de Málaga. Más aún: ahora, al yo casarme, tendremos entre nosotros...

INÉS (*Bruscamente, golpeando el mármol de la consola*) ¡No es digno de ti, Hortensia!

HORTENSIA ¡Qué tonterías dices! Papá Bukhart ha estudiado su origen, toda su familia... Su sangre es...

INÉS ¡No es la sangre del alférez lo que ahora me importa!

HORTENSIA (*Súbitamente sombría*) ¿Por qué siempre le llamas "el alférez"? (*Levantándose*) ¿Por qué no le mencionas por su nombre?

INÉS (*Turbada*) No creo que sea necesario.

HORTENSIA Necesario quizás no. Pero ¿no te parece extraño? Después de todo, pronto será mi esposo.

INÉS (*Ahogando un grito*) ¡No! (*Pausa*)

HORTENSIA (*Acercándose al piano, habla despacio, deliberadamente, con la mirada fija en la nuca de* INÉS.) ¿O es que te gustaría que no lo fuese?

INÉS (*Irguiéndose frente al espejo*) ¿Qué quieres decir?

HORTENSIA No lo sé exactamente. ¿Qué

---

[8] *Walkiria* diosa escandinava; aparece en la ópera *Las Walkirias* (1870) de Richard Wagner, músico alemán

quieres decir tú, Inés?

INÉS ¿Yo?... Nada... Sólo quería... prevenirte.

HORTENSIA ¿En su contra?

INÉS No deseo hablar, Hortensia.

HORTENSIA Pero has hablado. Para no desearlo, has hablado ya demasiado. ¿Por qué me llamaste? ¿Qué es lo que desde el principio intentas decirme?

INÉS ¡No quiero, Hortensia! No quiero destruir tu felicidad. (*Pausa*)

HORTENSIA (*Apoyándose en el piano*) Entonces es de mi felicidad de lo que se trata. Nada menos que de mi felicidad. ¡Y parece que tienes el poder de destruirla! (*Pausa breve*) ¿Vas a usar de ese poder, Inés?

INÉS (*Siempre de espaldas a* HORTENSIA) No... No comprendes. Sólo quería decirte...

HORTENSIA ¡No lo digas! (*Se vuelve y se dirige presurosa a la escalera.*)

INÉS Pero acabas de pedirme...

HORTENSIA (*Se detiene, sin volverse, con voz brusca.*) ¡No es cierto! No te he pedido que destruyas un sueño. Todo lo contrario, Inés. Te pido que no lo hagas.

INÉS Pero no serás feliz ignorándolo.

HORTENSIA (*Huyendo hacia la escalera*) Prefiero ese riesgo al otro. ¡No quiero saber nada!

INÉS (*Acuciante, sin volverse*) Es mi deber decírtelo.

HORTENSIA (*Empezando a subir*) No quiero saber... No quiero saber...

INÉS (*En grito en que se mezcla el rencor y el triunfo*) ¡Tiene una amante, Hortensia! Y un hijo con esa mujer. (*El grito paraliza a* HORTENSIA *en la escalera. Pausa tensa.*)

HORTENSIA (*Sin volverse*) ¿Qué mujer?

INÉS La yerbatera de la calle Imperial.

HORTENSIA (*Volviéndose, con voz terrible*) ¡Mientes!

INÉS ¡Jamás he mentido! ¡No miento ahora! (*Pausa breve*) El alférez español podrá jurar que te ama. Pero ello no impide que le haya dado el azul de sus ojos al rapacillo de una yerbatera.

(HORTENSIA, *anonadada, baja y va a dejarse caer en la silla estilo Imperio. Solloza.*)

HORTENSIA (*En voz baja*) ¿Es cierto, Inés? (*Pausa*) ¿Cómo lo supiste?

INÉS Me lo dijo nuestra nana. Ni siquiera a mamá Eugenia se atrevió a decírselo. Pero no creerás que iba a depender de la palabra de la nana. Yo misma lo verifiqué luego. Fui a la calle Imperial...

HORTENSIA (*Irguiendo lentamente la cabeza, sin volverse a* INÉS) ¿Tuviste el valor?

INÉS (*Siempre inmóvil ante el espejo de la consola*) Sabes que no hay nada que yo no haga por ti.

HORTENSIA (*Después de una breve pausa; amarga*) Lo sé. (*Se levanta y va hacia la escalera. Sube el primer escalón y se detiene, su voz preñada de dolor.*) Ya cumpliste con tu "deber", Inés: asesinaste una ilusión. No sé cuál será tu castigo. Pero estoy segura de que ha de ser terrible. (*Lucha por dominar su emoción.*) No me casaré, desde luego. (*Sube dos escalones más y se detiene.*) Y es mejor así. Porque jamás compartiría yo el amor de un hombre. Jamás. (*Sube otro escalón y se detiene. Apoyándose en el pasamanos e inclinándose hacia la sala; con énfasis, en voz baja.*) Con nadie.

INÉS (*Su voz tiembla.*) Entonces, ¿sabes que Emilia le ama? ¿Has leído los versos de Emilia?

HORTENSIA (*Fríamente*) No me refiero a Emilia. Nuestra hermana será capaz de amar y de escribir versos. ¡Pero capaz de destruir, no!

INÉS (*Turbada*) No... no te entiendo, Hortensia.

HORTENSIA Mira bien, Inés, la imagen fea que refleja ese espejo. (*Sigue subiendo. Al llegar a lo alto se detiene una vez más y se vuelve.*) Inés, ¿lo sabe la gente? Quiero decir ¿lo de esa... mujer? (INÉS *no contesta.*) Está bien. Antes no importaba. Pero ahora, sabiéndolo, no podré tolerar lo que los demás piensen y digan. (*Pausa.*) ¡No saldré jamás! (*Empieza a languidecer la luz azul.* HORTENSIA *va a marcharse, pero se vuelve a medias, con dulzura.*) Inés, te pido que no vuelvas a abrir nunca las puertas del balcón. (*La luz azul se ha extinguido. Sigue oyéndose en la oscuridad la voz de* HORTENSIA *que se aleja.*) No debe llegar ya a nosotras el sol puro de la calle Cristo.

(*En la sala a oscuras se oye la nota musical extraña y un cuerpo que cae. Surgen de súbito las luces mañaneras de la calle que se cuelan por los soles truncos y la persiana abierta.* HORTENSIA *ha desaparecido. El cuerpo de* INÉS *yace en el suelo, frente a la consola. Entra* EMILIA *por la izquierda. Viene comiéndose un guineo a medio mondar. Al bajar de la tarima del vestíbulo a la sala descubre a* INÉS. *Su primer impulso infantil es esconder el guineo a sus espaldas. Luego, dándose cuenta de que* INÉS *no está en condiciones de reprocharla, mete el guineo en el bolsillo de la bata y se acerca indecisa al cuerpo de su hermana.*)

EMILIA Inés... Inesita... ¡Inés! (*Se inclina hacia ella, le quita el sombrero y le da palmaditas en las sienes y las manos.*) Dios mío, se ha desmayado otra vez. No habrá comido nada, como de costumbre. Te vas a morir de hambre, Inesita. Y yo, comiéndome la única fruta... (*Saca el guineo del bolsillo.*) Toma, Inesita, toma. No, no, las sales. ¡Ay, Virgen, las sales inglesas! ¿Dónde están las sales? (*Se levanta con el guineo en una mano, turbada, indecisa.*) Las sales. (*Se dirige a la puerta de primer término derecha.*) Las sales inglesas. (*En el momento de poner la mano en el picaporte se detiene, mira con aprensión a la puerta y gira sobre sí.*) No, sólo las sales, las sales. (*Se dirige a la esca-*lera y sube. INÉS *empieza a incorporarse.*) Siempre se desmaya. Te vas a morir de hambre, Inesita. ¡Ay, se lo digo tanto!... Un buen caldo de gallina. Un consomé sustancioso. Un pollito frito... ¡Cómo se pierden las aves en la hacienda de Toa Alta!...

INÉS (*Débilmente*) Emilia...

(EMILIA *se detiene, gira sobre sí y empieza a bajar.*)

EMILIA (*Bajando*) Aquí, aquí estoy. Buscando las sales. Siempre ayudan. Aunque insisto en que es hambre, Inés. (*Se da cuenta del guineo que tiene en la mano y lo oculta apresuradamente en el bolsillo de la bata.*) ¡Gracias a Dios que ya estás bien! ¡Las cosas que hace el tiempo! Es horrible el tiempo, horrible. (*Ayuda a* INÉS *a ponerse de pie.*) Ven, siéntate. (*Conduce a* INÉS *al sillón de Viena.* INÉS *se sienta.*) Iré a hacerte un guarapito[9] de naranjo. (*Se dirige a la izquierda, se detiene.*) Pero ¿hay azúcar?

INÉS Deja. Estoy bien.

EMILIA No creo que haya azúcar. Nunca hay azúcar.

INÉS (*Levantándose*) Debo irme ya. (*Se dirige al espejo y se pone el sombrero.*)

EMILIA (*En voz baja, después de una breve pausa*) ¿Tiene que ser hoy, Inés?

INÉS Sí.

EMILIA ¿No podríamos...? ¿No podríamos buscarle sitio aquí, en nuestro patio?

INÉS (*Irritada*) Allá afuera, en el mundo, hay hombres estúpidos que hacen reglamentos y leyes, Emilia.

EMILIA Pero nosotros no vivimos en el mundo de afuera.

INÉS Es igual.

EMILIA No, no es igual. Está bien que nos cercaran de hambre. Y de tiempo. Pero aquí, adentro, nada pueden. Nadie manda sobre nosotras.

[9] *guarapito* jugo

INÉS   No estés tan segura.

EMILIA   Tú lo impedirías. Como siempre. Te fingirías loca, como otras veces. Para echarlos. A los acreedores. Y a los que quieren comprar nuestras ruinas. Y a los turistas. Impidiendo que violen el recinto en su búsqueda bárbara de miseria. Alejando los husmeantes hocicos ajenos de la ruina nuestra, y el dolor.

INÉS   ¿Y por cuánto tiempo crees que podremos llamar nuestras estas ruinas? Seguirán el camino de la hacienda. Habrá una subasta... Si no es que la ha habido ya. (*Irritada*) ¿Piensas que puedo estar al tanto de todo? Y entonces...

EMILIA   ¿Y entonces...?

INÉS   Nos echarán, claro.

EMILIA   (*Aterrada*) ¡No, Inés!

INÉS   ¡Qué importa que lo hagan! Ya Hortensia no estará con nosotras. Nos llevarán al asilo...

EMILIA   (*A gritos*) ¡Cállate! ¡Cállate!

INÉS   (*Suavemente irónica*) Nos cuidarán, Emilia.

EMILIA   ¡No quiero que nadie me cuide! ¡Lo que quiero es morirme si esta casa deja de ser nuestra!

(*Pausa.* INÉS *mira a* EMILIA *con curiosidad. Se acerca a ella y, pasándole una mano por la mejilla, pregunta suavemente:*)

INÉS   ¿Lo dices en serio?

EMILIA   (*Abrazándose a ella*) Te juro que sí.

INÉS   (*Abrazada a* EMILIA, *acariciándola mientras sonríe*) No es fácil morir cuando se quiere. (*Pausa breve. En voz baja*) Aunque quizá sí lo sea. (*Reacciona, desprendiendo a* EMILIA *de sus brazos.*) Bien. Olvídate de la casa ahora. Todavía es nuestra.

EMILIA   Tiene que serlo, siempre. Es la casa que Hortensia amó. Donde destruímos el sueño de Hortensia. Donde por tantos años hemos expiado nuestra culpa. (*En voz baja*) La casa debe expiar con nosotras... Es nuestro cómplice. Nadie debe rescatarla de su expiación. Lucharemos por conservarla, ¿no es cierto?

INÉS   Sí, mientras podamos...

EMILIA   Podremos, Inés. (*Recobrando su tono infantil*) Mantendremos cerradas las puertas del balcón. ¡Te lo he dicho tanto, Inesita!... ¡No abras las persianas! ¡No las abras! Y si Hortensia...

INÉS   Debo irme. (*Intenta salir presurosa por la izquierda.* EMILIA *la detiene.*)

EMILIA   No permitas que se lleven a Hortensia. Ya te he dicho que quizás aquí mismo, en nuestro patio... Podemos cavar con nuestras propias manos...

INÉS   ¡Cállate! (*Sale por el vestíbulo.*)

EMILIA   (*Yendo presurosa hacia la izquierda*) Inés... Inesita... (*Deteniéndose en el medio punto, le habla a* INÉS, *quien aparentemente se ha detenido en el vestíbulo, fuera de escena.*) ¡Por favor, que sea bonita! No, no digo como la de papá Bukhart. Pero que no sea fea. Hortensia se merece lo mejor. Te lo ruego. Ya sé que es de Beneficencia Municipal. Pero haz lo posible, Inesita. ¡Que no sea fea! (*Se oye en el vestíbulo la puerta que* INÉS *ha cerrado bruscamente al salir.*)

(EMILIA *se vuelve, suspira, luego hace un gesto como para sacudir pensamientos sombríos, y se dirige al piano. Se detiene, sonríe, abre la tapa posterior del piano y saca el pequeño cofre. Lo observa con ternura, lo aprieta contra su pecho y comienza a acunarlo rítmicamente mientras tararea el vals de Chopin. Da unos pequeños pasos de baile. Al girar sobre sí se da cuenta de que la persiana está abierta. Se detiene. Se cubre rápidamente los ojos con el antebrazo. Avanza así, a tientas, hacia el fondo, y cierra la persiana. Luego va a la consola, coloca cuidadosamente, con gesto ritual, el cofre sobre el mármol y, finalmente, enciende la bujía. Al hacerlo se oye el sonido musical extraño de una cuerda que se rompe, languidece la luz exterior que se cuela por los soles truncos y empieza a iluminarse el vestíbulo con una luz azul de sueño. Un piano lejano inicia el vals de Chopin.* EMILIA *abre el cofre y saca de él un cuaderno de versos. Lo abre y lee con emoción:)*

EMILIA

"Soy piedra pequeña entre tus manos de
   musgo,
alas de arcángel para tu amor.
Soy Cordero de Pascua para tu espada,
Valle del Eco para tu voz."

(En el medio punto del vestíbulo aparece HORTENSIA. *Tiene treinta años. Viste severo traje negro de principios de siglo y crespones de luto. Está aún más hermosa que en sus diecinueve años. Pero hay ahora algo frío y lejano en su belleza.* EMILIA *aprieta el cuaderno abierto contra su pecho, cierra los ojos y, alzando la cabeza, repite como en éxtasis:)*

EMILIA

"Soy Cordero de Pascua para tu espada,
Valle del Eco para tu voz."

HORTENSIA   También tú le amabas, Emilia.

*(*EMILIA *da un grito y se dobla sobre la consola como si le hubiesen apuñalado el vientre.* HORTENSIA *empieza a avanzar lentamente hacia la sala, cuya parte izquierda, donde se moverá* HORTENSIA, *adquiere un débil tinte azulado.)*

HORTENSIA   No temas. Conozco tus versos. Tu cuaderno de versos en el cofre de sándalo. *(Pausa breve)* Siempre escribiste versos, Emilia. Desde que nos enviaron al colegio de Estrasburgo. Pero entonces tus versos eran distintos.

EMILIA   *(Aún doblada sobre la consola)* Hortensia...

HORTENSIA   No como éstos. Éstos los empe-

zaste a escribir después de nuestro regreso a San Juan. Más exactamente, después de la recepción en el palacio del gobernador...

EMILIA   *(Siempre en la posición en que quedó después del grito, encogida)* Hortensia, estabas tan hermosa con tu traje de raso azul...

HORTENSIA   "¿Quién es la niña de las trenzas apretadas, señorita Hortensia?" "Es mi hermanita Emilia." "¿No baila su hermana?" "No. La pobrecilla tiene un pie lisiado."

EMILIA   *(Empezando a erguirse)* Pero sabías que yo podía bailar, Hortensia. A pesar de mi pie lisiado yo podía bailar.

HORTENSIA   *(Recitando)* "Tu pie de fauno sobre una palabra: amor." Otro verso tuyo, Emilia. Y creías que un cofre de sándalo ocultaría tus versos.

EMILIA   *(Colocando el cuaderno en el cofre)* Sólo en un cofre de sándalo puede guardarse el corazón. *(Cierra el cofre.)*

HORTENSIA   ¡Pobre corazón, Emilia!

EMILIA   ¡No seas cruel, Hortensia! *(Se vuelve a ella.)*

HORTENSIA   *(Con dulzura)* Perdóname, niña querida. No quise serlo, realmente.

EMILIA   *(Cambiando de tono al observar a* HORTENSIA *por vez primera)* Pero... ¡Pero no has venido con tu traje azul! Me hubiera gustado... Ya sabes... El azul de raso...

HORTENSIA   Tengo luto, Emilia.

EMILIA   ¿Luto? Pero es muy pronto... Quiero decir, todavía no...

HORTENSIA   Mamá Eugenia murió al morir el siglo.

EMILIA   Es cierto...

HORTENSIA   Y la muerte se encariñó con los nuestros. Papá Bukhart... Y después la nana. Y los tíos de Málaga. Y los parientes de Estrasburgo. Ahora me parece que siempre he tenido luto.

EMILIA   Pero fue mamá Eugenia la primera

en irse. (*Avanza hasta* HORTENSIA *y la besa emocionada.*) ¡Pobrecita! ¡Qué triste debes sentirte! Con lo mucho que nos dolió su muerte... (*Maternal*) Ven, siéntate. Tienes que estar agotada, criatura. (*La ayuda a sentar en la butaca Luis XV.* HORTENSIA *ha ido interpretando lo que sugiere* EMILIA: *dolor, agotamiento.*) Fue un hermoso funeral, sin embargo. Eso debe consolarnos. ¡Y qué bella estaba mamá Eugenia!

HORTENSIA   Como siempre, Emilia.

EMILIA   Sí, como siempre. (*Acaricia la cabeza de* HORTENSIA.)

HORTENSIA   Aunque más pálida. ¿Te diste cuenta?

EMILIA   (*Yendo hacia el sillón de Viena donde se sienta*) Empezó a sentirse mal desde la invasión.

(*Se oyen lejanos toques de clarín guerrero.*)

HORTENSIA   "¡Los bárbaros, niñas, han llegado los bárbaros!"

EMILIA   Siempre son bárbaros los que cambian el mundo que amamos más. "¡Están bombardeando la iglesia de San José, niña Eugenia!" Pero no sólo una iglesia. Bombardearon los cimientos de nuestro mundo.[10] Por eso mamá Eugenia les llamaba "los bárbaros". Poco después se sintió enferma...

HORTENSIA   Anemia perniciosa fue el diagnóstico.

EMILIA   Sólo para que papá Bukhart rechazara el diagnóstico indignado.

HORTENSIA   Porque mamá Eugenia se moría de dolor.

EMILIA   El dolor de ver flotar una bandera extraña donde siempre flotara su pendón de rojo y gualda[11]. "De eso muere vuestra madre, niñas."

(*Cesan los clarines.*)

[10] *Siempre... nuestro mundo*   referencia a la guerra de 1898
[11] *gualda*   amarillo

HORTENSIA   Pero fue un hermoso funeral.

EMILIA   Es lo que te digo. Todo San Juan acudió a la Catedral. El obispo...

HORTENSIA   ¿Fue entonces que empezó a cambiar el mundo?

EMILIA   No. El tiempo se desató después.

HORTENSIA   Entonces, ¿por qué querías verme con mi traje azul?

EMILIA   No sé... Es como mejor te he amado. Además, pensé que hoy, precisamente hoy...

HORTENSIA   (*Bruscamente*) ¿Dónde está Inés?

EMILIA   (*Turbada*) ¿Inés?... Ha salido.

HORTENSIA   Dime la verdad: ¿ha ido a empeñar algo? ¿Alguna de nuestras joyas? (*En súbito tono de queja infantil, extraño en ella*) El año pasado vendió la ajorca de rubíes. Fue una crueldad de Inés. Sabe bien que prefiero morir antes de que las joyas salgan de esta casa. (*Suplicante*) No lo permitas, Emilia. Las joyas... son lo único que dan seguridad a mi vida... Hay mucha fealdad...

EMILIA   (*Precipitadamente*) Sí, mucha fealdad en el mundo de afuera.

HORTENSIA   No, en nosotras mismas, Emilia. Celos, envidia, soberbia, orgullo, rencor...

EMILIA   (*Reprochando vivamente*) No menciones esas cosas, Hortensia. Cosas así no existen en nuestro mundo.

HORTENSIA   Suéñalo así, si quieres. Yo conozco la fealdad nuestra, por encima de tus sueños.

EMILIA   Todo lo feo lo ha traído el tiempo.

HORTENSIA   Ya no importa. Pero las joyas... son bellas. Con una belleza que nada puede destruir. Ni siquiera el tiempo. Cuando a escondidas, en mi habitación, coloco en mi frente la diadema de mamá Eugenia, todo lo feo desaparece. Tu frustración, Emilia. La envidia y los celos de Inés. Mi rencor espantoso... Y la miseria.

EMILIA   Y el tiempo.

HORTENSIA   Sí, también el tiempo. (*Recobrando su tono autoritario*) Por eso, Emilia, tienes que decirme la verdad. ¿Ha ido Inés a empeñar algo?

EMILIA   (*Levantándose, nerviosa*) No, no creo... Ya nada hay que empeñar.

HORTENSIA   (*Levantándose, soberbia*) ¿Mendigando, entonces?

EMILIA   No..., no exactamente. Sólo...

HORTENSIA   (*Despectiva*) ¡Pordiosera!

EMILIA   (*Casi llorosa*) ¡Qué quieres! Si ella no lo hace... Tú, con tu orgullo. Y yo, no puedo soportar el sol. Siempre se lo digo: "Cierra las persianas del balcón, Inés." Pero ya la conoces. Tiene una voluntad de hierro. Y luego, desde que perdimos la hacienda de Toa Alta...

HORTENSIA   ¿Qué dices?

EMILIA   ¡Ay, Dios mío, es cierto! No debes saberlo. Nunca lo has sabido. Pero es por eso. Por eso que Inés tiene que hacerlo. La muerte, el tiempo... Aunque hoy no salió a mendigar, te lo aseguro. Hoy, no. Y ya no me importa que lo sepas. Lo otro, quiero decir. No puedo tolerar más que la tortures. Ya ves cómo te ha atendido, te ha mimado, sin una queja... Y anoche... Hasta el último instante. Ella lo hizo todo. Y hoy... Yo no hubiese tenido el valor.

HORTENSIA   ¡La hacienda de Toa Alta! Perdida... (*Con rencor apasionado*) ¡Habéis vendido nuestras tierras!

EMILIA   No por voluntad nuestra, Hortensia. Confiscadas, creo. No entiendo bien. Debíamos años y años de contribuciones. El viejo notario nos lo había advertido: "Las venderán en subasta pública." Había advertido a Inés, quiero decir. Y ya ves, tuvo razón.

HORTENSIA   ¡Miserable traidor!

EMILIA   Pero, Hortensia, no hubiéramos podido...

HORTENSIA   Resistir es la consigna, Emilia. Resistir. A pesar del hambre, y el tiempo, y la miseria. ¡Cuántas veces ha de venir a mí con su voz melosa y su cara de zorra en acecho: "Es preciso vender, señorita Hortensia. Los americanos pagan su buen dinero!" ¿Y crees que voy a decirle: "Ande, ande, viejo ladrón, venda, venda, que buen uso se le puede dar al dinero cuando el hambre acecha?" No, Emilia, no. Veinte, cien, mil veces le diré lo mismo: "¡Jamás nuestras tierras serán de los bárbaros!" (*Pausa.* EMILIA *solloza.*) ¿Por qué lloras, niña?

EMILIA   No debí decírtelo. Inés me mataría si supiera...

HORTENSIA   (*Maternal, abrazando a* EMILIA) Vamos, vamos, no llores. Nada le diremos a Inés. Sécate esas lagrimitas. No quiero que ella te vea llorando. Así, a ver si te alegras. ¿Quieres que me ponga el traje azul?

EMILIA   (*Calmada ya, sonriendo infantilmente*) ¿Lo harás? ¿Lo harás por mí?

HORTENSIA   (*Besándola en la frente*) Sí, niña, sí. Lo haré por ti.

(*Suena en la calle un claxon ensordecedor. Se apagan de súbito todas las luces en escena, incluyendo la bujía de la consola; oscuridad total. Cesa la música del piano. Se ilumina de súbito la escena con la luz normal del exterior que se cuela por los soles truncos.* HORTENSIA *ha desaparecido.* EMILIA *está sentada en el sillón de Viena. Se mece suavemente, con los ojos cerrados. Vuelve a sonar el claxon.* EMILIA *abre los ojos, deja de mecerse y mira hacia el fondo. Se da cuenta de que la bujía se ha apagado. Hace un gesto de extrañeza. Se levanta y va hacia la consola. Mira la bujía y luego mira hacia la sala, indecisa. Al fin enciende la bujía. Coloca sus manos sobre el cofre, lo contempla y sonríe. Se oye ruido en el vestíbulo.*)

EMILIA   (*Sobresaltada*) ¿Eres tú, Inés? (*Espera un instante, luego toma el cofre y apresura-*

damente va a esconderlo en el piano. *Se oye de nuevo el ruido en el vestíbulo.* EMILIA *se vuelve.*) Inesita, ¿eres tú?

INÉS (*Desde el vestíbulo, invisible aún*) Soy yo, Emilia. (*Hablándole a alguien en el vestíbulo*) Pueden dejarla aquí. (*Se oye el ruido de algo depositado sobre el piso de madera.*) Muchas gracias. Adiós, adiós... (*Pasos. Puerta del vestíbulo que se cierra. Entra* INÉS.) Ahí está la caja, Emilia. (*Cruza hacia el centro, se quita el sombrero, lo tira sobre la butaca y empieza a quitarse los guantes.*)

(EMILIA *mira indecisa hacia la izquierda y luego hacia* INÉS.)

EMILIA (*En voz baja, temblorosa*) ¿Es... bonita, Inés?

(INÉS *no contesta. De espaldas al vestíbulo continúa quitándose los guantes.* EMILIA *se acerca titubeante al medio punto. Vacila. Al fin se asoma al vestíbulo. Da un grito de espanto y se agarra al cortinón para ocultar con él la visión que la aterra.*)

EMILIA ¡Es horrible! ¡Es horrible!

TELÓN RÁPIDO

SEGUNDO ACTO

La sala igual que en el acto primero. El mismo día. Primeras horas de la tarde. La luz exterior que entra por los cristales del fondo es más intensa a esta hora que en el acto anterior. La escena, desierta. Se oye en la calle el PREGONERO *que pasa y se aleja.*

VOZ DE PREGONERO ¡Malraaayos, polvo de amor, besitos de coco, pruébelos, doña! ¡Malraaayos, polvo de amor, besitos de coco para endulzarse el alma, cómprelos, doña! ¡Malraaayos, polvo de amor y besitos bonitos de cocooo...!

(*Antes de que se extinga por completo el pregón, entra* EMILIA *por la izquierda con un bote de los de leche, lleno de agua, en una mano, y un ramo de trinitaria y corazón de hombre en la otra. Viene remedando en voz baja el pregón que se aleja. Cruza hasta el piano, coloca encima el bote de cristal y empieza a arreglar en él las flores que ha cortado de las enredaderas del patio interior.*)

EMILIA (*En voz baja*) ¡Malrayo, polvo de amor, besitos de coco, pruébelos, doña! ¡Malrayo, polvo de amor, besitos de coco, para endulzarse el alma, cómprelos, doña! ¡Malraaayo, polvo de amor, besitos bonitos de cocooo...! (*Ajustando en el improvisado florero una rama rebelde, repite, enfadada*) ...De cocooo, de cocooo... (*Se aleja para observar el efecto. Satisfecha, se acerca y reanuda su tarea siempre canturreando en son de pregón.*) ¡Malrayo! ¡Malrayo de amor y besos de hiel y polvo del tiempo! ¡Malrayo! (*Se interrumpe para reír de su propia improvisación. Luego repite.*) ¡Y besos de hiel, y polvo del tiempo! ¡Malrayo!

INÉS (*Su voz desde la habitación del primer término derecha, cuya puerta está cerrada*) ¡Emilia! Emilia, ¿qué haces?

EMILIA Arreglo las flores en la sala, Inesita.

INÉS ¿No te quedan polvos de arroz?

EMILIA ¿Polvos? (*Asustada*) ¡No, Dios Santo, no!

INÉS Está bien. Olvídalo.

(EMILIA *se tranquiliza. Da un último toque al improvisado florero. Saca dos cabos de bujía de su bolsillo y va a colocarlos, tarareando ahora el vals de Chopin, en los dos brazos vacíos del candelabro que está sobre la consola. Los enciende. Se aleja para ver el efecto. Frunce el ceño, toma el candelabro y lo coloca sobre el piano. Toma el quinqué del piano y lo coloca sobre la consola. Lo enciende. Le parece bien. Viene al centro y arregla el sillón, la butaca. Va a la derecha,* saca un pañuelo diminuto del pecho y sacude el polvo al espaldar de la silla estilo Imperio. Sacude el pañuelo y vuelve a meterlo en su seno. Regresa al centro y observa el efecto total de su arreglo. Le imprime movimiento al sillón de Viena y va a sentarse en la butaca Luis XV, las manos cruzados sobre su falda. Observa el sillón que se mece.)

EMILIA   Sólo nos falta el chocolate.

INÉS   (Desde la habitación de la derecha) ¿Qué dices?

(EMILIA se levanta, va cerca de la puerta de la derecha y dice en voz muy alta:)

EMILIA   Digo que si tuviéramos chocolate...

INÉS   ¿Chocolate?

EMILIA   (Sin alzar la voz esta vez) Si tuviéramos, digo. (Al no obtener contestación de la habitación, se turba, mira confusa en torno suyo. Finalmente empieza a cruzar hacia la izquierda, mientras murmura casi para sí.) Haré un tesecito de naranjo.

(Al llegar EMILIA al medio punto de la izquierda, se abre la puerta de la derecha y aparece INÉS. Tiene arrolladas las mangas de su traje negro. Empieza a bajárselas.)

INÉS   Bien. Ya puedes traer el traje de novia y los encajes. (Se interrumpe al ver las bujías encendidas.) ¡Otra vez, Emilia! (Va al piano y apaga las bujías.) Gastas las bujías en pleno día. ¿Qué luz tendremos para esta noche?... Y el gas... (Va a la consola y apaga el quinqué.) ¡Por lo que más quieras, Emilia, por Hortensia te pido que te portes sensatamente hoy! Demasiadas cosas tengo que hacer para estar perdiendo el tiempo con tus niñerías.

(EMILIA ha bajado la cabeza, como un niño que asimila su lección. Pero dice suavemente:)

EMILIA   Tú no pierdes el tiempo, Inés. Es el tiempo el que te pierde a ti.

INÉS   Bien. Bien. Pero haz lo que te digo.

EMILIA   (Cruzando hacia el centro) Sin el tiempo no se hubiese perdido Estrasburgo. No lo creerás, pero fue el tiempo el que perdió a Estrasburgo.

INÉS   (Impaciente) Fueron los alemanes los que perdieron a Estrasburgo.

EMILIA   Ah, no, niña, no; los alemanes no lo perdieron cuando nosotros estuvimos allí. Fue en el próximo siglo. Llevo buena cuenta del tiempo, Inés. Si un siglo se detuviera, los alemanes no podrían perder a Estrasburgo. Pero el tiempo se empeña en pasar por encima de cada siglo. Fue culpa del tiempo...

INÉS   (Enérgica) Ya está bien, Emilia.

EMILIA   (Yendo hacia la derecha, dulcemente) Inés, no seas dura conmigo hoy. Ya ves, arreglé la sala. Sacudí el polvo de los muebles. (Acaricia el espaldar de la silla estilo Imperio.) Estaban en el vestíbulo los muebles estilo Imperio. (Se sienta en la silla.) ¿Recuerdas? El sillón de Viena no pertenecía a la sala. "¿Quién ha traído esta mecedora a la sala, nana?" "El niño Bukhart, mi niña." "Llévala a la galería." "¡Pero, niña Eugenia!" "Aquí sólo quiero mis muebles Luis XV." Y a la postre el sillón de Viena volvía a la sala. (Ríe suavemente.) La nana lo traía a escondidas, antes de que papá Bukhart llegara... ¿Por qué no te sientas, Inés? ¿Por qué no hablamos? Hoy es un buen día para los recuerdos.

INÉS   (Irónica) El tiempo todo es para ti un recuerdo.

EMILIA   ¡Ya ves, tú lo mencionaste!

INÉS   Antes había mencionado algo que tú debías hacer, Emilia.

EMILIA   (Levantándose) Es cierto. Perdona. (Cruza hacia la izquierda.) A veces me olvido. Lo prepararé en seguida.

INÉS   ¿Adónde vas?

EMILIA   (Deteniéndose sorprendida) A preparar el tesecito de naranjo que dijiste.

INÉS   El traje de novia, Emilia. Y los encajes.

EMILIA   ¡Ah, sí, sí! Ya me lo habías dicho. (*Vuelve sobre sus pasos, pero se detiene. Tímidamente*) Inés, ¿no podría ser el traje azul?

INÉS   (*Con firmeza*) No, Emilia. El traje blanco de novia.

(EMILIA *va hasta la escalera y sube dos escalones. Se detiene.*)

EMILIA   (*Tímidamente*) ¿Sabes? Los encajes se verían bien con el traje azul.

(INÉS *la mira en silencio.* EMILIA *sube dos escalones más. Se detiene.*)

EMILIA   Es... Es que no sé dónde está el traje que dices...

INÉS   En el arca de mi habitación. Es lo único que contiene el arca. No podrás confundirte.

(EMILIA *llega a lo alto de la escalera y sale.* INÉS *hace un gesto de supremo cansancio. Se pasa el dorso de la mano por la frente y se deja caer en la butaca. Su voz se oye en un susurro.*)

INÉS   ¡Ay, Hortensia, Hortensia, qué cansada estoy! (*Apoya el codo en el brazo de la butaca y la frente en su mano abierta.*)

(*Breve intervalo. Empiezan a escucharse, muy débilmente, los acordes de la "Marcha nupcial". Sobre la escalera cae una tenue luz purpurina. En lo alto aparece* EMILIA *llevando en sus brazos el traje de novia, el velo de encajes y la corona de azahares. El vuelo enorme del traje oculta su bata raída, los encajes flotan a su alrededor. La "Marcha nupcial" sube de volumen y va en crescendo a medida que* EMILIA *desciende muy lentamente, disimulando en lo posible su cojera, erguida y transfigurada bajo la luz purpurina.* INÉS *va alzando la cabeza a medida que desciende* EMILIA *hasta que logra verla, y entonces empieza a levantarse, fascinada, con algo de espanto en sus ojos, que no pueden*

apartarse de la figura pequeña extrañamente envuelta en galas nupciales. Ya en la sala, EMILIA *se va aproximando a* INÉS. *La luz purpurina en la escalera empieza a extinguirse, pero la "Marcha nupcial" sube apoteósica, ensordecedora, a medida que* EMILIA *avanza.* INÉS, *sin darse cuenta, retrocede. Un mueble a sus espaldas la detiene al fin.* EMILIA *extiende los brazos para entregarle las prendas nupciales.* INÉS, *bruscamente, se vuelve de espaldas y oculta el rostro entre las manos.*)

INÉS   ¡No!

(*Al grito y gesto de* INÉS, *cesa abruptamente la música. Silencio breve.*)

EMILIA   Aquí está el traje de Hortensia, Inés.

(INÉS *hace esfuerzos por dominarse. Se yergue. Sin volverse, dice:*)

INÉS   Ten la bondad de llevárselo a... Llévalo a la habitación. Yo iré luego.

(EMILIA *se vuelve y se dirige a la puerta de la derecha. Al llegar ante ella se detiene, mira la puerta con aprensión, y se vuelve a medias para mirar a* INÉS.)

INÉS   (*Sin verla, pero adivinando la vacilación de* EMILIA, *con voz dura*) ¡Entra, Emilia!

(EMILIA *abre la puerta y sale de escena.* INÉS *va lentamente al fondo. Se acerca a una de las puertas cerradas. Apoya la frente sobre la puerta, luego extiende los brazos como si quisiera abrazarse a la puerta cerrada, y solloza así, como crucificada sobre las hojas que no han de abrirse jamás. Entra* EMILIA *por la derecha, cerrando la puerta tras de sí. Ve a* INÉS *en el fondo y se desconcierta. Da unos pasos indecisos. Al fin se desliza sigilosamente hasta la escalera. Pero en vez de subir, se queda en el primer escalón. Lentamente se va escurriendo hasta el piso sin dejar de mirar a* INÉS. *Se sienta hecha un ovillo en el escalón y se queda allí quieta, como un niño asustado, mordiéndose una uña, observando a* INÉS *a través de los balaustres de la escalera.* INÉS *se ha ido calmando, se vuelve, se acerca al piano y se apoya en él. Se limpia los ojos con las yemas de los dedos. Se fija en el candelabro. Mira hacia la consola. Toma el candelabro y va a colocarlo en la consola.* EMILIA *hace un infantil gesto de contrariedad.* INÉS *toma el quinqué y viene a dejarlo sobre el piano. Nuevo gesto de contrariedad de* EMILIA. INES *alisa el mantón de Manila que sirve de tapete al piano. Nota que una de sus puntas está pillada con la tapa posterior. Da la vuelta, mueve el bote con las flores, alza la tapa para librar el mantón y descubre el cofre de* EMILIA. *Lo saca.* EMILIA *se pone de pie, sobresaltada.* INÉS *abre el cofre y toma el cuaderno. Avanza con él hasta primer término. Lo abre.*)

INÉS   (*Leyendo*) "Sólo tu mano purificará mi corazón." (*Descubre a* EMILIA *que la mira espantada.*) Tus versos, Emilia... (EMILIA *se adelanta suplicante.*)

EMILIA   No me los quites, Inés.

INÉS   (*Va hacia* EMILIA *lentamente, presentándole el cuaderno abierto.*) Nunca te he quitado nada, Emilia. (*Deja el cuaderno en manos de* EMILIA.) Nunca. (*Se aleja de* EMILIA.) Nunca tampoco me gustaron tus versos. Nunca. (EMILIA *aprieta el cuaderno contra su pecho y va hacia el piano.*) Los recuerdo todos. Hay algo innombrado en ellos. Algo... indecoroso, Emilia.

EMILIA   (*Protestando*) ¡Son puros, mis versos!

INÉS   (*Después de una breve pausa, como recitando para sí*) "Tu pie lisiado sobre una palabra: Amor."

EMILIA   (*Corrigiendo, ofendida*) "Tu pie de fauno", Inés.

INÉS   Sí, a eso me refiero. Si hubieras escrito "tu pie lisiado", sería algo que entendería como tuyo. Pero un "pie de fauno"... Es casi obsceno viniendo de ti.

EMILIA   (*Guardando el cuaderno en el cofre y luego éste en el piano*) Es inútil discutir contigo, Inesita. Nunca entendiste nada de poesía.

INÉS   Te equivocas. Entiendo mucho de poesía. Entiendo bien la poesía de los silencios largos, del hambre y la miseria, y el orgullo. Y las frases pueriles, y las frases que hieren. La poesía de la vejez y la penumbra, del sol despiadado, y la mendicidad encubierta. La poesía del cáncer de Hortensia, y la multiplicación monstruosa de las células en el pecho querido de Hortensia, y el dolor hondo que corrompe sin gritos. La poesía horrible del tiempo también yo la conozco, Emilia. Tuve que conocerlas todas, para que tú conservaras la tuya. Y la suya Hortensia.

EMILIA   (*Deslumbrada*) ¡Inés! Estás hablando..., ¡estás hablando en poesía!

INÉS   ¡Pobrecita Emilia, que cree apresar la poesía en sus pobres versos!... Y la poesía se le escapa en la vida horrible de cada día nuestro... (*Sonriendo*) "Sólo tu mano purificará mi corazón." ¿Lo purificó acaso, Emilia?

EMILIA   (*Confusa*) Yo... no..., no sé...

INÉS   (*Apasionada*) ¡Purifica el cáncer que corrompe, purifica el fuego que destruye! ¡Purifican el amor y los celos y el odio, y el amor de nuevo! Y el infierno. Y quizá la muerte.

EMILIA   (*Medrosa*) No, Inesita, no hables así.

INÉS   ¿Por qué no, Emilia? Sólo he nombrado a la muerte. Y hemos visto la muerte cara a cara, ¿no es cierto? Mamá Eugenia. Papá Bukhart. La nana negra. Papá Bukhart, ¿recuerdas?... (*Languidece la luz y empieza a escucharse, lejana, una marcha fúnebre.*) Desde que murió mamá Eugenia, abandonó la casa de los soles truncos. Y se marchó a la hacienda. Desbocaba caballos por las vegas de caña. Como un loco. Y aquel día... Fue una tarde de octubre. Estábamos tú y yo en la sala. Poco después bajaba de su habitación Hortensia. (*Efectivamente,* HORTENSIA, *bajo una luz azul de sueño, desciende por la escalera. Tiene veinticinco años. Viste severa bata de casa color violeta, moda de principios de siglo.*) De pronto, oímos golpes desesperados en el portalón de ausubo. (*En efecto, se oyen golpes en el portalón, abajo, en la calle, hacia la izquierda.* EMILIA *y* HORTENSIA *reaccionan al sonido de los golpes.* INÉS *narra de espaldas, inmóvil.*) Luego, el grito terrible de la nana. (HORTENSIA, *ya en la sala, corre y se abraza a* EMILIA. *Ambas miran con aprensión hacia la izquierda. Se ha extinguido toda luz normal. Sólo un reflejo azulado ilumina la escena. Se oyen pasos subiendo en golpe rítmico de marcha fúnebre por la escalera que conduce del zaguán al vestíbulo. Aumenta el sonido de la marcha.*) Hay pasos en la escalera. Ya, ya se acercan. Ya están en el vestíbulo. Los cuatro criados negros cargando el cuerpo. Ya avanzan rítmicamente con el cuerpo en andas. Ya entran en la sala. (HORTENSIA *da un grito ahogado.*)

HORTENSIA   ¡Papá Bukhart! (*A través de las reacciones de* HORTENSIA *y* EMILIA, *"visualizamos" con exactitud lo que* INÉS *narra.*)

INÉS   (*Siempre de espaldas, inmóvil*) El cuerpo sobre los hombros de cuatro negros fieles. Con su improvisado sudario de polvo y sangre. Ya están en el centro de la sala. Ya bajan las andas. Ya alzan el cuerpo. Y van colocándolo en la mecedora de las viejas veladas. (HORTENSIA *y* EMILIA *se arrojan a los pies del sillón de Viena y se abrazan a él sollozando.*)

HORTENSIA   ¡Papá Bukhart!

INÉS   Aquí estábamos las tres, llorando. Reunidas como siempre en la gran sala. Las tres puertas de dos hojas, cerradas como siempre sobre el balcón. Los tres soles truncos oponiendo al sol sus colores: azul, amarillo, rojo. Y el tiempo entonces se partió en dos: atrás quedóse el mundo de la vida segura. Y el presente tornóse en el comienzo de un futuro preñado de desastres. Como si la muerte esta vez hubiese sido el filo atroz de un cuchillo que cercenara el tiempo, y dejase escapar por su herida un torbellino de cosas jamás soñadas. ¡Y empezó mi calvario! (*Se mueve lentamente desde primer término, donde permanecía de espaldas, hasta donde están* EMILIA *y* HORTENSIA.) Alimentando tus sueños, Emilia. Alimentando, Hortensia, tu orgullo. (*Levanta a* HORTENSIA *y la hace, suavemente, apoyar la cabeza en su hombro. Maternal, la va conduciendo hacia la escalera.*) En el hombro ancho y fuerte de Inés. De Inés, la fea. Sin vender nuestras tierras a los bárbaros. Para que a la postre los bárbaros se quedran con ellas. (*Empieza a subir la escalera, siempre conduciendo a* HORTENSIA. *Sigue oyéndose la marcha funeral.*) "Jamás vendáis vuestras tierras, niñas." La consigna de papá Bukhart, ¡qué mal la interpretaste, Hortensia! Tierras que no se trabajan siempre serán de los bárbaros... (*Pausa y transición*) Y sin proporcionarme nunca la palabra que hubiese dado sosiego a la horrible incertidumbre. Compartiendo sólo a medias el secreto nuestro. Porque compartirlo todo hubiese herido tu orgullo, demasiado. Sí, tú lo sabías. Yo también amé a tu alférez. Lo advinaste cuando te revelé su traición. ¡Cómo te gozaste en hacerme expiar mi culpa! ¡La culpa de haber destruido, adrede, tu felicidad! ¡Cuánto nos odiamos, amándonos! ¡Cuántos años de expiación para Inés, la fea! Día a día, ascendiendo mi calvario. (*Han llegado a lo alto de la escalera. Ambas desaparecen. Sigue oyéndose la voz de* INÉS.) Con los sueños de mi Emilia. Con el peso de tu orgullo.

(*Al extinguirse la voz, se oye un golpetear estruendoso sobre el portalón de ausubo, en el zaguán. Cesa simultáneamente la marcha fúnebre, se apaga la luz azul y surge, de súbito, la iluminación normal que viene del exterior, fondo.* EMILIA *permanece en el piso, casi de bruces, el rostro hundido en el asiento del sillón de Viena. Sigue oyéndose el golpetear con puños y palmas sobre el portalón de ausubo.* EMILIA *alza la cabeza asustada. Se incorpora a medias. Mira con espanto hacia la izquierda. Se levanta.*)

EMILIA   Inés... Inesita... (*Da una vuelta, indecisa, perdida.*) Inés... Inés. ¿Oyes? Llaman abajo. (*Llamando*) Inés... Inesita... (*Vuelven a oírse los golpes sobre el portalón.* EMILIA *vacila una vez más.*) Voooy... (*Al fin se decide. Se dirige a la izquierda. Se detiene en el medio punto. Se vuelve a medias.*) ¿Inés?... ¡Dios mío! (*Vuelven a oírse los golpes.*) Voooy... (*Sale izquierda.*)

(*Breve intervalo, durante el cual se oyen los pasos de* EMILIA *bajando por la escalera de entrada. En lo alto de la escalera que conduce a las habitaciones superiores aparece* INÉS. *Trae en sus manos una polvera grande de porcelana. Baja lentamente. Llega a la sala y se dirige a la puerta de la derecha. La abre y sale de escena cerrando la puerta tras de sí. Se oye la voz de* EMILIA, *abajo, en el zaguán.*)

EMILIA   ¡No, no! No pueden entrar. Esta casa es nuestra. ¡No! Están equivocados. Esperen aquí. Llamaré a Inés. (*Llamando*) ¡Inés! No contesta. Iré a buscarla. No, no pueden subir. Por favor, caballeros, me molesta el sol. No estoy acostumbrada. ¡Inés! Esperen. Iré a buscarla. ¡Dios mío, esperen aquí! (*Se oyen los pasos de* EMILIA *en la escalera de entrada, el golpe recio de su pie lisiado sobre la madera de los escalones. Su voz jadeante, angustiada*) ¡Ineés! Inesita... (*Los*

pasos en la escalera, luego la puerta del vestíbulo que se cierra. La voz de* EMILIA *se oye ahora en el vestíbulo.*) Ay, Inesita, corre, ven. ¡Inés! (*Entra a la sala, jadeante.*) ¡Inés! (*Al ver que no hay nadie, grita llorosa.*) ¡Por amor de Dios, Inés!, ¿dónde estás?

INÉS   (*Desde la habitación de la derecha*) Emilia.

EMILIA   (*Corriendo penosamente hacia la puerta de la derecha, con voz desgarrada*) ¡Inés!

(*Entra* INÉS *por la derecha.*)

INÉS   Emilia, ¿qué ocurre? ¿Por qué gritas? (EMILIA *se echa en sus brazos sollozando.*)

EMILIA   ¡Estás aquí, Inés! ¡Ay, qué bueno que estás aquí, Inesita!

INÉS   Cálmate, criatura. ¿Por qué lloras?

EMILIA   Esos hombres...

INÉS   ¿Quiénes? ¿Qué hombres?

EMILIA   (*Dominándose, logra hablar con voz entrecortada*) Los que están abajo... Fui a abrir... Como tú no estabas... Y el sol me dio en la cara... Y hablaron de la casa... Les dije que estaban equivocados... Pero no tuvieron consideración... El sol, así, de frente...

INÉS   ¿De qué casa hablaron?

EMILIA   La de la calle del Cristo, la de los soles truncos...

INÉS   ¿Qué dijeron de la casa?

EMILIA   (*En voz baja, como en secreto*) ¡Ya no es nuestra!

INÉS   ¿Qué estás diciendo?

EMILIA   (*Alejándose de* INÉS, *señalando a los soles de las tres puertas del fondo*) La de los soles truncos... Ya no es nuestra. Otra subasta, ¿sabes? Debíamos tantos, tantos años... ¡Otra vez el tiempo jugando suciamente! ¡Igual que la hacienda de Toa Alta! ¡Igual que Estrasburgo, que se la dio a Francia! Otra jugada sucia del tiempo. ¡Ya no es nuestra! Lo dijeron ellos, los emisarios del tiempo. Y será hostería de lujo, para los turistas, y los banqueros, y los oficiales de la armada aquella que bombardeó San Juan. Ya no es nuestra nuestra casa. Ya no podremos combatir el tiempo, Inés. ¡Ya no tenemos casa!

INÉS ¿Están abajo esos hombres?

EMILIA Sí. No los dejé subir. (*Animándose*) Esperan por ti, Inés. Y tú sabrás lo que deba hacerse, como siempre. No está perdida nuestra casa, ¿verdad? (*Sacudiéndola por los hombros*) Tú sabrás luchar. Te fingirás loca, como otras veces...

INÉS (*Desprendiéndose de* EMILIA) No será necesario esta vez, Emilia. (*Cruza decidida hacia la izquierda.*) ¡Te lo juro! No será necesario. (*Sale izquierda.*)

EMILIA (*Yendo hacia la izquierda*) Eso es, Inés. Defiende tu casa. La casa de mamá Eugenia. De papá Bukhart. La de la nana negra que nos lloraba, y nos cantaba, y nos mecía, sin oponerse al tiempo. La de Hortensia y Emilia. La casa nuestra.

(*Se oye la voz de* INÉS, *abajo, hacia la izquierda, en el zaguán.*)

INÉS ¡Fuera de esta casa! ¡Fuera de aquí!

EMILIA (*Agarrándose al cortinón del medio punto*) ¡Dios te bendiga, Inés! ¡Dios te bendiga!

INÉS (*Su voz en el zaguán*) Nadie tiene derecho a violar este recinto. (*Gritando, furiosa*) ¡No me importa que los tiempos cambien! ¡El tiempo de esta casa no es vuestro tiempo! Quemad esos papeles. ¡Cuidado! ¡No me toquéis!

EMILIA (*Alarmada, va hacia el piano.*) ¡No lo permitas, Inés! Tus uñas, recuerda tus uñas. Tus uñas largas con olor a tiempo... (*Como si estuviera viendo a* INÉS *luchar*) Clávalas hondo. ¡Así! (*Clava las uñas en el mantón de Manila que sirve de tapete al piano*) Hasta que brote la sangre. Y desaparezcan las sonrisas.

INÉS (*Su voz en el zaguán*) ¡Fuera! (*Ahogada por la lucha*) Fuera de esta casa, he dicho.

No hay ley que obligue a entregar la vida. ¡A nadie quiero aquí! ¡A nadie! ¡Fuera de mi casa! ¡Atrás! ¡Atrás!

EMILIA (*Se mueve hacia una de las puertas del fondo. Al* INÉS *decir:* "A nadie quiero aquí", *empieza a hablar por encima de la voz de* INÉS, *pero sin ahogarla. Luego, cuando ya* INÉS *ha concluido su último* "¡Atrás!", *la voz de* EMILIA *sube como si fuese continuación de la de* INÉS.) Golpea sin piedad, Inés. ¡Así! Con la misma furia con que golpeas la vida. ¡Así! Contra la miseria, y los hombres, y el mundo. ¡Atrás! ¡Atrás! (*Golpeando la puerta del fondo*) Contra la vida, y el tiempo, y la muerte... (*La casa se estremece toda con el golpe del portalón de ausubo que* INÉS *ha logrado cerrar en el zaguán.* EMILIA *se queda inmóvil, con los puños pegados a la puerta. Corto intervalo. Entra* INÉS *por la izquierda, jadeante, dando muestras de la escena salvaje que ella misma ha provocado.* EMILIA *se vuelve lentamente.*) Inés, ¡has triunfado!

INÉS No. El triunfo es de ellos.

EMILIA (*Con voz ahogada*) ¡Entonces, Dios mío, destruirán la casa!

INÉS Peor, Emilia. Conservarán la casa, profanándola. Ya no será instrumento purificador de la culpa nuestra. Reconstruir, dicen ellos. Como si tuvieran el poder del tiempo. Jugarán al pasado disfrazando de vejez nueva la casa en ruinas de los soles truncos. (*Cruzando hacia la derecha, sus ojos empiezan a fijarse en la gran mancha de agua que hay sobre el empapelado de la pared, junto a la escalera.*) Y el tiempo de ellos entrará en la casa, y la casa se llenará de voces extrañas que ahogarán las palabras nuestras, todas las palabras de nuestras vidas. Y sobre el dolor de Hortensia, y el tuyo, Emilia, y el mío, se elevará la risa de los turistas, la digestión ruidosa de los banqueros, la borrachera sucia de los que gritan...

EMILIA ¡No, Inés, no!

INÉS En la hostería de lujo de la calle Cristo.

EMILIA Entonces, ¿todo está perdido? ¿No hay nada que hacer? (*Pausa.*)

INÉS (*Señalando a la gran mancha en el empapelado de la derecha*) ¿Ves esa mancha, Emilia? ¿Sabes lo que es?

EMILIA (*Acercándose a* INÉS) Es la mancha que dejó el temporal de San Felipe. ¿Recuerdas? El viento destechó la sala...

INÉS Es un mapa, Emilia. Un mapa dibujado por el tiempo.

EMILIA Es cierto, Inés. Nunca pensé en eso. Es un mapa.

INÉS (*Señalando*) ¿Ves? Un mundo arriba: el nuestro. Otro mundo abajo: el de ellos. Y un istmo uniendo los dos mundos. (*Iluminada*) ¡Es preciso destruir el istmo!

EMILIA Eso es, Inés. Destruir el istmo. Pero yo... yo no sabría hacerlo.

INÉS Lo haremos. ¿Tendrás valor?

EMILIA Para hacer lo que digas, ¡todo el valor del mundo!

INÉS Ven, has de jurármelo ante Hortensia. (*La lleva hacia la puerta de la derecha.*)

EMILIA Lo juraré, Inés. También Hortensia tendría el valor. Estoy segura. (INÉS *abre la puerta de la derecha.*) ¡Inés, qué hermosa la has puesto! (*Ambas salen de escena cerrando la puerta.*)

(*Corto intervalo. Empieza a oírse lejana la música de la "Canción de las Walkirias", de Wagner.* EMILIA *entra por la derecha. Esta vez deja la puerta abierta; se vuelve para mirar al interior. Sonríe. Su rostro revela paz y alegría.*)

EMILIA Sí, Inés, tienes razón. Las tres debemos reunirnos aquí, en la sala. Como siempre. (*Va al piano y enciende el quinqué, luego va a la consola y enciende las tres bujías del candelabro. Vuelve al piano y le da un toque a las flores. Abre la tapa posterior del piano, saca el cofre y lo coloca junto al florero. Viene al centro y mueve el sillón de Viena para dejar un espacio libre casi en el centro de la sala. Se aleja un poco hacia la izquierda para juzgar el efecto. Sonríe. Desde allí se vuelve hacia la puerta de la derecha y grita:*) ¡Ya, Inés! ¡Ya!

(*Empiezan a languidecer las luces del exterior y de la sala. Sube dramáticamente la música de Las Walkirias. Por la puerta de la derecha aparece* HORTENSIA. *Viene tendida sobre un burdo ataúd de Beneficencia Municipal. El ataúd, sin tapa, está colocado sobre una camilla con ruedas.* HORTENSIA *luce sus galas nupciales. La cabeza, coronada de encajes y azahares, descansa sobre un gran cojín con funda elaboradamente bordada y calada. El vuelo del traje y el velo de encajes caen flotantes alrededor del ataúd casi ocultándolo.* INÉS *se ha esmerado en el arreglo estético de todos los detalles, como si no hubiese pensado en que la tapa habría de cubrir más tarde la caja burda. La muerte aquí se muestra como un sueño poético, no como una visión macabra.* HORTENSIA, *muerta, tiene sesenta y ocho años. Las huellas del tiempo y el cáncer no han podido borrar del todo la pasada belleza de la más hermosa de las hermanas Bukhart. Entra* INÉS. *Viene empujando la camilla por la cabecera y va a colocarla cuidadosamente en el lugar que ha despejado* EMILIA. *Un rayo de luz azul surge ahora sobre el féretro, ya inmóvil.* EMILIA *se acerca a* HORTENSIA. *Baja la música de fondo.*)

EMILIA ¡Qué hermosa está!, ¿verdad?

INÉS (*Sonriendo con dulzura*) Como siempre.

(EMILIA *toma del piano el cofre conteniendo su cuaderno de versos y va a depositarlo a los pies de* HORTENSIA.)

EMILIA (*Con tierna emoción*) Mi corazón a tus pies, Hortensia.

(*Una tenue luz purpurina empieza a iluminar la escena, por encima del rayo azul y de la luz del quinqué y las bujías. Esta iluminación irreal no deberá nunca adquirir la intensidad que antes tuviera la luz natural en escena, la cual, junto a la luz exterior del fondo, ya se ha extinguido.* EMILIA *e* INÉS *sonríen contemplando con ternura infinita el rostro de* HORTENSIA. EMILIA *alza la vista hacia* INÉS.)

EMILIA   ¿Ya, Inés?

INÉS   (*Sonriendo*) No hay prisa, Emilia. Por esta vez el tiempo nos pertenece. (*Se dirige a la puerta de la derecha y sale.*)

(EMILIA *se sienta en la butaca. Entra* INÉS *con un joyero en las manos. Se dirige al féretro, rodeándolo para quedar al fondo del mismo. Coloca el joyero sobre el pecho de* HORTENSIA. *Lo abre.*)

INÉS   Tu orgullo, Hortensia.

(EMILIA *se levanta deslumbrada.*)

EMILIA   ¡Inés, has conservado las joyas!

INÉS   Sólo las más queridas de Hortensia. Las conservé siempre, para ella. A pesar de la miseria y el hambre. Un último sueño para su orgullo. Lo único bello que no destruyó el cáncer. Antes de morir sonrió al mirarlas. (*Cambiando de tono*) Y el abanico aquel de mamá Eugenia, ¿recuerdas? (*Saca un diminuto abanico de nácar y encaje, del cual pende una larga y gruesa cadena de oro.*) Es tuyo, Emilia. (*Le coloca la cadena al cuello de* EMILIA.)

EMILIA   (*Acariciando con ternura el abanico abierto*) Eugenia Sandoval de Bukhart.

INÉS   La sortija de perlas. (*Hace ademán de colocarla en un dedo de* EMILIA, *pero ésta, prontamente, retira la mano.*)

EMILIA   ¡No, las perlas, no, que traen desgracia!

INÉS   (*Colocando la sortija en un dedo de* HORTENSIA) Hortensia nunca le temía a las perlas. (*Saca una diadema de brillantes y zafiros.*) Ni a los brillantes.

EMILIA   ¡La diadema de mamá Eugenia!

INÉS   La más hermosa de nuestras joyas. (*Coloca la diadema en la cabeza de* EMILIA.)

EMILIA   (*Abrumada*) Pero Inés...

INÉS   Hoy te pertenece, Emilia. (EMILIA *se deja caer en la butaca. Bajo las luces tenues las joyas tienen fulgores fantásticos.*)

INÉS   (*Sacando la última joya del cofre: un anillo grueso con un gran brillante*) Y el anillo de papá Bukhart. De todas las joyas, la única que hoy para mí quiero. (*Se ciñe el anillo, cierra el joyero y va a colocarlo sobre el piano.*) Es hora ya, Emilia. (*La luz purpurina empieza a languidecer.*) Hora de que se consuma lo feo y horrible que una vez fue hermoso y lo que siempre fue horrible y feo, por igual.

EMILIA   (*Dándose aire suavemente con el abanico, digna y seria*) Sí, Inés. Es hora.

(INÉS *toma el quinqué, se dirige a la escalera y sube. La música aumenta su volumen.* EMILIA *sigue con la vista a* INÉS *hasta que ésta desaparece. Entonces se levanta, va a la consola, toma el candelabro con las bujías encendidas y sale por la izquierda. Breve intervalo.* INÉS *aparece en lo alto de la escalera con el quinqué. Baja. La luz purpurina ya se ha extinguido por completo. Cuando* INÉS *va por la mitad de la escalera, se puede observar que, a sus espaldas, proviniendo de las habitaciones superiores, surgen reflejos rojizos. Al llegar* INÉS *a la sala, entra* EMILIA *por la izquierda con el candelabro. Se miran. Sonríen.* INÉS *se dirige a la puerta de la derecha, que permanece abierta, y sale.* EMILIA *se dirige a la consola y coloca allí el candelabro. Del vestíbulo empiezan a surgir reflejos rojizos.* EMILIA *viene al centro, mira a* HORTENSIA, *sonríe y va a sentarse en la butaca Luis XV. Suavemente se da aire con el abanico. Los reflejos rojizos de la escalera se avivan y empieza a surgir humo de las habitaciones superiores. Entra* INÉS *por la derecha. Viene sin el quinqué. Se dirige al féretro. De la habitación de la derecha que acaba de abandonar* INÉS *empiezan a surgir reflejos rojizos. Se avivan los reflejos de la izquierda y empieza a surgir humo del vestíbulo.* INÉS *mira a* HORTENSIA *y sonríe.*)

INÉS ¡Purificación, Hortensia, purificación!

(*Se avivan los reflejos de primer término derecha, y de la habitación empieza a salir humo. Al fondo, en el exterior de la casa, empiezan a surgir vivos reflejos anaranjados, cuya intensidad aumenta con rapidez hasta iluminar fantásticamente los soles truncos de las tres puertas cerradas.* EMILIA *se pone de pie exaltada por la expresión de* INÉS.)

EMILIA (*En grito alegre*) ¡Inesita, el fuego te ha hecho hermosa! (*Se quita en gesto espontáneo la diadema y ciñe con ella la frente de* INES. *La conduce a la butaca Luis XV, la hace sentar en ella y se arrodilla a sus pies.*) ¡Hemos vencido al tiempo, Inés! Lo hemos vencido. (*Besa con ternura la mano de* INÉS *en la cual refulge extrañamente el brillante de papá Bukhart.* INÉS *sonríe.*)

(*La música de Wagner sube apoteósica. La sala toda es un infierno purificador.*)

TELÓN LENTO

El ensayo

LOS ENSAYISTAS DEL POSITIVISMO sabían hacia dónde querían ir; su obra, como casi siempre su vida, estaba encaminada a mejorar la situación de los países hispanoamericanos mediante un programa definido. En el siglo XX desaparece este enfoque casi exclusivo en el ensayo, cediendo el campo a una mayor diversificación. Si el modernismo produjo gran número de ensayistas distinguidos por su actitud estética ante la vida, las generaciones posteriores han preferido el examen y la interpretación de la compleja realidad de Hispanoamérica. En muchos países logran influir profundamente en la reestructuración social. El Ateneo de México (1909–1914), un grupo de jóvenes reunidos alrededor del gran maestro Pedro Henríquez Ureña, ayudó a infundir nueva vida al sistema pedagógico moribundo, y sus integrantes pasaron a jugar un papel de importancia en la vida intelectual y política del país. En la Argentina pasó lo mismo, mientras que en otros países, notablemente el Perú, alrededor de los pensadores y ensayistas se formó un importantísimo movimiento de reivindicación del indio.

Hay en el ensayo moderno, pues, tres direcciones: la estética, la filosófica y la social, aunque muchas veces se dan entremezcladas. Sería inútil intentar una clasificación, puesto que Ricardo Rojas (1882–1957), José Vasconcelos (1881–1959) y Alfonso Reyes (1889–1959) incluyeron entre su numerosas obras algunas capitales dentro de las distintas líneas. Otros escritores son notables por una actitud, a pesar de que también suelen cultivar ensayos de otro tipo. Así José Carlos Mariátegui (1895–1930) en el ensayo político, Francisco Romero (1891–1962) en el filosófico y Germán Arciniegas (n. 1900) en el literario.

A medida que avanzaba el siglo había una mayor integración con tendencias universales. El existencialismo y la fenomenología han influido profundamente, mientras que los autores se han hecho cada vez más estudiosos y disciplinados. Pero cualesquiera que sean las características de la obra ensayística de los diversos autores, su preocupación mayor sigue siendo el escrutinio crítico de las bases más variadas de su cultura. Como otras formas de la literatura, el ensayo hispanoamericano actual es un examen de conciencia y de lo que significa ser hispanoamericano hoy.

Cronología

	1900	1910	1920	1930	1940	1950	1960	1970	1980

LITERATURA HISPANOAMERICANA

- (1917) **Reyes** *Visión de Anáhuac*
- (1925) **Vasconcelos** *La raza cósmica*
- (1928) **Mariátegui** *Siete ensayos*
- (1928) **Henríquez Ureña** *Seis ensayos en busca de nuestra expresión*
- (1933) **Martínez Estrada** *Radiografía de la pampa*
- (1935) **Mallea** *Historia de una pasión argentina*
- (1949) **Zea** *Dos etapas del pensamiento en Hispanoamérica*
- (1950) **Paz** *El laberinto de la soledad*
- (1952) **Romero** *Teoriá del hombre*
- (1958) **Murena** *El pecado original de América*
- (1965) **Arciniegas** *El continente de siete colores*

LITERATURA ESPAÑOLA

- (1910) Gómez de la Serna *Greguerías*
- (1913) Unamuno *Del sentimiento trágico de la vida*
- (1925) Ortega y Gasset *La deshumanización del arte*
- (1931) Madariaga *España*
- (1948) Castro *España en su historia*
- (1949) Laín Entralgo *España como problema*
- (1952) Aranguren *Catolicismo y protestantismo como formas de existencia*
- (1955) Dámaso Alonso *Estudios y ensayos gongorinos*

OTRAS LITERATURAS

- (1902–17) Croce *Philosophy of the Spirit*
- (1904) Weber *The Protestant Ethic and the Spirit of Capitalism*
- (1907) James *Pragmatism*
- (1920) Eliot *The Sacred Wood*
- (1939) Orwell *Homage to Catalonia*
- (1942) Camus *L'Etre et le néant*
- (1943) Sartre *Le Mythe de Sisyphe*
- (1947) Mann *Essays of Three Decades*
- (1955) Baldwin *Notes of a Native Son*
- (1957) Marañón *El Greco y Toledo*
- (1958) Marías *El oficio del pensamiento*

MARCO HISTÓRICO

- (1910) Se inicia la Revolución Mexicana el 20 de noviembre
- (1914) Se termina de construir el Canal de Panamá
- (1914) Primera Guerra Mundial
- (1917) Revolución Rusa
- (1928) Guerra del Chaco, hasta 1932
- (1931) Segunda República Española
- (1936–39) Guerra Civil Española
- (1939) Se inicia la Segunda Guerra Mundial
- (1945) Se fundan las Naciones Unidas
- (1946–55) Perón, Presidente de la Argentina
- (1948) Se funda la Organización de Estados Americanos
- (1956) Revolución Cubana
- (1965) Guerra de Vietnam
- (1968) Juegos olímpicos en México
- (1969) Primeros viajes a la luna

62

José Vasconcelos
(1881-1959)

Figura turbulenta y contradictoria es la del mexicano José Vasconcelos. Colaboró en el Ateneo de la Juventud, que tanto hizo para reformar el ambiente intelectual de México en la época inmediatamente anterior a la Revolución; después fue Rector de la Universidad Nacional y Director de la Biblioteca Nacional. Su más destacada actuación tuvo lugar cuando sirvió de Ministro de Educación Pública (1920–1925); fundó escuelas y bibliotecas, difundió los clásicos y estimuló la nueva pintura mexicana. En 1929 abandonó el país después de una sangrienta campaña electoral, viviendo mucho tiempo en destierro autoimpuesto. En sus últimos años militaba en las filas del conservadurismo católico extremado.

Fue autor sumamente prolífico; entre sus más de treinta volúmenes ensayó la filosofía, la historia, la sociología y el cuento, en el cual logró crear algunos de primera categoría. Sus cuatro tomos autobiográficos —*Ulises criollo* (1935), *La tormenta* (1936), *El desastre* (1938), *El proconsulado* (1939)— muestran su interpretación personalísima de una etapa crítica de la historia moderna de México. Quizá sus libros más discutidos sean *La raza cósmica* (1925) e *Indología* (1926), donde desarrolla su teoría de la "quinta raza", la mestiza, como dueña del futuro de Hispanoamérica. En éstos, como en sus estudios filosóficos, se aprecian la falta de rigor, la contradicción y la visión intuitiva propias de un hombre que vivió su teoría de la vida como acción, como conducta ética sobre la cual se construye la personalidad del individuo.

 *La raza cósmica*

[Fragmento]

Desde los primeros tiempos, desde el descubrimiento y la conquista, fueron castellanos y británicos, o latinos y sajones, para incluir por una parte a los portugueses y por otra al holandés, los que consumaron la tarea de iniciar un nuevo período de la Historia conquistando y poblando el hemisferio nuevo. Aunque ellos mismos solamente se hayan sentido colonizadores, trasplantadores de cultura, en realidad establecían las bases de una etapa de general y definitiva transformación. Los llamados latinos, poseedores de genio y de arrojo, se apoderaron de las mejores regiones, de las que creyeron más ricas, y los ingleses, entonces, tuvieron que conformarse con lo que les dejaban gentes más aptas que ellos. Ni España ni Portugal permitían que a sus dominios se acercase el sajón, ya no digo para guerrear, ni siquiera para tomar parte

De José Vasconcelos, *La raza cósmica* (México, Espasa-Calpe, Edición Austral, 1948), pp. 16–25.

en el comercio. El predominio latino fue indiscutible en los comienzos. Nadie hubiera sospechado, en los tiempos del laudo papal que dividió el Nuevo Mundo entre Portugal y España[1], que unos siglos más tarde, ya no sería el Nuevo Mundo portugués ni español, sino más bien inglés. Nadie hubiera imaginado que los humildes colonos del Hudson y del Delaware, pacíficos y hacendosos, se irían apoderando paso a paso de las mejores y mayores extensiones de la tierra, hasta formar la República que hoy constituye uno de los mayores imperios de la Historia.

Pugna de latinidad contra sajonismo ha llegado a ser, sigue siendo nuestra época; pugna de instituciones, de propósitos y de ideales. Crisis de una lucha secular que se inicia con el desastre de la Armada Invencible y se agrava con la derrota de Trafalgar. Sólo que desde entonces el sitio del conflicto comienza a desplazarse y se traslada al continente nuevo, donde tuvo todavía episodios fatales. Las derrotas de Santiago de Cuba y de Cavite y Manila[2] son ecos distantes pero lógicos de las catástrofes de la Invencible y de Trafalgar. Y el conflicto está ahora planteado totalmente en el Nuevo Mundo. En la Historia, los siglos suelen ser como días; nada tiene de extraño que no acabemos todavía de salir de la impresión de la derrota. Atravesamos épocas de desaliento, seguimos perdiendo, no sólo en soberanía geográfica, sino también en poderío moral. Lejos de sentirnos unidos frente al desastre, la voluntad se nos dispersa en pequeños y vanos fines. La derrota nos ha traído la confusión de los valores y los conceptos; la diplomacia de los vencedores nos engaña después de vencernos; el comercio nos conquista con sus pequeñas ventajas. Despojados de la antigua grandeza, nos

ufanamos de un patriotismo exclusivamente nacional, y ni siquiera advertimos los peligros que amenazan a nuestra raza en conjunto. Nos negamos los unos a los otros. La derrota nos ha envilecido a tal punto, que, sin darnos cuenta, servimos los fines de la política enemiga, de batirnos en detalle, de ofrecer ventajas particulares a cada uno de nuestros hermanos, mientras al otro se le sacrifica en intereses vitales. No sólo nos derrotaron en el combate, ideológicamente también nos siguen venciendo. Se perdió la mayor de las batallas el día en que cada una de las repúblicas ibéricas se lanzó a hacer vida propia, vida desligada de sus hermanos, concertando tratados y recibiendo beneficios falsos, sin atender a los intereses comunes de la raza. Los creadores de nuestro nacionalismo fueron, sin saberlo, los mejores aliados del sajón, nuestro rival en la posesión del continente. El despliegue de nuestras veinte banderas en la Unión Panamericana de Wáshington deberíamos verlo como una burla de enemigos hábiles. Sin embargo, nos ufanamos, cada uno, de nuestro humilde trapo, que dice ilusión vana, y ni siquiera nos ruboriza el hecho de nuestra discordia delante de la fuerte unión norteamericana. No advertimos el contraste de la unidad sajona frente a la anarquía y soledad de los escudos iberoamericanos. Nos mantenemos celosamente independientes respecto de nosotros mismos; pero de una o de otra manera nos sometemos o nos aliamos con la Unión sajona. Ni siquiera se ha podido lograr la unidad nacional de los cinco pueblos centroamericanos, porque no ha querido darnos su venia un extraño, y porque nos falta el patriotismo verdadero que sacrifique el presente al porvenir. Una carencia de pensamiento creador y un exceso de afán crítico, que por cierto tomamos prestado de otras culturas, nos lleva a discusiones estériles, en las que tan pronto se niega como se afirma

[1] *laudo… España*   Tratado de Tordesillas (1494)
[2] *Santiago… Manila*   batallas entre españoles y norteamericanos de la Guerra de 1898

la comunidad fuertes; serviría exclusivamente a los fines del inglés. Los mismos rusos, con sus doscientos millones de población, han tenido que aplazar su internacionalismo teórico, para dedicarse a apoyar nacionalidades oprimidas como la India y Egipto. A la vez han reforzado su propio nacionalismo para defenderse de una desintegración que sólo podría favorecer a los grandes Estados imperialistas. Resultaría, pues, infantil que pueblos débiles como los nuestros se pusieran a renegar de todo lo que les es propio, en nombre de propósitos que no podrían cristalizar en realidad. El estado actual de la civilización nos impone todavía el patriotismo como una necesidad de defensa de intereses materiales y morales, pero es indispensable que ese patriotismo persiga finalidades vastas y trascendentales. Su misión se truncó en cierto sentido con la Independencia, y ahora es menester devolverlo al cauce de su destino histórico universal.

En Europa se decidió la primera etapa del profundo conflicto y nos tocó perder. Después, así que todas las ventajas estaban de nuestra parte en el Nuevo Mundo, ya que España había dominado la América, la estupidez napoleónica fue causa de que la Luisiana se entregara a los ingleses del otro lado del mar, a los yanquis, con lo que se decidió en favor del sajón la suerte del Nuevo Mundo. El *"genio de la guerra"* no miraba más allá de las miserables disputas de fronteras entre los estaditos de Europa y no se dio cuenta de que la causa de la latinidad, que él pretendía representar, fracasó el mismo día de la proclamación del Imperio por el solo hecho de que los destinos comunes quedaron confiados a un incapaz. Por otra parte, el prejuicio europeo impidió ver que en América estaba ya planteado, con caracteres de universalidad, el conflicto que Napoleón no pudo ni concebir en toda su trascendencia. La tontería napoleónica

no pudo sospechar que era en el Nuevo Mundo donde iba a decidirse el destino de las razas de Europa, y al destruir de la manera más inconsciente el poderío francés de la América debilitó también a los españoles; nos traicionó, nos puso a merced de nuestras aspiraciones; pero no advertimos que a la hora de obrar, y pese a todas las dudas de los sabios ingleses, el inglés busca la alianza de sus hermanos de América y de Australia, y entonces el yanqui se siente tan inglés como el inglés en Inglaterra. Nosotros no seremos grandes mientras el español de la América no se sienta tan español como los hijos de España. Lo cual no impide que seamos distintos cada vez que sea necesario, pero sin apartarnos de la más alta misión común. Así es menester que procedamos, si hemos de lograr que la cultura ibérica acabe de dar todos sus frutos, si hemos de impedir que en la América triunfe sin oposición la cultura sajona. Inútil es imaginar otras soluciones. La civilización no se improvisa ni se trunca, ni puede hacerse partir del papel de una constitución política; se deriva siempre de una larga, de una secular preparación y depuración de elementos que se transmiten y se combinan desde los comienzos de la Historia. Por eso resulta tan torpe hacer comenzar nuestro patriotismo con el grito de independencia del padre Hidalgo[3], o con la conspiración de Quito[4]; o con las hazañas de Bolívar, pues si no lo arraigamos en Cuauhtémoc[5] y en Atahualpa no tendrá sostén, y al mismo tiempo es necesario remontarlo a su fuente hispánica y educarlo en las enseñanzas que deberíamos derivar

[3] *grito... Hidalgo* referencia a la declaración de Hidalgo, el Grito de Dolores
[4] *conspiración de Quito* referencia a la declaración de independencia de la ciudad de Quito, acaecida en 1809. La rebelión fue sufocada por tropas españolas.
[5] *Cuauhtémoc* último emperador azteca, muerto en 1522 por orden de Cortés

de las derrotas, que son también nuestras, de las derrotas de la Invencible y de Trafalgar. Si nuestro patriotismo no se identifica con las diversas etapas del viejo conflicto de latinos y sajones, jamás lograremos que sobrepase los caracteres de un regionalismo sin aliento universal y lo veremos fatalmente degenerar en estrechez y miopía de campanario y en inercia impotente de molusco que se apega a su roca.

Para no tener que renegar alguna vez de la patria misma es menester que vivamos conforme al alto interés de la raza, aun cuando éste no sea todavía el más alto interés de la Humanidad. Es claro que el corazón sólo se conforma con un internacionalismo cabal; pero en las actuales circunstancias del mundo, el internacionalismo sólo serviría para acabar de consumar el triunfo de las naciones más del enemigo común. Sin Napoleón no existirían los Estados Unidos como imperio mundial, y la Luisiana, todavía francesa, tendría que ser parte de la Confederación Latinoamericana. Trafalgar entonces hubiese quedado burlado. Nada de esto se pensó siquiera, porque el destino de la raza estaba en manos de un necio; porque el cesarismo es el azote de la raza latina.

La traición de Napoleón a los destinos mundiales de Francia hirió también de muerte al imperio español de América en los instantes de su mayor debilidad. Las gentes de habla inglesa se apoderan de la Luisiana sin combatir y reservando sus pertrechos para la ya fácil conquista de Tejas y California. Sin la base del Mississipi, los ingleses, que se llaman asimismo yanquis por una simple riqueza de expresión, no hubieran logrado adueñarse del Pacífico, no serían hoy los amos del continente, se habrían quedado en una especie de Holanda transplantada a la América, y el Nuevo Mundo sería español y francés.

Bonaparte lo hizo sajón.

Claro que no sólo las causas externas, los tratados, la guerra y la política resuelven el destino de los pueblos. Los Napoleones no son más que membrete de vanidades y corrupciones. La decadencia de las costumbres, la pérdida de las libertades públicas y la ignorancia general causan el efecto de paralizar la energía de toda una raza en determinadas épocas.

Los españoles fueron al Nuevo Mundo con el brío que les sobraba después del éxito de la Reconquista. Los hombres libres que se llamaron Cortés y Pizarro y Alvarado y Belalcázar[6] no eran césares ni lacayos, sino grandes capitanes que al ímpetu destructivo adunaban el genio creador. En seguida de la victoria trazaban el plano de las nuevas ciudades y redactaban los estatutos de su fundación. Más tarde, a la hora de las agrias disputas con la Metrópoli, sabían devolver injuria por injuria, como lo hizo uno de los Pizarro en un célebre juicio[7]. Todos ellos se sentían los iguales ante el rey, como se sintió el Cid, como se sentían los grandes escritores del siglo de oro, como se sienten en las grandes épocas todos los hombres libres.

Pero a medida que la conquista se consumaba, toda la nueva organización iba quedando en manos de cortesanos y validos del monarca. Hombres incapaces ya no digo de conquistar, ni siquiera de defender lo que otros conquistaron con talento y arrojo.

[6] *Belalcázar* Sebastián de Belalcázar (1495–1550), fundador de Guayaquil
[7] *como... juicio* Gonzalo Pizarro (1502–1548), con su célebre hermano Francisco, conquistó al Perú. Después de la muerte de Francisco, gobernó Gonzalo como dueño absoluto hasta ser preso por las fuerzas del rey. Justificó su tentativa de independencia alegando que los conquistadores habían sido pobremente recompensados después de entregarle al rey las tierras ganadas por ellos y que moralmente eran de los que habían sufrido por ellas.

Palaciegos degenerados, capaces de oprimir y humillar al nativo, pero sumisos al poder real, ellos y sus amos no hicieron otra cosa que echar a perder la obra del genio español en América. La obra portentosa iniciada por los férreos conquistadores y consumada por los sabios y abnegados misioneros fue quedando anulada. Una serie de monarcas extranjeros, tan justicieramente pintados por Velázquez y Goya[8], en compañía de enanos, bufones y cortesanos, consumaron el desastre de la administración colonial. La manía de imitar al Imperio romano, que tanto daño ha causado lo mismo en España que en Italia y en Francia; el militarismo y el absolutismo, trajeron la decadencia en la misma época en que nuestros rivales, fortalecidos por la virtud, crecían y se ensanchaban en libertad.

Junto con la fortaleza material se les desarrolló el ingenio práctico, la intuición del éxito. Los antiguos colonos de Nueva Inglaterra y de Virginia se separaron de Inglaterra, pero sólo para crecer mejor y hacerse más fuertes. La separación política nunca ha sido entre ellos obstáculo para que en el asunto de la común misión étnica se mantengan unidos y acordes. La emancipación, en vez de debilitar a la gran raza, la bifurcó, la multiplicó, la desbordó poderosa sobre el mundo; desde el núcleo imponente de uno de los más grandes Imperios que han conocido los tiempos. Y ya desde entonces, lo que no conquista el inglés en las Islas, se lo toma y lo guarda el inglés del nuevo continente.

En cambio, nosotros los españoles, por la sangre, o por la cultura, a la hora de nuestra emancipación comenzamos por renegar de nuestras tradiciones; rompimos con el pasado y no faltó quien renegara la sangre diciendo que hubiera sido mejor que la conquista de nuestras regiones la hubiesen consumado los ingleses. Palabras de traición que se excusan por el acto que engendra la tiranía, y por la ceguedad que trae la derrota. Pero perder por esta suerte el sentido histórico de una raza equivale a un absurdo, es lo mismo que negar a los padres fuertes y sabios cuando somos nosotros mismos, no ellos, los culpables de la decadencia.

De todas maneras las prédicas desespañolizantes y al inglesamiento correlativo, hábilmente difundido por los mismos ingleses, pervirtió nuestros juicios desde el origen: nos hizo olvidar que en los agravios de Trafalgar también tenemos parte. La ingerencia de oficiales ingleses en los Estados Mayores de los guerreros de la Independencia hubiera acabado por deshonrarnos, si no fuese porque la vieja sangre altiva revivía ante la injuria y castigaba a los piratas de Albión cada vez que se acercaban con el propósito de consumar un despojo. La rebeldía ancestral supo responder a cañonazos lo mismo en Buenos Aires que en Veracruz, en La Habana, o en Campeche y Panamá, cada vez que el corsario inglés, disfrazado de pirata para eludir las responsabilidades de un fracaso, atacaba, confiado en lograr, si vencía, un puesto de honor en la nobleza británica.

A pesar de esta firme cohesión ante un enemigo invasor, nuestra guerra de Independencia se vio amenguada por el provincialismo y por la ausencia de planes trascendentales. La raza que había soñado con el imperio del mundo, los supuestos descendientes de la gloria romana, cayeron en la pueril satisfacción de crear nacioncitas y soberanías de principado, alentadas por almas que en cada cordillera veían un muro y no una cúspide. Glorias balcánicas soña-

---

[8] *Velázquez y Goya* Diego Rodríguez de Silva y Velázquez (1599–1660) y Francisco de Goya y Lucientes (1746–1828). Los monarcas referidos son Felipe IV en el caso de Velázquez, y Carlos IV y Fernando VII, pintados por Goya.

ron nuestros emancipadores, con la ilustre excepción de Bolívar, y Sucre y Petion el negro[9], y media docena más, a lo sumo. Pero los otros, obsesionados por el concepto local y enredados en una confusa fraseología seudo revolucionaria, sólo se ocuparon en empequeñecer un conflicto que pudo haber sido el principio del despertar de un continente. Dividir, despedazar el sueño de un gran poderío latino, tal parecía ser el propósito de ciertos prácticos ignorantes que colaboraron en la Independencia, y dentro de ese movimiento merecen puesto de honor; pero no supieron, no quisieron ni escuchar las advertencias geniales de Bolívar.

Claro que en todo proceso social hay que tener en cuenta las causas profundas, inevitables, que determinan un momento dado. Nuestra geografía, por ejemplo, era y sigue siendo un obstáculo de la unión; pero si hemos de dominarlo, será menester que antes pongamos en orden al espíritu, depurando las ideas y señalando orientaciones precisas. Mientras no logremos corregir los conceptos, no será posible que obremos sobre el medio físico en tal forma que lo hagamos servir a nuestro propósito.

En México, por ejemplo, fuera de Mina[10], casi nadie pensó en los intereses del continente; peor aún, el patriotismo vernáculo estuvo enseñando, durante un siglo, que triunfamos de España gracias al valor indomable de nuestros soldados, y casi ni se mencionan las Cortes de Cádiz[11], ni el levantamiento contra Napoleón, que elec-

triza la raza, ni las victorias y martirios de los pueblos hermanos del continente. Este pecado, común a cada una de nuestras patrias, es resultado de épocas en que la Historia se escribe para halagar a los déspotas. Entonces la patriotería no se conforma con presentar a sus héroes como unidades de un movimiento continental, y los presenta autónomos, sin darse cuenta que al obrar de esta suerte los empequeñece en vez de agrandarlos.

Se explican también estas aberraciones porque el elemento indígena no se había fusionado, no se ha fusionado aún en su totalidad, con la sangre española; pero esta discordia es más aparente que real. Háblese al más exaltado indianista de la conveniencia de adaptarnos a la latinidad y no opondrá el menor reparo; dígasele que nuestra cultura es española y en seguida formulará objeciones. Subsiste la huella de la sangre vertida: huella maldita que no borran los siglos, pero que el peligro común debe anular. Y no hay otro recurso. Los mismos indios puros están españolizados, están latinizados, como está latinizado el ambiente. Dígase lo que se quiera, los rojos, los ilustres atlantes[12] de quienes viene el indio, se durmieron hace millares de años para no despertar. En la Historia no hay retornos, porque toda ella es transformación y novedad. Ninguna raza vuelve; cada una plantea su misión, la cumple y se va. Esta verdad rige lo mismo en los tiempos bíblicos que en los nuestros, todos los historiadores antiguos la han formulado. Los días de los blancos puros, los vencedores de hoy, están tan contados como lo estuvieron los de sus antecesores. Al cumplir su destino de mecanizar el mundo, ellos mismos han puesto, sin

[9] *Petion el negro* Alexandre Pétion (1770–1818), fundador y presidente de la República de Haití, quien ayudó a Bolívar

[10] *Mina* Francisco Javier Mina (1789–1817), guerrillero liberal español que murió peleando por la independencia de México

[11] *Cortes de Cádiz* convocadas en 1812 para redactar una constitución, fueron un centro de resistencia antifrancesa

[12] *atlantes* alusión a la teoría, hoy descartada, de que los indios americanos descendieron de pobladores originarios de la mítica isla de Atlante

saberlo, las bases de un período nuevo, el período de la fusión y la mezcla de todos los pueblos. El indio no tiene otra puerta hacia el porvenir que la puerta de la cultura moderna, ni otro camino que el camino ya desbrozado de la civilización latina. También el blanco tendrá que deponer su orgullo, y buscará progreso y redención posterior en el alma de sus hermanos de las otras castas, y se confundirá y se perfeccionará en cada una de las variedades superiores de la especie, en cada una de las modalidades que tornan múltiple la revelación y más poderoso el genio.

63 José Carlos Mariátegui
(1895-1930)

En José Carlos Mariátegui hallamos una continuación del radicalismo peruano iniciado por González Prada. En 1919 el joven periodista y bohemio recibió una beca para estudiar en Europa, donde se afirmó la orientación socialista ya visible en su indigenismo y su entrega a la lucha política. Al regresar al Perú en 1923, se dedicó a pelear contra el conservadurismo imperante en la vida intelectual y política de su país y en 1926 fundó la revista *Amauta*, centro de actividad de todo un grupo orientado por Mariátegui. Enfermo y repetidamente perseguido por el gobierno, Mariátegui no cesó de luchar hasta la muerte.

A Mariátegui le preocupaban todos los aspectos de la vida nacional del Perú. En un estilo directo y claro, apto para expresar su marxismo de marcado sabor particular, estudió al indio andino en sus relaciones con otros grupos étnicos lo mismo que censuró el modernismo tardío y el conservadurismo colonialista que dominaban la vida intelectual. Su libro más importante, *Siete ensayos de interpretación de la realidad peruana* (1928), es un estudio de los problemas que consideraba trascendentales para reformar la sociedad nacional: la política, la economía, la religión, la situación de los indios, la educación, la lucha entre regionalismo y centralismo y el proceso literario.

Siete ensayos de interpretación de la realidad peruana (1928)

[FRAGMENTO]

LAS CORRIENTES DE HOY: EL INDIGENISMO

La corriente "indigenista" que caracteriza a la nueva literatura peruana, no debe su propagación presente ni su exageración posible a las causas eventuales o contingentes que determinan comúnmente una moda literaria. Y tiene una significación mucho más profunda. Basta observar su coincidencia visible y su consanguinidad íntima con una corriente ideológica y social que recluta cada día más adhesiones en la juventud, para comprender que el indigenismo literario traduce un estado de ánimo, un estado de conciencia del Perú nuevo.

Este indigenismo que está sólo en un período de germinación —falta aún un poco para que de sus flores y sus frutos— podría ser comparado —salvadas todas las diferencias de tiempo y de espacio— al "mujikismo" [1] de la literatura rusa pre-revolucionaria. El "mujikismo" tuvo parentesco estrecho con la primera fase de la agitación social en la cual se preparó e incubó la revolución rusa. La literatura "mujikista" llenó una misión histórica. Constituyó un verdadero proceso del feudalismo ruso, del cual salió éste inapelablemente condenado. La socialización de la tierra, actuada por la revolución bolchevique, reconoce entre sus pródromos[2] la novela y la poesía "mujikis-tas". Nada importa que al retratar al mujik —tampoco importa si deformándolo o idealizándolo— el poeta o el novelista ruso estuvieran muy lejos de pensar en la socialización.

De igual modo el "constructivismo" y el "futurismo" rusos, que se complacen en la representación de máquinas, rascacielos, aviones, usinas, etc., corresponden a una época en que el proletariado urbano, después de haber creado un régimen cuyos usufructuarios son hasta ahora los campesinos, trabaja por occidentalizar Rusia llevándola a un grado máximo de industrialismo y electrificación.

El "indigenismo" de nuestra literatura actual no está desconectado de los demás elementos nuevos de esta hora. Por el contrario, se encuentra articulado con ellos. El problema indígena, tan presente en la política, la economía y la sociología no puede estar ausente de la literatura y del arte. Se equivocan gravemente quienes, juzgándolo por la incipiencia o el oportunismo de pocos o muchos de sus corifeos, lo consideran, en conjunto, artificioso.

Tampoco cabe dudar de su vitalidad por el hecho de que hasta ahora no ha producido una obra maestra. La obra maestra no florece sino en un terreno largamente abonado por una anónima u oscura multitud de obras mediocres. El artista genial no es ordinariamente un principio sino una conclusión. Aparece, normalmente, como el resultado de una vasta experiencia.

Menos aún cabe alarmarse de episódicas exasperaciones ni de anecdóticas exageraciones. Ni unas ni otras encierran el secreto ni conducen la savia del hecho

---

[1] "*mujikismo*" movimiento literario ruso de fines del siglo XIX que insistía en la necesidad de recompensar al peón y de purgar las culpas cometidas contra él

[2] *pródromos* síntomas; comienzos

De José Carlos Mariátegui, *Siete ensayos de interpretación de la realidad peruana* (1928)

histórico. Toda afirmación necesita tocar sus límites extremos. Detenerse a especular sobre la anécdota es exponerse a quedar fuera de la historia.

Esta corriente, de otro lado, encuentra un estímulo en la asimilación por nuestra literatura de elementos de cosmopolitismo. Ya he señalado la tendencia autonomista y nativista del vanguardismo en América. En la nueva literatura argentina nadie se siente más porteño que Girondo[3] y Borges ni más gaucho que Güiraldes. En cambio quienes como Larreta[4] permanecen enfeudados al clasicismo español, se revelan radical y orgánicamente incapaces de interpretar a su pueblo.

Otro acicate, en fin, es en algunos el exotismo que, a medida que se acentúan los síntomas de decadencia de la civilización occidental, invade la literatura europea. A César Moro, a Jorge Seoane[5] y a los demás artistas que últimamente han remigrado a París, se les pide allá temas nativos, motivos indígenas. Nuestra escultora Carmen Saco ha llevado en sus estatuas y dibujos de indios el más válido pasaporte de su arte.

Este último factor exterior es el que decide a cultivar el indigenismo aunque sea a su manera y sólo episódicamente, a literatos que podríamos llamar "emigrados" como Ventura García Calderón[6], a quienes no se puede atribuir la misma artificiosa moda vanguardista ni el mismo contagio de los ideales de la nueva generación supuestos

en los literatos jóvenes que trabajan en el país.

* * *

El criollismo no ha podido prosperar en nuestra literatura, como una corriente de espíritu nacionalista, ante todo porque el criollo no representa todavía la nacionalidad. Se constata, casi uniformemente, desde hace tiempo, que somos una nacionalidad en formación. Se percibe ahora, precisando ese concepto, la subsistencia de una dualidad de raza y de espíritu. En todo caso, se conviene, unánimemente, en que no hemos alcanzado aún un grado elemental siquiera de fusión de los elementos raciales que conviven en nuestro suelo y que componen nuestra población. El criollo no está netamente definido. Hasta ahora la palabra "criollo" no es casi más que un término que nos sirve para designar genéricamente una pluralidad, muy matizada, de mestizos. Nuestro criollo carece del carácter que encontramos, por ejemplo, en el criollo argentino. El argentino es identificable fácilmente en cualquier parte del mundo: el peruano, no. Esta confrontación, es precisamente la que nos evidencia que existe ya una nacionalidad argentina, mientras no existe todavía con peculiares rasgos, una nacionalidad peruana. El criollo presenta aquí una serie de variedades. El costeño se diferencia fuertemente del serrano. En tanto que en la sierra la influencia telúrica indigeniza al mestizo, casi hasta su absorción por el espíritu indígena, en la costa el predominio colonial mantiene el espíritu heredado de España.

En el Uruguay, la literatura nativista, nacida como en la Argentina de la experiencia cosmopolita, ha sido criollista, porque ahí la población tiene la unidad que a la nuestra le falta. El nativismo, en el Uruguay, por otra parte, aparece como un

---

[3] *Girondo* Oliverio Girondo (n. 1891), poeta vanguardista argentino

[4] *Larreta* Enrique Larreta (1875–1961), novelista argentino

[5] *César... Seoane* César Moro (1904–1955), poeta surrealista peruano que escribía tanto en francés como en español. A Jorge Seoane no se le ha podido identificar.

[6] *Calderón* Ventura García Calderón (1886–1959), escritor peruano muy influido por la cultura francesa, que cultivaba a veces el cuento regionalista

fenómeno esencialmente literario. No tiene, como el indigenismo en el Perú, una subconsciente inspiración política y económica. Zum Felde[7], uno de sus suscitadores como crítico, declara que ha llegado ya la hora de su liquidación. "A la devoción imitativa de lo extranjero —escribe— había de oponer el sentimiento autonómico de lo nativo. Era un movimiento de emancipación literaria. La reacción se operó; la emancipación fue, luego, un hecho. Los tiempos estaban maduros para ello. Los poetas jóvenes volvieron sus ojos a la realidad nacional. Y, al volver a ella sus ojos, vieron aquello que, por contraste con lo europeo, era más genuinamente americano: lo gauchesco. Mas, cumplida ya su misión, el tradicionalismo debe a su vez pasar. Hora es ya de que pase, para dar lugar a un americanismo lírico más acorde con el imperativo de la vida. La sensibilidad de nuestros días se nutre ya de realidades, idealidades distintas. El ambiente platense ha dejado definitivamente de ser gaucho; y todo lo gauchesco —después de arrinconarse en los más huraños pagos— va pasando al culto silencioso de los museos. La vida rural del Uruguay está toda transformada en sus costumbres y en sus caracteres, por el avance del cosmopolitismo urbano." *

En el Perú, el criollismo, aparte de haber sido demasiado esporádico y superficial, ha estado nutrido de sentimiento colonial. No ha constituido una afirmación de autonomía. Se ha contentado con ser el sector costumbrista de la literatura colonial sobreviviente hasta hace muy poco. Abelardo Gamarra[8] es, tal vez la única excepción en este criollismo domesticado, sin orgullo nativo.

Nuestro "nativismo", —necesario también literariamente como revolución y como emancipación—, no puede ser simple "criollismo". El criollo peruano no ha acabado aún de emanciparse espiritualmente de España. Su europeización —a través de la cual debe encontrar, por reacción, su personalidad— no se ha cumplido sino en parte. Una vez europeizado, el criollo de hoy difícilmente deja de darse cuenta del drama del Perú. Es él precisamente el que, reconociéndose a sí mismo como un español bastardeado, siente que el indio debe ser el cimiento de la nacionalidad. (Valdelomar[9], criollo costeño, de regreso de Italia, inpregnado de d'annunzianismo[10] y de esnobismo, experimenta su máximo deslumbramiento cuando descubre o, más bien, imagina el Inkario[11].) Mientras el criollo puro conserva generalmente su espíritu colonial, el criollo europeizado se rebela, en nuestro tiempo, contra ese espíritu, aunque sólo sea como protesta contra su limitación y su arcaísmo.

Claro que el criollo, diverso y múltiple, puede abastecer abundantemente a nuestra literatura —narrativa, descriptiva, costumbrista, folklorista, etc.— de tipos y motivos. Pero lo que subconscientemente busca la genuina corriente indigenista en el indio, no es sólo el tipo o el motivo. Menos aún el tipo o el motivo pintoresco. El "indigenismo" no es aquí un fenómeno esencialmente literario como el "nativismo" en el Uruguay. Sus raíces se alimentan de otro humus histórico. Los "indigenistas" auténticos —que no deben ser confundidos con los que explotan temas indígenas por mero "exotismo"— colaboran, consciente o no, en una obra política y económica de

---

[7] *Zum Felde* Alberto Zum Felde (n. 1890), escritor e historiador de la cultura uruguaya

*Estudio sobre el nativismo en *La Cruz del Sur* (Montevideo). NOTA DEL AUTOR

[8] *Abelardo Gamarra* escritor peruano (1857–1924)

[9] *Valdelomar* Abraham Valdelomar (1888–1917), escritor posmodernista peruano

[10] *d'annunzianismo* referencia a Gabriele D'Annunzio (1863–1938), escritor italiano conocido por el decadentismo de algunas obras suyas

[11] *Inkario* incario, imperio incaica

reivindicación —no de restauración ni resurrección.

El indio no representa únicamente un tipo, un tema, un motivo, un personaje. Representa un pueblo, una raza, una tradición, un espíritu. No es posible, pues, valorarlo y considerarlo, desde puntos de vista exclusivamente literarios, como un color o un aspecto nacional, colocándolo en el mismo plano que otros elementos étnicos del Perú.

A medida que se le estudia, se averigua que la corriente indigenista no depende de simples factores literarios sino de complejos factores sociales y económicos. Lo que da derecho al indio a prevalecer en la visión del peruano de hoy es, sobre todo, el conflicto y el contraste entre su predominio demográfico y su servidumbre —no sólo inferioridad— social y económica. La presencia de tres a cuatro millones de hombres de la raza autóctona en el panorama mental de un pueblo de cinco millones, no debe sorprender a nadie en una época en que este pueblo siente la necesidad de encontrar el equilibrio que hasta ahora le ha faltado en su historia.

*   *   *

El indigenismo, en nuestra literatura, como se desprende de mis anteriores proposiciones, tiene fundamentalmente el sentido de una reivindicación de lo autóctono. No llena la función puramente sentimental que llenaría, por ejemplo, el criollismo. Habría error, por consiguiente, en apreciar el indigenismo como equivalente del criollismo, al cual no reemplaza ni subroga.

Si el indio ocupa el primer plano en la literatura y el arte peruanos no será, seguramente, por su interés literario o plástico, sino porque las fuerzas nuevas y el impulso vital de la nación tienden a reivindicarlo. El fenómeno es más instintivo y biológico que intelectual y teórico. Repito que lo

que subconscientemente busca la genuina corriente indigenista en el indio no es sólo el tipo o el motivo y menos aún el tipo o el motivo "pintoresco". Si esto no fuese cierto, es evidente que el "zambo" [12], verbigratia, interesaría al literato o al artista criollo —en especial al criollo— tanto como el indio. Y esto no ocurre por varias razones. Porque el carácter de esta corriente no es naturalista o costumbrista sino, más bien, lírico, como lo prueban los intentos o esbozos de poesía andina. Y porque una reivindicación de lo autóctono no puede confundir al "zambo" o al mulato con el indio. El negro, el mulato, el "zambo" representan, en nuestro pasado, elementos coloniales. El español importó al negro cuando sintió su imposibilidad de sustituir al indio y su incapacidad de asimilarlo. El esclavo vino al Perú a servir los fines colonizadores de España. La raza negra constituye uno de los aluviones humanos depositados en la costa por el Coloniaje. Es uno de los estratos, poco densos y fuertes, del Perú sedimentado en la tierra baja durante el Virreinato y la primera etapa de la República. Y, en este ciclo, todas las circunstancias han concurrido a mantener su solidaridad con la Colonia. El negro ha mirado siempre con hostilidad y desconfianza la sierra, donde no ha podido aclimatarse física ni espiritualmente. Cuando se ha mezclado al indio ha sido para bastardearlo comunicándole su domesticidad zalamera y su psicología exteriorizante y mórbida. Para su antiguo amo blanco ha guardado, después de su manumisión, un sentimiento de liberto adicto. La sociedad colonial, que hizo del negro un doméstico —muy pocas veces un artesano, un obrero— absorbió y asimiló a la negra, hasta intoxicarse con su sangre tropical y caliente. Tanto como impenetrable y huraño el indio, le fue asequible y doméstico el negro. Y nació así una

[12] "*zambo*" persona de ascendencia mixta negra e india

subordinación cuya primera razón está en el origen mismo de la importación de esclavos y de la que sólo redime al negro y al mulato la evolución social y económica que, convirtiéndolo en obrero, cancela y extirpa poco a poco la herencia espiritual del esclavo. El mulato, colonial aún en sus gustos, inconscientemente está por el hispanismo, contra el autoctonismo. Se siente espontáneamente más próximo de España que del Inkario. Sólo el socialismo, despertando en él conciencia clasista, es capaz de conducirlo a la ruptura definitiva con los últimos rezagos de espíritu colonial.

El desarrollo de la corriente indigenista no amenaza ni paraliza el de otros elementos vitales de nuestra literatura. El "indigenismo" no aspira indudablemente a acaparar la escena literaria. No excluye ni estorba otros impulsos ni otras manifestaciones. Pero representa el color y la tendencia más característicos de una época por su afinidad y coherencia con la orientación espiritual de las nuevas generaciones, condicionada, a su vez, por imperiosas necesidades de nuestro desarrollo económico y social.

Y la mayor injusticia en que podría incurrir un crítico, sería cualquier apresurada condena de la literatura indigenista por su falta de autoctonismo integral o la presencia, más o menos acusada en sus obras, de elementos de artificio en la interpretación y en la expresión. La literatura indigenista no puede darnos una versión rigurosamente verista[13] del indio. Tiene que idealizarlo y estilizarlo. Tampoco puede darnos su propia ánima. Es todavía una literatura de mestizos. Por eso se llama indigenista y no indígena. Una literatura indígena, si debe venir, vendrá a su tiempo. Cuando los propios indios estén en grado de producirla.

No se puede equiparar, en fin, la actual corriente indigenista a la vieja corriente colonialista. El colonialismo, reflejo del sentimiento de la casta feudal, se entretenía en la idealización nostálgica del pasado. El indigenismo en cambio tiene raíces vivas en el presente. Extrae su inspiración de la protesta de millones de hombres. El Virreinato era; el indio es. Y mientras la liquidación de los residuos de feudalidad colonial se impone como una condición elemental de progreso, la reivindicación del indio, y por ende de su historia, nos viene insertada en el programa de una Revolución.

* * *

Está, pues, esclarecido que de la civilización inkaica, más que lo que ha muerto nos preocupa lo que ha quedado. El problema de nuestro tiempo no está en saber cómo ha sido el Perú. Está, más bien, en saber cómo es el Perú. El pasado nos interesa en la medida en que puede servirnos para explicarnos el presente. Las generaciones constructivas sienten el pasado como una raíz, como una causa. Jamás lo sienten como un programa.

Lo único casi que sobrevive del Tawantinsuyu[14] es el indio. La civilización ha perecido; no ha perecido la raza. El material biológico del Tawantinsuyu se revela, después de cuatro siglos, indestructible, y, en parte, inmutable.

El hombre muda con más lentitud de la que en este siglo de la velocidad se supone. La metamórfosis del hombre bate el record en el evo moderno. Pero éste es un fenómeno peculiar de la civilización occidental que se caracteriza, ante todo, como una civilización dinámica. No es por un azar que a esta civilización le ha tocado averiguar la relatividad del tiempo. En las sociedades asiáticas —afines si no consanguíneas con la

[13] *verista* auténtica

[14] *Tawantinsuyu* Imperio incaico

sociedad inkaica— se nota en cambio cierto quietismo y cierto éxtasis. Hay épocas en que parece que la historia se detiene. Y una misma forma social perdura, petrificada, muchos siglos. No es aventurada, por tanto, la hipótesis de que el indio en cuatro siglos ha cambiado poco espiritualmente. La servidumbre ha deprimido, sin duda, su psiquis y su carne. Le ha vuelto un poco más melancólico, un poco más nostálgico. Bajo el peso de estos cuatro siglos, el indio se ha encorvado moral y físicamente. Mas el fondo oscuro de su alma casi no ha mudado. En las sierras abruptas, en las quebradas lontanas[15], a donde no ha llegado la ley del blanco, el indio guarda aún su ley ancestral.

El libro de Enrique López Albújar, escritor de la generación radical, *Cuentos andinos*, es el primero que en nuestro tiempo explora estos caminos. Los *Cuentos andinos* aprehenden, en sus secos y duros dibujos, emociones sustantivas de la vida de la sierra, y nos presentan algunos escorzos del alma del indio. López Albújar coincide con Valcárcel en buscar en los Andes el origen del sentimiento cósmico de los quechuas. "Los tres jircas" de López Albújar y "Los hombres de piedra"[*] de Valcárcel traducen la misma mitología. Los agonistas y las escenas de López Albújar tienen el mismo telón de fondo que la teoría y las ideas de Valcárcel. Este resultado es singularmente interesante porque es obtenido por diferentes temperamentos y con métodos disímiles. La literatura de López Albújar quiere ser, sobre todo, naturalista y analítica; la de Valcárcel, imaginativa y sintética. El rasgo esencial de López Albújar es su criticismo; el de Valcárcel, su lirismo. López Albújar mira al indio con ojos y alma de costeño, Valcárcel, con ojos y alma de serrano. No hay parentesco espiritual entre los dos escritores; no

hay semejanza de género ni de estilo entre los dos libros. Sin embargo, uno y otro escuchan en el alma del quechua idéntico lejano latido[†].

[†] Una nota del libro de López Albújar que se acuerda con una nota del libro de Valcárcel es la que nos habla de la nostalgia del indio. La melancolía del indio, según Valcárcel, no es sino nostalgia. Nostalgia del hombre arrancado al agro y al hogar por las empresas bélicas o pacíficas del Estado. En "Ushanam Jampi" la nostalgia pierde al protagonista. Conce Maille es condenado al exilio por la justicia de los ancianos de Chupán. Pero el deseo de sentirse bajo su techo es más fuerte que el instinto de conservación. Y lo impulsa a volver furtivamente a su choza, a sabiendas de que en el pueblo lo aguarda tal vez la última pena. Esta nostalgia nos define el espíritu del pueblo del Sol como el de un pueblo agricultor y sedentario. No son ni han sido los quechuas, aventureros ni vagabundos. Quizá por esto ha sido y es tan poco aventurera y tan poco vagabunda su imaginación. Quizá por esto, el indio objetiva su metafísica en la naturaleza que lo circunda. Quizá por esto, los jircas o sea los dioses lares del terruño, gobiernan su vida. El indio no podía ser monoteísta.

Desde hace cuatro siglos las causas de la nostalgia indígena no han cesado de multiplicarse. El indio ha sido frecuentemente un emigrado. Y, como en cuatro siglos no ha podido aprender a vivir nómadamente, porque cuatro siglos son muy poca cosa, su nostalgia ha adquirido ese acento de desesperanza incurable con que gimen las quenas (*flautas indígenas*).

López Albújar se asoma con penetrante mirada al hondo y mudo abismo del alma del quechua. Y escribe en su divagación sobre la coca: "El indio, sin saberlo, es schopenhauerista. Schopenhauer y el indio tienen un punto de contacto, con esta diferencia: que el pesimismo del filósofo es teoría y vanidad y el pesimismo del indio, experiencia y desdén. Si para uno la vida es un mal, para el otro no es ni mal ni bien, es una triste realidad, y tiene la profunda sabiduría de tomarla como es."

Unamuno encuentra certero este juicio. También él cree que el escepticismo del indio es experiencia y desdén. Pero el historiador y el sociólogo pueden percibir otras cosas que el filósofo y el literato tal vez desdeñan. ¿No es este escepticismo, en parte, un rasgo de la psicología asiática? El chino, como el indio, es materialista y escéptico. Y, como en el Tawantinsuyu, en la China, la religión es un código de moral práctica más que una concepción metafísica. NOTA DEL AUTOR

[15] *lontanas* lejanas
[*] *De la vida inkaica*, por Luis E. Valcárcel, Lima, 1925 NOTA DEL AUTOR

La Conquista ha convertido formalmente al indio al catolicismo. Pero, en realidad, el indio no ha renegado sus viejos mitos. Su sentimiento místico ha variado. Su animismo subsiste. El indio sigue sin entender la metafísica católica. Su filosofía panteísta y materialista ha desposado, sin amor, al catecismo. Mas no ha renunciado a su propia concepción de la vida que no interroga a la Razón sino a la Naturaleza. Los tres jircas, los tres cerros de Huánuco[16], pesan en la conciencia del indio huanuqueño más que el ultratumba cristiano.

"Los tres jircas" y "Cómo habla la coca" son, a mi juicio, las páginas mejor escritas de *Cuentos andinos*. Pero ni "Los tres jircas" ni "Cómo habla la coca" se clasifican propiamente como cuentos. "Ushanam Jampi", en cambio tiene una vigorosa contextura de relato. Y a este mérito une "Ushanam Jampi" el de ser un precioso documento del comunismo indígena. Este relato nos entera de la forma como funciona en los pueblecitos indígenas, a donde no arriba casi la ley de la República, la justicia popular. Nos encontramos aquí ante una institución sobreviviente del régimen autóctono. Ante una institución que declara categóricamente a favor de la tesis de que la organización inkaica fue una organización comunista.

En un régimen de tipo individualista, la administración de justicia se burocratiza. Es función de un magistrado. El liberalismo, por ejemplo, la atomiza, la individualiza en el juez profesional. Crea una casta, una burocracia de jueces de diversas jerarquías. Por al contrario, en un régimen de tipo comunista, la administración de justicia es función de la sociedad entera. Es, como en el comunismo indio, función de los vayas, de los ancianos.*

El porvenir de la América Latina depende, según la mayoría de los pronósticos de ahora, de la suerte del mestizaje. Al pesimismo hostil de los sociólogos de la tendencia de Le Bon[17] sobre el mestizo, ha sucedido un optimismo mesiánico que pone en el mestizo la esperanza del continente. El trópico y el mestizo son, en la vehemente profecía de Vasconcelos, la escena y el protagonista de una nueva civilización. Pero la tesis de Vasconcelos que esboza una utopía —en la acepción positiva y filosófica de esta palabra—, en la misma medida en

---

* El prologuista de *Cuentos andinos*, señor Ezequiel Ayllón, explica así la justicia popular indígena: "La ley sustantiva, consuetudinaria, conservada desde la más oscura antigüedad, establece dos sustitutivos penales que tienden a la reintegración social del delincuente, y dos penas propiamente dichas contra el homicidio y el robo, que son los delitos de trascendencia social. El Yachishum o Yachachishum se reduce a amonestar al delincuente haciéndole comprender los inconvenientes del delito y las ventajas del respeto recíproco. El Alliyáchishum tiende a evitar la venganza personal, reconciliado al delincuente con el agraviado o sus deudos, por no haber surtido efecto morigerador el Yachishum. Aplicados los dos sustitutivos cuya categoría o trascendencia no son extraños a los medios que preconizan con ese carácter los penalistas de la moderna escuela positiva, procede la pena de confinamiento o destierro llamada Jitarishum, que tiene las proyecciones de una expatriación definitiva. Es la ablación del elemento enfermo, que constituye una amenaza para la seguridad de las personas y de los bienes. Por último, si el amonestado, reconcíliado y expulsado, roba o mata nuevamente dentro de la jurisdicción distrital, se le aplica la pena extrema, irremisible, denominada Ushanam Jampi, el último remedio, que es la muerte, casi siempre, a palos, el descuartizamiento del cadáver y su desaparición en el fondo de los ríos, de los despeñaderos, o sirviendo de pasto a los perros y a las aves de rapiña. El Derecho Procesal se desenvuelve pública y oralmente, en una sola audiencia y comprende la acusación, defensa, prueba, sentencia y ejecución." NOTA DEL AUTOR

[16] *Huánuco*   provincia peruana y capital de la misma

[17] *Le Bon*   Gustave Le Bon (1841-1931), sociólogo francés racista

que aspira a predecir el porvenir, suprime e ignora el presente. Nada es más extraño a su especulación y a su intento, que la crítica de la realidad contemporánea, en la cual busca exclusivamente los elementos favorables a su profecía.

El mestizaje que Vasconcelos exalta no es precisamente la mezcla de las razas española, indígena y africana, operada ya en el continente, sino la fusión y refusión acrisoladoras, de las cuales nacerá, después de un trabajo secular, la raza cósmica. El mestizo actual, concreto, no es para Vasconcelos el tipo de una nueva raza, de una nueva cultura, sino apenas su promesa. La especulación del filósofo, del utopista, no conoce límites de tiempo ni de espacio. Los siglos no cuentan en su construcción ideal más que como momentos. La labor del crítico, del historiógrafo, del político, es de otra índole. Tiene que atenerse a resultados inmediatos y contentarse con perspectivas próximas.

El mestizo real de la historia, no el ideal de la profecía, constituye el objeto de su investigación o el factor de su plan. En el Perú, por la impronta diferente del medio y por la combinación múltiple de las razas entrecruzadas, el término mestizo no tiene siempre la misma significación. El mestizaje es un fenómeno que ha producido una variedad compleja, en vez de resolver una dualidad, la del español y el indio.

El Dr. Uriel García[18] halla el neo-indio en el mestizo. Pero este mestizo es el que proviene de la mezcla de las razas española e indígena, sujeta al influjo del medio y la vida andinas. El medio serrano en el cual sitúa el Dr. Uriel García su investigación, se ha asimilado al blanco invasor. Del brazo de las dos razas, ha nacido el nuevo indio, fuertemente influido por la tradición y el ambiente regionales.

Este mestizo, que en el proceso de varias generaciones, y bajo la presión constante del mismo medio telúrico y cultural, ha adquirido ya rasgos estables, no es el mestizo engendrado en la costa por las mismas razas. El sello de la costa es más blando. El factor español, más activo.

El chino y el negro complican el mestizaje costeño. Ninguno de estos dos elementos ha aportado aún a la formación de la nacionalidad valores culturales ni energías progresivas. El coolí chino es un ser segregado de su país por la superpoblación y el pauperismo. Injerta en el Perú su raza, mas no su cultura. La inmigración china no nos ha traído ninguno de los elementos esenciales de la civilización china, acaso porque en su propia patria han perdido su poder dinámico y generador. Lao Tsé[19] y Confucio han arribado a nuestro conocimiento por la vía de Occidente. La medicina china es quizá la única importación directa de Oriente, de orden intelectual, y debe, sin duda, su venida, a razones prácticas y mecánicas, estimuladas por el atraso de una población en la cual conserva hondo arraigo el curanderismo en todas sus manifestaciones. La habilidad y excelencia del pequeño agricultor chino, apenas si han fructificado en los valles de Lima, donde la vecindad de un mercado importante ofrece seguros provechos a la horticultura. El chino, en cambio, parece haber inoculado en su descendencia el fatalismo, la apatía, las taras del Oriente decrépito. El juego, esto es un elemento de relajamiento e inmoralidad, singularmente nocivo en un pueblo propenso a confiar más en el azar que en el esfuerzo, recibe su mayor impulso de la inmigración china. Sólo a partir del movimiento nacionalista —que tan extensa resonancia ha encontrado entre los chinos expa-

[18] *Uriel García* José Uriel García (n. 1891), historiador peruano

[19] *Lao Tsé* filósofo chino de unos 600 años antes de Jesucristo

triados del continente—, la colonia china ha dado señales activas de interés cultural e impulsos progresistas. El teatro chino, reservado casi únicamente al divertimiento nocturno de los individuos de esa nacionalidad, no ha conseguido en nuestra literatura más eco que el propiciado efímeramente por los gustos exóticos y artificiales del decadentismo. Valdelomar y los "colónidas" [20], lo descubrieron entre sus sesiones de opio, contagiados del orientalismo de Loti y Farrere[21]. El chino, en suma, no transfiere al mestizo ni su disciplina moral, ni su tradición cultural y filosófica, ni su habilidad de agricultor y artesano. Un idioma inasequible, la calidad del inmigrante y el desprecio hereditario que por él siente el criollo, se interponen entre su cultura y el medio.

El aporte del negro, venido como esclavo, casi como mercadería, aparece más nulo y negativo aún. El negro trajo su sensualidad, su superstición, su primitivismo. No estaba en condiciones de contribuir a la creación de una cultura, sino más bien de estorbarla con el crudo y viviente influjo de su barbarie.

El prejuicio de las razas ha decaído; pero la noción de las diferencias y desigualdades en la evolución de los pueblos se ha ensanchado y enriquecido, en virtud del progreso de la sociología y la historia. La inferioridad de las razas de color no es ya uno de los dogmas de que se alimenta el maltrecho orgullo blanco. Pero todo el relativiano de la hora no es bastante para abolir la inferioridad de cultura.

La raza es apenas uno de los elementos que determinan la forma de una sociedad.

[20] *"colónidas"* escritores que colaboraban en la revista *Colónida* (1916)
[21] *Loti y Farrere* Pierre Loti (1850–1923), novelista francés, quien popularizó el orientalismo; Claude Farrere (1876–1957), novelista francés

Entre estos elementos, Vilfredo Pareto[22] distingue las siguientes categorías: "1° El suelo, el clima, la flora, la fauna, las circunstancias geológicas, mineralógicas, etc.; 2° Otros elementos externos a una dada sociedad, en un dado tiempo, esto es las acciones de las otras sociedades sobre ella, que son externas en el espacio, y las consecuencias del estado anterior de esa sociedad, que son externas en el tiempo; 3° Elementos internos, entre los cuales los principales son la raza, los residuos o sea los sentimientos que manifiestan las inclinaciones, los intereses, las aptitudes al razonamiento, a la observación, el estado de los conocimientos, etc." Pareto afirma que la forma de la sociedad es determinada por todos los elementos que operan sobre ella que, una vez determinada, opera a su vez sobre esos elementos, de manera que se puede decir que se efectúa una mutua determinación*.

Lo que importa, por consiguiente, en el estudio sociológico de los estratos indio y mestizo, no es la medida en que el mestizo hereda las cualidades o los defectos de las razas progenitoras sino su aptitud para evolucionar, con más facilidad que el indio, hacia el estado social, o el tipo de civilización del blanco. El mestizaje necesita ser analizado, no como cuestión étnica, sino como cuestión sociológica. El problema étnico en cuya consideración se han complacido sociologistas rudimentarios y especuladores ignorantes, es totalmente ficticio y supuesto. Asume una importancia desmesurada para los que, ciñendo servilmente su juicio a una idea acariciada por la civilización europea en su apogeo —y abandonada ya por esta misma civilización, propensa en su declive a una concepción relativista de

[22] *Vilfredo Pareto* (1849–1923), sociólogo y economista italiano
* Vilfredo Pareto, *Trattato di Sociologia Generale*, tomo III, p. 265.

la historia—, atribuyen las creaciones de la sociedad occidental a la superioridad de la raza blanca. Las aptitudes intelectuales y técnicas, la voluntad creadora, la disciplina moral de los pueblos blancos, se reducen, en el criterio simplista de los que aconsejan la regeneración del indio por el cruzamiento, a meras condiciones zoológicas de la raza blanca.

Pero si la cuestión racial —cuyas sugestiones conducen a sus superficiales críticos a inverosímiles razonamientos zootécnicas— es artificial, y no merece la atención de quienes estudian concreta y políticamente el problema indígena, otra es la índole de la cuestión sociológica. El mestizaje descubre en este terreno sus verdaderos conflictos, su íntimo drama. El color de la piel se borra como contraste; pero las costumbres, los sentimientos, los mitos —los elementos espirituales y formales de esos fenómenos que se designan con los términos de sociedad y de cultura— reivindican sus derechos. El mestizaje —dentro de las condiciones económico-sociales subsistentes entre nosotros— no sólo produce un nuevo tipo humano y étnico sino un nuevo tipo social; y si la imprecisión de aquél, por una abigarrada combinación de razas, no importa en sí misma una inferioridad, y hasta puede anunciar, en ciertos ejemplares felices, los rasgos de la raza "cósmica", la imprecisión o hibridismo del tipo social, se traduce, por un oscuro predominio de sedimentos negativos, en una estagnación sórdida y morbosa. Los aportes del negro y del chino se dejan sentir, en este mestizaje, en un sentido casi siempre negativo y desorbitado. En el mestizo no se prolonga la tradición del blanco ni del indio: ambas se esterilizan y contrastan. Dentro de un ambiente urbano, industrial, dinámico, el mestizo salva rápidamente las distancias que lo separan del blanco, hasta asimilarse la cultura occidental, con sus costumbres, impulsos y consecuencias. Puede escaparle —le escapa generalmente— el complejo fondo de creencias, mitos y sentimientos, que se agita bajo las creaciones materiales e intelectuales de la civilización europea o blanca; pero la mecánica y la disciplina de ésta le imponen automáticamente sus hábitos y sus concepciones. En contacto con una civilización maquinista, asombrosamente dotada para el dominio de la naturaleza, la idea del progreso, por ejemplo, es de un irresistible poder de contagio o seducción. Pero este proceso de asimilación o incorporación se cumple prontamente sólo en un medio en el cual actúan vigorosamente las energías de la cultura industrial. En el latifundio feudal, en el burgo retardado, el mestizaje carece de elementos de ascensión. En su sopor extenuante, se anulan las virtudes y los valores de las razas entremezcladas; y, en cambio, se imponen prepotentes las más enervantes supersticiones.

Para el hombre del poblacho mestizo —tan sombríamente descrito por Valcárcel con una pasión no exenta de preocupaciones sociológicas— la civilización occidental constituye un confuso espectáculo, no un sentimiento. Todo lo que en esta civilización es íntimo, esencial, intransferible, energético, permanece ajeno a su ambiente vital. Algunas imitaciones externas, algunos hábitos subsidiarios, pueden dar la impresión de que este hombre se mueve dentro de la órbita de la civilización moderna. Mas, la verdad es otra.

Desde este punto de vista, el indio, en su medio nativo, mientras la emigración no lo desarraiga ni deforma, no tiene nada que envidiar al mestizo. Es evidente que no está incorporado aún en esta civilización expansiva, dinámica, que aspira a la universalidad. Pero no ha roto con su pasado. Su proceso histórico está detenido, paralizado, mas no ha perdido, por esto, su individualidad. El indio tiene una existencia social que conserva sus costumbres, su sentimiento de la vida, su actitud ante el universo. Los "residuos" y las derivaciones de que nos habla la sociología de Pareto, que continúan obrando sobre él, son los de su propia historia. La vida del indio tiene estilo. A pesar de la conquista, del latifundio, del gamonal, el indio de la sierra se mueve todavía, en cierta medida, dentro de su propia tradición. El "ayllu" [23] es un tipo social bien arraigado en el medio y la raza*.

[23] *"ayllu"* comunidad indígena
* Los estudios de Hildebrando Castro Pozo, sobre la "comunidad indígena", consignan a este respecto datos de extraordinario interés... Estos datos coinciden absolutamente con la sustancia de las aserciones de Valcárcel en "Tempestad en los Andes" a las cuales, si no estuviesen confirmadas por investigaciones objetivas, se podría suponer excesivamente optimistas y apologéticas. Además,

El indio sigue viviendo su antigua vida rural. Guarda hasta hoy su traje, sus costumbres, sus industrias típicas. Bajo el más duro feudalismo, los rasgos de la agrupación social indígena no han llegado a extinguirse. La sociedad indígena puede mostrarse más o menos primitiva o retardada; pero es un tipo orgánico de sociedad y de cultura. Y ya la experiencia de los pueblos de Oriente, el Japón, Turquía, la misma China, nos han probado cómo una sociedad autóctona, aun después de un largo colapso, puede encontrar por sus propios pasos, y en muy poco tiempo, la vía de la civilización moderna y traducir, a su propia lengua, las lecciones de los pueblos de Occidente.

cualquiera puede comprobar la unidad, el estilo, carácter de la vida indígena. Y sociológicamente la persistencia en la comunidad de los que Sorel llama "elementos espirituales del trabajo", es de un valor capital. NOTA DEL AUTOR

64 Pedro Henríquez Ureña
(1884-1946)

Miembro de una familia dominicana distinguida por su cultura, Henríquez Ureña pasó casi toda la vida en otros países: Cuba; México, donde se hizo director intelectual de la reacción contra el positivismo; Madrid, donde estudió en el Centro de Estudios Históricos; y la Argentina, donde radicó definitvamente en 1924, contribuyendo tanto al Instituto de Filología, una de las grandes instituciones intelectuales de las Américas. Se le puede considerar el maestro de su generación y de las siguientes, no sólo por su infatigable actividad en el aula —dictó cursos especiales en varias universidades norteamericanas, además de su labor en Hispanoamérica—

sino sobre todo por el rigor intelectual y el humanismo de sólida base que caracterizan su obra.

El suyo es un estilo concentrado —sea en sus ensayos, sus artículos de crítica literaria o sus estudios filológicos. Dos de sus libros más importantes son *Literary Currents in Spanish America* (1945), colección de conferencias que dictó en inglés en Harvard, y la póstuma *Historia de la cultura en la América Hispánica* (1947). Libros sintéticos los dos, dejan apreciar tanto el proceso orgánico de la cultura como la visión panorámica y la erudición de su autor. Incluimos aquí un capítulo de *Seis ensayos en busca de nuestra expresión* (1927), libro que demuestra las cualidades citadas y el deseo humanista de Henríquez Ureña de llegar a la comprensión equilibrada de la tradición española y la nueva vitalidad americana.

Seis ensayos en busca de nuestra expresión (1928)

ORIENTACIONES

EL DESCONTENTO Y LA PROMESA

"Haré grandes cosas: lo que son no lo sé." Las palabras del rey loco son el mote que inscribimos, desde hace cien años, en nuestras banderas de revolución espiritual. ¿Venceremos el descontento que provoca tantas rebeliones sucesivas? ¿Cumpliremos la ambiciosa promesa?

Apenas salimos de la espesa nube colonial al sol quemante de la independencia, sacudimos el espíritu de timidez y declaramos señorío sobre el futuro. Mundo virgen, libertad recién nacida, repúblicas en fermento, ardorosamente consagradas a la inmortal utopía: aquí habían de crearse nuevas artes, poesía nueva. Nuestras tierras, nuestra vida libre, pedían su expresión.

La independencia literaria

En 1823, antes de las jornadas de Junín y Ayacucho, inconclusa todavía la independencia política, Andrés Bello proclamaba la independencia espiritual: la primera de sus *Silvas americanas* es una alocución a la poesía, "maestra de los pueblos y los reyes", para que abandone a Europa —luz y miseria— y busque en esta orilla del Atlántico el aire salubre de que gusta su nativa rustiquez. La forma es clásica; la intención es revolucionaria. Con la "Alocución", simbólicamente, iba a encabezar Juan María Gutiérrez[1] nuestra primera grande antología, la *América poética*, de 1846. La segunda de las *Silvas* de

[1] *Juan María Gutiérrez* (1809–1878), crítico argentino, editor de la primera gran antología de la poesía hispanoamericana del siglo XIX

De Pedro Henríquez Ureña, *Obra crítica*, edición de Susana Speratti Piñero (México, Fondo de Cultura Económica, 1960), pp. 241–53.

Bello, tres años posterior, al cantar la agricultura de la zona tórrida, mientras escuda tras las pacíficas sombras imperiales de Horacio y de Virgilio el "retorno a la naturaleza", arma de los revolucionarios del siglo XVIII, esboza todo el programa "siglo XIX" del engrandecimiento material, con la cultura como ejercicio y corona. Y no es aquel patriarca, creador de civilización, el único que se enciende en espíritu de iniciación y profecía: la hoguera anunciadora salta, como la de Agamenón, de cumbre en cumbre, y arde en el canto de victoria de Olmedo, en los gritos insurrectos de Heredia, en las novelas y las campañas humanitarias y democráticas de Fernández de Lizardi, hasta en los *cielitos* y los diálogos gauchescos de Bartolomé Hidalgo[2].

A los pocos años surge otra nueva generación, olvidadiza y descontenta. En Europa, oíamos decir, o en persona lo veíamos, el romanticismo despertaba las voces de los pueblos. Nos parecieron absurdos nuestros padres al cantar en odas clásicas la romántica aventura de nuestra independencia. El romanticismo nos abriría el camino de la verdad, nos enseñaría a completarnos. Así lo pensaba Esteban Echeverría, escaso artista, salvo en uno que otro paisaje de líneas rectas y masas escuetas, pero claro teorizante. "El espíritu del siglo —decía— lleva hoy a las naciones a emanciparse, a gozar de independencia, no sólo política, sino filosófica y literaria." Y entre los jóvenes a quienes arrastró consigo, en aquella generación argentina que fue voz continental, se hablaba siempre de "ciudadanía en arte como en política" y de "literatura que llevara los colores nacionales".

Nuestra literatura absorbió ávidamente agua de todos los ríos nativos: la naturaleza;

la vida del campo, sedentaria o nómade; la tradición indígena; los recuerdos de la época colonial; las hazañas de los libertadores; la agitación política del momento... La inundación romántica duró mucho, demasiado; como bajo pretexto de inspiración y espontaneidad protegió la pereza, ahogó muchos gérmenes que esperaba nutrir... Cuando las aguas comenzaron a bajar, no a los cuarenta días bíblicos, sino a los cuarenta años, dejaron tras sí tremendos herbazales, raros arbustos y dos copudos árboles, resistentes como ombúes: el *Facundo* y el *Martín Fierro*.

El descontento provoca al fin la insurrección necesaria: la generación que escandalizó al vulgo bajo el modesto nombre de *modernista* se alza contra la pereza romántica y se impone severas y delicadas disciplinas. Toma sus ejemplos en Europa, pero piensa en América. "Es como una familia —decía uno de ella, el fascinador, el deslumbrante Martí—. Principió por el rebusco imitado y está en la elegancia suelta y concisa y en la expresión artística y sincera, breve y tallada, del sentimiento personal y del juicio criollo y directo." ¡El juicio criollo! O bien: "A esa literatura se ha de ir: a la que ensancha y revela, a la que saca de la corteza ensangrentada el almendro sano y jugoso, a la que robustece y levanta el corazón de América." Rubén Darío, si en las palabras liminares de *Prosas profanas* detestaba "la vida y el tiempo en que le tocó nacer", paralelamente fundaba la *Revista de América*, cuyo nombre es programa, y con el tiempo se convertía en el autor del yambo contra Roosevelt, del "Canto a la Argentina" y del "Viaje a Nicaragua". Y Rodó, el comentador entusiasta de *Prosas profanas*, es quien luego declara, estudiando a Montalvo, que "sólo han sido grandes en América aquéllos que han desenvuelto por la palabra o por la acción un sentimiento americano".

Ahora, treinta años después, hay de

---

[2] *Bartolomé Hidalgo* (1788-1822), poeta uruguayo, entre los primeros en Hispanoamérica en percibir las posibilidades estéticas de la poesía popular

nuevo en la América española juventudes inquietas, que se irritan contra sus mayores y ofrecen trabajar seriamente en busca de nuestra expresión genuina.

TRADICIÓN Y REBELIÓN

Los inquietos de ahora se quejan de que los antepasados hayan vivido atentos a Europa, nutriéndose de imitación, sin ojos para el mundo que los rodeaba: olvidan que en cada generación se renuevan, desde hace cien años, el descontento y la promesa. Existieron, sí, existen todavía, los europeizantes, los que llegan a abandonar el español para escribir en francés, o, por lo menos, escribiendo en nuestro propio idioma ajustan a moldes franceses su estilo y hasta piden a Francia sus ideas y sus asuntos. O los hispanizantes, enfermos de locura gramatical, hipnotizados por toda cosa de España que no haya sido trasplantada a estos suelos.

Pero atrevámonos a dudar de todo. ¿Estos crímenes son realmente insólitos e imperdonables? ¿El criollismo cerrado, el afán nacionalista, el multiforme delirio en que coinciden hombres y mujeres hasta de bandos enemigos, es la única salud? Nuestra preocupación es de especie nueva. Rara vez la conocieron, por ejemplo, los romanos: para ellos, las artes, las letras, la filosofía de los griegos eran la norma; a la norma sacrificaron, sin temblor ni queja, cualquier tradición nativa. El *carmen saturnium*[3], su "versada criolla", tuvo que ceder el puesto al verso de pies cuantitativos; los brotes autóctonos de diversión teatral quedaban aplastados bajo las ruedas del carro que traía de casa ajena la carga de argumentos y formas; hasta la leyenda nacional se retocaba, en la epopeya aristocrática, para enlazarla con Ilión; y si pocos escritores se

atrevían a cambiar de idioma (a pesar del ejemplo imperial de Marco Aurelio[4], cuya prosa griega no es mejor que la francesa de nuestros amigos de hoy), el viaje a Atenas, a la desmedrada Atenas de los tiempos de Augusto, tuvo el carácter ritual de nuestros viajes a París, y el acontecimiento se celebraba, como ahora, con el obligado banquete, con odas de despedida como la de Horacio a la nave en que se embarcó Virgilio. El alma romana halló expresión en la literatura, pero bajo preceptos extraños, bajo la imitación, erigida en método de aprendizaje.

Ni tampoco la Edad Media vio con vergüenza las imitaciones. Al contrario: todos los pueblos, a pesar de sus características imborrables, aspiraban a aprender y aplicar las normas que daba la Francia del Norte para la canción de gesta, las leyes del trovar que dictaba Provenza para la poesía lírica; y unos cuantos temas iban y venían de reino en reino, de gente en gente: proezas carolingias, historias célticas de amor y de encantamiento, fantásticas tergiversaciones de la guerra de Troya y las conquistas de Alejandro, cuentos del zorro, danzas macabras, misterios de Navidad y de Pasión, farsas de carnaval... Aun el idioma se acogía, temporal y parcialmente, a la moda literaria: el provenzal, en todo el Mediterráneo latino; el francés, en Italia, con el cantar épico; el gallego, en Castilla, con el cantar lírico. Se peleaba, sí, en favor del idioma propio, pero contra el latín moribundo, atrincherado en la Universidad y en la Iglesia, sin sangre de vida real, sin el prestigio de las Cortes o de las fiestas populares. Como excepción, la Inglaterra del siglo XIV echa abajo el frondoso árbol francés plantado allí por el conquistador del XI.

¿Y el Renacimiento? El esfuerzo rena-

---

[3] *carmen saturnium* forma temprana de la poesía latina; no se medía cuantitativamente

[4] *Marco Aurelio* emperador romano de 161 a 180 d. de J.C. y notable escritor estoico

ciente se consagra a buscar, no la expresión característica, nacional ni regional, sino la expresión del arquetipo, la norma universal y perfecta. En descubrirla y definirla concentran sus empeños Italia y Francia, apoyándose en el estudio de Grecia y Roma, arca de todos los secretos. Francia llevó a su desarrollo máximo este imperialismo de los paradigmas espirituales. Así, Inglaterra y España poseyeron sistemas propios de arte dramático, el de Shakespeare, el de Lope; pero en el siglo XVIII iban plegándose a las imposiciones de París: la expresión del espíritu nacional sólo podía alcanzarse a través de fórmulas internacionales.

Sobrevino al fin la rebelión que asaltó y echó a tierra el imperio clásico, culminando en batalla de las naciones, que se peleó en todos los frentes, desde Rusia hasta Noruega y desde Irlanda hasta Cataluña. El problema de la expresión genuina de cada pueblo está en la esencia de la revolución romántica, junto con la negación de los fundamentos de toda doctrina retórica, de toda fe en "las reglas del arte" como clave de la creación estética. Y, de generación en generación, cada pueblo afila y aguza sus teorías nacionalistas, justamente en la medida en que la ciencia y la máquina multiplican las uniformidades del mundo. A cada concesión práctica va unida una rebelión ideal.

El problema del idioma

Nuestra inquietud se explica. Contagiados, espoleados, padecemos aquí en América urgencia romántica de expresión. Nos sobrecogen temores súbitos: queremos decir nuestra palabra antes de que nos sepulte no sabemos qué inminente diluvio.

En todas las artes se plantea el problema. Pero en literatura es doblemente complejo. El músico podría, en rigor sumo,

si cree encontrar en eso la garantía de originalidad, renunciar al lenguaje tonal de Europa: al hijo de pueblos donde subsiste el indio —como en el Perú y Bolivia— se le ofrece el arcaico pero inmarcesible sistema nativo, que ya desde su escala pentatónica se aparta del europeo. Y el hombre de países donde prevalece el espíritu criollo es dueño de preciosos materiales, aunque no estrictamente autóctonos: música traída de Europa o de África, pero impregnada del sabor de las nuevas tierras y de la nueva vida, que se filtra en el ritmo y el dibujo melódico.

Y en artes plásticas cabe renunciar a Europa, como en el sistema mexicano de Adolfo Best[5], construido sobre los siete elementos lineales del dibujo azteca, con franca aceptación de sus limitaciones. O cuando menos, si sentimos excesiva tanta renuncia, hay sugestiones de muy varia especie en la obra del indígena, en la del criollo de tiempos coloniales que hizo suya la técnica europea (así, con esplendor de dominio, en la arquitectura), en la popular de nuestros días, hasta en la piedra y la madera y la fibra y el tinte que dan las tierras natales.

De todos modos, en música y en artes plásticas es clara la partición de caminos: o el europeo, o el indígena, o en todo caso el camino criollo, indeciso todavía y trabajoso. El indígena representa quizás empobrecimiento y limitación, y para muchos, a cuyas ciudades nunca llega el antiguo señor del terruño, resulta camino exótico: paradoja típicamente nuestra. Pero, extraños o familiares, lejanos o cercanos, el lenguaje tonal y el lenguaje plástico de abolengo indígena son inteligibles.

En literatura, el problema es complejo, es doble: el poeta, el escritor, se expresan en idioma recibido de España. Al hombre de

[5] *Adolfo Best* Adolfo Best Maugard (1890–1965), pintor mexicano, quien desarrolló un sistema artístico a base del arte azteca

Cataluña o de Galicia le basta escribir su lengua vernácula para realizar la ilusión de sentirse distinto del castellano. Para nosotros esta ilusión es fruto vedado o inaccesible. ¿Volver a las lenguas indígenas? El hombre de letras, generalmente, las ignora, y la dura tarea de estudiarlas y escribir en ellas lo llevaría a la consecuencia final de ser entendido entre muy pocos, a la reducción inmediata de su público. Hubo, después de la conquista, y aún se componen, versos y prosa en lengua indígena, porque todavía existen enormes y difusas poblaciones aborígenes que hablan cien —si no más— idiomas nativos; pero raras veces se anima esa literatura con propósitos lúcidos de persistencia y oposición. ¿Crear idiomas propios, hijos y sucesores del castellano? Existió hasta años atrás —grave temor de unos y esperanza loca de otros— la idea de que íbamos embarcados en la aleatoria tentativa de crear idiomas criollos. La nube se ha disipado bajo la presión unificadora de las relaciones constantes entre los pueblos hispánicos. La tentativa, suponiéndola posible, habría demandado siglos de cavar foso tras foso entre el idioma de Castilla y los germinantes en América, resignándonos con heroísmo franciscano a una rastrera, empobrecida expresión dialectal mientras no apareciera el Dante creador de alas y de garras. Observemos, de paso, que el habla gauchesca del Río de la Plata, sustancia principal de aquella disipada nube, no lleva en sí diversidad suficiente para erigirla siquiera en dialecto como el de León o el de Aragón: su leve matiz la aleja demasiado poco de Castilla, y el *Martín Fierro* y el *Fausto* no son ramas que disten del tronco lingüístico más que las coplas murcianas o andaluzas.

No hemos renunciado a escribir en español, y nuestro problema de la expresión original y propia comienza ahí. Cada idioma es una cristalización de modos de pensar y de sentir, y cuanto en él se escribe se baña en el color de su cristal. Nuestra expresión necesitará doble vigor para imponer su tonalidad sobre el rojo y el gualda.

LAS FÓRMULAS DEL AMERICANISMO

Examinemos las principales soluciones propuestas y ensayadas para el problema de nuestra expresión en literatura. Y no se me tache prematuramente de optimista cándido porque vaya dándoles aprobación provisional a todas: al final se verá el por qué.

Ante todo, la naturaleza. La literatura descriptiva habrá de ser, pensamos durante largo tiempo, la voz del Nuevo Mundo. Ahora no goza de favor la idea: hemos abusado en la aplicación; hay en nuestra poesía romántica tantos paisajes como en nuestra pintura impresionista. La tarea de escribir, que nació del entusiasmo, degeneró en hábito mecánico. Pero ella ha educado nuestros ojos: del cuadro convencional de los primeros escritores coloniales, en quienes sólo de raro en raro asomaba la faz genuina de la tierra, como en las serranías peruanas del Inca Garcilaso, pasamos poco a poco, y finalmente llegamos, con ayuda de Alexander von Humboldt[6] y de Chateaubriand, a la directa visión de la naturaleza. De mucha olvidada literatura del siglo XIX sería justicia y deleite arrancar una vivaz colección de paisajes y miniaturas de fauna y flora. Basta detenernos a recordar para comprender, tal vez con sorpresa, cómo hemos conquistado, trecho a trecho, los elementos pictóricos de nuestra pareja de continentes y hasta el aroma espiritual que se exhala de ellos: la colosal montaña; las vastas altiplanicies de aire fino y luz tranquila donde

---

[6] *Alexander von Humboldt* (1769–1859), científico alemán, autor de *Viaje a las regiones equinocciales del Nuevo Continente*

todo perfil se recorta agudamente; las tierras cálidas del trópico, con sus marañas de selvas, su mar que asorda y su luz que emborracha; la pampa profunda; el desierto "inexorable y hosco". Nuestra atención al paisaje engendra preferencias que hallan palabras vehementes: tenemos partidarios de la llanura y partidarios de la montaña. Y mientras aquéllos, acostumbrados a que los ojos no tropiecen con otro límite que el horizonte, se sienten oprimidos por la vecindad de las alturas, como Miguel Cané[7] en Venezuela y Colombia, los otros se quejan del paisaje "demasiado llano", como el personaje de la *Xaimaca* de Güiraldes, o bien, con voluntad de amarlo, vencen la inicial impresión de monotonía y desamparo y cuentan cómo, después de largo rato de recorrer la pampa, ya no la vemos: vemos otra pampa que se nos ha hecho en el espíritu (Gabriela Mistral). O acerquémonos al espectáculo de la zona tórrida: para el nativo es rico en luz, calor y color, pero lánguido y lleno de molicie; todo se le deslíe en largas contemplaciones, en pláticas sabrosas, en danzas lentas,

> *y en las ardientes noches del estío*
> *la bandola y el canto prolongado*
> *que une su estrofa al murmurar del río...*

Pero el hombre de climas templados ve el trópico bajo deslumbramiento agobiador: así lo vio Mármol en el Brasil, en aquellos versos célebres, mitad ripio, mitad hallazgo de cosa vivida; así lo vio Sarmiento en aquel breve y total apunte de Río de Janeiro:

> *Los insectos son carbunclos o rubíes, las mariposas plumillas de oro flotantes, pintadas las aves, que engalanan penachos y decoraciones fantásticas, verde esmeralda la vegetación, embalsamadas y purpúreas las flores,*

tangible la luz del cielo, azul cobalto el aire, doradas a fuego las nubes, roja la tierra y las arenas entremezcladas de diamantes y topacios.

A la naturaleza sumamos el primitivo habitante. ¡Ir hacia el indio! Programa que nace y renace en cada generación, bajo muchedumbre de formas, en todas las artes. En literatura, nuestra interpretación del indígena ha sido irregular y caprichosa. Poco hemos agregado a aquella fuerte visión de los conquistadores como Hernán Cortés, Ercilla, Cieza de León, y de los misioneros como fray Bartolomé de Las Casas. Ellos acertaron a definir dos tipos ejemplares, que Europa acogió e incorporó a su repertorio de figuras humanas: el "indio hábil y discreto", educado en complejas y exquisitas civilizaciones propias, singularmente dotado para las artes y las industrias, y el "salvaje virtuoso", que carece de civilización mecánica, pero vive en orden, justicia y bondad, personaje que tanto sirvió a los pensadores europeos para crear la imagen del hipotético hombre del "estado de naturaleza" anterior al contrato social. En nuestros cien años de independencia, la romántica pereza nos ha impedido dedicar mucha atención a aquellos magníficos imperios cuya interpretación literaria exigiría previos estudios arqueológicos; la falta de simpatía humana nos ha estorbado para acercarnos al superviviente de hoy, antes de los años últimos, excepto en casos como el memorable de los *Indios ranqueles;* y al fin, aparte del libro impar y delicioso de Mansilla[8], las mejores obras de asunto indígena se han escrito en países como Santo Domingo y el Uruguay, donde el aborigen de raza pura persiste apenas en rincones lejanos y se ha diluido en recuerdo

---

[7] *Miguel Cané* (1851–1905), político y filólogo argentino

[8] *Mansilla* Lucio V. Mansilla (1831–1913), militar argentino, autor de *Una excursión a los indios ranqueles*

sentimental. "El espíritu de los hombres flota sobre la tierra en que vivieron, y se le respira", decía Martí.

Tras el indio, el criollo. El movimiento criollista ha existido en toda la América española con intermitencias, y ha aspirado a recoger las manifestaciones de la vida popular, urbana y campestre, con natural preferencia por el campo. Sus límites son vagos; en la pampa argentina, el criollo se oponía al indio, enemigo tradicional, mientras en México, en la América Central, en toda la región de los Andes y su vertiente del Pacífico, no siempre existe frontera perceptible entre las costumbres de carácter criollo y las de carácter indígena. Así mezcladas las reflejan en la literatura mexicana los romances de Guillermo Prieto[9] y el *Periquillo* de Lizardi, despertar de la novela en nuestra América, a la vez que despedida de la picaresca española. No hay país donde la existencia criolla no inspire cuadros de color peculiar. Entre todas, la literatura argentina, tanto en el idioma culto como en el campesino, ha sabido apoderarse de la vida del gaucho en visión honda como la pampa. Facundo Quiroga, Martín Fierro, Santos Vega[10], son figuras definitivamente plantadas dentro del horizonte ideal de nuestros pueblos. Y no creo en la realidad de la querella de Fierro contra Quiroga. Sarmiento, como civilizador, urgido de acción, atenaceado por la prisa, escogió para el futuro de su patria el atajo europeo y norteamericano en vez del sendero criollo, informe todavía, largo, lento, interminable tal vez, o desembocando en el callejón sin salida; pero nadie sintió mejor que él los soberbios ímpetus, la acre originalidad de la barbarie que aspiraba a destruir. En tales

oposiciones y en tales decisiones está el Sarmiento aquilino: la mano inflexible escoge; el espíritu amplio se abre a todos los vientos. ¿Quién comprendió mejor que él a España, la España cuyas malas herencias quiso arrojar al fuego, la que visitó "con el santo propósito de levantarle el proceso verbal[11]", pero que a ratos le hacía agitarse en ráfagas de simpatía? ¿Quién anotó mejor que él las limitaciones de los Estados Unidos, de esos Estados Unidos cuya perseverancia constructora exaltó a modelo ejemplar?

Existe otro americanismo, que evita al indígena, y evita el criollismo pintoresco, y evita el puente intermedio de la era colonial, lugar de cita para muchos antes y después de Ricardo Palma: su precepto único es ceñirse siempre al Nuevo Mundo en los temas, así en la poesía como en la novela y el drama, así en la crítica como en la historia. Y para mí, dentro de esa fórmula sencilla como dentro de las anteriores, hemos alcanzado, en momentos felices, la expresión vívida que perseguimos. En momentos felices, recordémoslo.

EL AFÁN EUROPEIZANTE

Volvamos ahora la mirada hacia los europeizantes, hacia los que, descontentos de todo americanismo con aspiraciones de sabor autóctono, descontentos hasta de nuestra naturaleza, nos prometen la salud espiritual si mantenemos recio y firme el lazo que nos ata a la cultura europea. Creen que nuestra función no será crear, comenzando desde los principios, yendo a la raíz de las cosas, sino continuar, proseguir, desarrollar, sin romper tradiciones ni enlaces.

Y conocemos los ejemplos que invocarían, los ejemplos mismos que nos sirvieron para rastrear el origen de nuestra

---

[9] *Guillermo Prieto* (1818–1897), poeta mexicano conocido por sus romances de ambiente callejero y de clase baja

[10] *Santos Vega* legendario héroe gauchesco

[11] *levantarle... verbal* atacar verbalmente

rebelión nacionalista: Roma, la Edad Media, el Renacimiento, la hegemonía francesa del siglo XVIII... Detengámonos nuevamente ante ellos. ¿No tendrán razón los arquetipos clásicos contra la libertad romántica de que usamos y abusamos? ¿No estará el secreto único de la perfección en atenernos a la línea ideal que sigue desde sus remotos orígenes la cultura de Occidente? Al criollista que se defienda —acaso la única vez en su vida— con el ejemplo de Grecia, será fácil demostrarle que el milagro griego, si más solitario, más original que las creaciones de sus sucesores, recogía vetustas herencias: ni los milagros vienen de la nada; Grecia, madre de tantas invenciones estupendas, aprovechó el trabajo ajeno, retocando y perfeccionando, pero, en su opinión, tratando de acercarse a los cánones, a los paradigmas que otros pueblos, antecesores suyos o contemporáneos, buscaron con intuición confusa.

Todo aislamiento es ilusorio. La historia de la organización espiritual de nuestra América, después de la emancipación política, nos dirá que nuestros propios orientadores fueron, en momento oportuno, europeizantes: Andrés Bello, que desde Londres lanzó la declaración de nuestra independencia literaria, fue motejado de europeizante por los proscriptos argentinos veinte años después, cuando organizaba la cultura chilena; y los más violentos censores de Bello, de regreso a su patria, habían de emprender a su turno tareas de europeización, para que ahora se lo afeen los devotos del criollismo puro.

Apresurémonos a conceder a los europeizantes todo lo que les pertenece, pero nada más, y a la vez tranquilicemos al criollista. No sólo sería ilusorio el aislamiento —la red de las comunicaciones lo impide—, sino que tenemos derecho a tomar de Europa todo lo que nos plazca: tenemos

derecho a todos los beneficios de la cultura occidental. Y en literatura —ciñéndonos a nuestro problema— recordemos que Europa estará presente, cuando menos, en el arrastre histórico del idioma.

Aceptemos francamente, como inevitable, la situación compleja: al expresarnos habrá en nosotros, junto a la porción sola, nuestra, hija de nuestra vida, a veces con herencia indígena. otra porción substancial, aunque sólo fuere el marco, que recibimos de España. Voy más lejos: no sólo escribimos el idioma de Castilla, sino que pertenecemos a la Romania, la familia románica que constituye todavía una comunidad, una unidad de cultura, descendiente de la que Roma organizó bajo su potestad; pertenecemos —según la repetida frase de Sarmiento— al Imperio Romano. Literariamente, desde que adquieren plenitud de vida las lenguas romances, a la Romania nunca le ha faltado centro, sucesor de la Ciudad Eterna: del siglo XI al XIV fue Francia, con oscilaciones iniciales entre Norte y Sur; con el Renacimiento se desplaza a Italia; luego, durante breve tiempo, tiende a situarse en España; desde Luis XIV vuelve a Francia. Muchas veces la Romania ha extendido su influjo a zonas extranjeras, y sabemos cómo París gobernaba a Europa, y de paso a las dos Américas, en el siglo XVIII; pero desde comienzos del siglo XIX se definen, en abierta y perdurable oposición, zonas rivales: la germánica, suscitadora de la rebeldía; la inglesa, que abarca a Inglaterra con su imperio colonial, ahora en disolución, y a los Estados Unidos; la eslava... Hasta políticamente hemos nacido y crecido en la Romania. Antonio Caso[12] señala con eficaz precisión los tres acontecimientos de Europa cuya influencia es decisiva sobre nuestros pueblos: el Descubrimiento, que es

[12] *Antonio Caso* (1883–1946), filósofo mexicano

acontecimiento español; el Renacimiento, italiano; la Revolución, francés. El Renacimiento da forma —en España sólo a medias— a la cultura que iba a ser trasplantada a nuestro mundo; la Revolución es el antecedente de nuestras guerras de independencia. Los tres acontecimientos son de pueblos románicos. No tenemos relación directa con la Reforma, ni con la evolución constitucional de Inglaterra, y hasta la independencia y la Constitución de los Estados Unidos alcanzan prestigio entre nosotros merced a la propaganda que de ellas hizo Francia.

La energía nativa

Concedido todo eso, que es todo lo que en buen derecho ha de reclamar el europeizante, tranquilicemos al criollo fiel recordándole que la existencia de la Romania como unidad, como entidad colectiva de cultura, y la existencia del centro orientador, no son estorbos definitivos para ninguna originalidad, porque aquella comunidad tradicional afecta sólo a las formas de la cultura, mientras que el carácter original de los pueblos viene de su fondo espiritual, de su energía nativa.

Fuera de momentos fugaces en que se ha adoptado con excesivo rigor una fórmula estrecha, por excesiva fe en la doctrina retórica, o durante períodos en que una decadencia nacional de todas las energías lo ha hecho enmudecer, cada pueblo se ha expresado con plenitud de carácter dentro de la comunidad imperial. Y en España, dentro del idioma central, sin acudir a los rivales, las regiones se definen a veces con perfiles únicos en la expresión literaria. Así, entre los poetas, la secular oposición entre Castilla y Andalucía, el contraste entre fray Luis de León y Fernando de Herrera, entre Quevedo y Góngora, entre Espronceda y Bécquer.

El compartido idioma no nos obliga a perdernos en la masa de un coro cuya dirección no está en nuestras manos: sólo nos obliga a acendrar nuestra nota expresiva, a buscar el acento inconfundible. Del deseo de alcanzarlo y sostenerlo nace todo el rompecabezas de cien años de independencia proclamada; de ahí las fórmulas de americanismo, las promesas que cada generación escribe, sólo para que la siguiente las olvide o las rechace, y de ahí la reacción, hija del inconfesado desaliento, en los europeizantes.

El ansia de perfección

Llegamos al término de nuestro viaje por el palacio confuso, por el fatigoso laberinto de nuestras aspiraciones literias, en busca de nuestra expresión original y genuina. Y a la salida creo volver con el oculto hilo que me sirvió de guía.

Mi hilo conductor ha sido el pensar que no hay secreto de la expresión sino uno: trabajarla hondamente, esforzarse en hacerla pura, bajando hasta la raíz de las cosas que queremos decir; afinar, definir, con ansia de perfección.

El ansia de perfección es la única norma. Contentándonos con usar el ajeno hallazgo, del extranjero o del compatriota, nunca comunicaremos la revelación íntima; contentándonos con la tibia y confusa enunciación de nuestras intuiciones, las desvirtuaremos ante el oyente y le parecerán cosa vulgar. Pero cuando se ha alcanzado la expresión firme de una intuición artística, va en ella, no sólo el sentido universal, sino la esencia del espíritu que la poseyó y el sabor de la tierra de que se ha nutrido.

Cada fórmula de americanismo puede

prestar servicios (por eso les di a todas aprobación provisional); el conjunto de las que hemos ensayado nos da una suma de adquisiciones útiles, que hacen flexible y dúctil el material originario de América. Pero la fórmula, al repetirse, degenera en mecanismo y pierde su prístina eficacia; se vuelve receta y engendra una retórica.

Cada grande obra de arte crea medios propios y peculiares de expresión; aprovecha las experiencias anteriores, pero las rehace, porque no es una suma, sino una síntesis, una invención. Nuestros enemigos, al buscar la expresión de nuestro mundo, son la falta de esfuerzo y la ausencia de disciplina, hijos de la pereza y la incultura, o la vida en perpetuo disturbio y mudanza, llena de preocupaciones ajenas a la pureza de la obra: nuestros poetas, nuestros escritores, fueron las más veces, en parte son todavía, hombres obligados a la acción, la faena política y hasta la guerra, y no faltan entre ellos los conductores e iluminadores de pueblos.

EL FUTURO

Ahora, en el Río de la Plata cuando menos, empieza a constituirse la profesión literaria. Con ella debieran venir la disciplina, el reposo que permite los graves empeños. Y hace falta la colaboración viva y clara del público: demasiado tiempo ha oscilado entre la falta de atención y la excesiva indulgencia. El público ha de ser exigente; pero ha de poner interés en la obra de América. Para que haya grandes poetas, decía Walt Whitman, ha de haber grandes auditorios.

Sólo un temor me detiene, y lamento turbar con una nota pesimista el canto de esperanzas. Ahora que parecemos navegar en dirección hacia el puerto seguro, ¿no llegaremos tarde? ¿El hombre del futuro seguirá interesándose en la creación artística

y literaria, en la perfecta expresión de los anhelos superiores del espíritu? El occidental de hoy se interesa en ellas menos que el de ayer, y mucho menos que el de tiempos lejanos. Hace cien, cincuenta años, cuando se auguraba la desaparición del arte, se rechazaba el agüero con gestos fáciles: "siempre habrá poesía". Pero después —fenómeno nuevo en la historia del mundo, insospechado y sorprendente— hemos visto surgir a existencia próspera sociedades activas y al parecer felices, de cultura occidental, a quienes no preocupa la creación artística, a quienes les basta la industria, o se contentan con el arte reducido a procesos industriales: Australia, Nueva Zelandia, aun el Canadá. Los Estados Unidos ¿no habrán sido el ensayo intermedio? Y en Europa, bien que abunde la producción artística y literaria, el interés del hombre contemporáneo no es el que fue. El arte había obedecido hasta ahora a dos fines humanos: uno, la expresión de los anhelos profundos, del ansia de eternidad, del utópico y siempre renovado sueño de la vida perfecta; otro, el juego, el solaz imaginativo en que descansa el espíritu. El arte y la literatura de nuestros días apenas recuerdan ya su antigua función trascendental; sólo nos va quedando el juego... Y el arte reducido a diversión, por mucho que sea diversión inteligente, pirotecnia del ingenio, acaba en hastío.

...No quiero terminar en el tono pesimista. Si las artes y las letras no se apagan, tenemos derecho a considerar seguro el porvenir. Trocaremos en arca de tesoros la modesta caja donde ahora guardamos nuestras escasas joyas, y no tendremos por qué temer al sello ajeno del idioma en que escribimos, porque para entonces habrá pasado a estas orillas del Atlántico el eje espiritual del mundo español.

Buenos Aires, 1926

65 Alfonso Reyes
(1889-1959)

Alfonso Reyes nació en Monterrey, Nuevo León, México, pero se trasladó joven a la capital. Allí, rechazando el positivismo, fue uno de los miembros más importantes del Ateneo de la Juventud, y estudió en Madrid, junto con Pedro Henríquez Ureña. Pasó muchos años en el servicio diplomático de su país y fue Director del Colegio de México, prestigioso centro de altos estudios.

Verdadero hombre renacentista en pleno siglo XX, lo mismo apreciaba la literatura clásica como la barroca española o la simbolista francesa; en los tres campos, así como en muchos más, publicó importantes estudios críticos. *El deslinde* (1944) es una de las mayores contribuciones hispanoamericanas a la teoría de la literatura. La obra de Reyes es variada y numerosa; abarca la poesía, el cuento, el teatro, la crítica literaria, el ensayo, la filología y la estética, e incluye en todos estos géneros aportes significativos. Pero, a pesar de la extremada variedad de la obra de Reyes, la caracteriza la unidad estilística. No es que Reyes empleara el mismo estilo en estudios filológicos como en el cuento, pero sí en todo lo que escribió aparece la misma inteligencia chispeante, el mismo dominio del idioma, el mismo brío metafórico y hasta la misma gracia. Para representar a esta singular personalidad literaria hemos escogido un cuento, "La cena" (1912), en el que Reyes investigo las posibilidades literarias de la fantasia, y un fragmento de *Visión de Anáhuac* (1917), visión lírica de la naturaleza y el espíritu de México.

 La cena (1912)

La cena, que recrea y enamora.
San Juan de la Cruz

Tuve que correr a través de calles desconocidas. El término de mi marcha parecía correr delante de mis pasos, y la hora de la cita palpitaba ya en los relojes públicos. Las calles estaban solas. Serpientes de focos eléctricos bailaban delante de mis ojos. A cada instante surgían glorietas circulares,

sembrados arriates[1], cuya verdura, a la luz artificial de la noche, cobraba una elegancia irreal. Creo haber visto multitud de torres —no sé si en las casas, si en las glorietas— que ostentaban a los cuatro vientos, por una iluminación interior, cuatro redondas esferas de reloj.

Yo corría, azuzado por un sentimiento

[1] *sembrados arriates* jardines

De Alfonso Reyes, *El plano oblicuo* (1920).

supersticioso de la hora. Si las nueve campanadas, me dije, me sorprenden sin tener la mano sobre la aldaba de la puerta, algo funesto acontecerá. Y corría frenéticamente, mientras recordaba haber corrido a igual hora por aquel sitio y con un anhelo semejante. ¿Cuándo?

Al fin los deleites de aquella falsa recordación me absorbieron de manera que volví a mi paso normal sin darme cuenta. De cuando en cuando, desde las intermitencias de mi meditación, veía que me hallaba en otro sitio, y que se desarrollaban ante mí nuevas perspectivas de focos, de placetas sembradas, de relojes iluminados... No sé cuánto tiempo transcurrió, en tanto que yo dormía en el mareo de mi respiración agitada.

De pronto, nueve campanadas sonoras resbalaron con metálico frío sobre mi epidermis. Mis ojos, en la última esperanza, cayeron sobre la puerta más cercana: aquél era el término.

Entonces, para disponer mi ánimo, retrocedí hacia los motivos de mi presencia en aquel lugar. Por la mañana, el correo me había llevado una esquela breve y sugestiva. En el ángulo del papel se leían, manuscritas, las señas de una casa. La fecha era del día anterior. La carta decía solamente:

"Doña Magdalena y su hija Amalia esperan a usted a cenar mañana, a las nueve de la noche. ¡Ah, si no faltara!..."

Ni una letra más.

Yo siempre consiento en las experiencias de lo imprevisto. El caso, además, ofrecía singular atractivo: el tono, familiar y respetuoso a la vez, con que el anónimo designaba a aquellas señoras desconocidas; la ponderación: "¡Ah, si no faltara!...", tan vaga y tan sentimental, que parecía suspendida sobre un abismo de confesiones, todo contribuyó a decidirme. Y acudí, con el ansia de una emoción informulable.

Cuando, a veces, en mis pesadillas, evoco aquella noche fantástica (cuya fantasía está hecha de cosas cotidianas y cuyo equívoco misterio crece sobre la humilde raíz de lo posible), paréceme jadear a través de avenidas de relojes y torreones, solemnes como esfinges en la calzada de algún templo egipcio.

La puerta se abrió. Yo estaba vuelto a la calle y vi, de súbito, caer sobre el suelo un cuadro de luz que arrojaba, junto a mi sombra, la sombra de una mujer desconocida.

Volvíme: con la luz por la espalda y sobre mis ojos deslumbrados, aquella mujer no era para mí más que una silueta, donde mi imaginación pudo pintar varios ensayos de fisonomía, sin que ninguno correspondiera al contorno, en tanto que balbuceaba yo algunos saludos y explicaciones.

—Pase usted, Alfonso.

Y pasé, asombrado de oírme llamar como en mi casa. Fue una decepción el vestíbulo. Sobre las palabras románticas de la esquela (a mí, al menos, me parecían románticas), había yo fundado la esperanza de encontrarme con una antigua casa, llena de tapices, de viejos retratos y de grandes sillones; una antigua casa sin estilo, pero llena de respetabilidad. A cambio de esto, me encontré con un vestíbulo diminuto y con una escalerilla frágil, sin elegancia; lo cual más bien prometía dimensiones modernas y estrechas en el resto de la casa. El piso era de madera encerada; los raros muebles tenían aquel lujo frío de las cosas de Nueva York, y en el muro, tapizado de verde claro, gesticulaban, como imperdonable signo de trivialidad, dos o tres máscaras japonesas. Hasta llegué a dudar... Pero alcé la vista y quedé tranquilo: ante mí, vestida de negro, esbelta, digna, la mujer que acudió a introducirme me señalaba la puerta del salón. Su silueta se había coloreado ya de facciones; su cara me habría resultado insignificante, a no ser por una expresión marcada de piedad; sus cabellos castaños, algo flojos en el peinado, acabaron de precipitar una extraña convicción en mi mente: todo aquel ser me pareció plegarse y formarse a las sugestiones de un nombre.

—¿Amalia? —pregunté.

—Sí—. Y me pareció que yo mismo me contestaba.

El salón, como lo había imaginado, era pequeño. Mas el decorado, respondiendo a mis anhelos, chocaba notoriamente con el del vestíbulo. Allí estaban los tapices y las grandes sillas respetables, la piel de oso al suelo, el espejo, la chimenea, los jarrones; el piano de candeleros lleno de fotografías y estatuillas —el piano en que nadie toca—, y, junto al estrado principal, el caballete con un retrato amplificado y manifiestamente alterado: el de un señor de barba partida y boca grosera.

Doña Magdalena, que ya me esperaba instalada en un sillón rojo, vestía también de negro y llevaba al pecho una de aquellas joyas gruesísimas de nuestros padres: una bola de vidrio con un retrato interior, ceñida por un anillo de oro. El misterio del parecido familiar se apoderó de mí. Mis ojos iban, inconscientemente, de doña Magdalena a Amalia, y del retrato a Amalia. Doña Magdalena, que lo notó, ayudó mis investigaciones con alguna exégesis oportuna.

Lo más adecuado hubiera sido sentirme incómodo, manifestarme sorprendido, provocar una explicación. Pero doña Magdalena y su hija Amalia me hipnotizaron, desde los primeros instantes, con sus miradas paralelas. Doña Magdalena era una mujer de sesenta años; así es que consintió en dejar a su hija los cuidados de la iniciación. Amalia charlaba; doña Magdalena me miraba; yo estaba entregado a mi ventura.

A la madre tocó —es de rigor— recordarnos que era ya tiempo de cenar. En el comedor la charla se hizo más general y corriente. Yo acabé por convencerme de que aquellas señoras no habían querido más que convidarme a cenar, y a la segunda copa de Chablis me sentí sumido en un perfecto egoísmo del cuerpo lleno de generosidades espirituales. Charlé, reí y desarrollé todo mi ingenio, tratando interiormente de disimularme la irregularidad de mi situación. Hasta aquel instante las señoras habían procurado parecerme simpáticas; desde entonces sentí que había comenzado yo mismo a serles agradable.

El aire piadoso de la cara de Amalia se propagaba, por momentos, a la cara de la madre. La satisfacción, enteramente fisiológica, del rostro de doña Magdalena descendía, a veces, al de su hija. Parecía que estos dos motivos flotasen en el ambiente, volando de una cara a la otra.

Nunca sospeché los agrados de aquella conversación. Aunque ella sugería, vagamente, no sé qué evocaciones de Sudermann[2], con frecuentes rondas al difícil campo de las responsabilidades domésticas y —como era natural en mujeres de espíritu fuerte— súbitos relámpagos ibsenianos[3], yo me sentía tan a mi gusto como en casa de alguna tía viuda y junto a alguna prima, amiga de la infancia, que ha comenzado a ser solterona.

Al principio, la conversación giró toda sobre cuestiones comerciales, económicas, en que las dos mujeres parecían complacerse. No hay asunto mejor que éste cuando se nos invita a la mesa en alguna casa donde no somos de confianza.

Después, las cosas siguieron de otro modo. Todas las frases comenzaron a volar

[2] *Sudermann* Hermann Sudermann (1857–1928), dramaturgo y novelista alemán

[3] *ibsenianos* referente a Henrik Ibsen (1828–1906), dramaturgo noruego de ideas liberales, inclusive los derechos de la mujer

como en redor de alguna lejana petición. Todas tendían a un término que yo mismo no sospechaba. En el rostro de Amalia apareció, al fin, una sonrisa aguda, inquietante. Comenzó visiblemente a combatir contra alguna interna tentación. Su boca palpitaba, a veces, con el ansia de las palabras, y acababa siempre por suspirar. Sus ojos se dilataban de pronto, fijándose con tal expresión de espanto o abandono en la pared que quedaba a mis espaldas, que más de una vez, asombrado, volví el rostro yo mismo. Pero Amalia no parecía consciente del daño que me ocasionaba. Continuaba con sus sonrisas, sus asombros y sus suspiros, en tanto que yo me estremecía cada vez que sus ojos miraban por sobre mi cabeza.

Al fin, se entabló, entre Amalia y doña Magdalena, un verdadero coloquio de suspiros. Yo estaba ya desazonado. Hacia el centro de la mesa, y, por cierto, tan baja que era una constante incomodidad, colgaba la lámpara de dos luces. Y sobre los muros se proyectaban las sombras desteñidas de las dos mujeres, en tal forma que no era posible fijar la correspondencia de las sombras con las personas. Me invadió una intensa depresión, y un principio de aburrimiento se fue apoderando de mí. De lo que vino a sacarme esta invitación insospechada:

—Vamos al jardín.

Esta nueva perspectiva me hizo recobrar mis espíritus. Condujéronme a través de un cuarto cuyo aseo y sobriedad hacía pensar en los hospitales. En la oscuridad de la noche pude adivinar un jardincillo breve y artificial, como el de un camposanto.

Nos sentamos bajo el emparrado. Las señoras comenzaron a decirme los nombres de las flores que yo no veía, dándose el cruel deleite de interrogarme después sobre sus recientes enseñanzas. Mi imaginación, destemplada por una experiencia tan larga de excentricidades, no hallaba reposo. Apenas me dejaba escuchar y casi no me permitía contestar. Las señoras sonreían ya (yo lo adivinaba) con pleno conocimiento de mi estado. Comencé a confundir sus palabras con mi fantasía. Sus explicaciones botánicas, hoy que las recuerdo, me parecen monstruosas como un delirio: creo haberles oído hablar de flores que muerden y de flores que besan; de tallos que se arrancan a su raíz y os trepan, como serpientes, hasta el cuello.

La oscuridad, el cansancio, la cena, el Chablis, la conversación misteriosa sobre flores que yo no veía (y aun creo que no las había en aquel raquítico jardín), todo me fue convidando al sueño; y me quedé dormido sobre el banco, bajo el emparrado.

—¡Pobre capitán! —oí decir cuando abrí los ojos—. Lleno de ilusiones marchó a Europa. Para él se apagó la luz.

En mi alrededor reinaba la misma oscuridad. Un vientecillo tibio hacía vibrar el emparrado. Doña Magdalena y Amalia conversaban junto a mí, resignadas a tolerar mi mutismo. Me pareció que habían trocado los asientos durante mi breve sueño; eso me pareció...

—Era capitán de Artillería —me dijo Amalia—; joven y apuesto si los hay.

Su voz temblaba.

Y en aquel punto sucedió algo que en otras circunstancias me habría parecido natural, pero que entonces me sobresaltó y trajo a mis labios mi corazón. Las señoras, hasta entonces, sólo me habían sido perceptibles por el rumor de su charla y de su presencia. En aquel instante alguien abrió una ventana en la casa, y la luz vino a caer, inesperada, sobre los rostros de las mujeres. Y —¡oh cielos!— los vi iluminarse de pronto, autonómicos, suspensos en el aire —perdidas las ropas negras en la oscuridad del jardín— y con la expresión de piedad grabada hasta la dureza en los rasgos. Eran como las caras iluminadas en los cuadros de Echave el Viejo[4], astros enormes y fantásticos.

Salté sobre mis pies sin poder dominarme ya.

—Espere usted —gritó entonces doña Magdalena—; aún falta lo más terrible.

Y luego, dirigiéndose a Amalia:

—Hija mía, continúa; este caballero no puede dejarnos ahora y marcharse sin oírlo todo.

—Y bien —dijo Amalia—: el capitán se fue a Europa. Pasó de noche por París, por la mucha urgencia de llegar a Berlín. Pero todo su anhelo era conocer París. En Alemania tenía que hacer no sé qué estudios en cierta fábrica de cañones... Al día siguiente de llegado, perdió la vista en la explosión de una caldera.

Yo estaba loco. Quise preguntar; ¿qué preguntaría? Quise hablar; ¿qué diría? ¿Qué había sucedido junto a mí? ¿Para qué me habían convidado?

La ventana volvió a cerrarse, y los rostros de las mujeres volvieron a desaparecer. La voz de la hija resonó:

—¡Ay! Entonces, y sólo entonces, fue llevado a París. ¡A París, que había sido todo su anhelo! Figúrese usted que pasó bajo el Arco de la Estrella[5]: pasó ciego bajo el Arco de la Estrella, adivinándolo todo a su

alrededor... Pero usted le hablará de París, ¿verdad? Le hablará del París que él no pudo ver. ¡Le hará tanto bien!

("¡Ah, si no faltara!"... "¡Le hará tanto bien!")

Y entonces me arrastraron a la sala, llevándome por los brazos como a un inválido. A mis pies se habían enredado las guías vegetales del jardín; había hojas sobre mi cabeza.

—Helo aquí —me dijeron mostrándome un retrato. Era un militar. Llevaba un casco guerrero, una capa blanca, y los galones plateados en las mangas y en las presillas como tres toques de clarín. Sus hermosos ojos, bajo las alas perfectas de las cejas, tenían un imperio singular. Miré a las señoras: las dos sonreían como en el desahogo de la misión cumplida. Contemplé de nuevo el retrato; me vi yo mismo en el espejo; verifiqué la semejanza: yo era como una caricatura de aquel retrato. El retrato tenía una dedicatoria y una firma. La letra era la misma de la esquela anónima recibida por la mañana.

El retrato había caído de mis manos, y las dos señoras me miraban con una cómica piedad. Algo sonó en mis oídos como una araña de cristal que se estrellara contra el suelo.

Y corrí, a través de calles desconocidas. Bailaban los focos delante de mis ojos. Los relojes de los torreones me espiaban, congestionados de luz... ¡Oh, cielos! Cuando alcancé, jadeante, la tabla familiar de mi puerta, nueve sonoras campanadas estremecían la noche.

Sobre mi cabeza había hojas; en mi ojal, una florecilla modesta que yo no corté.

---

[4] *Echave el Viejo* Baltasar de Echave (¿1548–1620?), pintor de la Nueva España

[5] *Arco... Estrella* L'Arc de Triomphe de l'Etoile, comúnmente llamado sencillamente el Arco de Triunfo. Erigido en 1806 para conmemorar la victoria de Austerlitz, el Arco toma su nombre por estar en la Plaza de la Estrella, donde convergen doce avenidas principales.

Visión de Anáhuac (1917)

II

Parecía a las casas de encantamiento
que cuentan en el libro de Amadís...
No sé cómo lo cuente.

BERNAL DÍAZ DEL CASTILLO

Dos lagunas ocupan casi todo el valle: la una salada, la otra dulce. Sus aguas se mezclan con ritmos de marea, en el estrecho formado por las sierras circundantes y un espinazo de montañas que parte del centro. En mitad de la laguna salada se asienta la metrópoli, como una inmensa flor de piedra, comunicada a tierra firme por cuatro puertas y tres calzadas, anchas de dos lanzas jinetas. En cada una de las cuatro puertas, un ministro grava las mercancías. Agrúpanse los edificios en masas cúbicas; la piedra está llena de labores, de grecas. Las casas de los señores tienen vergeles en los pisos altos y bajos, y un terrado por donde pudieran correr cañas[1] hasta treinta hombres a caballo. Las calles resultan cortadas, a trechos, por canales. Sobre los canales saltan unos puentes, unas vigas de madera labrada capaces de diez caballeros. Bajo los puentes se deslizan las piraguas llenas de fruta. El pueblo va y viene por la orilla de los canales, comprando el agua dulce que ha de beber: pasan de unos brazos a otros las rojas vasijas. Vagan por los lugares públicos personas trabajadoras y maestros de oficio, esperando quien los alquile por sus jornales. Las con-

versaciones se animan sin gritería: finos oídos tiene la raza, y, a veces, se habla en secreto. Óyense unos dulces chasquidos; fluyen las vocales, y las consonantes tienden a licuarse. La charla es una canturía gustosa. Esas xés, esas tlés, esas chés que tanto nos alarman escritas, escurren de los labios del indio con una suavidad de aguamiel.

El pueblo se atavía con brillo, porque está a la vista de un grande emperador. Van y vienen las túnicas de algodón rojas, doradas, recamadas, negras y blancas, con ruedas de plumas superpuestas o figuras pintadas. Las caras morenas tienen una impavidez sonriente, todas en el gesto de agradar. Tiemblan en la oreja o la nariz las arracadas pesadas, y en las gargantas los collaretes de ocho hilos, piedras de colores, cascabeles y pinjantes de oro. Sobre los cabellos, negros y lacios, se mecen las plumas al andar. Las piernas musculosas lucen aros metálicos, llevan antiparas de hoja de plata con guarniciones de cuero —cuero de venado amarillo y blanco. Suenan las flexibles sandalias. Algunos calzan zapatones de un cuero como de marta y suela blanca cosida con hilo dorado. En las manos aletea el abigarrado moscador, o se retuerce el bastón en forma de culebra con dientes y ojos de nácar, puño de piel labrada y pomas de pluma. Las pieles, las piedras y metales, la pluma y el algodón confunden sus tintes en un incesante tornasol y —comunicándoles su calidad y finura— hacen de los hombres unos delicados juguetes.

Tres sitios concentran la vida de la ciudad: en toda ciudad normal otro tanto

---

[1] *correr cañas* arrastrar en carrera la parte inferior, con ruedas, del cañón

---

De Reyes, *Visión de Anáhuac* (1917).

sucede. Uno es la casa de los dioses, otro el mercado, y el tercero el palacio del emperador. Por todas las colaciones y barrios aparecen templos, mercados y palacios menores. La triple unidad municipal se multiplica, bautizando con un mismo sello toda la metrópoli.

El templo mayor es un alarde de piedra. Desde las montañas de basalto y de pórfido que cercan el valle, se han hecho rodar moles gigantescas. Pocos pueblos —escribe Humboldt— habrán removido mayores masas. Hay un tiro de ballesta de esquina a esquina del cuadrado, base de la pirámide. De la altura, puede contemplarse todo el panorama chinesco. Alza el templo cuarenta torres, bordadas por fuera, y cargadas en lo interior de imaginería, zaquizamíes y maderamiento picado de figuras y monstruos. Los gigantescos ídolos —afirma Cortés— están hechos con una mezcla de todas las semillas y legumbres que son alimento del azteca. A su lado, el tambor de piel de serpiente que deja oír a dos leguas su fúnebre retumbo; a su lado, bocinas, trompetas y navajones[2]. Dentro del templo pudiera caber una villa de quinientos vecinos. En el muro que lo circunda, se ven unas moles en figura de culebras asidas, que serán más tarde pedestales para las columnas de la catedral. Los sacerdotes viven en la muralla o cerca del templo; visten hábitos negros, usan los cabellos largos y despeinados, evitan ciertos manjares, practican todos los ayunos. Junto al templo están recluidas las hijas de algunos señores, que hacen vida de monjas y gastan los días tejiendo en pluma.

Pero las calaveras expuestas, y los testimonios ominosos del sacrificio, pronto alejan al soldado cristiano, que, en cambio, se explaya con deleite en la descripción de la feria.

—Se hallan en el mercado —dice— "todas cuantas cosas se hallan en toda la tierra". Y después explica que algunas más, en punto a mantenimientos, vituallas, platería. Esta plaza principal está rodeada de portales, y es igual a dos de Salamanca. Discurren por ella diariamente —quiere hacernos creer— sesenta mil hombres cuando menos. Cada especie o mercaduría tiene su calle, sin que se consienta confusión. Todo se vende por cuenta y medida, pero no por peso. Y tampoco se tolera el fraude: por entre aquel torbellino, andan siempre disimulados unos celosos agentes, a quienes se ha visto romper las medidas falsas. Diez o doce jueces, bajo su solio[3], deciden los pleitos del mercado, sin ulterior trámite de alzada[4], en equidad y a vista del pueblo. A aquella gran plaza traían a tratar los esclavos, atados en unas varas largas y sujetos por el collar.

—Allí venden —dice Cortés— joyas de oro y plata, de plomo, de latón, de cobre, de estaño; huesos, caracoles y plumas; tal piedra labrada y por labrar; adobes, ladrillos, madera labrada y por labrar. Venden también oro en grano y en polvo, guardado en cañutos de pluma que, con las semillas más generales, sirven de moneda. Hay calles para la caza, donde se encuentran todas las aves que congrega la variedad de los climas mexicanos, tales como perdices y codornices, gallinas, lavancos, dorales, zarcetas, tórtolas, palomas y pajaritos en cañuela; buharros y papagayos, halcones, águilas, cernícalos, gavilanes. De las aves de rapiña se venden también los plumones con cabeza, uñas y pico. Hay conejos, liebres, venados, gamos, tuzas, topos, lirones y perros pequeños que crían para comer castrados. Hay

[2] *navajones* aparentemente, instrumentos musicales antiguos

[3] *solio* pabellón
[4] *trámite de alzada* derecho de apelación

calle de herbolarios, donde se venden raíces y yerbas de salud, en cuyo conocimiento empírico se fundaba la medicina: más de mil doscientas hicieron conocer los indios al doctor Francisco Hernández, médico de cámara de Felipe II y Plinio de la Nueva España. Al lado, los boticarios ofrecen ungüentos, emplastos y jarabes medicinales. Hay casas de barbería, donde lavan y rapan las cabezas. Hay casas donde se come y bebe por precio. Mucha leña, astilla de ocote, carbón y braserillos de barro. Esteras para la cama, y otras, más finas, para el asiento o para esterar salas y cámaras. Verduras en cantidad, y sobre todo, cebolla, puerro, ajo, borraja, mastuerzo, berro, acedera, cardos y tagarninas. Los capulines y las ciruelas son las frutas que más se venden. Miel de abejas y cera de panal; miel de caña de maíz, tan untuosa y dulce como la de azúcar; miel de maguey, de que hacen también azúcares y vinos. Cortés, describiendo estas mieles al Emperador Carlos V, le dice con encantadora sencillez: "¡mejores que el arrope!" Los hilados de algodón para colgaduras, tocas, manteles y pañizuelos le recuerdan la alcaicería de Granada. Asimismo hay mantas, abarcas, sogas, raíces dulces y reposterías, que sacan del henequén. Hay hojas vegetales de que hacen su papel. Hay cañutos de olores con liquidámbar, llenos de tabaco. Colores de todos los tintes y matices. Aceites de chía que unos comparan a mostaza y otros a zaragatona, con que hacen la pintura inatacable por el agua: aún conserva el indio el secreto de esos brillos de esmalte, lujo de sus jícaras y vasos de palo. Hay cueros de venado con pelo y sin él, grises y blancos, artificiosamente pintados; cueros de nutrias, tejones y gatos monteses, de ellos adobados y de ellos sin adobar. Vasijas, cántaros y jarros de toda forma y fábrica, pintados, vidriados y de singular barro y calidad. Maíz en grano y en pan,

superior al de las Islas conocidas y Tierra Firme[5]. Pescado fresco y salado, crudo y guisado. Huevos de gallinas y ánsares, tortillas de huevos de las otras aves.

—El zumbar y ruido de la plaza —dice Bernal Díaz— asombra a los mismos que han estado en Constantinopla y en Roma. Es como un mareo de los sentidos, como un sueño de Breughel[6], donde las alegorías de la materia cobran un calor espiritual. En pintoresco atolondramiento, el conquistador va y viene por las calles de la feria, y conserva de sus recuerdos la emoción de un raro y palpitante caos: las formas se funden entre sí; estallan en cohete los colores; el apetito despierta al olor picante de las yerbas y las especias. Rueda, se desborda del azafate todo el paraíso de la fruta: globos de color, ampollas transparentes, racimos de lanzas, piñas escamosas y cogollos de hojas. En las bateas redondas de sardinas, giran los reflejos de plata y de azafrán, las orlas de aletas y colas en pincel; de una cuba sale la bestial cabeza del pescado, bigotudo y atónito. En las calles de la cetrería, los picos sedientos; las alas azules y guindas, abiertas como un laxo abanico; las patas crispadas que ofrecen una consistencia terrosa de raíces; el ojo, duro y redondo, del pájaro muerto. Más allá, las pilas de granos vegetales, negros, rojos, amarillos y blancos, todos relucientes y oleaginosos. Después, la venatería confusa, donde sobresalen, por entre colinas de lomos y flores de manos callosas, un cuerno, un hocico, una lengua colgante: fluye por el suelo un hilo rojo que se acercan a lamer los perros. A otro término, el jardín artificial de tapices y de tejidos; los juguetes de metal y de piedra, raros y monstruosos, sólo comprensibles —siempre— para el pueblo que los fabrica

[5] *Tierra Firme*   Europa
[6] *Breughel*   Pieter Breughel (hijo) (1564-1637), pintor flamenco célebre por sus visiones alegóricas

y juega con ellos; los mercaderes rifadores, los joyeros, los pellejeros, los alfareros, agrupados rigurosamente por gremios, como en las procesiones de Alsloot[7]. Entre las vasijas morenas se pierden los senos de la vendedora. Sus brazos corren por entre el barro como en su elemento nativo: forman asas a los jarrones y culebrean por los cuellos rojizos. Hay, en la cintura de las tinajas, unos vivos de negro y oro que recuerdan el collar ceñido a su garganta. Las anchas ollas parecen haberse sentado, como la india, con las rodillas pegadas y los pies paralelos. El agua, rezumando, gorgoritea en los búcaros olorosos.

—*Lo más lindo de la plaza* —declara Gómara[8]— *está en las obras de oro y pluma, de que contrahacen cualquier cosa y color. Y son los indios tan oficiales desto, que hacen de pluma una mariposa, un animal, un árbol, una rosa, las flores, las yerbas y peñas, tan al propio que parece lo mismo que o está vivo o natural. Y acontéceles no comer en todo un día, poniendo, quitando y asentando la pluma, y mirando a una parte y otra, al sol, a la sombra, a la vislumbre, por ver si dice mejor a pelo o contrapelo, o al través, de la haz o del envés; y, en fin, no la dejan de las manos hasta ponerla en toda perfección. Tanto sufrimiento pocas naciones le tienen, mayormente donde hay cólera como en la nuestra.*

El oficio más primo y artificioso es platero; y así, sacan al mercado cosas bien labradas con piedra y hundidas con fuego: un plato ochavado, el un cuarto de oro y el otro de plata, no soldado, sino fundido y en la fundición pegado; una calderica que sacan con su asa, como acá una campana, pero suelta; un pesce con una escama de plata y otra de oro, aunque tengan muchas. Vacían un papagayo, *que se le ande la lengua, que se le meneen la cabeza y las alas. Funden una mona, que juegue pies y cabeza y tenga en las manos un huso que parezca que hila, o una manzana que parezca que come. Y lo tuvieron a mucho nuestros españoles, y los plateros de acá no alcanzan el primor. Esmaltan asimismo, engastan y labran esmeraldas, turquesas y otras piedras, y agujeran perlas...*

Los juicios de Bernal Díaz no hacen ley en materia de arte, pero bien revelan el entusiasmo con que los conquistadores consideraron al artífice indio: "Tres indios hay en la ciudad de México —escribe— tan primos en su oficio de entalladores y pintores, que se dicen Marcos de Aquino y Juan de la Cruz y el Crespillo, que si fueran en tiempo de aquel antiguo y afamado Apeles[9] y de Miguel Ángel o Berruguete[10], que son de nuestros tiempos, les pusieran en el número dellos."

El emperador tiene contrahechas en oro y plata y piedras y plumas todas las cosas que, debajo del cielo, hay en su señorío. El emperador aparece, en las viejas crónicas, cual un fabuloso Midas cuyo trono reluciera tanto como el sol. Si hay poesía en América —ha podido decir el poeta—, ella está en el gran Moctezuma de la silla de oro. Su reino de oro, su palacio de oro, sus ropajes de oro, su carne de oro. Él mismo ¿no ha de levantar sus vestiduras para convencer a Cortés de que no es de oro? Sus dominios se extienden hasta términos desconocidos; a todo correr, parten a los cuatro vientos sus mensajeros, para hacer ejecutar sus órdenes. A Cortés, que le pregunta si era vasallo de Moctezuma, responde un asombrado cacique:

—Pero ¿quién no es su vasallo?

---

[7] *Alsloot* Denijs van Alsloot (1570–1628), pintor flamenco
[8] *Gómara* cronista español

[9] *Apeles* pintor griego (siglo VI a. de J.C.)
[10] *Berruguete* Alfonso Berruguete (1480–1561), pintor y escultor español

Los señores de todas esas tierras lejanas residen mucha parte del año en la misma corte, y envían sus primogénitos al servicio de Moctezuma. Día por día acuden al palacio hasta seiscientos caballeros, cuyos servidores y cortejo llenan dos o tres dilatados patios y todavía hormiguean por la calle, en los aledaños de los sitios reales. Todo el día pulula en torno al rey el séquito abundante, pero sin tener acceso a su persona. A todos se sirve de comer a un tiempo, y la botillería y despensa quedan abiertas para el que tuviere hambre y sed.

Venían trescientos o cuatrocientos mancebos con el manjar, que era sin cuento, porque todas las veces que comía y cenaba [el emperador] le traían todas las maneras de manjares, así de carnes como de pescados y frutas y yerbas que en toda la tierra se podían haber. Y porque la tierra es fría, traían debajo de cada plato y escudilla de manjar un braserico con brasa, por que no se enfriase.

Sentábase el rey en una almohadilla de cuero, en medio de un salón que se iba poblando con sus servidores; y mientras comía, daba de comer a cinco o seis señores ancianos que se mantenían desviados de él. Al principio y fin de las comidas, unas servidoras le daban aguamanos, y ni la toalla, platos, escudillas ni braserillos que una vez sirvieron volvían a servir. Parece que mientras cenaba se divertía con los chistes de sus juglares y jorobados, o se hacía tocar música de zampoñas, flautas, caracoles, huesos y atabales, y otros instrumentos así. Junto a él ardían unas ascuas olorosas, y le protegía de las miradas un biombo de madera. Daba a los truhanes los relieves de su festín, y les convidaba con jarros de chocolate. "De vez en cuando —recuerda Bernal Díaz— traían unas como copas de oro fino, con cierta bebida hecha del mismo cacao, que decían era para tener acceso con mujeres."

Quitada la mesa, ida la gente, comparecían algunos señores, y después los truhanes y jugadores de pies. Unas veces el emperador fumaba y reposaba, y otras veces tendían una estera en el patio, y comenzaban los bailes al compás de los leños huecos. A un fuerte silbido rompen a sonar los tambores, y los danzantes van apareciendo con ricos mantos, abanicos, ramilletes de rosas, papahigos de pluma que fingen cabezas de águilas, tigres y caimanes. La danza alterna con el canto; todos se toman de la mano y empiezan por movimientos suaves y voces bajas. Poco a poco van animándose; y, para que el gusto no decaiga, circulan por entre las filas de danzantes los escanciadores, colando licores en los jarros.

Moctezuma "vestíase todos los días cuatro maneras de vestiduras, todas nuevas, y nunca más se las vestía otra vez. Todos los señores que entraban en su casa, no entraban calzados", y cuando comparecían ante él, se mantenían humillados, la cabeza baja y sin mirarle a la cara. "Ciertos señores —añade Cortés— reprendían a los españoles, diciendo que cuando hablaban conmigo estaban exentos, mirándome a la cara, que parecía desacatamiento y poca vergüenza." Descalzábanse, pues, los señores, cambiaban los ricos mantos por otros más humildes, y se adelantaban con tres reverencias: "Señor —mi señor— gran señor." "Cuando salía fuera el dicho Moctezuma, que era pocas veces, todos los que iban por él y los que topaba por las calles le volvían el rostro, y todos los demás se postraban hasta que él pasaba" —nota Cortés. Precedíale uno como lictor con tres varas delgadas, una de las cuales empuñaba él cuando descendía de las andas. Hemos de imaginarlo cuando se adelanta a recibir a Cortés, apoyado en brazos de dos señores, a pie y por mitad de una ancha calle. Su cortejo, en larga procesión, camina tras él formando dos hileras, arrimado a los muros. Precédenle sus servidores, que extienden tapices a su paso.

El emperador es aficionado a la caza; sus cetreros pueden tomar cualquier ave a ojeo, según es fama; en tumulto, sus monteros acosan a las fieras vivas. Mas su pasatiempo favorito es la caza de altanería; de garzas, milanos, cuervos y picazas. Mientras unos andan a volatería con lazo y señuelo, Moctezuma tira con el arco y la cerbatana. Sus cerbatanas tienen los broqueles y puntería tan largos como un jeme, y de oro; están adornadas con formas de flores y animales.

Dentro y fuera de la ciudad tiene sus palacios y casas de placer, y en cada una su manera de pasatiempo. Ábrense las puertas a calles y plazas, dejando ver patios con fuentes, losados como los tableros de ajedrez; paredes de mármol y jaspe, pórfido, piedra negra; muros veteados de rojo, muros traslucientes; techos de cedro, pino, palma, ciprés, ricamente entallados todos. Las cámaras están pintadas y esteradas; tapizadas otras con telas de algodón, con pelo de conejo y con pluma. En el oratorio hay chapas de oro y plata con incrustaciones de pedrería. Por los babilónicos jardines —donde no se consentía hortaliza ni fruto alguno de provecho— hay miradores y corredores en que Moctezuma y sus mujeres salen a recrearse; bosques de gran circuito con artificios de hojas y flores, conejeras, vivares, riscos y peñoles, por donde vagan ciervos y corzos; diez estanques de agua dulce o salada, para todo linaje de aves palustres y marinas, alimentadas con el alimento que les es natural: unas con pescados, otras con gusanos y moscas, otras con maíz, y algunas

con semillas más finas. Cuidan de ellas trescientos hombres, y otros cuidan de las aves enfermas. Unos limpian los estanques, otros pescan, otros les dan a las aves de comer; unos son para espulgarlas, otros para guardar los huevos, otros para echarlas cuando enloquecen, otros las pelan para aprovechar la pluma. A otra parte se hallan las aves de rapiña, desde los cernícalos y alcotanes hasta el águila real, guarecidas bajo toldos y provistas de sus alcándaras. También hay leones enjaulados, tigres, lobos, adives, zorras, culebras, gatos, que forman un infierno de ruidos, y a cuyo cuidado se consagran otros trescientos hombres. Y para que nada falte en este museo de historia natural, hay aposentos donde viven familias de albinos, de monstruos, de enanos, corcovados y demás contrahechos.

Había casa para granero y almacenes, sobre cuyas puertas se veían escudos que figuraban conejos, y donde se aposentaban los tesoreros, contadores y receptores; casas de armas cuyo escudo era un arco con dos aljabas, donde había dardos, hondas, lanzas y porras, broqueles y rodelas, cascos, grebas y brazaletes, bastos con navajas de pedernal, varas de uno y dos gajos, piedras rollizas hechas a mano, y unos como paveses que, al desenrollarse, cubrían todo el cuerpo del guerrero.

Cuatro veces el Conquistador Anónimo intentó recorrer los palacios de Moctezuma: cuatro veces renunció, fatigado.*

* Se dice ahora, según entiendo, que la *Crónica del Conquistador Anónimo* es una invención de Alonso de Ulloa, fundada en Cortés y adoptada por el Ramusio. Ello no afecta a esta descripción.—1955. NOTA DEL AUTOR

66 Francisco Romero
(1891-1962)

Francisco Romero nació en España, pero muy joven sus padres lo trasladaron a la Argentina, donde radicó definitivamente. Empezó la carrera intelectual con estudios críticos y de estética, pasando después a la filosofía. Fue discípulo de Alejandro Korn (1860–1936), el más importante de los pospositivistas argentinos, y en 1931 abandonó la marina de guerra para dedicarse a la pedagogía. Siguió a su maestro en la tarea de difundir la filosofía idealista alemana, pero desarrolló también sus propios conceptos dentro de esta corriente, notablemente en su *Teoría del hombre* (1952). La filosofía de Romero no es sistemática; le interesaba el hombre como ente vital, intuitivo, suma de todas sus experiencias. Se orientaba Romero hacia la metafísica transcendentalista, y sus libros son fértil fuente de intuiciones que nos ayudan a comprender al hombre como ser espiritual en busca de valores.

Teoría del hombre (1952)

[FRAGMENTO]

Todo acto tiene necesariamente sentido para el sujeto que lo cumple, por lo menos al resolverlo. Todo sujeto aspira al sentido, y si repara en que su sentido no es patente para él mismo o para los demás, procura realzarlo, destacarlo mediante la justificación, el hacerse valer, la búsqueda del poder o del prestigio, que muchas veces no son sino recursos para la afirmación del sentido propio. Si todo esto es comprobable sin grandes dificultades, ¿por qué la cuestión del sentido de la vida es tan grave y confusa, y ha obtenido respuestas tan varias, aun por parte de un mismo indagador del asunto,

como Nietzsche, que ha propuesto sucesivamente como sentido supremo de la vida humana la creación y la delectación estéticas, la indagación cognoscitiva y la voluntad de poderío?

Es que la cuestión del sentido, para el hombre, no es una sola; no es la misma para los actos tomados separadamente, para el sujeto y para la vida humana en su conjunto. El sentido en sí es uno e idéntico, e implica la plenitud y justificación del suceso o ente sobre el cual recae; pero el plano, la plataforma desde la cual se aprehende y juzga el sentido es diferente para las tres instancias que hemos distinguido. Para apreciar la diferencia basta tener en cuenta

---

De Francisco Romero, *Teoría del hombre* (1952).

que los actos se disponen temporalmente, condicionados, diríamos, con expresión de Ortega, por "el hombre y su circunstancia", y la observación más obvia descubre que no son acordes entre sí, que no muestran para cada sujeto una estricta unidad de sentido. Así como cada acto posee sentido en cuanto suceso actual, así el sujeto siente y acepta su sentido actual, el de este instante que vive, acorde con el del acto que en él realiza, pero discorde acaso con el del realizado pocos días y aun pocos momentos antes, y mucho más discorde probablemente con el de acciones más lejanas. Por identidad que asignemos al carácter, por mucha permanencia que admitamos en las bases fundamentales de cada subjetividad, el mero hecho de obrar introduce un cambio en ella, porque tras cada acto no es el ser de antes, sino el yo que realizó el acto, que se siente compelido, por su acto cumplido y la nueva situación que crea a su alrededor, a realizar tal otro, o que reniega del acto realizado y se encuentra en la curiosa situación de albergar en sí los rastros de un acto que rechaza y quisiera apartar de sí. En cada instante el sujeto crece en experiencia vital y reflexiva, en virtud de los actos cumplidos, y asiente a unos y disiente de otros, en simultánea solidaridad y pugna con su pasado. Para reconocer sentido a su centro propio, en la única manera en que ello le es posible, es decir, actualmente en cada caso, debe desconocer el sentido de muchos de sus pasados comportamientos, esto es, realiza el acto —con sentido actual para él— de negar el sentido de ciertos procederes suyos anteriores, y su sentido presente depende en parte no mínima de esa negación o rechazo de los pretéritos sentidos. Ya basta para distinguir el sentido del yo del de sus actos tomados en conjunto, la reflexión de que, aparte de sus actos comunes, el sentido del yo incluye en cada instante —en efectividad o en posibilidad— la admisión o el rechazo, según los casos, del sentido de sus actos ya transcurridos. El yo logra, pues, su unidad de sentido mediante sus comportamientos actuales y su toma de posición respecto a su propio pasado.

Y así como no coinciden el sentido de los actos múltiples y el del sujeto en cada sazón, tampoco coinciden uno y otro con el sentido de la vida.

El sentido de la vida se refiere, para cada uno, a su vida como unidad, depende de que la línea entera de la parábola vital aparezca como dotada de un sentido que la comprende en sus momentos culminantes, en su dirección general, y, sobre todo, en su apogeo y desenlace, sea que ese desenlace se conciba como simultáneo con el fin efectivo de la existencia, sea que se lo sienta como anterior a la muerte (impresión de "vida terminada", de "haber uno cumplido con su misión"). La diferencia entre el sentido de la vida y el de los actos —el de la mera suma de los actos— salta a la vista. Cada acto posee inevitablemente sentido al realizarse, como se mostró al comienzo de este capítulo; pero su vida entera puede aparecer al final al sujeto tanto dotada de sentido como desprovista de él. En ocasiones, es parte esencial en el sentido de la vida el rechazo consciente y terminante de un sector del pasado, que puede ser muy extenso (casos de conversión, de arrepentimiento), y en los casos comunes hay también un rechazo —por olvido, por simple separación o bien por estimarse que fueron sucesos indiferentes para el sentido de la vida— de muchos actos cuyo sentido fue patente y a veces capital para el agente cuando los realizó. También es diferente el sentido de la vida del sentido del sujeto, y ha de repetirse a este respecto la indicación ya formulada: el sujeto no puede concebirse sin sentido, pero puede concebir su vida como carente de él, en un acto de juzgamiento y sentencia que es, como todo acto, un acto con sentido; es decir, que el sujeto, fuente del sentido, no puede resolver que su vida no lo tenga sino funcionando en su forma acostumbrada, como origen y motor de actos en los cuales el sentido es inevitable.

Mientras que el sentido de los actos y el del sujeto nunca faltan, la cuestión del sentido de la vida puede plantearse o no; al hombre le bastan, para vivir, el sentido de cada acto y el que radica para él en su ser individual. Pero del hecho constitutivo del hombre —ser un sujeto en un mundo de objetividades— deriva que pueda plantearse, y se plantee en efecto con frecuencia y con grados diversos de claridad, la cuestión del sentido de su vida total, en los términos de si la vida humana en general posee sentido, y de si la suya en particular, en su relación con el mundo, vista ya como una serie cerrada de actos, ha sido satisfactoria o no: esto es, si tras las restas de que hemos hablado, reducida a un acto complejo y único, se le aparece como dotada de sentido o desprovista de él. Para seres en los que preponderen intereses poco elevados, la vida puede manifestarse con sentido, aun en sus postrimerías, si encuentran que llevan ventaja en el balance final aquellos logros que fueron perseguidos habitualmente, por no reconocerse valores más altos, como la riqueza, el goce, el poder o los halagos de la vanidad; con la reserva de que el sentido puede estimarse como existente pero imperfecto y no del todo satisfactorio. Con todo, quienes se mueven en este plano y se contentan con lo que aparece en él, suelen hallarse en mejores condiciones para atribuir sentido final a su vida que muchos que sienten enérgicamente las exigencias espirituales y que se encuentran con que el balance les es desfavorable, por el desnivel entre lo que realizaron y lo que estiman que debieron realizar. Naturalmente, la plenitud de sentido de la vida resulta de la conjunción de la dignidad de los fines perseguidos y de la conciencia de haber puesto a ellos las mejores energías del ánimo, y también probablemente de la impresión de éxito o eficacia.

Ahora vemos cómo se asiente al sentido y cómo se lo desvaloriza a veces en nombre de otros sentidos. El yo, consciente de sí, puede desvalorizar actos en los que omitió contar consigo mismo, puede renegar de ellos. Al contemplar su existencia como un todo, puede negar sentido a muchos actos suyos realizados sin contar con el sentido atribuido a su yo, y también a aquellos cumplidos con referencia a su propio yo, cuando esa imagen de su yo no le satisface confrontada con la idea de una vida cerrada, conclusa, que debe justificarse en adelante por ella misma y sin posibilidad de corrección ni enmienda; a veces se esfuerza en atribuir sentido a su vida negando lo que fue su acostumbrado yo, elevándose sobre él en una insatisfacción y aun una reprobación que son, de un modo muy especial, recursos para recobrarse y para proclamar un sentido final construido sobre una especie de autocondena. La cabal satisfacción sólo ocurre cuando se concibe, en definitiva, vinculada la vida entera con una realidad o una constelación de valores capaz de otorgarle sentido pleno, total, incondicionado.

En su forma más alta, en efecto, la conciencia del sentido de la vida supone otro componente que la mera constancia de que el recuento final es, tomado en sí y como cuenta finiquitada, satisfactorio. Considerada así, cada vida sería un sistema inmanente a sí mismo y cerrado a todo lo demás. Pero el hombre, como hemos visto, es ya trascendencia acelerada por su costado natural, y pasa a ser trascendencia absoluta en su aspecto espiritual. El verdadero sentido de su vida sólo puede hallarlo por la vía del trascender, esto es, viéndola puesta a otra cosa más alta, saliendo de sí para afirmarse como algo superior a ella misma. No todo hombre puede concebir con claridad y afrontar por sí este problema. Pero nunca se halla ausente de las estructuras colectivas y en gran parte objetivadas que son las culturas, una de cuyas funciones es sin duda satisfacer la exigencia de sentido de la existencia humana.

Si examinamos las tres mayores culturas de que tenemos conocimiento, la de la India, la china y la occidental, advertimos que ostentan un aire de dignidad y universalidad que no poseen las otras. Es que ellas han sabido encontrar las fórmulas —acaso las tres únicas fórmulas posibles— para que el hombre tenga un destino y sienta su vida dotada de sentido; probablemente lo que ha plasmado esas culturas, en su inigualada grandeza, es el oscuro anhelo colectivo de conferir sentido espiritual y trascendente a la vida humana, y lo que les ha deparado su larga duración, su poder cohesivo y aglutinante, su sorprendente capacidad para asimilar a ellas vastos conglomerados humanos, ha sido que espontánea y, diríamos, automáticamente proporcionaban en su seno a los hombres lo indispensable para sentir ornada de sentido la existencia. En los tres casos, una realidad de magnitud y dignidad extraordinarias era propuesta al anhelo colectivo, una realidad hacia la cual podían trascender las vidas individuales, insertándose y aun volcándose en ella. Para la cultura tradicional de la India, esa realidad es el gran todo indiviso,

el fondo común del que brotan las cosas y los seres, frente al cual cada particular existencia es instancia pasajera, sin sentido por sí y que sólo lo alcanza al sumirse en la universal unidad. Para la cultura clásica de la China, la realidad suprema es el complejo social, concebido como una familia gobernada por los antepasados, que la remiten a un infinito pasado y la santifican sirviéndole de nexo con el orden sobrenatural. Para la cultura de Occidente, la realidad suprema es el espíritu en marcha, en su forma personal, colonizando la naturaleza, realizándose en manera cada vez más amplia y perfecta. Desde el mero punto de vista del sentido de la vida, cada una de estas tres culturas proporciona una finalidad adecuada para que, mediante su tácita o expresa adhesión a ella, el individuo sienta cumplido su destino. Pero de estos tres grandiosos esquemas, sólo el occidental incluye un elemento que es capital para el hombre, según lo que se ha venido diciendo: la historicidad. La cultura índica es intemporalista; desvaloriza y niega el tiempo. La cultura china es "eternista"; detiene el tiempo, lo paraliza al poner todo presente a la sombra del pasado, al supeditar los hombres vivientes a los antepasados. La cultura de Occidente, en cambio, cuenta con el tiempo en cuanto sucesividad palpitante, lo tiene por indispensable aliado en su propósito de realizar históricamente los requerimientos del espíritu. Mucho tiene que aprender sin duda nuestra cultura de las otras; pero sólo ella ofrece al hombre un camino —un camino grande que no es sino ensanchamiento del camino que, desde el principio, pasa por dentro de cada hombre. Si los ciudadanos de las otras culturas las abandonan para pasarse a la nuestra, no es por capricho o moda, ni por exclusivas miras materiales. Es porque la cultura de Occidente —con todas sus máculas, con sus errores, con sus crímenes— es la única que ha sabido ponerse al unísono con lo más entrañable y genuino del ser del hombre. Las dos grandes e ilustres culturas asiáticas, las únicas en las que, fuera de la de Occidente, reconozcamos un fondo de espiritualidad y de universalidad*, ofrecen indudablemente grandes metas al trascender; el individuo encuentra en ellas un destino satisfactorio al incorporarse y aun disolverse en realidades que infinitamente lo superan y que imagina colmadas de sentido. Pero ambas niegan, no sólo, como ya se dijo, la constitutiva historicidad del hombre, sino también su condición de ser esencialmente un sujeto que se fortalece y se acendra en

* Entendemos que los elementos universales de la otra gran cultura asiática, la judía, se han incorporado a la occidental y forman cuerpo inseparablemente con ella. NOTA DEL AUTOR

un yo, en un ente que paulatinamente se universaliza y pugna por imponer la supremacía del espíritu. Ambas disminuyen y al final anulan el privilegio humano del juzgar. El hombre nace cuando surge como sujeto, cuando confiere objetividad al mundo mediante el juicio; al asumir la postura espiritual, consecuencia suprema, como hemos visto, de la actitud objetivante, agrega a los juicios de objetivación y a los de valoración intencional, otros juicios valorantes, en función del espíritu. El occidental se ha decidido por un destino más duro, pero también más digno, grato y satisfactorio, que el elegido por los hombres de las grandes culturas del Oriente; ha resuelto no renunciar al juicio. Ha hecho íntimamente suyo el principio que está en la raíz y en la fuente de lo humano, y abrazado a él se proyecta, invicto entre sus innumerables derrotas, hacia las lejanías del porvenir.

67 Ezequiel Martínez Estrada
(1895-1964)

Mordaz e ironista, el argentino Ezequiel Martínez Estrada trajo a sus ensayos un sentido del ridículo y una visión pesimista. Durante la juventud fue poeta de vanguardia y mantuvo su interés en la creación poética, pero su fama se debe a la incesante indagación en el espíritu de su país. Su *Radiografía de la pampa* (1933) surgió a raíz de la crisis política y moral acaecida en la Argentina en 1930; es un examen amargado y desengañado del papel de la pampa en la sociedad argentina. *La cabeza de Goliat* (1940) desmenuza la realidad de Buenos Aires en un examen sombrío pero lleno de ironía. En *Muerte y transfiguración de Martín Fierro* (1948) volvió al obsesionante tema de la permanencia del gaucho en la manera de ser del argentino. Menos pesimista que sus obras anteriores, es ésta una notable contribución a la autoinvestigación característica del pensamiento hispanoamericano del siglo XX.

Las ordenanzas para la edificación en Buenos Aires han previsto la posibilidad de una población estable de cincuenta millones de habitantes. Con dos millones doscientos y tantos mil puede con honra ser capital de un país de setenta millones de habitantes[1]. Cuando crezca, conforme a las previsiones de los ediles, la población del país cabrá en su ejido. Y ése es el camino que lleva.

Lo que no quiere decir que sea una ciudad desmesuradamente grande, sino más bien que nuestro país tiene cincuenta y ocho millones de habitantes menos de los que debiera, según la ley demográfica del crecimiento de las ciudades. Un déficit que no consta en los censos usuales, sino en los que nosotros levantamos clandestinamente.

En vez de preguntarnos, como hasta ahora, por qué ha crecido fenomenalmente su cabeza de virreina, debemos preguntarnos por qué el cuerpo ha quedado exánime. Antes el problema no nos inquietaba y más bien era motivo de recóndito orgullo; porque tener una cabeza fenomenalmente grande suele ser indicio de excelencia mental, para el que calcula por metros. Nos poníamos la cabeza enorme como si metiéramos la nuestra en la arena, con lo que ya era grande como la pampa. Y en ese orgullo de cefalópodos[2] y rátidas[3] estaba precisamente el drama de la pequeñez.

Empezamos a darnos cuenta de que no era la cabeza demasiado grande, sino el cuerpo entero mal nutrido y peor desarrollado. La cabeza se chupaba la sangre del cuerpo.

¿Debió tener a la fecha setenta millones de habitantes la República? Sí. Todo concurría a ello, desde los privilegios naturales del suelo y el clima hasta las garantías constitucionales para todos los hombres de buena voluntad.

Si algún obstáculo se opuso al desarrollo armonioso de ese cuerpo de tres millones de kilómetros cuadrados, habrá sido creado por los mismos órganos encargados de regir su crecimiento. En efecto, atribúyese la rémora a los arquitectos de la opulencia metropolitana, porque creyeron en sus anhelos de grandeza a ultranza que podían ellos mismos constituir un plan de colonización. Se ocuparon en atraer la atención sobre sí, en su papel de constructores denodados; metieron la cabeza en la ciudad de Buenos Aires y pensaron que lo mejor sería esperar la madurez de los frutos del experimento. Resultaron ellos hombres admirables.

Desde 1853[4] toda la política consistió en atraer capitales y brazos para aplicarlos a las industrias nacionales, que se estudiarían y crearían después. Llegaron los capitales y los brazos, unos y otros con su plan. Nosotros no sabíamos siquiera por dónde

---

[1] *dos... habitantes*   Cuando se publicó este ensayo en 1940, la población de la Argentina era 14.169.000.
[2] *cefalópodos*   moluscos de tipo del pulpo, que tienen la cabeza grande
[3] *rátidas*   aves de tipo de avestruz, que tienen la cabeza muy chica

[4] *Desde 1853*   Bajo la influencia de Sarmiento, los gobiernos posteriores a la caída de Rosas en 1852 buscaron desarrollar el país mediante la inmigración y la población de los enormes trechos deshabitados.

De Ezequiel Martínez Estrada, *La cabeza de Goliat* (1940).

empezar. Los capitales obedecían a las leyes universales de la riqueza y los brazos a las leyes universales del trabajo. Unos y otros quedaron junto al muelle por si tenían que volverse, mientras las empresas de colonización traficaban con la industria de los pasajes y los fletes.

No se alejaron mucho de Buenos Aires los capitales ni los brazos ya que entre sí habían llegado a un convenio privado. Casi todos los capitales se aplicaron a explotaciones urbanas o vinculadas estrechamente con la urbe. Tuvieron aquí su sede central y el nexo de entronque con otras empresas, constituyendo la estación de conmutaciones del capital industrializado. Una perfecta red de comunicaciones y de circulación de la riqueza, con nosotros adentro para que no nos quejáramos.

En el interior estaba el peligro, la incógnita del desierto, que desde Sarmiento fue un programa entero de gobierno y desde Echeverría un tema económico y poético.

Con esos aportes destinados al interior, pero siempre interceptados en su curso por la capital, Buenos Aires creció conforme

debió hacerlo por contribución voluntaria de las provincias.

La situación geográfica e histórica de Buenos Aires y la condición de desventaja fatídica de los países limítrofes la predestinaban a su actual grandeza, pues su hegemonía estaba decidida desde antes de existir.

Pero mientras devanaba un sueño de trescientos años, el país quedó enjuto, anémico, tendido a lo largo y a lo ancho de su soledad. Buenos Aires tenía la responsabilidad del progreso de varias naciones, como la tuvo en la independencia de América. Por eso es más que un problema de todo el organismo nacional, un problema sudamericano. Era no sólo la cabeza para representar un papel de gigante, sino para pensar en lo por venir.

Cuando sea llamado a rendir cuentas —y esto siempre ocurre—, no sabrá cómo litigar su absolución. Únicamente podrá alegar que estaba condenado a la suerte de los seres teratológicos[5], que es la de vivir para sí mismos y no para la especie.

[5] *teratológicos*   monstruosos, anormales

Vendedores de menudencias

Entre el negocio establecido en un local y el vendedor ambulante, a igual distancia está el quiosco. Existe en la calle y se piensa en aquellos dueños de tienda, de quienes Lucio V. López[1] recuerda que a las tardes salían a sentarse en la vereda. Pueden ser los mismos a quienes el comercio se les ha

[1] *Lucio V. López*   Lucio Vicente López (1848–1894), escritor argentino conocido por su ironía

adherido por falta de ejercicio. Todo comerciante lleva consigo un poco de lo que vende. Los que viven en el quiosco están apresados por esa cobertura crustácea del comerciante.

En el quiosco se vende variedad de artículos para la calle: cigarrillos, pastillas, revistas y periódicos, libros para leer en el tranvía o en el tren. Surte a sus clientes sin

De Martínez Estrada, *La cabeza de Goliat* (1940).

detenerlos casi, como el canillita[2], si bien es todo lo contrario, pues el quiosco es inmovilidad y el canillita movimiento. De la circunstancia de estar instalado en lugares de tránsito, tiene todas las características de los negocios portátiles y son las antiguas bandolas a las que se les fue la recova. Su remedo perfecto es el paralítico que ofrece cualquier mercadería menuda.

En los quioscos se vende lotería sin terminación y cigarrillos con grandes premios. Lo simétricamente contrario a ellos son los negocios instalados en los zaguanes, pues también ése es un lugar de la calle dentro de la casa.

Ambos han convertido en vidriera todo su *stock*. Y en esto aventajan a todos aquellos comercios de cigarrillos y pastillas que viven como parásitos intestinales enquistados en las vidrieras de los cafés. El quiosco está doblado hacia afuera y tiene las paredes al exterior; el zaguán está doblado hacia adentro. Al quiosco lo rodea la calle y al zaguán, el comedor y el dormitorio.

[2] *canillita* (argentino) chiquillo vendedor de periódicos

Sarmiento

De escribirse mal la historia, falseándosela por embellecérsela y dignificársela, ha resultado un tipo especial de lector y hasta un vicio de lectura que puede considerarse entre las más nocivas plagas espirituales de la Argentina y del continente hispanoamericano. Para ciertos lectores, lo permanente en *Facundo* es aquello que está fijado con exactitud fotográfica: la anécdota, el paisaje, el hecho, la fecha y el sitio. Todo lo

El vendedor ambulante ha juntado dos cosas: el negocio y el transeúnte. Lo más lógico de un comercio de esta clase es el vendedor de chocolatines que termina comiéndoselos. Pues si el quiosco se ingurgita al comerciante y lo incuba, el vendedor que se come la mercadería procede al revés.

Más abajo siguen todavía los que venden lápices o fósforos. No se atreven a pedir limosna y lo hacen así. Pero la gente tiene duro el corazón y procede sobre un supuesto de franqueza y buena fe que exige que le pidan, y no que simulen venderles lo que no necesitan, aunque sea por unas monedas que tampoco necesitan. Lápices y fósforos son un antifaz, y nadie está obligado a dejarse engañar. Al pobre comerciante que no se atreve a ser franco ni a proceder sobre un supuesto de franqueza y buena fe, le sirve de andador su caja, hasta que aprende a marchar sin necesidad de ese adminículo y se acostumbra a tender la mano sin lápices. Lo que entonces vende es una mercadería inferior al trabajo, que es el cuerpo como herramienta: vende la ancianidad, la orfandad, la viudez y otros muchos retazos y migajas de la vida.

circunstancial, anecdótico y pintoresco. Ésos son los lectores que tampoco leen la realidad actual. Una lectura atenta de los hechos haría superflua toda exégesis filosófica. La mejor parte del país ha sido declarada fuera de la nacionalidad, juzgada como forastera, otra vez en situación de destierro en el territorio o fuera de él. ¿Qué significa todo esto sino que hemos vuelto al punto de partida y que lo anecdótico y pintoresco de

De Martínez Estrada, *Sarmiento* (1946).

Facundo era lo insignificante? Sin embargo, nada hay igual entre lo de antes y lo de ahora. Necesitaremos recurrir a la historia apócrifa, a las pocas obras informativas de la literatura popular. La República Argentina aparece en *Facundo* como campo de crímenes, despojos, tropas de bandidos, esbirros, amanuenses, acólitos y turiferarios del tirano. Para Sarmiento —como para Echeverría y Alberdi[1]— la barbarie es una aberración dentro del bastidor de la civilización, y otras veces el fondo del que se destacan figuras y hechos sueltos. Treinta años después *Martín Fierro* expresa lo mismo en verso. El bastidor de civilización no es demarcado, ni diseñadas las figuras; debemos imaginarlas, y en casi todas las obras similares queda implícito en el fondo de los relatos. Civilización son las cosas que usamos, los artefactos eléctricos, mecánicos, automáticos; y antaño fueron otros análogos, los libros ante todo. En 1837 Echeverría dijo ya que los ideales democráticos de Mayo habían sido traicionados; en *La Cautiva* nos presenta el mismo horror de los cuadros de *Facundo* y de *Martín Fierro*, de *Amalia*, de *Juan Moreira*[2]. Los poetas gauchescos disfrutaron del privilegio negado, por lo visto, a los historiadores, de contar la historia para que se los lea como autores de fantasías. En prosa se hizo una selección del material, como si se tratara de una antología de hechos, un panegírico necrológico, que es el único estilo que se usa y se tolera para hablar y escribir sobre el país. No comprendemos la historia sino como relato, como pieza literaria, porque le faltan los capítulos más útiles para entender el texto, para formular una doctrina y para aprehender esta realidad de 1946 que nos parece absurda, increíble, anómala, falsa.

[1] *Alberdi* Juan Bautista Alberdi (1810–1884), pensador político argentino
[2] *Juan Moreira* drama gauchesco cuyo éxito hacia 1888 provocó el auge del teatro rural rioplatense

Es la misma aventura con distintos actores y una *mise en scène* mejor. "Este libro, como tantos otros que la lucha de la libertad ha hecho nacer —comenta el autor de *Facundo*— irá bien pronto a confundirse en el fárrago inmenso de materiales, de cuyo caos discordante saldrá un día, depurada de resabios, la historia de nuestra patria, el drama más fecundo en lecciones, más rico en peripecias y más vivaz que la dura y penosa transformación americana ha presentado. ¡Feliz yo si, como lo deseo, puedo un día consagrarme con éxito a tarea tan grande!" ¿Sospechaba Sarmiento que en 1945, por ejemplo, ya no tendría "lectores" para sus obras, justamente en razón del éxito de su tarea?

Los protagonistas que sienten que continúan la historia no escrita, los que quisieran y no pueden hacer verídica la historia de las crestomatías son vástagos, en efecto, de los próceres del tabú, de los que no leen sino la literatura adecuada a su realidad. Sarmiento percibió lo engañoso del mito superpuesto al héroe paralelo a la mitología superpuesta a la historia: "Bolívar es todavía un cuento forjado sobre datos ciertos: Bolívar, el verdadero Bolívar, no lo conoce aún el mundo, y es muy probable que cuando lo traduzcan a su idioma natal, aparezca más sorprendente o más grande aún." Nosotros vemos así a los héroes y a las historias de los otros países americanos y los despreciamos sin decirlo; acaso ellos nos vean así a nosotros. La verdad histórica en Hispanoamérica se escribe siempre del otro lado de las fronteras, como hicieron nuestros desterrados.

La lectura mecánica, el arte de leer sin razonar y el hábito de leer lo que se tiene en la cabeza y no lo que se tiene ante los ojos; o lo que se tiene ante los ojos, si así conviene, y no lo que pueda ocurrir que se tenga en la cabeza, eso ya se enseña en las escuelas. Ni hay historiadores ni hay lectores de historia; los mismos que creen que están leyendo sucesos verídicos cuando leen cuentos imaginarios, creen que leen fábulas cuando leen historia y obras de historia verdadera. Confusión nacida de no estar acostumbrados a pensar y de haber detenido el desarrollo del raciocinio en la edad en que aprender a escribir y leer da la suficiencia de haber aprendido la otra escritura y la otra lectura, la que se hace con la inteligencia y no con los ojos ni con las manos. Escritura manual y lectura ocular, rudimentos mecánicos que relevan de toda obligación de conciencia. Luego vienen el catecismo y la oración de memoria que concluyen por petrificar la ignorancia, mecanizándose todo en un lenguaje bidimensional. Con esta clase de lectores ¿para qué escribir la historia verdadera, para qué leer los textos de la realidad que no se escribe ni se permite que se publique, bajo pena de secuestro de la obra o del autor, que no es otra cosa enquistarlo en el desdén y en el olvido, como le aconteció a Sarmiento y a los pocos que hicieron decentemente lo que él?

Es una modalidad del catolicismo, insisto: leer y no pensar en lo que se lee, tener delante el mundo y la vida y sacar por conclusión que no se ajustan a la moral del párroco. La Reforma acostumbró a otra clase de lectura y creó otra clase de vida. Los países católicos no han sabido leer la historia ni la literatura y se han conformado con versiones de segunda categoría. De la mala lectura católica excluyamos a Francia. Entre los agravios que motivaron las declaraciones de Independencia hispanoamericanas figura en primera línea la mezquindad de la instrucción dada en América, cual si fuera designio calculado de la política colonial, emplear los instrumentos del saber para petrificar la ignorancia. Los documentos que lo prueban abundan por toda América, y en *Conflicto y armonías de las razas en América* Sarmiento intentó un inventario

según otro método que el de Gutiérrez.

Cuando apelaba a la semejanza de la educación y de la Inquisición, se refería a las tretas del jesuitismo que enseña a pensar en otra cosa cuando se habla y a hablar de otra cosa cuando se piensa. Método infalible de embrutecer a los niños —lo dijeron ya Rabelais y Montaigne— pero que nosotros hemos perfeccionado para uso de adultos. Cuando aquí y en todas partes del mundo la criatura aprendió a leer y escribir ya ha sido mutilada en su mente para toda su vida, porque de eso se ocupan los maestros. Lo decía el cocodrilo que hablaba con Heine y lo dijo Wilfredo Pareto; nosotros lo hacemos sin decirlo.

En gran parte nuestra historia verídica está inédita, pero en parte está escrita y no sabemos leerla. Está escrita en *El matadero*, en *Martín Fierro*, en *Amalia*, en las *Memorias de Paz*[3], en veinte otras obras que leemos como los *Viajes de Gulliver*, en todo lo que escribió Sarmiento, que leemos como prosa bien hecha. Lo mal escrito no lo leemos y a lo bien escrito no le buscamos el sentido. También escribieron buena historia Mitre, López, Echeverría, Alberdi, Saldías, Bilbao, Ramos Mejía, J. A. García, J. V. González, P. Groussac[4], y no la entendemos. Nos ufanamos leyéndola, como el niño que termina de aprender a leer y lee en voz alta, y ni él

[3] *Paz* José María Paz (1789-1854), general unitario argentino, autor de las extensas *Memorias póstumas*

[4] *Mitre... Groussac* Bartolomé Mitre (1821-1901), político y literato, autor de numerosos estudios de historia y arqueología; Vicente Fidel López (1815-1903), historiador; Esteban Echeverría; Juan Bautista Alberdi; Adolfo Saldías (1849-1914), historiador; Francisco Bilbao (1822-1865), historiador y filósofo de origen chileno; José María Ramos Mejía (1849-1914), autor de estudios historico-siquiátricos; Juan Agustín García (1862-1923), sociólogo e historiador; Joaquín V. González (1863-1923), político, novelista e historiador; Paul Groussac (1849-1929), literato, crítico e historiador de origen francés

ni los padres entienden otra cosa sino que eso que dice corresponde a eso que está escrito.

Esa lectura sin inteligencia de nuestra historia es la misma con que leemos la historia universal, y la cultura, la santidad y el heroísmo, por lo que no pasan de ser patrañas ridículas y sin sentido. La frase de que nos bastamos a nosotros mismos es una declaración de malos lectores. No hay incredulidad más bruta y sólida que la del creyente que comulga con piedras de molino.

Ningún libro se ha leído peor que *Facundo, Martín Fierro, Amalia* y *Una excursión a los indios Ranqueles,* las cuatro obras históricas por excelencia, y además las cuatro mejor escritas en el siglo pasado. Hasta pudo suponerse, en el resurgimiento económico del país que aquellas exposiciones profundas o radiografías del esqueleto y de los órganos vegetativos, se refirieran a un estado de cosas superado, a un desarreglo circunstancial que la creación de órganos de regulación institucional había corregido. Lo mismo había pasado con el aniquilamiento del indio. Todavía muchos leen *Facundo* y *Martín Fierro* sin miedo, como cuentos pintorescos y divertidos.

Facundo es un libro de destierro, que sólo entienden los desterrados, aquellos ciudadanos que contemplan desde fuera el desfile de los mismos acontecimientos bajo apariencias distintas: el desfile de los disfraces, uniformes, hábitos y libreas. El que ha vivido dentro del sistema no tiene conciencia de sus dilataciones y contracciones, porque también él las ha sufrido. Y si han gustado de los manjares de Circe[5], ya ni le encuentran sabor a la inmundicia. Al espectador distante le es fácil penetrar el sentido de las homologías tal como en el tractor del arado ve la metamorfosis del buey. Pues la verdad es que dos obras no pueden entenderse sino desde dentro: *Facundo* y *Martín Fierro*. La lectura de nuestra realidad hoy es un palimpsesto donde quedan muy borrosos los signos primitivos, mas dice lo mismo con otras palabras. La doctrina que se infiera en la interpretación de sucesos y de personajes leyendo los dos textos, el primitivo y el superpuesto, es precisamente lo que pareció superado, porque de nuevos personajes y sucesos no nos parecía lícito deducir las mismas consecuencias. Empero, justamente del cambio de los elementos accesorios resultaba asegurada la persistencia de la doctrina, como de la renovación de las hojas y los frutos la del árbol.

Nuestra realidad de cosas, de funciones y de fines no ha sido inventariada ni sobre ella se ha detenido nadie a meditar. Prueba de ello es que somos un país sin inventarios, con pocas estadísticas y con ningún archivo. Nuestra historia está inédita y la escrita la leen los analfabetos, los que todavía no han sobrepasado el grado de lectura de las letras, las sílabas, las palabras y las oraciones. Esta meditación de lo viejo en lo nuevo, de la vejez en lo contemporáneo, la debemos a los forasteros que en carácter de huéspedes nos dejaron sus puntos de vista, que hemos atribuido a simple olvido descortés en sus habitaciones. Los juicios de esos viajeros no coincidieron en general con la conciencia de nuestra realidad, porque esa conciencia se había formado de acuerdo con las leyes internas del sistema. El estado de confusión que algunos comienzan a experimentar como súbito trastorno, acusa que la realidad no averiguada no tiene sino accidentales conexiones con la que vivimos. Nos falta una conciencia veraz porque nos faltan una historia y una literatura veraces. Eso repre-

[5] *Circe* hechicera mitológica. En la *Odisea*, dio de beber a Ulises y los suyos un brebaje encantado que los convirtió en cerdos.

senta todavía *Facundo:* historia y literatura de la conciencia veraz. Pero no hemos concluido; nos falta mucho por andar.

Si las instituciones nuevas, escritas sobre el texto antiguo funcionaban como artefactos ortopédicos, si se violaban sus disposiciones en casos que aparentemente no amenazaban la estabilidad de la organización legal y política, por transgresiones que se atribuían a la inevitable imperfección de los hombres, suponíase que no pasaran de ser desajustes susceptibles de rectificarse y corregirse pronto. Las imperfecciones las hemos atribuido al mecanismo y no al montaje. Todavía no hemos revisado su ajuste, limitándonos a cambiar las piezas —la ortopedia— y no sé si alguien piensa ya que la descomposición de los Estados es un proceso molecular. Eso es lo que Sarmiento ha repetido hasta el cansancio y más al final de su vida y en *Conflicto y armonías* "el Facundo viejo". Socavaban esa construcción elaborada sabiamente los anteriores parásitos del fraude; por lo mismo que el fraude no es sino una putrefacción como lo expuso Dante. La construcción llegó a ser una obra magnífica, viciada por el dolo convertido en régimen legalizado por la cotidiana transgresión a la ley. Lo que equivale a decir que en los mecanismos desajustados y con perturbaciones que alteran pero no detienen su funcionamiento, lo que se ha alterado es, en realidad, más que la forma física de sus piezas y su ajuste entre sí, la ley misma de ese funcionamiento. El funcionario compuso una legislación complicada de transgresiones que justamente la ley vino a servir. *Facundo* es el panorama de una organización fraudulenta —que es la del octavo círculo del Infierno— más que de la barbarie. Pues la barbarie ¿qué es sino una copia en bruto de la civilización?

La contemporaneidad de *Facundo*, como asimismo de las otras obras mencionadas, nos previene de que el país progresaba moral y culturalmente en avance paralelo y sincrónico con el adelanto material. Las vacas y el trigo eran el respaldo en oro de la cultura circulante. Sarmiento señaló muy bien en otras obras, además, nuestro destino de pastores de Europa. Lo que había ocurrido era una desconexión entre la realidad de las cosas representada por los ferrocarriles, el telégrafo, la industria, la edificación, las maquinarias agrícolas y de transporte, las tiendas y almacenes donde acumulábamos los productos de la fábrica y la manufactura internacionales como bienes propios; y por otra parte, la realidad de los espíritus, la educación y la instrucción públicas, la novela, el drama y la historia funcionando en el vacío. Para sostener el desequilibrio de esa desarmonía, actuaba el Estado en calidad de giróscopo. El panorama y el elenco político y social de *Facundo* han variado, pero sus líneas fundamentales, el mapa de los accidentes étnicos, políticos, sociales y culturales sigue teniendo la misma validez terráquea del mapa geográfico que le da forma y color. No obstante, la relectura de esa obra exige ahora algún conocimiento más fino, alguna sensibilidad más aguda. Texto y cosas deben reducirse a un álgebra en que con los mismos signos se expresan las mismas ideas. La obra no ha envejecido porque las cosas perduran en su calidad de signos que conservan su semántica vieja. Algunos creen que ha sobrevivido por su buena prosa, y eso es lo que ha envejecido más, pues ahora escribimos peor.

68 Leopoldo Zea (n. 1912)

Historiador de las ideas y de la cultura, el mexicano Leopoldo Zea es autor de una serie de libros llenos de intuiciones imprescindibles para comprender la situación problemática de Hispanoamérica. Además de estudios de filosofía universal, ha publicado *El positivismo en México* (1943) y *Apogeo y decadencia del positivismo* (1944). En libros posteriores se ha dedicado a estudiar el problema de la originalidad hispanoamericana. *América como conciencia* (1953) propone que el pensamiento filosófico del mundo americano debe desarrollarse según las peculiares circunstancias históricas y sociales hispanoamericanas; *América en la historia* (1957) analiza el papel de la historia de las Américas dentro de la historia universal; *Latinoamérica y el mundo* (1960) hace un examen minucioso de la relación política entre los países hispanoamericanos y los otros, señalando la importancia del nacionalismo como consecuencia y rechazo del coloniaje. A través de los escritos de Zea se notan la tentativa de comprender la realidad de Hispanoamérica, comparándola con el mundo anglosajón, y la insistencia en el concepto de la libertad creadora que conducirá al desarrollo cabal de los países de Hispanoamérica.

Emancipación política y emancipación mental

LA REVOLUCIÓN DE INDEPENDENCIA Y LA REACCIÓN COLONIAL

Apenas lograda la independencia política de Hispanoamérica, sus hombres se darían pronto cuenta de la insuficiencia de esta emancipación. El maestro y pensador venezolano Andrés Bello (1781–1865) decía al respecto: "Arrancamos el cetro al monarca, pero no al espíritu español: nuestros congresos obedecieron, sin sentirlo, a inspiraciones góticas... hasta nuestros guerreros adheridos a un fuero especial, que está en pugna con el principio de la igualdad ante la ley, revelan el dominio de las ideas de esa misma España cuyas banderas hollaron." * Se había realizado la independencia política de Hispanoamérica; pero los hábitos y costumbres establecidos por España permanecían arraigados con fuerza en la mente de los hispanoamericanos.

La revolución de independencia no había tenido como fin otra cosa que un cambio de poder. No se había buscado el bien de la comunidad, sino simplemente el poder por

* Andrés Bello, *Investigación sobre la influencia de la conquista y del sistema colonial de los españoles en Chile.* Santiago de Chile, 1842. Recogido en la *Antología del pensamiento de lengua española en la edad contemporánea*, realizada por José Gaos. México, 1945. NOTA DEL AUTOR

De Leopoldo Zea, *Dos etapas del pensamiento en Hispanoamérica* (1949).

el poder. El criollo reclamaba al español su derecho a gobernar por ser hijo de estas tierras. La revolución americana, decía el argentino Domingo Faustino Sarmiento, no fue movida por otra cosa que por "el indurable deseo de aprovechar una ocasión propicia para substituir la administración peninsular por una administración local."* El espíritu colonial, que permanecía aún en la mente de los hispanoamericanos, no tardaría en hacerse patente en la primera oportunidad que se ofreciese. "Apenas terminada la revolución de independencia —dice el chileno Victorino Lastarria— cuando naturalmente, por un efecto de las leyes de la sociedad, comenzó a abrirse paso la reacción del espíritu colonial y de los intereses que esa revolución había humillado. Los capitanes que la habían servido llevaban ese espíritu en su educación y en sus instintos." †

Esta reacción buscaría inmediatamente aliados en todos los campos posibles. Éstos empezaron a surgir: allí estaba la reacción eclesiástico-militar, exponente de las fuerzas conservadoras en México; allí también las fuerzas de los caudillos de provincia con sus montoneras[1] en la Argentina; allí la reacción de los "pelucones"[2] en Chile. La iglesia y los militares unidos se encargarían pronto de establecer el único orden que convenía a sus intereses. Este orden no era otro que el español, sólo que sin España.

En nombre del pueblo, y para su bien, el doctor José Gaspar Rodríguez Francia impone en el Paraguay una de las más crueles dictaduras que conoce la historia.

* Domingo F. Sarmiento, *Conflicto y armonía de las razas en América*. Buenos Aires, 1883. NOTA DEL AUTOR

† José Victoriano Lastarria, *Recuerdos literarios*. Santiago de Chile, 1885. NOTA DEL AUTOR

[1] *montoneras* tropa de jinetes; término que se aplica sobre todo a los insurrectos

[2] "*pelucones*" conservadores chilenos. A los liberales se les decía "pipiolos".

En la Argentina, un hacendado y militar, Juan Manuel de Rosas, enarbolando la bandera de la libertad y de los derechos de las provincias, impone otra histórica dictadura. En México, enarbolando unas veces una bandera, otras veces la opuesta, el general Antonio López de Santa Anna establece igualmente nefasta dictadura. En el Ecuador, Gabriel García Moreno establece una especie de teocracia, y en Chile, Diego Portales logra establecer un mecanismo gubernamental que, a semejanza del orden español, impone un orden impersonal, pero no por esto menos efectivo. Y así, en otros países, el hombre de mentalidad colonial va estableciendo el orden que substituye al español.

REPUDIO DE LA HERENCIA COLONIAL

Frente a este orden surgirá una pléyade de reformistas hispanoamericanos. Su ideal será transformar tal mentalidad y acabar con sus hábitos y costumbres, para alcanzar así una auténtica independencia, lo que llamarán *emancipación mental*. "La sociedad —establecía Lastarria— tiene el deber de corregir la experiencia de sus antepasados para asegurar su porvenir." Ahora bien, se preguntaba: "¿Acaso no necesita corrección la civilización que nos ha legado España? " Ésta, continuaba diciendo, "debe reformarse completamente, porque ella es el extremo opuesto de la democracia que nos hemos planteado."‡ Y en la Argentina, el desterrado Esteban Echeverría afirmaba: La emancipación social americana sólo podrá conseguirse repudiando la herencia que nos dejó España.

Por su parte, en México, José María

‡ *Ob. cit.* NOTA DEL AUTOR

Luis Mora (1794–1850) decía: Es menester transformar los hábitos de los mexicanos, si se quiere que las reformas sean permanentes. Es necesario que toda revolución, si ha de realizarse, sea acompañada o preparada por una revolución mental. "Es preciso —decía textualmente—, para la estabilidad de una reforma, que sea gradual y caracterizada por *revoluciones mentales*, que se extiendan a la sociedad y modifiquen no sólo las opiniones de determinadas personas, sino las de toda la masa del pueblo."*

Y Francisco Bilbao (1823–1865), romántico rebelde chileno en contra de las instituciones coloniales que habían continuado después de la Independencia, decía: Si los gobiernos hubiesen comprendido que el desarrollo de la igualdad era el testamento sagrado de la revolución, no hubieran sucumbido, el pueblo los habría seguido y sostenido. "Y entonces, con autoridad legítima,... hubieran podido cimentar por medio de la *educación* general la *renovación* completa del pueblo, que había quedado antiguo en sus creencias."† Es, pues, necesario transformar la mentalidad de los hispanoamericanos, renovarlos completamente, revolucionar sus mentes. Hay que arrancar de éstos toda la herencia española. En ella se encontraban todos los males. El argentino Sarmiento (1811–1888) exclamaba con su acostumbrada violencia: "¡No os riáis, pueblos hispanoamericanos, al ver tanta degradación! ¡Mirad que sois españoles y la Inquisición educó así a España! ¡Esta enfermedad la traemos en la sangre!"‡ Quizá ninguno de estos reformistas intentó acabar esto que consideraba una enfermedad, como Sarmiento.

Así, la nueva lucha que con esta generación se empieza es una lucha educativa, espiritual, la cual muchas veces había de servirse de las armas, del acero y el plomo. Pero ahora ya no preocupa el poder por el poder, sino el poder para cambiar a los pueblos de Hispanoamérica. La idea de la emancipación mental alienta a estos hombres. De ella hablan en sus cátedras, en sus artículos periodísticos, en sus proclamas y en sus oraciones. Una generación de románticos, por sus ideales, inicia la lucha en pro de esta nueva emancipación. A esta generación pertenecen los argentinos Esteban Echeverría, Domingo Faustino Sarmiento y Juan Bautista Alberdi; el venezolano Andrés Bello, el ecuatoriano Juan Montalvo (1833–1889), el peruano Manuel González Prada; los chilenos Francisco Bilbao y José Victorino Lastarria; el cubano José de la Luz Caballero, el mexicano José María Luis Mora y los paladines de la Reforma y otros más en los diversos países hispanoamericanos.

Todos ellos se enfrentan al despotismo del pasado como otrora sus padres o sus abuelos se habían enfrentado al despotismo del gobierno español. Dice Lastarria (1817–1888): "Cayó el despotismo de los reyes, y quedó en pie y con todo su vigor el despotismo del pasado." "Estaba terminada la revolución de independencia política y principiaba la guerra contra el poderoso espíritu que el sistema colonial inspiró en nuestra sociedad."§ Y Andrés Bello, con ese equilibrio que le caracteriza, comprende que si bien ha sido precipitado el movimiento de independencia político, no por eso ha sido innecesario. La segunda fase de la independencia, la de la emancipación mental, tendrá que ser obra de los americanos. "Está-

---

* José María Luis Mora, *Obras sueltas*. París, 1837. NOTA DEL AUTOR
† Francisco Bilbao, *Sociabilidad chilena*. Santiago de Chile, 1844. NOTA DEL AUTOR
‡ A. F. Sarmiento, *Facundo*. NOTA DEL AUTOR

§ J. V. Lastarria, *Investigaciones sobre la influencia social de la conquista y del sistema colonial de los españoles en Chile*. Santiago de Chile, 1844. NOTA DEL AUTOR

bamos en la alternativa de aprovechar la primera oportunidad o de prolongar nuestra servidumbre por siglos." De España no podíamos ya esperar "la educación que predispone para el goce de la libertad... deberíamos educarnos a nosotros mismos, por costoso que fuese el ensayo."*

Esteban Echeverría (1805–1851) decía al mismo respecto: "La generación americana lleva inoculados en su ser los hábitos y tendencias de otra generación. En su frente se notan, si no el abatimiento del esclavo, sí las cicatrices recientes de la pasada esclavitud." Es esta esclavitud contra la cual hay que luchar; es menester desarraigarla de la mente de los hispanoamericanos; de otra manera la emancipación política habrá sido inútil. En esta generación, dice Echeverría, el "cuerpo se ha emancipado, pero su inteligencia no." La América independiente sostiene aún, "en signo de vasallaje, los cabos del ropaje imperial de lo que fue su señora, y se adorna con sus apolilladas libreas." Ya "los brazos de España no nos oprimen, pero sus tradiciones nos abruman." Es frente a este espíritu que hay que situarse; es de él que hay que emanciparse. "La revolución marcha —dice— pero con grillos." En toda auténtica revolución debe realizarse una "emancipación política, y una emancipación social." La segunda es para Echeverría la revolución que ha de alterar todo el *status* social y mental impuesto por España; esta es precisamente la revolución que falta. ¿Cómo ha de lograrse? Echeverría contesta diciendo: "La emancipación social americana sólo podrá conseguirse *repudiando* la herencia que nos dejó España."† La Revolución de Mayo, la de la Independencia argentina, dice, tuvo

como fin "la emancipación política del dominio de España," triunfo que logró por completo al vencer con las armas a España. Pero tuvo también una intención más: "Fundar la sociedad emancipada sobre un principio distinto del regulador colonial."‡ Esto fue lo que no logró. Ésta es entonces la tarea que se impone a la nueva generación. La misma tarea que otros grupos en otros países intentan realizar. La nueva generación trata de completar la obra realizada por los libertadores, considerando que ésta ha sido incompleta e insuficiente.

LA COLONIA EN LA MENTALIDAD HISPANOAMERICANA

España estaba así en la mente y en los hábitos de los hispanoamericanos. Ella era la que causaba todos los daños sufridos por éstos. El vasallaje mental continuaba y sus vasallos no hacían sino comportarse de acuerdo con los límites que la metrópoli les había impuesto tras largos siglos de dominación mental política y social. Era este mismo vasallaje mental el que originaba la inútil matanza a la cual se habían entregado los hispanoamericanos después que cortaron sus amarres políticos con España. Inútilmente habían tratado de realizar en sus países formas de gobierno en las que campease la libertad y la democracia. Los hispanoamericanos no estaban hechos ni para una ni para otra. Los ideales de libertad y democracia no eran en sus labios sino palabras, pretextos simples, mediante los cuales reclamaban su derecho a gobernar. Esto es, a imponer sus voluntades sobre la voluntad de los otros. Cada caudillo hispanoamericano, independientemente de sus divisas o banderas, no era sino un aspirante a ocupar

* Andrés Bello, *ob. cit.* NOTA DEL AUTOR
† Esteban Echeverría, *Dogma socialista de la Asociación de Mayo.* Buenos Aires, 1838. NOTA DEL AUTOR

‡ Esteban Echeverría, *Mayo y la enseñanza popular en el Plata.* Montevideo, 1844. NOTA DEL AUTOR

el lugar que había dejado el conquistador.

La revolución de independencia, decía Bello, ha sido animada por el espíritu imperial hispánico. Ha sido una revolución política y no una revolución liberal. El espíritu de libertad que acompañaba la bandera de los libertadores no era sino un aliado, no el fin último perseguido por éstos. "En nuestra revolución, la libertad era un aliado extranjero que combatía bajo el estandarte de la Independencia y que, aun después de la victoria, ha tenido que hacer no poco para consolidarse y arraigarse." * La idea de una revolución liberal era completamente ajena a la mentalidad de los hispanoamericanos, y para lograr su desarrollo era menester que los legisladores tomasen en cuenta, antes que nada, la realidad dentro de la cual tenía que desarrollarse. Era ésta una realidad opuesta, o al menos ajena, a tal idea. Y sólo podrá tener éxito, decía Bello, cuando sea adaptada a la dura realidad ibérica. "La obra de los guerreros está consumada; la de los legisladores no lo estará mientras no se efectúe una penetración más íntima de la idea imitada, de la idea advenediza, en los duros y tenaces materiales ibéricos."

"Para la emancipación política —continuaba diciendo Bello— estaban mejor preparados los americanos que para la libertad del hogar doméstico." En la revolución de independencia dos ideas animaron sendos movimientos: "el uno espontáneo," el político; "el otro imitativo y exótico," el liberal, "embarazándose a menudo el uno al otro, en vez de auxiliarse." Ahora bien, mientras "el principio extraño producía progresos," el otro, "el nativo, dictaduras." Un principio originó el afán de hacer una Hispanoamérica a la altura de los tiempos; y el otro hizo creer a los libertadores y caudillos de esas luchas que Hispanoamérica estaba aún lejos de ese ideal y que por lo mismo debería continuar atada a formas de gobierno que hacían imposible tal progreso.

Toda Hispanoamérica se dividió en dos grandes bandos: el de los que aspiraban a hacer de ella un país moderno y el de los que creían que aún no era tiempo y que sólo un gobierno semejante al español podía salvarla. Unitarios contra federalistas en la Argentina, pelucones contra pipiolos en Chile, federales y centralistas en México, Colombia, Venezuela y otros países más. Sin embargo, triunfase quien triunfase, no tardaba en salir a relucir el espíritu heredado de España. Unos, sin más, no querían otra cosa que rehacer el orden español, aunque sin España; mientras otros, ya en el poder, consideraban que antes era menester preparar a los hispanoamericanos para la libertad; pero para esta preparación era necesaria, antes que otra cosa, la dictadura. En 1810, decía Echeverría, se hizo al pueblo un soberano sin límites. Pero esto no fue sino una bandera para atraérselo. Pronto lo encontraron inapto para esta libertad. Le faltaba capacidad cívica y cultural. Los "ilustrados" emancipadores no encontraron otro desenlace que la tiranía.

Tiranía a la española o tiranía ilustrada, pero siempre tiranía. Rosas, Portales y García Moreno; Francia y Rivadavia; o bien Santa Anna. "El partido unitario —decía Echeverría— no tenía reglas locales de criterio socialista, lo buscó en las ciudades; estaba en las campañas. No supo organizarlo, y por lo mismo no supo gobernarlo." "No tuvo fe en el pueblo." Por el otro lado, en el extremo contrario, "Rosas tuvo más tino, echó mano del elemento democrático, lo explotó con destreza, se apoyó en su poder para cimentar la tiranía. Los unitarios pudieron hacer otro tanto para fundar el im-

* A. Bello, *ob. cit.* NOTA DEL AUTOR

perio de la ley."* Sin embargo, éstos, a pesar de su visión y sus ideales de ilustrados, no hicieron sino alejarse del pueblo, haciendo que Rosas, enarbolando la bandera de la libertad de las provincias, el federalismo, impusiese una de las dictaduras históricas más famosas de Hispanoamérica. "El bello ideal de organización federativa era para Dorrego[3] la Constitución Norteamericana —sigue diciendo Echeverría—; y Moreno, la cabeza más doctrinaria de la oposición en el Congreso, nunca dejaba de invocarla; pero, en boca de ambos, la Federación Norteamericana era un arma de reacción y de combate, más bien que una norma de organización."[†]

Sarmiento se da cuenta también de la inutilidad de los supuestos ideales sostenidos por los partidos. En realidad unos y otros aspiran sólo al poder por el poder. Era inútil hablar a la Argentina de unitarismo o de federalismo; nunca significaban éstos lo que para Europa eran. Detrás de ellos se escondían los perpetuos intereses que animaron siempre a los hombres de la Colonia. De-

trás de ellos se ocultaba el afán de dominio personal, el caudillaje, la explotación de los débiles, los absolutismos y los fanatismos. Cada hispanoamericano, siguiese la bandera que siguiese, no aspiraba sino al predominio político, a la eliminación de los que no pensasen como él. "Veinte años nos hemos ocupado en saber si seríamos federales o unitarios —decía Sarmiento—. ¿Pero qué organización es posible dar a un país despoblado, a un millón de hombres derramados sobre una extensión sin límites?" Y "como para ser unitarios o federales" era menester que unos eliminasen a los otros, "era necesario que los unos matasen a los otros, los persiguiesen o expatriasen, en lugar de doblar el país han disminuido la población; en lugar de adelantar en saber, se ha tenido cuidado de perseguir a los más instruidos."[‡] Los hispanoamericanos continuaban así siendo como los habían hecho los españoles; los defectos de éstos seguían siendo sus defectos. Mientras que la revolución norteamericana, agregaba Sarmiento, fue hecha en defensa de los derechos constitucionales, la sudamericana fue movida por el indudable deseo de aprovechar una ocasión propicia para substituir la administración peninsular por una administración local.

---

* E. Echeverría, *Dogma socialista*. 1846. NOTA DEL AUTOR
[3] *Dorrego* Manuel Dorrego (1787–1828), militar argentino
† E. Echeverría, *Mayo y la enseñanza...* , en Obras completas. NOTA DEL AUTOR

‡ D. F. Sarmiento, *Argirópolis*. NOTA DEL AUTOR

🪶 *La respuesta occidental a Iberoamérica*

   ¿Cuál fue la respuesta de Occidente al afán de occidentalización de Iberoamérica? La respuesta en nada se apartó de la que el mismo Occidente había dado a esfuerzos

semejantes en Europa y otras partes del mundo: el rechazo absoluto. Ya hemos anticipado las razones en que se apoyó el Occidente, tanto el europeo como el ame-

---

De Zea, *América en la historia* (1957).

ricano, para confinar a los pueblos ibero-americanos dentro de la órbita de los pueblos fuera de la historia, la civilización o la cultura. No le fueron reconocidos a Ibero-américa los esfuerzos realizados por arrancarse un pasado que los confinaba en un mundo opuesto al progreso; tampoco le fueron reconocidos sus esfuerzos por adquirir hábitos y costumbres occidentales, repudiando los que había heredado. Ibero-américa siguió siendo tierra de barbarie a la que sólo el Occidente podía redimir sometiéndola. Por ello, en nombre de la civilización franceses e ingleses bombardean puertos e invaden tierras de esta América aliándose, inclusive, con las fuerzas que en Ibero-américa se oponían a la occidentalización de sus países. En nombre de la misma civilización y el progreso, los Estados Unidos de Norteamérica extienden sus fronteras amputando las mexicanas en 1847; en 1863, Francia, también en nombre de la civilización, apoya a las fuerzas conservadoras mexicanas en su lucha contra las liberales tratando de imponer un imperio que venía a ser la negación del progreso cuya bandera enarbolaban los invasores. También en nombre de la civilización, la democracia y la libertad, Norteamérica, modelo de todos los pueblos iberoamericanos, apoyará a tiranuelos y dictadores que negaban y niegan tales principios, para así afianzar los intereses concretos del mundo occidental en su expansión.

Mucho es lo que se ha hablado de la falta de comprensión entre la América Sajona y la América Ibera; la misma falta de comprensión que encontramos entre el Occidente y el resto del mundo. Mucho han hablado, también, los publicistas norteamericanos sobre la incapacidad iberoamericana, o latinoamericana, para comprender los altos fines y valores representados por la civilización norteamericana que ha dado

origen a las mejores expresiones de la democracia, la libertad y el confort material. Incapacidad iberoamericana para comprender la importancia que tienen estas aportaciones a la cultura que, inclusive, justifican la intervención norteamericana para imponer, si así es necesario, tales valores. Por ello, muchas de las intervenciones norteamericanas en la América Ibera van a ser justificadas, en este sentido, como intervenciones en defensa de la democracia y libertad amenazadas. También en nombre de la libertad y la democracia amenazadas, se impondrán dictaduras que, se supone, tienen como fin defenderlas, al menos simbólicamente, porque de hecho no podrían existir dentro de dictadura alguna, cualquiera que sea la justificación que ésta se dé.

Un filósofo de la Historia, el norteamericano, Filmer S. C. Northrop, se ha entregado con la mejor buena fe del mundo, a la tarea de encontrar los elementos que permitan lo que llama intercompenetración de las dos Américas, su comprensión mutua. Comprensión que será, a su vez, la base para una mayor comprensión entre el Occidente y el mundo, entre lo que él llama Occidente y el Oriente. Esta comprensión, dice, se podrá alcanzar si cada una de las Américas trata de asimilar los valores de la otra. Los valores occidentales pueden ser asimilados por el Oriente y viceversa. "Una filosofía y una cultura —dice— construidas sobre la correlación de los dos componentes eliminaría la contradicción del Occidente y el Oriente, de Rusia y de las democracias liberales, de la cultura de los Estados Unidos y de la hispanoamericana. Toda cultura y sociedad gana muchísimo y se enriquece a sí misma al ser suplementada con valores culturales diferentes armónicamente difundidos. Así, por ejemplo, Occidente puede enriquecerse enormemente al tomar del

Oriente el componente estético, tal como aparece en las religiones, en el arte, en el espíritu de tolerancia orientales... Por otra parte, el Oriente puede beneficiarse inconmensurablemente aceptando del Occidente la ciencia, la tecnología y otros valores teóricos de la cultura, predominantemente científica, de Occidente." * La conciliación epistemológica de uno y otro mundo puede, así, ser lograda sin que la misma represente un ataque a la dignidad de ninguno de ellos, ni tampoco su subordinación. Ideas, como podrá verse, de la mejor buena fe, pero ingenuas por lo que a continuación veremos.

No parece que presente grandes inconvenientes, a Norteamérica y al mundo occidental que ésta representa, la adopción de una serie de los valores iberoamericanos y orientales señalados por Northrop en su libro, que lleva el significativo título de *El encuentro de Oriente y Occidente*. La tolerancia espiritual norteamericana es, de hecho, un gran factor positivo para la asimilación estética y religiosa propuesta; algo que ya no sucede en forma semejante en Iberoamérica, cuyo espíritu se ha caracterizado, en general, por su intolerancia religiosa; en Iberoamérica, difícilmente se podría lograr la tolerancia espiritual que ha permitido a los Estados Unidos la adopción de múltiples credos e iglesias. En cambio, existe un aspecto de esa mutua asimilación que sí sería fácilmente aceptado por Iberoamérica; pero no sólo aceptado, sino que se trata de algo que siempre ha tratado de lograr esta América: la adopción de los valores occidentales señalados por Northrop: ciencia, tecnología y otros valores teóricos; los valores que han dado al Occidente su predominio material sobre el resto del mundo. Sin embargo,

* F. S. C. Northrop, *El encuentro de Oriente y Occidente*. México, 1948. NOTA DEL AUTOR

es esta adopción la que mayores obstáculos ha encontrado en Iberoamérica, obstáculos internos, desde luego; pero también, y éstos son los más graves, externos. Aquí Iberoamérica ha tropezado con algo más que con la intolerancia interna, con la intolerancia que proviene del mismo mundo que ha creado esos valores, el Occidente.

Sucede aquí algo que parece paradójico: la tolerancia que el Occidente, y concretamente Norteamérica, ha hecho patente en el campo que hemos llamado espiritual —religioso, estético, etc.—, se convierte en intolerancia en el campo material. Norteamérica puede tolerar la aparición de múltiples credos y respetarlos; pero no puede tolerar, en forma semejante, la aparición de fuerzas materiales capaces de disputarle su predominio material en el mundo. Y lo que se dice de Norteamérica, en particular, se puede también decir del Occidente, en general. Norteamérica y el Occidente, en general, encuentran difícil tolerar otra competencia que no sea simplemente espiritual. El Occidente nunca ha estado ni está dispuesto a tolerar competencia técnica, industrial y mercantil de otros pueblos, como natural consecuencia de la adopción de los valores occidentales de que hablaba Northrop. Y esto es así porque, si algo distingue al imperialismo occidental de otros imperialismos, es la forma como somete a otros pueblos: la económica. Nunca el Occidente se ha preocupado por someter a otros pueblos culturalmente, espiritualmente; le basta la sumisión económica, una sumisión que ni siquiera necesita ser militar. Lograda esta sumisión, los pueblos quedan en libertad para seguir pensando como sus antepasados, o como les venga en gana. Son estos pueblos los que, a pesar del Occidente, han ido adoptando sus expresiones culturales para reclamar, en nombre de las mismas, derechos que antes les eran negados. El predominio económico del Occidente es la base de su predominio mundial. Por ello, es éste un campo en el que nunca, voluntariamente, aceptará competencia alguna que pueda evitar desde su nacimiento. En este campo, el tolerante mundo occidental se transforma en intolerante. Ésta es y ha sido la base de su expansión en el mundo. El Occidente puede respetar, como lo han hecho las grandes potencias occidentales, Inglaterra y Francia, la cultura, religión, hábitos y costumbres de los pueblos que forman sus colonias, y hasta pueden tolerar una relativa emancipación política de las mismas. Los Estados Unidos, igualmente, toleran cualquier forma de gobierno en sus colonias económicas. Pero lo que no toleran ni pueden tolerar todos ellos es la emancipación económica de sus colonias; la emancipación económica del mundo, aunque dentro de este mundo se encuentre, como se encuentra en nuestros días, la Europa occidental. Esto es natural, no podría ser de otra manera; hay que comprenderlo, esta emancipación significaría el fin del predominio occidental sobre el mundo.

Por lo que se refiere, concretamente, a las relaciones de la América Ibera con los Estados Unidos, no parece que la primera muestre incomprensión alguna hacia valores que, desde los inicios de su independencia política, ha tratado de asimilar. Esta América, ya se anticipó, ha tratado siempre de realizar estos valores, se ha empeñado en hacerlos fructificar en sus tierras. Iberoamérica no sólo ha comprendido la importancia de estos valores modernos, sino que se ha empeñado en realizarlos aun negándose a sí misma culturalmente. Por ello, la América Ibera ha luchado por establecer en su suelo instituciones políticas de carácter liberal y democrático semejantes a las norteamericanas; ha venido, también, luchando por adoptar técnicas que le permitan lograr su emancipación económica y, con ella, el auténtico *comfort* material de sus hijos; a semejanza de Norteamérica, ha pugnado, en el campo internacional, porque se reconozca la soberanía de sus naciones y con ella su derecho de autodeterminación. Iberoamérica, también, se ha empeñado en formar parte del bloque de naciones occidentales; pero en un plano de igualdad y no de simple subordinada, con los mismos derechos y obligaciones que deben regir a un auténtico bloque entre naciones iguales. Iberoamérica se ha empeñado en formar parte de la historia occidental y se ha dolido por lo que considera su frustración.

Pues bien, a todos estos empeños se ha contestado con una negativa, no poniendo facilidades para su logro, sino impedimentos. El Occidente, en su expresión estadounidense, se ha empeñado, a su vez, en mantener en Iberoamérica formas de gobierno que son las antípodas de las instituciones democráticas y liberales que éste ha originado en sus propias tierras; se ha empeñado en hacer de la América Ibera un simple proveedor de materias primas sin capacidad técnica para su transformación, y en mercado de las mismas una vez transformadas por la técnica y manos occidentales. La gran tolerancia que, dentro de sus propias fronteras, guarda el Occidente para cualquier forma de gobierno, se transforma en intolerancia si surge algún gobierno cuya única pretensión sea hacer de su país otro Occidente, esto es, un pueblo con libertades, derechos y el *comfort* material necesario. Intolerancia absoluta; intolerancia para el establecimiento de instituciones democráticas y liberales, no porque sea opuesta a la libertad y la democracia, sino por las consecuencias económicas que la institución de las mismas traen aparejadas para sus intereses materiales. Porque la implantación de la democracia y la libertad, como forma absoluta de gobierno en estos pueblos, conduce necesariamente a la exigencia de que las mismas les sean reconocidas por otros pueblos en el campo internacional. Y, con ello, surgen también las negativas para que se les siga considerando pueblos marginales, simples abastecedores de materias primas o forzosos consumidores de las mismas elaboradas. La autodeterminación interna de los pueblos iberos implica también la autodeterminación externa. Conflicto que es la raíz de la falta de comprensión de una América frente a la otra en sus inevitables relaciones. Conflicto que ahora pone en contradicción a una pareja de valores occidentales que hasta la fecha marchaban juntos, en cuanto eran sólo adoptados por el mundo Occidental. Los valores políticos y los valores económicos. La democracia liberal en contradicción con la técnica de expansión económica del Occidente. La primera negando, al ser adoptada por pueblos no occidentales, el derecho a esa técnica de expansión. Una limitando a la otra y viceversa; la expansión económica negando la libertad y democracia de los pueblos que la sufren.

69 Octavio Paz
(n. 1914)

Como poeta, el mexicano Octavio Paz figura entre los más destacados del mundo actual. (Véanse las páginas 369-74.) Como ensayista, ha construido una obra tal que si no hubiera publicado poema alguno, se le conocería como pensador importante y de inconfundible sello personal.

Ha publicado diversas colecciones de crítica literaria, como *Cuadrivio* (1965), *Las puertas al campo* (1966) y *Las peras del olmo* (1957) que le acreditan como uno de los más agudos críticos actuales. *El arco y la lira* (1956) es casi su *ars poetica*, ya que en este libro examina la función del poema como objeto social e histórico, y como fenómeno atemporal. Entre sus colecciones de ensayos la de mayor resonancia es *El laberinto de la soledad* (1950), examen del mexicano con lente de sociólogo y visión de poeta, modelo dentro de la numerosa literatura hispanoamericana de la búsqueda del ser.

Búsqueda y momentáneo hallazgo de nosotros mismos, el movimiento revolucionario transformó a México, lo hizo "otro". Ser uno mismo es, siempre, llegar a ser ese otro que somos y que llevamos escondido en nuestro interior, más que nada como promesa o posibilidad de ser. Así, en cierto sentido la Revolución ha recreado a la nación; en otro, no menos importante, la ha extendido a razas y clases que ni la Colonia ni el siglo XIX pudieron incorporar. Pero, a pesar de su fecundidad extraordinaria, no fue capaz de crear un orden vital que fuese, a un tiempo, visión del mundo y fundamento de una sociedad realmente justa y libre. La Revolución no ha hecho de nuestro país una comunidad o, siquiera, una esperanza de comunidad: un mundo en el que los hombres se reconozcan en los hombres y en donde el "principio de autoridad" —esto es: la fuerza, cualquiera que sea su origen y justificación— ceda el sitio a la libertad responsable. Cierto, ninguna de las sociedades conocidas ha alcanzado un estado semejante. No es accidental, por otra parte, que no nos haya dado una visión del hombre comparable a la del catolicismo colonial o el liberalismo del siglo pasado. La Revolución es un fenómeno nuestro, sí, pero muchas de sus limitaciones dependen de circunstancias ligadas a la historia mundial contemporánea.

La Revolución mexicana es la primera, cronológicamente, de las grandes revoluciones del siglo XX. Para comprenderla cabalmente es necesario verla como parte de un proceso general y que aún no termina. Como todas las revoluciones modernas, la nuestra se propuso, en primer término, liquidar el régimen feudal, transformar el país mediante la industria y la técnica, suprimir nuestra situación de dependencia económica y política y, en fin, instaurar una verdadera democracia social. En otras palabras: dar el salto que soñaron los liberales más lúcidos, consumar efectivamente la Independencia y la Reforma, hacer de México una nación moderna. Y todo esto sin traicionarnos. Por el contrario, los cambios nos revelarían nuestro verdadero ser, un rostro a un tiempo conocido e ignorado, un rostro nuevo a fuerza de sepultada antigüedad. La Revolución iba a inventar un México fiel a sí mismo.

Los países "adelantados", con la excepción de Alemania, pasaron del antiguo régimen al de las modernas democracias burguesas de una manera que podríamos llamar natural. Las transformaciones políticas, económicas y técnicas se sucedieron y entrelazaron como inspiradas por una coherencia superior. La historia poseía una lógica; descubrir el secreto de su funcionamiento equivalía a apoderarse del futuro. Esta creencia, bastante vana, aún nos hace ver la historia de las grandes naciones como el desarrollo de una inmensa y majestuosa proposición lógica. En efecto, el capitalismo pasó gradualmente de las formas primitivas de acumulación a otras cada vez más complejas, hasta desembocar en la época del capital financiero y el imperialismo mundial. El tránsito del capitalismo primitivo al internacional produjo cambios radicales, tanto en la situación interior de cada país como en la esfera mundial. Por una parte,

---

De Octavio Paz, *El laberinto de la soledad*, 2ª edición (México, Fondo de Cultura Económica, 1959).

al cabo de siglo y medio de explotación de los pueblos coloniales y semicoloniales, las diferencias entre un obrero y su patrón fueron menos grandes que las existentes entre ese mismo obrero y un paria hindú o un peón boliviano. Por la otra, la expansión imperialista unificó al planeta: captó todas las riquezas, aun las más escondidas, y las arrojó al torrente de la circulación mundial, convertidas en mercancías; universalizó el trabajo humano (la tarea de un pizcador de algodón la continúa, a miles de kilómetros, un obrero textil) realizando por primera vez, efectivamente y no como postulado moral, la unidad de la condición humana; destruyó las culturas y civilizaciones extrañas e hizo girar a todos los pueblos alrededor de dos o tres astros, fuentes del poder político, económico y espiritual. Al mismo tiempo, los pueblos así anexados participaron sólo de una manera pasiva en el proceso: en lo económico eran meros productores de materias primas y de mano de obra barata; en lo político, eran colonias y semicolonias; en lo espiritual, sociedades bárbaras o pintorescas. Para los pueblos de la periferia, el "progreso" significaba, y significa, no sólo gozar de ciertos bienes materiales sino, sobre todo, acceder a la "normalidad" histórica: ser, al fin, "entes de razón". Tal es el trasfondo de la Revolución mexicana y, en general, de las revoluciones del siglo XX.

Puede verse ahora con mayor claridad en qué consistió la empresa revolucionaria: consumar, a corto plazo y con un mínimo de sacrificios humanos, una obra que la burguesía europea había llevado a cabo en más de ciento cincuenta años. Para lograrlo, deberíamos previamente asegurar nuestra independencia política y recuperar nuestros recursos naturales. Además, todo esto debería realizarse sin menoscabo de los derechos sociales, en particular los obreros, consagra-

dos por la Constitución de 1917. En Europa y en los Estados Unidos estas conquistas fueron el resultado de más de un siglo de luchas proletarias y, en buena parte, representaban (y representan) una participación en las ganancias obtenidas por las metrópolis en el exterior. Entre nosotros no sólo no había ganancias coloniales que repartir: ni siquiera eran nuestros el petróleo, los minerales, la energía eléctrica y las otras fuerzas con que deberíamos transformar al país. Así pues, no se trataba de empezar desde el principio sino desde antes del principio.

La Revolución hizo del nuevo Estado el principal agente de la transformación social. En primer lugar: la devolución y el reparto de tierras, la apertura al cultivo de otras, las obras de irrigación, las escuelas rurales, los bancos de refacción para los campesinos. Los expertos se extienden en los errores técnicos cometidos; los moralistas, en la intervención maléfica del cacique tradicional y del político rapaz. Es verdad. También lo es que, bajo formas nuevas, subsiste el peligro de un retorno al monopolio de las tierras. Lo conquistado hay que defenderlo todavía. Pero el régimen feudal ha desaparecido. Olvidar esto es olvidar demasiado. Y hay más: la reforma agraria no sólo benefició a los campesinos sino que, al romper la antigua estructura social, hizo posible el nacimiento de nuevas fuerzas productivas. Ahora bien, a pesar de todo lo logrado —y ha sido mucho— miles de campesinos viven en condiciones de gran miseria y otros miles no tienen más remedio que emigrar a los Estados Unidos, cada año, como trabajadores temporales. El crecimiento demográfico, circunstancia que no fue tomada en cuenta por los primeros gobiernos revolucionarios, explica parcialmente el actual desequilibrio. Aunque parezca increíble, la mayor parte del país padece de sobrepoblación campesina. O más exactamente: carecemos de tierras cultivables. Hay, además, otros dos factores decisivos: ni la apertura de nuevas tierras al cultivo ha sido suficiente, ni las nuevas industrias y centros de producción han crecido con la rapidez necesaria para absorber a toda esa masa de población sobrante, condenada así al subempleo. En suma, con nuestros recursos actuales no podemos crear, en la proporción indispensable, las industrias y las empresas agrícolas que podrían dar ocupación al excedente de brazos y bocas. Es claro que no sólo se trata de un crecimiento demográfico excesivo sino de un progreso económico insuficiente. Pero también es claro que nos enfrentamos a una situación que rebasa las posibilidades reales del Estado y, aun, las de la nación en su conjunto. ¿Cómo y dónde obtener esos recursos económicos y técnicos? Esta pregunta, a la que se intentará contestar más adelante, no debe hacerse aisladamente sino considerando el problema del desarrollo económico en su totalidad. La industria no crece con la velocidad que requiere el aumento de población y produce así el subempleo; por su parte, el subempleo campesino retarda el desarrollo de la industria, ya que no aumenta el número de consumidores.

La Revolución también se propuso, según se dijo, la recuperación de las riquezas nacionales. Los gobiernos revolucionarios, en particular el de Cárdenas[1], decretaron la nacionalización del petróleo, los ferrocarriles y otras industrias. Esta política nos enfrentó al imperialismo. El Estado, sin renunciar a lo reconquistado, tuvo que ceder y suspender las expropiaciones. (Debe agregarse, de paso, que sin la nacionalización del petróleo hubiera sido imposible el desarrollo industrial.) La Revolución no se limitó a expropiar: por medio de una red

de bancos e instituciones de crédito creó nuevas industrias estatales, subvencionó otras (privadas o semiprivadas) y, en general, intentó orientar en forma racional y de provecho público el desarrollo económicc. Todo esto —y muchas otras cosas más— fue realizado lentamente y no sin tropiezos, errores e inmoralidades. Pero, así sea con dificultad y desgarrado por terribles contradicciones, el rostro de México empezó a cambiar. Poco a poco surgió un nueva clase obrera y una burguesía. Ambas vivieron a la sombra del Estado y sólo hasta ahora comienzan a cobrar vida autónoma.

La tutela gubernamental de la clase obrera se inició como una alianza popular: los obreros apoyaron a Carranza[2] a cambio de una política social más avanzada. Por la misma razón sostuvieron a Obregón[3] y Calles[4]. Por su parte, el Estado protegió a las organizaciones sindicales. Pero la alianza se convirtió en sumisión y los gobiernos premiaron a los dirigentes con altos puestos públicos. El proceso se acentuó y consumó, aunque parezca extraño, en la época de Cárdenas, el período más extremista de la Revolución. Y fueron precisamente los dirigentes que habían luchado contra la corrupción sindical los que entregaron las organizaciones obreras. Se dirá que la política de Cárdenas era revolucionaria: nada más natural que los sindicatos la apoyasen. Pero, empujados por sus líderes, los sindicatos formaron parte, como un sector más, del Partido de la Revolución, esto es, del partido gubernamental. Se frustró así la posibilidad de un partido obrero o, al menos, de un movimiento sindical a la norteamericana, apolítico, sí, pero autónomo y libre de toda

[1] *Cárdenas* Lázaro Cárdenas (n. 1895), presidente de México, 1934-1940

[2] *Carranza* Venustiano Carranza (1859-1920), presidente de México, 1917-1920
[3] *Obregón* Álvaro Obregón (1880-1928), presidente de México, 1920-1924
[4] *Calles* Plutarco Elías Calles (1887-1945), presidente de México, 1924-1928

ingerencia oficial. Los únicos que ganaron fueron los líderes, que se convirtieron en profesionales de la política: diputados, senadores, gobernadores. En los últimos años asistimos, sin embargo, a un cambio: con creciente energía las agrupaciones obreras recobran su autonomía, desplazan a los dirigentes corrompidos y luchan por instaurar una democracia sindical. Este movimiento puede ser una de las fuerzas decisivas en el renacimiento de la vida democrática. Al mismo tiempo, dadas las características sociales de nuestro país, la acción obrera, si se quiere eficaz, debe evitar el sectarismo de algunos de los nuevos dirigentes y buscar la alianza con los campesinos y con un nuevo sector, hijo también de la Revolución: la clase media. Hasta hace poco la clase media era un grupo pequeño, constituido por pequeños comerciantes y las tradicionales "profesiones liberales" (abogados, médicos, profesores, etc.). El desarrollo industrial y comercial y el crecimiento de la Administración Pública han creado una numerosa clase media, cruda e ignorante desde el punto de vista cultural y político pero llena de vitalidad.

Más dueña de sí, más poderosa también, la burguesía no sólo ha logrado su independencia sino que trata de incrustarse en el Estado, no ya como protegida sino como directora única. El banquero sucede al general revolucionario; el industrial aspira a desplazar al técnico y al político. Estos grupos tienden a convertir al Gobierno, cada vez con mayor exclusividad, en la expresión política de sus intereses. Pero la burguesía no forma un todo homogéneo: unos, herederos de la Revolución mexicana (aunque a veces lo ignoren), están empeñados en crear un capitalismo nacional; otros, son simples intermediarios y agentes del capital financiero internacional. Finalmente, según se ha dicho, dentro

del Estado hay muchos técnicos que a través de avances y retrocesos, audacias y concesiones, continúan una política de interés nacional, congruente con el pasado revolucionario. Todo esto explica la marcha sinuosa del Estado y su deseo de "no romper el equilibrio". Desde la época de Carranza, la Revolución mexicana ha sido un compromiso entre fuerzas opuestas: nacionalismo e imperialismo, obrerismo y desarrollo industrial, economía dirigida y régimen de "libre empresa", democracia y paternalismo estatal.

Nada de lo logrado hubiese sido posible dentro del marco del capitalismo clásico. Y aún más: sin la Revolución y sus gobiernos ni siquiera tendríamos capitalistas mexicanos. En realidad, el capitalismo nacional no sólo es consecuencia natural de la Revolución sino que, en buena parte, es hijo, criatura del Estado revolucionario. Sin el reparto de tierras, las grandes obras materiales, las empresas estatales y las de "participación estatal", la política de inversiones públicas, los subsidios directos o indirectos a la industria y, en general, sin la intervención del Estado en la vida económica, nuestros banqueros y "hombres de negocios" no habrían tenido ocasión de ejercer su actividad o formarían parte del "personal nativo" de alguna compañía extranjera. En un país que inicia su desarrollo económico con más de dos siglos de retraso era indispensable acelerar el crecimiento "natural" de las fuerzas productivas. Esta "aceleración" se llama: intervención del Estado, dirección —así sea parcial— de la economía. Gracias a esta política nuestra evolución es una de las más rápidas y constantes en América. No se trata de bonanzas momentáneas o de progresos en un sector aislado —como el petróleo en Venezuela o el azúcar en Cuba— sino de un desarrollo más amplio y general. Quizá el síntoma más significativo sea la tendencia a crear una "economía diversificada" y una industria "integrada", es decir, especializada en nuestros recursos.

Dicho lo anterior, debe agregarse que aún no hemos logrado, ni con mucho, todo lo que era necesario e indispensable. No tenemos una industria básica, aunque contamos con una naciente siderurgia; no fabricamos máquinas que fabriquen máquinas y ni siquiera hacemos tractores; nos faltan todavía caminos, puentes, ferrocarriles; le hemos dado la espalda al mar: no tenemos puertos, marina e industria pesquera; nuestro comercio exterior se equilibra gracias al turismo y a los dólares que ganan en los Estados Unidos nuestros "braceros"... Y algo más decisivo: a pesar de la legislación nacionalista, el capital norteamericano es cada día más poderoso y determinante en los centros vitales de nuestra economía. En suma, aunque empezamos a contar con una industria, todavía somos, esencialmente, un país productor de materias primas. Y esto significa: dependencia de las oscilaciones del mercado mundial, en lo exterior; y en lo interior: pobreza, diferencias atroces entre la vida de los ricos y los desposeídos, desequilibrio.

Con cierta regularidad se discute si la política social y económica ha sido o no acertada. Sin duda se trata de algo más complejo que la técnica y que está más allá de los errores, imprevisiones o inmoralidades de ciertos grupos. La verdad es que los recursos de que dispone la nación, en su totalidad, son insuficientes para "financiar" el desarrollo integral de México y aun para crear lo que los técnicos llaman la "infraestructura económica", única base sólida de un progreso efectivo. Nos faltan capitales y el ritmo interno de capitalización y reinversión es todavía demasiado lento. Así, nuestro problema esencial consiste, según

el decir de los expertos, en obtener los recursos indispensables para nuestro desarrollo. ¿Dónde y cómo?

Uno de los hechos que caracterizan la economía mundial es el desequilibrio que existe entre los bajos precios de las materias primas y los altos precios de los productos manufacturados. Países como México —es decir: la mayoría del planeta— están sujetos a los cambios continuos e imprevistos del mercado mundial. Como lo han sostenido nuestros delegados en multitud de conferencias interamericanas e internacionales, ni siquiera es posible esbozar programas económicos a largo plazo si no se suprime esta inestabilidad. Por otra parte, no se llegará a reducir el desnivel, cada vez más profundo, entre los países "subdesarrollados" y los "avanzados" si estos últimos no pagan precios justos por los productos primarios. Estos productos son nuestra fuente principal de ingresos y, por tanto, constituyen la mejor posibilidad de "financiamiento" de nuestro desarrollo económico. Por razones de sobra conocidas, nada o muy poco se ha conseguido en este campo. Los países "avanzados" sostienen imperturbables —como si viviésemos a principios del siglo pasado— que se trata de "leyes naturales del mercado", sobre las cuales el hombre tiene escasa influencia. La verdad es que se trata de la ley del león.

Uno de los remedios que más frecuentemente nos ofrecen los países "avanzados" —señaladamente los Estados Unidos— es el de las inversiones privadas extranjeras. En primer lugar, todo el mundo sabe que las ganancias de esas inversiones salen del país, en forma de dividendos y otros beneficios. Además, implican dependencia económica y, a la larga, ingerencia política del exterior. Por otra parte, el capital privado no se interesa en inversiones a largo plazo y de escaso rendimiento, que son las que nosotros necesitamos; por el contrario, busca los campos más lucrativos y que ofrezcan posibilidades de mejores y más rápidas ganancias. En fin, el capitalista no puede ni desea someterse a un plan general de desarrollo económico.

Sin duda la mejor —y quizá la única— solución consiste en la inversión de capitales públicos, ya sean préstamos gubernamentales o por medio de las organizaciones internacionales. Los primeros entrañan condiciones políticas o económicas y de ahí que se prefiera a los segundos. Como es sabido, las Naciones Unidas y sus organismos especializados fueron fundados, entre otros fines, con el de impulsar la evolución económica y social de los países "subdesarrollados". Principios análogos postula la Carta de la Organización de los Estados Americanos. Ante la inestable situación mundial —reflejo, fundamentalmente, del desequilibrio entre los "grandes" y los "subdesarrollados"— parecería natural que se hubiese hecho algo realmente apreciable en este campo. Lo cierto es que las sumas que se destinan a este objeto resultan irrisorias, sobre todo si se piensa en lo que gastan las grandes potencias en preparativos militares. Empeñadas en ganar la guerra de mañana por medio de pactos guerreros con gobiernos efímeros e impopulares, ocupadas en la conquista de la luna, olvidan lo que ocurre en el subsuelo del planeta. Es evidente que nos encontramos frente a un muro que, solos, no podemos ni saltar ni perforar. Nuestra política exterior ha sido justa pero sin duda podríamos hacer más si nos unimos a otros pueblos con problemas semejantes a los nuestros. La situación de México, en este aspecto, no es distinta a la de la mayoría de los países latinoamericanos, asiáticos y africanos.

La ausencia de capitales puede remediarse de otra manera. Existe, ya lo sabemos, un método de probada eficacia. Después de todo, el capital no es sino trabajo humano acumulado. El prodigioso desarrollo de la Unión Soviética —otro tanto podrá decirse, en breve, de China— no es más que la aplicación de esta fórmula. Gracias a la economía dirigida, que ahorra el despilfarro y la anarquía inherentes al sistema capitalista, y al empleo "racional" de una inmensa mano de obra, dirigida a la explotación de unos recursos también inmensos, en menos de medio siglo la Unión Soviética se ha convertido en el único rival de los Estados Unidos. Pero nosotros no tenemos ni la población ni los recursos, materiales y técnicos, que exige un experimento de tales proporciones (para no hablar de nuestra vecindad con los Estados Unidos y de otras circunstancias históricas). Y, sobre todo, el empleo "racional" de la mano de obra y la economía dirigida significan, entre otras cosas, el trabajo a destajo (estajanovismo[5]), los campos de concentración, las labores forzadas, la deportación de razas y nacionalidades, la supresión de los derechos elementales de los trabajadores y el imperio de la burocracia. Los métodos de "acumulación socialista" —como los llamaba el difunto Stalin— se han revelado bastante más crueles que los sistemas de "acumulación primitiva" del capital, que con tanta justicia indignaban a Marx y Engels. Nadie duda que el "socialismo" totalitario puede transformar la economía de un país; es más dudoso que logre liberar al hombre. Y esto último es lo único que nos interesa y lo único que justifica una revolución.

Es verdad que algunos autores, como Isaac Deutscher[6], piensan que una vez

[5] *estajanovismo* sistema soviético de pago que otorgaba sueldos más altos y privilegios especiales a ciertos trabajadores y burócratas
[6] *Isaac Deutscher* (n. 1907), escritor polaco, autor de libros sobre Trotski y Stalin

creada la abundancia se iniciará, casi insensiblemente, el tránsito hacia el verdadero socialismo y la democracia. Olvidan que mientras tanto se han creado clases, o castas, dueñas absolutas del poder político y económico. La historia muestra que nunca una clase ha cedido voluntariamente sus privilegios y ganancias. La idea del "tránsito insensible" hacia el socialismo es tan fantástica como el mito de la "desaparición gradual del Estado" en labios de Stalin y sus sucesores. Por supuesto que no son imposibles los cambios en la sociedad soviética. Toda sociedad es histórica, quiero decir, condenada a la transformación. Pero lo mismo puede decirse de los países capitalistas. Ahora bien, lo característico de ambos sistemas, en este momento, es su resistencia al cambio, su voluntad de no ceder ni a la presión exterior ni a la interior. Y en esto reside el peligro de la situación: la guerra antes que la transformación.

A la luz del pensamiento revolucionario tradicional —y aun desde la perspectiva del liberalismo del siglo pasado— resulta escandalosa la existencia, en pleno siglo XX, de anomalías históricas como los países "subdesarrollados" o la de un imperio "socialista" totalitario. Muchas de las previsiones y hasta de los sueños del siglo XIX se han realizado (las grandes revoluciones, los progresos de la ciencia y la técnica, la transformación de la naturaleza, etc.) pero de una manera paradójica o inesperada, que desafía la famosa lógica de la historia. Desde los socialistas utópicos se había afirmado que la clase obrera sería el agente principal de la historia mundial. Su función consistiría en realizar una revolución en los países más adelantados y crear así las bases de la liberación del hombre. Cierto, Lenin pensó que era posible dar un salto histórico y confiar a la dictadura del proletariado la tarea histórica de

la burguesía: el desarrollo industrial. Creía, probablemente, que las revoluciones en los países atrasados precipitarían y aun desencadenarían el cambio revolucionario en los países capitalistas. Se trataba de romper la cadena imperialista por el eslabón más débil... Como es sabido, el esfuerzo que realizan los países "subdesarrollados" por industrializarse es, en cierto sentido, antieconómico e impone grandes sacrificios a la población. En realidad, se trata de un recurso heroico, en vista de la imposibilidad de elevar el nivel de vida de los pueblos por otros medios. Ahora bien, como solución mundial la autarquía es, a la postre, suicida; como remedio nacional, es un costoso experimento que pagan los obreros, los consumidores y los campesinos. Pero el nacionalismo de los países "subdesarrollados" no es una respuesta lógica sino la explosión fatal de una situación que las naciones "adelantadas" han hecho desesperada y sin salida. En cambio, la dirección racional de la economía mundial —es decir, el socialismo— habría creado economías complementarias y no sistemas rivales. Desaparecido el imperialismo y el mercado mundial de precios regulados, es decir, suprimido el lucro, los pueblos "subdesarrollados" hubieran contado con los recursos necesarios para llevar a cabo su transformación económica. La revolución socialista en Europa y los Estados Unidos habría facilitado el tránsito —ahora sí de una manera racional y casi insensible— de todos los pueblos "atrasados" hacia el mundo moderno.

La historia del siglo XX hace dudar, por lo menos, del valor de estas hipótesis revolucionarias y, en primer término, de la función universal de la clase obrera como encarnación del destino del mundo. Ni con la mejor buena voluntad se puede afirmar que el proletariado ha sido el agente decisivo en los cambios históricos de este siglo. Las grandes revoluciones de nuestra época —sin excluir a la soviética— se han realizado en países atrasados y los obreros han representado un segmento, casi nunca determinante, de grandes masas populares compuestas por campesinos, soldados, pequeña burguesía y miles de seres desarraigados por las guerras y las crisis. Esas masas informes han sido organizadas por pequeños grupos de profesionales de la revolución o del "golpe de Estado". Hasta las contrarrevoluciones, como el fascismo y el nazismo, se ajustan a este esquema. Lo más desconcertante, sin duda, es la ausencia de revolución socialista en Europa, es decir, en el centro mismo de la crisis contemporánea. Parece inútil subrayar las circunstancias agravantes: Europa cuenta con el proletariado más culto, mejor organizado y con más antiguas tradiciones revolucionarias; asimismo, allá se han producido, una y otra vez, las "condiciones objetivas" propicias al asalto del poder. Al mismo tiempo, varias revoluciones aisladas —por ejemplo: en España y, hace poco, en Hungría— han sido reprimidas sin piedad y sin que se manifestase efectivamente la solidaridad obrera internacional. En cambio, hemos asistido a una regresión bárbara, la de Hitler, y a un renacimiento general del nacionalismo en todo el viejo continente. Finalmente, en lugar de la rebelión del proletariado organizado democráticamente, el siglo XX ha visto el nacimiento del "partido", esto es, de una agrupación nacional o internacional que combina el espíritu y la organización de dos cuerpos en los que la disciplina y la jerarquía son los valores decisivos: la Iglesia y el Ejército. Estos "partidos", que en nada se parecen a los viejos partidos políticos, han sido los agentes efectivos de casi todos los cambios operados después de la primera Guerra Mundial.

El contraste con la periferia es revelador. En las colonias y en los países "atrasados" no han cesado de producirse, desde antes de la primera Guerra Mundial, una serie de trastornos y cambios revolucionarios. Y la marea, lejos de ceder, crece de año en año. En Asia y África el imperialismo se retira; su lugar lo ocupan nuevos Estados con ideologías confusas pero que tienen en común dos ideas, ayer apenas irreconciliables: el nacionalismo y las aspiraciones revolucionarias de las masas. En América Latina, hasta hace poco tranquila, asistimos al ocaso de los dictadores y a una nueva oleada revolucionaria. En casi todas partes —trátese de Indonesia, Venezuela, Egipto, Cuba o Ghana— los ingredientes son los mismos: nacionalismo, reforma agraria, conquistas obreras y, en la cúspide, un Estado decidido a llevar a cabo la industrialización y saltar de la época feudal a la moderna. Poco importa, para la definición general del fenómeno, que en ese empeño el Estado se alíe a grupos más o menos poderosos de la burguesía nativa o que, como en Rusia y China, suprima a las viejas clases y sea la burocracia la encargada de imponer la transformación económica. El rasgo distintivo —y decisivo— es que no estamos ante la revolución proletaria de los países "avanzados" sino ante la insurrección de las masas y pueblos que viven en la periferia del mundo occidental. Anexados al destino de Occidente por el imperialismo, ahora se vuelven sobre sí mismos, descubren su identidad y se deciden a participar en la historia mundial.

Los hombres y las formas políticas en que ha encarnado la insurrección de las naciones "atrasadas" es muy variada. En un extremo Ghandi; en el otro, Stalin; más allá, Mao Tse Tung. Hay mártires como Madero y Zapata, bufones como Perón, intelectuales como Nehru. La galería es muy variada:

nada más distinto que Cárdenas, Tito o Nasser. Muchos de estos hombres hubieran sido inconcebibles, como dirigentes políticos, en el siglo pasado y aun en el primer tercio del que corre. Otro tanto ocurre con su lenguaje, en el que las fórmulas mesiánicas se alían a la ideología democrática y a la revolucionaria. Son los hombres fuertes, los políticos realistas; pero también son los inspirados, los soñadores y, a veces, los demagogos. Las masas los siguen y se reconocen en ellos... La filosofía política de estos movimientos posee el mismo carácter abigarrado. La democracia entendida a la occidental se mezcla a formas inéditas o bárbaras, que van desde la "democracia dirigida" de los indonesios hasta el idolátrico "culto a la personalidad" soviético, sin olvidar la respetuosa veneración de los mexicanos a la figura del Presidente.

Al lado del culto al líder, el partido oficial, presente en todas partes. A veces, como en México, se trata de una agrupación abierta, a la que pueden pertenecer prácticamente todos los que desean intervenir en la cosa pública y que abarca vastos sectores de la izquierda y de la derecha. Lo mismo sucede en la India con el Partido del Congreso. Y aquí conviene decir que uno de los rasgos más saludables de la Revolución mexicana —debido, sin duda, tanto a la ausencia de una ortodoxia política como al carácter abierto del partido— es la ausencia de terror organizado. Nuestra falta de "ideología" nos ha preservado de caer en esa tortuosa cacería humana en que se ha convertido el ejercicio de la "virtud" política en otras partes. Hemos tenido, sí, violencias populares, cierta extravagancia en la represión, capricho, arbitrariedad, brutalidad, "mano dura" de algunos generales, "humor negro", pero aun en sus peores momentos todo fue humano, es decir, sujeto a la pasión, a las circunstancias y aun al azar y a la

fantasía. Nada más lejano de la aridez del espíritu de sistema y su moral silogística y policíaca. En los países comunistas el partido es una minoría, una secta cerrada y omnipotente, a un tiempo ejército, administración e inquisición: el poder espiritual y el brazo seglar al fin reunidos. Así ha surgido un tipo de Estado absolutamente nuevo en la historia, en el que los rasgos revolucionarios, como la desaparición de la propiedad privada y la economía dirigida, son indistinguibles de otros arcaicos: el carácter sagrado del Estado y la divinización de los jefes. Pasado, presente y futuro: progreso técnico y formas inferiores de la magia política, desarrollo económico y esclavismo sindicalista, ciencia y teología estatal: tal es el rostro prodigioso y aterrador de la Unión Soviética. Nuestro siglo es una gran vasija en donde todos los tiempos históricos hierven, se confunden y mezclan.

¿Cómo es posible que la "inteligencia" contemporánea —pienso sobre todo en la heredera de la tradición revolucionaria europea— no haya hecho un análisis de la situación de nuestro tiempo, no ya desde la vieja perspectiva del siglo pasado sino ante la novedad de esta realidad que nos salta a los ojos? Por ejemplo: la polémica entre Rosa Luxemburgo[7] y Lenin acerca de la "espontaneidad revolucionaria de las masas" y la función del Partido Comunista como "vanguardia del proletariado", quizá cobraría otra significación a la luz de las respectivas condiciones de Alemania y Rusia. Y del mismo modo: no hay duda de que la Unión Soviética se parece muy poco a lo que pensaban Marx y Engels sobre lo que podría ser un Estado obrero. Sin embargo, ese Estado existe; no es una aberración ni una "equivocación de la historia".

[7] *Rosa Luxemburgo* Rosa Luxembourg (1870–1919), líder revolucionario alemán; nació en Polonia

Es una realidad enorme, evidente por sí misma y que se justifica de la única manera con que se justifican los seres vivos: por el peso y plenitud de su existencia. Un filósofo eminente como Lukács[8], que ha dedicado tanto de su esfuerzo a denunciar la "irracionalidad" progresiva de la filosofía burguesa, no ha intentado nunca, en serio, el análisis de la sociedad soviética desde el punto de vista de la razón. ¿Puede alguien afirmar que era racional el estalinismo? ¿Es racional el empleo de la "dialéctica" por los comunistas y no se trata, simplemente, de una racionalización de ciertas obsesiones, como sucede con otra clase de neurosis? Y la "teoría de la dirección colectiva", la de los "caminos diversos hacia el socialismo", el escándalo de Pasternak[9] y... ¿todo esto es racional? Por su parte, ningún intelectual europeo de izquierda, ningún "marxólogo", se ha inclinado sobre el rostro borroso e informe de las revoluciones agrarias y nacionalistas de América Latina y Oriente para tratar de entenderlas como lo que son: un fenómeno universal que requiere una nueva interpretación. Por supuesto que es aún más desolador el silencio de la "inteligencia" latinoamericana y asiática, que vive en el centro del torbellino. Claro está que no sugiero abandonar los antiguos métodos o negar al marxismo, al menos como instrumento de análisis histórico. Pero nuevos hechos —y que contradicen tan radicalmente las previsiones de la teoría— exigen nuevos instrumentos. O, por lo menos, afilar y aguzar los que poseemos. Con mayor humildad y mejor sentido

Trotski[10] escribía, un poco antes de morir, que si después de la segunda Guerra Mundial no surgía una revolución en los países desarrollados quizá habría que revisar toda la perspectiva histórica mundial.

La revolución mexicana desemboca en la historia universal. Nuestra situación, con diferencias de grado, sistema y "tiempo histórico", no es muy diversa a la de muchos otros países de América Latina, Oriente y África. Aunque nos hemos liberado del feudalismo, el caudillismo militar y la Iglesia, nuestros problemas son, esencialmente, los mismos. Esos problemas son inmensos y de difícil resolución. Muchos peligros nos acechan. Muchas tentaciones, desde el "gobierno de los banqueros" —es decir: de los intermediarios— hasta el cesarismo, pasando por la demagogia nacionalista y otras formas espasmódicas de la vida política. Nuestros recursos materiales son escasos y todavía no nos enseñamos del todo a usarlos. Más pobres aún son nuestros instrumentos intelectuales. Hemos pensado muy poco por cuenta propia; todo o casi todo lo hemos visto y aprehendido en Europa y los Estados Unidos. Las grandes palabras que dieron nacimiento a nuestros pueblos tienen ahora un valor equívoco y ya nadie sabe exactamente qué quieren decir: Franco es demócrata y forma parte del "mundo libre". La palabra comunismo designa a Stalin; socialismo quiere decir una reunión de señores defensores del orden colonial. Todo parece una gigantesca equivocación. Todo ha pasado como no debería haber pasado, decimos para consolarnos. Pero somos nosotros los equivocados, no la historia. Tenemos que aprender a mirar cara a cara la realidad. Inventar, si es preciso, palabras nuevas

[8] *Lukács*   Gyorgy Lukács (n. 1885), filósofo y crítico literario húngaro

[9] *Pasternak*   Boris Pasternak (1890–1960), novelista ruso. Después de haber aceptado el Premio Nobel de Literatura en 1958, tuvo que rechazarlo a raíz de una violenta campaña contra él, llevada a cabo por la prensa oficial de la Unión Soviética.

[10] *Trotski*   Leon Trotski (1879–1940), revolucionario soviético desterrado por Stalin en 1929

e ideas nuevas para estas nuevas y extrañas realidades que nos han salido al paso. Pensar es el primer deber de la "inteligencia". Y en ciertos casos, el único.

Mientras tanto ¿qué hacer? No hay recetas ya. Pero hay un punto de partida válido: nuestros problemas son nuestros y constituyen nuestra responsabilidad; sin embargo, son también los de todos. La situación de los latinoamericanos es la de la mayoría de los pueblos de la periferia. Por primera vez, desde hace más de trescientos años, hemos dejado de ser materia inerte sobre la que se ejerce la voluntad de los poderosos. Éramos objetos; empezamos a ser agentes de los cambios históricos y nuestros actos y nuestras omisiones afectan la vida de las grandes potencias. La imagen del mundo actual como una pelea entre dos gigantes (el resto está compuesto por amigos, ayudantes, criados y partidarios por fatalidad) es bastante superficial. El trasfondo —y, en verdad, la sustancia misma— de la historia contemporánea es la oleada revolucionaria de los pueblos de la periferia. Para Moscú, Tito es una realidad desagradable pero es una realidad. Lo mismo puede decirse de Nasser o Nehru para los occidentales. ¿Un tercer frente, un nuevo club de naciones, el club de los pobres? Quizá es demasiado pronto. O, tal vez, demasiado tarde: la historia va muy de prisa y el ritmo de expansión de los poderosos es más rápido que el de nuestro crecimiento. Pero antes de que la congelación de la vida histórica —pues a eso equivale el "empate" entre los grandes— se convierta en definitiva petrificación, hay posibilidades de acción concertada e inteligente.

Hemos olvidado que hay muchos como nosotros, dispersos y aislados. A los mexicanos nos hace falta una nueva sensibilidad frente a la América Latina; hoy esos países despiertan: ¿los dejaremos solos? Tenemos amigos desconocidos en los Estados Unidos y en Europa. Las luchas en Oriente están ligadas, de alguna manera, a las nuestras. Nuestro nacionalismo, si no es una enfermedad mental o una idolatría, debe desembocar en una búsqueda universal. Hay que partir de la conciencia de que nuestra situación de enajenación es la de la mayoría de los pueblos. Ser nosotros mismos será oponer al avance de los hielos históricos el rostro móvil del hombre. Tanto mejor si no tenemos recetas ni remedios patentados para nuestros males. Podemos, al menos, pensar y obrar con sobriedad y resolución.

El objeto de nuestra reflexión no es diverso al que desvela a otros hombres y a otros pueblos: ¿cómo crear una sociedad, una cultura, que no niegue nuestra humanidad pero tampoco la convierta en una vana abstracción? La pregunta que se hacen todos los hombres hoy no es diversa a la que se hacen los mexicanos. Todo nuestro malestar, la violencia contradictoria de nuestras reacciones, los estallidos de nuestra intimidad y las bruscas explosiones de nuestra historia, que fueron primero ruptura y negación de las formas petrificadas que nos oprimían, tienden a resolverse en búsqueda y tentativa por crear un mundo en donde no imperen ya la mentira, la mala fe, el disimulo, la avidez sin escrúpulos, la violencia y la simulación. Una sociedad, también, que no haga del hombre un instrumento y una dehesa de la Ciudad. Una sociedad humana.

El mexicano se esconde bajo muchas máscaras, que luego arroja un día de fiesta o de duelo, del mismo modo que la nación ha desgarrado todas las formas que la asfixiaban. Pero no hemos encontrado aún ésa que reconcilie nuestra libertad con el orden, la palabra con el acto y ambos con una evidencia que ya no será sobrenatural, sino humana: la de nuestros semejantes. En esa búsqueda hemos retrocedido una y otra vez, para luego avanzar con más decisión hacia adelante. Y ahora, de pronto, hemos llegado al límite: en unos cuantos años hemos agotado todas las formas históricas que poseía Europa. No nos queda sino la desnudez o la mentira. Pues tras este derrumbe general de la Razón y la Fe, de Dios y la Utopía, no se levantan ya nuevos o viejos sistemas intelectuales, capaces de albergar nuestra angustia y tranquilizar nuestro desconcierto; frente a nosotros no hay nada. Estamos al fin solos. Como todos los hombres. Como ellos, vivimos el mundo de la violencia, de la simulación y del "ninguneo": el de la soledad cerrada, que si nos defiende nos oprime y que al ocultarnos nos desfigura y mutila. Si nos arrancamos esas máscaras, si nos abrimos, si, en fin, nos afrontamos, empezaremos a vivir y pensar de verdad. Nos aguardan una desnudez y un desamparo. Allí, en la soledad abierta, nos espera también la trascendencia: las manos de otros solitarios. Somos, por primera vez en nuestra historia, contemporáneos de todos los hombres.

Índice de autores y títulos

A la deriva   384
A la estrella de Venus   130
A Margarita Debayle   305
A Peñalolen   121
A Sara   336
Abuelo, El   361
Águila y la serpiente, El   399
Al filo del agua   422
Al rescoldo   394
Alacrán de Fray Gómez, El   214
Altazor   351
Alturas de Macchu Picchu   367
Araucana, La   54
Arawi   18
Ariel   316
Arte poética (VICENTE HUIDOBRO)   350
Arte poética (PABLO NERUDA)   365
ASTURIAS, MIGUEL ÁNGEL   414
¡Ay de mí!   131
AZUELA, MARIANO   387

Balada de la estrella   335
BALBUENA, BERNARDO DE   63
BELLO, ANDRÉS   121
BORGES, JORGE LUIS   406
Búcate plata   360
Busca en todas las cosas   332

Caballos blancos, Los   238
Cabeza de Goliat, La   529
Canción de otoño en primavera   302
Cantares mexicanos   16
Canto de la Madre de los dioses   15
CARPENTIER, ALEJO   429
Carta segunda de relación   27
Casa tomada   438
Cautiva, La   140
Cena, La   513
Cena miserable, La   344
Centro América y las hormigas   275
Cólera que quiebra al hombre en niños, La   348
Comentarios reales de los Incas   43
Como hermana y hermano   332
CONCOLORCORVO   91
Coplas (SOR JUANA INÉS DE LA CRUZ)   74
Corrientes de hoy: El indigenismo, Las   492
CORTÁZAR, JULIO   438
CORTÉS, HERNÁN   27
CRUZ, SOR JUANA INÉS DE LA   69, 81
Cuarto: Considerando en frío, imparcialmente   346
Cuesta de las Comadres, La   443

Chiflón del Diablo, El   247

DARÍO, RUBÉN   289
Desalojo, El   254
Descontento y la promesa, El   503
DÍAZ DEL CASTILLO, BERNAL   38
Discurso pronunciado al instalarse la Universidad de Chile el 17 de septiembre de 1843   122
Duodécimo: Masa   349
Duquesa Job, La   282

ECHEVERRÍA, ESTEBAN   139
"¡Eheu!"   304
Emancipación política y emancipación mental   536
En el teocalli de Cholula   128
Engaño, El   341
Entonces en la escala de la tierra he subido...   368
Entremés (FERNÁN GONZÁLEZ DE ESLAVA)   79
Era un aire suave...   293
ERCILLA Y ZÚÑIGA, ALONSO DE   54
Escena, La   359
Éxodo   358

Facundo   156
Fantasma, Un   333
FERNÁNDEZ DE LIZARDI, JOSÉ JOAQUÍN   113
FUENTES, CARLOS   448

GALLEGOS, RÓMULO   403
GARCILASO DE LA VEGA, EL INCA   42
Gaucho Martín Fierro, El   169
GONZÁLEZ DE ESLAVA, FERNÁN   79
GONZÁLEZ MARTÍNEZ, ENRIQUE   331
GONZÁLEZ PRADA, MANUEL   231
Grandeza mexicana   63
GUILLÉN, NICOLÁS   360
GÜIRALDES, RICARDO   393
GUTIÉRREZ NÁJERA, MANUEL   278
GUZMÁN, MARTÍN LUIS   398

Hacia el poema   372
HENRÍQUEZ UREÑA, PEDRO   502
Heraldos negros, Los   345
HEREDIA, JOSÉ MARÍA   127
HERNÁNDEZ, JOSÉ   167
Himno entre ruinas   373
Historia general de las cosas de Nueva España   36
Historia verdadera de la conquista de la Nueva España   39
Hombre pequeñito   341
HUIDOBRO, VICENTE   350

Iba yo por un camino   362

Jardín de senderos que se bifurcan, El   407
Juguetillos a Clorila   102

Lazarillo de ciegos caminantes, El   91
Leyenda del Sombrerón   414
Lied de la boca florida   307
Lillo, Baldomero   247
Lo fatal   304
López Velarde, Ramón   336
Los de abajo   388
Lugones, Leopoldo   306

Lluvia del fuego, La   308

Maderos de San Juan, Los   286
Mallea, Eduardo   417
Mañana, La   103
Mañana de San Juan, La   278
Marcha triunfal   300
Mariátegui, José Carlos   491
Mariposas   284
Marqués, René   459
Martí, José   269
Martínez Estrada, Ezequiel   528
Más allá del amor   371
Matadero, El   144
Matapájaros   245
Memorias   95
Mi corazón se amerita...   337
Mier, Fray Servando Teresa de   94
Misión del poeta   16
Misterio   371
Mistral, Gabriela   334
Mitayo, El   237
Montalvo, Juan   205
Muerte i la vida, La   231
Muertos de un solo abismo...   368
Mundo de siete pozos   342
Muñeca negra, La   270

Navarrete, Fray Manuel Martínez de   102
Neruda, Pablo   363
Nocturno (Rubén Darío)   302
Nocturno (Rubén Darío)   303
Nocturno [III] (José Asunción Silva)   287
Noria, La   359
Nuestros días   546
Nueve monstruos, Los   347
Nuevo mundo y conquista   53

Otoño   357

Pájaro azul, El   291
Palma, Ricardo   213
Pan nuestro, El   345
Paz, Octavio   369, 545
Periquillo Sarniento, El   114
Perro rabioso, El   379
Pobre negro   404
Poema, Un   288

Poema 15 (Pablo Neruda)   364
Poema 20 (Pablo Neruda)   365
Poesía, La   370
Poesía náhuatl, La   15
Poesía quechua, La   17
Popol Vuh   7
Privilegios del pobre   67

Quinto: Imagen española de la muerte   348
Quiroga, Horacio   379

Rabinal Achí   10
Ratos tristes   105
Raza cósmica, La   485
Redondillas (Sor Juana Inés de la Cruz)   72
Región más transparente, La   449
Remedios para ser lo que quisieres   67
Respuesta de la poetisa a la muy ilustre Sor Filotea de la Cruz   74
Respuesta occidental a Iberoamérica, La   541
Resumen   358
Reyes, Alfonso   513
Ritmo soñado   239
Rodó, José Enrique   315
Romance (Juan del Valle Caviedes)   67
Romero, Francisco   524
Rondel   238
Rosa tú, melancólica   363
Rulfo, Juan   442
Runa kámaj   17

Sahagún, Fray Bernardino de   35
Sainete segundo (Sor Juana Inés de la Cruz)   82
Salutación del optimista   298
Sánchez, Florencio   253
Sarmiento   531
Sarmiento, Domingo Faustino   155
Semejante a la noche   430
Sensemayá   362
Siete tratados   206
Silva, José Asunción   285
Sinfonía en gris mayor   296
Soles truncos, Los   460
Sonatina   295
Soneto XI (Fray Manuel Martínez de Navarrete)   104
Sonetos (Sor Juana Inés de la Cruz)   70
Sonetos (Francisco de Terrazas)   52
Storni, Alfonsina   340
Suave Patria, La   337

Tabaré   219
Taki   19
Tarde del trópico   301
Teoría del hombre   524
Terrazas, Francisco de   52
Todo verdor perecerá   418

Tonada 307
Torres Bodet, Jaime 356
Tres árboles 334
Tú no sabe inglé 361
Tú que nunca serás... 341
Tuércele el cuello al cisne... 331

Undécimo (Cesar Vallejo) 349

Valle Caviedes, Juan del 66
Vallejo, César 343
Vasconcelos, José 485
Vendedores de menudencias 530
Versos sencillos 274

Viana, Javier de 245
Vida de ilusión 16
Vida efímera 16
Visión de Anáhuac 518
Voy a dormir 343

Walking around 366
Wanka 19

Yáñez, Agustín 421
Yo soy aquél 296

Zea, Leopoldo 536
Zorrilla de San Martín, Juan 218

A 0
B 1
C 2
D 3
E 4
F 5
G 6
H 7
I 8
J 9